U0453000

国家自然科学基金重大研究计划重点项目"面向非常规突发事件应急管理的风险理论与方法",项目批准号91324202,项目首席科学家:刘霞(刘紫涵)教授。

国家社会科学基金项目"新时代国家政治安全风险防控战略研究",项目批准号19BZZ045。项目负责人:刘霞(刘紫涵)教授。

刘霞 崔小璐 著

韧性应急
应急治理四十年

Resilience Emergency:
40 Years of Emergency Governance in Shanghai

上海

中国社会科学出版社

图书在版编目（CIP）数据

韧性应急：上海应急治理四十年 / 刘霞，崔小璐著 . —北京：中国社会科学出版社，2021.6
ISBN 978-7-5203-8472-8

Ⅰ.①韧… Ⅱ.①刘…②崔… Ⅲ.①突发事件—公共管理—概况—上海 Ⅳ.①D630.8

中国版本图书馆 CIP 数据核字（2021）第 088980 号

出 版 人	赵剑英
责任编辑	张 湉
责任校对	季 静
责任印制	李寡寡

出　　版	中国社会科学出版社
社　　址	北京鼓楼西大街甲 158 号
邮　　编	100720
网　　址	http：//www.csspw.cn
发 行 部	010-84083685
门 市 部	010-84029450
经　　销	新华书店及其他书店
印　　刷	北京明恒达印务有限公司
装　　订	廊坊市广阳区广增装订厂
版　　次	2021 年 6 月第 1 版
印　　次	2021 年 6 月第 1 次印刷
开　　本	710×1000　1/16
印　　张	32.75
插　　页	2
字　　数	520 千字
定　　价	178.00 元

凡购买中国社会科学出版社图书，如有质量问题请与本社营销中心联系调换
电话：010-84083683
版权所有　侵权必究

前言　上海若水，韧性应急

伟大的中国，精致的上海，今年的中国，今天的上海，祖国改革开放的四十年，是上海应急治理的四十年，抚今追昔，家国梦回。在那百废待兴的半世纪，在这沧桑巨变的新时代，中国改革开放的最前沿，世界瞩目的东方魔都上海，经历了洋租界海派的历史沉淀，国际化全球化的背景洗礼，现代性民族品格的升华，"一带一路"倡议优势精进，智能化技术的前沿集聚，排头兵低调先行。在中国崛起、上海精进的大国竞合时代，在国际复杂局势波谲云诡的挑战下，在城市发展安全问题风险丛生的局势里，上海应急治理四十年发展的道路，我们称之为"韧性应急"，概括为"千锤百炼绕指柔，韧性应急排头兵"，上海是"韧性城市，弱水三千"，是为本著之开篇破题：韧性应急。

本书以韧性理论为学术理论基础，从上海改革开放四十年的历史人文、区位特点、社会性格、城市规划、城市管理入手，依据国家治理—政府治理—危机治理—应急治理—风险治理理论/概念/体系/系统，基于上海四十年应急实践，从应急控制到应急管控、到应急管理、到应急治理的实际发展演化路径，从韧性应急理论、脆性风险理论和新风险理论视角，挖掘上海以城市韧性铸造应急治理的思想脉络，从中发现的新知是：提炼上海应急治理模式，总结刚性危机如何被风险治理化解的共性规律，回答如何解决应急与风险的关系问题，如何认识脆性与韧性的关系问题，如何以韧性来应急以至长求远，如何以脆性来预警以达前求稳。刚而不折，柔而不弱，是为韧性；急而不慌，应而不忙，是为应急；刚柔兼济，外柔内刚，是为韧性与应急的关系，其实质是脆性与刚性、韧性与刚性、脆性与韧性、威胁与危险、危机与危难、应急与风险的相生相变，与风险共舞，以变应变。

根据田野研究和质性分析、实证研究和案例分析、文献研究和资料分析、数据研究和定量分析，从韧性城市差域分异出发，我们概括出上海应急治理的四十年，就是用上海韧性去应对危机事件、管控风险的四十年。我们发现上海韧性的特点：吴侬韧性，上海若水；江南柔性，上善若水；柔韧若水，应急似钢；筚路蓝缕，风雨兼程；不忘初心，砥砺奋进。改革开放最前沿的上海应急治理四十年，走出了一条具有上海特色的，针对城市定位及规划布局特点的应急服务和安全政策之路，以其韧性城市品格，维持风险社会稳定，引领应急科技前沿，铸造韧性应急品牌。

应急治理的本质是治理主体在界别数量上的多主体性，在权力分割上的多中心性，在结构功能上的优化集成性，在管理体制上的平等对话协商式，在运行机制上的主动合作协同制，强调的是政府—社会—市场（企业）这三个不同的主体之间在城市应急事务上的共同主体、协同应急，从以往的单独由政府单一主体大包大揽实施机械命令式统治型紧急事务处置，变为由政府统治到政府管控、政府管理再到政府治理，即由政府责无旁贷的专职部门或专门领导小组总体指挥，政府职能部门、社会力量和企业及专业力量配合，共同跨地区、跨行业、跨领域、跨部门、跨灾种综合应对多种灾害，目标是消解风险、威胁、危险、危机、应急、灾难，要点是单主体→多主体，分散→融合，命令→协商，配合→协同，对话→共治，特征是：统治→管控→管理→治理。由此，应急治理在工作机制和理论发展上逐步形成了明确可操作的内涵和外延，在实践上风雨兼程，在理论上历久弥新。

三方共治（应急治理）的思想演进过程及演进逻辑表明，上海应急治理四十年从无到有、从少到多、由弱到强、由粗到精，先后经历了四个发育和发展、成长和转型的阶段：孕育与萌芽阶段（1978—1992），应急0.0版本SEMS0.0；诞生与起步阶段（1993—2002），应急1.0版本SEMS1.0；成长与探索阶段（2003—2012），应急2.0版本SEMS2.0；转型与升级阶段（2013—2018），应急2.0＋版本SEMS 2.0＋。本书把上海应急治理在改革开放四十年里的成长和发展划分为这四个历史阶段并总结归纳出对应每个阶段的四个应急版本的升级和转型，建立起一个理论和实践结合、田野和案例结合、数据和史料结合、宏观和微观结合的理论分析框架（SEGT 框架：社会特征 S、突发事件 E、政府处置 G、应急手段 T），对四个历史时期的每个对应阶段，分别从社会政治经济的特殊背景（形势和需求、上海特色/本地、时代要求/风险）、重大广泛影响的标志事件（典型事件、历史案例、个案解析）、改革开放创新的组织体系（政策法规预案、组织机构部门）、专业高效智慧的应急科技（技术装备产业）这四个大的方面，重点突出并紧密围绕孕育与萌芽（1978—1992）SEMS0.0 时代的应急传统独角戏/应急里程焕平安，诞生与起步（1993—2002）SEMS1.0 时代的应急工程领先锋/应急装备新纪元，成长与探索（2003—2012）SEMS2.0 时代的应急体系彰全网/应急科技产业化，转型与升级（2013—2018）SEMS2.0＋时代的应急治理多灾种/应急智能全流程，挑战与跨越（2018—）SEMS3.0 时代的应急部领新时代，应急预控新风险这五个历史时期上海应急治理的传统、里程、工程、装备、体系、科技、治理、智能、部委、预控这 10 个关键词引导的关键内涵和独特风貌，刻画上海应急治理四十年风雨兼程的韧性应急的道路特色、沿革发展。

全书用四章分别对应四个历史阶段，每章分别用四或五节对应这四个方面，每节亦用四个目分别展开对应该阶段的背景议题、重大事件、组织建构、科技创新，这样就以四章→四节→四目网状篇章结构，分别在横向上细化到 64 个点位上的应急治理背景—事件—机构—科技，加上在纵向上编年表和大事记及趋势图等，在浦东大开发、上海大变样、政治大稳定、经济大中心、社会大飞跃的大背景下，上海在突发事件公共危机应急管理风险管控的宏观战略层面、中观战役层面和微观技术层面，从案例入手，从点滴着眼，从局部窥豹，进行以点带面、由表及里、时间轴与横切面相结合的理论透视和学术透析，用历史唯物主义和辩证唯物主义发展观，分析梳理上海应急治理四十年之路，应该说上海应急治理的四十年为上海特色的、韧性应急的四十年：痛定思痛砺大治，风雨兼程谋大治，凤凰浴火图大治，筚路蓝缕成大治。

可以预见，随着上海城市精细化建设及城市智能化进程的不断推进，必将迎来社会、经济、文化等多领域的变化，特别是城市磁性吸引力和机会资源环境双重作用下的城市安全保障，更将成为接下来要继续面临的主要变化之一。显著的社会变迁对社会安全带来一系列的新问题和新风险，其中非传统安全风险，特别是恐怖袭击风险、生物安全风险、意识形态安全风险，将是这些新风险最为集中和敏感的领域。如何在进行精细智慧发展的同时，牢牢守住上海城市安全底线，将韧性应急预控风险，特别是应对核能源安全之类最高级别的安全理念和标准贯穿至未来高端智能城市规划、建设、运行、管理、服务的全过程。如何有效进行风险要素识别、风险威胁研判、风险影响评估、风险动态预测，整合各方资源持续提升应对非传统安全风险的城市韧性，从而为长三角区域一体化系统发展引领风帆、保驾护航。因为未来已来，所以这些原本貌似将在未来才会遇见的威胁，已经成为当下首要必须面对的风险任务。

城市安全韧性（Resilience），即城市在遇到风险威胁，特别是非传统安全风险威胁时，其暴露于逆变中的适应、耐受，并降低风险影响的业务连续能力。近年来，国外主要全球城市纷纷开展了韧性城市的建设。伦敦提出伦敦韧性，评估其对可能要发生的重大灾害事故风险（其中重点强调恐怖袭击事件）的应对能力和措施；美国纽约发布名为《一个更强大、更具韧性的纽约》的报告，将"韧性"诠释为从恐袭等风险造成的变化和不利影响中反弹的能力，以及对困难情境的预防、准备、响应及快速恢复的能力。韧性城市这一理论在公共安全领域越来越被认可，并在实践中发挥越来越大的作用。作为中国"一带一路"的桥头堡，上海与沿线各国城市之间跨国别的、跨地区的、跨区域的城市间安全韧性协同建设将是核心安全工程。以上海为主导的上合组织阵营，反恐怖演习及联合作战的新要求，上海国际进口博览会召开，更多的大型活动及国际高端重要活动一如既往、紧锣密鼓。上海在江浙沪一体化进程中城市安全圈的龙头与枢纽功能不断拓展。因此，上海在传统应对每年都接踵而至或擦肩而过或正面袭击的台风抢险之类的常态应急事件的同时，更应着力持续加强应对非传统安全或非常态风险威胁，特别是恐怖主义袭击、台海战事突发、核能电站邻避、无人机智能入侵、新型生物化武变种、网络国家安全信息攻击等高级别典型非常规突发事件的韧性能力；而提升安全韧性的前提是风险要素识别和风险威胁研判，以及模糊风险动态风险模型的构建和风险预测，提升安全韧性的行动则是有效的应对策略、决策处置、恢复重建的能力建设以及规范化机制建设。

前事不忘，后事之师，韧性应急，未雨绸缪。自古以来，灾害本身就是与人的生存和发展密切相关的概念和价值判断，一系列灾害事故和突发事件造成人员伤亡、财产经济损失和社会动荡等。城市的出现和城市群的发展也一直离不开灾害这个话题，灾害议题是城市的生命主题。自从城市出现，其为我们创造物质财富的同时，伴随城市的灾害也在不断涌现，一部城市史就是一部人类同灾害作斗争的历史。特别是城市进入快速发展阶段，随着城市规模的扩大及城市功能的不断完善，随着工业化进程和城市化、城镇化发展，在大量人口给城市带来活力和繁荣的同时，城市发生灾害的频率也在不断增加，并日益呈现出结构性、系统性、突发性与复杂性的特点，城市在灾害面前变得日渐脆弱。城市韧性是城市面对风险必备的品格和素质，也是城市面向应急的必备攻略和必杀之技。韧性应急是一条荆棘之路，但却是一条典范之路、安全之路。一旦人类对城市灾害认识和应对不足，灾害甚至会给城市带来毁灭性的灾难。脆性—刚性—韧性，相生相依，但唯有韧性，是应对危机、处置应急、管控风险的根本。

一方面，城市灾害事故和突发事件会严重影响到城市的经济发展与社会稳定，甚至国家的安全和长治久安；另一方面，城市建设和社会经济发展对城市灾害事故及突发事件的孕育产生和酝酿分型，以及现代城市应急治理理念的产生和演化具有广泛影响，因为引发各类灾害事故和突发事件的不仅有自然因素，也有与政治、经济密切相关的社会因素和人因因素，正是由于社会、政治、经济、人口、科技、环境等因素的新型复杂变化，产业革命、工业4.0、信息化时代，互联网经济、全球化、大数据、智能化，新技术新业态，新兴风险、模糊风险和复杂风险交织，全球安全、地区安全、国家安全、城市安全、社会安全、社区安全需求剧增，新兴变异或越来越多的风险变成威胁、威胁变成危险，危险变成危机，危机的处置需要应急响应，这才导致城市应急治理异常紧迫。因此，城市应对各类灾害事故或突发事件的过程不仅是单纯的科学和技术水平的发展与干预，也与当时的社会环境、经济环境和政治形势等存在深层的互动关系，这是一个超复杂巨系统里的超复杂网络，是城市认知理性、价值理性和工具理性与灾害险源的致灾能量、物质、信息之间的较量，是城市韧性与风险势能之间的对峙，是韧性应急与风险治理的均衡。这种关系变幻莫测，且耐人寻味。

当今的上海是中国重要的国际经济、金融、航运、贸易中心,是改革开放先行先试的社会主义现代化国际大都市,已经发展成为中国最大的经济中心和全球最大的贸易港口,同时也是我国拥有人口数量最多、人口密度最高、人口老龄化程度最严重的超大城市。上海滨江临海的地理位置和地形特点决定了它是一个包括台风、海啸、风暴潮等在内的自然灾害频发的地域,也是一个深受人为灾害影响的超大城市,高密度人群、高密度车流、高密度建筑、高密度地铁,以及高密度隧道、桥梁、枢纽、港口、机场、车站、码头、高架、大型商业综合体、敏感机关、要害机构、金融中心、高科技产业园、近郊核电工程、钢铁化工、危化品运输,随时都可能面临各种灾害带来的不利影响及灾难后果。一方面,随着城市经济社会的发展、工业化和城市化进程的加快,新的安全隐患和安全风险在加速扩张,自然环境在持续恶化,自然灾害频繁发生,各种人因因素和制度缺陷导致的安全事故层出不穷,P2P 暴雷行业危机爆仓,租房购房价格飙升,金融安全事件和邻避型群体性事件险源未除,还存在国际恐怖主义的威胁和地区恐怖势力的隐患,等等。另一方面,百年城市看上海,作为长江三角洲世界级城市群的核心城市,上海在城市建设发展和应急治理方面肩负着不可替代的"示范效应""扩散效应"及"引领作用"的神圣使命。这两个方面的因素所形成的张力,使得上海这座光荣的城市在韧性应急这个治理模式上必须走出特色,树立品牌。

改革开放以来,在社会转型过程中,我国应急管理体制经历了一个深刻的变迁过程。与此相应,上海各级政府在推进经济社会发展和城市建设的同时,积极开展加强和发展应急治理体制和提升应急治理能力的探索,取得了较为明显的进展,走出了一条韧性应急的特色道路。研究和回顾改革开放四十年上海应急治理的发展历程,总结应急治理经验和得失,既能够体现转型期我国应急管理体制的共性演变,又能够反映上海典型地区独有的特性演化,还能透视中国特别是上海城市安全发展模式。

在某种意义上,上海应急治理四十年既反映了城市社会变迁的过程,也是城市社会变迁的结果。沿着我国改革开放的历史进程,本书将四十年来上海应急治理发展分为四个阶段,以历史脉络为主线,从社会、政治、经济、人口、科技、环境等方面,阐述每个发展阶段上海面临的应急形势与风险（即社会特征与风险特点）及应急任务，展现改革开放四十年来上海应急治理理念、制度变迁、政府处置、应急手段等。改革开放以来，由于上海乃至整个中国社会、经济的快速发展变化，上海应急治理的呈现方式与中华人民共和国成立后"十七年"和"文化大革命"时期明显不同，上海的应急治理发展历程既体现了鲜明的时代特征，又体现了上海独有的地方特色。因此，本书是对改革开放以来上海应急治理四十年纵向历史背景结合横向切面案例进行的交叉探讨，也是针对其中的一些突出问题进行理论研究和实证分析的学术成果。

四十年来，上海市委、市政府及各部门积极探索并积累了应急治理体系和治理能力建设的丰富经验，逐步形成了具有上海特色、独有所长的超大型城市应急治理模式。我们将其概括为"韧性应急"。应当说，上海每个阶段的应急治理体制和治理能力是与我国的基本国情和上海城市发展阶段相适应的，为有效预防和妥善处置各类突发事件发挥了重要的组织保障作用。本书将上海灾害事故和突发事件应急治理体系的演变分为四个阶段：孕育与萌芽阶段（1978—1992）、诞生与起步阶段（1993—2002）、成长与探索阶段（2003—2012）、转型与升级阶段（2013—2018）。上海应急治理四十年逐步实现了从单灾种应急管理向多灾种综合应急治理的转变，从政府单兵作战向政府—社会—市场（企业）三方协同共治的转变，从命令式应急管治向协商式应急治理的转变。本书揭示了上海韧性应急模式的道路和制度的孕育、萌芽、诞生、起步、成长和探索的演化精进，提炼出上海城市安全管理的经验套路。

目　　录

第一章　孕育与萌芽(1978—1992)SEMS0.0 …………………………… (1)
　第一节　于无声处听惊雷【应急形势与风险(社会特征与
　　　　　风险特点)面临的应急任务】………………………………… (2)
　　　一　改革开放立初心(社会政治形势,上海任务)………………… (2)
　　　二　上海早晨弄堂清(城市建设规划,上海特色)………………… (4)
　　　三　百万知青回沪申(城市人口规模,上海特色)………………… (7)
　　　四　对越自卫反击战(国家重大安全,上海情况)………………… (11)
　第二节　灾难事故高频发【应急事件与典型案例】…………………… (13)
　　　一　上海南黄海地震(1984年5月21日)………………………… (13)
　　　二　南汇川沙龙卷风(1986年7月11日)………………………… (17)
　　　三　十六铺码头踩踏(1987年12月10日)……………………… (18)
　　　四　甲肝肆虐惹横祸(1988年)…………………………………… (20)
　第三节　应急传统独角戏【应急管理理念与组织体系】……………… (30)
　　　一　单部门对单灾种………………………………………………… (31)
　　　二　政府临时总动员………………………………………………… (33)
　　　三　兵来将挡土掩水………………………………………………… (36)
　　　四　事后应灾后补救………………………………………………… (39)
　第四节　应急里程焕平安【应急技术、装备与产业】…………………… (42)
　　　一　红色消防车呼啸………………………………………………… (43)
　　　二　长江750边三轮………………………………………………… (49)
　　　三　民政救灾运输线………………………………………………… (51)
　　　四　气象风暴潮预报………………………………………………… (58)
　小结:痛定思痛砺大治 …………………………………………………… (64)

第二章　诞生与起步（1993—2002）SEMS1.0 ……………… (74)

第一节　工业企业大转型【应急形势与风险（社会特征与风险特点）面临的应急任务】……………………… (75)
一　首届东亚运动会（社会政治形势，上海任务）……… (78)
二　上海轨交1号线（城市建设规划，上海特色）……… (78)
三　百万下岗再就业（城市人口规模，上海特色）……… (81)
四　APEC世纪新挑战（城市重大安全，上海情况）…… (83)

第二节　雨雪风霜跨世纪【应急事件与典型案例】……… (85)
一　长江洪水漫青浦（1998年）……………………… (85)
二　大风冰雹袭农物（1999年）……………………… (88)
三　凉夏冻寒下江南（2000年）……………………… (89)
四　水葫芦蔓舞疯狂（2002年）……………………… (90)

第三节　应急工程领先锋【应急管理理念与组织体系】……… (92)
一　浦东开发大变革 ………………………………… (96)
二　百万居民大动迁 ………………………………… (100)
三　社会维稳大手笔 ………………………………… (110)
四　韧性城市大格局 ………………………………… (125)

第四节　应急装备新纪元【应急技术、装备与产业】……… (129)
一　智能110报警系统 ……………………………… (131)
二　中国入国际互联网 ……………………………… (133)
三　信息化系统先遣队 ……………………………… (146)
四　计算机应急千年虫 ……………………………… (153)

小结：风雨兼程谋大治 …………………………………… (157)

第三章　成长与探索（2003—2012）SEMS2.0 ……………… (161)

第一节　SARS催生沪应急【应急形势与风险（社会特征与风险特点）面临的应急任务】……………………… (163)
一　SARS病毒禽流感（社会政治形势，上海任务）…… (165)
二　上海世博树丰碑（城市建设规划，上海特色）……… (167)
三　汶川地震惊全球（城市对口支援，上海特点）……… (172)
四　特大型城市应急（国家重大安全，上海情况）……… (176)

第二节 天灾人祸齐接踵【应急事件与典型案例】 …………… (180)
  一 抗雨雪冰冻灾害(2008年1月25—29日、
    2月1—2日) …………………………………………… (181)
  二 莲花河畔屋倒塌(2009年6月27日) ………………… (187)
  三 静安胶州路烈火(2010年11月15日) ……………… (193)
  四 地铁10号线追尾(2011年9月27日) ……………… (201)

第三节 应急体系彰全网【应急管理理念与组织体系】 ……… (213)
  一 "一案三制"成就好 …………………………………… (215)
  二 应急联动建中心 ……………………………………… (221)
  三 世博安保成典范 ……………………………………… (231)
  四 闵行区综合应急 ……………………………………… (236)

第四节 应急科技产业化【应急技术、装备与产业】 ………… (246)
  一 应急平台互联通 ……………………………………… (246)
  二 应急装备全升级 ……………………………………… (253)
  三 应急科技执牛耳 ……………………………………… (265)
  四 科技应用盘点 ………………………………………… (268)
  五 应急产业成链条 ……………………………………… (272)

小结:凤凰浴火图大治 ………………………………………………… (294)

第四章 转型与升级(2013—2018)SEMS2.0+ ………………… (299)

**第一节 痛定思痛图变革【应急形势与风险(社会特征与
    风险特点)面临的应急任务】** ……………………… (300)
  一 总体国家安全观(社会政治形势,上海任务) ……… (300)
  二 上善若水中国梦(城市建设规划,上海特色) ……… (306)
  三 反恐反腐反病毒(城市人口规模,上海特色) ……… (307)
  四 智慧城市物联网(国家重大安全,上海情况) ……… (316)

第二节 凤凰涅槃谱新章【应急事件与典型案例】 …………… (319)
  一 外滩夜跨年踩踏(2014年12月31日) ……………… (320)
  二 东航两机险相撞(2016年10月17日) ……………… (328)
  三 外白渡桥遭封闭(2017年11月27日) ……………… (333)
  四 中环高架车追尾(2018年5月9日) ………………… (334)

第三节　应急治理多灾种【应急管理理念与组织体系】……（343）
　　一　区域治理精细化……（344）
　　二　应急联动智能化……（353）
　　三　风险防御保底线……（359）
　　四　危机应急靠事前……（363）

第四节　应急智能全流程【应急技术、装备与产业】……（379）
　　一　应急资源云计算……（379）
　　二　应急预警大数据……（385）
　　三　应急监控物联网……（395）
　　四　海绵城市机器人……（400）

小结：筚路蓝缕成大治……（403）

总结与展望：挑战与跨越（2018— ）SEMS3.0……（406）
　　一　应急部领新时代……（407）
　　二　初心不忘系扬帆……（410）
　　三　智慧应急 AI 势……（412）
　　四　颠覆技术新风险……（415）
　　五　上海人家全球家……（422）

附录　年鉴摘编：上海韧性应急的轨迹……（442）

参考文献……（496）

后　记……（506）

第 一 章

孕育与萌芽(1978—1992)
SEMS0.0

回望20世纪70年代末到90年代初上海对外开放走过的历程，大体可以将其分为三个阶段。第一阶段，1984年前，是突破僵化体制的改革阶段。第二阶段，从1984年上海被列入14个沿海开放城市到1987年，是机遇与挑战并存的探索阶段。第三阶段，从1988年到1992年南方谈话前，是找准定位、奠定基础的开放阶段。特别是1990年中央开发开放浦东的决策，为上海改革开放新局面的开辟带来了百年不遇的大好时机。

改革开放开启了我国由"全能政府"向"有限政府"转变，但由于计划经济体制的影响和行政改革进程的困难，此阶段包括灾难事故在内的很多社会公共事务仅限于政府管控之内，即政府是唯一主体，公共事务是封闭处理，紧急事件是秘而不宣，突发危机是临时处置，危险事故是事后扑火。现代意义上的城市应急治理理念尚未形成，更没有建立相应的组织体系和机制。

这个阶段，上海逐步从中国改革开放的"后卫"走向"前锋"，鉴于自身的地理位置、历史、文化以及各种社会经济因素，上海的应急治理不仅表现出全国性一般特征之外，还体现出自身的特点。

第一节 于无声处听惊雷

【应急形势与风险（社会特征与风险特点）面临的应急任务】

一 改革开放立初心（社会政治形势，上海任务）

上海应急治理孕育与萌芽的社会经济分析。社会急剧转型时期，社会经济的发展背后往往会暗含着引发各种危机的不确定因素，社会政治经济形势直接关系着城市公共安全形势，城市各种危机的爆发、衍生和次生及链式或涟漪效应的发展变化使城市管理的政策制定者和研究者们开始关注城市应急治理。从经济发展阶段看，1978—1992 年上海经济发展先后经过了第六个五年计划（1980—1985）、第七个五年计划（1986—1990）和第八个五年计划（1991—1995）的前半期。"六五"是继"一五"计划后的一个比较完备的五年计划，是在调整中使国民经济走上稳步发展的健康轨道的五年计划，也是我国的一个重要历史转型期，围绕"全部经济工作以提高经济效益为中心"，经过拨乱反正和恢复调整，1983 年 4 月上海市八届人大一次会议审议通过《上海市国民经济和社会发展第六个五年计划》，上海的发展走上了正轨。上海市生产总值从 1978 年的 272.81 亿元增长到 1992 年的 1114.32 亿元。其中 1978 年比上年增长 15.8%，1992 年比上年增长 14.9%，体现了上海开放开发对经济的巨大影响。1979—1984 年为农村改革时期，上海受传统计划经济的严重束缚，维持老的财政体制，资金、原材料供应紧张，经济发展缓慢。

1978 年与 1949 年比较，上海轻工业产值增长 11 倍，重工业产值增长 109 倍，形成了一个拥有 157 个生产门类、15 个工业部门的比较完整的工业体系。工业总产值占全国的 13.5%，调往各地的工业消费品占全国省市间调拨总量的 1/3，成为全国重要的工业基地。但是上海工业生产出现低速徘徊，1979—1984 年工业总产值年平均增长速度为 6.7%，较改革前 25 年平均增长 10.5% 的速度减慢了 3.8 个百分点，也低于全国同期 9.6% 的增幅。

到 1978 年，上海第三产业占国内生产总值的比例下降为 18.6%，与 1952 年相比下降了 23.4 个百分点，城市交通、邮电通信、公用事业、金融贸易等全面滞后，上海的多种城市功能日趋萎缩，中心城市的辐射和集聚能力日益减弱，上海的地位也从过去全国和远东的贸易、金融中心转变为全国综合性的工业基地，日益从多元化的国际大都市退化为单功能的国内大工业城市，产业结构严重失调问题越来越严重。而工业特别是能耗高、用料多、运量大、污染严重的重工业过度发展，超过了城市的承受能力，导致能源、原材料供应紧张，交通拥挤和城市环境的不断恶化，又从根本上制约了上海交通和城市建设的推进，使上海经济发展处于一种恶性循环的状态。

这一时期，上海地方财政收入的减少与亏损补贴支出的增加，使财政困难的矛盾进一步加剧，到了20世纪80年代末，长期积累形成的城市基础设施建设欠账问题更为突出，全市居民住房困难、交通拥挤、污染严重、城市公用事业落后成为当时困扰上海的四大城市病，城市内部各种矛盾日益激化，城市发展综合失衡的问题集中涌现。由于生产性建设与非生产性建设比例严重失调，住房建设欠账太多，城市居民住房十分紧张，市区住宅中，一半以上是1949年前遗留下来的，其中绝大部分已经60年以上，到1978年市区人均居住面积只有4.5平方米，1985年市区人均居住面积只有5.4平方米，人均居住在3平方米以下、三代同堂、两对夫妻共居一室的各类困难户有46.8万户，占全市总住房人口的23.8%。中心城市人口密度平均每平方公里约4万人，最密集地段达10万人；加之商品紧缺，城市交通日益拥挤。公交车辆与1949年相比增加了5倍，但是增加的年客运量是20多倍，市中心区车速每小时只有15公里，道路经常堵塞；环境污染严重，"三废"污染严重，例如市区内黄浦江和苏州河的黑臭期逐年延长，人民生活水平不断下降。工业布局不合理，厂房同居民住宅混杂，噪声和废气影响居民的休息和健康。

1985—1991年，全国改革的重心转入城市，但比起广东等地，上海继续处在全国改革开放的"后卫"，在新旧两种体制的碰撞中，计划缩小，市场扩大，引发一系列矛盾。上海的国民收入和工农业产值却快速下滑，到1984年已从全国第1位降至第5位。"上海应走改造振兴新路子"这一历史命题便应运而生，1984年制定上海发展战略，并于1985—

1991年实施这一战略，① 由此上海的汽车、冶金、家电、石化、电话设备、通信六大支柱产业重整雄风。1986年国务院国函〔1986〕94号文件批准上海自借自还扩大利用外资，以加强城市基础设施建设，加快工业技术改造，增强出口创汇能力，发展第三产业和旅游业（后称"94专项"资金）。自此，1985—1991年这一时期打破封闭，引进内资、外资，城市化改造拉开序幕，还历史上住房等欠账，改变长期忽视城市建设的问题。此外，扩大金融权限，扩大外贸，搞活金融、外汇、证券市场。

1990年，国务院宣布浦东开放。1992年邓小平同志要求把上海作为全国改革开放的龙头。这样，上海从全国改革开放的"后卫"变为"前锋"。浦东的开发开放，带动了长江三角洲地区（后称"长三角地区"、"泛长三角地区"）经济的发展。这一时期产业发展方向作了重大调整，改原来的"二、三、一"为"三、二、一"（三次产业）。投融资方面，运用国内外两种资源、两种市场，加快国企改革和现代企业制度改革。上海成为全国的金融中心和贸易中心，城市功能得到加强。②

二 上海早晨弄堂清（城市建设规划，上海特色）

弄堂是近代上海城市最重要的建筑特色，构成了千万普通上海人最常见的生活空间，成为近代上海地方文化最重要的组成部分，最能代表近代上海城市文化的特征。③ 它既带有中国传统建筑的痕迹，又或多或少地受到外来建筑的影响，是最典型的中西合璧建筑。弄堂是20世纪80年代城市改造前上海人口最密集的建筑群，而且诞生了上海近代工业化标

---

① 早在20世纪80年代初，我国改革开放大潮刚刚兴起，上海作为传统经济体制最为典型的全国最大的工商业城市，受到了前所未有的冲击。上海向何处去？是振兴还是沉沦？……面对现实，上海会同全国的理论工作者和实际工作部门的同志，围绕建设一个什么样的上海，展开了广泛深入的探讨，最终形成了1985年国务院批准的上海经济发展战略……没有发展战略思路的创新，就不会有上海的崛起；没有高屋建瓴的发展战略，崛起的上海也要陷于衰落。崛起的上海，得益于80年代所制定的发展战略。（引自1994年7月14日"迈向21世纪的上海"发展战略研讨会上时任市长黄菊所作的《运筹全局，拓展未来》讲话。）

② 梅森：《志书体裁的运用》，上海市社会科学界联合会网（http：//www. sssa. org. cn/bzck/677344. htm），2018年10月31日。

③ 百度百科：《上海弄堂》，百度网（https：//baike. baidu. com/item/% E4% B8% 8A% E6% B5% B7% E5% BC% 84% E5% A0% 82/3302191？fr = aladdin），2018年11月1日。

志的弄堂工厂。弄堂工厂1949年后又以街道工厂形式存在,改革开放后,又在原来弄堂工厂的基础上重新建起许多新的私营工厂。

然而,这种曾经成功解决了拥挤问题的高密度住宅,在1949年后面对人口的再次激增,却显得无能为力,出现了一个单元要住三四户、共用厨房厕所的情况,不仅背离了设计的初衷,更给人们的生活带来了极大的不便。同时由于年久失修,很多里弄的结构质量也令人担忧。旧式里弄占有38%的面积,共2000多万平方米,住有50%左右的居民,1980年,上海人均住房面积仅有4.4平方米。上海市政府从20世纪80年代初开始着手研究里弄的改造问题,1982年正式出台《上海市拆迁房屋管理办法》。1984年10月,市建委印发《关于住宅建设参加市区改建若干问题暂行规定的通知》,指出:"市区7年改建基地布局规划,10个区23片地段建筑规模为1100万平方米,其中以肇嘉洪路漕溪北路、天目路恒丰路、四平路3个片地段为改建重点。"1988年出台《上海市拆迁房屋管理若干问题的规定》。1984年5月,市政府批转市建委《上海市出售商品住宅管理办法》,开始住房商品化发展路线;1986年12月上海市商品住宅基金会正式成立;1988年3月,市政府发布《上海市外商投资房产企业商品住宅出售管理办法》。早期的里弄改造规模较小,多数都是政府行为,由政府出资,里弄的拆、保也都是由政府决定。常见的做法是:主体部分保持不动,调整平面布局,降低层高,增加层数,做到每户有独立的厨房和卫生间,改善保温、隔热、通风等条件。迁出部分居民,仍保持居住功能。较为典型的例子如蓬莱路的303弄和252弄的改造。现在已经暴露出当时的改造依据的标准太低而不能满足居民生活的问题,同时也暴露出在计划经济条件下筹资、运作等方面的问题。20世纪90年代初期,进入市场经济以后,随着开发商的大力介入,市中心大规模的成片里弄改造纷纷启动。如静安区的福康里改造,卢湾区的茂名坊改造。①

尽管上海经过了1958年开始卫星城建设和20世纪80年代的初步调整,但该阶段传统工业仍然主要集中在中心城区。据1990年统计,中心城区的工业总产值占全市工业总产值比重仍高达50.08%,大量工业企业

---

① 郭挺:《上海旧城改造中住房拆迁补偿政策的变迁及影响因素分析(1980—2006)》,同济大学2007年硕士学位论文,第16—23页。

集中在中心城区，对上海产业的调整带来了困难。1992年根据"三、二、一"产业发展顺序，上海对产业布局开始了大规模调整，内环线内的工业区结合旧城改造逐渐实现"退二进三"，即中心城区第二产业退出，第三产业进入。①

多年来，上海经济迅猛发展，机动车数量猛增，人多、车多、路少，交通压力与日俱增和交通环境不尽完善的矛盾依然存在。人居安全水平和人身安全水平逐渐恶化，尤其是重特大交通事故时有发生，道路交通伤害造成的伤亡已成为一个十分严重的社会稳定和民生问题。

1985—1991年，南浦大桥、延安东路越江隧道、沪嘉和莘松高速公路、吴淞路闸桥、合流污水治理一期工程、黄浦江上游引水一期工程的建成，改善了市民的饮水质量，市内电话拨号改建工程和电信大楼及国际邮件交换站的建成，改善了邮电通信状况。新建上海铁路新客站、改建上海港十六铺客运站和扩建虹桥机场，使上海三个对外窗口面貌有了明显改观。还建成了浦东煤气厂一期工程和日处理垃圾的废弃物处理厂等一批重大工程。同国外的经济技术交流和合作进一步深化，深加工、附加值高的制成品明显增加，建成一大批与国际大公司合作的技术先进企业，先后建立闵行、虹桥、漕河泾三个经济开发区。

表1—1　　上海主要城市基础设施和人均住房情况

	人均居住面积（平方米）	城市道路长度（公里）	电话装机容量（万门）	电话用户（万户）	城市污水处理（万吨/日）
1984年	5.0	1030	23.47	15.98	17.1
1991年	6.7	1653	83.68	56.59	40.5
1991年比1984年增长（%）	34.0	60.5	256.5	254.1	136.8

资料来源：《上海统计年鉴》。

---

① 曾刚、倪外：《新中国成立以来上海城市经济发展研究》，《经济地理》2009年第29卷第11期，第1777—1782页。

表1—2　　　　　上海城市基础设施及住宅投资、竣工情况

年份	城市基础设施投资额（亿元）	住宅投资额（亿元）	住宅竣工建筑面积（万平方米）
1984	9.77	8.20	438.24
1985	17.54	12.95	488.55
1986	24.78	17.56	490.95
1987	32.64	22.46	486.24
1988	37.08	27.03	474.88
1989	36.09	18.94	371.01
1990	47.23	26.26	421.94
1991	61.38	35.67	477.69

资料来源：《上海统计年鉴》。

上海这座现代化大都市在经历了15年的改革开放的建设发展，全市高楼林立，人口密度从1978年的每平方公里1776人增加到1992年的每平方公里2034人。随着城市面积的蔓延，上海市区面积就由1984年的144平方公里猛增至1998年的400平方公里，扩大了1.78倍。旧城区的居民外迁，导致"市区空洞化"，郊区呈"摊大饼"式地无序铺展，片面强调经济利益的超负荷开发、各自为政的重复建设、草率的旧城土地置换等，已带来严重的社会问题。人口外迁可以使过密的旧城人口得以疏解，但在批租动迁的基础上，往往建造了密度更高、容积率更高的建筑，道路狭窄，危险源分布广泛，所以一旦发生火灾就容易造成伤害。如8层以上房屋从1980年的121幢增加到1990年的748幢，里弄与高楼完全纠缠在一起，形成一幅无序、驳杂又充满生机的壮观图景。

三　百万知青回沪申（城市人口规模，上海特色）

早在1964年年初，党中央、国务院第一次发布指导知青下乡的纲领性文件《关于动员和组织城市知识青年参加农村社会主义建设的决定（草案）》，1969年是上山下乡运动最为波澜壮阔的一年，每座城市、每所学校、每条街道、每个家庭都身不由己地被卷入了这股大潮。全国八个主要城市——北京、上海、天津、杭州、南京、武汉、成都、重

庆的知青许多人被下放到边远省份，例如黑龙江、内蒙古、新疆、云南，大量知青在本省农村插队，共有267万多知青投身其中。"文化大革命"中上山下乡的知识青年总人数达到1600多万人，成为人类现代历史上罕见的从城市到乡村的人口大迁移。1978年《全国知青上山下乡会议纪要》对这场运动总结指出：1968—1978年的十年知青下乡运动，"缺乏整体规划，知青工作的路子越走越窄，下乡知青中的不少实际问题长期未能解决"。如出现知青与农民抢饭吃的问题，知青的生存状况十分恶劣。

上海知青大批下乡，从1963年开始，到1977年结束。1966年5月17日，上海市文化广场13000多名知青聚会，上海市委要求上海知青"鼓起革命勇气，下定决心"，积极投身新疆建设，在建设和保卫边疆的事业中做出贡献。1967年11月8日，上海市1966届大专院校毕业生誓师大会召开。毕业生们表示要到内地去、到边疆去、到祖国最需要的地方去。1968年，积压在学校的毕业生已经不止1966届、1967届两届，加上1968届毕业生，共计达200万人。1968年6月18日，上海市组织的上山下乡勘察小分队出发，他们都是1966届毕业生，也是上海市首批被批准上山下乡的红卫兵。7月27日，上海首批赴农村落户的1966届高中毕业生开始陆续前往安徽和上海市郊区的崇明、奉贤等县的国营农场。

下乡不久就有少数人因病返城。进入20世纪70年代以后，开始允许知识青年以招工、考试、病退、顶职、独生子女、身边无人、工农兵学员等各种各样的条件逐步返回城市。正式的知青返城政策是1973年出台的，按规定只有少量知青可以返城，例如独生子女。到20世纪70年代后期，开始出现了大规模抗争，知青们通过请愿、罢工、卧轨甚至绝食等方式强烈要求回城，其中以1978年11月10日西双版纳的云南生产建设兵团上海女知青徐玲先难产死亡事件引起的抗争最为出名。1978年10月，全国知识青年上山下乡工作会议决定停止上山下乡运动并妥善安置知青的回城和就业问题。1979年6月，10万名云南生产建设兵团知青中的98%返回了原籍。1979年后全国1800万知青陆续返回了原籍城镇城市，也有部分人在农村结婚"落户"，永远地留在了农村。

上海知青的大批返城，各地时间不同。黑龙江在1978年，云南在1979年，安徽、江西等省也是在1979年，而新疆知青则从未安排大批返城，大多是退休后回上海的。回城青年有的当工人，有的下海经商，剩下的找到政府，寻求出路，此间也和政府抗争过，群体性事件和不稳定因素一直存在着，因为大量的知青返城，城市无法提供那么多的工作岗位。直到1985年，开始全面落实知青政策，国家经济又较快发展，城市的发展创造出更多的岗位，安排知青的难度才相对较小。

1979年全国知青大返城，造成各城镇就业压力陡增。按当时的国家经济状况，每年全国各机关、企事业单位（包括大集体、小集体）可吸收的就业人数不超过100万人，而积压在各城镇的待业人数包括知青，已经超过2000万人，实际失业率超过20%。为了解决这个燃眉之急，中国经济体制改革在其进程中，就开始增加了发展个体经济和私有经济这样一个重要选项，这在当时是不得已采取的措施。在这样的情形下，知青开始自谋职业。几年下来，从一个个大碗茶铺、小吃店、小型作坊，这些不依赖国家一分钱的个体户竟然迸发出国营企业无法比拟的创造力。知青群体也成为最早致富的一批人。在农村，通过类似私营的土地承包经营方式的改革，劳动生产率大为提高。与此同时，农村劳动力过剩的矛盾也尖锐起来。仿照城镇个体经济，大量乡镇企业也发展起来。

改革开放中的许多政策，就是由于城镇和农村劳动力严重过剩，国家缺乏足够资金发展生产所必然派生出来的。这些问题也就导出改革开放时期中国经济恢复和发展的特殊路径，也因此给现在带来了严重的问题和困难。

根据《上海统计年鉴》显示，上海常住人口从1978年的1104万人发展到1992年的1365万人，人口密度从1978年的1776人/平方公里发展到1992年的2034人/平方公里（见表1—3），家庭总户数从1978年的291.69万户发展到1992年的431.67万户，但是平均每户人数却从1978年的3.77人降到1992年的2.99人。

从该阶段上海人口变化来看，1978年改革开放初期，受计划经济的束缚，上海市外来流动人口总量还不成规模，由于政府对外来流动人口数没有进行专门的统计，1978年，上海常住人口为1104万人，户籍人口为1098万人，非户籍人口仅仅为6万人。但是到20世纪80年代中期以后，上海市外来流动人口开始逐步增长，人口一直持续增加，处于净流入状态，根据有关部门组织的流动人口抽样调查资料显示，1988 年上海市外来流动人口为 106 万人，由于相对户籍人口来说，外来流动人口仍为少数，1992 年前，上海人口增长态势总体是平稳增长。当时上海对待外来人员主要是用计划经济手段加以控制，以限制性的管理政策和措施为主，目的是控制流动人口数量增长过快，治安方面的问题主要由公安机关承担。但到 1992 年以邓小平南方谈话推进浦东开发、开放为标志，上海人口开始进入快速增长阶段。

表 1—3　　　　上海 15 年来人口变化（1978—1992）

年份	常住人口（万人）	人口密度（人/平方公里）	外来人口（万人）	老年人口（万人）
1978	1104.0	1776	24.83	
1979	1137.0	1830		
1980	1152.0	1854	28.75	
1981	1168.0	1880		
1982	1186.0	1908		
1983	1201.0	1930		
1984	1217.0	1948		
1985	1233.0	1967	18.29	
1986	1249.0	1944		
1987	1265.0	1971		
1988	1288.0	1991		
1989	1311.0	2013		
1990	1334.0	2024	12.18	
1991	1350.0	2030	16.70	
1992	1365.0	2034	17.53	

资料来源：《2004 年上海统计年鉴》。

从城市规模来看，1979 年 2 月，上海市革命委员会决定重新成立城市规划建设管理局，负责上海城市规划和管理，编制城市总体规划。同年,《上海市城市总体规划纲要(草案)》编订完成。经过数轮的讨论、评议与修改,1982 年,草案定稿为《上海市城市总体规划方案》。1984 年,该方案被上海市上报到中共中央和国务院。1986 年 4 月 14 日,中共中央书记处专门讨论了该方案并做出指示。上海市委、市政府根据中共中央书记处的指示进一步修改了总体规划方案,于 1986 年再次上报中共中央和国务院。1985 年,上海的全市人口已经达到 1216 万人。1986 年的《上海市城市总体规划方案》中明确提出"上海必须严格控制城市人口",而且特别强调"特别是控制中心城的人口规模","到 2000 年全市人口规划控制在 1300 万人左右","中心城人口密度规划为每平方公里 2 万人左右"。从该方案发布到 2000 年,有 15 年左右的时间,而方案留给上海的人口增量仅仅是 84 万人,这样的规划自然是难以实现的。实际上,到 2000 年,上海的人口已经突破了 1600 万人。

四 对越自卫反击战(国家重大安全,上海情况)

冲突与战争历来是一个国家和地区应急管理的重要内容和必须接受的考验,国际安全、国家安全与公共安全是密切关联的,应急管理不仅要思考如何应对自然灾害、灾难事故、公共卫生事件、社会安全突发事件,也要思考如何应对战争。在国外,比如美国有军事应急管理学,把军事指挥学与应急管理学结合起来,我国还没有发展到建设军事应急管理学的阶段,不过这是未来的大势和方向。随着经济全球化进程的快速推进,影响国家安全与公共安全的不稳定因素日益增多,局部战争与武装冲突不断,自然灾害、事故灾难、公共卫生事件、社会安全突发事件发生的频率高,危害的程度大。作为战时紧急情况下的非常态管理,应急管理必须能够迅速、有效地调动一切人力、物力和财力,化解、应对、处置风险和危机,确保国家安全和公共安全。

在经济全球化背景下,发生于 20 世纪 70 年代末和 80 年代的对越自卫反击战就是一个例证。对越自卫反击战是指 1979 年 2 月 17 日至 1979 年 3 月 16 日中国、越南两国在越南北部边境爆发的战争。广义的角度是指从 1979—1989 年近十年的中越边境军事冲突。

有关 1979 年对越自卫反击战的起因,中央人民广播电台发布声明:"越南当局三番四次挑起边界事端,严重地骚扰了中国边民的日常生活和生产活动。中方一再发出警告,越方却置若罔闻,一意孤行,中国政府在忍无可忍的情况下,被迫发动边界自卫反击战,对越南实行惩罚。"1979年2月17日,《人民日报》上发表了一篇访问记《是可忍,孰不可忍——来自中越边境的报告》,向世界宣布了中国的最后抉择。1979年的对越自卫反击战后,客观上促使中国军队逐步开始了现代化建设。①

当战争发生后,作为全国重要的工业基地和战争大后方,上海各行各业抓生产,用增加生产表达爱国情怀,以实际行动支援前线。② 上海小三线在皖南兴建的军工企业,例如东至化工区生产的产品在对越自卫反击战中发挥了一定的作用,东至化工区的红星火药厂生产的8321炸弹在1979年对越自卫反击战中为保家卫国做出贡献。③

1979年2月28日,上海京剧一团赴广西边境开展亲切慰问参加自卫反击战的子弟兵。④ 上海各主流媒体坚守党的新闻舆论工作主阵地,同党中央保持高度一致,把牢舆论导向,以正面宣传为主,提高舆论引导能力,传达主流声音,在战争前后,秉持客观公正开展有关战争事实报道,传达了我国被迫采取自卫战争行动的正义性,激发爱国热情。1979年3月16日,《解放日报》在第一版发表了评论员文章《向新一代最可爱的人学习》,上海各区县、各单位开展了改革军训器材、民兵建设、战备形势教育等活动。⑤

在发生于20世纪70年代末至80年代的对越自卫反击战中,上海地区虽然没有整建制的部队参战,但是也有相当数量的热血青年随所在部队奔赴前线,血洒疆场。据不完全统计,上海共有对越自卫反击战烈士

---

① 张学林:《看历史:中越之间的摩擦与冲突》,《轻兵器》2014年第13期。
② 本报讯:《本市广大工人群众化愤怒为力量努力增加生产支援前方狠狠还击越南侵略者》,《解放日报》1979年2月22日第1版。
③ 徐锋华:《东至化工区建设述论——上海皖南"小三线"的个案研究》,《安徽史学》2016年第2期,第147—154页。
④ 本报讯:《上海京剧一团满怀深情赴广西边境亲切慰问参加自卫还击战的子弟兵》,《解放日报》1979年4月6日第3版。
⑤ 本报评论员:《向新一代最可爱的人学习》,《解放日报》1979年3月16日第1版。

55 人，其中一等功 3 人，二等功 20 人，三等功 17 人。①

第二节　灾难事故高频发

【应急事件与典型案例】

在上海应急治理四十年的历程中，最初的孕育与萌芽（1978—1992）应急治理 SEMS0.0 版本里，风风雨雨 15 年，特别是在 1984—1988 年这 5 年间，天灾人祸连续并发，东部南黄海地震闹得人心惶惶，地震没震死人，可是慌不择路、铤而走险从楼上跳下来活活摔死摔伤的却有 90 余人，南汇川沙龙卷风可谓百年奇观、横扫纵旋，所到之处片甲不留，十六铺码头踩踏事件是上海人心头永远的痛，甲肝肆虐是上海首次暴发的大面积公共疫情，可以说，上海应急治理四十年是始于改革开放，但也始于灾难事故频发的时期。

一　上海南黄海地震（1984 年 5 月 21 日）

1984 年 5 月 21 日 23 时 39 分，上海附近的南黄海海面发生了里氏 6.2 级地震，烈度达到了 5 度（对于上海，强烈有感）。由于此次地震震中位于北纬 32.7℃，东经 121.6℃，在距离上海只有 100 多公里的黄海海面，所以这次地震的重灾区是上海，震感强烈，虽然没有大量的建筑物倒塌，但由于地震的巨大恐慌，不少上海市民跳楼求生，造成 3 人死亡，90 余人受伤。其中，30 人送往医院救治。邻近的江苏等地也受到了一定程度的灾害。震中与江苏陆地部位的最近距离约为 30 千米。这次地震使上海、江苏、浙江、山东、安徽受波及，其中，上海和江苏如东是该次地震的相对重灾区。

这次地震有较好的中期预测。从 1980 年起，根据地震活动性分析指出，南黄海海域存在中强震背景。1982 年，对此意见作了进一步的肯定。1982 年以后，海域内的小震活动明显增强；江苏的一些前兆观测也开始出现异常。为此，江苏省人民政府批转了江苏省地震局关于黄海海域及

---

① 伍任祖：《阿拉的芳华：向沪籍对越自卫反击战烈士致敬！》，上海农场知青网（www.shnczq.org.org/detail.php？id＝4799），2017 年 12 月 24 日 07：10：17。

沿海地区地震趋势和加强工作措施意见的报告，加强了对沿海地区的监测工作。1984年度全省会商地震趋势曾明确提出：1984年内或稍长时间，江苏、上海及邻近地区发生6级左右中强震的可能性是存在的。同时，国家强调要做好南黄海海域的震情监视工作，当时的主要依据是，除了地震活动性异常和长水准复测显示的异常区外，还有南京台的短水准、视电阻率的趋势性变化以及镇江船山矿水氡的趋势性上升等。①

1984年4月30日溧阳老震区发生3.1级地震，引起了地震部门重视。此后，上述异常数量有增加的趋势。当时，会商认为与江苏省陆地上发生3—4级地震前的异常情况差不多；据以往震例，溧阳震区与黄海震区地震活动的相关性较好，因此提出要加强沿海地区的震情监视。1984年5月21日震后，江苏地震局随即派员进入现场。上海市地震局、国家地震局地质研究所也派员到现场从事宏观考察。国家地震局安启元局长亲临现场领导监测工作。震中附近陆地上人口稠密、经济发达，因此判定震后的震情发展趋势是十分迫切的任务。震后第二天，地震部门经分析研究初步确定这次地震为主震余震型，明确提出：震后不会有更强烈的地震发生。当时这对安定民心、减轻灾害起了积极的作用，取得了显著的效益。②

上海是该次地震受灾相对严重的地区，有极少部分建筑物有轻度破坏，但没有大规模房屋倒塌，虽然上海没有大规模直接的房屋倒塌。但造成的恐慌十分严重。1984年5月21日夜，受上海附近南黄海海域里氏6.2级地震的影响，上海全市强烈有感。当时报纸上的报道是极其简单的，然而其实这是上海半个世纪中最强烈的一次地震，也有人认为这也是半个世纪中上海最危险的一天。正当大家熟睡的时候，被强烈的震动惊醒。③

第一波的震动是上下垂直的抖动，过一会儿的第二波震动是横向的

---

① 百度百科：《5·21上海南黄海地震》，百度网（https：//baike.baidu.com/item/5%C2%B721%E4%B8%8A%E6%B5%B7%E5%8D%97%E9%BB%84%E6%B5%B7%E5%9C%B0%E9%9C%87/15885233？fr=aladdin）。
② 国家地震科学数据共享中心：《南黄海6.2级地震震例报告》，1984年5月21日。
③ 百度百科：《上海南黄海地震》，百度网（https：//baike.baidu.com/item/5·21）。

摇动，仿佛是要先把房屋的架子拍松动后再摧毁它。房屋里的一切东西仿佛都在发出声响，电灯在空中像秋千一样摆动。很多人跑到室外，市中心的人民广场聚集了许多人。后来有报道说有人跳楼后摔成骨折。后来听说宝钢高炉的避雷针被震下。以前认为上海是冲积平原，土质松软，不会发生大的地震，这次地震的发生否定了这个结论。当时如果震动再持续一段时间，就会形成灾难。① 此次地震造成上海建筑物轻度损坏，间接死亡3人，90余人跳楼受伤，其中30余人送往医院治疗，川沙的少量厩棚倒塌，砸死砸伤家畜数头。②

关于上海当时的政府官方和媒体即当时的报纸电台电视台的响应和反应，不是平静，更不是淡定，而是安静！市民的风趣回忆记录了当时百姓印象里的政府应急反应：今夜的上海是真正的不夜城，每一扇窗户都透出明亮灯光。我决定通宵不睡，余震时也好招呼家人保安全。我穿上西装，口袋塞满现钞、干粮和水瓶。经历地震，心境很难平复，只要床铺稍稍抖动，神经末梢骤发警报，搞得身心疲惫不堪。我翻阅美国黑人短篇小说，时不时眺望窗外。天穹仍是一片橘红色，大雨仍在急急下着。我感觉眼皮沉重，不知何时睡着了。③

关于上海人的心态，在经历了刻骨铭心的一夜巨大惊恐之后，却在瞬间就犹如什么也不曾发生过一样的一切如往常，这是内心深处的平静吗？还是来自对政府安全屏障的信任？抑或是一种无奈的循规蹈矩？下面这段惟妙惟肖的文字可以准确地还原市民的心态，揭开这个谜题，那就是上海的小日子心态："太阳升起来。马路上车来人往，年轻人的自行车飞驰而过，双铃的响声悦耳，回荡在空中。传呼电话间的两位老妈妈，褪去昨夜的光环，拿着电话唯唯诺诺。陕西北路菜场人声鼎沸，高音喇叭播放官方发布的地震消息，已无人关心。主妇们手拿各式男人看不懂的票证，选购肉类素菜，菜篮子盛放着全家人的口福。威海威路三角花园树木中的五彩塑料布，在阳光下尽情闪耀。陕西北路369号洋房的竹篱

---

① 赵焕焱：《追忆上海感受的1984年5月21日夜南黄海6.2级地震》，价值中国网（http：//www.chinavalue.net/Management/Blog/2008-5-13/62307.aspx）。

② 《上海地区地震历史资料》，豆丁网（http：//www.docin.com/p-409041169.html）。

③ 连连看：《1984年5月21日的上海地震之经历》，新浪博客（http：//blog.sina.com.cn/s/blog_44e8e9fe0100h49y.html）。

笆已然修葺一新，缝隙伸展无以计数的爬山虎嫩枝，透出勃勃生机，犹如我获得再生的欢乐。生活脚步匆匆行，即使地震也无法阻挡。蓝天、白云、树木、房屋，构成生平第一次感觉的动人画面。这就是生活的世界，美好而灿烂。经历死亡威胁，我重新领悟生命的意义和生活的美妙。"①

可以看到，在上海应急治理处于孕育与萌芽阶段（1978—1992）SEMS0.0版本的时期里，从政府的角度看，还没有诞生现代意义上的应急管理，有的只是应急处理和灾害应对，其方式和手段都处于原始的和朴素的简单反应时期，在防御上是有的，在准备上也是重视的，在预报上甚至是先进的，比如对上海南黄海地震的监测和预报就是很成功的短临预报。但是，在对社会的告知方面，就非常缺乏现代应急理念和应急管理的科学方式，那时候没有什么新闻发言人，也不正面说明和解释，更不专业地提前发布消息，或以正视听或提早提示，一般都是不发声音，采取不告知、少告知，不到万不得已不广泛告知的方式，生怕告知错了、说多了、讲早了、言过了，主要是考虑到以免引起不必要的社会恐慌，但对于到底什么是不必要的社会恐慌却缺乏正确认知。

简单不告知的方式，这本身就是比较落后的甚至是不切实际的理念和方式，因为灾难并不因为你不告知而不发生，也并不因为你告知了社会就注定会引起恐慌，相反你不告知反而会更令社会因缺乏准确消息或信息不对称或小道消息漫天飞使社会陷入无助和恐慌。这是一种政府的灾害侥幸心理在作怪，也是一种政府不作为，其实还可能是出于懒政，说到底是政府以"管治思维"对待灾害，所以政府才会假设不告知会麻烦少、好控制，而告知了会麻烦多、不好掌控，担心社会失序、心态失衡、行为失控，政府对社会的掌控主要通过信息不对称来实现。殊不知，这样在信息传播稍发达一些的时候，传递途径稍多些的情况下，非官方消息、非主流信息、非科学传闻、恶意谣言，都会不胫而走，反而会惑乱人心、造成社会恐慌，引起不必要的危险。所以，对于哪些信息是必要告知的，哪些信息是需要提前告知的，怎么告知，由谁去告知，这些

---

① 连连看：《1984年5月21日的上海地震之经历》，新浪博客（http://blog.sina.com.cn/s/blog_44e8e9fe0100h49y.html）。

在当时那个年代都是不自知的、没有主观自觉意识的，也没有行动上和意识上的主观能动性，更没有政策上的议程设置和管理上的流程安排。尽管政府的不告知方式考虑不是完全没道理，但肯定是落后的、不科学的、不专业的、不符合社会发展需要的，更是跟不上灾害应急新理念的。尽管在那个年代这些理念还没有诞生，但是需要政府去创造性地开发和采取这些先进的应灾理念，政府的实践却显得相对滞后，而理论和科技界的觉醒也没有走在实务先声之列。

二 南汇川沙龙卷风（1986年7月11日）

1986年7月11日，台风倒槽区内发生4个龙卷风。12时40分，奉贤县钱桥乡周陆村首先出现龙卷风，移向偏东，路径长300米，宽45米。历时5分钟，折树倒杆，毁坏房屋30间，其中有电吸尘设备厂结构良好的车间4间，重伤2人，轻伤3人。12时50分，奉贤县青村乡唐家村出现龙卷风，移向偏北，路径长约1300米，宽约30米，损坏房舍17间。13时10分，南汇县出现双龙卷风。一个发生于新场乡西部，移向东北，摆动前进，经坦直、三灶、六灶诸乡，止于六灶乡九曲村，路径长达18千米，最宽处300米，历时20分钟。沿途毁坏各类房屋（包括结构良好的钢筋混凝土建筑物）约4000间，死亡29人，重伤164人，轻伤372人。11万伏和3.5万伏的6根直径40厘米钢筋混凝土高压电线杆被折断，重达11吨整体浇铸钢筋混凝土楼面板被腾空掀起约20米并扭曲，摔至40米远处。另一个龙卷风发生于南汇县六灶乡东部，随即入川沙县境，移向东北，与南汇境内龙卷风一前一后，同步摆动前进，经六团、施湾、江镇各乡，止于东滨村海边，路径长13千米，最宽处100米，历时20分钟。沿途倒损各类房屋486间，死亡2人，重伤2人，轻伤11人。1台20吨重的龙门吊车被吹移推倒河中，砸毁河中1条40吨重的水泥船，1座36米高的铁烟囱被刮倒，直径30厘米的大树被折断。上述4个龙卷风涉及3个县12个乡镇，造成死亡31人，重伤168人，轻伤386人。毁坏各类房屋4800余间，工厂14家，幼儿园及中小学11所，直接经济损失达3000余万元。

7月23日，嘉定县嘉西、唐行乡出现龙卷风，倒损房屋棚舍43间，吹倒高压线杆1根，造成几家工厂停产。吹倒唐行乡自来水储水罐和百年银杏树。

8月13日午后，闸北区普善路出现龙卷风，刮倒20余吨重行车1辆，掀掉轻型板屋顶14间，吹倒直径20厘米粗的行道树3棵。

三　十六铺码头踩踏（1987年12月10日）

1987年12月10日清晨，黄浦江上骤起大雾，整个江面上仿佛笼罩了一层纱帐，远近灯光难辨，能见度在30米以内。按照上海市安全航行有关条例，视程在100米以内，黄浦江上所有航行的船只必须停航。这时正是上班高峰时间，大量市民在轮渡站的浮桥和候船室内焦急地等待轮渡开航。黑压压的人群挤满了整条陆家嘴路，很多人推着自行车，估计有近万辆，还有几百辆运送蔬菜的人力车，从渡口经花园石桥路、北护塘路，一直延伸到浦东南路，人们焦急地等待着。

上午9时，浓雾渐渐散去，轮渡有望开航，但远超平时的流量，这时在陆家嘴轮渡站已聚集了4万名以上渡江心切、赶着上班的乘客。登上第一艘渡船，基本是已经在候船室的乘客，平安无事。但是在9时10分，当第二班轮渡船开航时，在码头铁栅栏外等着上班的乘客拥挤着往船上赶，大量的自行车与行人混杂在一起，秩序极为混乱。突然，一个中年人连同他的自行车一起被汹涌的人流挤倒，然后就有2个、3个、4个人被挤倒，后来者踩着这些倒地的人冲向前方，一起惨祸在5分钟内酿成了。

一位死里逃生的乘客事后回忆，前面一辆自行车倒下了，他被绊倒了，跟着一下子倒下十几个人，但后面的人并不知道前面发生了什么，还是往前拥，这时推自行车的人最不易控制平衡，在人流的冲击下，纷纷倒地，又引起连锁反应，引起更多的人群倒地、更多的自行车倒地。他被人绊倒后，人们已无法控制自己的脚步，有的倒在他身边，有的压在他身上，有的从他身上踩了过去，后来他什么也不知道了，醒来时已经躺在医院里了。此时，在轮渡站值班的工作人员意识到要出人命，请求公安部门紧急救助，抢救伤员，并立即从马路上拦车，将伤员送到附近的上海市第一人民医院、上海市第三人民医院、黄浦区中心医院。这次事故共死亡66人、重伤2人、20多人受轻伤，是有史以来上海发生的最严重的踩踏事故。①

上海有史以来最为严重的踩踏事件就发生在 1987 年 12 月 10 日的清晨，这是上海人内心深处永远的痛。一是广传上海人居然为了上班不迟到的那点钞票不要命；二是上海人那么温文尔雅怎么会风度尽失地因为拥挤而踩死那么多人；三是这么沉痛揪心的灾难居然在不到 30 年之后就在外滩又再次重复发生了跨年夜踩踏（2014 年 12 月 31 日）。对于高密度人群的踩踏事件，政府的重视程度是有一个认知上的变化过程的，对于相应措施的采取不论是预警还是现场处置都存在一个积累的过程，早年可能认知不清、经验不足、意想不到，后期则未雨绸缪、高度重视、提前预处。在十六铺码头踩踏事件发生的整个过程中，从第一个人倒下到 66 人被踩踏至死、酿成惨祸，前后不过 5 分钟时间，但是从当天一大早到出事的 9 点 10 分之间，人流是慢慢聚集的，前后至少有三个小时，这个时间以内的任何一刻，都是政府主管部门、交通和公安等有关行政部门以及企业相关管理部门能够发现问题的时刻，但是没人发现，也许有人发现，但是并未采取任何措施，例如疏导、分散、引流、提醒等，直到真的已经踩死了人，现场才有人报告请求公安、交通或医院来救援，但是为时已晚。

这表明管理的理念不够，意识不强，"挤死人了"这句中国人常挂在嘴头上的话，人类有这种古老的语言，但是其实一直未曾真的意识到真正的危险，而杜绝悲剧发生的方法，从政府角度而言，就是提前采取一切可以分流和疏导的措施，在现场避免大面积滞留和高密度人群的形成，从百姓角度而言，必须时刻保持基本常识，在人流密集的地方保持必要的警惕，而他人撞击和挤占自己时要礼貌提醒、相互谅解和谦让。科技手段也是一个关键要素，在科技发达的今天，到处都是高清摄像头，到处都是人流监控视频，一经达到人流上限，系统就会自动报警和提示，各种专项预案也比较完备，但是在科技并不发达的四十年前，在人们尚未觉知踩踏风险的过往，在政府部门并未重点管控踩踏区域，踩踏会在顷刻之间发生。不过惨剧还是在理念和认知之间游走，就在科技发达的

---

① 《1987 年上海陆家嘴轮渡站踩踏事故致 66 人死》，人民网，观察者网（https://www.guancha.cn/society/2015_01_01_305018.shtml）。

2014年，就是智慧平安的上海外滩，就在到处都是高清摄像头，到处都是人流监控视频的情况下，更惨的踩踏事件还是发生了。这个问题的要害不是政府没意识，而是该怎么意识、意识什么？这就是现代应急治理的专业意识。

四　甲肝肆虐惹横祸（1988年）

1988年的1月，距今已经多年。这一年的1月在上海人的心头深深地烙上了印记。一场突如其来的甲肝大流行，打乱了这个大都市的日常生活。经历过1988年的上海人直到今天都还记得：空前拥挤的医院门诊，摆满病床的工厂、学校甚至百货公司，以及那满街的传闻和流言……这场让人措手不及的传染病整整持续了三个月，感染者近30万人，死亡11人。当时的上海南市区唐家湾地段医院及上海的各家医院里都有大量市民涌进，很多人天没亮就来排队等待诊治。有的怕传染家人，医院没有空床位就自带折叠床、被褥，来到医院，要求立即住院。开始每天一两百例，接着三四百例，后来是一两千例，至1月底每天新增的甲肝病人已达1万例左右。2月1日病人数达到高峰，为19000余例。他们大多伴有身体发热、呕吐、厌食、乏力、脸色发黄等典型症状。在以后的几天里，整个上海患病人数急剧攀升。

　　1988年1月18日 43例
　　1988年1月19日 134例
　　1988年1月21日 380例
　　1988年1月27日 5467例
　　1988年1月31日 12399例
　　……

据上海市卫生防疫站疫情统计：1988年全市甲肝报告发病数为34万例，创下了世界甲肝流行新的历史纪录。

中华人民共和国成立后，我国十分重视传染病防治工作，各县行政区域都成立了卫生防疫站专门负责防疫工作，全国传染病发病率大幅度下降，中国人的人均寿命从中华人民共和国成立初的45岁，直线上升到今天的 77 岁左右。但这并不表示着中华人民共和国成立后，全国已经没有发生传染病的大暴发流行了，其实 1988 年上海发生甲肝疫情大流行事件的缘起，就是由于食用被甲肝病毒污染的毛蚶引起传染病大流行最终导致全市大规模的暴发。① 其流行规模已达到历史之最。

一般来说野生毛蚶大多是比较安全的，但 1988 年黄浦江毛蚶里存在甲肝病毒，一是由于启东段长江入海口的环境污染相对比较严重，其沿江城市和农村有大量生活污水通过长江排泄，而且有相当一部分的厕所污物尚未经无害化处理就直接排放，其中甲肝病毒是一种滤过性病毒，可通过生物富集的作用聚集在毛蚶体内，而且可以经多年的积累使得毛蚶体内的甲肝病毒达到较高的浓度，一旦食用达到一定的数量，即可造成食用者临床甲型肝炎的发生。二是在毛蚶的运输过程中的污染问题，因为大部分毛蚶的运输工具为农船，而这些农船在运输毛蚶前根本就没有进行卫生处理，往往是刚刚运输过肥料未经清洗就马上直接运输毛蚶了，这就直接增加了污染的机会。还有一个污染因素是经调查发现：为保持毛蚶的鲜活度，运输农民工每天都用自己的新鲜大便兑成粪水泼喂毛蚶，这也是一个重要的污染途径。三是食用的方法不卫生。上海人在吃毛蚶时，仅将毛蚶进行普通的清洗，再在沸水中做短暂的浸泡（5—10 秒钟）后，待毛蚶刚开口后即刻食用，但这样的食用方法很不卫生。实验表明，带壳毛蚶就是煮上 45 分钟，也不能完全杀灭甲肝病毒。而上海人生食的习惯更是让病毒轻而易举地进入消化道。再加之当时上海城区的居住环境较为拥挤，使病毒的传播更为快速。

在上海应急治理四十年的风雨历程中，不论是自然灾害还是安全事故，不论是公共疫情还是社会安全事件，都在深层次上和根脉源头上，与城市改革开放在经济、政治社会全面发展过程中出现的不平衡有着千丝万缕的联系。这不能说是改革开放付出的代价，但至少是改革开放中付出代价而学习到的经验和教训，是改革开放全面取得成功和胜利的同时需要全面减少的损失，并成长为一个理念上和制度上都更为道路自信的韧性城市所需要的。1988 年的上海甲肝事件，在最深层面上反思和回

---

① Keanrain：《1988 年上海市甲肝大流行的教训——天灾还是人祸》，新浪博客（http://blog.sina.com.cn/s/blog_3e3ac22e0102v01i.html）。

顾其中的来龙去脉，就是这样一个最能说明该结论的直接论据和最好实证。表面上看似只是简单的一个公共疫情的流行性大暴发，而在深层次的经济社会发展不平衡因素浮出水面之后，便可在本质上有助于我们认知到一个城市在成长中不平凡的往事，尽管并不如烟，但总可成后事之师：天灾自是有的，但是天灾的背后，其实往往是人祸。有些祸若不起于人，便也本可避免天灾。

改革开放使上海港吞吐量大增①。1987年的上海正值改革开放的10年之际，不但上海的各项经济社会工作都比改革初有了飞速的发展，而且长三角经济区也已形成了初步规模。其中以上海吴淞港的发展最为明显，不但海港港口的基本设施建设有了巨大的扩建，而且其吞吐量也直线上升。据统计，其当年上海吴淞港的货物吞吐量已达到12833万吨，比1978年增加了61.32%；外贸货物的吞吐量也达到2681万吨，相比增加了70.44%；而集装箱的吞吐量达到22.4万TEU，竟增加了28倍。同时，上海吴淞港口的吞吐量大增也带动了上海铁路、航空、内河航运量的大增，其中以黄浦江航道的增流量最为明显，同时包括苏州河等内河的流量也大幅增加，于是航道、河道拥挤的情况也开始频频出现，这已对上海吴淞港口的发展形成了相对制压。上海市政府为此决定全面疏通黄浦江。鉴于长江口和黄浦江航道拥挤的严重状况必须改善和上海吴淞港吞吐量大幅度上升的发展势头，一个全面疏浚长江口、黄浦江航道，以增加航道的船流量和通航船舶吨位，进一步提高黄浦江航道利用率的工作方案，被上海市政府提上了议事日程。最后经中央同意，由上海市港务局负责，组织其所属航道管理和相关工程部门开始实施长江口及黄浦江航道全面疏通工程。工程正式实施从1987年的9月开始，于是一大批不同吨位的河道挖泥船有计划地驶向长江口和黄浦江开始作业，对长江口和黄浦江主航道开始进行了全面疏通。这主要是因为9—11月为长江流域的枯水期，有利于疏浚工作的开展。

挖泥船挖河床竟发现了毛蚶矿藏。工程实施后前期进展比较顺利，但到1987年10月，当这些疏浚河道的挖泥船在长江口江苏省境内的启东

---

① Keanrain:《1988年上海市甲肝大流行的教训——天灾还是人祸》，新浪博客（http://blog.sina.com.cn/s/blog_3e3ac22e0102v01i.html）。

县江段进行航道疏浚作业时，竟意外地发现在挖出的江底淤泥中含有大量的毛蚶，于是疏浚河道的作业工人首先品尝了这批免费的野生毛蚶，许多工人还在下班后将大量的毛蚶带回家去，供家人和亲友食用。但随着挖掘工程的进展，作业工人发现河床淤泥中的毛蚶密度越来越高，甚至最后一勺江底的淤泥中竟含 80% 以上的毛蚶……这哪里是在挖泥，分明是在挖毛蚶，而且是挖到了一个天然的野生毛蚶矿藏。这时的毛蚶数量已经不是现场的作业工人所能处理得了，这在启东县也成了一个超级大新闻，全县百姓纷纷闻讯而来，自带着各种工具盛器，共同来享受这大自然的赏赐。江面上形成了众多农船围着挖泥船排队搬运毛蚶，沿江岸边上有成千上万的农民等着分配毛蚶的壮观场面。

据分析表明该毛蚶成矿至少已有 20 年。毛蚶因味道鲜美和价格实惠，所以是上海人平时比较喜欢的食品之一，但长期以来上海市场毛蚶的主要来源是山东省的毛蚶养殖场，而江苏省启东县原来从来不出产毛蚶，所以这次发现的毛蚶完全是在长江中自然野生的。后来，据有关部门对黄浦江启东县江段的野生毛蚶分布范围的监测，结果显示：在长江该县的江段中竟分布有长度为 20 余公里、平均厚度为 1—3 米不等的毛蚶聚集带。这一奇特的现象也引起了水产部门的注意，经水产专家讨论分析：按照养殖毛蚶的一般繁殖速度，要形成如此厚度和分布范围的大型毛蚶聚集带，至少要在 20 年之上。①

上海启东县农民开毛蚶生财之道。长江口发现了毛蚶矿藏！这对启东县农民来说毫无疑问是天上掉下来的一个大馅饼，开始大家还仅以分一点儿毛蚶供家人食用和送亲戚朋友尝鲜，但随后马上把毛蚶作为当地经济发展的一种新亮点，而自发组织起远距离的运输销售。那么，毛蚶自己吃不完，应该拿到什么地方去销售呢？上海这个新兴的国际大都市首先成了毛蚶销售的第一目标：一是上海的市场规模大；二是上海人经济条件相对比较好；三是新鲜毛蚶符合上海人的口味。于是启东县农民的一条生财之道就这么自然地发生了，全县的农用船、机帆船、拖拉机、农用车等各种运输工具都自发地统一集中到向上海运输毛蚶的工作上来

---

① Keanrain：《1988 年上海市甲肝大流行的教训——天灾还是人祸》，新浪博客（http://blog.sina.com.cn/s/blog_3e3ac22e0102v01i.html）。

了。一艘三吨位的农船只要花上30元钱，让疏浚航道的挖泥船给自己装上三满勺带泥的毛蚶（后来按每勺10元付给挖泥船工），然后一路去上海打个来回，路上顺便不断用江水反复冲洗把毛蚶洗干净一点儿，运送到上海市场就能以每公斤一元的价格出售，一般2—3天就能卖完，那样就能换回两三千元人民币了，这在当时可是一笔大买卖。由于经济效益的强烈刺激，启东县黄浦江段发现毛蚶的消息不但使启东本县的交通运输工具全部投入贩运毛蚶的活动上来，而且后来连邻县农民的运输工具也加入这一贩运活动中来，所以竟使挖掘航道和生产毛蚶的船只数量基本与运输销售毛蚶的船只数量保持了动态平衡。基本上每天会有上百条农船满载着毛蚶向上海市场运货，这使得上海市场马上被启东毛蚶所占领，山东养殖毛蚶因价格上的问题根本无法与启东毛蚶相竞争，不久就自动地退出了竞争，从而将整个上海市场拱手让给了启东毛蚶。

上海市场首先上市大量廉价毛蚶。大量的农民纷纷涌进上海从事运输和推销毛蚶，毛蚶的运输方式有水路和陆路两种，水路以农船和机帆船为主，日夜兼程地向上海输送；陆路以手扶拖拉机为主，均为深夜成批结伴地向上海城内运输。第一批毛蚶首先推销到市内各区街道的农贸市场，由于价格低廉、味道鲜美，立即在上海市民中掀起第一次争相购买和食用毛蚶的高潮，当这次高潮持续半个月后，由于毛蚶源源不断，毛蚶价格已开始明显下降，市民重复购买食用的积极性开始下降，市区市场的毛蚶销售已经相对饱和。于是，毛蚶运输大军开始转向市郊各农贸市场进行冲击和覆盖，从而导致以市郊居民、农民为主竞相购买和食用毛蚶的第二次高潮，这次使毛蚶的供应范围一下子扩散到整个上海行政区域。最后直到1988年春节期间，仍有许多农民放弃过节，乘农用船沿河道或挑担在上海的街头巷尾销售毛蚶。通过这次大规模毛蚶倾销，虽然不能说当时在上海工作、学习、生活的人100%都吃过了毛蚶，但至少也有90%以上的人吃过了毛蚶。毛蚶的价格也有很大的起落，从起先的一元钱一公斤，由于以后毛蚶供过于求，经不断竞相压价，价格越来越便宜，最后仅卖到二元钱一篮子（约五公斤）。

上海饱和再向周围临省大量扩散。1988年1月，上海市郊的毛蚶销路也呈现出饱和态势。但启东及邻县的农民兄弟已经尝到了销售毛蚶收获巨大利润的甜头，再加上长江口的毛蚶产量仍取之不尽、源源不断，于是就继续自发地组织了跨省运输和销售活动。于是启东县的一部分农民率先将运输和销售毛蚶的目标转向江苏本省的各个城市，同时另一批农民则沿海南下浙江省，纷纷将运输销售毛蚶的目标转向浙江省内的各个城市。更有一部分远途运输船队甚至将毛蚶运到山东省和福建省的各个城市中，并且他们都做好了随船在这些城市中过年的思想准备，最后凭借着春节的销售旺季都把毛蚶卖了个好价钱。①

1988年的春节后上海甲肝流行、社会瘫痪。1988年1月中旬上海开始出现了甲肝病人，随后人数急剧攀升，政府开始干预，要求沪上一些大中型企业腾出仓库，开办临时隔离病房，收治本企业的甲肝病人。同时，借中小学校放寒假之机，把部分学校的教室改成病房。一些小旅馆也被要求空出客房接收病人。当时上海市各区政府以及各级卫生行政防疫部门都召开了紧急会议，提出一个口号叫作"全市动员起来打一场防治甲肝的人民战争"。最后，上海有许多学校全部停课，教室改成病房，还有许多工厂停产，车间改成病房，尽最大的可能收治所有的甲肝病人，终于基本上解决了甲肝病人的住院问题。

上海市的各级卫生防疫人员立即深入各医院和社区进行调查，结果发现有85%以上的甲肝病人都有毛蚶食用史，这就初步确定可能与毛蚶有密切的关系。随后上海医科大学和市卫生防疫站又迅速对启东毛蚶作了化验，结果从启东的毛蚶体内检测到了甲肝病毒，这才正式确定毛蚶是引起甲肝暴发流行的罪魁祸首。然后，上海市政府立即发布了通告禁止毛蚶的经营、运输、销售等行为。有关部门开展联合检查制止继续向上海销售毛蚶的行为。宣传部门开展大力宣传教育活动，例如不继续发掘毛蚶、不运输销售毛蚶、不生食毛蚶、发现病人立即住院治疗等。这就有效地控制了疫情在上海的继续扩散和流行。

苏、浙、鲁、皖等邻省均遭重创。由于1988年春节前期启东毛蚶大量向苏、浙、鲁、皖四省输出，并在春节市场上销售一空，这也使甲肝疫情在四省大面积地扩散，其中江苏、浙江省因距离较近，毛蚶的销售量大，所以疫情也很严重，两省各报告发生甲肝20万余例。而山东、福建省相对

---

① Keanrain：《1988年上海市甲肝大流行的教训——天灾还是人祸》，新浪博客（http://blog.sina.com.cn/s/blog_3e3ac22e0102v01i.html）。

较远,其毛蚶的销售量虽明显少于苏、浙两省,但疫情也较严重,两省各报告发生了甲肝数万例。这里值得一提的是浙江省绍兴市的甲肝防治工作,该市卫生局竟在1988年1月中旬就发现启东毛蚶在绍兴的异常销售情况和存在的卫生问题,经市政府同意于1月下旬正式向全市各地下发了禁止毛蚶销售的文件(比上海市政府禁令还早),并得到了工商部门的配合联合对农贸市场进行了查处,有效地制止了启东毛蚶在该市的销售。同时还向省卫生厅报告了这一信息,引起了省卫生厅的重视。所以,绍兴市该年的甲肝发病人数是浙江省的同类城市中最少的(发病数还是舟山多),但该市的一位防疫站站长却因借防治甲肝发灾难财而被撤职查办。

在大规模公共疫情暴发的过程中,政府部门从官方正面引导消除群众恐慌心理也是非常迫切和十分棘手的。1988年的这次上海甲肝大流行事件中,当时部分人群就显得过度紧张,如果听说某户人家出了甲肝病人,同一幢楼里的居民上下楼都不敢摸栏杆,有病人的家庭会很快被周围人"孤立"起来。所以病人一旦得病,就要为家人、为楼里的邻居考虑,千方百计地住进医院。由于床位供不应求,甚至发生了不少病人和家属跑到病房抢床位的情况,引起了争执和吵闹,医院也不得不请来警察帮助维持秩序。由于人们害怕感染甲肝,预防性注射行为大幅度增加,上海生物制品所的丙种球蛋白车间虽然加班加点生产,但市面上仍被抢购一空而时常断档。后来,上海人在家里接待客人时,能为客人泡上一杯板蓝根,已成为一种当时最时尚和档次最高的待遇了。从现在来看,当时提倡用板蓝根(其实是一种安慰剂)防治甲肝的确对稳定人心、保持社会安定起到了很好的作用。因为,其实甲肝是一种能自愈的疾病,绝大部分病人被隔离20来天(度过传染期),就可出院在家休养了。①

这是一种通过粪口途径传播的传染病,通过污染的食物、水源都可能进行传染,如果水源污染容易造成暴发性的卫生事件,需要严格管理。一旦发现此类病人,就要隔离治疗,一般传染期是肝炎发病后的3—4周,因此要做到患者周边环境消毒、餐具消毒,就可以保护密切接触的人不会被传染。随着人们医疗卫生状况的改善,人人住上楼房用上了抽

---

① Keanrain:《1988年上海市甲肝大流行的教训——天灾还是人祸》,新浪博客(http://blog.sina.com.cn/s/blog_3e3ac22e0102v01i.html)。

水马桶，粪便直接被冲入下水道进入化粪池消毒。除了得益于卫生条件的改善，另外自2007年起全国推广甲肝疫苗注射免疫计划，在新生儿出生18个月后注射一针减毒活疫苗，或者是18个月时打一针灭活疫苗，两岁时再打一次。目前，甲肝在我国的发病率为3.7/10万，甲型肝炎在临床上可以说是很少见的①。

这是我国政府部门特别是公共卫生部门和流行性疫情防治部门及全民共同努力的结果。可以说，这也是一个不小的成就。对比一下，就能看到这种进步意味着什么。因为美国在2016年时还曾大面积暴发了严重的甲肝，自2016年8月起，美国甲型肝炎流行仍在肆虐，据CNN报道现已造成数十人死亡，数千人患病，密歇根州死亡人数最多，为22人。密歇根州卫生与公共服务部发言人Lynn Sutfin指出，密歇根州共有677个病例，每周继续有15—20例与之相配的病例，人与人之间的传播是感染的主要途径。由于甲肝疫苗短缺，在一些地区抵抗疾病仍是一项挑战。有一家供应商表示，预装注射器的短缺可能要到2018年第二季度才能缓解。Sutfin提到，只能把疫苗重点放在已确定风险最高的个人身上，接种工作放在州病例最多的地区。此外，根据加州公共卫生部的数据，该州处于自20世纪90年代中期以来最严重时期。圣地亚哥的死亡人数最多：在686例报告病例中，有21例死亡。有关官员说，无家可归者的流动也将病毒传播到犹他州、亚利桑那州和科罗拉多州。此前一周犹他州的官员宣布在盐湖城的一家便利店暴发了一场新的疫情，卫生部发言人报告有97例与疫情有关的病例，与一名便利店的工作人员有关，该工作人员检测出该病毒的阳性株与圣地亚哥的相同。幸运的是没有看到任何人员死亡。②

透过以上中国上海在1988年的甲肝疫情与美国密歇根州在2016年的甲肝疫情在防控措施和效果以及后续严防状况来看，前者是远远高于后者的。在美国，甲肝流行造成的死亡人数、传播和扩散的跨地区面积和

---

① 周亦川：《甲肝大流行已造成美密歇根州22人死亡，甲肝到底怎么防？》，搜狐网，搜狐健康（http：//www.sohu.com/a/217000405_104952）。

② 周亦川：《甲肝大流行已造成美密歇根州22人死亡，甲肝到底怎么防？》，搜狐网，搜狐健康（http：//www.sohu.com/a/217000405_104952）。

感染的人口数量，治愈期和恢复期的隔离手段方面，这些都表明20世纪80年代的中国上海，要优于21世纪的美国密歇根州。在大规模公共疫情的防控上，正是有了1988年的上海甲肝流行疫情的紧急控制和响应的相关前期经验，中国才能在时隔15年之后的2003年SARS暴发时有更多的基础和经验并临危不惧地成功应对，并由此建立起了全国公共疫情和流行性疾病的专业防控机构CDC，还在此基础之上一举创建了中国的应急管理体系及"一案三制"突发事件应急管理系统。

1988年上海市甲肝大流行的经验教训，是一切公共疫情防治的教科书级案例。为牢记历史教训，我们今天再来重温30年前这段不幸的历史，并不是想借此机会点评孰是孰非，而是在还一个历史本来面目的同时，痛定思痛，反思我们在公共疫情及公共卫生突发事件的应急治理方面还存在哪些薄弱环节，并未雨绸缪。至少有以下几点可以反思的地方：政府部门有责任和有义务、有理念和有自觉地比社会更提早地发现并清醒地意识到社会上、市场里和百姓间过度大量非常态的集中挖掘、运输、采购、销售、经营、生食毛蚶等突发激增的社会共性行为。在1987年10月疏浚河道的挖泥船在长江口江苏省境内的启东县江段进行航道疏浚作业意外发现一个天然的野生毛蚶矿藏时，上海市政府和江苏省政府就应该在第一时间引起重视，在第一时间组织有关部门开展联合检查，先请有关专业部门对这么大的一个矿藏级别的野生毛蚶聚集带作一个正式的官方的食品安全和卫生学评价，进行专业的检测和提供专业的报告，把一直晚到后来时至1988年1月下旬才采取的"上海市的各级卫生防疫人员立即深入到各医院和社区进行调查"这个动作，提早到1987年10月主动第一时间开展，那么这才是真正意义上的"立即"，才是真正意义上的"应急治理"，而不是出了事之后才采取的被动的"应急管治"，哪怕是在1987年10月至1988年1月之间的任何一个"毛蚶宝藏"被大规模非常态开发和运输及销售和食用的高峰点上，政府能够意识到其中潜伏的巨大隐患，那么就会很轻易地把事后才发现的事实在事先发现出来，那么上海这场史无前例的甲肝大流行事件就根本不会发生。如果卫生监督部门、卫生行政主管部门在1987年10月的第一时间就对"天上掉下来的这块馅饼"进行专业的检测，宣传部门紧跟着进行社会科普和有针对性的知识引导，进行毛蚶饮食方法和食品安全教育，甚至开展一些对毛蚶食用方法的科学研究（如用微波炉加工），使之既杀病毒又保持鲜度等方法的经验分享，工商部门对毛蚶销售运输上市渠道进行监管，对毛蚶类水产品的长途运输制定出一个既安全又卫生的行业标准，甚至是以现代应急治理的角度进行现代采用的风险追溯体系的源头到餐桌的全程风险管控，那么就能避免和减少那场悲剧。

上海与江苏的政府间沟通、协调与配合及联动体制、平台、系统，在那个年代还不完善，在发生需要两地或多地之间关于事件处理的协调与配合行动时，联动起来是受体系和体制限制的，一般不采取协同，只采取分片和属地自管，无论是在医疗协作还是在卫生行政、疫情联防方面，都缺乏日常联动和稳定长效的固定机制，所以造成在甲肝大流行的年代，政府同行业、同一个系统的不同行政区域的省级部门之间，在发生了重大疫情时，都不能很高效率地互通有无、互相配合。当被甲肝病毒污染的江苏南通启东毛蚶趁着1988年春节市场热销到苏、浙、鲁、皖四地市场之前，实际上，浙江省绍兴市卫生局早在1988年1月中旬就发现启东毛蚶在绍兴的异常销售情况和存在的卫生问题，比上海市政府禁令还早就下发了禁止毛蚶销售的文件，浙江省卫生厅也明确知晓并高度重视，但是直到半个月之后，包括上海在内的其他省市才发现必须以禁令方式采取绝对封杀手段迅速干预市场和流通及运输的任何环节。这表明，在省级政府之间、在各省级政府内辖卫生行政主管部门之间，是缺乏必要的非常规或异常事件紧急互通信息工作机制的，信息之间是不共享的，特殊情形发现之后是不寻源头不作连锁应对的，只是在自己省内采取好措施就算完成了行政职能。因此，在1998年春节市场上，绍兴已经禁止销售的，其他省地仍在继续，上海发现了以后也仅在上海禁止销售，已经销售到周边地区的问题毛蚶仍在被食用，导致尽管地理上离江苏启东较远的山东、福建，在其毛蚶的销售量虽明显少于苏、浙两省的情况下，其疫情却仍然较严重的后果，两省各报告发生了甲肝数万例。这都是由于发现不及时、应对不利、采取措施不规范、禁止销售的行动信息不共享、行动不联动所造成的后果。

第三节　应急传统独角戏

【应急管理理念与组织体系】

改革开放的前夜，1976年，中国唐山大地震创造了世界灾害史上的新纪录，死亡24.2万人，直接损失超过200亿元。仅仅时隔两年之后，党的十一届三中全会召开，中国进入以经济建设为中心、全面建设小康社会的改革开放时代。上海作为改革开放的最前沿、改革开放的窗口、改革开放的排头兵，除了在经济领域的全面开放以外，还在灾害管理方面进入了一个初创时期。上海对天津灾害伤员的救助和医疗，成为对灾害伤员实施医疗救治的首次大规模战役，这也使得处于改革开放前夜的上海在针对大批灾害伤员提供紧急医疗救治方面获取的最初早期经验。这也是上海应急治理四十年的"前传"。

改革开放伊始，在上海应急治理的孕育与萌芽阶段，也就是1978—1992年，上海的应急治理处于最初的起步状态，可以称之为应急治理的0.0版本，英文缩写标记为SEMS0.0。从应急管理理念与组织体系的角度看，当时的理念主要是以单部门对应地去应对单灾种，专业的应对条线在传统历史的积淀基础之上初步建立起来一条条线的脉络，而不是多部门协同综合应对综合灾种。简单概括即"单部门应对单灾种"；政府部门之间并没有提前的预先准备和提前设立的专门的协调和配合机构，而是当灾害来了，事故发生了，疫情出现了，经济不安全情况出现了，社会治安或不稳定成为现象了，才在事件或事故或灾害的处理环节上，事后成立临时的处理机构，包括领导小组、指挥小组，而且对政府内部各相关部门采取的是运动战集结方式进行处置力量的部署，对社会采取的是动员式的集中避险和因事处险及因故告知，简单概括即"政府临时总动员"；这种运动战、阵地战和动员战，体现的是"天要下雨娘要嫁人""爱咋咋地""事情出了再说""假定一般不会出事情的传统""看老天爷脸色变了之后再做处理也来得及"的鸵鸟政策、侥幸心态，并未意识到可以以体系化方式、机制化的手段、长效式平台提前预备好组织体系、专业机构、专门机制和专用平台，所以一直在1978—1992年的这15年当中，以事后应灾补救的"刺激—反应型"的应灾理念，而不是"预见—

防范型"的风险理念的处理方式去对待和应付来自老天的天灾和来自人因的人祸,其总体特点就是,条块分割痼疾多,侧重救灾轻防御,传统政府独角戏,条块壁垒宫墙高。

一 单部门对单灾种

在1978—1992年的这15年里,上海发生的突发危机和应急事件,大多数是自然灾害,主要是上海多发的风暴潮和龙卷风之类,另外,尽管上海不处于地震板块或活跃的地震带,但是上海的东部在南黄海发生了地震。人因的事件也有,主要是发生在十六铺码头的踩踏事件,公共疫情是当年的甲肝流行。当时处理公共危机及应急事件的主要工作特征,就是政府大包大揽,政府里面的某个单个的部门一条支线在单打独斗,科技和社会的支撑力几乎没有,政府是赤手空拳,没科技力量支撑应急,应急也没多少空间留给科技,科技和应急是脱节的,政府也没想到要靠科技来解决应急问题,社会的支撑力量虽然也不乏心意,但缺乏训练有素的正规志愿者队伍,非政府应急力量几乎是空白,政府是唱独角戏,企业事业单位没有应急意识,也缺乏应急培训,也是被应急保护的对象,而不是跟随政府应急的帮手。社会的自我动员力差,政府的社会动员力强,社会的灾民意识强,自救意识和自救能力弱,基本是"等靠要"的灾民状态,等着政府救灾、靠着政府解难、向着政府要钱粮。社会支撑力量的成长和壮大还是未来的事情。这与政府不发现不培植也是直接相关的,民间缺资金、缺设备、缺人才,有爱心、有力气倒还是人间有爱,但是架不住是散兵游勇、孤掌难鸣,组织化的民间力量几乎处于无正规渠道状态,原因主要是无政府引导,第三方应急力量、政府应急力量、企业应急力量,不能说完全没有,但相互支撑成为一个整体的联合主体机构进行长效化、组织化、正规化、规范化的应急的时代,还处于萌芽状态。可以说,只有处理事故、应对天灾,而尚无危机应对和应急管理,更不存在应急治理的正统理念和组织载体的行动。上海应急治理处于孕育和萌芽阶段。萌芽是有的,只是还没有破土而出。比如自发的志愿者行为,一直有,但是这算不上自发的第三部门的自组织行为。企业作为生产责任事故的发生地,自救和第一时间承担抢险也是有的,但是这并不是与政府、与社会共同成为一体化的正规组织化配合行动的主体行为,部队也担负救灾任务，进行抢险救灾，但是这也是单方面的广义政府行为，并不是专业的现代应急救援概念意义上的应急行动，因为其在体系化和专业化方面都存在局限性，政府作为单一的应急主体的情况是普遍的。

单部门应对单灾种的状况，是上海在这个时期的主要特征。实际上，纵观灾害应对的人类历史，欧美、日本、新加坡等国家，也是从单部门应对单灾种的时代走过来的，一般的国家大多数在最初应对天灾人祸时，在理念上和行动上都是朴素的、原始的、简单的，因之也多是单线条的。例如，日本也是在早年的伊势湾台风灾害（1959年）和后来的阪神大地震（1995年）中才意识到跨部门联合应对灾难的必要性，所以在灾后调整重建了应急相关的内阁级官房长官及下属相应机构，使之在史上第一次跨入综合性的应急防灾时代。美国在冷战结束之后，是从与苏联的两极对抗中防范核武攻击转向灾害应急的。而美国的灾害应急，也是经历了多灾并发的全面应对备受社会指责之后，才从单部门应对单灾种发展到多部门跨部门专业性综合性相结合应对各类灾种的时代。世界上几个主要国家的这类共同的普遍的类似做法及其发展历程和中国都具有相似性。这表明，简单粗线条地以单一专业部门去应对处理对应的灾种，这个起步阶段不论对于哪个国家，都是一样的，都是应急成长的基本阶段性共性特征。

具体来说，最典型的我们可以以日本为例，城市级别当属典型的是东京，日本尽管是灾害管理和危机应对以及应急治理比较先进的国家，东京也是其中比较完善的城市，是安全防御机制相对比较健全的城市，但是尽管如此，日本的防灾体系仍然也是从最初的单部门应对单灾种的阶段逐步探索发展成为如今的综合防御体系。日本的灾害管理体制是根据《灾害对策基本法》的规定而建立起来的，并随着实践的发展得到不断的完善。日本的灾害管理行政的主体为中央政府、都道府县政府、市町村政府、指定地方公共机关、指定全国性的公共事业以及指定地方公共事业。其中，以日本银行、日本红十字会、日本广播协会（NHK）和日本电报电话公司（NTT）为首的与灾害管理有关的运输、电力、煤气、宣传等部门的机构被指定为全国性的公共事业。

按照《灾害对策基本法》规定的应对灾害的程序，当在灾害可能发生时，首先是按该辖区的市町村防灾委员会所拟定的各项应变措施执行，并将灾情情况呈报给第二层级都道府县，同时转给内阁府。同时，都道府县与内阁府应视情况而派遣人员到灾区现场。如果灾害已发展到一定的程度，符合设立都道府县层级"灾害对策本部"，这标志着地方灾害对策本部的启动：地方开始执行各项灾害抢救与应变的组织指挥事宜。

现在的日本危机管理体系，是在过去发达的防灾管理体系上建立起来的，其发展过程可概括为三个阶段：单项灾害防灾—综合灾害管理—危机管理对策。第一阶段（20世纪50年代前后）：当时就是典型的以单项灾种管理为主进行防灾减灾管理，主要制定了《灾害救助法》（1947）、《消防组织法》（1947）、《国土综合开发法》（1950）和其他关于治山治水、防洪、防火、防震等单项灾种的法律和规划。第二阶段（60年代初）：从单项灾种的防灾管理体系转向多项灾种的"综合防灾管理体系"，这是日本防灾史上的第一大转折点。这是因为1959年发生了伊势湾台风灾害（死亡5040人），这也是日本自1923年关东大地震（死亡142807人）以来受损于自然灾害最多的一次。灾后，日本总结单项灾种管理的弊端和教训后，在1961年制定了《灾害对策基本法》，使防灾体制发生了根本的变化。第三阶段（1995年阪神大地震后）：日本的防灾管理出现了第二大转折点，从"综合防灾管理体系"转向"国家危机管理体系"。由于国际政治环境发生很大的变化，危机种类、范围和诱发危机的手段也发生了变化，以及像1995年1月17日发生的阪神大地震等重大危机事件和政府危机管理能力不足等，迫使日本政府进行制度改革，建立以加强内阁功能为主的新型管理体系——危机管理体系。

二 政府临时总动员

在1978—1992年的这15年里，上海在发生突发危机和应急事件时，政府临时总动员是经常采取的应急组织方式。在那个时代里，政府并没有很强烈的意识和理念要在平时状态下对应急建立专业机构、建立专项组织机制，除了消防、危化等专门机构之外，并没有一般日常设置的专职应急事务的行政机构，发生公共危机和应急事件时，政府为了响应和处置，才成立专门的工作小组或领导小组，一般这类小组的领导级别比较高，主要负责决策和指挥，还有就是现场指挥和靠前指挥，例如抢险救灾指挥部等。这种工作机制的好处是决断力强，集中统一领导的指挥效能高，工作推动明快有序、责任清晰。但是也存在不完善之处，例如信息不对称，增加致误决策概率，或下属机构执行力不够、落实不及时而造成临时磨刀既不快也不光。还有就是现场往往情况不明，指挥部和领导小组是高层决策机构的负责人，并不是现场指挥和靠前指挥，容易因信息报送不及时或不准确而贻误战机，即灾后救援的黄金72小时。

政府内部的组织机制是临时成立的方式，政府对社会的组织机制于是就自动地、相应地成了总动员的方式。社会总动员方式对于大面积人口灾前紧急疏散、迅速转移、大型灾后重建、捐款捐物、募集救灾物资等工作，是适合的并具备优势的一种组织方式。但是，在大多数情况下，社会总动员方式对社会自身力量的培育和锤炼并不是最有利的，人们容易养成灾民意识，"等靠要"心态，被动救援，而缺乏自救和他救的自主意识和自组织方式，社会自身的支撑力量薄弱。另外，社会总动员方式一般是采取运动战的方法，有事了猛行动、全体一致集体无意识被动组织，没事了又烟消云散完全不再实施平时的积累和演练。社会总动员方式还让百姓习惯性地认为自己就是被号召的，而不是具有主体意识地、具有社会责任感地去主动实施自身力所能及的投入和参与。此外，政府在平时基本上没有长效化地、制度化地对百姓进行演练和培训，更不主动建设民间的救灾队伍，民间自发的救灾队伍在应急时的确是有以志愿者形式上前线的，但是专门的和专业的或专项的民间自组织同时被政府批准或政策支持的救灾队伍，是几乎没有的。当时理念缺陷、政策缺失。

临时的，这意味着不是长期的、长效的，临时的，也意味着不是事前，而是事到临头的、只在危急关头的。总动员，意味着针对全社会或所有涉灾地区人口或区域对象，意味着是政府作为主导方，不是社会自发性的、自主式的，是政府自上而下政策性的、指令性的，意味着是运动式的，不是平常态，是一阵风式的，来得猛去得快，意味着只在战时有，而不是平时就有的，意味着不是提前预备的，而是临阵应景的。总体来看，临时总动员，不是一无是处，但与未雨绸缪相去甚远。当时这种运动式的临时总动员，有其特色和管用的特点，也是不得已且一直是政府最习惯采取的方式，效率高，政府说了算，社会配合，统一集中行动，减损成效好，最大限度控制人员伤害，老百姓心态和情绪容易平稳有依靠感。

政府临时总动员的方式，具体采取的手段，主要有发布公告和通知类、宣传和组织类、组织专业队伍类。我们可以把上海应急治理四十年的"前传"上海支援唐山大地震组建医疗队的故事作为一个典型的案例。1976年7月28日凌晨3时42分53.8秒，一场7.8级强烈地震如恶魔般降临。顷刻间，位于东经118度11分、北纬39度38分的我国北方重镇唐山变为人间地狱——24万人丧生（包括天津等灾区），16万余人重伤，7000多个家庭绝户……大地震发生后，10余万名解放军、5万名医护人员在第一时间从全国各地赶赴唐山。据时任上海市卫生局局长、上海赴唐山抗震救灾医疗队队长、市第一人民医院副院长王道明回忆，唐山大地震发生当天，上海市卫生局就紧急组织了56支抗震救灾医疗队883名队员，于1976年7月29日清晨乘专列前往唐山市区、丰南县抢救伤员。经过近一年的援救后，第一批来自全国各地的医疗队陆续撤离唐山，而唯有上海派出的第二批医疗队继续在当地救治伤员。1977年9月至1978年2月，上海市卫生局直属医疗机构帮助唐山设立了4座临时抗震医院，先后派出医疗队员1384人，累计诊治病患41万人次，手术2.3万例，抢救危重病人1514人。

在唐山大地震一女医生"救灾日记"里[①]，上海医生黄女士就记述了临时总动员模式下的感人高效和无私奉献。1976年7月29日上午6时45分，上海派出的第一支医疗小分队踏上了开往天津的火车，包括黄女士在内，共有32名队员。25岁的黄女士刚刚走上医生岗位。去唐山之前，黄女士去过最远的地方是崇明农场。由于唐山市原有医疗设施全在地震中被毁，医疗队只能自行架起帐篷作为野外临时医院。木板当床，铺上自带的油布，点上汽灯，喷点消毒水，手术就在这种环境下开始。全体队员露宿在机场跑道边。"当时去唐山，一点儿思想准备也没有，只知道那边发生了地震。1976年7月31日，我们被分配到唐山市路南区红星街道，这里正处地震中心。整座城市仿佛一个巨大的伤口，到处是东倒西歪的房屋，满地狼藉的废墟，地面裂开一二尺宽，空气里弥散着阵阵腥

---

① 《翻开唐山大地震一女医生"救灾日记"》（组图），人民网，2010-08-07。

臭味，血淋淋的尸体看得人触目惊心。没有地方可以搭帐篷。唯一的一条比较空的小胡同，路面底下是开滦煤矿的巨大排水沟，深二三米。路面上只铺着一层薄薄的水泥板和柏油，有些地方已经塌陷，露出一个黑黢黢的大洞。余震还很强烈，人站在地上就像在火车上一样，如果在这上面搭建帐篷，也许会与地面一起塌到水沟里去。小胡同边上摆满了尸体，已经腐烂发臭，血水流到路上，没有水可以冲洗。两边倒塌的房子不高，中间路比较低，一下雨，雨水就会流到路面上来。在这里，除了有被余震压死的危险，还要冒着被瘟疫夺去生命的危险。1976 年 8 月 3 日，开始了清扫以及抢救工作。搬运尸体时，路崎岖不平，人走在上面摇摇摆摆，一脚高一脚低，像踩高跷一样。抬着 100 多斤的尸体，血水淋漓滴在衣服上，又没有办法清洗，刺鼻的臭气令人发昏。但是想到这些遇难的同胞至今还没有埋葬，想到腐烂的尸体会引起各种传染病，大家就不顾危险和几天来的疲劳，抢着干。我已经四五天没有刷牙洗脸了，十几个人分享一盆水，大家连喝水都谦让着。身上的污垢一层层厚厚的，用手轻轻一搓就会掉下来。而盐就更宝贵了，大量出汗，每个人衣服和裤子上都结了厚厚一层盐霜，变得硬邦邦的。进入市区前，大队部只给我们 32 个人发了 500 克盐，平均每个人只有 15 克。而这些盐，除了吃，还需要用来做盐水棉球，给伤员清洗伤口。大家谁都舍不得吃，只倒一小点儿在行军水壶里……"

三　兵来将挡土掩水

"兵来将挡，水来土掩"，这句老话是中国古老文明在应对困难和灾害时最朴素的但却最有意志力的内心写照。不过，这也同时显示出一种事后或临近、最好也是事到临头时再说、总归是不用事前太多各种预备和焦虑的自我定力，正面讲，这是天无绝人之路的气势和自信，负面讲，特别是真的按这个去做了，那么就是不预备也不需要预备的主导原则，这不是正确的危机观和风险观。尽管是不论发生什么，将挡兵、土掩水，这没错，但是未雨绸缪前提下的"兵来将挡，水来土掩"才是既做好预备和防范，又对即将面临的灾害和风险在心理和意志上保持自信和定力的正确处理之道，相信办法总比问题多。

上海应急治理四十年的风风雨雨，从弄堂到街道，从石库门到吴淞口，上海的早晨总是洋溢着小心和流动着谨慎，精打细算，小心翼翼，如履薄冰，也是上海人面对生活和面对困难的基本心理行为准则。上海这个城市在日常管理和灾害管理的岁月长河里，也是这样一种风格。在做着万全之策的预备和算计之下，如果灾害仍然是天要下雨娘要嫁人地不期而遇，那么"兵来将挡，水来土掩"的北方式豪爽在上海的应灾模式里也是有反映的。

不过，不论是北方式的豪爽，抑或是上海式的谨慎，在灾害当前的应灾理念里，政府的财力和行政都限制了也不可能将有限的资金和人力在未发生的灾害面前过早地、过多地投入，只能是一个基本保障，灾害来了再说吧，具体看当时情形，总有办法去应对。所以，对政府行政和灾害应急来说，上海应急治理四十年里的头15年，在有限的人力物力特别是改革开放初期物质仍匮乏的时代，政府主要的应灾理念基本上是"兵来将挡，水来土掩"，这在一般的灾害发生或紧急状况出现时，都表现得很明显，处理归处理，应急归应急，处理完了，应急结束了，就一切归于之前的常态，不会因之而做好下一次同类灾害或紧急状况的系列准备，而是到了下一次真的再发生的时候再说。另外，"兵来将挡，水来土掩"，也是针对无法预测、难以预报的灾害的一种不得已的应对方式。例如，1978—1992年间上海的龙卷风时发，而预测龙卷风有难度，所以上海应对龙卷风基本上都是要采取"兵来将挡，水来土掩"的方法。

龙卷风是云层中雷暴的产物，是雷暴巨大能量中的一小部分在很小的区域内集中释放的一种形式，是一种与强对流云团相伴出现的小范围强烈旋风。根据中国气象网显示，长江口三角洲、苏北、鲁西南、豫东等平原、湖沼区以及雷州半岛等地都是龙卷风的易发区，主要出现在春夏两季和初秋，7月和8月居多。龙卷风在上海生成的概率很低，它不会每年都光顾上海，但一旦生成，就会有很强的破坏力。据统计，从1954—2015年，上海共出现龙卷风日111天，年均龙卷风日数1.8天，1969年龙卷风日最多，达到8天。不过，近10年间（2006—2015年），只有2007年9月18日在浦东南汇滨海镇发生过一次较弱龙卷风灾害。

根据上海龙卷风强度分级标准（1993年），上海的龙卷风可以分为弱、强、超强三大类,每一类别又分了两档,从F0、F1一直到F5(见表1—4)。最弱的龙卷风强度级别为"F0",最强的龙卷风强度级别为"F5",风速相当于每秒117—142米,又被称为"非凡的龙卷"。

表1—4　　　　　　　　上海龙卷风强度分级标准

类别	强度级别	相当风速（米/秒）	强度表述
弱	F0	18—32	微弱龙卷
	F1	33—49	中等龙卷
强	F2	50—69	强大龙卷
	F3	70—92	猛烈龙卷
超强	F4	93—116	毁灭性龙卷
	F5	117—142	非凡的龙卷

不过,根据历史资料显示,发生在上海的龙卷风通常强度一般较低,从上海的地理分布来看,有三个龙卷风多发带。

上海气象史上的强龙卷风,发生于1956年9月24日(农历八月二十秋分后一日)下午2时,一场突如其来的龙卷风袭击上海,许多建筑物的房顶被掀起。龙卷风经过上海电机厂的时候,把该厂靠黄浦江边的一个二层楼高、重数吨的空储油箱卷起移动到几十米之外。更蹊跷的是,龙卷风袭来时,浦东某地有人正在杀牛,刚刚把牛头割下,一阵大风就把牛头刮走了,风过后四处寻找都不见踪影,后来才知道牛头居然从城市东南角刮到西北角去了,那颗从天而降的牛头曾引起当地民众恐慌。此次龙卷风造成重大损失,造成了56人死亡。

造成上海损失最大的强龙卷风是1986年7月11日发生的"三县龙卷"(奉贤—南汇—川沙)。在45分钟的龙卷风天气过程中(中午12点45分至13点30分),先后有4个龙卷单体生成和消亡。通道起于奉贤的周陆,掠过南汇的新场、六灶,止于川沙的江镇,受灾地域涉及3县12个乡镇,造成死亡25人,重伤128人,毁坏各类房屋4800余间,工厂14家,幼儿园及中小学11所,直接经济损失2600余万元。这次龙卷风风速相当于每秒100米左右。

上海市气象服务中心首席气象服务官朱洁华说,预测龙卷风存在一定难度,目前只能判断半小时以内是否会有龙卷风产生。原因有以下几点:第一,由于龙卷风"个头小",直径一般小于100米。相比于台风之类天气系统中的"大块头",龙卷风绝对属于"小个子"。当前国内的气象台站不够密集,以至于龙卷风经常躲过气象监测的"法眼"。第二,发生时间短,影响剧烈。龙卷风的"寿命"只有十几分钟到个把小时,有的甚至是几分钟的事儿。因此,要提前24小时或是48小时预报局部地区的强对流天气也就非常困难。目前世界上只有美国和加拿大发布龙卷风预警,也仅能提前几分钟到十几分钟。第三,"出生"环境复杂。龙卷风等强对流天气的生成和发展需要衡量综合大气条件,而这些条件往往是难以预料、不确切的①。

目前来看,龙卷风预测技术还不成熟,对于龙卷风这样的灾害,只能是"兵来将挡,水来土掩",加上"风来逆风躲到小空间",在猝不及防的情况下,百姓可以通过及早了解龙卷风防御措施,将损失减少到最低。例如,以下就是"兵来将挡,水来土掩""风来逆风躲到小空间"的龙卷风防御知识:第一,条件允许的情况下,迅速进入混凝土建筑地下室或半地下室。第二,在家时务必远离门窗和房屋的外围墙壁,躲到与龙卷风方向相反的墙壁或小房间内抱头蹲下。第三,在野外遭遇龙卷风,应就近寻找低洼地,同时远离大树、电线杆,以免被砸、被压和触电。第四,乘坐汽车外出遇到龙卷风时,不要开车躲避,应立即离开汽车,到低洼地躲避。

四 事后应灾后补救

事后应灾是不得已,有些灾害确实是完全可以不在事后应对而是完全可以在事前应对的。这些灾害是完全可以预见的,因此是完全可以避免的。

上海应急治理的头15年中,这种完全可以避免的灾害却发生了而且是事后才应对的事件,典型的就是十六铺码头踩踏事件(1987年12月10日)。尽管是事后应灾在应对的问题上还算是应对得不错,但是应对得再

---

① 《今年汛期上海会产生龙卷风吗?3个龙卷风多发带在哪?》,华龙网,凤凰财经(http://finance.ifeng.com/a/20160625/14526652_0.shtml)。

好的事后应灾，也不如完全在事前就杜绝好。尽管亡羊补牢犹未为晚，但是未雨绸缪，永远好于亡羊补牢。更不能因为有亡羊补牢，就本来可以未雨绸缪却也不进行未雨绸缪。这就是一个城市安全管理的理念问题。

沈善增和瞿鹭撰写的《现场没有血迹——1987年上海陆家嘴渡口"12·10"挤踏惨祸纪实》对此有清晰的描述和刻画：事发的当天下午，当时的上海市市长江泽民立即赶到收治伤员的黄浦区中心医院、仁济医院、上海第一人民医院。他看到许多伤员昏迷不醒，有的在吸氧，有的在输液，其中有许多是身强力壮的青年，还有孩子，他感到非常震惊。他沉痛地说："大雾天怎么会死人呢。""如果当时有人登高一呼：'大家不要挤！'这事故不就可以避免了吗？"是呀，大雾天怎么会死人呢？上海人素以聪明、能干、谨慎、机灵著称于世；即使在十年动乱之中，上海也没有像其他大城市那样爆发过大规模的武斗。怎么在这天早晨，上海人会突然失去理智，放纵野性，近乎疯狂般地演出了一幕人相践踏挤压的惨剧？事件发生后数日，一个朋友到深圳去出差，一位广东朋友问他，你们上海人怎么啦？这么玩命干啥？他一时难以解释清楚，就说，快到年底了，迟到就要敲掉一年的全勤奖。一年的全勤奖多少钱啦？广东朋友问。有多有少，各厂不同，他回答说，有的厂高的要发20元。20元？广东朋友不胜惊异，伸出两个指头乱晃。也难怪他要惊异，在深圳，晚上到高级宾馆去听歌跳舞，喝一杯普通的饮料就要收10多元兑换券，按黑市牌价，便合到20元。

或许上海人后来也意识到这事件惨得有些寒碜，不到一年，上海人已经将它淡忘，或者按弗洛伊德的说法，将它压抑了。现在，在菜场、办公室、食堂、绿化地带、公共汽车车厢，这些最易传播流言与激发牢骚的地方，已几乎听不到有人提起那个事件，那个日子。这是个普通的日子，但是，上海人其实是不能将这一天从记忆中抹去的。不过无论如何不能将之称为流血事件，因此也不能称之为血的教训。那天清查现场时，人们惊异地发现，死伤了那么多人，地上竟没有明显的血迹。现场没有血迹！死者绝大多数是因为窒息，医学术语叫作"胸部血液回流阻断"，几同于活埋。所不同的是，盖在他们身上的是别人的血肉之躯。

在陆家嘴轮渡重大伤亡事故发生的当天，上海市人民政府就发出了关于加强轮渡管理、保障乘客安全的通告。通告的第二条为："职工因轮渡停航而不能按时上班的，各单位可比照公假处理。"这确实是一条及时、有效的措施，可以说上海市人民政府深知上海人民的心。

经济在某种程度上左右着人们的生活行动意识。但是，不能因此得出结论说，上海人就只关心钱，上海人要钱不要命。上海人的确把因迟到而带来的经济损失看得很重。随着市内交通状况的日趋恶化，各单位为了保证正常的生产与工作秩序，纷纷相应地制订了严厉的反迟到经济制裁措施。许多工厂从奖金中提出很大一部分作为月度、季度与年度的全勤奖。当然全勤奖不光是对付迟到，还同时对付病、事假，有的单位连国家规定的婚丧假、探亲假也不例外。但是，对付迟到的战略意义在近年来显得越来越重要。

在这次事故中①，共死亡66人、重伤2人、20多人受轻伤，是有史以来上海发生的最严重的践踏事故。事后西方媒体迅速报道这一事件，有评论说："上海工人阶级具有军队的纪律，为了准时上班，甚至不顾生命安危。"检讨事故发生的原因，不外乎没有紧急事故的处置预案，所以没有及时疏散人群；电视、广播没有及时发布大雾的气象及轮渡停航的信息。还有奖金制度也是造成事故的主因，因为职工迟到一次，不但要扣除当月的奖金、引起连锁反应的是还要扣除季度奖、年度奖，在收入很低的1987年，这是一笔不少的收入，这是人们无论如何不愿迟到的根本原因。但是，驱使几万上海人在陆家嘴渡口争先恐后、前仆后继的，也不仅仅是利益驱使。

在市政府发布这一通告之前，其实上海绝大多数单位已经实行异常气候不能准时上班不算迟到的办法。不光是大雾天，刮12级台风，或者地上积起几寸厚的雪，那样的天只要到厂，是不计较早晚的。在9点钟恢复通航时，4万人中的绝大多数已经绝对迟到，如果只为几个钱的话，要扣也已扣定，用不着那么去拼搏，倒可以回家去睡一觉。所以其实问题不在扣钱，恰恰在这样的天迟到不扣钱。钱虽然不扣，话却不能不听。

---

① 佚名：《1987年上海陆家嘴轮渡码头踩踏事故：1987年陆家嘴事故致66人死》，中国西藏网，凤凰历史（http://news.ifeng.com/a/20150101/42844371_0.shtml）。

俗话说：冷粥冷饭好咽，冷言冷语难听。上海人可贵的就在这点自尊心，可叹的也在这点自尊心。即使恢复通航，最早走的与最晚走的，到厂可能要隔一两个小时。倘若一个厂的工人，一个在第一班船上，另一个在最后一班船上，后到厂的该怎么向领导交代？因此，都说上海人实惠，想得穿，从陆家嘴轮渡口上海人的心理与行为来看，其实上海人不是那么实惠，也不是那么想得穿。①

在事发后50天之内，善后工作全部处理完毕。死亡者每人发给抚恤金4000—6000元不等。这是按照特殊情况处理的。上海市一般交通事故致死者，规定发给2000元抚恤金。两名尚在昏迷中的"植物人"，继续留华山医院治疗，全天由轮渡公司派员照顾，由公司支付一切费用，大约每月3000元。1988年4月9日，在惨祸发生的4个月之后，市政府向市人大常委会汇报了"12·10"事件的调查情况、处理过程及整改措施，报纸报道了这条消息。

第四节　应急里程焕平安

【应急技术、装备与产业】

上海既是一个上善若水的地方，也是一个海纳百川的城市。在旧中国，有名的灯红酒绿十里洋场，在1949年中华人民共和国成立初期，闻名的红色改造公私合营，在开放前沿，著名的浪潮排头海派文化，在歌舞升平的魔都上海，似乎平安是与生俱来的，除了日本入侵上海以死抗争诸如淞沪抗战，除了国民党统治时期军统国统斗法和国共合作失败破裂的白色恐怖，上海的岁月似乎与生俱来的静好。可正如事实表明的那样，上海就是一部中华人民共和国从殖民地半殖民地走过来、站起来、强起来的历史代言，一个典型的痛苦破茧华丽新生的倩影，哪有什么岁月静好，只是有人在背后默默付出。这是海纳百川的气势里重新焕发出来的平安与淡定、从容与自若。从上海里弄闲适平安生活的保障体系可见一斑，从应急技术、装备与产业角度看，消防、公安、民政、气象、

---

① 沈善增、瞿鹭：《现场没有血迹——1987年上海陆家嘴渡口"12·10"挤踏惨祸纪实》，地平线NONFICTION，2015年9月24日。

在上海应急治理四十年的头 15 年里，起点高，家底殷实，实力突出，但也是在不断的摸索中逐步积累起来度过的应急 SEM1.0 时代。

一 红色消防车呼啸

作为中国最早开始现代化进程的大都市，上海的发展离不开与之配套的各项公共事业，消防安全就是其中一个十分重要的方面。在上海近代历史上，曾发生过多起严重火灾，给城市政府和居民留下了异常惨痛的教训，也直接促进了城市消防事业的不断发展和完善。上海消防装备的百年演进发展历史，正与这座城市前进的脚步相同，是在不断摸索的过程中完成了由传统向现代的转变。

（一）古老的人力木制消防水龙

上海未开埠前，城市消防依然处于较为原始的状态，发生火灾主要靠县衙里的兵丁衙役去扑救。

（二）上海第一救火车队（我国第一支现代消防队）

1843 年上海成为通商口岸以后，随着英、法、美租界的相继设立，城市的结构发生了根本的变化，一座与传统中国市镇迥然不同的"新城"在老县城外"生长"起来。租界内最初的消防设施零星设置于码头、仓库和商行周边，随着城市规模的扩大，原本各自为政的消防设施已无法满足需要。成片简易棚屋沿大马路（今南京东路）两侧建造了起来，形成高密度棚户区。因所建房屋多为木结构，发生火灾的隐患极大。1858—1865 年间，接二连三的大火使界内居民们苦不堪言，其中包括一次烧毁房屋 150 余间的惨剧。因当时自来水尚未普及，租界当局特地于 1863 年从美国购置了能够汲取井水的救火机。

在此基础上，1866 年 7 月 20 日，上海第一救火车队成立，这是我国城市中建立的第一支现代消防队。因其队员最初都是志愿参加的义勇队员，故又被称为义勇救火队；8 月，虹口第二救火车队也宣告成立。这些义勇救火队员们不仅包括在沪外国人，也有华籍队员，如第一救火车队就由 60 名外籍队员和 40 名华籍队员共同组成。1869 年，法租界也仿效公共租界成立了自己的志愿消防队。

在救火队伍逐渐壮大的同时，还成立了统一的消防管理机构。1866 年，在工部局董事小海斯等人的建议下，租界火政处设立，各支消防队都归属其名下，此举为上海租界的消防事业的发展奠定了基础。在火政处的领导下，租界从最早仅有两三支救火队、百余队员，扩展为下设9支消防队、700余名队员（据1933年数据），配备专业消防车、消防艇的庞大组织。从1866年设立至1944年被日伪政府接管，火政处长期负责租界消防工作，组建专业消防队、建造消防设施、制订报警办法，取得了明显的成就，成为租界当局引以为傲的机构。

1916年6月17日，火政处隆重举行了机构成立50周年纪念大会，由14辆马拉救火车和16辆机动救火车组成的游行队伍沿南京路缓缓而行，向市民展示现代消防器械。当天晚上，还举行了模拟消防演习的压轴戏，几辆消防车架起水龙，向事先点燃的"着火房"喷射出高高的水柱，在场的观众们齐声报之以欢呼与喝彩。这也许是上海最早举行的消防演习和表演了。

（三）华界救火联合会小南门警钟楼的故事

在当时，火政处治下的租界救火队无论装备还是管理，在世界上都比较领先。而与之相邻的华界居民，却无法享受这一安全保障。有识之士不甘落于人后，在模仿和追赶的过程中，华界消防事业也开始起步。

清末中国，国力衰弱，地方政府对于兴办各类公共事业多感力不从心。在此情况下，1905年，地方自治机构——上海城厢内外总工程局在南市老城厢成立，由此拉开了历时十年的上海地方自治运动序幕。

以"整顿地方一切之事，助官司之不及，兴民生之大利"为宗旨的城厢内外总工程局，在一开始就将筹办救火器具、整顿华界消防作为自己的职责。1905—1907年，城厢内外绅商居民，有的以集资自建，有的以地段设会，有的以行业建社，人数从少到多，办起了39个民间救火组织。这虽填补了华界现代消防事业的空白，但此类救火社团的器材落后，缺乏调度，遇有火灾时要么扑救不及时，要么互相冲突，于是又有了仿效租界改组原有消防集社、统一管理的倡议。当时租界洋商正向华界积极兜揽火灾保险，许诺只要承买保险，遇南市火警，租界救火队就出动救援。华界商民不希望利益外流，更何况租界救火队要开入华界，主权堪虞，所以对自办救火联合会表示了普遍支持。1907年9月，在著名绅商李平书、陆锦麟、毛子坚等的主持下，上海城厢内外救火联合会正式成立。在25日的联合会成立大会上，到会代表共有300余人，李平书被公推为会长，毛子坚、穆抒斋为副会长。

救火联合会成立后，颁布了《上海内地城厢内外救火联合会暂定简章》，招募会员扩充救火队伍，增加华界消火栓并购置了先进的消防泵车。但最重要也最受瞩目的一件事情，是在南市小南门建起一座华界警钟楼。

警钟楼为及早发现火情、观察火势而设，是当时非常重要的消防设施。但在缺乏官方支持的背景下，全凭民间力量来做这件事，也是十分不易的。1908年6月29日，救火联合会召开了一次特别议事会，确定正式的建筑计划，警钟楼建筑工期为一年，委托求新船厂建造，船厂董事朱志尧负责工程监督。

为了筹措建楼资金，联合会向上海各界发出了募金呼吁。在此后的一年时间里，上海各界共为此捐款16000余元。这其中既有来自官方如上海道台、巡警总局的官费，也有同乡同业团体、普通商号和个人名义的捐赠，数额从最大一笔2000元，到最少只有三四角，体现了整个华界上下一心、共同参与的精神。但塔楼的建造过程并不顺利，由于最初的设计标准很高："铜钟铁架，钟重4800磅"，"楼全用铁质水泥制造，结构玲珑，装配合法"，所以最后不仅工期拖长，预算也严重超支。但在李平书等人的坚持下，依靠华界居民的鼎力支持，终于在1910年10月30日正式对外宣告竣工。落成典礼当天，有各界代表千余名出席，李平书发表了讲话。其后五天时间里，塔楼向公众开放，一时盛况空前、热闹非凡，成为轰动上海滩的一件大事。

建成以后的警钟楼高高耸立，正当人们为华界消防终于可以媲美租界而欢呼时，不会有人料到，其后警钟楼最著名的一次敲响钟声，却并非因为火警。

1911年10月，武昌起义爆发，革命党人陈其美秘密联络在上海当地享有威望的李平书、王一亭、沈缦云等人，争取他们的响应。众人审时度势，决定率领救火联合会等组织一起加入革命阵营。11月3日下午2时，警钟楼上的大钟被敲响了，洪亮的钟声回荡在老城上空。这是事先约定的起义信号，革命者们一鼓作气攻占了官署，上海得以成功光复。

起义过程中，救火联合会的会员们与巡警一同轮班执勤，帮助维持社会秩序，发挥了重要作用。

（四）民国时期的上海消防装备

民国时期，租界火政处与华界救火联合会依然是上海消防事业的主办机构，其在规模、设施、装备上也都有发展。尤其是华界救火联合会，起初仅限于南市老城厢，但因成效显著，闸北、沪西、江湾、吴淞、浦东等地也纷纷仿效，成立了当地的消防组织。至1935年，上海市救火联合会已成为一个下辖6分区、22支救火队、队员900余人的专业组织。配备有新式泵浦车34辆、扶梯车7辆、自动扶梯车1辆，华界许多街道上也安装了方便就近获取水源的救火栓。

救火联合会及其下辖救火队为城市安全做出过巨大贡献，据记载，1934年上海救火联合会消防队全年合计出动262次，而在其最初成立的1907年，这一数字还仅为十多次。扑救大火的过程中，常有队员不幸因公殉职，救火联合会不仅负责给予经济补偿，更隆重举行哀悼和纪念仪式。整个社会也对这些牺牲者表示了崇高的敬意，在1936年出版的《上海县志》中，就收录有几位救火队员因公殉职的事迹。

（五）上海消防事业的重生

日伪和国民党统治时期的上海，政局动荡、市政混乱，消防事业也受到较大影响。上海在中华人民共和国成立初期，消防设施布局不合理，"官办""民办"消防队互相混杂，设备严重老化等问题突出。尤其是劳动人民聚居的棚户区，更是缺乏基本的消防安全设施，屡次发生重大火灾。有鉴于此，为配合整个城市社会主义改造与建设步伐，人民政府对旧上海的消防事业进行了重组，各类民间救火组织被统一收归市公安局消防处管辖，并在此基础上建立起了一支属于人民的公安消防机关和消防队伍，消防事业终于获得新生。

消防设备有国家标准（GB）规定，包括：《煤矿井下消防、洒水设计规范》GB50383—2006、《固定消防炮灭火系统设计规范》GB50338—2003、《国家标准消防通信指挥系统设计规范》GB50313—2000。2000年以前，自1983—1992年间消防相关标准目录附列参考：

序号　标准编号　标准名称

1. GB4065—1983　二氟一氯一溴甲烷灭火剂

2. GB4453—1984　消火栓连接器

3. GB4580—1984　无衬里消防水带

4. GB/T4968—1985　火灾分类

5. GB/T5332—1985　可燃液体和气体引燃温度试验方法

6. GB6051—1985　三氟一溴甲烷灭火剂

7. GB/T5907—1986　消防基本术语　第一部分

8. GB/T6244—1986　消防车通用底盘系列、型式、基本参数和技术要求

9. GB6969—1986　消防吸水胶管性能要求和试验方法

10. GB/T7633—1987　门和卷帘的耐火试验方法

11. GB/T7634—1987　石油及有关产品低闪点的测定快速平衡法

12. GB8181—1987　消防水枪性能要求和试验方法

13. GB/T8626—1988　建筑材料可燃性试验方法

14. GB795—1989　卤代烷灭火系统容器阀性能要求和试验方法

15. GB796—1989　卤代烷灭火系统喷嘴性能要求和试验方法

16. GB/T803—1989　空气中可燃气体爆炸指数的测定

17. GB/T11049—1989　铺地纺织品燃烧性能在室温下片剂试验

18. GB/T12474—1990　空气中可燃气体爆炸极限测定方法

19. GB/T12513—1990　镶玻璃构件耐火试验方法

20. GB12514—1990　消防接口性能要求和试验方法

21. GB12791—1991　点型紫外火焰探测器性能要求和试验方法

22. GB12955—1991　钢质防火门通用技术条件

23. GB13347—1992　石油气体管道阻火器阻火性能和试验方法

24. GB13463—1992　抗溶性泡沫灭火剂

25. GB/T13464—1992　物质热稳定性的热分析试验方法

26. GB13495—1992　消防安全标志

在1978—1992年间，上海市的实际部署规模情况是按照上述国家标准配备执行的，在实际应急治理中所发挥的作用及实际效果也是比较有成效的，随着基本消防基础设施设备的国家标准化建设，用于消防应急的科学技术在改革开放的头15年里也受到了前所未有的重视，国家和地方投入同比增长、逐年增加，技术改造和技术革新不断升级，新产品开

发周期缩短，投入列装和市场应用的速度加快，新型材料、新式工艺涌现势头也渐长，消防器材和装备设施的完善性和先进性得以提高。基本可以满足改革开放最初 15 年里上海经济社会工业发展及民生改善的现实需求，并在消防局的组织建制调整及历次消防事业的建设关键环节上，起到了物资设备的基础性保障作用。

从组织建制角度看，在消防从现役转为行政之前，消防部队一直是现役编制，上海市消防局，又称中国人民武装警察部队上海市消防总队，隶属于上海市公安局和公安部消防局领导，武警现役编制（正师职建制）。现有官兵 7200 人、合同制消防员 2300 人。局机关设司令部、政治部、后勤部、防火监督部（均为副师级单位）。局下辖培训基地、文工团（又称金盾艺术团）、医院和 22 个支队（培训基地、浦东支队、黄浦支队为副师级单位，其他为正团级单位）、127 个消防中队。

消防局担负着本市防火灭火、抢险救灾和反恐排爆三项任务，是一支全天候、全时制为上海经济建设和市民提供消防安全服务的队伍。消防局现有主战消防车、举高消防车、专勤消防车、火场后援车等各类执勤战备车辆 620 多辆。此外，消防局还负责对全市 160 余个企业（乡镇）专职消防队的业务指导工作。

面对新形势、新任务，上海正在努力建设更加协调、匹配的消防机制，更加正规、一流的消防队伍，更加现代、精良的消防装备，更加科学、求实的业务工作，更加合理、完善的管理制度，赴汤蹈火，追求卓越，为上海加快推进"四个率先"、加快建设"四个中心"和现代化国际大都市，创造更加和谐稳定的消防安全环境。

在消防器材和技术装备及设施方面，组织建制和技术装备是需要同步推进的。在队伍和人员方面，中国在古代就首先意识到要安全用火、专人灭火，建立了人类历史上第一支专业的灭火队。可是，从体制上，现代消防体制的最早设计和倡导者却是英国消防警察，而从技术、装备、器材角度，凡是必须要以当时先进科技做前提的消防器材、用具、设备、设施，也都是西方国家特别是英、美、法、德、瑞几国的技术创新，所以我们得承认，在旧中国和改革开放之前的中国，组织人员，中国是在行的，但是先进技术开发和先进制造工业，中国是落后的甚至是受制于西方的。在上海改革开放的头 15 年里，随着整个中国工业制造业及整体性的产业布局和产业结构性调整的起步，消防技术装备和设备设施的科技含量在逐步增加，具有自主知识产权的技术开发应用水平在提升，消防国标列装的设备和装备的国产化水平在提高，与国际上先进的消防器材装备设施科技含量的差距在缩小，尽管有的大型设备仍然依靠直接进口，但是国产化率和国内改装量也在同比增加。这为日后中国消防、上海消防在器材装备设备设施方面平齐甚至超过西方国家，奠定了坚实的基础。以中国红为标志的红色消防车标志着中国改革开放的前沿上海这座以柔克刚的城市，以水穿石的韧性，以水灭火、以水养民的南市情怀和科技先锋，见证着应急科技和装备发展的历史，也支撑着应急科技的应用，从应急统制到应急管控的进程，成为上海应急治理四十年的头15年孕育和萌芽的火种。

二 长江 750 边三轮

从现代应急响应和处置的角度看，回溯公安出警进行应急事件现场出勤和特殊任务备勤，1978—1992 年象征性的、为广大市民所记忆深刻的标志，就不外乎是警用的公安长江 750 边三轮的威风凛凛。"长江"边三轮是挂有边斗的三轮摩托车，俗称"挎子"。"长江"边三轮可是大有来头——它是中华人民共和国成立后的首个摩托车品牌，相当于拖拉机中的"东方红"、小汽车中的"红旗"和载重汽车中的"解放"。

中华人民共和国成立初期，国家经济建设亟须军民两用摩托车。1957 年，南昌洪都机械厂（现洪都航空工业集团前身）通过仿制苏联乌拉尔 M-72 型边三轮摩托车[①]，生产出长江 750 边三轮摩托车。由于具有良好的性能和较高的安全系数，长江 750 是我国最早大规模配备到军队的摩托车，其耐用等特点传承自老大哥乌拉尔，长江 750 成为中国国宾接待车队用车，并广泛应用于部队、公安、工商、交通监理等系统，驰骋于祖国大江南北，红极一时。

一句"长江梦，挎子情，中国造"说出了多少人的心声，在春风国宾车到来前的几十年里，长江 750 占据着摩友心中"国车"的位置。无

---

① 而乌拉尔 M-72 是逆向宝马的 R71。所以宝马摩托标志性的水平对置拳击手发动机和轴传动，在长江 750 身上都能找到，外形也如出一辙。

论是在战争年代，还是和平时期，这种边三轮摩托车都成为挥之不去的经典记忆。然而，20世纪80年代以来，随着汽车的逐渐普及，长江750摩托车逐渐淡出市场。随着时代的推移，由于环保等原因，传统的长江750逐渐被淘汰。最近随着国内摩托车市场的蓬勃发展，挎子这种冷门车型也逐渐显露出了商机，更多的厂家参与进来，共同开发这个市场。①

如果说骑摩托是小众的话，那么骑挎子就是小众中的小众了。随着国内摩托车市场的蓬勃发展，挎子这种冷门车型也逐渐显露出了商机，更多的厂家参与进来，共同开发这个市场。可是在"挎友"心目当中，只有早已停产多年的长江750才是真正的挎子。相信80后的朋友不会忘记，多年前的警车，我们见到最多的就属长江750和湘江750等边三轮了。能够像公安民警一样，身着神圣的警服，驾驶着边三轮警车威风凛凛，是多少男孩儿们心中的梦想啊！在上海的弄堂马路口，经常有停靠路边或疾驰而过的长江750边三轮警车，这就是1978—1992年间孩提时代安全的标志，也是上海马路警察巡逻的标配，更是一代魔都夜色迷离但却民安乐居的保障。

因为人们在社会生活中，除了物质追求之外，在安全时刻受到保护的意识里，滋长着一种往日今夕平安淡雅的怀念情怀，对于呼啸而过镇守星夜的长江750边三轮警车的憧憬和喜爱，折射出市民对平安上海保护神的历史褒奖。汽车开始普及初期，曾风光无限的边三轮受此影响，陆续销声匿迹。随着我们物质生活水平的快速提高，拥有独特魅力和最具情怀的长江750边三轮也重新回到了我们身边。长江750由"河南洛阳长江摩托车"将其复活并推向市场，让很多边三轮摩托车爱好者实现了自己的长江梦。稍早前，我们记忆深处的长江750警用版再次回归，并在一场节日庆典中公开亮相。随着长江750的复活，多年不见的边三轮警用车也得以再现，帅气的警用边三轮再

---

① 洛阳长江摩托车科技有限公司的母公司——洛阳盛江红强摩托车有限公司主要从事货运三轮摩托车生产。从2010年开始，出于品牌化经营和开拓细分市场需要，这家企业围绕"长江"品牌开展了一系列商标转让谈判，终于取得包含汉字、拼音、图案等的"长江"品牌系列商标，并于2017年12月取得工商总局商标转让证明。2018年1月9日，复产后的首辆长江750边三轮摩托车下线。国四排放标准、液压联合制动、全车LED灯具、液晶仪表、USB充电口……最大限度保持粗犷外观，多项新技术的应用，让这款产品成为企业搏击市场的新法宝。

次勾起了我们的回忆。

为满足人们现如今的需求,全新长江750延续经典的同时,还加入了新的配置。厂家为它增加了后摇臂以匹配链条传动,采用了KYB品牌减震器,边斗减震器由之前的弓字板改为了单筒弹簧,大幅提升了舒适性。全新长江750没有采用水平对置发动机,但它动力系统采用了春风650同款发动机,该发动机技术成熟,相比原版750发动机仅24(32)匹的马力来说,新款650发动机马力已超过70匹,动力和稳定性提升了数倍之多。灵活轻便的摩托车作为警务用车还是有很多优势的。[①] 全新的长江750延续了原版的整体风格,样子复古让人心生亲切感。它采用了经典的圆形头灯、饱满的水滴形油箱,分体式的车座也最大限度延续了经典,每一处都能勾起人们对过往生活的回忆。警用版在此基础上,加装了特殊的警用灯具,使用了特殊的颜色和版花,还加装了类似春风国宾、哈雷大滑翔似的空气整流罩,整体威武庄严,气势非凡![②]

三 民政救灾运输线

民政部门在面临天灾人祸的救急救助、减灾救灾的职能上,也更多地发生着新的变化。更注重平时数据的收集和官方统计及分析,入户调查,层层落实到居民家家户户对于遭受灾害情况的需求和困难调查表格填写、补助需求研究和标准制定政策落实,从街镇到居委一直到入户居民,这是在救灾政策和制度上的直接落实到位。在救灾第一线,现场紧急救援和救助方面,民政部门的工作直接到达最需要救援和救助的居民身边,关口前移、重心下移,在救急物资的收集、征用、调配、发放等工作环节中,民政部门的角度和流程,直接面对灾民、面对死伤、面对灾难,是直接地拥有底气,因为掌握救灾物资、生命补给,同时直接接地气,因为其奔跑在救灾路线上、救助人群里。民政的救急和救灾,就是整个应急风雨兼程的风向标,它在最初就有一个核心前提和理念,即最需要的并不是救灾,而是减灾,实在减灾没效果,灾难还是不以人的

---

① 因为全新长江750没有轴传动,不具备倒挡功能,长江若能将此改进一下就更好了。
② 《长江750被采购为警车,威风凛凛,气势非凡》,百度网(https://baijiahao.baidu.com/s?id=1611108333998327517&wfr=spider&for=pc)。

意志为转移地不幸发生了，才是救。这个理念与联合国国际救援救灾理念是同步的，是最先进的，也是最宝贵的。正是这个理念强调风险管理，强调源头的预防，强调早期的预警，强调减缓和准备，这是把事中应急引向事前风控的正确思路，也是把应急从单方政府职能引向全民多方协同的正确方向，更是把应急统治、应急管控引向应急治理的正确前提。上海民政在这个领域对这一先导理念是把握得比较靠前的、比较到位的、走在全国前列的。目前该基本格局的开端和基础就是起源于1978—1992年这15年间的摸索和积累。

1978—1992年是上海应急治理处于孕育与萌芽阶段，应急治理的SEMS0.0时期。当时其实是几乎没有现在所说的应急治理的，即使有这样的实际状况，也没有这个学术用语，不要说应急治理，就是应急管理，在理论上和概念上也还没有诞生，应急这件事情是存在的，因为有突发状况，就必然需要应急的紧急处理和救助，而突发状况自有人类以来对人的生存而言就是一直存在的，一直伴随着人类的日常生活。在一般的城市里，救灾和救助的政策及措施有相当一部分是涉及民政部门职责内容的，民政部门的核心工作模块之一也是以救灾和救助的政策及措施为主体的，不管有没有城市应急和应急管理或应急治理这个事实和理论，民政部门所涉及的与紧急救灾和救助相关的工作内容都是实际存在的。所以，在上海改革开放最初的15年里，应急治理的孕育与萌芽是与民政部门的紧急救灾和救助工作内容密切相关的，民政部门也发挥了历史性的作用。从应急科学技术角度来看，民政部门在紧急救灾和救助的工作内容里，所涉及和应用到的那些与科学技术相关联的技术保障和救灾物资投放，主要的一个体现方式便是救灾物资投放的运输和安置，随着科学技术手段的发展，民政救灾物资的紧急投放也逐步地实现了效率增长和优化统筹。民政救灾运输线的生命线成长，可以从一个侧面反映出应急科技手段的支撑和发展，而应急科技的发展，反过来促进和增长了民政应急救灾的效率和功能。

一般来说，民政部门在救灾中的职责是：组织、协调救灾工作；组织核查灾情，统一发布灾情，管理、分配中央救灾款物并监督使用；组织、指导救灾捐赠；承担拟定并组织实施减灾规划，开展国际减灾合作。民政救灾负责掌握和发布灾情工作，制定救灾实施方案，迅速深入灾区，及时、准确掌握灾情,慰问灾民,指导灾区群众开展生产自救工作,负责接收管理和核发救灾物资,负责救灾物资的处理,按规定落实好汛期值班工作;贯彻落实各项社会救助政策,负责全区各类民政特殊救济对象、城乡低保家庭人员的生活救助、医疗救助、助学帮困、住房救助等工作,负责各镇社会救助事务所的业务指导;指导各镇开展农村扶贫帮困工作,负责审核和落实农村贫困户中无房户、危房户的翻建工作;贯彻"五保"条例,保障农村五保对象基本生活;负责组织募捐工作;负责养老机构的审批和工作指导。①

上海市社会救助事务中心(上海市民政减灾中心)是上海市民政局所属事业单位,承担的主要职责是:负责本市社会救助和减灾救灾具体工作;开展社会救助和减灾救灾课题研究和数据分析;对信息平台需求进行调研、网络维护;对救助资金运作实施管理和检查监督,对救助政策实施跟踪调查、评估工作;对基层业务机构开展业务指导和培训;承担国家减灾中心与上海市民政局技术合作具体工作;协助开展救灾捐赠和对口援助工作。②

民政救灾救助不仅仅是救急物资的调配和投放,也不仅仅是全国家体制的、城市和地区级别的救灾救助的紧急物资运输。救急物资的运维和管理及紧急支撑、支持、支援,体现在运输路网和海陆空一体化或多样化或单一重点不同方式上,其从一个典型的侧面反映出在改革开放的第一个15年里,上海应急风雨历程中在没有应急理性或处于孕育萌芽时期的原始朴素应急实际表现,民政救灾救助体系的不断完善,折射出一个城市在应急体系的发生发展中的阶段性特征和内容。

上海民政应急的最主要特点:一是街镇统辖,政府主导;二是社区运作直接下沉到里弄居委,入户到民;三是全社会参与,全员协管。上海高度重视社区综合减灾工作,探索适合上海特点的城市社区综合减灾模式,着重从大灾后救助向灾前预防转变,从单灾种应对向综合减灾转变,从减轻灾害损失向减少灾害风险转变,经过探索,形成了以"三全"

---

① 百度知道:《民政部门在救灾中的职责》,百度网(https://zhidao.baidu.com/question/540019252.html)。

② http://www.shlnb.cn/gb/shmzj/node8/node15/node56/node167/userobject1ai24081.html。

为特征的社区综合减灾模式。在管理对象上实行以各种灾害风险为管理目标的全灾害危机管理;在管理方法上实行以预防为主,应急管理与灾后重建并重,包括评估准备应对和恢复的全过程减灾管理;在管理体制上实行以政府主导、社区运作、社会协同的全社会参与管理。这个"三全"管理模式以规避风险、减轻灾害、提高应对能力为阶段目标,以损失最小化为终极目标。在社区综合减灾中,上海各部门发挥职能作用,各社区积极落实,注重填补各部门之间的盲点,民政部门主要以全国综合减灾示范社区创建活动为抓手进行组织。①

上海市民政局根据《国家综合防灾减灾规划(2011—2015年)》和《上海市突发事件应急体系建设"十二五"规划》要求,结合工作实际,加强社区风险评估工作,建立评估模型并确保其科学性。2009年,上海市民政局成立专项课题组,以社区为单位,以综合风险为对象,以承灾体脆弱性评估和致灾因子致险程度评估为内容,探索建立上海市社区综合风险评估模型。课题组将社区分为新建社区、老式社区、新旧混合社区、特殊功能社区和农村社区等五类,并在每类社区中挑选典型开展实地考察,分析不同社区的风险特征,在此基础上总结出上海社区的致灾因子和社区脆弱承灾体的不同类型,建立一套社区风险评估指标体系,并挑选部分社区进行应用检验,建立了"上海市社区综合风险评估模型"。②

社区风险评估是灾害管理工作的起点,是防灾减灾重要的基础性工作,具有较强的专业性。风险评估的对象是"风险",风险是一种介于安全与灾害之间的状态,风险可能转化为灾害,所以风险的存在会对公共安全造成潜在的危害。风险评估就是要针对风险的不确定性和可能性进行评价,通过识别风险、评估风险、分析风险,并在此基础上有效地控制风险。③

---

① 陈跃斌:《上海城市社区综合减灾模式探索》,《中国减灾》2010年第5期,第22—23页。

② 上海市民政局:《上海:加强社区风险评估工作》,《中国减灾》2013年第5期,第13—14页。

③ 上海市民政局:《上海市夏阳街道社区风险现场评估活动纪实》,《中国减灾》2013年第9期,第48—49页。

我们所居住社区的地理特点、结构特点、人群特点等都决定着我们将面临的风险隐患。在社区层面开展风险评估，建立社区风险评估体系，有利于提高危机管理的整体能力。有研究借鉴工业领域的风险评估方法和目前国际灾害风险评估模型，结合上海市社区风险特征，建立了上海市社区层面的风险评估体系。该体系主要通过对不同社区的考察，从风险的罗列和风险的评估两个层面对社区存在的风险进行辨识和评价。从具体的方法看，该体系主要从致灾因子的灾变致险程度和承灾体的脆弱性两个方面对社区的综合风险进行了半定量的评价，以此作为社区风险管理的重要依据。该研究将此评估体系适用到两大不同类型的社区，检验了评估体系的实用性和可操作性，并以此为基础，探讨提高社区风险管理能力的具体方法。①

随着全球气候变暖和城市化进程的加快，城市暴雨内涝已引起各国政府和学者的高度关注。社区作为组成现代城市的基本单元，在城市减灾降险中具有重要的基础作用。因此，以社区为基础的灾害风险管理成为近年来国际社会普遍认可并被实践证明是行之有效的管理灾害的理念与手段，而风险评估作为社区灾害风险管理的基础和前提则成为各国学者探讨的热点问题之一。有研究实地考察和调研典型城市社区上海普陀区金沙居委地区暴雨内涝灾害及其风险管理现状，综合运用PGIS方法、情景分析方法和概率统计方法，对典型城市社区暴雨内涝灾害风险评估进行实证研究。提出了城市社区暴雨内涝灾害风险评估的理论框架与方法体系，构建了城市社区暴雨内涝灾害风险评估的理论框架，认为城市社区暴雨内涝灾害风险评估就是在风险评估专家和当地不同利益相关者共同参与下，综合运用PGIS（参与式GIS）、情景分析和概率统计等方法，对研究区不同情景下的内涝灾害风险进行模拟、分析、评价与表达的全过程，主要包括风险识别、风险模拟和风险评价与表达。该研究还构建了城市社区暴雨内涝灾害风险评估模型，主要包括内涝灾害数据库、城市社区暴雨内涝模型和城市社区风险模型等三个模块，并通过重建研究区2012年8月台风"海葵"的内涝灾情，验证并修正了模型参数，使模拟结果与实际情况较为吻合。该博士学位论文基于历史灾情数据，对

---

① 夏剑薇：《上海社区风险评估体系研究》，复旦大学2010年硕士学位论文。

上海市近60年（1951—2010）来暴雨内涝的历史灾情进行了分析，结果表明：（1）城市自然环境受人为影响较大，主要表现为不透水面增大，地面沉降和水域面积减少，加上经济发达、人口众多和密布的城市基础设施，大大增加了涝灾风险；（2）从时间上看，暴雨内涝灾害发生数量总体呈现增长的趋势，且主要集中在6—8月；（3）从空间上看，暴雨内涝灾害以中心城区最多，沿江沿海次之，内陆区县相对较少；（4）暴雨内涝灾害具有较强的扩散效应，其扩散的通道主要有城市生命线系统、产业链和生态环境系统等，且主要通过直链式扩散、直链发散式扩散、循环式扩散和发散式扩散等四种扩散方式对城市不同类型的承灾体产生影响。

这项研究选取上海普陀区金沙居委地区为例，运用PGIS方法对研究区居民的暴雨内涝灾害风险认知进行了全面的分析，运用基于PGIS的半结构式问卷调查、访谈、实地测量等方法，对社区居民的暴雨内涝灾害风险认知进行了分析，主要包括风险知识、风险态度和风险行为等三方面的内容。分析结果表明：（1）社区居民认为暴雨内涝灾害每年平均发生3—4次，且多集中在7—9月，主要影响集中在研究区中部区域；（2）社区居民认为当积水深度在脚踝及以下时（0—15cm），对家庭有一定的影响，在小腿肚及以下时（15—30cm），对家庭影响较大，超过小腿肚时（>30cm），对家庭影响最大；（3）一半以上居民认为内涝灾害是自然原因造成的，所有居民在灾前、灾中和灾后均采取不同的措施，但均没有认识到或不重视排水管道的清理与疏通问题。

该研究运用情景分析方法对研究区暴雨内涝灾害风险进行了分析。基于ArcGIS软件，运用情景分析方法对研究区4种排水情景下（0mm/h、18mm/h、36mm/h和50mm/h）的8种重现期（5a、10a、30a、50a、100a、200a、500a和1000a）暴雨的内涝风险进行了模拟与分析，主要包括危险性分析、暴露性分析和脆弱性分析等三部分内容。危险性分析表明：（1）所有内涝情景下，暴雨内涝危险性均集中在研究区中部的金沙新村和解放村，积水面积占研究区总面积的比例在0—47.8%，最大积水深度在0—0.52m，但均随着暴雨重现期的增长而增加，随着排水量的增大而减小；（2）32个内涝灾害情景中，高危险性占21个，中危险性占9个，而低危险性仅占2个；（3）4种排水情景下，200a及以上重现期暴雨的内涝危险性均具有高危险性；（4）随着排水量的增大，暴雨内涝的中危险性年超越概率由100%减小为6.8%，高危险性年超越概率由26%减小为0.8%。暴露性分析表明：（1）各种内涝情景下，暴露的家庭数量最多的是791户，最少的为0户，但均位于研究区中部，建筑结构主要以砖木结构为主；（2）暴露家庭数量随着暴雨重现期的增长而增多，随着排水量的增大而减少，但减少的程度与重现期大小成反比；（3）在4种排水情景下，200a、500a和1000a一遇暴雨分别有30户、137户和216户家庭均暴露在高危险性区域，是防涝减灾中需要重点关注的对象。脆弱性分析表明：（1）研究区暴雨内涝的脆弱性主要体现在居民家庭的墙面、地板和室内财产等三个方面；（2）各种内涝情景下，绝大多数暴露家庭的墙面损失率在0—0.06，地板损失率均为1；（3）只有高危险性内涝情景下部分暴露家庭的室内财产会遭到损失，其损失率在0—0.12。

这项研究随后对研究区多种情景的内涝灾害风险进行了评估。在风险分析的基础上，对各种情景的内涝灾害风险进行了分析与评价，结果表明：（1）绝大多数家庭的内涝损失均在0—1000元，且主要位于研究区中部的金沙新村；（2）各类损失均随着暴雨重现期的增大而增长，随着排水量的增大而减小，其中室内财产损失增长和减小均最快，其次是地板损失，墙面损失增长和减小均最慢；（3）根据4种排水情景下8种重现期建立的超越概—损失曲线，得出研究区年平均内涝损失分别为：0mm/h排水情景下为25895元，18mm/h排水情景下为10672元，36mm/h排水情景下为6781元，50mm/h排水情景下为1937元。

城市暴雨内涝灾害风险评估是一个复杂的系统工程，涉及灾害学、风险学、地理学、环境学和社会学等多个学科的理论与方法。该章着重从社区的角度对城市暴雨内涝灾害风险评估进行探索式研究，后续还需要在居民参与和当地风险知识采集与应用、城市不同尺度风险评估方法与范式、风险动态评估和实证研究等方面进行深入专题研究。①

上海民政减灾侧重于沉入社区层面的基本减灾防护工作成为全国先进样板，上海市浦东新区康桥镇半岛社区在2016年被评为全国综合减灾示范社区。在创建示范社区过程中，半岛社区居委会积极发动社区居住

---

① 张振国：《城市社区暴雨内涝灾害风险评估研究——以上海市普陀区金沙居委地区为例》，上海师范大学2013年博士学位论文。

的国内外志愿者参与减灾社区的创建工作,并注重保障社区脆弱群体的安全需要,打造了独具特色的减灾示范社区。[①] 半岛社区位于上海市浦东新区康桥镇,面积 70 余万平方米,辖区人口 1.2 万余人,其中流动人口近 5000 人,近千名外国人在此居住。在减灾社区建设和管理的工作实践中,半岛社区围绕"管理有序、服务完善、环境优美、关系和谐"的新型社区建设目标,理顺与社区内各类社会组织的关系,挖掘整合资源,不断完善"多方协同、资源共享、优势互补、服务居民"的工作格局,把半岛社区建设成为安全和谐的温馨家园。

应急"治理"区别于应急"管理",一字之差,差之千里,它反映的是人类在近一个世纪的时空之旅中灾害应对理念的根本转变,反映的是上海在四十年改革开放征程上应对天灾人祸理念的根本转变,应急治理强调的是自下而上的参与性,强调的是多元主体的对话协商共同治理,上海民政应急减灾所探索的正是把基层社区作为社会治理的基石和落脚点,借由民众参与公共事务意愿的增长,将居民对社区应急治理的需求和要求以及不断增长的积极性融入和集成到政府主导的减灾工程中。上海民政减灾应急的社区风险评估实践,则是民政部门以和民众息息相关的"安全"作为切入点,从理性和理论及理念高度探索社区治理的实践模式。社区风险评估具有专业性和参与性并重的特点,在此基础上建立起政府主导、社会参与、社区运行及其互动的应急治理的实践模式,做实上海应急治理,这是上海应急从管制、管控迈向治理的标志之一。

四 气象风暴潮预报[②]

(一) 上海气象灾害情况(摘录《上海气象灾害大典》)

上海位于太平洋西岸,地处长江三角洲东端,西部和江苏、浙江两省相邻,南接杭州湾,面临东海,与太平洋相通,扼长江入海咽喉。海岸线长约 170 千米,江岸线长达 319 千米,约居我国弓形海岸线中点。上海主要由江流和海流的相互作用下不断沉积成陆地,长江口的崇明、长

---

① 刘朋:《统筹资源 探索全民参与的社区减灾新模式——上海市浦东新区康桥镇半岛社区防灾减灾工作侧记》,《中国减灾》2017 年第 9 期,第 52—53 页。

② 上海市气象局提供。

兴、横沙等岛屿，都是由长江带来的泥沙堆积而成。全境地势平坦，除西南部少数高度在海拔100米以下的小山丘外，一般海拔高度在3—5米，但吴淞口平均潮位却有3.25米，实测最高潮位为5.98米，已经高于地面，因此易生风暴潮引发的洪涝灾害。

上海地区相对独立的行政建制始于南朝。唐天宝十年（751）在今松江城设华亭县，南宋咸淳年间（1265—1274）设上海镇，元至元二十八年（1291）元朝设上海县，民国十六年（1927）设上海特别市（地位与省相等）。中华人民共和国成立后，上海为中央直辖市，当时全市面积为618平方千米。上海市区域几经扩大，1990年设置12个区和9个县，2000年为16个区和3个县，面积达6340.5平方千米，是我国最大的经济中心。

上海属亚热带季风气候。冬季受西伯利亚冷高压控制，盛行西北风，寒冷干燥；夏季在西太平洋副热带高压控制下，多东南风，暖热湿润；春秋是季风的转变期，多低温阴雨天气。一年四季分明，冬夏长，春秋短。全年平均气温16.2℃，1月最冷，平均值为3.6℃，7月最热，平均值为27.8℃。年平均总日照为1930小时，日照百分率为44%。年平均总降水量1190毫米，雨日130天，降水主要集中在春雨、梅雨、秋雨三个多雨时节。上海人口密集，工业集中，高大建筑物林立，交通发达，能源消耗量大，这些人为热的散失以及同时排放到空气中的温室气体，形成市区的特殊局地气候，产生明显的"热岛效应"，以致有时会出现异常的天气和气候。

大气变化产生的异常天气现象对人类的生命财产和国民经济建设及国防建设等造成的直接或间接损失，称为气象灾害。上海气象灾害的记载有着悠久历史，吴中及上海一带在三国（吴）太元元年（251）就有记载，以后持续不断至今已有1700多年历史。自唐迄宋，因农事活动需要，已很重视对灾害性天气的观测和预报。北宋皇祐三年（1051），吴及任华亭县令，鉴于前一年大旱，预料旱后必有洪涝，命百姓兴修水利以待淫潦，次年果如其言，因事先有充分准备，田岸坚牢，沟洫河港畅通，仍获得丰收。元末明初，吴兴人娄元礼和松江人陆泳撰写了《田家五行》及其《拾遗》，书中涉及天气、气候、农气、物候等方面内容600多条，是我国首编的地方性气象专辑。明代末期，籍隶上海的阁臣徐光启是我国最早吸收西方科学文明的代表人物，他撰述的《农政全书》六十卷于崇祯十二年（1639）刊行，其中的《占候》部分，广收江南天气、气候等方面农谚和防灾减灾措施，对气象灾害的认识和减灾有新的建树。同治十一年（1872）八月，天主教江南教区和耶稣会江南传教会在徐家汇建立观象台，正式开始气象观测，至 2000 年已有 128 年连续不断的气象探测资料，为上海气象灾害的认识了解、预报服务、防灾减灾奠定了坚实的基础。

（二）上海典型气象灾害类型

上海气象灾害主要有台风、暴雨、洪涝、大风、雷击、龙卷风、冰雹、浓雾、寒潮、大雪、干旱、高温等，均对人民生命财产和经济建设有着严重影响，从 1949 年起，上海市遭受 10 亿元以上经济损失的风灾（台风、龙卷风等）就有 15 次。

1873—2000 年气象灾害统计表明，上海气象灾害几乎每年都有出现，年概率高达 0.98。其中台风、暴雨灾害的年概率分别为 0.57 和 0.61，大风灾害 0.65，冰雹灾害 0.45，龙卷风灾害 0.41，雷击灾害 0.50，洪涝灾害 0.27，干旱灾害 0.28，浓雾灾害 0.31，寒潮、大雪灾害 0.30，高温灾害 0.08。

热带气旋（台风）是在热带洋面上形成的大气涡旋，按其近中心最大风速的大小分为台风、强热带风暴、热带风暴和热带低压 4 个等级。台风所经之处，常有狂风、暴雨和巨浪，若适逢天文大潮，"风暴潮"三碰头，可能决堤毁塘，导致毁灭性的灾难。但台风深入内陆风力减弱，所带来的凉风和雨水有利于解除高温和干旱现象。1949—2000 年影响上海的热带气旋（台风）共有 153 次，平均每年 3 次，最多年有 8 次，最少年无台风影响。其中伴有 10 级以上大风的台风占总次数的 24%，伴有暴雨的台风占 35%。一次台风影响上海的时间平均为 2.6 天，最长 8 天，最短 1 天。据记载，1875—2000 年，上海遭受台风灾害 115 次，平均每年 1 次，最多年 4 次。台风在上海登陆的共有 8 次，都给上海市造成严重灾害，尤以 1915 年 7 月和 1949 年 7 月两次台风造成人员伤亡和财产损失惨重。

暴雨、洪涝是上海市主要的气象灾害，产生于台风、梅雨、气旋、强对流等天气系统中，特别是持续时间长、强度大的暴雨，会引起城市积水，造成交通受阻、农田淹没等灾害。据清光绪元年（1875）至2000年徐家汇和龙华站资料统计，共有暴雨408天（日雨量≥50毫米），平均每年3.2天，最多年为10天（1999）；日雨量≥100毫米的大暴雨共有39天，平均3年一遇；日雨量≥200毫米的特大暴雨日1天，为百年一遇。暴雨主要集中在8—9月，且有局地性很强、分布不均匀的特点。如果以全市范围雨量监测站资料统计则暴雨发生率将会高很多，年均暴雨日为10.3天、大暴雨日为1.5天，特大暴雨日约6—7年一遇。1977年8月21—22日上海百年来最大的特大暴雨出现在宝山县塘桥，24小时最大降雨量达581.3毫米，12小时最大降雨量是563.0毫米，1小时最大降雨量是151.4毫米，均为历年降雨强度极值。洪涝主要发生在春、夏、秋三季，分别称为春涝、夏涝和秋涝。由梅雨、台风、冷空气等天气系统形成的暴雨和连续阴雨，降水集中造成灾害面积广、损失大。梅雨或称霉雨，最早记载见于西晋。一般出现在每年5—7月，产生于静止锋云系之中。梅雨与上海旱涝关系密切，梅雨期暴雨会产生洪涝灾害，例如在1991年梅雨暴雨洪水中，经济损失达11.5亿元。

雷电、冰雹、龙卷风均属于强对流天气系统，具有范围小、局部性强、时间短、天气变化剧烈等特点，一旦发生，会造成严重的灾害。雷击灾害是积雨云中释放大量电能，强大的电流击中人畜和物体而造成的，会直接击中人畜、建筑物、森林、仓储、油库等，造成人员伤亡，并引发火灾烧毁森林、房屋和其他设施。随着科学技术的发展，家用电器、计算机网络、程控通信等电子设备的广泛应用，感应雷击灾害频率越来越高，会使整个系统瘫痪，造成更加严重的经济损失。上海雷电记载始见于明正德十五年（1520），至今已有400多年历史，据1951—2000年观测资料统计，雷暴日数年平均为28.3天，最多年为49天（1956），最少年为12天（1951）。龙卷风是世界上风速最强的旋风，影响范围狭小，但具有惊人的破坏力，造成的灾情极其严重。在龙卷风经过的陆地，常常大树被连根拔起，车辆被吹翻，建筑物被摧毁；水面上的船舶遇上龙卷风会翻船沉没，造成人员的严重伤亡，经济的巨大损失。上海龙卷风记载始见于南宋淳熙十一年（1184），1949年后记录比较详细，自1954—2000年共出现龙卷风日101天，年均龙卷风日数为2.1天，最多年达8天（1969）。1956年9月24日，3个龙卷风袭击上海南汇、川沙、奉贤、嘉定、杨浦等区县，造成68人死亡、842人受伤，倒塌房屋约1000间，财产数百万元的重大损失。冰雹是从积雨云中降落下来的冰球或冰块，来势凶猛，强度大，还常伴有大风暴雨，是上海面临的灾害性天气之一。上海冰雹记载始见于南宋绍兴五年（1135），近50年年均冰雹日数为2.9天，最多年达9天。1983年4月28日，川沙县最大雹块重达600多克。1975年5月30日，冰雹和大风袭击上海郊区9个县，造成35人死伤，农田受损7.5万亩，损坏民房2800多间。

雾是空气中水汽凝结或凝华的结果，水平能见度小于1.0千米，称为雾；水平能见度小于200米称为浓雾。上海市年平均雾日为39天，最多一年达96天。1961—1990年能见度小于200米的年平均浓雾日为8.7天，主要出现在11月、12月和1月。浓雾是上海面临的严重气象灾害之一，对海陆空交通、供电、人体健康等方面都有严重影响，造成灾害。1987年12月10日，浓雾锁住黄浦江，积滞过江乘客3万多人，当雾散开航时，乘客蜂拥渡轮，相互挤踏造成死亡16人，受伤70多人的重大事故。

寒潮是上海冬半年面临的重要灾害性天气，1951—2000年冬半年（10月至次年4月）影响上海的寒潮过程共有203次，平均每个冬半年4.1次，最多年有10次；上海极端最低气温为－12.1℃，出现在清光绪十八年十二月初二（1893年1月19日）；据清光绪九年（1883）至民国三十年（1941）、1951—1990年观测资料统计，上海降雪年平均日数为6天，积雪年平均日数为2.8天。寒潮带来气温骤降、大风冰雪、霜冻严寒等，给农业、交通、城市建设及人民生命健康造成很大危害。1941年1—2月严寒，收掩路尸1494具。1977年1月28—30日大雪、严寒，发生交通事故47起，医院里骨折病人2000多人，部分地区电线被积雪压断，造成停电事故。

干旱在1949年以前是上海面临的主要自然灾害之一。中华人民共和国成立之后，加强了水利建设，发展机电灌溉，干旱之年虽然能使农业减少损失，但旱情引起的水资源缺乏、水质恶化和环境污染等仍威胁着工农业生产和人民生活。上海主要是秋冬旱和伏旱。明崇祯十四年（1641）四至七月不雨，夏秋大旱，飞蝗蔽天，禾棉食尽，饿殍载道，耕牛渴死，有食死人肉者。1988年秋冬持续干旱，降水量只有常年同期的1/5，致使360万亩秋播作物苗期生长受严重影响，因干旱半个月发生400多起火警火灾事故。

高温对上海这座特大城市的工农业生产和人民生活带来了严重影响。据清同治十二年（1873）至2000年徐家汇和龙华站观测资料，上海≥35℃高温日数年平均为12.4天，最多年达55天（1934）；≥37℃高温日数年平均为2.4天，最多年达34天（1934），历史最高气温为40.2℃，出现在民国二十三年（1934）7月12日。民国三十一年（1942）夏季，高温酷暑，≥35℃高温日达44天，流行霍乱和伤寒，一周收尸600余具，天旱风热，沟河干涸，禾棉枯萎。

（三）上海气象防灾减灾系统

人类是在与各种自然灾害的斗争中不断进化而发展起来的。气象灾害是一种自然现象，灾害的发生有其不可避免性，但造成气象灾害的严重程度有其自然原因、人为原因或两者兼而有之的原因，只要人类增强气象灾害防范意识，了解气象灾害的原因，采取有效措施，加强气象灾害防御，就能不断提高防御灾害的能力，减轻灾情，利国利民。中华人民共和国成立后，上海市委和市政府非常重视气象灾害的防御工作，建立了市防灾减灾各级指挥组织系统；加强了气象的监测、预警能力；开展了对重大气象灾害的科学研究；落实了抗灾、救灾、援灾的应急措施，从而有效地形成了一个完整的防灾减灾系统，将气象灾害的损失减少到最小程度。

上海市于1950年成立市防汛指挥部，各区县和有关局均成立相应的组织，专门负责汛期的台风、暴雨、大风等灾害性天气的防灾减灾工作，有力地保证了上海市汛期的安全。每次重大气象灾害来临前或造成灾害后，各级党政领导都亲临防灾抗险第一线，认真听取气象预报意见，精心组织广大军民防灾工作。

上海气象事业在中国气象局和上海市政府的领导下，已建立完善的气象台站网和自动气象站网；拥有先进的多普勒气象雷达、风廓线仪、闪电定位仪和大型计算机等高科技设备；设立台风研究所，专门进行台风的科学研究；制定灾害性天气预警发布办法，加强灾害性天气的预报服务；开展人工影响局部天气的试验研究，使对气象灾害的监测、预报水平不断得到提高，为气象灾害的防御工作创造了很好条件。

上海市各级政府采取灾前防、灾中抗和灾后救的各种防灾措施。灾前防需要做好三方面工作：一是进行全方位监测，发现前兆，作出预报，并把预报迅速传递到防灾决策部门和有关单位；二是根据灾害预报制定防灾对策和采取具体防灾措施；三是抓紧组织人力、物力落实防灾措施，以增强承受灾害的能力，即提高城市韧性。灾中抗，即当灾害发生时，决策部门的指挥系统在抗灾中起到十分关键的作用，需及时了解和掌握灾源和灾区受灾程度，科学地作出抗灾决策，是守还是弃，一旦作出决策，传递系统和监测系统都要发挥作用，确保决策的顺利实施。灾后救，即灾害发生以后要迅速开展三方面工作进行补救：一是依靠国家和社会的力量，多渠道筹措资金，救助受灾地区和灾民；二是开展灾情调查，查明造成灾害的原因和受灾程度及损失大小，总结经验和教训；三是制定和实施灾后重建规划，修复防灾设施和毁坏的建筑物等，恢复灾区人民正常生活工作秩序，尽可能减轻灾害造成的损失。上海市近年来加强水利建设，修筑海塘，绿化造林，抗洪排涝；制定恶劣气候越江运输应急预案等防御浓雾灾害措施；开展避雷装置的安装和监测；寒潮降温的保护措施等，大大地减轻了气象灾害的损失。

小结：痛定思痛砺大治

上海在改革开放初期，城市规模并不大，密度较低，结构简单，功能有限，表现为"城市问题"阶段，当时主要表现为交通拥挤、卫生条件差、各类生活用品短缺，城市公共安全一般是点上的问题，主要通过采取单个的安全保障措施来监管。现代意义上的应急管理制度尚未建立，应急治理理念尚处于孕育和萌芽阶段（单主体/单向度/单灾种的应急统制阶段）。1978—1992年这15年，是上海应急治理的孕育和萌芽时期，这个时期基本上还没有治理的概念和理念，天灾人祸发生之前的预备和防范不能说是完全没有，预测预报和预警在地震、台风、暴风（龙卷风）、海洋潮等自然灾害面前，改革开放初期的15年里还是做得不错的，应急处置和紧急响应的方式存在于救灾抢险的工作中，应对灾害的理念处于初创、孕育和萌芽阶段。在提前防范、跟踪监测、发出预警这些环节上，至少在天灾应急方面是一直这样做的，组织体系和职能部门是上下一条线一边粗，职能部门各自为政，且完全是自上而下的，没有自下而上的，即单向度的，单个的部门专管单一的灾种，地震部门管地震，气象部门管气象，水利部门管水灾，消防部门管火灾，民政部门管救灾，卫生部门管疫情，遇到需要联合应对的问题，就通过更高一级的上级主管部门成立领导小组或工作小组或是联合指挥部的方式，实现各个不同部门之间临时性的、行政性的相互协调和配合。灾害处理结束之后，还是各管各事，条块分割，铁路警察各管一段。这样应对灾变的组织方式的优点是专业明确分工、专业对口管理、职责相对清晰、职能专门明确，在这样的管理体制下，各条线上的专业预备和应急防范还是比较充分的，只是在需要跨灾种联合应对的情况下，协同与配合是要看当时的具体需要、临时组织、见机安排，而且主要是以行政手段为主，这样的方式更多地具有运动式的色彩，更多地具有临时性的特征，具有机动性和灵活性的长处，具有动员式和号令式的统一指挥统一行动的优点，但是同时也具有演练性不够、临时配合不到位、多头协调难度高、部门协同无机制的缺点。总之，没有专门的、专业的、专项的能够同时综合应对多种并发灾害的应急专职机构和长效组织机制，造成的结果是，单部门单向度地应对单灾种，政府临时总动员，兵来将挡水来土掩，事后应灾灾后补救。特别是针对诸如1986年7月11日的"三县龙卷"（奉贤—南汇—川沙）这类突如其来的"空穴来风"，或是1987年12月10日的十六铺码头踩踏事件这类危急人因事件，也就只能是临时应对、灾中抢险、灾后补救，无法做到居安思危、未雨绸缪、早期预警、长治久安。①

在1978—1992年这15年里，上海应急处于应急统治、应急统制、应急管控阶段，这些都不是真正现代意义上的应急治理，而是处于应急治理的孕育和萌芽时期，处于迈向应急治理的进程中。在这15年里，政府

---

① 实际上，上海在1987年，还没有建设标准的、规范的应急机制，从全国的情况来看，我国城市的应急机制建设是以1986年1月10日广州在全国率先开通110统一报警电话为标志，其后全国各地相继建立了110报警服务台。我国1949年以前，国民政府的国内报警特服号码有两种系统，其一是999，其二是110，它们都是从租界里推广出来的。1949年以后我国曾经将110报警电话与火警的119电话合并，用119代替，后来至20世纪60年代初废止了，大概是当时的治安环境好，而且不是随便什么地方都有电话，推广不了。迟至20世纪80年代中期，沿海和内地一些大城市的公安机关，为适应斗争形势发展的需要，提高公安机关接处警的快速反应能力，便利群众报警、求助和投诉，更好地为人民群众服务，将原为盗（匪）警电话的110，逐步扩大职能，拓宽服务范围，建立了110报警服务台，开展110报警服务工作。1987年6月，公安部下发了《关于大中城市公安局普遍建立110报警服务台的通知》，要求各大中城市公安局在一两年内普遍建立110报警服务台。自此时起，110报警电话正式成为110报警服务台。

应急基本上是单部门单向度应对单灾种，条块分割信息壁垒，传统政府唱独角戏，临时社会总动员，兵来将挡水来土掩，事后扑火事后救急，侧重救灾轻防御。政府临时总动员是运动式的、号令式的、行政式的，政府强势主导的，遇到百姓和民众顾全大局积极配合志愿献力，这样的社会总动员方式是有效率的、先进的，但是后来的实际情况证明，当时代变化了，人们的社会思想意识变化了，维权意识增加而责任意识减弱，配合与牺牲奉献精神及社会责任感价值观变化了，需要自愿自主自治地采取与政府对话或知情或参与维护多方利益相关者权益的要求和需求成为社会主流三观时，政治动员式的、运动式的应急组织方式就缺乏群众基础了，就难以获得社会认可和社会配合了。

在1978—1992年改革开放的最初15年里，大型的自然灾害的应急还是基本采取全社会的动员方式来组织应急和避险，但是对于大型的生产安全事故引起的社会不满、大型的流行公共疫情引起的社会恐慌、大型的动拆迁及百姓利益维保引起的群众抗争冲突，当时的政府还没有马上遇见也顾不上提早预见，只是天灾来了就紧急地应对天灾，人祸发生了就赶紧解决人祸，一事一处、每案单处、各灾各守，自上而下单向度发令，封闭式决策，行政性执行，政府的策令条线和职能板块固然相对基本清晰，但是僵化生硬缺乏弹性，看似部门林立各司其职但实则难以面面俱到、高效协同，反而是条块分割、信息壁垒，传统政府的大一统格局正面对着社会大改革大创新中涌现的新问题新矛盾新冲突的综合解决、一体化解决、协同对话解决的新挑战。传统的政府组织以封闭式决策和单向度自上而下管制及命令为特征的应急管控模式，在工业时代线性环境的公共事务管理过程中确实起到了不可替代的作用，但现代复杂的社会环境是一个非线性的超复杂巨系统，以往那种传统的"管控"思维就日益暴露出其致命的缺陷。即使是西方学界所倡导的以市场化改革方案为核心的"新公共管理"运动，亦难以抵御风险社会的潜伏风险、突发事件和公共危机对政府传统应急管控模式的冲击。

传统的封闭式单向度的应急管控模式在集中资源进行集体行动的过程中的确发挥过不可代替的作用，但这一传统的优势正在逐渐被突发事件和公共危机所打破。风险社会的种种危机给封闭式单向度的应急管控模式带来了一系列措手不及的问题，在一片缩小政府规模、减少政府开支的呼声中，政府在履行越来越庞杂的公共需求和服务职能时已是捉襟见肘，更无暇顾及或有效应对越来越频繁、越来越复杂的突发事件和公共危机，现代政府在有限资源和无限需求的冲突中面临着从简单机械的刺激—反应式应急抢险转型升级为应急治理的考验。尤其是对我国政府而言，政府本位的行政文化源远流长、根深蒂固、积重难返，虽然在历次改革之后正在由全能政府向有限政府转变，但这一由政府自身主导的改革在"三化"（农业化、工业化、信息化）共存、社会自组织欠发达的中国社会，仍然难以摆脱封闭式单中心单向度管控的阴影，这就使政府陷入由"三性"（社会结构的复杂性、社会生态的多样性和社会矛盾的多元性）交织的风险—危机—应急管理的困境中，难以有效应对和科学管理各种频发的潜伏风险、突发事件和公共危机。

各种频发的潜伏风险、突发事件和公共危机对传统政府应急管控的独角戏模式提出了整合能力的挑战。潜伏风险、突发事件和公共危机威胁的是所有社会组织和成员的共同利益，这些组织和成员有责任有义务，甚至有权力需要在危机应对中发挥积极作用，而这一切都依赖于政府在实现自身整合的基础上对各种社会资源和社会力量的整合。"从政治学和社会学的意义上说，现代政府的社会整合能力主要表现在两个相互联系的方面，即社会基本价值观念的整合与社会公众利益的整合。"① 按照戴维·伊斯顿的理论，政治制度可以理解为一个政治系统，当局（权威角色的承担者）、典则（价值、规范和权威结构等系统成员支持的对象）、政治共同体（政治劳动分工联合在一起的人群团体）是构成一个政治系统的三个基本方面。系统成员具有起码的解决共同政治问题的意愿和能力，愿意（继续）依附于这样一个系统，这是人们服从价值权威分配的核心问题。② 政府作为"当局"的主导，其社会整合的基本能力表现为通过运用和强化"典则规范"制定和维护全社会的博弈规则的能力。在潜伏风险、突发事件和公共危机频发的今天，政府的最大困难在于：风险社会的快速变化和多元化特征，使得"典则规范"不仅会因此改变，而且在许多情况下可能会变得模糊不清或游移不定。这就需要政府在动态

---

① 金太军：《政府能力引论》，《宁夏社会科学》1998年第6期，第27—32页。
② ［美］戴维·伊斯顿：《政治生活的系统分析》，王浦劬译，华夏出版社1999年版。

的过程中不断判断、确立和推行事关维系现存政治制度的"典则规范"。

　　政府存在的前提就是作为公共利益的代表者,为维护公共利益、提供公共服务、谋求公共福利的最大化而采取一致性行动。在对于潜伏风险、突发事件和公共危机实施系统管控及处置应对的过程中,面对复杂的不确定性环境和危机可能造成的巨大损失,一方面需要政府具备短期内社会资源的集聚能力;另一方面,需要政府做好对弱势群体、公民权利的保护,协调不同利益群体的利益。政府整合社会资源的主要手段是财政收入。改革开放以来,中国政府财政收入的增长速度远远低于社会资源的增长速度。据统计,中国政府财政收入占国内生产总值的比重1978年为31.2%,1985年为22.4%,1990年为15.8%,1995年为10.7%,1999年为14.0%。[①] SARS期间中央政府治理危机的经费调拨采取东部地区自筹、中西部中央补贴的政策就曾引发各地方政府的争议,而地方政府的经费来源均从备用资金中抽调,这充分暴露了我国政府应急管理资源整合能力的不足。在社会公众利益整合方面,我国政府更是面临着巨大的挑战,贫富差距、地区差距的日益扩大,使得"弱势群体"的绝对数量不断增长且被日益边缘化,更增加了社会的不稳定性,形成潜伏的社会风险。

　　频发的潜伏风险、突发事件和公共危机对传统政府应急管控的独角戏模式提出了回应能力的挑战。政府的回应能力强调对社会系统中存在的各种潜在的不确定性因素做出积极回应,而社会系统是个具有高度动态性、非线性和不确定性的复杂系统,现代社会中的突发事件和公共危机往往是在大量随机事件中,经过长时间的潜伏之后于瞬间爆发,导致巨大的灾难。因此,预警能力是风险管理、危机管理和应急治理的首要视觉与触觉环节。它需要适时地解读环境,捕捉其中的"转折点"并认识其未来意义,适时感知外部环境可能发生的变化以及组织内部的不适应性,及时地、准确地预警风险变成威胁、威胁变成危险、危险变成危机的那一刻所发生的可能性及其可能带来的损害程度,特别是由于自身的短板和软肋所导致隐藏和潜伏着的那些过度脆性或过度刚性隐患,并随之作出积极主动的反应,而且这种反应不能仅仅是事后撞击式的被动

[①] 国家统计局:《2000中国统计年鉴》,中国统计出版社2000年版。

反应，而更应该是经常、积极主动地与环境发生的互动。唯有如此，我们才能真正有效地预判预测风险、应对危机状态、处置紧急事务，并把危机可能带来的损失降至最低。而传统的科层制政府在其形成过程中的官僚制惯性带来了组织的惰性，决策者、管理者及其组织成员受制于惰性区域而只在这一范围内活动，对于风险所潜藏的不确定性有一种近乎本能的抗拒，他们习惯于墨守成规、安于现状，追求眼前的现实利益而普遍缺乏风险意识和危机意识，即使有的决策者和管理者能意识到风险和危机的存在，也不能形成组织整体的预警能力。因此当风险变成威胁、威胁变成危险、危险变成危机时，要么茫然不知所措，要么只是大张旗鼓地以"运动"的方式进行被动撞击式的反应。组织惰性所带来的政府对社会潜伏风险、突发事件和公共危机态势感知的敏感度下降、迟钝甚至是缺失，这一直是政府由风险管理、危机管理、应急管理迈向治理并提高临机决策水平的一个致命的制度刚性或体制约束性因素。

政府自身在信息处理方面的内在缺陷，更是在很大程度上降低了迅速回应的及时性和有效性。"政府管理的驱动力是权力，政府管理的过程就是权力与信息的有机结合并相互作用的过程。"危机管理特别是应急治理中同样既需要掌握相关的信息，又需要诉诸相应的权力。而传统政府组织中的权力受到组织层级的节制和规则的严格制约，权力与信息转换的时滞导致风险管理和公共危机管理往往错过最佳的处理时机，而只是流于对紧急情况的临时应对，往往是采用应急管控的方式实施。

现代生物学家和生理学家认为，"人对事物作出反应的时间与所关注的事物的数量成指数关系。也就是说，人每次只能专注于同一件事情，可供选择的范围越大，决策所需要的时间越长"。[①] 官僚机构的高层部门作为政府组织生命体中的"中枢神经系统"同样受到这种"单通道能力"的制约。当危机中各种瞬息万变的信息使得信息流量远远超过了其所能有效处理的边界而形成信息超载时，必然出现或是延迟决策，或是根本不作决策的情况，而带来决策缺失或决策失效。即使此时决策者根据适时的心理体验而集中作出了决策，也会由于无暇考虑所有的偶然事件与压力因素

---

① ［英］R. 梅雷迪思·贝尔滨：《未来的组织形式》，郑海涛译，机械工业出版社 2001 年版，第 78 页。

而难以确保其理性与合乎逻辑性。同时，这种决策是在对众多的信息作出主观排序的基础上作出的，而这种主观的排序难以保证决策的科学性与有效性。更重要的是，这种匆忙作出的决策往往会进一步恶化危机，形成新的危机链继而成为日后重要的危机源。同时，组织作出公共危机决策所赖以存在的基础应该是真实的信息，但信息在组织层级中的传递不可避免地存在"吸收不确定性"的现象，各个层次的人或利益集团都可能从自身利益出发，对信息进行修改和编辑，许多原本是假定的、模糊的和不确定的信息，经过组织层级的传递往往会变成明晰的、最终的、确定的信息，最后变得面目全非而影响到决策者对信息的甄别和利用。

就政府组织与其所处社会环境的信息交流来看，传统政府职能部门的行政官僚对外为了维持组织边界，对内为了加强在权力金字塔中的地位和权威，总是想方设法地控制各种信息，他们与公众间存在的信息不对称以及知识技能上的差距使得公众往往难以获取全面的信息，或者因为这种获取所需的巨大成本使其只能保持"理性的无知"。在相对线性的环境中，公众或许能做出相对稳定与理性的预期，但在混乱和动荡的危机环境中，公众的社会预期有可能会发生巨大变化，他们迫切需要了解全面真实的信息以降低其所面临的高度不确定性。而官僚组织有意或无意的信息封闭使得信息出现真空，各种关于危机的流言和传闻则随之填补这一空白。基于群体压力和从众社会心理的作用，流言传闻的蔓延以及人们对危机的疑虑惶恐剧烈升级之后会带来严重的社会动荡，此时，人们一反常态，普遍采取非理性的行为，危机也就由此具有了"自我实施"的功能，最终由巨大危机和灾难的社会爆发过程启动了其自然爆发过程，进一步加强了危机的严重危害。

除了对可能爆发的各类不确定因素做出回应，在危机状态下，作为以维护公益为基本价值取向的政府也需要对公众的需求做出回应，而此时人民"关注点"的多元化与政府应急管控相互之间必然产生冲突，如何协调公共利益和个体利益，如何确保人民需要的最低满足，如何协调不同利益主体的利益，是对政府回应能力的巨大挑战。频发的公共危机威胁的是所有社会组织和成员的共同利益，这些组织和成员有责任、有义务，甚至有权力需要在危机应对中发挥积极作用，而这一切都依赖于政府在实现自身整合的基础上对各种社会资源和社会力量的整合。

频发的潜伏风险、突发事件和公共危机对政府应急管控的传统组织架构提出了挑战，条块分割，信息壁垒，宫墙太高。传统的政府组织以科层制为组织结构并以规则、效率而著称，"官僚制的典范"在组织理论的发展中奠定了其不可替代的地位，但这一仍为公共部门所热衷的组织架构在公共危机面前已显得捉襟见肘、行动乏力。细化的专业分工带来了效率，也带来了部门的孤立和共同话语的丧失，层级明确的等级制确保了权力的集中，却造成了信息的闭塞和沟通的不畅。在日益复杂的公共危机面前，"科层制的政府垄断体制已无法预防和应对网络化、多元化的危机"，正被规则、封闭所束缚而丧失效率。

为获得最高的行政效率，社会分工思想被引入科层制的组织设计并得到了极端的加强。诚然，严格的部门和地区分割有利于其各司其职，从而提高组织的效率。但问题在于，在危机环境中，这些画地为牢、相互隔离的部门和地区能自发有效地共同协作吗？这是难以想象的。同样难以想象的是，它们能够在这种动荡与混乱中产生协调的行动计划并形成应对危机的整体合力吗？事实上，这种条块分割使得它们在危机管理过程中往往各自为政、九龙治水、各管一方，仅仅局限于在本地区、本部门管辖范围内行动。由于各自的行政权限、管理职能和政策目标等的不同，它们之间的相互沟通往往梗塞不畅，一个地区或部门所采取的危机应对措施往往很难得到其他部门和地区的认可和响应。不靠共同上级机关的行政命令，往往无法自动生成危难中的有序协作。

另外，这种分割也易于形成专业主义、信息孤岛，形成部门与地区间的"信息壁垒""信息隔离"，专业主义原本是指在一个团体内部中所拥有与共享的技术与知识，而在传统政府组织的专业化过程中，这种专业主义得到了极端加强，甚至一直扩展到纯理性权威。其潜台词就是"我们知道的比你多，所以要按我们说的去做"。这种状况直接影响到各个地区、各个部门在危机应对过程中的相互配合和相互协调。就我国政府组织而言，其组织架构同样一以贯之的是科层制的结构，并且由于法理权威的缺失，加上传统文化底蕴和历史沉淀的影响，非但没有获得韦伯的科层制所希冀的高效率，还继承了几乎官僚制的所有弊端。政府组织架构在经历了历次机构改革和职能调整后，仍无法从组织结构和制度安排上保证对突发事件和公共危机的快速、有效应对。

频发的潜伏风险、突发事件和公共危机对政府应急管控的传统合法性也提出了挑战。人类历史上传统政府的一切统治都把谋求合法性作为首要任务。在马克斯·韦伯看来,"合法性就是人们对于享有权威地位的人的地位的承认和对其命令的服从"。① 哈贝马斯更进一步指出,"合法性意味着某种政治秩序被认可的价值……统治秩序的稳定性也依赖于自身在事实上的被承认"。② 这表明,现代社会的统治仅仅具有形式的合法性是不够的,它还需要具有实质的合法性,而这些实质的合法性则来源于社会和公众对其实际统治过程的认可。危机局势是对社会稳定构成的最直接的威胁,会使政府的合法性与良好形象面临着极其严峻的挑战。如果政府不能够有效地防范和控制危机的发生,或及时修正危机问题带来的困境,那么,政府将失去社会发展目标实现的基础条件,甚至将危及政府统治权力本身。

"危机事件的处理是对政府组织的管理能力和效力的全面考察与综合鉴定,是衡量和反映政府统治力量的重要方面。它不仅是政府的一项战略任务,同时也是政府日常管理的重要组成部分。"③ 但危机不仅意味着危险,危机还意味着机遇,因为"通过它,社会能在面对新环境时进行调整。一个灵活的社会通过冲突行为而受益,因为这种冲突行为通过规范的改进和创造,保证它们在变化了的条件下继续"。而"一个僵化的社会制度,不允许冲突发生,它会极力阻止必要的调整,而把灾难性的危险增大到极限"。④ 因此,"作为政治变革与政治发展的一部分,危机对于一个理性的、有活力的政府而言,能够成为公共政策改进和完善的外部动力",⑤ 构建适合各国国情的公共危机治理理论和体系因此成为摆在理

---

① [德] 马克斯·韦伯:《经济与社会(上)》,林荣远译,商务印书馆1997年版,第239页。
② [德] 尤尔根·哈贝马斯:《交往与社会进化》,张博树译,重庆出版社1989年版,第184页。
③ 薛澜、张强、钟开斌:《危机管理——转型期中国面临的挑战》,清华大学出版社2003年版,第9页。
④ [美] 刘易斯·科塞:《社会冲突的功能》,孙立平等译,华夏出版社1989年版,第114页。
⑤ 胡宁生等:《中国政府形象战略》,中共中央党校出版社1999年版,第1212页。

论界和实务界面前的共同话题。

　　由此可见，传统政府组织对客观存在的潜伏风险、突发事件和紧急危机状态实施的仅仅是被动的刺激—反应，而这种反应却往往忽略了那些最终将带来巨大灾难的隐性风险。各级地方政府的基层职能部门或实施具体处置的部门，感知并收集各种关于风险、事件和危机的信息并反馈给本组织的决策层或决策机构，并等待高层组织作出风险管理、危机管理、应急管理的相关决策。但是，由于地方政府的执行部门和决策机构各自在风险感知、信息传递、危机意识、组织结构、决策模式等方面存在缺陷，这种对风险、事件、危机的线性处理方式并不能保证风险、事件和危机的全程高效管理，其所导致的往往是应急处置和临机决策的不足或失误或失效。最值得反思的是，这种被动的刺激—反应模式有时不仅不能有效地应对危机，反而更恶化了危机而成为了新的风险源。痛定思痛地反思1978—1992 年这 15 年里，政府应急基本上是单部门单向度应对单灾种，条块分割信息壁垒，传统政府唱独角戏，临时社会总动员，兵来将挡水来土掩，事后扑火事后救急，侧重救灾轻防御。针对这样的应急弊端，上海的韧性应急处于痛定思痛砺大治的时代。

第 二 章

诞生与起步（1993—2002）SEMS1.0

到 20 世纪 90 年代，中国的渐进式改革开始向"根本转轨"阶段过渡，即由浅层次的基础性改革向深层次的结构性改革转变，由注重传统体制的突破向全面的体制创新与制度创新转变，由纯经济领域的改革向社会领域、政治领域拓展，确立社会主义市场经济体制。

1993 年，上海开展了一场声势浩大的跨世纪发展战略研究，前后花了近两年时间，最终形成了《迈向 21 世纪的上海：1996—2010 年上海经济、社会发展战略》，① 并确立上海要以国际经济中心城市为目标自信前行。1993 年的上海②，不仅要在全国有所作为，还要在世界确立地位。当时刚刚召开的党的十四大，根据世界正朝着多极化方向发展的国际新形势和我国 20 世纪 90 年代改革开放的总体战略部署，明确"以上海浦东开发开放为龙头，进一步开放长江沿岸城市，尽快把上海建成国际经济、

---

① 时任市府副秘书长、课题组组长蔡来兴组织了全市包括政府官员、主要高校和研究所、实际部门在内的 600 余位同志，对上海未来 15 年发展进行课题研究，并最终汇成这份上百万字的战略报告，包括一个总报告和 40 个分报告及专题报告，几乎涵盖了上海 1996—2010 年各个领域的中长期规划和发展战略。最核心的，是明确提出上海形成国际经济中心城市的战略目标，即到 2010 年上海基本建成国际经济、金融、贸易中心之一，初步确立国际经济中心城市的地位。此后再用 10 年或更长一段时间，建成国际经济、金融、贸易中心之一，并跻身于世界级的国际经济中心城市行列。20 年前，正是这些目通八极的目标、战略，深层次影响和改变着上海的发展路径，从而成就今日上海。（引自李晔、蔡来兴《忆 1993 年上海跨世纪战略大讨论》，《解放日报》2014 年 1 月 23 日。）

② 就是在 1993 年这年，上海市委、市政府决策层看到了一个令人亢奋的新趋势——世界经济的增长中心正悄然转向亚太地区，这是工业革命以来中国所面临的最大发展机遇，而新的国际经济中心城市，必然会在经济增长规模最大、增长速度最快的地区产生。这意味着，上海完全有可能再度崛起为世界级城市。

金融、贸易中心之一,带动长江三角洲和整个长江流域地区经济的新飞跃"。于是上海,从"后卫"走向"前沿",再跃升为"龙头",成了"重心之重心"。这个阶段,上海已经成为中国改革开放的"前锋",在开放开发浦东的重大战略决策的基础上,上海开始全面向现代化城市转变,随着改革的进一步加深,上海成为中国发展最为快速的城市。伴随着产业结构的战略性调整和经济增长方式的转变,人民生活质量得到了普遍提高。但是随着城市下岗失业群体的扩大、老龄社会的来临以及外来人口的大量涌入,城市社会问题和安全问题也日益突出。

随着我国应对各类灾种的灾害管理机构开始建立和完善,此阶段政府依然是灾害管理的唯一主体,上海城市抗灾应急体系经历了多重考验,建立专职的、统一的城市减灾应急机制已经开始提上上海政府部门的日程。

第一节 工业企业大转型

【应急形势与风险(社会特征与风险特点)面临的应急任务】

这个阶段,上海开始根据独特的区位条件、综合优势和建设"一个龙头、三个中心"的需要,重点发展"大流通""大贸易""大市场"和金融、商贸、房地产、旅游、服务和信息咨询等产业,促进第三产业快速发展,使过去长时期主要依靠第二产业推动经济增长的格局发生了根本性变化,形成了经济增长由第二、第三产业共同推动的新格局。第三产业对经济增长的推动力显著增强。其中,1992—1997 年,上海第三产业的年平均增长速度达到 14.9%,比前 6 年增长 9.0% 的速度快 5.9 个百分点;第三产业占国内生产总值的比重由 34.6% 上升为 45.5%,上升 10.9 个百分点。第三产业对于国内生产总值增长的贡献率由 1991 年的 23.5% 上升为 1997 年的 44.6%,成为经济增长的重要推动力。上海根据 1993 年 11 月党的十四届三中全会《中共中央关于建立社会主义市场经济体制若干问题的决定》,从 1995 年起率先试点建立现代企业制度,到 1997 年年底,上海基本建立起现代企业制度的框架。

改革开放以来,为改变落后的城市面貌并更好地吸引外资,城市基础设施建设开始加强。20 世纪 90 年代以来,城市基础设施建设进入高潮，仅1992—1997年，全市用于城市基础设施的投资达1664.48亿元，占改革开放以来城市基础设施投资总量的89.2%。而1949—1978年，国家投资于上海城市基础设施建设的投资累计不过30亿元。

随着浦东开放开发以来，一批重大工程项目建成，城市投资环境和居民生活环境取得显著的进展。基础设施建设全面推进，第一批五年计划的交通、能源、通信和环保等十大基础设施建设工程提前两年完成，第二批十大基础设施建设工程，包括浦东国际机场、国际信息港、地铁2号线浦东段、轨道交通和深水港一期工程先后完成。浦东开发对长江三角洲、长江流域和内地体制转换的示范作用、对外开放的带动作用、功能开发的辐射作用已初步形成。

1997年至21世纪初为上海发展的第四个时期。此时期上海战胜了东南亚经济危机。危机中上海经济1998年、1999年、2000年迅速发展，与全国不同步，全国消费疲软时，上海仍持续高出全国的消费水平。基础设施的建设，从1999年年底起又带动了新一轮的房地产业的发展。城市的基础设施也在进一步深入，跨黄浦江桥梁、地铁、轻轨、高架、绿地建设，规模越来越大。此外，还发展了以文广集团、报业集团为主的文化市场经济。

1996年2月，上海市十届人大四次会议审议通过《上海市国民经济和社会发展"九五"计划与2010年远景目标纲要》，确定发展主线是：经济体制和经济增长方式的两个根本性转变。"九五"（1996—2000年）期间，上海实现了经济体制和经济增长方式的两个根本性转变，初步实现了从计划经济体制向社会主义市场经济体制的转变。"九五"期间，上海市国内生产总值年均增长11.4%，2000年国内生产总值达到4551亿元，人均国内生产总值达到34560元。地方财政收入持续稳定增长。第三产业占国内生产总值的比重超过50%，经济中心城市功能日益显现。

从1994年起，上海工业园区进入大规模建设时期，相继批准了9个市级开发区，基本形成了"1+3+9"的产业空间布局，"1"是指浦东新区，涉及工业的主要园区有外高桥、金桥、张江、星火等工业区；"3"是指闵行经济技术开发区、漕河泾新兴技术开发区、上海化学工业区；"9"是指崇明工业园区、宝山城市工业园区、嘉定工业区、青浦工业区、松江工业区、莘庄工业区、金山嘴工业区、康桥工业区和上海市工业综合开发区。工业园区建设使上海产业的空间布局发生了根本的变化,产业布局基本从市中心城区的 630 平方公里扩展到全市的 6400 平方公里,使中心城区和郊区经济实力发生了巨大的变化。

1995 年,上海提出了把发展高科技产业作为上海经济发展的三大重点之一,确定了以现代生物与新药、计算机和大规模集成电路、新材料为重点,加快科技产业化、产业高科技化的步伐,加快六大支柱产业的升级换代,提高产品的附加值,用高新技术改造和提高传统产业,培育新的经济增长点,加快形成以高科技和深加工为特征的工业格局。经过几年的努力,上海初步形成了门类较齐全、技术较密集、层次较合理,且具有一定规模的高科技产业群。2000 年,高新技术实现工业总产值 1435.5 亿元,工业增加值 378.5 亿元,利税 198.6 亿元,工业总产值占全市工业的比重从 1995 年的 15.4% 上升到 21.7%。

1999 年,上海市明确按照"有所为,有所不为"的原则,进一步调整优化结构,推动产业升级,提出要使电子信息、生物医药成为新的支柱工业,重点提升基础原材料工业,使石油化工、钢材成为上海发展的强大支撑,带动电站设备及大型机电产品、汽车、船舶等现代装备工业的振兴,用先进适用性技术和高新技术改造发展都市型工业。到了 2008 年,上海市 6 个重点发展工业行业完成工业总产值 15664.26 亿元,占全市规模以上工业总产值的比重达到 64.2%,高技术产业完成工业总产值 6041.98 亿元,所占比重达 24.8%。经过十多年的调整,上海第二产业已实现了从以劳动密集型和资源密集型产业为主向以深加工为主的现代化、高附加值的技术密集型和资金密集型产业的结构转换。①

但此阶段,上海也面临着很多困难和问题:一是传统体制遗留和历史欠账积累的矛盾。国有企业的资产负债率高、冗员多、社会负担重,企业转制与改造任务仍很艰巨;城市交通、环境治理等有待进一步改善,城市基础设施建设和旧区改造任务十分繁重。二是改革开放和发展中出现的新问题。产业结构与布局调整带来的劳动力转移和动拆迁安置的难度加大,并面临与全国同样的高物价压力。三是经济环境变化遇到的暂

---

① 秦胜忠:《改革开放以来上海工业转型升级的主要历程》,新浪网,新浪博客(http://blog.sina.com.cn/s/blog_49417ee50102w3j8.html)。

时困难。城市建设、企业改造资金短缺，筹资难度加大。此外，城市管理、社会治安等方面还存在不少薄弱环节。①

一 首届东亚运动会（社会政治形势，上海任务）

举办大型综合体育运动盛会是对城市整体能力的考验，更是对城市安全管理能力的考验。② 上海作为远东第一大都市，作为中国最先对外开放的口岸，早在20世纪20年代就逐渐引进西方文明，其中包括体育运动。中华人民共和国成立前，上海共举办过3届远东运动会。党的十四大提出要把上海建设成为社会主义现代化国际城市，要成为90年代中国改革开放的重点。浦东的开发和开放要带动长江三角洲地区经济的腾飞，尽快把上海建设成为国际经济、金融、贸易中心之一。1993年5月9—18日，上海举办首届东亚运动会，这是改革开放以来上海举办的第一个国际综合性运动会，共有1283名运动员参加十二个正式比赛项目，通过这种体育盛会，宣传了上海，向世界展示了上海，让上海汇入世界潮流，无疑具有十分重要的意义，同时，办好东亚运动会，也是彰显中国改革开放形象的契机。

无论场馆建设、交通运输、餐饮服务、宾馆旅游、社会安全等缺一环则无力以继，面对这接踵而来的一次次考试，上海交出了令人满意的答卷。首届东亚运动会是上海自开埠以来举行的规模最大的国际性综合运动会，被称为开创了我国举办大型国际综合运动会的上海模式。③

二 上海轨交1号线（城市建设规划，上海特色）

上海发展轨道交通最初的动因是从国家安全和城市安全角度考虑的。1956年8月，上海根据中央关于防止帝国主义突然袭击的指示，提出建造地下铁道。23日，上海市政建设交通办公室根据战备要求编制提交

---

① 严杉初：《改革开放以来上海发展主线回顾与思考》，《上海党史与党建》2013年第3期，第17—20页。
② 百度百科：《上海轨道交通1号线》，百度网（https://baike.baidu.com/item/上海地铁1号线/12092650?fromtitle＝上海轨道交通1号线&fromid＝8365420）。
③ 陶学麟：《精彩·圆满·成功——首届东亚运动会档案工作回顾》，《上海档案工作》1994年第2期，第16页。

《上海市地下铁道初步规划（草案）》，同时成立上海市地下铁道筹建处。苏联城市规划专家穆欣与上海市政府负责市政交通的李干成秘密讨论了地下铁道规划，用铅笔画出了横贯东西和纵穿南北的两条地铁线，纵穿南北的即为1号线。

1963年，上海于浦东塘桥进行了最早的地铁建设摸索和试验。一片农田采用结构法用钢筋混凝土管片衬内试挖了直径4.2米的盾构，推了100多米的隧道，用于验证粉砂性土质和淤混质黏土质中建设隧道的可行性。

1964年，在衡山公园附近，进行了地铁隧道和地铁站试验。该地铁试验工程代号为"60工程"，当时完全属于保密工程。该车站大小仅80米×20米×20米，规模是按照3米深、宽卡列车编组的停靠来建造的，施工工艺为深井法施工。连接到衡山路时，再挖了两根600米长的隧道，整个项目叫上海地下铁道扩大试验工程。由于该座车站和地底隧道规模较小，而且又太深，最终没有融入1号线的建设中，但为之后的地铁建设奠定了基础。截至2014年，衡山公园地下仍保留着该设施。

20世纪70年代末，在漕溪公园的地底下，尝试了第二条试验隧道的掘进，投资4000多万人民币，上下行总长1290米。这段线路采用结构法修筑地下连续水泥墙（方形隧道），与此后采用的盾构掘进（圆形隧道）有明显不同。这段线路作为上海轨道交通1号线的正式线路使用。

后来由于我国旧城普遍存在布局混乱、房屋破旧、居住拥挤、交通阻塞、环境污染、市政和公共设施短缺、名胜古迹绿地遭受破坏等严重问题，而这些问题的产生根源在于城市内土地配置效率低下、城市功能老化。通过城市自身的进化能力已很难解决这些问题，而轨道交通既能够促进沿线土地功能置换，提高土地利用效率，又能在一定程度上缓解交通拥挤状况，提高通达性，促进旧城的改造，使城市各功能空间重新配置，优化整合。

再加上城市化快速发展，城市规模的日益扩大，居民工作地和居住地的分离，郊区化的趋势迫使人们的出行范围加大、通勤时间和距离也相应增加，而轨道交通凭借其快速度、准时便捷的优势极大地缩短了沿线居民的通勤时间，在吸引通勤人口移居的过程中改变了城市居住空间的布局。轨道交通在居住地和生产地的网络形成中发挥了重要的纽带作用，人们开始从稠密的城市中心迁居于人口稀疏、地价低廉、交通便利、有一定公共设施的城市边缘区，城市的居住空间随之发生了巨大变化。连接城市两端边缘区与中心区的快速轨道交通线，有助于那些居住和工作在中心区的居民，将居住或工作地点转移到两端站点附近的边缘区，从而降低中心区密集的人口及对交通密度的需求。而这种转移本身就是新城建设所需的必要条件，这也为新的城市中心或副中心的建设奠定了基础。轨道交通的延伸方向就是未来城市中心转移的方向，伴随着新城的建设，城市中心将逐渐转移到新的城市。

发展轨道交通对促进城市功能结构合理调整，提高城市系统交通效率，提升中心城区经济活力，改善人居环境，进而提升城市的整体竞争力与提高区域中心地位具有重要意义。

1990年1月19日，上海轨道交通1号线经国务院同意，正式开工建设。

1993年1月10日，南段（锦江乐园站—徐家汇站）上行线建成，先通了一根隧道，铺好钢轨装好接触网。

1993年5月28日，南段上行线开始观光试运营，用1列车来回跑，单程12分钟。控制列车间隔采用的是最原始的"电话闭塞法"，票务员手工进行卖票、撕票。通车时，大批市民前来乘坐，上海继北京、天津之后成为中国大陆第三个拥有地铁的城市。

1994年12月10日，南延伸段工程开工，由区政府和上海市地铁工程建设指挥部共同建设，总投资6.2亿元，闵行区承担1.6亿元。延伸段全部在闵行区境内，位于沪闵路以南、沪杭铁路以北的两路中间地带，沿线设虹梅路站、莲花路站、外环路站、莘庄站4个车站。全长5.25公里，为全封闭地面线。

1995年4月10日，一期工程（锦江乐园站—上海火车站站）全线通车试运营。7月，全线正式投入运营，线路总长达到16.1公里。

1996年12月28日，南延伸段（莘庄站—锦江乐园站）建成并试通车。

1997年元旦，实现虹梅路站至莘庄站和火车站站至虹梅路站的分段通车运营。

1997年7月1日，实现全线联通运营。

随后，经过短短20多年的发展，上海地铁运营线路已有15条，车站

367座，总长617公里，网络规模位居世界第一，日均客流960万人次，工作日日均超1000万人次。①

然而，城市轨道交通的发展又带来了新的城市安全隐患，例如轨道交通运转客流量大、人流密集，线路多，通车里程长，一旦发生事故，轻则影响乘客出行，重则引起沿线大面积交通混乱，甚至发生群死群伤，严重影响社会安全稳定的灾害事故。例如，2002年4月4日，上海地铁2号线因机械故障车门无法开启，停运半小时。安全是发展城市轨道交通要第一考虑的因素。轨道交通的实际运营中，可能发生的危害主要形式有爆炸、水患、人员伤害、列车事故、运营设备事故、建筑结构破坏、恐怖暴力事件、火灾等。地铁安全成为城市应急管理的重要内容。

三 百万下岗再就业（城市人口规模，上海特色）

国家在经历了长达四十年的计划经济后，为了改变落后的生存状态以及构建符合国际经济规律的国家工业体系，中央决心在很短的时间内，实现从计划经济向市场经济的转型。为了这个转型，强行关闭和淘汰了大量生产能力落后或者产能过剩的中小型国有企业，以及整合了大量大型国有企业的人员结构。然而，这对于大多数已经步入中年的产业工人而言，却是一场灾难，大量的国企职工失去了赖以生存的"单位"，被迫失去工作，被用"买断工龄""分流转岗"的方式安排生路，即下岗。由于整改时间短，力度大，导致当时人员结构以国有企业职工为主的社会体系瞬间崩溃，大量人员失去生计，并引发一系列社会问题，导致突发事件频发，社会稳定成为制约我国经济和社会健康发展的突出问题。

上海既是国有经济所占比重较大的老工业基地之一，又是改革开放的前沿和现代企业改制的先锋，国有企业职工下岗待工现象出现最早，问题最突出。根据黄晨熹、王大奔以上海市九大再就业服务中心的统计报表为基础资料开展的研究，20世纪90年代以前上海市国有企业职工下岗待工现象不明显，80年代末由于国家进行治理整顿、紧缩银根，经济总量增长速度放慢，引致第一批下岗待工人员和职工总量首次萎缩，数

---

① 百度百科：《上海轨道交通》，百度网（https：//baike.baidu.com/item/上海地铁1号线/12092650？fromtitle＝上海轨道交通1号线&fromid＝8365420）。

量较少。1989年年底处于下岗待工状态的职工数为16580人，占职工总数的0.4%。从1992年开始，随着以兼并破产、用工制度改革等为主要内容的现代企业制度改革试点由点到面逐步在全市推开，以及城市功能的重新布局和产业结构的高度化演进，排冗性失业和结构性失业叠加并进，企业下岗待工人员总量快速增长，至1995年达到顶峰，为34万人，占当年职工总数的7.2%。国有企业职工总量出现萎缩，1996年比1990年下降84.68%，其中男职工下降56.29万人，女职工下降28.39万人。据统计，1990—1997年上海除去正常退休以外累计还有139万人离开原来工作岗位，又有119万人重新找到工作。截至1997年年底，全市地方国有、集体企业积存的下岗待工人员共20.5万人左右，全年登记失业率约2.8%。[①]

由于1997年香港回归和党的十五大要召开，出于政治稳定考虑，高度重视下岗工人再就业问题，1995年4月16日国务院办公厅转发劳动部出台的《关于实施再就业工程报告》，要求各级政府把"再就业"作为"民心工程"来抓，各地开始将企业裁员逐步依法直接纳入"失业保险"或城市"低保"，并积极推进"再就业"工程，使"下岗工人"这一特定人群逐渐消失。但是，这种"阵痛"的过去并不意味着失业问题的自然消失，因其后面临的最大挑战之一，恰恰在于如何不断增加就业数量，且继续提高就业质量。

从该阶段上海人口变化来看，1982年上海市外来人口只有24万人，到2000年猛增至306万人，增长了近12倍，外来人口已经成为推动上海产业结构和劳动力结构重组的重要力量。外来流动人口的持续增长已经很难用计划经济手段加以控制，1993年市、区两级政府成立了外来流动人口管理领导小组，下设办公室（简称外口办），设在公安局或者综治办，形成了以治安管理为重点、带动其他各项外来流动人口管理工作的运行机制。进入21世纪，上海对流动人口管理政策从以严格控制为主向管理和服务并重转变，出台了若干维护流动人口合法权益的政策措施，加快流动人口融入上海社会发展的进程。例如，2002年推出流动人口居

---

① 黄晨熹、王大奔：《上海市国有企业下岗待工人员分流安置的现状、问题与对策》，《市场与人口分析》1999年第4期，第22—25、18页。

住证制度,把流动人口子女纳入上海市教育发展总体规划之中,以公办学校为接纳外来人口就学的主要渠道。另外,1982年全市60岁(含)以上人口比例约为11%,老龄化程度最高的卢湾区和静安区在15%以上,到2000年全市60岁(含)以上老年人口比例就已经超过了15%。[①]

四 APEC世纪新挑战(城市重大安全,上海情况)

作为国际性大都市,上海举办的国际性重要会议和其他大型国际活动数量和规模在不断增多。大型国际性活动在提升城市知名度和促进发展的同时,也面临着很多不稳定因素,随着国际、国内形势的不断复杂化,明显或潜在并深刻影响上海城市安全的因素不断增加。

2001年,美国"9·11"事件之后,对国际经济增长产生了巨大的负面影响。恐怖主义成为威胁世界和平和城市安全的一颗毒瘤。在这种国际和国内背景下,2001年上海举办的APEC会议,在当时是我国承办的规模最大、级别最高、影响最大的一次盛会,20个APEC成员领导人云集上海,中外宾客达1.3万余人,前后包括近20场次的会议和活动,时间横跨5个月。其中在地区乃至世界范围内进行国际反恐怖合作成为这次APEC峰会的主要议题之一。

2001年APEC会议对上海的城市公共安全管理能力是一个严峻考验,同时也是上海积累公共安全管理经验的一个好机会,为上海加强城市安全管理工作提供了丰富经验,促进了上海城市应急管理体制及机制的发展和完善。

APEC会议期间,安全工作压力之大、困难之多、任务之重是显而易见的。仅就公安部门而言,APEC会议的安保工作涉及治安、刑侦、交巡警、警卫、消防、外事、机场等诸多警种和诸多方面,几乎涵盖了公安工作的方方面面。

在会议前上海各级公安机关以"打黑除恶"专项斗争为龙头,坚持"露头就打"的方针,以打击黑恶势力犯罪、严重暴力性犯罪、多发性侵财犯罪、涉枪涉爆犯罪为重点,全面开展了声势浩大的严打整治斗争,

---

① 付磊、唐子来:《改革开放以来上海社会空间结构演化的特征与趋势》,《人文地理》2009年第1期,第33—40页。

侦破了一批社会影响较大的重点案件，黑恶势力成员和严重暴力犯罪分子纷纷中箭落马，人民群众拍手称好。针对上海的治安特点，市公安局集中组织了两次街面治安专项整治和反"两抢"（拦路抢劫、抢夺）专项斗争，确立了对10个市级和52个区县级治安混乱地区进行挂牌整治。与此同时，警方强化了APEC会议驻地、会场周边地区以及景观道路、标志性建筑的治安整治工作，严厉打击嫖娼、贩毒等违法犯罪活动。

　　成立由上海市公安局局长亲自挂帅的APEC会议安全保卫领导小组，内设安保办公室、随身警卫组、驻地警卫组、现场警卫组、机动应急组等13个工作组，开展基础调研、人员培训、方案制定等前期筹备工作。相关公安分局也分别成立了专门的工作班子。

　　"防爆炸、防火灾、防事故、防破坏"，是APEC会议期间安保工作的重要内容。上海市对主要道路、门牌号码、重点单位的消防工作进行了普查，同时有选择地暗访了六幢高层建筑的消防情况后，针对存在的问题指出：消防工作要根据上海高层建筑、化工企业列全国之最、世界之最的特点，构建市场经济条件下的消防安全体系。防患未然，强化安检。据了解，当时上海有24米以上的高层建筑近4000幢，其中100米以上的超高层建筑有200多幢。全市各级消防部门以会议涉及驻地、场馆和易燃易爆的企事业单位以及高层建筑楼群为重点，反复开展安全检查，及时消除隐患。经过两个月的努力，顺利完成对全市各主要道路、门牌号码、重点单位的普查工作，并将此录入"119"指挥中心计算机管理系统，实现对火警、灾害事故地点的GIS快速定位，为快速接、处警打下了扎实的基础。

　　为提高社会治安防控能力，进行一项重大警务改革——"网格化"街面巡逻机制在上海全面实施，24小时对街面实施动态管理和控制，同时，警方着手建立了快速处置突发性案（事）件的工作机制，形成了由内环线、外环线卡口和出入境道口公安检查站组成的三层查控、拦截防线，并先后组织了十余次实战演练。一旦遇突发事件，三层防线将在8—15分钟内全部关闭。另外，遍布全市的武警和200余辆公安巡逻车都可在第一时间内赶到现场。

　　由于"9·11"事件为APEC会议的安保工作增添的难度和变数，上海警方审时度势，一系列打破常规的方案连续出台。"海陆空"各显神通,"点线面"立体作战。海上:在有关部门进行水底作业的基础上,由公安巡逻艇在有关水域全天候架网布控,严阵以待。空中:在限制区内,禁止所有升空、飞行物飘移和飞行。陆上的措施更多:首先,在全市构筑了"综合情报网、进入上海地界、全市性的天罗地网、要害部位和标志性建筑、APEC峰会核心部位、快速反应"六道防线,并进行了实战演练。在六道防线的基础上,在主会场周边地区分时、分段设置四道警戒圈,在驻地内部和外围设置四道警戒圈。与此同时,处置突发事件的准备工作缜密、细致地展开:针对会议期间可能发生的暴力恐怖活动,制定了处置恐怖事件的总体预案和针对两个主会场的反恐怖预案,并进行了演练;以两个主会场为重点,准备了相应的拦截措施和应急疏散措施;在主会场、主要场馆、领导人驻地和主要行车路线周边部署了训练有素的应急机动力量,并配备消防、排爆等专业警力和装备器材。科技强警在此发挥了巨大作用,无线通信系统、实时图像监控系统和GPS车辆卫星定位系统三管齐下,指挥者在指挥部内就能对驻地、车队行进路线、抵达目的地情况以及周围道路交通组织状况一览无余,并随时发布命令,堪称"运筹帷幄,决胜千里之外"。这一切,有力地提高了APEC会议期间上海社会治安的防控能力。

正是由于有了这样的基础工作,上海市市长徐匡迪能在会前自信地说:"中国上海是全世界最安全的地方,各经济体宾客的安全一定能得到保证。"据统计,2001年10月14—22日,上海市每天出动警力6万余人次。9天内,共出动一线警力35万余人次,交通开道近万批次。

第二节 雨雪风霜跨世纪

【应急事件与典型案例】

一 长江洪水漫青浦(1998年)

1998年6月12日,上海市青浦、嘉定、宝山区和崇明县出现暴雨,崇明雨量74.5毫米。由于降水集中,造成局部地区严重积水。

7月22日下午,青浦金泽地区出现雷暴雨大风,雨量达85毫米。由于短时雨量强度大,造成十多户民宅进水深约20—30厘米,部分工厂进水,货物受损,西岑、莲盛砖厂损失砖坯140万—150万块。

7月23—24日，上海市普降暴雨，局部大暴雨。23日，奉贤站雨量达134.6毫米，南汇横沔雨量达128.8毫米，市区南市雨量达128.1毫米。24日，奉贤钱桥雨量达131.4毫米。大暴雨使市区130条马路积水，积水最深处达80厘米，2600户居民家中进水，金茂大厦地下室近400平方米积水深达40厘米，市区动用100多台排水泵和10辆消防车排水。供电部门接到报修910次，出动390人次进行故障抢修。全市有5000亩农田受淹遭损，其中严重积水的达1000多亩。青浦县有2000平方米厂房进水，大量布、成品服装和棉线被淹，损失砖坯140余万块，有6间房屋顶被雷雨大风吹走。闵行三林、奉贤庄行等蔬菜地受淹。南汇县下沙镇市菜篮子和园艺场有100亩大棚蔬菜的2/3遭受严重损失，直接经济损失2.5万元。24日凌晨，停靠在黄浦江码头的2艘驳船因暴雨进水过多而沉没。

8月2日傍晚，上海市局部遭强雷雨袭击，市区、青浦、宝山、嘉定出现暴雨，宝山区前卫雨量达129毫米，市内虹口区雨量为99.7毫米，由于降水集中，使市区22条马路积水，520户居民家中进水，水深达20—30厘米。

1998年长江洪水漫青浦，是整个长江洪水在上海地区暴发洪水灾害的一个组成部分，上海青浦区被水漫金山，是整个1998年长江洪灾在上海的一个插曲。具体的最官方的关于1998年长江洪水的著作《1998年长江暴雨洪水》全面系统地介绍了1998年长江流域的暴雨洪水概况，详细比较、分析了暴雨洪水成因、暴雨洪水过程、洪水特征、洪水组成、洪水重现期，并调查评估了水库拦蓄、溃垸分洪和排涝对长江洪水的影响等。

今天我们看到的黄浦江，是一条集航运、供水、灌溉、排水、旅游于一身的国内重要的港口河道和繁忙的航运河道。黄浦江干流上游起自松江区毛竹港，自闸港起逶迤北流，把上海市区分为浦东、浦西，下游止于吴淞口，汇入长江，奔腾入海，全长84.7公里，平均宽度约500米，河口段宽度达700多米。吴淞口至张华浜长4.2公里，水深10米以上，可通航3万吨级巨轮，万吨轮溯流而上，可停泊龙华，5000吨级船舶可直达闵行。

但是，上海是一块由长江泥沙淤积而成的陆地。据《上海近代史》《上海历史地理》等史料记载，唐代中期，上海地区的海岸线还在复兴岛一带，上海还只是一个海滨渔村。今天黄浦江所在的位置，部分还是海域。南宋时，由于吴淞江淤浅，船舶由西侧早期的港口青龙镇，改泊上海浦右，即今南市区小东门外的十六铺，带动了上海地区的航运业和棉纺织业的发展。南宋咸淳三年（1267）设上海镇，元至元二十九年（1292）设上海县。

直到宋代，史书上才出现"黄浦"的河名，其方位北与外白渡桥附近的上海浦相接，南经闸港与东海相通。"浦"在上海历史上，常用于南北向通水通航的河道名。后因筑海塘，入海口被堵塞，黄浦北流吴淞江，成为吴淞江南岸的一条支流。同时，淀泖地区多条向东入海的河港，也因入海口被堵塞，改流黄浦，使黄浦径流量增大，史称"大黄浦"。

明初，太湖下游主要泄洪河道——吴淞江因淤积造成泄洪不畅，使太湖下游地区水害不断。户部尚书夏原吉在《苏松水利疏》中向朝廷提出："大黄浦乃通吴淞江要道，今下流壅遏难流，傍有范家浜至南跄浦口，可径达海，宜浚令深阔，以达泖湖之水。"明永乐元年（1403），夏原吉征用民工20万人，开通范家浜，上接大黄浦。河面阔三十丈（100米），长一万二千丈（40公里）。

开通范家浜后，形成的新河道，上引太湖淀泖湖荡区洪水入大黄浦，在下游复兴岛附近汇入吴淞江，再从吴淞口入长江，出现了黄浦江的雏形。此后众水汇流，水势湍急，不浚自深，河口不断扩大为"横阔头二里余"（1000米）的大河。从此，形成了长江水系中最年轻、离长江口最近的一级支流——黄浦江。她浩浩荡荡从吴淞口入海，所以在上海市的地图上，只有吴淞口，没有黄浦口。①

关于1998年抗洪抢险的事件，据统计，1998年全国参加抗洪的干部群众800多万人，人民解放军和武警部队先后调动66个师、旅和武警总队共27.4万兵力。截至抗洪结束，解放军、武警部队已投入兵力433.22万人次，组织民兵预备役部队500多万人，动用车辆23.68万台次，舟艇3.75万艘次，飞机和直升机1289架次。

---

① 苍沧个人图书馆：《黄浦夺淞入大江》（http：//www.360doc.com/content/14/0423/16/5575601_371462966.shtml2014-04-23）。

二　大风冰雹袭农物（1999年）

1999年6月7日至7月20日，百年未遇的强梅雨肆虐申城，梅雨期达43天，仅次于1954年，梅雨期总雨量达815毫米，是常年同期的4倍多，又创上海市历史之最。梅雨期间，暴雨日数超常，全市出现17个暴雨日，其中5天达大暴雨日，连续3—5天持续性暴雨更是罕见，形成了严重的洪涝灾害。全市受淹一星期以上农田超过127万亩，其中成灾51万亩，受灾16.2万人。市郊16.7万亩西瓜、甜瓜中5万亩近乎绝收，其余减产八成以上。18万亩蔬菜中6万亩绝收，其余损失6—7成，致使蔬菜价格大幅上涨。市区民居进水4.7万户，市郊农户进水1.36万户。倒塌房屋698间，损坏1760间，企业积水、进水655家。2000多亩鱼塘被毁，600多头猪和2400只鸡淹死。全市100多条交通干线积水盈尺，仅高架公路上汽车抛锚和交通事故就比平时增加近45%，直接经济损失8.7亿元。中国人民保险公司上海分公司为受灾的5135户居民和1069家企业赔付7000多万元，成为上海历史上最大的"梅雨赔款"。

6月7—11日，上海市城乡连降暴雨，其中9—10日，闵行、川沙、南汇局部大暴雨。9日，南汇站雨量为113毫米，闵行莘庄雨量为105.1毫米，10日，南汇站雨量为113.6毫米，川沙合庆雨量为111.1毫米。全市1.5万户居民家中进水深10—20厘米，最深达50厘米，100多条马路积水。

6月24日至7月1日，上海市再次遭受连续8天暴雨侵袭。其中6月26日、30日和7月1日局部大暴雨。除6月28日、7月1日，暴雨涉及崇明、奉贤和浦东地区外其余均波及市郊大部分地区，为上海市所罕见。且是雨量一般都在60—80毫米，以30日为最大。市区和闵行、宝山、川沙、嘉定、青浦、松江、崇明等地区降大暴雨，其中宝山区罗店雨量为160.5毫米。又值天文大潮，内河水位高涨，排水能力不及，市区有120条马路积水，闸北、普陀、长宁区有万余户居民家中进水，虹桥国际机场严重积水，出动300名消防官兵排洪抢险，以确保机场安全。市郊20多万亩农田受淹。6月30日8时，太湖水位平均上涨至4.59米，超过警戒线1.09米。上海市西部地区水位全面突破警戒线，青浦金泽、南门、金山枫泾等10个水文站水位均突破历史最高纪录，黄浦江上游1.5万米堤坝出现126处决口，为保西部安全，市防汛部门紧急调动8万只草袋，用于青浦等地加高、加固被高水位浸泡的堤防。6月，青浦县出动3万人次、松江区出动1.6万人次进行抢险。

8月9日中午，局地雷暴雨，杨浦区雨量达90毫米，宝山横沙雨量达73毫米，2000户居民家中进水。

8月10日下午，上海市局部雷暴雨，长宁区、嘉定南翔雨量均为75毫米。700多户居民家中进水深20—40厘米。

8月15日，强雷雨袭击上海市。市区杨浦雨量为73毫米，郊区崇明长江雨量为97.4毫米，共400多户居民家中进水，水深10厘米。

8月24日，松江、金山、奉贤遭雷暴雨侵袭，松江、奉贤局部大暴雨。奉贤五四农场2个多小时雨量达118.5毫米，3000亩蔬菜、2500亩草坪、700亩绿化苗圃、8000头生猪全部被淹，水深30厘米。职工住宅、农场道路均积水30—40厘米，有12户居民屋顶漏水严重。

8月27日，局部雷暴雨。杨浦区抚顺路桥地段雨量达74毫米，杨浦区有300多户居民和闸北区部分居民家中积水。

大涝年，年降水总量市区达1793.7毫米，南汇站2024.6毫米为最多，除宝山、嘉定站外，各区县均为有记录以来之最高值，比常年均值偏多4—8成。

三 凉夏冻寒下江南（2000年）

2000年1月中旬末至下旬，北方冷空气不断南下，上海市出现了-4.7℃的严寒天气，对上海市各行各业带来了影响。

电力：严寒天气导致全市用电量急剧上升，1月27日，最高用电负荷高达850万千瓦时，创下入冬以来的最高纪录。由于电力部门做好充分准备，没有发生重大故障，但居民用电故障增加，平均每天发生500多起，连日来供电部门共出动了上海2000多人次投入抢修。

交通：1月24—25日，上海市降了一场小雪，高架道路结冰路滑，发生事故73起。公交部门100多辆公交车零部件被冻结，导致汽车无法发动。

煤气公司：寒冷使上海市日供应煤气量急剧上升，据统计，1月25

日、26日2天,全市日供气均达789万立方米,27日,日供气高达820万立方米,比上年同期增加20%以上。

医疗系统:由于气温骤降,市几大医院的心脏病、脑血管病人数有所增加;路面结冰,医院跌打损伤急诊病人也比往常增加。

商业系统:各大商厦的羽绒服、冬鞋、取暖器等商品的销售额成倍翻番。上海羽绒博览会上,一天就卖出1000多件羽绒服,比上年增长了几十倍;市百一店的南极棉一天要卖出上万件;1月31日,华联商厦皮鞋销售额突破100万双,创下历史新高;上海商务中心一天取暖器的销售量达4000多台。

四 水葫芦蔓舞疯狂(2002年)

2002年入秋以来,一种俗称水葫芦的生物在我国南方江河湖泊中疯长,各地水域警报频传,造成水葫芦泛滥成灾。100年前被作为花卉引入我国的水葫芦,如今每年至少需要投入上亿元对其进行打捞。2002年1—8月,仅上海的水葫芦约有184万吨。专家指出,小小水葫芦折射出了一个亟须警惕的生态安全大问题——生物入侵。

生物入侵是指生物由原生存地经自然的或人为的途径侵入另一个新的环境,对入侵地的生物多样性、农林牧渔业生产以及人类健康造成经济损失或生态灾难的过程。① 2003年,国家环保局公布了首批16种外来入侵物种名单,水葫芦就是其中之一。水葫芦是世界十大恶性入侵杂草之一,其过度繁殖有四大危害:一是阻断航道,影响航运,重庆市多个区县都曾发生过水葫芦阻塞航道的事件;二是其大面积覆盖在水面上,水体得不到光照并影响水体流动,容易造成水质和环境污染;三是水葫芦会吸收水中的氮、磷、重金属等有害物质,腐烂后沉入水底,造成水质二次污染,几乎成了"污染"的代名词;四是它的生长还会使得水中缺氧,造成大量水生动植物死亡,破坏本地生物多样性。其中,影响航运是其最主要的危害。水葫芦的危害没有彻底有效的根治措施。对水葫芦污染的防治主要采取物理防治、化学防治、生物防治、综合治理等4种办法。运用最多的还是物理防治,即

---

① 戈峰:《现代生态学》,科学出版社2008年版,第515页。

人工打捞。①

　　水葫芦学名凤眼莲，是多年生草本水生植物，多生长在海拔200—1500米的水塘、沟渠及江河等水域中，通过人为引种和河水流性进行传播扩散，繁殖能力极强，原产于南美的巴西，由于受生物天敌的控制，仅以一种观赏性植物零散分布于水体，1844年在美国的博览会上曾被喻为"美化世界的淡紫色花冠"，自此以后，水葫芦被作为观赏性植物引种栽培，现已在亚、非、欧、北美洲等数十个国家造成危害，在北纬40℃（葡萄牙）至南纬（新西兰）之间的大部分热带、亚热带地区均有分布，并形成患害。其于19世纪期间引入东南亚，1901年作为花卉引入中国，30年代作为畜禽饲料引入中国内地各省，并被作为观赏和净化水质的植物推广种植，后逃逸为野生。由于其无性繁殖速度极快，又几乎没有竞争对手和天敌，虽然有多种野生、家养动物以其茎叶为食，但取食量较小，与其庞大的生长量相比毫无影响。水葫芦在我国南方江河湖泊中发展迅速，现已广泛分布于华北、华东、华中、华南和西南的19个省市，尤以云南（昆明）、江苏、浙江、福建、四川、湖南、湖北、河南等省的入侵严重，尽管主要在中国南方分布，由于北方河流有冻结期，凤眼莲无法在自然状态下生存，但近年来随着全球变暖和它的自然选择进化，其危害区有向北拓展的趋势，已扩散到温带地区，例如锦州、营口一带均有分布，无论南北，水葫芦已经成为我国淡水水体中主要的外来入侵物种之一。

　　滇池、太湖、黄浦江及武汉东湖等著名水体，均出现过水葫芦泛滥成灾的情况，政府投资数亿元捕捉水葫芦，耗费巨资也无法根治。水葫芦入侵最严重的地区、报道最早的地区是滇池。20世纪80年代，昆明建成了大观河—滇池—西山的理想水上旅游路线，游客可以从市内乘船游览滇池、西山。但90年代初，大观河和滇池里的水葫芦疯长成灾，覆盖了整个河面和部分滇池的水面，致使这条旅游路线被迫取消，在大观河两岸兴建的配套旅游设施只好废弃或改作其他用途，大观河也改建成地下河。这些只是直接的经济损失，由水葫芦造成的生态损失却很难估量。水葫芦给滇池造成损失的案例是入侵物种

---

① 百度百科：https：//baike.baidu.com/item/外来物种入侵中国事件/。

危害的经典案例之一。

　　2007年福建媒体报道了中国的第一次水葫芦多地连环爆发，自闽江上游来袭的水葫芦覆盖水口大坝整个库区，面积近2400亩。随后，水葫芦这个名字不断出现在各地报纸上，成为当年曝光率最高的植物：4月中旬，水葫芦现身三峡库区周围，其中宜昌黄柏河的水葫芦已经封锁河道；5月中旬，四川南充市滑滩河水葫芦堵塞河道3公里；6月初，重庆花溪河水葫芦封锁4公里；同期，位于嘉陵江上的华能四川青居水电站遭到大量水葫芦入侵；7月初，浙江省钱塘江上游爆发水葫芦，富春江水库亦未能幸免；同期，上海金山、松江两地水葫芦大规模爆发，仅金山区每天打捞至少550吨；8月中旬，安徽省安庆市莲湖水葫芦侵占近千亩水面；9月初，湖南捞刀河水葫芦爆发，厚达3米，打捞者可在其上行走，而之前浏阳河水葫芦已经封锁河面绵延数公里；江山须江也泛滥过水葫芦……2007年9月6日，浙江省钱塘江管理局直管的海塘物业管理公司在钱塘江面发现了水葫芦，为及时清理水面，该公司派出6只打捞船，80多名保洁员日夜不停打捞，截至9日，已打捞350吨。2009年6月央视报道了水葫芦对福建闽江流域水电站和沙溪口水电站造成的巨大压力，在库区已经形成数万亩的水浮莲聚集带，壮观之极，犹如茫茫草原，人工打捞需要2个月以上，对发电航运和生态环保构成极大压力。水葫芦的疯长和水电发展饱和、大坝过多、水体流动缓慢、水体富营养化、COD含量严重超标有关。2012年1月31日，福建宁德市古田县水口镇湾口村段，浩浩荡荡的水葫芦延绵闽江近10公里，如同草原，遭水葫芦围困，鱼苗都无法放养。

第三节　应急工程领先锋

【应急管理理念与组织体系】

　　在1993—2002年这十年里，是上海应急治理四十年的第二个阶段，即诞生与起步阶段，我们称之为上海应急治理1.0版本，缩写为SEMS1.0。这十年，是上海大干快上的十年，也是上海大变样的十年，更是上海创造新的大上海的十年，是上海锦绣辉煌地成为世界之都基础建设的十年。上海有两个一百万：一百万职工的下岗，还有一百万居民的动迁。① 而这两个一百万，都是发生在这十年的时间里。百万职工下岗，百万居民动迁！上海经历着凤凰涅槃、浴火重生的世纪再造，这对于一个几千万人口级别的中国最前沿大型城市的社会稳定，是一个跨世纪的巨大考验。上海市市民和上海市政府冒着雨雪风霜跨入了 21 世纪，在一系列的应急事件与典型案例之间接受着洪水（长江洪水漫青浦，1998 年）、冰雹（大风冰雹袭农物，1999 年）、冻寒（凉夏冻寒下江南，2000 年）、水葫芦（水葫芦蔓舞疯狂，2002 年）的考验，灾害的应对给政府提出了新挑战，给社会带来新需求，如何以更高效、更具适应力的方式应对天灾和人祸，政府和社会都产生了一个新的意识，那就是传统的事后救灾、单部门单向度管单灾种、临时地采取运动式的社会总动员方式，显得捉襟见肘、力不从心。在长江水洪峰越过青浦时，政府不得不意识到，这不仅仅是水利局或水务局的工作，也不仅仅是水文气象部门的预报和预测及预防工作，也不单纯是一个抗洪抢险救灾的任务，更不仅仅是部队和地方的配合问题，更多的是政府和军队、政府和企业、政府和社会的多方面有机、长效协同的机制问题，更多的是在政府内部的各个条线和各个专业主管部门在工作机制上的专业配合，而不仅仅是采取行政手段临时协调的问题。

应对冰冻雨雪事件的实践也表明，这并不是气象部门一家预报和发布一下消息就可以解决的问题，而是包括多家政府机关部门、企事业单位、各行业各领域相关部门在内的各方协作与配合；南方电网因设计原因就前所未遇的特大雨雪冰冻对供电高压线路的承载重量负荷设计标准低于北方，所以当高于北方的特大雨雪冰冻对供电高压线路构成压力时，按南方标准设计的供电高压线就不堪重负了。这也表明，应对雨雪冰冻天气，不仅仅是依靠气象部门的天气信息发布，雨雪天气不归任何一个单个部门管，有管天气预报的，有管水利的，但是没有管雨雪压垮高压供电线的，这样的灾害就不能完全指望有一个合适的专管部门来主要应对，而是几乎所有部门都有相关责任去齐抓共管式地协同作战、平战结

---

① 21 世纪初，时任上海市市长徐匡迪在一次会议上，讲上海有两个一百万：一百万职工的下岗，还有一百万居民的动迁（引自贺耀祖《1990 年代百万居民大动迁》，贺耀祖口述，黄金平、汪建强采访整理，2018 年 10 月 1 日 09∶43，来源：澎湃新闻）。

合，共同对抗特大雨雪冰冻造成的灾害。民政、安监及环保局甚至房管局等这些传统的一般日常应对常态单一灾种的部门，民政是对应灾害救济的，安监是对应于安全生产责任事故的，环保是对应环境保护事件的，房管局是被受命筹建市拆迁处以解决百万居民动迁问题的，这可是牵一发而动全身的大手术、大动作、大工程，惊天伟业，不搞上海发展错失良机、停步倒退，搞也可能搞得不好反而使社会不稳地动山摇，跨世纪的风霜雨雪扑面而来！但是传统的单主体单向度且以事后紧急救灾为主的政府应急救灾职能的组织体系，是无法适应和满足解决应急事件和突发公共危机实际需要的。

面对新形势，以往传统的灾害应急管理理念与组织体系都表现出不适应的方面，条块分割痼疾多，侧重救灾轻防御，传统政府唱独角戏，条块壁垒宫墙高。现实生活和社会发展特别是气候效应和工业经济社会发展到了一个新的历史阶段，在1993—2002年这十年间给当时上海市委、市政府应对极端天气变化、特大安全生产责任事故、大型环境生态破坏事件、百万居民大动迁社会稳定风险，都全面提出了必须要在社会管理、风险防控、应急理念和组织体系上进行重大调整才能从容应对跨世纪全新挑战的重大议题。而当时的上海市委、市政府针对这样的挑战，是有前瞻格局、国际视野、国内先行、敢为先锋队排头兵的政治智慧和政治担当的，对机遇和挑战是做出过理性而清醒的准确判断的，对上海城市发展的大格局和大势头是有正确而精准的评估的，对城市规范管理、社会综合治理、危机应急理念和应急组织体系的局部调整也是感觉到势在必行。在应对特大雨雪冰冻灾害时，上海市已经在工作机制和管理方式上进行了初步的探索，"测报防抗救援"这样的减灾、防灾、救灾理念和组织方式已经被创造出来，在问题的暴露和应对的不利逐步显示出不得不从理念入手、从组织体系调整进行全面变革的时候，应急理念和组织体系的现代版已经呼之欲出。完整的应急体系包括组织体制、运作机制、法律基础、保障系统。①

组织体制：应急救援体系组织体制建设中的管理机构是指维持应急日常管理的负责部门；功能部门包括与应急活动有关的各类组织机构，

---

① 百度知道：《完整的应急体系由哪几部分组成？》，百度网（https://zhidao.baidu.com/question/434019537.html）。

如消防、医疗机构等；应急指挥在应急预案启动后，负责应急救援活动场外与场内指挥系统；而救援队伍则由专业和志愿人员组成。

运作机制：应急救援活动一般分为应急准备、初级反应、扩大应急和应急恢复四个阶段。应急机制与这四个阶段的应急活动密切相关。应急运作机制主要由统一指挥、分级响应、属地为主和公众动员这四个基本机制组成。统一指挥是应急活动的基本原则。应急指挥一般可分为集中指挥与现场指挥，或场外指挥与场内指挥等。无论采用哪一种指挥系统，都必须实行统一指挥的模式，无论应急救援活动涉及单位的行政级别的高低和隶属关系，都必须在应急指挥部的统一组织协调下，有令则行，有禁则止，统一号令，步调一致。分级响应是指在初级响应到扩大应急的过程中实行的分级响应机制，扩大或提高应急级别的主要依据是事故灾难的危害程度、影响范围和控制事态能力。影响范围和控制事态能力是决定是否升级的最基本条件。扩大应急救援主要是提高指挥级别，扩大应急范围等。属地为主强调"第一反应"的思想和以现场应急、现场指挥为主的原则。公众动员机制是应急机制的基础，也是整个应急体系的基础。

法律基础：法制建设是应急体系的基础和保障，也是开展各项应急活动的依据，与应急有关的法规可分为4个层次：由立法机关通过的法律，例如紧急状态法、突发事件法、公民知情权法和紧急动员法等；由政府颁布的规章，例如应急救援管理条例等，包括应急救援在内的政府令形式的政府法令、法律等，与应急救援活动直接有关的标准或管理办法等。

保障系统：列于应急保障系统第一位的是信息与通信系统，构筑集中管理的信息通信平台是应急体系最重要的基础建设。应急信息通信系统要保证所有预警、报警、警报、报告、指挥等活动的信息交流快速、顺畅、准确，以及信息资源共享；物资与装备不但要保证有足够的资源，而且还要实现快速、及时供应到位；人力资源保障包括专业队伍的加强，志愿人员与其他有关的培训教育；应急财务保障应建立专项应急科目，如应急基金等，以保障应急管理运行和应急反应中各项活动的开支。①

对城市安全负责任的应急体系、应急管理理念和组织体系是核心和命脉。其中，应急理念是先导，决定了应急工作的定位、格局和战略，有什么样的应急理念，就有什么样的应急思路。在1993—2002年这十年是上海应急治理四十年的第二个阶段，现代应急理念处于诞生与起步阶段，应急理念的最高境界是无急而应、急来有应，不是为急而应，而是为不急而应。真正意义上的应急是建立在再急也不急、再急都能应的前提下。要达到这个理念的境界，要具备这个前提，那就需要建立在风险管理的基础之上的危机管理，在危机管理的基础之上的应急管理，在应急管理基础之上的应急治理，才能够以不急应万急、以不变应万变，达到以万变应万变，与变革共舞，与风险共舞。历经1978—1992年的第一个阶段15年的痛定思痛砥砺前行的大治之变革前夜，上海在弱水三千但却上善若水的品质、在城市韧性的初期磨砺之中，逐步萌生了一个清晰的理念，那就是要用提前测、提前防的理念去处理那些可能发生也可能不发生的风险，要按照万一发生去准备，而按照万一不发生去追求，用最大的努力做最坏的打算干最难的任务。这就是朴素的、简洁的大治之思、应急之念。上海人做事情总是精打细算，掰着手指头过日子，上海城市安全的应急理念，在步入应急治理四十年的第二个历史时期的早期关口，上海城市的领导者们、管理者们和建设者们，凝聚共识，转变观念，举重若轻地将重大城市安全问题的管理思路，适时精准地调整配合浦东大变革的时代脉搏的频率，举不胜举的案例表明，上海应急治理的诞生和起步，跃动着浦东开发大变革的旋律，伴随着百万居民大动迁的步伐，挥洒着社会维稳大手笔的写意，铸造着韧性城市大格局的品牌。

一　浦东开发大变革

对外开放是一种国家或地区与外部世界联系的状态，上海以其独特的资源禀赋和经济地位，在我国20世纪80年代的对外开放战略中拥有自己独特的地位。既取得了经济上对外开放的初步成效，也曾因种种因素制约，遭遇徘徊甚至落于人后的困境。直至中央决定开发开放浦东，才

---

① https://wenku.baidu.com/view/26c558ff770bf78a652954e0.html.

使上海的对外开放展现出灿烂的前景。上海在中国对外开放的格局中向来具有举足轻重的地位。上海的地理交通条件、腹地因素（原料与市场）、劳动力、技术信息、资金等各种因素互相影响，共同造就了上海对外开放的土壤。20世纪30年代，上海已集航运、外贸、金融、工业、信息、文化中心为一体，综合经济实力居于全国首位，是仅次于伦敦、纽约、东京、柏林的世界第五大城市。1949年，一个上海的税收顶五个天津，约等于整个华北的两倍；1950年，上海已拥有10.5万门电话，约为当时香港的5倍。①

中华人民共和国成立后，在华外资企业或被撤走，或被接收，或被合并，外侨基本撤走。在美、英等国操纵下，联合国对中国实行禁运，上海与外部世界特别是欧美世界广泛而密切的联系因历史的巨变而断裂了。上海的对外贸易进入独立自主发展的新时期。由于长期实行"重生产轻生活"方针，上海逐步由多功能综合型城市转变为以工业、科技基地为主的生产型城市，但对外贸易一直在全国居于榜首。上海又是全国高等学府、科研机构最集中的地区之一，拥有高层次的人才资源和较强的科技开发能力，劳动力的技术素质也比较高。在高度集中的计划经济时期，上海一直是我国最重要的工业基地、科技基地之一，还是全国最大的港口、贸易中心，也是我国对外贸易活动的一个重要口岸，经济实力一直名列全国前茅。

除了各方面的优势条件外，上海在对外开放起步之初还有一个特殊的背景，即上海自开埠以来历经百年沧桑，城市经济中心功能减退、城市建设欠账沉重、旧体制和旧观念的束缚较多。中华人民共和国成立以后，上海一直是我国最大的工业基地，综合经济实力居全国之最。在中华人民共和国成立后的几十年内，上海以大约占全国1/1500的土地、1/100的人口，提供了占全国1/6的财政收入、1/10的工业产值。相当一段时间里，上海工业总产值、出口总产值、财政收入、人均国民生产总值、能源有效利用率、商品调拨量、内迁工厂与技术人员输出等10项指标均占全国第一，而自身的基础设施建设却欠账较多。1958年上海的出口总额比香港多20%，比台湾多2倍，比韩国多34倍，而到改

---

① 转引自黄菊《发展才是硬道理》，《解放日报》1993年11月8日。

革开放初仅占这些国家和地区的25%。① 城市功能单一，对外服务功能不足。1952年上海第三产业产值占国民生产总值的比重为42.3%，其中商业尤为发达，产值约占全市国民生产总值的三分之一，以后逐步下降，到党的十一届三中全会前已低于20%，缺乏活力和辐射力、带动力，中心城市功能转换困难重重。进入20世纪80年代后，上海面临世界新技术革命的挑战，本身的发展又受到资金不足、资源短缺、城市臃肿、交通拥挤、住房紧张、环境污染等矛盾的制约，使上海在改革开放初期陷入发展滞后的窘境，过去的许多优势逐渐丧失。这造成了上海这座中国最大的经济中心城市对外开放步履维艰。

党的十一届三中全会后，为了适应党的工作中心的重大转变，上海市委、市政府逐步确立了发展外向型经济的战略，大力发展对外经济贸易，充分利用对内对外开放的有利条件，引进和采用先进技术，改造传统工业，开拓新兴工业，逐步改善基础设施和投资环境，力争尽快使上海这一百年老城转上良性循环的振兴之路。1985年3月，国务院批复指出：上海市进一步对外开放的范围除老市区外，还包括：上海市所辖的十个县的城关区；上海市人民政府批准的集中安排工业、科研项目的重点卫星城镇。这一批复，大大拓宽了上海市享受国家对沿海十四个开放城市和沿海经济开放区优惠待遇的地区和领域，体现了国家对上海发展瓶颈的深刻洞察和对上海重振雄风的殷切期待。上海不仅是全国最大最老的工业基地之一，同时也是最大的港口、最大的国际贸易与国内贸易中心，最大的科技中心，它本来也应该是全国最大的金融中心，也应该成为我国最大的信息中心。必须从这一情况出发，改造上海和振兴上海，眼界才能开阔，由此思路也就活了，路子也就宽了。

1984年12月，市政府和国务院调研组联合向国务院、中央财经领导小组上报《上海经济发展战略汇报提纲》，正式提出开发浦东的战略构想，并提出上海的城市工业布局"重点是向杭州湾和长江口南岸南北两翼展开，创造条件开发浦东、筹划新区的建设"。1986年7月，上海市委、市政府上报党中央、国务院《上海市城市总体规划方案》。党中央和

---

① 中共上海市委宣传部《宣传通讯》编辑部：《宣传通讯》增刊（1988年3月），第11—12页。

国务院十分重视上海市委、市政府开发浦东的构想。1985年2月，国务院在对《上海经济发展战略汇报提纲》的批复中，对开发浦东的构想予以肯定，指出要创造条件开发浦东，筹划新市区的建设。1986年10月，国务院批复《上海市城市总体规划方案》，明确提出："当前特别要注意有计划地建设和改造浦东新区，要尽快修建黄浦江大桥及隧道等工程，在浦东发展金融、贸易、科技、高校和商业服务设施，建设新居住区，使浦东新区成为现代化新区。"

为落实国务院的批示，1987年7月，上海市政府正式成立了开发浦东联合咨询小组，聘请原市领导以及一批海内外专家担任高级顾问，进行了为期一年的可行性研究，形成了浦东开发的规划构想。1988年5月，上海召开"浦东新区开发国际研讨会"，会议提出了结合老城区的改造，再造上海经济中心的功能和对内对外枢纽的功能。此后，在中央的支持和指导下，上海加快了对浦东开发开放的可行性研究。对于上海来说，开发开放浦东是彻底摆脱城市基础设施老化、产业结构层次较低、总体经济实力相对下降困难局面的契机。通过浦东新城区的建设，还可以疏解浦西的人口压力，以腾出空间改造浦西的老城区。1990年2月，上海市委、市政府正式向党中央、国务院上报了《关于开发浦东的请示》，提出了浦东开发开放的基本构想。邓小平高度重视、积极支持开发开放上海浦东的战略决策，不仅从政治上而且从经济上以及上海自身的条件等方面，都充分阐明了浦东开发的必要性和可行性。20世纪90年代初，在总结我们党和国家能够经受住国际共运重大变化和国内政治风波考验的根本原因时，邓小平指出：如果没有改革开放的成果，我们就不可能像今天这样巍然屹立。因此"要把进一步开放的旗帜打出去"。"现在国际上担心我们会收，我们就要做几件事情，表明我们改革开放的政策不变，而且要进一步地改革开放。"①

在20世纪90年代，中国进一步改革开放的重要标志之一，就是上海浦东的开发开放。我国80年代经济特区的成功探索虽然起到了宝贵的示范作用，然而由于它们地处南部沿海，原有的生产力发展水平较低，科技教育基础比较薄弱，经济腹地相对狭小，因此在短期内难以形成能带

---

① 邓小平：《邓小平文选》，人民出版社1993年版，第313页。

动综合国力整体飞跃的经济科技实力与内外双向辐射力。因此邓小平说："上海开发晚了，要努力干啊！……十四个沿海开放城市有上海，但那是一般化的。浦东如果像深圳经济特区那样，早几年开发就好了。开发浦东，这个影响就大了，不只是浦东的问题，是关系上海发展的问题，是利用上海这个基地发展长江三角洲和长江流域的问题。抓紧浦东开发，不要动摇，一直到建成。"① 邓小平认为，上海自身已经拥有了开发浦东的有利条件。他指出："上海在人才、技术和管理方面都有明显的优势，辐射面宽。"② "上海过去是金融中心，是货币自由兑换的地方，今后也要这样搞。中国在金融方面取得国际地位，首先要靠上海。"③ "上海的民心比较顺，这是一股无穷的力量。目前完全有条件搞得更快一点。"④ "上海工人阶级长期以来一直是中国工人阶级的带头羊。"⑤ "上海是我们的王牌，把上海搞起来是一条捷径。"⑥ 1990年6月2日，中共中央、国务院批复原则同意上海关于开发开放浦东的请示。1992年党的十四大提出："以上海浦东开发开放为龙头，进一步开放长江沿岸城市，尽快把上海建成国际经济、金融、贸易中心之一，带动长江三角洲和整个长江流域地区经济的新飞跃。"这一重大决策明确了上海在中国和世界经济发展中应有的地位与作用，为上海90年代的改革开放和现代化建设提供了新的契机。

二　百万居民大动迁⑦

从20世纪90年代开始，围绕着"旧区改造""市政基础建设""浦东开发开放"，上海加快了城市建设步伐，至2000年，不仅完成了"百万居民大动迁"，更大大地改善了市民居住条件，优化了城市功能，促进了上海经济社会的发展。这是上海最艰难的时刻。1991年的上海城市积

---

① 邓小平：《邓小平文选》，人民出版社1993年版，第366页。
② 邓小平：《邓小平文选》，人民出版社1993年版，第376页。
③ 邓小平：《邓小平文选》，人民出版社1993年版，第355页。
④ 转引自黄菊《发展才是硬道理》，《解放日报》1993年11月8日。
⑤ 中共中央文献研究室：《邓小平年谱》，中央文献出版社2004年版，第1359页。
⑥ 邓小平：《邓小平文选》，人民出版社1993年版，第355页。
⑦ 贺耀祖口述：《1990年代百万居民大动迁》，《澎湃新闻》2018年10月1日。

累的发展问题很多，尤其是住房和城市基础交通问题更为突出。当时，住房问题中的困难户、结婚户、特困户、外地调沪无房的，总户数达到6.9万户。还有亟须解决的53万平方米的危房问题、98万平方米的棚户问题、214万平方米的"危棚简屋"问题。这些时称"365危棚简屋"的问题，牵扯到全上海方方面面的精力。而城市的基础交通，也是等同于"365危棚简屋"的让上海挠头的问题。有统计报表称，那时上海市中心区域人口密度达每平方公里4.5万人，车辆发生交通事故的概率为每年每万辆汽车，一年死亡人数达到42.5人。当时，上海不仅城市人口密度全国最高，而且建筑密度也高达56%，按人口平均计算，每人拥有道路只有1.57平方米。说起来好笑，人均绿化面积只有一张报纸那么大（0.47平方米）。建筑之密、厂房之挤、道路之狭、绿化之少，均是全国大城市之"最"。《解放日报》曾有篇讨论文章说，上海有五项指标全国创"倒数第一"。其实，对于这"五个倒数第一"所有经历过那段历史的人都知道。当时走进闸北，也就是现在的内环内，放眼望去，几乎闸北的每一寸角落都被棚户简屋所覆盖。看看整个闸北区，好点的房子是在七浦路附近，也就是现在人们所说的西藏北路以东、河南北路以西、天目路以南、苏州河以北的那个地块。

闸北区有一个丁盛里，中华人民共和国刚成立时，这里就曾与大名鼎鼎的"滚地龙"番瓜弄齐名，简屋旧房可以讲"几乎看不到头"；只是中华人民共和国成立后番瓜弄得到了政府改造，但丁盛里却变化不大。小区几乎看不到一条完整的小路。"弄堂"里，没有一条能够撑得起雨伞的路；有的路，行走只能侧着身子才能经过。小区里有个姓单的老人，1943年就居住在这里。最以前他住的是草棚，以后有了儿子，房子不够居住，于是便一层一层往上搭阁楼，在垒到三层后再也不能高上去了。为什么？因为他房子的地基只有9平方米。没有办法啊，孩子多了要居住要改善生活！于是，建完像碉堡一样的房子后，他就开始琢磨起"挖地三尺"向地下要空间了……

那时各个区县的住房情况都差不多，道路狭窄、交通拥挤、排水不畅、绿化奇缺、煤气和通信供应不足。尤其是居住的房屋历史欠账相当严重，各区的危棚简屋都到了不得不重视的地步。杨浦区，危棚简屋主要分布在控江路、长阳路、平凉路、杨树浦路，以及江浦路、黄兴路、宁国路一带；虹口区，危棚简屋以成片分布为主，尤其是虹镇地区与临平北路两侧，这样的危房，多如牛毛；普陀区，危房棚户主要分布于苏州河与沪杭铁路之间，以及中山北路与长寿路两侧。普陀区中山北路光新路铁路沿线棚户简屋林立；往西走，靠近武宁路附近有个东新村，不仅大多是危棚简屋，甚至有的人家居然还是木板搭建的油毛毡房子。不可思议的是，这个占地420余亩的"棚棚屋"地块，竟然居住着8000多户居民……

"斜三基地"初创"毛地批租"，撬动旧区改造。这项工作要求不仅要对全市的"历史遗留问题"进行调研，更要吃透"危棚简屋"改造国家政策法规的规定，还要制定针对动拆迁户进行具体政策方面的解释，还要对区县动拆迁中的"许可证颁证"进行指导。还包括全市的市政基础设施建设以及浦东开发开放后，浦东新区动拆迁等，这方面的困难是相当大的。1991年的上海，市民的居住问题很大，有几十万户家庭的人均居住面积低于4平方米，其中还有三万户居民人均居住面积连2.5平方米都没有。那时各个区县上报的材料中不仅有"棚户简屋"，在这些棚户简屋中，竟然还有墙体呈现裂痕的"危房"；每到开春防台防汛期间，各地情况频出；各区居民要求改善的呼声，那时已达到了"危急"状态。

1991年3月，上海市政府召开全市住宅建设工作会议，会议精神就是：按照疏解的原则改造"危房"、改造"棚户"、改造"简屋"。1992年年底召开的上海市第六次党代会上，时任市委书记吴邦国代表市委、市政府立下军令状说，力争90年代新建住宅超过6000平方米，完成全市365万平方米的棚户危房改造；甚至他还根据上海居民的"80万只马桶"，以及"80万只煤球炉"等问题说，要普及城市家庭的煤气和基本卫生设备，要让上海市区住房成套率达到70%。但是财政紧缺的问题挡在了前面，根据当时的财政测算，每年市政府拿出所有的"家底"，只能完成15万平方米的改造；而且是只有投入没有进账的。当时如果按照这个速度来改变上海的居住面貌，有人测算需要等上100年。

如何才能把这个"天字号第一"的难题，尽快解决。在邓小平同志南方谈话后，上海想到了一个方式，那就是"按照市场经济规律，采取土地批租"的办法来逐步解决。土地批租改变了传统土地利用模式,变国有土地无偿使用为有偿使用,提高了土地的使用效率。这种方式探索了一条利用国内外资金加快旧区改造的新路子。而上海卢湾区"斜三基地"成为利用级差地租完成旧城改造的第一例。

1992年3月,"斜三基地"作为第一块"毛地"被列入批租,初时这块土地还并没有现在那么大,只是靠近肇家浜路打浦路的一小块儿。但毛地批租后问题来了:肇家浜路这块毛地给了开发商后,因为地块偏小,其改造后临近的徐家汇路,以及附近东面的一个三角形地块,就会因为"斜三基地"改建后成为无人管的"死角"。如果还"不管不顾"按照当初的"设想"将毛地批租,不仅周边的环境无法改变,甚至会形成"开发"后的徐家汇路附近成"危棚简屋"新死角。再三考虑,市里最终给开发商扩大了地块,设置了"以徐家汇路为界的开发红线",这样不仅解决了周边的环境,甚至连同周边交通基础的问题,也能得到彻底改变。

自从有了"斜三基地"第一次土地批租的"级差经验"后,上海旧城改造寻找到了"利用地块级差改造"的发展方向。同年5月,为了配合市政府提出的早日改变旧城面貌的"两级政府、两级管理"有关指示,上海市房管局也积极行动放权给各个区县房地产局,在明确了市房地产局和区县房地产局的职责后,极大地提高了区县房地产局干部"想干事能干事"的积极性。卢湾区试点成功"斜三基地"后,黄浦区也接着"毛地批租"了71街坊,以后各区都动了起来,南市、杨浦、虹口、普陀、闸北等都加快了旧区改造的速度。到1997年,市里总结前几年旧区改造的工作经验,对"365危棚简屋"进行了梳理,发觉这个改造的任务仍然很艰巨。为了保证到20世纪末完成"365危棚简屋"的改造任务,市房管局把这一任务交给了市房管局拆迁处。拆迁处领导带领全处同志根据"危棚简屋"资料,对整个上海所有的地块进行了核对、认定。当时,各区还反映,由于"365危棚简屋"地块都是一小块一小块的,分散在各地很难改造,为了便于改造,结合实际,建议把"365危棚简屋"连成整片。如"普陀区的潭子湾、潘家湾、王家宅"就是分散开一小块一小块的,连起来后它就成了一大块。"两湾一宅"连成一大片地块后,共拆迁37.6万平方米棚户简屋等旧住宅,动迁8800多户居民,很快就获得了改造，新建了中远两湾城。以后，杨浦区江浦路上的一大块，南市区的复兴东路两侧等，先后进入了改造阶段，由此，"365危棚简屋"掀起了改造的高潮。

1998年，卢湾区在现今白玉兰广场的拆迁基地上，召开了卢湾区"365危棚简屋"改造完成大会；静安区接着也召开了"365危棚简屋"改造完成大会。到了2000年年底，"365危棚简屋"改造基本完成，市建委召开了"365危棚简屋"改造完成会议，并举办了"365危棚简屋"改造完成展览会。"365危棚简屋"改造告一段落后，2001年以后进入了新一轮旧区改造阶段。

市政建设，促百万居民"大动迁"。20世纪90年代初，有人时常形容上海的住房是"鸽棚"，道路是"肠梗阻"。甚至有人形容上海的道路是，"30年代的马路，70年代的车辆，90年代的人流"。有关资料显示：1990年，当时上海人均拥有道路仅2.28平方米，每万人拥有公交车只有7.43辆。这是个什么概念？如果按照常规来形容，一辆公交车每平方米最多能站8人，但上海的乘车高峰，公交车上竟然每平方米能挤满12人。累积沉重的历史欠账，使上海的住房和道路交通建设到了非改革不可的程度。

1993年6月，市第三次规划工作会议在上海展览中心揭幕，时任市长黄菊在会上发表了题为《为新世纪的上海规划新蓝图》的长篇讲话。他说道："城市总体规划的修订，必须着眼于上海城市布局正在发生的深刻变化。我们的规划不能囿于过去那种传统的上海城市的概念，必须树立大上海的整体观念，把视野扩展到6300平方公里的整个上海。"黄菊市长的长篇演讲内容是有所指的，20世纪90年代以前，上海的道路基础设施严重欠账，道路主要靠地面，拓宽道路是必须的，但仍然无法彻底解决道路交通问题。其实，从1985年开始，上海的城市规划部门就针对城市道路网存在的各种缺陷，组织各方专家着手研究制订上海城市高架汽车专用道路系统的调研，规划出了一个占用土地少、交通效率高的城市高架快速交通体系，以提高中心城区路网交通的能力，并为开发开放浦东创造良好的投资环境。经过反复论证比较，最终形成了一个"环"加"十"字的"申"字型高架道路系统，那就是：内环线、南北高架和延安路高架。在找到上海交通的问题症结后,上海迅速行动,那就是先内环后贯通城市南北的大道——成都路高架的建设。

建设内环高架和成都路高架,首先要进行房屋拆迁,市领导很重视,亲自召开会议研究成都路高架的拆迁,会上,市领导明确指示要依法拆迁,建设单位要申领房屋许可证。这一工程涉及卢湾、黄浦、静安、闸北等多个区,为了统一协调部署,市里专门成立了市高架指挥部,几个区也都成立了区高架指挥部,除了资金,还要筹措动迁房源。成都路高架工程拆迁面广,为了保障房屋拆迁工作顺利进行,市高级人民法院行政庭专门召开会议,从法律上支持房屋拆迁的进行,依法拆迁,要求各区法院参加到各拆迁工作中去,以促进平稳顺利拆迁,解决拆迁中的一些矛盾。

成都路高架,是一个涉及1.8万户近10万人搬迁的工程。它不仅要求沿线1000多家单位、18000户居民忍痛搬离家园,更在搬迁时间上作了"硬性"规定。由此开始,上海开始了一场历史上从没有发生过的"抓时间、赶速度"的近10万居民大动迁的工程。

成都路高架,1993年年初摸底调研,三个月后组成专家组进行讨论。1993年8月开始成都路高架拆迁工作,到1994年4月,拆迁就完成了。1994年6月工程就试点动工,以后又不断改进,将最初设计的4车道变更为6车道。那时,上海的动迁新房来不及供应。为了能够让这1.8万户近10万动拆迁居民尽快住上"新房",上海利用外资批租旧区改造地块、开发经营外销商品房取得的经验,于1993年12月适时批准发布了《上海市利用外资开发经营内销商品住宅暂行规定》。暂行规定通过制度创新,使上海的房地产产业有了进一步的发展。

对于成都路高架的动工,上海市民是举双手支持的。在此次成都路高架动拆过程中,涌现出许多老百姓为政府考虑、政府为老百姓"谋幸福"的感人事件。成都路高架的动拆迁,是一个涉及全上海四个区、千家单位、近十万人动迁的重大工程,关系到方方面面,但政府为人民谋利益,群众又怎能不考虑政府的情况。闸北区芷江西路220弄临街的孟定根夫妇,曾是居住在南京路附近的居民,成都路高架拆迁到他们居住的地方,需要他们让出自己的居住小屋。看到拆迁办的同志,这对夫妻烦恼不已。原因是,这对曾经居住在南京路的夫妇，为了上海的城市建设已经搬迁了三次。假如算上这次搬迁，数数手指头就是第四次了。说心里话，他们已经被搬迁搬怕了。因为前三次的搬迁都不是马上就安排他们住新房，都需要他们在外自己寻房自行过渡，这种居无定所的"大篷车"生活让他们厌烦不已。而这次好不容易刚刚定居，而且，他们也将自己的全部积蓄拿出来给房子作了装修，没想到不到半年，成都路高架动迁又来了。但想想政府的行动是为了大家；再想想自己居住在闸北，上班的地方是现如今上海人说的新黄浦区所属的卢湾地区；每次自己乘车时，碰到在车上"挨时间"的许多"乘车烦事"内心也堵，于是，为了大局，为了上海交通的明天，最终他们夫妻顾全大局作了第四次搬迁。

1995年，当成都路高架修建完成后，上海沸腾了。成都路高架宛如苍龙横卧在中心城区的南北大道，其建设成功的意义已远不仅限于"城市基础建设"那么简单。从此以后，一条南起中山南一路，经鲁班路、重庆南路连接成都北路，在跨越苏州河、天目路及其铁路后，循共和新路迄于老沪太路，全长8450米的南北大动脉开始就此建成。它为上海城市交通的三纵三横，以及日后贯穿上海市东西南北中的"田"字道路格局，彻底改变市区交通拥挤堵塞，完成上海高架的上出天、下出地"申"字形大格局，开启了新的征程。

跨越浦江，"百万动迁"擂响"东进序曲"。说起上海，说起黄浦江对面的浦东新区，或许今天一些人并不那么"感冒"了。但回忆起"宁要浦西一张床，不要浦东一间房"的那段历史，笔者仍然会有很多感慨。因为当年的浦东，除了一小部分沿江地带属于黄浦区，属于原存在的南市区、卢湾区，其他地方都是郊县。但尽管浦东属于上海，黄浦江连接浦东浦西市区段，却没有一座跨江大桥。过江只能乘轮渡再换乘公交汽车，交通极为不便。1987年11月，"陆家嘴轮渡站惨案"，踩死16人，重伤30人，近百人被挤伤，这是那时上海的典型案件。

20世纪90年代前后，陆家嘴地区并没有现在那么繁荣。每次人们说到陆家嘴，就会想起那里有条叫"烂泥渡路"的地方。"烂泥渡路"，其实就是我们现在时常说的"小陆家嘴"地区。这里是上海滩有名的危棚简屋区域，其名声之烂，在上海那些年市区里的排名应该说是靠前的。每逢暴风暴雨，几乎家家都是"水漫金山"，户户积水都能积到膝盖。比起上海的众多棚户区,这里的环境恶劣得"有过之而无不及"。

1990年4月18日,当时任国务院总理李鹏在上海代表党中央、国务院正式宣布,决定同意上海市加快浦东地区开发,在浦东实行经济技术开发区和某些经济特区的政策后,整个浦东沸腾了。浦东开发这个信息,不仅让世界瞩目,更鼓舞了很多居住在浦江两岸棚户简屋里的浦东浦西人。5月3日,浦东开发实质性启动。下午,在浦东大道141号上海黄浦区文化馆的一个二层旧式楼房举行挂牌仪式,据说,有位来自闸北经贸系统的同志,在听到浦东改革开放"挂牌"的信息后,硬是乘着渡船来到浦东141号门口,他希望能够加入浦东开发的行列中。一位家住浦东新区的村民,也来到浦东开发办,表示要捐出家中的几亩地和一栋房子支持浦东开发;更还有部分共产党员把党费集中起来,捐给了浦东开发办。

中央批准开发浦东,不仅让浦东浦西人民欢呼,更让早已为上海"东进"浦东谋篇布局的市委、市政府兴奋不已。因为,开发黄浦江东面太重要了!成功,意味着未来的上海,将诞生一个等同浦西那样的"新上海"。这里先不说别的,只说当时上海规划在黄浦江上建设"南浦大桥""杨浦大桥"的事。南浦大桥,是一座1988年12月15日建设的连接浦东南码头和浦西陆家浜路的斜拉桥,它的开工日期要早于时任总理李鹏宣布浦东改革开放正式诞生日。要知道,1988年上海的财政连老百姓的"365危棚简屋"都"咬着牙"难解决,更不要讲民间老百姓"嗷嗷叫"的"80万只马桶"和全市"近百万只煤球炉"了。

然而,就是在这样"捉襟见肘"的财政情况下,为了上海的明天,市委、市政府硬是在"咬牙跺脚"的财政上,拿出"老本",在黄浦江西段建设了连接浦东浦西的南浦大桥。因为,浦东浦西没有桥的连接,发展就是空话;没有桥的沟通,"宁要浦西一张床,不要浦东一间房",就永远没有办法解决。

1991年,上海很热闹。年初过后的4月29日,市委、市政府对外宣布,将在黄浦江东段建设一座连接黄浦江两岸的"世界第一斜拉桥"——杨浦大桥。同年11月,被人们誉为"世界第三大叠合梁斜拉桥"的南浦大桥,也彻底竣工通车。1993年10月,黄浦江东段的杨浦大桥经过两年的建设建成通车。

那段时间,上海市房管局拆迁处的压力很大。一边是如何适应市委、市政府"大踏步向前迈进"的步伐，一边是上海大量的被动拆迁后的居民亟须住房问题，一边是各个区县需要指导审批土地使用情况等。当时，不仅上海，全国各地的城市建设，包括基础建设、旧城改造的量都逐渐大了起来。如何才能在规章制度下有效完善城市的动拆迁？当时，对于城市动拆迁，全国并没有一个完整的"大法"，各地都在利用自己的"土法"开展工作。1991年7月，上海出台了《上海市城市房屋拆迁管理实施细则》，将城市房屋拆迁工作纳入了法制化轨道。这一"细则"的出台，对全国都具有积极的引领作用。为了能够严格执行这个规定，市房管局做了三个动作。

第一个动作就是放权给各个区县，从行政、组织方面理顺上下关系。以前市房管局的拆迁处人员只有五六个人，不仅要完成上级布置的各项工作，还要完成动拆迁等相关问题，人手非常紧张。此后，根据上级精神，各个区县设立了拆迁科。这样，不仅扩大了队伍，更组建起了一支精干的区县动拆迁队伍。第二个动作是进行法规的学习。具体就是，把参加拆迁管理的区县同志组织起来，集中学习熟悉相关的法规、精神，让大家做到心中有"一本账"，使他们能够在未来的时间里对拆迁公司，以及动拆迁经理给予正确的引导。第三个动作就是让各区县成立拆迁公司。成立拆迁公司的目的，就是实现今后所有的拆迁都由各个拆迁公司解决，行政部门主要起监督指导作用。这以后，每个区县都成立了好几个拆迁公司，有的拆迁公司就是区县房地产局所属单位给予转制过去的。

建设南浦大桥需要的地基上的动拆迁居民，当时初步定向迁往浦东各个新建的居民小区，其中有部分人员被定向置换到了金杨街道。记得那时，各个区动拆迁都会有定向分配：静安区主要是去闵行的"静安新城"，卢湾主要是搬迁到闵行的"高兴花园"。由于动拆迁后的新居离市区远，因此有的地方甚至被人们玩笑地称为"新马泰"地区。其实，在浦东开发开放之初，浦东新区主要动拆迁的是陆家嘴金融区、金桥出口加工区、外高桥保税区以及张江高科技园区，这四个区域的建设项目多，房屋拆迁量也很大。除了这四个区域外还有房屋拆迁安置房，这主要是在当时的金杨地区、三林地区、六里、外高桥、塘桥等地，花木地区的建设，主要包括行政办公、世纪公园等，这些地区的房屋拆迁量要占到全市四分之一到三分之一的拆迁量。

这里说说金杨街道，这是个8.02平方公里的新建小区，它是浦东36个街镇导入人口最为典型的街道，属于浦东面积大人口多的地区之一。20世纪90年代建立街道时，18万常住人口中，有70%是从市区动迁至此安家的，多数为原陆家嘴拆迁的居民，加上20%的原住居民，还有4.5万流动人口，组成了一个新的社区。这里笔者想重点强调的是，因为外来的他们，使得当地的"人文状态"得以改变。当然，改变还包括当地的生活习惯等。浦东类似街道很多，这只是众多当时人文情况改变的其中之一。

动拆迁工程不仅改变了浦东当年的"人文生态"，更改变了当地的交通基础设施状况。现在大家看到的世纪大道，全部都是动拆迁后建造出来的。以前，浦东的公路建设都是以黄浦江渡口为道路延伸走势，但世纪大道的建设却第一次从陆家嘴开始，一直延伸到浦东新区行政文化中心。当行人行走在世纪大道上，他们就会看到这样一个景象：世纪大道笔直大路与浦东原本的众多道路，在交叉口形成斜交路口，并使其成为浦东类似法国大街的一景。由此，横亘在浦东街道上的"世纪大道"被人们亲切地称作"东方的香榭丽舍大街"。

据不完全统计，1991—2000年，上海全市共拆除各类旧房屋2800万平方米，动迁居民约64万户。其中，拆除二级旧里房屋1720万平方米（约34万户），简屋580万平方米（约16万户），动迁企业6000家左右。这些枯燥的数字后面，包含着老百姓、政府和动拆迁工作人员的多少心血！

其实刚开始的时候，没有想到动迁的量会有那么大，到了1997年、1998年动迁的居民数就达到一百万了。可以说，在不知不觉中创下了奇迹。于是，当时就有了"百万居民大动迁"这样的提法。21世纪初，时任上海市市长徐匡迪在一次会议上，讲上海有两个一百万：一百万职工的下岗，还有一百万居民的动迁。在讲到一百万居民的动迁时，徐匡迪说，上海现代化都市风貌日新月异，城市交通便捷顺畅，公共绿化迅速扩展，市民居住条件和生态环境大为改善等，这些巨变的背后得到广大人民的全力支持。连年来上海有百万居民为大家、舍小家，他们怀着"为上海的明天让路"的襟怀，从市中心"黄金"地段动迁到周边地区，"让位"于路、桥、轨道交通和城市绿地……现在回过头来看，这一百万居民的动迁工作为上海城市建设的飞速发展打下了良好的基础。

三　社会维稳大手笔

上海在1993—2002年这十年里，发生的最大灾害事件，几乎都是自然灾害事件。主要有长江洪水漫青浦（1998），大风冰雹袭农物（1999），凉夏冻寒下江南（2000），水葫芦曼舞疯狂（2002）。所涉及的政府主管部门主要是民政、水利、气象、环保等。这只能说是老天不给力，或是老天在历练和拣选成就大事业的上海。老天不给力，上海人却很给力。上海的决策者、领导者、管理者、建设者们，上海的市民百姓及外来打工者们，为上海的繁荣发展付出了巨大努力。这十年，正是浦东大开发的十年，上海的大事儿都是这十年干的，这十年上海干尽了大事儿，可是君见否，上海在这十年里居然从未出过任何意外大事儿！而这本身正是上海最了不起的大事儿！

换了一般城市，换了其他地方，还是否可以发生这样的奇迹？上海的经验是可以借鉴的，但是上海的辉煌是不可复制的。这里面有上海的性格，就是上海的韧性。柔美无骨，却滴水穿石，低调地把事情都干得漂漂亮亮的，绘出一个天翻地覆、旧貌换新颜的老上海腔调和新上海风姿并存的花开似锦绣，几百处工地上没出过什么太重大的生产安全责任事故，在几百个重大施工工程上没出过些许人为疏忽的重大质量问题，百万大动迁人口，却没出现上访打官司闹政府的重大社会冲突事件，在几万人的工地上，没出过重大食品安全疫情事件。不是不出事儿，而有本事不让出事儿。在事情发生之前就化解于萌芽。无急可应，急来有应，上海在这大干快上的10年里，应急治理四十年的第二个10年里，大事都做了但是却从未出大事，其实这本身就说明了最大的事，就是上海人的活儿干得精致，事儿管得精细，城建得精美，而这都是因为风险管理做得好，质量管理抓得严，城市建设把得稳。看看民政口上的救急救助重心下移到社区，看看安监口上监管百处大工程平地而起，摩天大厦直插云霄，越江桥梁姿态万千，轻轨地铁风驰电掣，隧道盾构穿江入地，看看房管局不动声色地就干了百万大动迁，都是怎么解决上海最棘手问题的。上海在这十年里，不是没有应急的事儿，而是把应急的事儿给消解在萌芽里，从民政，到安监，到房管局，当然再到公安、交管、建委，到重大办，所有条线部门，一股精练柔美的力量在穿山过海，一种精致柔和的力量在开天辟地，在脆性与刚性之间，游走着上海独特的韧性，韧性城市设计得精美容灾，韧性城市规划得冗余有度，韧性应急实施得峰回路转，如此才十年成大事，十年无大事，十年即大事！

上海的外来人口特别是流动人口，也给城市安全运行、城市安全管理和城市社会稳定，带来了巨大的压力，造成了严峻的挑战，城市管理者们面临巨大的考验。在上海城市发展这张考卷面前，要想实现把上海建设成为世界经济中心城市的目标，光搞好经济建设、只取得经济成就是不行的，这只是完成了这张大考卷的简答题，最复杂最难回答的考题是最后的那道论述题，这道论述题就是，如何把一个3000万人口包括高占比流动人口的城市社会管理好，实现社会稳定和长治久安，不出事且不出大事儿是底线，是红线，城市管理者必须做到居安思危，如履薄冰，未雨绸缪。

20世纪90年代以来，上海面临着新的挑战。一是安置三峡移民工作，自1999年下半年在崇明县进行试点，到2002年9月1日最后一部分移民到达嘉定区，历时3年，分3批共接收来自重庆市云阳县的南溪、龙洞、人和、双江4个镇移民1305户、5509人，分别安置在崇明、金山、奉贤、南汇、青浦、松江、嘉定等区县的69个镇、337个村组，圆满完成国务院下达的安置任务。通过对安置移民在思想、生产技能和生活上的帮扶，现在绝大多数移民已基本适应当地的生产生活，有1900余人被推荐到非农岗位就业。二是大量外省市的劳动力进入上海寻找就业机会，近年来增长很快。据上海统计年鉴数据，上海外来人口在20世纪90年代激增，数量、年龄、性别、文化程度、外来人口来源地、在沪居住时间表、在各区县的分布和居住情况、职业构成、收入水平及婚姻状况都集中反映出上海在这个大干快上但又困难重重的特殊历史时期社会建设和社会管理的巨大压力，这些外来人口既是上海的建设者，也是上海许多特定政策的行政相对人，他们为上海的发展做出了贡献，也成为上海发展的一道风景线，但同时也是上海发展面临的问题，即主要就是人口管理、外来人口管理、流动人口管理的问题，以及与此相关的社会稳定问题，包括教育、卫生、医疗等本地资源分配与占用，以及社会治安问题等，这些问题都在考验着社会安全管理的政策水平和管理智慧。在

1993—2000年这个上海应急治理的第二个10年里,应急治理的繁重任务除了主要体现在应对跨世纪迎面而来的天灾风霜雪雨之外,还有就是全力做好社会稳定工作,维护好上海改革开放的机遇和大局,应急治理的任务于是更多地体现在社会维稳的压力上。这是显而易见的,上海维稳综治系统、维稳法制办、公安系统、交警全员全天候基本没有常态休息时间,整个上海的社会稳定形势不容丝毫懈怠,不能出半点差错。上海一直是全国最安全的城市,刑事案件发案率长期稳定于低水平掌控范围之内,社会治安事件只是偶发。这在同等规模人口的西方发达地区和城市是不可思议的。上海应急治理的成就由此可见一斑。一个城市应急治理的水平,并不是这个城市成功地应急处置了多少公共突发事件,而是如何成功地让公共突发事件率降到最低或基本不发生。除了不可控的天灾之外。

上海市政府统计年鉴表明,1988年上海外来流动人口为106万人,到90年代前期已经翻了一番,1993年达到251万人。在2000年上海进行的中华人民共和国成立以来第一次流动人口普查中,外来流动人口总数达到387万人(见表2—1),流动人口规模在全国各大城市中名列前茅。2003年8月,上海市公安局和统计局进行的全市19个区县332040个样本的流动人口抽样调查发现,全市外来流动人口总数已经增长到499万人。2003年年底全市登记的居住半年以上的常住流动人口为412.6万人(其中男性为254.8万人,女性为157.8万人),占市常住人口总量1745万人的23.6%。

表2—1　　1988—2003年部分年份上海市外来流动人口增长情况

单位:万人

年份	1988	1993	1997	2000	2003
人数	106	251	237	387	499

资料来源:《2004年上海统计年鉴》。

年龄、性别。在2003年上海市流动人口抽样调查中,年龄在20—39岁的占63.93%,几乎是流动人口总数的三分之二。而性别构成以男性为主,如果以女性为100,男性比例为134,但男女在不同年龄段中的比例不一样。在 0—14 岁组之间，男女比例接近，但在 15—29 岁组，女性的比例明显高于男性，此后各年龄段基本都是男性比例高于女性（见表 2—2）。这与他们在上海从事的职业类型有直接的关系，并且很多女性在结婚后就在家生子和照顾家庭，出外打工的少了。

表 2—2　　2003 年上海市流动人口抽样调查中外来人口的年龄、性别构成

年龄段（岁）	性别比（女性为 100）	各年龄段人口占全市外来人口比率（%）	男（%）	女（%）
合计	133.99	100	100	100
0—4	122.68	4.03	3.87	4.23
5—9	136.48	4.39	4.42	4.34
10—14	128.92	3.81	3.75	3.90
15—19	94.40	9.02	7.65	10.86
20—24	107.27	15.92	14.39	17.97
25—29	123.92	16.84	16.27	17.59
30—34	141.03	18.28	18.68	17.75
35—39	170.61	12.89	14.19	11.14
40—44	196.61	5.71	6.61	4.51
45—49	208.17	3.89	4.59	2.96
50—54	177.84	2.59	2.89	2.18
55—59	164.16	1.24	1.35	1.10
60—64	142.48	0.67	0.69	0.65
65—69	114.22	0.40	0.38	0.43
70+	94.73	0.32	0.27	0.39

资料来源：《上海市 2003 年人口普查资料》。

文化程度。上海外来流动人口中，2000 年和 2003 年的两次调查结果都表明初中文化程度占五成以上，其次是小学和高中（见表 2—3），3 项合计达到 90% 以上；具有大专以上学历的流动人口比例在缓慢增加。由于文化水平较低，很多外来人口只能从事较低技能要求的工作，与上海

本地人口形成了互补关系。但是从长远发展来看，上海不但需要大量具有较低技能和文化程度一般的劳动者，也需要引进大量有较高文化水平和技能的外来劳动力。

表2—3　　　　2000年、2003年上海外来人口文化构成　　　　单位:%

年份	文盲半文盲	小学	初中	高中	大专及以上
2000	5.3	24.6	55.2	11.2	3.7
2003	3.8	22.1	58.8	11.3	4.0

资料来源：《上海市2000年人口普查资料》《上海市2003年人口普查资料》。

来源地。在2000年和2003年的两次调查中，来自安徽和江苏两省的外来人口占了上海全部外来流动人口总数的56%以上，其次是四川、浙江、江西、河南等省（见表2—4）。在1993年和1997年上海市进行的第四次和第五次流动人口调查中，来自浙江的外来人口一直排在前3位，但近年来由于浙江民营经济发展很快，就地解决了大量当地人口的就业问题，所以流入上海的人口比例下降，而四川、江西、河南等省份因为当地经济发展较为缓慢，劳动力就业压力大，所以进入上海的劳动力增加。

表2—4　　　　2000年、2003年上海外来人口来源地构成　　　　单位:%

年份	安徽	江苏	四川	浙江	江西	河南	湖北	福建
2000	32.2	24.0	7.3	9.9	6.0	4.1	2.7	2.8
2003	34.5	22.4	7.7	7.2	6.2	4.7	3.6	2.5

资料来源：《上海市2000年人口普查资料》《上海市2003年人口普查资料》。

在上海居住的时间。1993—2003年，在上海居住不满半年的流动人口比例大幅度减少，半年至不满1年的比例也在持续下降，而1年以上的比例却在不断增加，在1993年只占28.9%，到2003年已经达到64.6%（见表2—5）。很明显，大部分流动人口已经成为长期在上海生活和工作的"准市民"。

表2—5　　1993—2003年部分年份上海外来流动人口在沪居住时间　　单位:%

年份	1993	1997	2000	2003
不满半年	50.7	28.7	21.0	23.2
半年至不满1年	20.4	19.5	21.6	12.2
1年至不满5年	22.6	37.1	39.3	40.2
5年及以上	6.3	14.7	18.1	24.4

资料来源:《上海市2003年人口普查资料》。

分布区域。2003年，上海9个中心城区流动人口有130.3万人，占全市流动人口总数的26%，10个郊区县流动人口有368.5万人，占全市的74%；流动人口与户籍人口的比例两类地区分别为21∶100和51∶100（见表2—6）。从增长速度来看，2000—2003年，中心城区流动人口总数几乎没有增长，部分区（徐汇区和静安区）还有所减少，而郊区县却有大幅度增长，增幅高达43%，松江、青浦、嘉定3个区增长幅度更大，这与"173开发区"的大规模建设有直接的关系。调查发现，这些新开发区需要大量劳动力，有些企业为了招到足够数量的员工，对工人的文化水平要求已经从高中以上降到了初中以上。

表2—6　　2003年上海外来流动人口在各区县的分布情况

区域	2000年人数（万人）	2003年人数（万人）	比2000年增长（%）	2003年户籍人口数（万人）	与户籍人数之比（户籍为100）
全市	387.11	498.79	28.85	1341.77	37.17
9个中心城区	130.07	130.26	0.15	611.00	21.32
10个郊区县	257.05	368.53	43.37	718.90	51.26
浦东新区	73.28	102.34	39.66	176.69	57.92
徐汇	23.31	20.50	-12.05	88.61	23.14
长宁	16.27	17.31	6.39	61.71	28.05
普陀	23.11	23.36	1.08	84.53	27.64
闸北	14.40	14.63	1.60	70.79	20.67
虹口	14.38	14.74	2.50	79.22	18.61
杨浦	19.68	20.34	3.35	108.17	18.80
黄浦	9.43	10.01	6.15	61.87	16.18

续表

区域	2000年人数（万人）	2003年人数（万人）	比2000年增长（%）	2003年户籍人口数（万人）	与户籍人数之比（户籍为100）
卢湾	4.85	5.12	5.57	32.84	15.59
静安	4.64	4.25	-8.41	32.07	13.25
宝山	37.44	43.98	17.47	85.43	51.48
闵行	48.10	73.38	52.56	75.12	97.68
嘉定	25.40	40.01	57.52	51.18	78.18
金山	6.08	7.52	23.68	52.71	14.27
松江	19.05	32.55	70.87	50.68	64.23
青浦	16.82	27.01	60.58	45.83	58.94
南汇	12.42	16.56	33.33	69.91	23.69
奉贤	13.06	19.77	51.38	50.87	38.86
崇明	5.40	5.41	0.19	63.84	8.47

资料来源：《上海市2003年人口普查资料》。

居住。在2000年和2003年的两次调查中，居住在租赁房中的比例从63.9%上升到73.5%（见表2—7），总人数为367万人，如果按照人均5平方米的较低水平计算，需要1800多万平方米住房；按照人均每月150元房租来算，每年租赁房屋的房租为66亿元。很多城乡接合部外来人口比较多的地区，房租已经成为当地人口的一个重要收入来源。调查发现，2003年，有4.3%的外来人口已经购买了自己的住房，推算到人口规模为21万人，按照人均25平方米建筑面积计算，购房总面积为500万平方米左右，这些已经购买房屋的外来人口已经成为真正意义上的上海居民。

表2—7　　2000年、2003年上海外来人口的居住状况　　单位：%

年份	租赁房	宿舍、工棚	自购房	寄宿亲友家	宾馆、招待所	医院	其他
2000	63.9	20.0	4.5	5.0	1.4	0.2	5.0
2003	73.5	18.8	4.3	1.8	0.8	0.5	0.3

资料来源：《上海市2000年人口普查资料》《上海市2003年人口普查资料》。

从事的职业。在2000年和2003年的两次调查中，流动人口从事的行业以制造加工、商业服务和建筑为主(见表2—8)。但3年中也有变化,制造加工业从业人员比重上升较快,已经占到全部经济活动人口的三分之一,从事商业的比例也有一定增加,建筑业也保持占五分之一左右的比例,而农林牧渔业比例明显下降,各类专业技术人员在增加。分性别来看,女性在制造加工业、商业、服务业、餐饮业等职业类别中有明显优势,而男性则在建筑施工、制造加工等职业中有优势(见表2—9)。

表2—8　　2000年、2003年上海外来流动人口的职业构成　　单位:%

年份	各类专业技术人员	机关事业单位人员	商业服务人员	农林牧渔业人员	制造加工人员	建筑施工人员	其他
2000	3.8	0.5	27.4	7.3	25.9	19.5	15.6
2003	5.4	0.3	29.1	3.7	33.9	19.8	7.8

资料来源:《上海市2000年人口普查资料》《上海市2003年人口普查资料》。

表2—9　　2003年上海不同性别外来流动人口的职业构成情况

职业	男(人)	女(人)	男(%)	女(%)
合计	157941	91717	100.00	100.00
各类专业技术人员	9306	4208	5.89	4.59
机关事业单位人员	342	293	0.22	0.32
商业服务人员	20453	15190	12.95	16.56
餐饮服务人员	9395	10317	5.95	11.25
居民生活服务人员	7291	9900	4.62	10.79
农林牧渔人员	5454	3873	3.45	4.22
制造加工人员	43093	41556	27.28	45.31
建筑施工人员	46987	2523	29.75	2.75
运输设备操作人员	7898	674	5.01	0.73
废旧物资回收人员	2329	740	1.47	0.81
私营企业业主	2149	521	1.36	0.57
其他	3244	1922	2.05	2.10

资料来源:《上海市2003年人口普查资料》。

来沪原因。在2003年流动人口抽样调查中，72.1%的人从事经济活动，与前几次的比例接近，从事经济活动的绝对人数有360万人左右；其次属于婚嫁、随迁、探亲访友、旅游购物、旅途中转、治病疗养等社会型流动人口，占全部外来流动人口的四分之一；从事文化活动和其他活动的比例很低（见表2—10）。

表2—10　　1988—2003年部分年份上海外来流动人口的来沪原因构成　　　　　　　　　　　　　　　　　单位:%

年份	经济型	文化型	社会型	其他
1988	67.5	4.4	22.9	5.2
1993	75.6	2.3	22.1	
1997	74.5	3.3	22.1	0.1
2000	73.4	2.6	20.9	3.1
2003	72.1	1.5	25.8	0.6

注：经济型指从事经济活动；文化型指学习培训、公务出差等；社会型指婚嫁、随迁、探亲访友、旅游购物、旅途中转、治病疗养等。

资料来源：《上海市2003年人口普查资料》。

收入水平。根据2003年的调查，在上海从事经济活动的流动人口平均每月的收入为800元左右。从收入区间来看，501—800元占的比例最高，为45.2%；其次是301—500元和801—1000元两个区间，所占比例都是19.2%；月均收入5000元以上的人口占比很低，只有0.3%，人员规模大约1万人（见表2—11）。

表2—11　　2003年上海外来流动人口的收入状况　　　　单位:%

300元及以下	301—500元	501—800元	801—1000元	1001—1500元	1501—2000元	2001—5000元	5001元及以上
4.4	19.2	45.2	19.2	6.6	3.0	2.1	0.3

资料来源：《上海市2003年人口普查资料》。

婚姻。上海近年来两地婚姻增长很快，2003年105459对国内结婚人员中,两地婚姻有 30895 对,占 29.3%(见表 2—12);当年上海女性初婚人口共有 87873 人,其中户籍人口 65680 人,外来流动人口有 22193 人,外来与户籍的比超过了 1∶3。

表 2—12　　1991—2003 年上海市两地婚姻占当年全部结婚对数的比例增长情况　　单位:%

1991年	1992年	1993年	1994年	1995年	1996年	1997年	1998年	1999年	2000年	2001年	2002年	2003年
5.4	6.8	8.7	9.8	10.8	14.1	16.8	18.5	19.9	21.3	24.5	27.0	29.3

资料来源:《上海市 2003 年统计年鉴》。

表 2—13　　在沪工作,居住在港澳台、境外常住人员情况(2000—2003)　　单位:人

类别	2000年	2001年	2002年	2003年
总计	60020	50586	61610	72895
按国别(地区)分				
中国香港	4121	4121	4124	3505
中国台湾	10522	11050	11055	11818
日本	12270	10838	13861	17409
韩国	3294	3811	5703	7135
马来西亚	1278	1066	1536	1955
新加坡	2808	1603	2390	3263
德国	1511	1631	2054	2541
英国	2357	934	1285	1627
加拿大	1361	1400	1843	2352
美国	6354	5150	6766	8248
澳大利亚	6420	1722	2136	2499
按类别分				
商人	10517	6608	8248	9624
外资企业工作人员	41136	33069	40076	48528
寄养儿童	3566	3394	4087	4696
进修留学生、实习生	3455	4113	4913	4913

资料来源:《上海市 2003 年统计年鉴》。

在 1993—2002 年上海应急治理的这第二个 10 年里，特别是最近 5 年里，民政减灾救灾的应急理念在重点上趋于综合应对、统筹布局、基层运行。① 例如，我们现阶段提的较多的国家综合防灾减灾业务体系，侧重于强调倡导"天—地—现场"一体化灾害监测评估体系，也是业务体系从无到有的积累。特别是近年来，在全球气候变化背景下，我国自然灾害风险不断加大，灾害形势非常严峻，灾害造成的直接和间接经济损失持续增加，一些历史罕见的重特大自然灾害频繁发生，严重影响了社会经济发展和民生改善。党中央、国务院高度重视防灾减灾工作，通过一系列重大工程建设、科技计划实施和产业化应用示范，有效提升了国家灾害科学管理水平，大大增强了地方防灾减灾能力。信息化是当今世界发展的重要趋势，信息化水平已成为衡量一个国家和地区现代化水平的重要标志。在我国，信息化已经紧密融入各行各业，大力推进信息化建设已成为建设创新型国家、提高社会管理水平、全面支撑国民经济和社会发展第十二个五年规划的重要方面。国家减灾委、民政部围绕《国家综合防灾减灾规划（2011—2015 年）》任务要求，在灾害管理信息化建设方面做了大量工作，极大地推动了国家综合防灾减灾事业发展。

民政部、国家发展改革委、财政部、国土资源部、住房城乡建设部、交通运输部、商务部、国家质检总局、国家食品药品监管总局 9 部委（局）联合印发的《关于加强自然灾害救助物资储备体系建设的指导意见》（以下简称《意见》），对未来一段时间内全国救灾物资储备体系建设的指导思想、主要目标和任务以及保障措施作出明确规定，首次提出要着力构建"中央—省—市—县—乡"纵向衔接、横向支撑的五级救灾物资储备体系，将储备体系建设延伸到乡镇（街道）一级。

民政部有关负责人指出，目前，我国救灾物资储备体系建设虽已取得一定成效，但与日益复杂严峻的自然灾害形势和社会各界对减灾救灾工作的要求和期待相比，救灾物资储备体系建设还存在一些共性问题，如储备库布局不甚合理、储备方式单一、品种不够丰富、管理手段比较落后、基层储备能力不足等。近年来，基层救灾物资储备库"有库无物"现象相对突出，地方发放的救灾物资中也曾暴露出部分

---

① 范一大：《防灾减灾空间信息服务的思考》，《中国减灾》2013 年第 17 期，第 10—13 页。

产品质量问题。

《意见》首次从政策层面对救灾物资储备体系建设中各有关部门的具体职责进行了明确,指导地方进一步健全完善跨部门协作和应急联动机制,包括建立救灾物资储备资金长效保障机制,健全救灾物资应急采购、紧急调运和社会动员机制,完善跨区域救灾物资援助机制,构建有关部门共同参与的救灾物资市场供应和质量安全保障机制,等等。①

上海市民政系统的减灾救灾救助工作还一直站在国际和全球视野的高度推动和发展,与全球或地区展开多种形式的联合行动与国际合作。这个过程从民政的这个角度体现在与上海合作组织的相关工作联系上也是一个标志,上海应急体系从最初到后续不断建设的国际化、全球化合作走过的道路。2009年是上海合作组织(以下简称"上合组织")框架下减灾救灾合作硕果累累、成绩斐然的一年。这一年,上合组织成员国紧急救灾部门共同努力,齐心协力开展了大量的合作活动。② 到2006年6月15日,上合组织成立整整五周年了,正是在这最初的也是最关键的五年中,上合组织日益茁壮成长。③ 而上海应急治理走向国际化和全球化的工作网络,也是从这里借此发端的。

在上海安监的这第二个10年里,在1993—2002年这十年里,上海所发生的最大的灾害事件,几乎都是自然灾害事件。在1993—2002年间,上海就基本未发生过特大工伤事故或特大安全生产责任事故,在全国面上情况看,上海实在是处于安全生产的最好时期之一。中国2000年工伤事故死亡情况,按行业划分,第一位是道路交通,事故死亡人数为93493人,占全国事故死亡总数的79.23%;2001年道路交通死亡人数为106367人,机动车保有量为6852万辆,万车死亡率为15.5,是美国的8.6倍,日本的18倍。第二位是工矿企业,事故死亡人数为11681人,占全国事故死亡总数的9.9%,其中矿山事故死亡人数为6563人,占工

---

① 《我国构建五级救灾物资储备体系》,上海民政(http://www.shmzj.gov.cn/gb/shmzj/node4/node13/n2439/u1ai40964.html),2015年9月14日。

② 高昆:《2009年上海合作组织救灾合作回顾及展望》,《中国减灾》2010年第11期,第50—51页。

③ 赵常庆:《上海合作组织五年的回顾与展望》,《当代世界》2006年第6期,第9—11页。

矿企业死亡人数的56.2%，而煤矿事故死亡人数为5798人，占矿山事故死亡人数的88.34%。建筑业，每年事故死亡人数约3000多人，仅次于煤矿行业，其中乡镇建筑企业的死亡人数远高于国有企业。值得注意的是，如果运输业的统计方法按照美、日的方法，估计我国运输业特别是道路运输业的死亡人数居整个工伤死亡人数第三位左右。

1993—2002年，上海基本未发生过特大工伤事故或特大安全生产责任事故，而同期按国际劳工组织2000年公布的数据，2000年以来世界工矿企业从业人员工伤事故死亡人数从总体上来说呈增长势头。但1990—1999年工业发达国家和前欧洲经济转型国家工伤死亡人数逐年减少，死亡率（除俄罗斯外）逐年下降。1991—2001年间我国工伤事故死亡人数呈下降趋势，死亡率逐年下降，美国1995—2000年间各行业部门职业事故死亡人数[1]最多的是建筑业，2000年为1154人，占职业事故死亡总人数的19.5%；第二位是运输业（运输业的死亡人数是指因公出差时交通工具事故身亡者）。日本[2] 2000年工伤事故死亡情况：按行业划分，居首位的是建筑业，事故死亡人数731人，占全日本事故死亡总人数的38.7%；其次是制造业，事故死亡人数为323人，占事故总死亡人数的17.1%；公路货运业共死亡271人，占14.3%（指因公出差时公路运输工具事故身亡者。如按我国的统计方法，日本2001年道路交通死亡人数为8747人，机动车保有量约为10119万辆，万车死亡率约为0.86%）；电力与公共业，2000年共死亡957人，占总死亡人数的16.2%，其中公路运输与仓储业又是该领域死亡人数最多的部门，当年共死亡566人，占总死亡人数的9.6%（这里所指的公路运输是因公出差时公路运输工具事故身亡者。如按我国统计方式，美国2001年道路交通死亡人数为4.27万人，机动车保有量约为23500万辆，万车死亡率约为1.8%）。美国采矿业已成为比较安全的行业，全行业2000年仅死亡156人，其中油、气开采死亡83人，煤炭开采死亡40人，非金属矿产品开采死亡24人，金属矿产品开采死亡9人。

---

① 美国劳工部统计局（2001年统计报告）。其中的数据是指本行业部分与我国统计情况相似的部门，并没有包括该行业全部的数据。

② 数据来源：2001年日本劳动省《死亡事故统计报告》。

1993—2002年，上海基本未发生过特大工伤事故或特大安全生产责任事故，这与上海基本没有煤矿生产企业有关。中国每年仅是煤矿业的安全生产责任事故致死人数就占到了全部灾难人数的最高比值。我国煤矿生产死亡率不仅大大高于美国、澳大利亚、加拿大、英国、德国，而且远高于南非、俄罗斯、波兰和印度。我国煤矿生产每年平均死亡人数在6000人以上，比全球主要产煤国家死亡人数的总和（不超过1500人）还要多几倍。以煤炭行业为例，在1990—2000年的11年间全国煤矿共生产煤炭126.83亿吨，共死亡66196人，平均百万吨死亡率为5.22%。我国煤矿安全状况最好的一年是1992年，全年共死亡4942人，当年全国煤矿共生产煤炭10.61亿吨，百万吨死亡率为4.65%。我国死亡人数最多的年份是1994年，全年共死亡7016人，当年全国煤矿共生产煤炭12.55亿吨，百万吨死亡率为5.59%。在这11年间，我国与美国相比煤炭产量仅多22.83亿吨，而死亡人数多65653人，按百万吨死亡率计算，我国约是美国的110倍。在这11年间，我国煤矿共发生一次死亡10人以上重特大事故690起，死亡12969人；而美国仅发生一起重大事故，死亡8名矿工。

　　20世纪90年代中期以来，工业发达国家生产中一次死亡3人以上的重大、特大死亡事故已很少发生，所发生的重大事故的行业也仅限于建筑、交通运输部门。例如，1984年12月3日，美国联合碳化公司设在印度博帕尔市郊的农药厂发生严重的毒气泄漏事故，造成4000多人死亡；1998年6月3日，德国铁路一列高速列车在从慕尼黑驶往汉堡途中的埃舍德水镇脱轨，撞塌一座公路大桥，造成100多人死亡，这是德国近20年来最严重的一起铁路交通事故；1998年10月29日，韩国釜山市一座正在施工的大型冷冻仓库在安装设备管道中焊接火花引燃涂料挥发出的可燃气体，导致爆炸，造成21人死亡；1999年10月5日，在伦敦帕丁顿火车站附近，两列满载乘客的火车相撞起火，造成28名乘客死亡。

　　1998—2002年间我国发生的多起特大事故是：1999年11月24日，烟大汽车轮渡股份有限公司的客滚船"大舜"轮，从烟台驶往大连途中在烟台附近海域倾覆，282人遇难；2000年3月11日，江西萍乡上栗县私营花炮厂"3·11"火药爆炸事故，死亡33人；2000年9月27日，贵州省水城矿务局木冲沟煤矿发生特大瓦斯煤尘爆炸事故，造成162人死亡；2001年7月17日，上海市沪东中华造船（集团）有限公司船坞工地上，正在安装的大型龙门吊在吊装过程中发生整体倒塌事故，死亡36人；2001年7月17日，广西南丹县龙泉矿冶总厂下属拉甲坡矿和龙山矿发生重大透水事故，造成81人死亡；2002年4月15日，中国国际航空公司CA129航班（波音767-200型客机）在韩国釜山坠毁，造成129人死亡；2002年6月20日，鸡西矿业集团城子河矿发生瓦斯爆炸，造成124人死亡。

总体来看，近年来我国群死群伤的特大事故数量虽有所下降但仍频频发生，每年死亡人数相当于世界主要发达国家和东欧国家死亡人数总和。

据统计，自1949年以来我国颁布并实施的有关安全生产、劳动保护方面的主要法律法规约280余项，内容包括综合类、安全卫生类、伤亡事故类、职业培训考核类、特种设备类、防护用品类及检测检验类等。其中以法的形式出现、对安全生产和劳动保护具有十分重要作用的是《中华人民共和国劳动法》和《中华人民共和国矿山安全法》，这两个法律文件分别于1994年7月5日和1992年11月7日颁布实施。与此同时，国家还制定、颁布了100余项有关安全卫生方面的国家法规和标准，初步构成了我国安全生产、劳动保护的法规体系，对提高企业安全生产水平、减少伤亡事故起到了积极作用。2002年11月1日正式实施的《中华人民共和国安全生产法》，无疑将对我国安全生产起到积极作用。

但必须承认的是，随着社会的发展、政府监管机制的变化，我国的安全生产已暴露出不少缺陷和问题。这些问题集中体现在：习惯采用行政手段，而不是法律手段来管理安全生产；法律法规的可操作性差；职业安全与健康标准不健全；亟须的法规空缺，有些法规还存在重复和交叉；等等。党的十九大以来，中国应急管理部成立，安监局划归应急部，安全生产监督的职能和职责是强化了还是较之前会出现更多的监管方面的问题，现在下结论还为时尚早。不管怎样，我国的安全生产监督一直是一个非常严重的有待根治的大问题。从管理体制上一直是存在问题的。上海安全生产监督是全国体制的一部分，总体的体制上存在的问题也都上下一般粗地存在着，在上海应急治理的四十年历程中，城市安全的运行、城市生产安全的运行，一直是悬在各级安监部门领导头上的一把利剑，出了事死了人，就直接追责问刑。在1993—2002年间百万大动迁时代倒没出特大事故，反倒是最近十年总是出事死人。根本原因就在于监察管理体系不健全、不合理。

四　韧性城市大格局

1993—2002年，上海经济社会发展从负担沉重的全国"后卫"，一跃变为全国"前锋"，实现大变样。浦东高楼大厦背后，陆家嘴、张江、金桥、外高桥开发的规划政策背后，开发开放的高速发展背后，是大胆尝试加精致韧性、砥砺奋进加上海韧性。上海改革开放的这最关键的第二个10年，也是上海应急从统治走向管制，从管制走向管控，再从管控迈向治理的起步时期。标志性的动作是上海在浦东大开发的开放与改革中，居先而动的百万居民大动迁的工程里，对社会管理体制、城市规范化管理、突发安全事件预防、社会重大利益关切对话讨论这些方面都实施了大量有效的举措。伴随着大量开发工程建设和工地开工，大量城市人口涌入和流动，大批拆迁居民待稳定和安置，大量下岗遗留问题待解决，大笔投机资金待监管，大宗商贸业务要对接，大堆法律法规实施细则需制定，海关进出口、机场码头、吴淞口、黄浦江两岸风险四伏。上海市委、市政府的部门条线系统和社会各界，开足马力，用尽力道，将一个个风险化解在萌芽状态，将一个个危难渡过重重关口，将一个个威胁约束在最低线，用的是制度，靠的是管理。上海特有的细致与耐心，隐忍与包容，韧性上海在社会稳定的治标与治本上，都做实了力量、下足了功夫。邓小平那句贴心名言是对上海人最高的褒奖，"上海的民心比较顺"。[①] 这个"顺"字，便是柔和的合和的力量，柔中有刚的力量，便是韧性的力量。"这是一股无穷的力量。"[②] 用现代城市理论的观点来看，就是上海这座城市具有一种独有的刚柔相济、弱水三千却百转绕指、滴水穿石的城市韧性。城市韧性体现了浦东大开发的精华思想，特别是城市规划和建设的先进格局及管理方式，上海城市天然的韧性风骨和海纳百川的韧性品质，使得上海干出了韧性应急的浦东大开发的惊天伟业，闯

[①] 转引自黄菊《发展才是硬道理》，《解放日报》1993年11月8日。
[②] 转引自黄菊《发展才是硬道理》，《解放日报》1993年11月8日。

出了韧性应急的冒险克险的百万居民大动迁的天字一号维稳道路，彰显了韧性应急的上海品格，树立了韧性城市的标杆，先行先试了韧性应急的经验型道路。

  城市韧性作为新兴的城市研究热点议题，其实质在于针对现代都市所面临的不确定性扰动，主动探索适应性的调整方法和途径。韧性的概念自源起以来，经历了从工程韧性，到生态韧性，再到演进韧性两次决定性的认知转型，形成了支撑现代城市韧性观点的支柱。城市韧性是建立在传统规划理论上的指导现代城市可持续发展的全新途径。城市韧性对于增强现代城市的适应能力具有重要价值。韧性城市理论建立韧性思维观发展和建设城市系统；规划和布局城市基础设施转型的策略与实践创新；思考韧性视角下城市景观基础设施规划的策略，这些体现了工矿废弃地基础设施再生、城市新陈代谢流管理、城市交通基础设施、城市水系统基础设施的超现代城市治理思想与策略。

  上海在浦东大开发的快车道上驭风疾驰而行稳致远，是韧性应急的思想和风格确保了整个社会政治经济的腾飞与稳定，稳健与飞跃，上海这座伊人柔若水的江南魔都，在应对急速改革开放全球化背景下的城市风险过程中，需要思维方式和理论范式的转型。韧性城市是近十年来国内外兴起的新的城市发展理念，而上海早已经将其提早运用得风生水起。上海面临着台风、内涝、雨雪、流行疾病、经济波动、社会利益冲突等急性冲击和慢性压力，城市需要构建韧性来应对这些危机。而这也是后来许多大城市都在尝试运作的新的城市规划建设和管理运营的理念与方法。

  其中美国洛克菲勒基金会针对城市系统提出的韧性框架就囊括了社会、经济、环境、制度、基础设施等诸多领域，城市风险韧性框架提出了"识别—分析—评价—诊断—行动—计划"的韧性构建流程。比较韧性城市研究和城市可持续发展研究的概念框架可以发现：韧性城市兼具规避风险和减灾及增强灾后恢复的针对性，同时更关注全部城市系统响应多元压力并具有多样化的吸收能力及冗余性。目前，韧性城市框架已被国外广泛研究并应用于构建城市应对飓风、地震、海啸等自然灾害的韧性实践中。我国的韧性城市研究还刚刚开始,① 而浦东大开发的上海规划与建设经验,上海应急治理的韧性应急,都是韧性城市的典范。

韧性在各国城市规划和管理领域已有不同程度的应用。上海市浦东新区正在规划建设全球城市的核心城区,安全是全球城市建设的基本保障和重要目标。通过对浦东新区城市特征及面临安全问题的分析,结合上海城市总体规划纲要,需要进一步构建以城市综合防御体系和社会应对体系为核心的浦东新区城市安全与综合防灾系统框架,建立健全核心安全带、强韧性城市基础设施系统和智能化社会应对体系。②

21世纪是"城市"世纪,全世界城市化进程不断加速,虽然我国城市化水平不及发达国家,但是我国城市化进程也进入了第二阶段的加速期。城市化虽然推动了社会进步、促进了生产力的提高和经济效益的增长以及城市功能和城市体系的完善,但是城市规划中的种种不合理之处也给城市居民生活、社会发展带来了一系列不便甚至灾难,给城市造成巨大的损失。加强防御、控制城市灾害,增强城市综合减灾抗灾救灾能力,是当今国内外减灾工作的重中之重,而城市绿地系统在城市综合防灾减灾救灾体系中占有十分重要的地位。浦东新区是改革开放以来上海于20世纪90年代新建的城区,也是上海最大的区,它的城市规划布局与其他城市乃至上海市其他城区相比都更为合理,城市绿地各类指标也较高,但是综观浦东新区目前的绿地规划仍以景观、生态功能为主,尚未见到系统的防灾减灾容灾功能,应该进一步强化浦东新区现有绿地的防灾作用,并在浦东新区建设防灾公园。以可持续性发展思想和环境保护理论、生态学理论、城市规划原理、城市绿地系统规划理论等与城市绿地规划建设相关理论、原理为基础,结合应用灾害学、环境保护学、城市防灾学等多学科的理论进行容灾浦东的进一步建设,在浦东新区现有绿地系统规划的基础上,着重城市绿地对部分城市灾害的防灾减灾作用,明确体现出绿地与城市地震减灾避难的关系,绿地对城市地面沉降灾害

---

① 李彤玥、牛品一、顾朝林:《弹性城市研究框架综述》,《城市规划学刊》2014年第5期,第23—31页。

② 滕五晓、罗翔、万蓓蕾、毛媛媛:《韧性城市视角的城市安全与综合防灾系统——以上海市浦东新区为例》,《城市发展研究》2018年第3期。浦东新区城市安全与综合防灾系统研究课题。

的防治，绿地对城市热岛效应的改善，不同绿地格局对城市灾害的影响，① 着力强化为城市防灾减灾体系建设提供规划和决策参考。②

在全球气候变化和深度全球化的背景下，上海面临的城市风险将呈现出新的发展趋势。传统的综合防灾规划在规划思路上出现了一些不适应。下一步需要在研究韧性城市理论的基础上，要实现从综合性城市理论防灾到韧性城市建设的转型，并从工程技术、空间防御和社会治理3个维度构建新常态下上海建设韧性城市的战略构想与策略。上海应当利用信息技术手段和现代人工智能高科技手段加强风险监测，提高工程设计标准；加强"生活圈（人群P）—城镇圈（地域P）—都市圈（基础设施I）"全空间尺度的韧性建设，以创新和完善城市安全的社会治理体系。③

我国科学家最新提出的"韧性风险计算理论与方法"是韧性城市理论和韧性应急理论的系统融合体系，作为基于国家自然科学基金委员会非常规突发事件应急管理重大研究计划的重点支持项目"面向非常规突发事件应急管理的风险理论与方法"所取得的成果而创建的韧性应急风险理论。在科学性上超越了传统经典的风险理论，创立了新型风险理论，其创新性体现在主要是基于脆弱性、韧性和威胁性要素对于新兴风险、模糊风险和复合风险的分析与计算，将承灾载体、致灾主体和应灾载体三个方面的因子无量纲化定量测算并建立风险计算模型及新风险函数，风险被认为是承灾载体的脆弱性、致灾主体的威胁性、应灾载体的韧性、后果严重度、发生可能性这五个变量的函数。在创新性上发展了传统经典的风险理论，并具有较好的实用性：实施风险潜在的威胁性、脆弱性、韧性等多个指标不同情景模式下风险的参数量化，实现了风险指数的可测量、可跟踪、可计算与可视化，获得了威胁性与脆弱性实证性便于操作测量的结果，并以基于3S的风险差域地图引导应用于恐怖袭击、核爆

---

① 章美玲：《城市绿地防灾减灾功能探讨——以上海市浦东新区为例》，中南林业科技大学，硕士学位论文，2005年。
② 康亮、朱红霞：《上海城市绿地防灾避难功能研究》，《安徽农业科学》2009年第37卷第7期，第2945—2947页。
③ 石婷婷：《从综合防灾到韧性城市：新常态下上海城市安全的战略构想》，《上海城市规划》2016年第1期，第13—18页。

事件、高密度大客流人群恐慌疏散等典型非常规突发事件应急管理的风险分级预警和动态监测，实现了脆弱性风险指数的实时统计算法。该风险计算理论与方法已成功试验测算的典型应用示范场景包括上海虹桥枢纽、上海轨道交通、上海迪士尼度假区、上海浦江主城区水域、上海大型商业综合体，形成了一套较为完整的风险计算理论模型、计算方法及可视化风险地图成果。这些成果为各类非常规的紧急突发的风险感知、监控和预警提供了重要的理论依据和实用手段。研究所发现的网格"社区—服务—基础设施"（CSI）和网格"地域—人群—基础设施"（PPI）面向恐怖袭击的情景动态特征，通过恐袭风险早期预警地图的3D计算和可视化的新理论与新方法并建立了CDT开源数据库，对于构建未来城市安全及稳定风险新管理平台系统，实现了恐怖袭击风险感知与监控、预警的智能化和信息化。在我国城市安全风险监测、预测、预警、预防理论与方法的研究方面走在前列，为未来的城市风控预警AI系统提供了前瞻性的先进技术基础及应用前景保障。该理论与方法及技术，为上海城市韧性应急提供了全方位智力支撑，为韧性城市大格局提供了前瞻视野。①

第四节　应急装备新纪元

【应急技术、装备与产业】

20世纪90年代初，在国际安全形势恶化、中国国家安全形势波谲云诡的复杂时刻，在党和国家经受着国际共运重大变化要抉择中华民族的主义和道路的当断时刻，在西方欧美与东方中国进入21世纪之前各自最后一个10年开端要谋划战略格局的历史时刻，在时年40岁的共和国正面临西方邪恶和敌对势力操纵鼓噪导致国内政治风波考验的艰难时刻，邓小平以中国人民的铮铮铁骨和中华民族的脊梁底蕴率先树起了开放的伟大旗帜："要把进一步开放的旗帜打出去。""现在国际上担心我们会收，我们就要做几件事情，表明我们改革开放的政策不变，而且要进一步地

---

① 刘紫涵：《国家自然科学基金重大计划重点项目"面向非常规突发事件应急管理的风险理论与方法"结题总报告》，2017年，项目批准号：91324202。

改革开放。"① 而中国进一步改革开放的重要标志之一,就是上海浦东的开发开放,就是上海的开放。"上海是我们的王牌,把上海搞起来是一条捷径。"② 1990年6月2日,中共中央、国务院批复原则同意上海关于开发开放浦东的请示。1992年党的十四大提出:"以上海浦东开发开放为龙头,进一步开放长江沿岸城市,尽快把上海建成国际经济、金融、贸易中心之一。"1993年的上海,到八面来风推着她,不仅要在全国有所作为,还要在世界确立地位。时任市长黄菊忙着接待纷至沓来的中外投资者,一遍遍强调"浦东开发开放,对内打'中华牌',对外打'世界牌'"……毋庸置疑,这一年,浦东开发开放实质性启动的第3年,迅速集聚的能量和乘数效应的发生,正为上海振兴与崛起提供强大基石。③

不开放有安全问题,开放更有安全问题,但是不能因为有安全问题就不开放,而只能用开放来攻坚克难。开不开放都存在、开放了之后更多,涌现的那些所有安全问题,包括国门打开之后的国家安全、公共安全、城市安全、社会安全,新兴的、模糊的、复杂的各类安全问题,一时间必如惊涛骇浪、激浊扬清、鱼目混珠、泥沙俱下,国家民族城市和社会会经历快乐自由腾飞之初鲲鹏振翅的空气摩擦般的反向作用力或巨大的阻力,引擎的动力有多大,这股反向作用的阻力就有多大。作为改革开放前沿上海的安全前哨,1993年中国上海的警方以中国最灵敏的安全嗅觉在中华人民共和国史上首发110智能报警系统;1994年上海政府第一时间接入了国际互联网;1995年的中国上海开建第一个以信息资源网络化为主体的国际信息港;在倒计时进入21世纪的90年代中期和后期,中国上海的信息化系统迅猛精进、高速建设;在2000年新世纪的钟声里迎来了千年,战胜了千年虫,安全提升了警备警务系统、互联网系统、信息化系统的首次全球网络大考的中国成绩。中国的上海,靠什么开放,靠安全,没有安全,就没有开放。这个安全,就是能源安全、粮食安全、交通安全、通信安全、生产安全、社会安全、生命线安全,开门七件事,活着先生存,同时图发展,一个国家在世界上如此,一个城

---

① 邓小平:《邓小平文选》,人民出版社1993年版,第313页。
② 邓小平:《邓小平文选》,人民出版社1993年版,第355页。
③ 李晔兴:《忆1993年上海跨世纪战略大讨论》,《解放日报》2014年1月23日。

市在国家里如此。安全靠什么，安全靠选择，选择靠什么，选择靠对风险的判断和驾驭，靠与风险共舞蹈，靠以变应变的内力和精功。上海若水，韧性应急，上海若水，百变千柔。上海若水，若水之变于无形，若水之力于无孔。

1993—2002年间的上海应急领域，由于技术先进，特别是计算机技术和互联网技术的先锋性和先进性，为应急科技和应急信息插上了跨越一个时代的翅膀，上海在高科技的应急终端设备的开发和利用上走在全国前列。当时在286时代，中国正式接入国际互联网之前的头一年里，上海警用110智能报警系统就在全国率先上线，在应急装备上就提前跨入了智能时代，超前其他电子信息科技在应急行业的应用。这是一个里程碑，也是一个风向标，具有划时代的意义和价值，开启了一个智能高科技与信息技术应用于应急民生的新时代。上海处在改革开放的风口浪尖上，由此一石惊起千飞鸟，应急科技的智能化和信息化、公安警用装备的智能化和信息化一时间达到一个全新的高度，并由此一发不可收拾。上海110智能报警系统配得是浦东大开发的速度，引领百万级和千万级城市的海量接处警功能一体化、实现高效准确及时，包括定位和锁定功能及追踪功能。应急领域的信息化系统也应时而生，领跑全中国，报警电话受理、通信调度、数字录音、地理信息、图像显示、计算机网络软硬系统和设备，信息系统的装备应用正初见端倪、蓄势待发，迈入新纪元。

一　智能110报警系统

20世纪80年代中期，沿海和内地一些大城市的公安机关，为适应治安形势发展的需要，提高公安机关接处警快速反应能力，便利群众报警、求助，将原为盗（匪）警电话的110，逐步扩大职能，拓宽服务范围，建立了110报警台。

1986年1月10日，广州市公安局将110匪警电话改为110报警服务电话，率先建立我国第一个110报警台，正式开展110接处警工作。不过受限于财力、观念和服务范围较窄等原因，这个电话起初并未在全国流行开来。

1987年6月，公安部下发了《关于大中城市公安局普遍建立110报警服务台的通知》，要求各大中城市公安局在一两年内普遍建立110报警服务台，并力争尽快投入使用。自此，110报警电话正式成为110报警服务台，110接处警工作进入崭新阶段，逐步得到社会各界人民群众的极大欢迎，树立起了新时期人民警察的良好形象。

1991年1月5日，一则特殊的广告在福建省漳州市电台播出——"从即日起，漳州110报警台改为报警服务台，漳州市民有困难需要警察帮助的均可拨打110"。这引发了社会广泛关注，110电话开始为公众所熟悉。

最开始的110报警服务台均采用模拟电话接警，仅依靠几部电话机进行报警电话接听，对于报警内容也是采用纸张记录、电话通知分局派出所出警的方式。

1993年，上海市政府要完成的与人民生活密切相关的十件实事的其中之一就是"建立110报警台，并建立报警服务中心提高市民安全保障度，增加公安机关应对重大暴力性案件、突发事件、治安事件的快速反应和处置能力，在市区开通110报警电话，并建立报警服务中心，便于市民报警求助"。[①] 这里的110报警服务台可不像其他城市一样采用几部电话来接警。上海以敢为天下先的勇气率先在全国实现了智能型110接处警系统，该系统由信息产业部电信科学技术第一研究所上海迪爱斯通信设备有限公司负责承建，是全国第一套数字化110接处警系统，配置了专用的排队调度机，实现了报警电话的接入、排队和分配，通过计算机软件进行警情的记录，报警电话也会被录音。自此开启了应急信息化建设的大潮，这在当时286电脑都很少见的时代可是了不起的创新。

在此之后全国各地陆续建设了多个110接处警和指挥调度系统，119接处警系统、122接处警系统等专业指挥中心也如雨后春笋般涌现。

从1993年开始，上海市110指挥系统也从最初只有接处警系统开始，逐步发展到分局二级受理系统，扩展了地理信息系统用于警情定位，指挥中心业务范围也在不断扩大。技术上主要以排队交换和CTI技术为核心，配备相应的各种辅助系统的建设。

自此，上海公安机关逐渐形成了以110为龙头的快速反应机制，110报警服务台成为确保上海城市平安的"中枢神经系统"，面对每一个"细

---

① 据上海市政府门户网站（http://www.shanghai.gov.cn/nw2/nw2314/nw2319/nw11498/nw11510/u8aw1778.html）。

胞"的应急呼叫，它必须在一两分钟内完成搜集信息、发出指令的全过程。一呼百诺，牵一发而动全身。据统计，随着城市高速发展和人口的不断增加，"110"的日呼入量逐年攀升，从1993年的821次增至目前的3.8万次，在夏季呼入高峰日呼入量超过了4万次，峰值超过5万次。

二 中国入国际互联网

1994年，中国互联网元年：中国正式接入国际互联网，这是有其深刻的国际背景和国内背景的。国际背景：20世纪90年代初，世界互联网蓬勃发展：web技术、浏览器相继出现。美国制定了"信息高速公路"战略。国内背景：1978年召开了中国科学大会，邓小平讲话提道："四个现代化，关键是科学技术的现代化。"中国科学界不能成为信息孤岛，科研人员连入Internet的需求十分迫切。

中国互联网在国内是有早期发展的：1986年8月25日，中国科学院高能物理研究所的吴为民在北京向日内瓦发出一封电子邮件。1987年9月，王运丰等建成一个电子邮件节点，并于9月20日向德国成功发出一封电子邮件。邮件内容："越过长城，走向世界。Across the Great Wall we can reach every corner in the world。" 1988年IHEP网初步建成，这是国内最早建立的高性能计算机网络，当年实现了与欧洲核子研究中心计算机网络的连接。

中国正式接入国际互联网，注册中国顶级域名：1990年11月28日，China's Internet Address 中国的顶级域名.CN完成注册，从此在国际互联网上中国有了自己的身份标识。中国全功能接入互联网的动作是：1994年4月20日，中关村地区教育与科研示范网络工程接入Internet的64K国际专线开通。中国由此成为国际互联网大家庭中的第77个成员。但是从此也埋下了国家安全特别是信息安全的隐患，国际互联网的全球母根服务器、主根服务器都是美国的，美国的IPV4和IPV6具有全球话语霸权，所以未来中国需拥有自己的母根服务器和主根服务器，必须使用具有自主知识产权的母根服务器、主根服务器，我国自己的新一代互联网将造就中国未来的辉煌。这是中国政府向全世界庄严宣布实现两个一百年宏伟目标的底气和脊梁所在，但是这仍任重而道远。

自1994年中国互联网元年至2018年，中国接入国际互联网所产生的影响是巨大的、惊人的、全球无双的。1997年11月,《中国互联网络发展状况统计报告》首次发布,中国的网络用户是62万户。2018年6月,中国网民规模达8.02亿人,互联网普及率为57.7%;手机网民规模达7.88亿人,网民中使用手机上网的人群占比高达98.3%。这对于人类和全球乃至世界的未来都具有非凡意义和无法估量的价值:"中国的互联网不是'八抬大轿''抬'出来的,而是从羊肠小道艰难走出来的。"——曾任中国互联网协会理事长的胡启恒院士如此评价。"没有信息化,就没有现代化。"接入互联网无疑是当代中国的关键一步,这一步也与加快改革开放的步伐同步。①

有了信息化,却没有网络安全,那就等于没有信息安全。2016年10月21日,美国东海岸(世界最发达地区)发生世界上瘫痪面积最大(大半个美国)、时间最长(6个多小时)的分布式拒绝服务(DDOS)攻击。造成该事件的原因是"物联网破坏者"("Mirai"未来)攻击美国大量的网络摄像头等物联网设备,把它们当"肉鸡",攻击美国多个知名网站,使人们每天都使用的网站被迫中断服务。② 关于我国的最新情况,以2017年5月14日我国举办的"一带一路"国际合作高峰论坛为例,该会议是在5月12日勒索病毒网络攻击席卷全球的严峻情势下召开的,中央电视台可信制播环境建设经受住了极为严峻的考验。

同样,没有信息安全,就没有国家安全。1994年的这一互联网元年,也是中国国家安全进入新时期的元年。互联网以开放、共享、多向、互动为特点,向全球各个角落以几何级数扩张,渗透到人类生活的各个方面,重塑着民族国家的政治、经济、社会、军事、文化形态,国家的政治安全、经济安全、社会安全、军事安全、文化安全、意识形态安全,各种国家信息的数据安全、公民隐私的数据安全都成为国家安全的头等安全问题,各种因互联网而起或与互联网相关的传统或新兴的公共突发事件层出不穷、海量涌现,例如,网络暴力事件、网络群体性事件、网络

---

① 凤凰网大鱼号工作室,凤凰网综合,凤凰新闻客户端2018年9月26日08:04。
② 沈昌祥:《用可信计算构筑智能城市安全生态圈》,《网信军民融合》2017年第4期。沈昌祥所在机构,中国工程院;国家保密局专家咨询委员会;国家信息安全等级保护专家委;国家信息化咨询委员会;国家三网融合专家组。

舆情事件、内容安全事件。随着互联网的接入和发展，网络一方面成了全中国人民的新鲜血液和新鲜空气般的不可或缺，人们似乎已经忘记了无网络时代是怎么活过来的，但与此同时，网络又可能透明地暴露和爆料一切你并不情愿暴露的信息，或者让你被暴露和被爆料，诸如一时间的人肉，或者消灭你还与你无关。我们的生活再也离不开网络，但是人们的生活也需要独立于网络，人们只希望利用网络，而不愿意被网络利用。

经过自1994—2018年的激变，网络迅速变成了一个能给人快乐和便利的空间，也变成了一个隐藏危险、制造威胁的无形之幕。各种网络诈骗、网络犯罪、网络陷阱、网络远程攻击、网络遥控袭击、网络诱惑，让网友和网民身陷危险而浑然不知，或被骗被害被辱，或无法自拔，网络安全已经演化成最难以防范和打击犯罪的新罪源、新危险的滋生地，而且网络安全成为其他安全的基本前提和保障，网络安全可以引发所有种类的其他安全问题，一起其他形式的犯罪都可以通过网络来实施其中最重要的、最核心的那些环节，网络恐怖的效应正符合人类社会恐慌的基本规律和共性特点，就是在想象的或摸不着看不见的不确定性中，风险不知道怎么降临的而危险就已经发生了。

"人肉搜索"导致网络暴力，"人肉搜索"与网络舆论之间存在结构依赖关系，二者互为幕后推手，一步一步地将当事人推向舆论的风口浪尖，进而引发"多数人的暴政"。[1] 有研究对2001年在网络上闹得沸沸扬扬的"陈自瑶事件"在时隔9年之后进行的分析指出，"人肉搜索"越发清晰和广泛地影响着人们的生活。[2] 网络暴力借助于网络推手的恶意推动，造成一种舆论，在网上误导公众、误导舆论，以达到其不可告人的目的。[3] 也有研究突破对人肉搜索个案的传统分析，通过对人肉搜索事件群落的谱系，分析寻找人肉搜索的发展特点与规律，并提出"自发秩序"的理论对其加以解读。[4] 更有研究对"人肉搜索"产生和火热的发展从网

---

[1] 刘立红：《"人肉搜索"导致网络暴力之成因分析》，《东南传播》2009年第1期，第100—101页。
[2] 柳丹妮、刘怀丕：《"人肉搜索"与网络暴力之比较》，《知识经济》2010年第19期，第66页。
[3] 吴兴人：《"网络暴力"杀人不用刀》，《人民论坛》2011年第6期，第69页。
[4] 许哲：《人肉搜索的"自发秩序"》，《新闻界》2010年第2期，第78—80页。

络、社会、法律、网民心理等各方面进行全面分析,探讨"人肉搜索"产生的机制。① 从 20 世纪 90 年代中期开始直至延续到 2009 年末期和 2010 年年初,特别是从 2006 年中期开始越来越多由"人肉搜索"引发的网络暴力事件发生,从 2006 年年初开始,中国网络暴力事件愈演愈烈。"虐猫事件""铜须事件""韩白 PK 事件""陈易卖身救母事件""史上最毒后妈事件""很黄很暴力事件""辽宁女事件"接二连三出现,《纽约时报》《国际先驱论坛报》《南德意志报》等欧美媒体将那些在网络上发布极端言论、发泄暴力情绪并直接影响到事件当事人精神状态、侵犯当事人个人权利的部分中国网民冠以"网络暴民"之称,这个称呼已经得到了国内一些媒体的认同。

关于"人肉搜索"导致网络暴力的话题是网上和学界一直持续关注讨论②的核心议题之一,可见社会对这个问题的自我社会意识的投入和思考,这本身就代表着某种社会意识的清醒和觉醒,知识精英对这方面的研究有助于对由于暴力人肉搜索引起的网络暴力的安全问题进行管控与防范的立法和执行。互联网的普及,正在改变着人们的生活方式,也包括政治生活方式。20 世纪 90 年代中期陡然兴起的网络"人肉搜索"问题,当时迅速地受到社会每个角落和每个角度的关注,把握"人肉搜索"问题的实质、引导其走向、规避其问题,才能建立起有利于网络舆论监督的制度与途径,③ 也是将互联网的搜索利器用于文明用网方向的主要路途。有研究关注"人肉搜索"与网络暴力的关系,探讨网络暴力的成因,并从社会、网络媒体、网民自身以及法律层面探讨理性应对网络暴力的途径。④ 分析运用结构功能主义"失范理论",探讨诱发网络暴力的社会结构性因素。⑤ 有学者认为,一方面,"人肉搜索"具有一定的社会舆论监督意义,但另一方面其通常是一个群体针对某个人进行所谓的道德审

---

① 万雯雯:《"人肉搜索"产生机制的探析》,《新闻爱好者》2009 年第 18 期,第 100—101 页。
② 姜伊昌:《人肉搜索的新特点及其变化》,《魅力中国》2010 年第 10 期,第 119—120 页。
③ 姬娜、王勇:《"人肉搜索"现象探析》,《洛阳师范学院学报》2009 年第 28 卷第 3 期,第 53—55 页。
④ 张婷:《从"人肉搜索"看网络暴力》,《东南传播》2009 年第 3 期,第 16—17 页。
⑤ 王苑岭:《"打抱不平"的人肉搜索——相关网络暴力问题探析》,《重庆邮电大学学报》(社会科学版) 2009 年第 21 卷第 3 期,第 127—130 页。

判,往往会涉及侵害个人的隐私权以及侵犯公民的其他正当权益,因此提出要在保护公民合法权益的同时发挥"人肉搜索"的正面作用,并对其加以理性约束。①

从本质上而言,"人肉搜索"是一种特殊的信息共享方式,在内容和形式上都具有鲜明的特征,其产生的社会根源涉及互联网、焦点社会问题和网民等多种社会因素。"人肉搜索"是一把双刃剑,具有维护社会正义良知和异化为"网络暴政"的双重社会功能。从法治、德治、加强监管队伍建设以及实现网络与传统媒体互动等途径对"人肉搜索"进行监管和引导,对于大力发展和传播健康向上的网络文化,充分发挥互联网在我国社会主义文化建设中的重要作用具有十分重大的意义。② 需要研究的是网络暴力的主要诱因,再根据诱因解决层出不穷的网络暴力问题,重要的是必须强化"网络把关人"意识,建立完善的网络立法及依法执法。③

还有研究围绕互联网新生事物"人肉搜索"与民主的促进关系进行展开。分析"人肉搜索"成为"民意代表"的原因,并指出"人肉搜索"具有负面特性,在提升社会民主发展方面存在天生的缺陷和局限性。④ 这个问题的存在本身就意味民主的直接性和间接性都是有前提的,一个连社会基本道德和公序良俗及人伦底线都可以突破的所谓人言,就只能是人言可谓地在杀人,而不是人言可发地在民主。网络涉及人肉安全的问题就是要在这个问题上旗帜鲜明、理直气壮,该立法立法,该封号封号,该抓人抓人。有底线、有法律、有秩序的民主才是真正的民主,才是民主的王道。

网络暴力的受害者除了当事人及可能受牵连的人之外,还有可能会更深远地在意识形态和社会文化及信念信仰层面影响到网民中低年龄儿童和少年的心灵健康,威胁到他们的心理安全,他们的灵魂和意识受到

---

① 陈晓航、李锦域:《试析互联网中的"人肉搜索"现象》,《重庆邮电大学学报》(社会科学版)2009年第21卷第2期,第35—39页。
② 杨琳瑜:《析网络"人肉搜索"的监管和引导策略》,《继续教育研究》2009年第4期,第43—45页。
③ 陈秀丽:《网络暴力现象内涵及原因分析》,《成都大学学报》(社会科学版)2007年第5期,第77—79页。
④ 江彧:《人肉搜索何以成为民主利器?》,《新闻爱好者》2010年第19期,第4—5页。

由无形到有形的冲击和扭曲,进而发生人格和情绪或认知及态度上的变化或行为倾向性的变化。许多举世震惊的青少年暴力犯罪背后,① 都能看到网络暴力文化的影子。一个社会的未来,归根到底是青年和下一代的,一个社会未来的安全,归根到底取决于当下时代的后辈人是不是适合于接过安全守护的接力棒的人。如果一群社会文化的继承者们、一群社会安全的传递者们、一群未来安全的执掌者们,其自身都是不安全的意识形态的接收者和受害者,那么就无法指望由他们作为未来社会安全的创建者和运维者。从这个深层上看,网络暴力的恶果就不只是暴力行为滋长和泛滥了,而是透支了社会安全的未来。

随着互联网各类新技术黑技术的日新月异、花样翻新、层出不穷,令人眼花缭乱、应接不暇,新风险和新事件随时可能一夜之间"换了人间,穿越了时代",全媒体时代下的网络暴力已经出现新特点。全媒体(omnimedia)② 是在文字、图形、图像、动画、声音和视频等各种媒体表现手段基础之上,不同媒介形态(纸媒、电视媒体、广播媒体、网络媒体、手机媒体等)之间融合、质变后的一种新的传播形态。可以说,全媒体是信息、通信及网络技术条件下各种媒介实现深度融合的结果,是媒介形态大变革中最为崭新的传播形态。伴随中国网民体量的增大、公民意识的觉醒,网络空间的社会化属性不断加强,舆论传播进入一种全新的大众麦克风时代。

随着互联网技术的不断进步,人们获取信息的主要途径开始逐渐从电视转移到电脑和手机,获取信息的形式也开始逐渐从文字转变成视频。随着4G时代的到来,作为新生事物的短视频开始在网络上传播,并得到飞速的发展。同时,各种短视频应用也开始逐渐增多。③ 通过移动短视频社交应用,在已有的通过文字、图片、语音实现实时互动之外,移动互联网用户之间实现了将视频作为语言载体即拍即发、对话互动。这一应用为移动互联网用户提供了一种集生产与共享于一体的社交新形式。而这样一种应

---

① 于文霞:《让青少年远离网络暴力》,《中国医学创新》2006年第11期,第82页。
② 代华东、刘伟华:《全媒体时代下的网络暴力》,《国际研究参考》2017年第10期,第22—26页。
③ 单依依:《社交时代移动短视频的传播特点探析》,《传播力研究》2018年第2卷第22期,第106页。

用的出现,也正在传媒机构的新闻报道中得到运用。① 正如麦克卢汉所言,"媒介即讯息"。随着具有快网速、低时延、高稳定性的 4G 网络时代到来,以及伴随影像成长的一代成为消费者的主流,国内外移动微视频社交应用得以迅速崛起。而基于移动微视频社交应用的个体表达也具有碎片化的内容与传播、去中心化后的开放与自由、生活场景中的草根表达等特征,在移动微视频社交应用激发了用户表达的热情与创造力,提供了娱乐的平台,促成了公民新闻兴起的同时,泛娱乐化、碎片化、琐碎的表达也让其在"娱乐至死"的道路上越走越远。② 随着技术轻便化甚至"傻瓜化",视频生产与传播的门槛几乎为零,视频具有了独立的文本形态,不再只是他人制造的影像世界,而是人们即时交流的"口语"。2016 年,散漫无序的短视频生产状态得到显著改观,自媒体视频生产的系列化、平台媒体生产的规模化,在一定程度上标志着我国短视频生产走向成熟。③

移动短视频应用于 2011 年出现,到 2015 年在中国形成了群雄逐鹿的局面。有研究通过对国内外 5 款市场占有率靠前的移动短视频应用的分析,从发展现状、功能对比、传播特性、问题和趋势四个方面探讨了移动短视频应用在我国未来发展的路径。④ 随着智能手机的普及,全球逐渐进入 4G 时代,视频领域的发展又往前迈进一步。作为移动视频分享的产物,"短视频"越来越契合用户追求的"短、精、趣",受到了很多人的喜爱。⑤ 2013 年,国内移动短视频应用广泛渗透到大众生活的方方面面。⑥ 2013 年最火的网络视频之一是《万万没想到》!纵观网络视频行业的发展历程,刚好印证了这个网络视频的名称——万万没想到!中国网络视频的发展,像

---

① 张梓轩、王海、徐丹:《"移动短视频社交应用"的兴起及趋势》,《中国记者》2014 年第 2 期,第 107—109 页。
② 姜鹏鸽:《4G 时代基于移动微视频社交应用的个体表达研究》,《东南传播》2016 年第 6 期,第 85—87 页。
③ 王晓红、任垚媞:《我国短视频生产的新特征与新问题》,《新闻战线》2016 年第 17 期,第 72—75 页。
④ 王晓红、包圆圆、吕强:《4G 时代下网络短视频的发展现状及面临的问题》,《中国编辑》2015 年第 3 期。
⑤ 李昕怡:《短视频时代,来了》,《传播与版权》2016 年第 2 期。
⑥ 腾云、楼旭东:《移动短视频:融合发展的新路径》,《新闻世界》2016 年第 3 期,第 41—43 页。

是一场不见硝烟的"战争",也是一段热情而激烈的创业史。任何一个新事物的诞生和发展,都会有新情况出现,无旧规可循,我们只能摸着石头过河。网络视频行业也是如此。因此,在这个成长过程中,我们经常会惊叹,万万没想到……网络视频太疯狂。① 网络视频经过短短两年的发展,春夏秋冬便一扫而过。一方面,网络视频成本投入与收益之间面临着日益严重的剪刀差;另一方面,作为图文互联网的未来式,视频必将成为互联网的重要组成部分。②

短视频到底该怎么发展?③ 这是一个很困惑的事。因为在腾讯微视、秒拍以及美拍等短视频齐齐发力的 2014 年,短视频并没有成为现象级应用。除了在微信、在朋友圈里偶尔能看到一些短视频,其他社交媒体上很难看到。是因为短视频在中国水土不服没得玩儿吗?显然不是,甚至是相反,④ 从 2015 年年初开始,短视频应用在国内网络上火爆的趋势愈演愈烈,新浪微博的"秒拍"、美图秀秀的"美拍"、腾讯的"微视"等用户数量都呈井喷式增长。从新闻行业发展角度看,短视频和新闻的结合是一种新的新闻传播方式。如果将短视频新闻作为一种新闻传播方式来解析,可以为媒体提供融合发展的思路。⑤ 2016 年是短视频真正的爆发年,在微博热门排行的前 10 名里,经常有三四条甚至更多都是带有短视频内容的,在一年前完全不是这幅景象。⑥ 随着智能手机的普及和移动网络的升级,用户耗费在移动端的时间越来越多,视频成为更加受欢迎的社交方式。更多的人开始拿起手机拍摄短视频并即时上传,而用户也更钟情于在移动端观看这些短视频,"秒拍"视频就是这些短视频应用中的佼佼者。分析"秒拍"在发展中存在哪些优势和劣势,面临哪些机遇和挑战,对于其未来发展起着关键的作用。⑦ 近年来,一批短视频平台迅速走热。调查显示,2017 年我国短视频用户规模已超 2.4 亿人。然而,短

---

① 谢苏妮:《万万没想到网络视频太疯狂》,《科学之友》2014 年第 2 期,第 8—9 页。
② 陈世鸿:《视频第一波:媒体的盛宴》,《传媒》2008 年第 1 期。
③ 李瀛寰:《短视频社交的出路》,《新经济》2015 年第 24 期,第 14 页。
④ 《"papi 酱":短视频风口的舞者》,《东西南北》2016 年第 9 期。
⑤ 张露锋:《优质内容赢得掌声》,《新闻论坛》2018 年第 4 期,第 108 页。
⑥ 《"papi 酱":短视频风口的舞者》,《东西南北》2016 年第 9 期。
⑦ 曹大伟:《"秒拍"视频发展的 SWOT 分析》,《新闻研究导刊》2016 年第 7 卷第 15 期,第 345 页。

视频火爆的背后也存在内容低俗等问题。只有加强监管和治理才能促进更多的优质短视频"唱主角"。① 用户规模超2.4亿人,既满足了用户视听需求又易于参与互动。"几乎每天,我都会花不少时间看短视频。"小尹是名在校研究生,自从前一阵下载了几个短视频App,观看短视频便成了他的新喜好。或许是屌丝最懂屌丝的心理,"papi酱"抓住了广大观众的痛点。从选题上看,这些视频既结合了时事热点,又涵盖生活、明星、娱乐、两性关系等日常话题。看"papi酱"的视频,明显感觉"接地气儿"。她是"papi酱",一个集美貌与才华于一身的女子。前一年10月的她还默默无闻,第二年却已经在各大"网红排行榜"中名列前茅。作为一名新晋"网红","papi酱"在家中自拍自演的众多短视频犹如病毒一般在各大视频网站、社交媒体传播。她的作品及时、基本不存在商业元素,就在我们还在为其与罗振宇一块吃饭的照片感觉到疑惑的时候,一则新闻刷遍了朋友圈,"papi酱"已经完成自己的融资事宜,由真格基金、罗辑思维、光源资本和星图资本联合注资,总投资额1200万人民币。"papi酱"到底有多火?想要解释上面一个问题,我们首先需要了解几个数据:微博(@papi酱):粉丝751万;公众号(dapapi):预估活跃粉丝1012万,全部文章10W+阅读量,平均点赞量1.5W左右;Bilibili(papi酱):粉丝89万;优酷(papi酱):粉丝43万……在百度指数中,"papi酱"这个关键词一直爆炸增长。需要注意的是,以上这一堆数字的完成只用了大约5个月时间。

短视频掀起创业下一个风口。2016年9月,今日头条创始人张一鸣作出一个判断,"短视频是内容创业的下一个风口",随后宣布拿出10个亿扶持短视频。腾讯QQ也在腾讯全球开发者大会上宣布拿10亿元扶持短视频内容创业者。12月12日,微信发布最新6.5.1版本,朋友圈中短视频由6秒增加到10秒。"假如还没在快手上露个脸,也没在抖音上摆个POSE,那么你很可能就OUT了。"中国传媒大学学生陈坤泽有感而发。在娱乐至死的时代,人们会拿出各种"玩具"来嗨,这也反映出青年亚文化的盛行。以碎片化为传播特征、以新媒体为传播平台、以快餐式为传播模式的文化载体正赢得大众的喜爱和追捧。倘若从视听语言的

---

① 李瀛寰:《短视频:让更多优质内容"唱主角"》,《今日科技》2018年第8期。

层面来分析，我们不难发现短视频的元素大多是夸张的故事内容、另类的声音效果、幽默的视频画面、短暂的播出时长，这些正迎合了大众的猎奇心理。从图文时代到视频时代，文化传播载体及内容正在经历蜕变，而在这一过程中也确实存在很多内容上的瑕疵，未来，投资事小，责任重大，如何把关短视频内容将成为时代命题。① 既要保护好网民正当信息发布与共享的权利，又要对网络内容正义实现舆论安全维护。

随着国内经济大潮的汹涌而至，文化逐渐被置于消费的边缘，中国社会进入了一个"娱乐至死"的时代。电视媒体为了吸引受众的眼球，寻求最大的广告利益空间，将娱乐发挥到了极致。铺天盖地的广告夹杂着娱乐化的节目成为主流媒体的主流信息。"娱乐"悄然无息而又冠冕堂皇地侵入社会的各个角落。人们在毫无反抗的狂欢意识中，娱乐至死。有研究从"娱乐至死的成因""对当前国内发展的警示""适度娱乐并不会死"三个方面重新解读《娱乐至死》。② 我们正在进入一个消费社会，这个消费社会的力量之大，每一个文学艺术家都能感觉到。消费社会是工业化、都市化和市场经济的产物，也就是说，消费社会是现代性的后果之一。周宪说："一般认为，消费社会是一个迥然异趣于传统社会的新的社会形态。其重要的特性体现在社会越来越围绕着消费活动和行为来组织。"简单地说，所谓消费文化，就是指消费社会所塑造的某种有别于其他社会的文化，这种文化与视觉文化的关系非常密切。③

"泛娱乐化"是2007年文学和文化界最突出的现象。无论是文化界还是学术界，都卷入了一场声势浩大的娱乐化运动中。一方面，《百家讲坛》的兴起，标志着一场轰轰烈烈的全民"新说书运动"正在展开，这是有关古典的时尚消费，虽然赢得了媒体和公众的青睐，但是并不能拯救传统文化，相反加速了传统文化经典的垃圾化。另一方面，出版商和作家的合谋，让文字垃圾快速市场化；垃圾制造者和垃圾消费者，共同

---

① 《2017年中国互联网十件大事》短视频/无人驾驶/共享单车（https://www.sohu.com/a/212298365_354877），2017年12月23日15：51。

② 李小亚：《娱乐会不会至死——对〈娱乐至死〉的反思》，《戏剧之家（上半月）》2014年第2期，第101—102页。

③ 杨光祖：《我们成了一个娱乐至死的物种》，《长江文艺评论》2017年第2期，第29—32页。

造成了文化生态圈的劣质化和粗陋化现状。① 法兰克福学派最重要的代表人物阿多诺和马尔库塞从对现代资本主义全面异化分析入手，着重批判了资本主义的文化产业和强制性消费把人变为"单向度的人"。依照这种文化批判理论的反思路径，我们可以对尼尔·波兹曼的名作《娱乐至死》中的几个重要论点，如"媒介即认识论""娱乐业时代"进行阐释和解读。② 结合中国当下文化日益走向泛娱乐化的倾向，将波兹曼的命题与当下现实联系起来进行讨论，可以反思泛娱乐业时代表层欢笑下掩盖的深层危机。③

无论是现代社会还是后现代社会，人类发明和创造的日益发展的媒介技术不仅挤压了人类生存的空间，而且消解了人的自主性和自由意志。20多年前波兹曼出版的《娱乐至死》，在今天仍有深刻的警示意义。今天，娱乐化变本加厉，不仅仅是新闻媒介的异化，也是人类的异化。波兹曼在最终章"赫胥黎的警告"中无比忧虑：如果民族分心于琐碎杂事，文化生活被定义为娱乐的周而复始，人民蜕化为被动的受众，那么文化灭亡的命运便在劫难逃。我们人类无法命令电子媒介时代倒退回印刷机时代，完全拒绝电子媒介是极端而愚蠢的。我们应该探索的是，怎样去利用这些媒介——用另一种方式，继续我们的生活，拯救我们的文化。④

在线社交网络上信息传播模型的构建和信息传播规律的研究，对于抑制恶意信息传播、加强网络舆论监管有着重要的意义。有研究者通过对热点网络事件的分析，在传统 SIR 模型的基础上，加入一类新节点——携带者节点，建立了信息传播 SCIR 模型，并且以用户交互关系和转发行为影响因素为分析基点，对转发行为的相关特征量做出具体分析与算法描述，提出了转发行为影响力计算公式。通过流行病动力学演化

---

① 张闳：《"娱乐至死"的文化狂潮——2007年文化现象批判》，《探索与争鸣》2007年第12期，第41—44页。
② 任凯欣：《文化工业下的娱乐状态——从阿多诺、马尔库塞文化批判角度看〈娱乐至死〉》，《神州》2012年第17期，第22页。
③ 陈后亮：《泛娱乐业时代——兼读波兹曼〈娱乐至死〉》，《大众文艺（理论）》2009年第1期，第46—47页。
④ 曹然：《传媒的后现代性预言：狂欢、异化与迷失——从〈娱乐至死〉看当下传媒文化》，《海南广播电视大学学报》2009年第10卷第2期，第5—7页。

方程实现信息传播过程的理论分析，以不同网络中 SIR 模型和 SCIR 模型仿真结果比对给出模型的差异性分析。最终结果表明，SCIR 模型具有更好的稳定性与信息传播覆盖性。①

社会网络影响最大化问题是当前的研究热点之一。针对 SI（Susceptible-Infected）信息传播模型未考虑节点间亲密关系对信息传播的影响，提出一种 ESI（Extended Susceptible-Infected）信息传播模型。为避免由于挖掘的初始节点之间的距离选择不当，陷入局部最优影响力，提出一种新的启发式算法——核重构算法（Core Reconstitutions Algorithm，CRA）。该算法引入了 k 阶核心集和重合率的概念，通过重合率合理控制初始节点的影响范围，依次找出影响力最优的节点。基于新浪微博的实验表明，ESI 传播模型优于 SI 传播模型，CRA 算法比现有启发式算法具有更优的全局影响效果。②

当前社交网络的信息传播模型主要是对病毒 SIR 模型的改进而形成的，因其主体不同而具有不完善性，为更好地揭示不良信息在社交网络中的传播规律，从而寻找预防和控制不良信息传播的最优方法，根据社交网络中信息传播的方式和特点，与传染病动力学理论结合构建出 SEIR 模型来研究不良信息在社交网络中的传播。模型定义了 4 种传播规则，分析不良信息在不同状态用户之间的传播过程，并且应用扩散核函数和空间协方差方程对相关参数进行了分析。最后通过对比实验说明调节控制率 γ 的大小对虚假信息在网络中的传播有一定的控制作用。③

针对复杂网络舆情变化，网络主导权事关意识形态安全，在全民娱乐至死的浪潮里，舆情监管部门要保持清醒和理性，应用新一代互联网最新技术构建大宣传格局，寻求正面舆情发展方向。在全媒体时代背景下，传播分众化、传播主体多样化、信息多元化倒逼宣传手段不得不发生相对应的适应性变化。全媒体对构建大宣传格局既构成了挑战又创造

---

① 张永、华姗姗、张航：《基于转发行为影响因素的 SCIR 信息传播模型》，《计算机工程》2008 年第 11 期。

② 刘钰峰、郅欢欢、周喻鑫：《社会网络影响力最大化的核重构算法及传播模型》，《计算机应用与软件》2018 年第 35 卷第 6 期，第 279—285 页。

③ 安俊秀、曹书哲、王鹏：《社交网络不良信息传播模型研究》，《成都信息工程学院学报》2014 年第 29 卷第 3 期，第 255—260 页。

了机遇。建立党委领导下的全媒体中心、提升主流宣传主体的技术能力以及完善对宣传主体的制度性安排,是探索全媒体条件下创新宣传思想工作的新思路。① 短视频或移动社交短视频已成为移动传播时代媒体创新报道的重要手段和途径,这已经成为当前信息传播的重要发展方向,其轻松娱乐的基调和个性创意的内容让移动社交从文字、图片向视频过渡,同时给媒体带来新的传播形态。国内主流媒体在运用短视频素材、尝试短视频新闻报道以及建立短视频新闻服务机构等方面已经取得初步进展,但对短视频的功能价值挖掘仍然有限。随着网络的优化升级以及用户扩增,短视频能在公共安全的突发事件首发、现场报道取证、媒介产品创新以及多元媒体融合新闻报道中有所作为,完善适应于新互联网时代的新信息传播格局。② 当代社会,突发事件频发,大众传媒对突发事件的报道数量也呈上升趋势。在报道内容和报道形式上,各媒体的关注点和着重处也各有不同。新闻从业者的"职业角色"和"社会角色"的交替冲突导致媒体报道内容、报道形式有所差异,会出现新闻报道道德失范的问题,大众传媒对于突发事件的传播必须合理合情、如实报道,这是各媒体的社会职责和媒体人应该遵守的职业道德。③

具有内容优势的传统媒体尤其是广电机构应尽快发力短视频内容制作,以改变目前移动端舆论生态格局,引领网络空间正能量。④ 从应急治理角度而言,网络舆论治理是互联网时代国家治理的有机组成部分。目前,随着互联网新媒体的不断发展,网络舆论治理存在诸多问题。对此,需要构建科学的法律制度体系,培育法治理念和法治思维,增强网络舆论执法力度,建立多元化主体联动协调治理机制;建立网络舆论大数据平台,研发互联网数据取证系统,进一步加强网络舆论

---

① 刘龚君:《全媒体时代大宣传格局的构建》,《学术论坛》2016年第39卷第12期,第146—151页。

② 严小芳:《移动短视频的传播特性和媒体机遇》,《东南传播》2016年第2期,第90—92页。

③ 凌惠惠:《突发事件报道与传播中的媒介伦理》,《武汉理工大学学报》(社会科学版)2018年第31卷第1期,第26—30页。

④ 汪文斌:《以短见长——国内短视频发展现状及趋势分析》,《电视研究》2017年第5期,第18—21页。

治理。① 近年来，学术界对于短视频社交网络中一系列涉及安全重要的议题予以广泛关注，这些议题包括虚假信息传播控制方法、舆情演化、微博舆情话题、新型谣言传播行为分析、基于信任度社交网络中信息传播的稳定性、在线社交网络安全、网络群体心理趋势、基于利益相关者理论视角的社会网络影响力最大化影响分析，密切关注新互联网时代的短视频手段应用集成于多元媒体融合而加强舆情安全管理与舆情应急治理。

工业互联网已成为各国抢占全球产业竞争新制高点、重塑工业体系的共同选择。2017年11月19日，国务院印发《关于深化"互联网+先进制造业"发展工业互联网的指导意见》，提出要增强工业互联网产业供给能力，持续提升我国工业互联网发展水平，深入推进"互联网+"，形成实体经济与网络相互促进、同步提升的良好格局，并提出分2025年、2035年和21世纪中叶"三步走"的目标。这是当前规范和指导我国工业互联网发展的纲领性文件，将为推动互联网和实体经济深度融合、发展智能绿色的先进制造业、推进制造强国和网络强国建设打下坚实基础。工信部将实施工业互联网重大专项工程，建设10家左右国家级工业互联网平台及一批行业互联网平台。此外，还计划制定支持企业上云的政策措施和操作指南。工信部于2017年11月发布《工业互联网平台白皮书》，对工业互联网平台体系架构与关键要素、技术体系、产业体系、应用场景及案例、发展建议等进行了全面阐释。工业互联网是互联网在深刻改变社会生活后，对生产端的又一次革命，必将带动互联网与实体经济的进一步深度融合。

三　信息化系统先遣队

人类进入了信息化时代，世界信息产业的发展进入了一个新的突破阶段。信息产业蓬勃发展，正在广泛而深入地影响和改变人们的工作、生活方式，已成为现代经济发展的重要因素和主导力量，成为整个社会

---

① 唐玥蔷：《网络舆论的治理之策》，《人民论坛》2018年第24期，第64—65页。

经济发展的火车头。① 上海作为国际大都市，面对 21 世纪汹涌而来的全球信息化浪潮，如何构筑新优势平台实现新的腾飞呢？上海市委、市政府审时度势，高度重视信息化建设，早在 1994 年，就明确提出，花 15 年左右的时间，到 2010 年率先建成地区性"信息高速公路"，把上海建成以信息资源网络化为主体的国际信息港，进一步增强上海中心城市综合服务功能和辐射功能。经过 4 年多的努力，已完成信息港"1.5.20"工程基本框架建设，即建成 1 个宽带信息网平台；完成信息交互网、社会保障网、国际经贸电子数据交换网、社区服务网和金卡工程等 5 项骨干工程建设；建成 20 个覆盖全市经济、市场、文化、司法、行政机关等的信息应用系统。这是把上海建成国际经济、金融、贸易中心的必要条件，是寻求新的经济增长点的重要内容，是服务全国、面向世界的有效途径，也是实现社会进步和国民经济可持发展的腾飞之路。② 2000 年新世纪第一年前后，就有研究敏感而前瞻地指出，信息化是上海进一步发展的必然之路。③ 2009 年 3 月，随着国务院下发《关于推进上海加快发展现代服务业和先进制造业、建设国际金融中心和国际航运中心的意见》，上海这座中国改革开放 30 年中最具吸引力的商业化大都市站在了新的起跑线上。"上海将往何处去"已不仅仅是一座城市的抉择命题，它的一举一动已经成为整个国家探索未来 30 年经济走向的重要标杆。④

上海市委、市政府在上海信息化建设上是有远见卓识的，是高屋建瓴的。在上海即将跨入 21 世纪的时刻，2000 年开始倒计时的最后几天，市委、市政府召开了一次为上海信息化工程吹响集结号与进军号的重要会议。这次会议正式发起了上海市信息化工程的启动号令。在这次会议中，时任上海市委书记黄菊指示，要"动员全市各级党政组织和广大干

---

① 幸晰：《上海信息产业要面向 21 世纪——访市政府信息办副主任范希平》，《上海国资》1999 年第 6 期，第 25—28 页。

② 朱寄萍：《信息化：上海腾飞之路》，《上海信息化》2000 年第 1 期，第 16—18 页。注：朱寄萍时任上海市科学技术委员会主任。

③ 王浣尘：《"网络上海"之浅议》，《系统工程理论方法应用》2000 年第 3 期，第 177—183 页。

④ 刘琪：《上海信息化新阶段：全面融合，领先发展——专访上海市经济和信息化委员会副主任刘健》，《中国信息化》2009 年第 20 期，第 46—47 页。

部群众、统一思想、明确目标、落实措施、改善环境、形成合力、真抓实干，努力把全市的信息化工作再向前推进一步，把全市的信息化水平再提高一步，为全面增强上海城市的综合竞争力、早日建成国际经济中心城市奠定扎实的基础"。时任上海市副市长左焕琛也撰文指出，要高起点推动上海城市信息化建设，因为上海作为中国大陆的经济中心城市进入20世纪90年代以来，一直在全力实施"以浦东开发开放为龙头，尽快把上海建设成为国际经济、金融、贸易中心之一"的国家战略，已经取得了阶段性的显著成效。上海正逐渐成为一个生机勃勃、经济繁荣的国际性大都市。信息化是上海的又一个最新的需要全面跨越的台阶和挑战："面对21世纪的曙光，国人心潮澎湃，憧憬未来，踌躇满志，豪情万丈。可是，美好的生活需要建设，光明的未来需要创造，任何成就的取得都需要付出汗水。从上海信息化建设的大处着眼，1999年上海的目标与任务，使人有一种'时不我待，须快马加鞭'的感慨。"[①]

在全球信息化浪潮的推动下，信息基础设施的建设和万维网技术的日渐完善，使基于这一技术的应用以惊人的速度向社会生活各方面渗透。上海的信息化系统在全国建设得最早，启动早、进步快。90年代末2000年年初前后的时间里，几乎每个部门最基础的工作就是建设信息化系统，各个部门都在紧锣密鼓地、大张旗鼓地推进信息化建设，主要是建设信息化系统，但基本上是各个部门建各自部门的信息化系统，每个部门的信息化系统由每个部门自主建设，自己动手。这也是实际需要，各个部门的工作内容和建设需求不一样，自己系统的信息也具有专属性和保密性，由其他人建或共建或统一建似乎都不太合适。所以一时间，信息化系统建设遍地开花，甚至是百花齐放，系统的顶层设计和标准及格式与未来用途保障也都因不同系统建设需求不一样而五花八门。一方面信息化了，但另一方面，信息也更加壁垒化了，数字信息的壁垒更甚于传统的纸质信息的壁垒，因为有数字化手段做更多的、更好的数据保密和保护工作。一方面各个部门的信息化开展得如火如荼；另一方面无硝烟的数字化进程的比武也在悄然展开。各部门的进展和进度也出现了不同的状况。有些部门

[①] 曾君伟：《迎接跨世纪的挑战——上海信息化工程99年上新台阶》，《上海微型计算机》1999年第14期，第5页。注：曾君伟时于上海市国民经济和社会信息化办公室负责此项工作。

的工作与对外开放关系紧密的动作最早、信息化建设成为工作重心，越是与对外开放关系直接的部门，信息化系统建设得越早越快。上海外贸系统信息化建设①是在全国最早的，进步也特别快，而且在全国是独树一帜的。这不仅仅是因为上海本身的优势，改革开放的机遇和条件以及系统业务量的特色或需求，更是缘于丰富的经验。上海国民经济信息化②③，外贸企业信息化④，工业企业管理信息化⑤，轻工业信息化⑥，上海市政工程中的信息化⑦，道路货运信息化⑧，公交地铁轮渡一卡通信息化⑨，市民服务信息系统信息化⑩，上海医疗信息化⑪，邮电企业信息化⑫，上

---

① 郁英霞：《启动早、进步快 形势严峻——上海外贸系统信息化建设概况》，《计算机周刊》2001年第23期，第15页。

② 朱仁康、张中方：《领先发展的上海国民经济信息化建设》，《计算机及其网络的应用与发展论文集》，1999年。

③ 国民经济信息化，关键就在于企业信息化，上海应该说非常重视企业信息化工作，但作为一个新的课题，还需要不断加强调查研究，做一些深层次的研究，采取比较大的举措，推动上海的企业信息化建设。在国外发达国家中几乎所有的大中型企业和企业集团无不采用电脑技术、通信技术和信息处理技术的最新成果来进行企业的信息化建设，以适应市场竞争的需要，使企业立于不败之地。

④ 倪群丽：《外贸企业信息化工作研究》，对外经济贸易大学2000年硕士学位论文。

⑤ 裘凌世：《上海工业企业管理信息化建设初显成效》，《上海工业》2002年第1期，第30—31页。

⑥ 沈国臣：《关于上海轻工的信息化建设》，《上海轻工业》2001年第4期，第3—6页。

⑦ 薛平山：《上海市政工程中的信息化建设》，《工程设计CAD与智能建筑》2002年第1期，第21—25页。

⑧ 吴润元：《上海推进道路货运信息化市场化建设》，《综合运输》2002年第12期，第34—35页。

⑨ 严洪范：《上海信息化建设跃上新台阶公交地铁轮渡"一卡通"》，《电脑技术》2000年第3期，第6—7页。

⑩ 蒋力群：《从市民服务信息系统建设得到的几点启示》，《上海信息化》2001年第3期，第41—43页。

⑪ 投问石：《上海医疗信息化现状以及对策》，《计算机周刊》2002年第21期。目前，随着网络和信息化的进程加快，WTO的加入，中国允许部分国外医院进入中国，这就使得医院之间的竞争从价格扩展到质量、效率、成本各领域。尤其在上海的医保制度改革实施后，医院是否建立运转良好的信息化系统就显得十分重要。医院作为人们日常生活中的重要组成部分，与百姓生活息息相关。特殊的工作性质导致大量的文件时时产生，包括病例、胶片、诊断书。

⑫ 王宝通、金春林：《上海邮电企业信息化计划——"大龙"计划简介》，《电信技术》1997年第9期，第21—22页。

海海关通关信息化①，上海农业信息化②，区县信息化③，浦东特色信息化④，上海浦东发展银行信息化⑤。在改革开放的浪潮下，上海国民经济和社会信息化建设在不断推进，上海信息产业持续高速增长，培育了一批新的经济增长点。1998年上海信息产业产值完成625亿元，到2000年信息产业产值达到1000亿元。⑥

上海应急治理相关部门的信息化系统，包括地铁、机场、车站、码头等城市重大基础设施管理部门的信息化系统建设，以及大型民用应急和军用应急部门的信息化系统建设，包括公安部门、消防部门、气象部门、交通部门、安监部门、民政部门、环保部门、劳动与社会保障部门等，信息化系统建设齐头并进全面展开。上海在1993—2002年特别是2000年前后，在城市信息化项目上取得了很多明显的进展，在社保卡、交通卡以及诸如110紧急联动系统等各种城市信息化应用系统中都展示了信息化在整合资源上的独特优势。以"劳动保障系统""医保系统""民政救助系统"等为代表的一批由委办局主导建立的垂直电子政务系统也是上海在21世纪初城市信息化建设上取得的重要阶段性成果。而在整个上海城市信息化发展中，社区的信息化发展可以说浓缩了电子政务和城市信息化发展中典型过程。⑦ 2000年以来，随着一批社区管理与服务信息化试点街镇的投入应用，社区管理者与信息化的关系越来越紧密。这充分显示了信息化系统在上海的建设成效，也体现了应急条线与部门的信息化系统的日益完善。

---

① 潘之浩：《上海海关通关信息化关键：多媒体咨询系统的设计与实现》，《计算机周刊》2002年第16期，第22—23页。

② 于冷、戴平：《上海农业信息化现状和发展思路分析》，《农业工程学报》2001年第4期，第6—10页。

③ 蓝筒：《2001年上海市区县信息化建设部分重点项目工程》，《上海信息化》2002年第1期，第28—30页。

④ 施兴德、曾君伟：《努力建设具有浦东特色的信息化体系》，《浦东开发》1998年第7期，第30—32页。

⑤ 徐晨：《信息化是发展的动力——上海浦东发展银行信息化建设扫描》，《上海微型计算机》2000年第24期，第17页。

⑥ 辛晰：《上海信息化通向21世纪》，《中国计算机用户》1999年第21期，第55—57页。

⑦ 王晓东：《上海社区管理与服务信息化建设现状、问题、对策研究》，上海交通大学2007年硕士学位论文。

2000年前后，中国改革开放的前沿，全国改革开放的排头兵、先锋队——上海，在信息化工程方面取得的成就一路领跑全中国，这一段文字生动地再现了当时外地人的惊讶与羡慕："不久前有同事出差来沪，曾惊诧于上海各地铁车站里地面的干净程度。笔者告诉她这恐怕是上海地铁早就'不用票'的原因。在地铁站台上候车时，她包里的手机响了。这再次让她感觉有些意外，原来地铁站也能收到手机信号。在上海几天的行程里，她看到笔者在公交车和出租车上都用一张绿颜色的小卡片付钱，不禁有些好奇，问道，这个就是报纸上讲的上海的交通'一卡通'吗？'是啊，'记者回答她，'我从去年开始就用它了。现在不用排队买票，不用为零钱而发愁了……'"[1] 现在是2018年，仅仅是过去了18年的往事，似乎早已经如烟般远去，似乎真的20世纪已经那么遥远地离我们现时代而去，其实也只不过18年时间，由于技术的突飞猛进、升级转型的猝不及防，消灭你却与你无关的事每每发生在身边，你只有跟紧时代潮流无问东西才能不被时代淘汰，这就是信息化工程支撑的神奇。信息系统就是高速轨道，是所有的信息科技产品和装备运行的前提和基础。

不论是从城市现代化建设的必然要求出发，还是从提高城市居民生活质量的需求出发，加快社区信息化建设已经是城市信息化建设不可或缺的重要组成部分。社区信息化建设是城市信息化建设的基础，是信息化成果惠及广大居民群众的主要依托，也是整个城市跨越数字鸿沟、提高国民信息化素质的重要途径。上海在推进信息化城市建设的过程中，对社区信息化建设进行了初步规划，并把信息技术在社区的运用作为政府提升社区管理服务效能，改善社区治理格局，变革政府管理模式的一项重要举措。加强社区信息化建设已经成为上海信息化发展的重要任务之一，对上海的信息化进程将起到至关重要的作用。[2]

上海的社区信息化建设从体制上讲是紧密依托"两级政府、三级管理、四级网络"的格局；从机制上讲是探索面上指导、基层探索、市场

---

[1] 范军：《感受上海城市信息化的坚实步伐》，《上海信息化》2001年第2期，第27—30页。

[2] 王云凌、屠梅曾、周朝民：《上海社区信息化建设的问题与对策》，《上海综合经济》2001年第9期，第25—27页。

参与、总结推广的实践之路；从建设成效而言，基层实践成果明显，面上扩大难度很大，条块整合难上加难。这是当时上海社区信息化推进过程中的"灰色现状"。应该肯定的是，随着信息化建设的发展和电子政务的推广，基层信息化建设也得到了快速发展，在基层社会管理和服务上发挥了积极的作用。但由于主客观因素的制约，我国的基层信息化建设当时普遍存在主体单一、信息孤岛、效率低下、内容单一、人才短缺等问题。社区信息化在历经几年的推进过程中，政府条和块、条和条之间由于信息系统不能互联互通、信息共享，使得政府推进社区信息化的成本过大、效率过低，存在"翻烧饼"、重复劳动等现象，工作人员不堪重负。其根源在于政府对社区信息化的思想认识不统一、工作机制不科学、工作利益不协调，这也导致几年的社区信息化建设对于广大群众而言受益不广、认同不高，信息化建设的困境凸显，其集中表现为社区信息化建设的内涵单薄、推进机制残缺、信息技术运用落后、社区居民参与不广，以及干部队伍素质不够等问题。当时就有专家指出社区信息化的建设亟须从全局发展的角度，以追求实效的原则，加强条块协同，扩大社会参与，使社区信息化建设符合社区发展的要求。社区信息化建设在推进过程中应确立三点：一是社区信息化建设要顺应社区管理体制和机制的变革；二是社区信息化的建设要主动融入政府职能的转变和机构改革；三是社区信息化建设必须坚持以民为本，服务居民群众，走出一条先进的信息科学技术和先进的人力资源相结合、服务于广大人民群众的社区信息化建设新路。随着市委提出社区建设网格化管理的推进思路，社区工作特点进一步体现出基础性、综合性、开放性和互动性的特点。社区正从静态社区向动态社区延伸、从形态社区向生态社区延伸、从功能社区向人文社区延伸、从现实社区向虚拟社区转变。[1]

从1993年开始，应急信息化逐渐发展壮大起来。以一个典型的110应急指挥系统为例，其主要由以下子系统组成。

①报警电话受理子系统

该子系统与公众电信网或专网连接，集中受理110紧急电话报警。

---

[1] 贾炜：《上海市社区信息化建设的困境与出路研究——以上海市江苏路街道为例》，华东师范大学2006年硕士学位论文。

主要包括与公众电信网或专网连接并受理紧急电话报警的传输、自动呼叫分配（排队）、记录警情、派发出警单、记录反馈信息等软硬件设备。

②通信调度子系统

该子系统包括有线通信调度子系统和无线通信调度子系统两部分。主要由通信调度台、有线通信接入设备、无线通信接入设备等组成。

③数字录音子系统

该子系统实现报警电话的语音录制功能，保留重要的报警证据，主要包括数字录音处理、录音文件管理、存储等软硬件设备。

④地理信息子系统

该子系统实现报警时辅助定位，迅速掌握报警人当前的所在位置信息，主要由地理信息平台、电子地图、应用软件等组成。

⑤图像显示子系统

该子系统在2000年前后才逐步出现，主要包括组合显示屏、电视墙、控制设备、图像接入设备等，通过该系统在指挥中心就能看到全市各主要路口的视频图像信息。

⑥计算机网络子系统

该子系统是接处警系统中信息处理和连接各个子系统的平台。主要包括服务器、网络交换机、计算机、防火墙、路由器、网络操作系统及防病毒入侵等软硬件设备。

据2000年上海十大新闻报道，当年入选十大新闻的第七号新闻，就是关于上海信息化系统成就的：市政府一号工程——上海信息港主体工程之一的上海电信宽带网改造工程完成，成为目前国内城市中规模最大、技术最先进的宽带信息网络。[①]

四　计算机应急千年虫

在重视事关城市生存和发展的科技基础的同时，也要对科技的副作用即会直接给城市安全带来不可估量的风险及其损失保持清醒的头脑。随着信息科技迅猛发展，信息安全事件层出不穷，2000年"千年虫"事

---

① 《上海2000年十大新闻》，《2001上海年鉴》。

件就引发了国内对于信息系统灾难的第一次集体性关注。

何谓2000年"千年虫问题"？现代社会对计算机的依赖越来越大，因此一旦发生故障，给人类带来的损害也将会越来越大。在世纪转折时，人类将面临由于计算机故障而可能引发的全球性灾难，计算机2000年问题，即通常所说的"全世界计算机系统的'千年虫'问题(Millennium Bug Problem)"。[①] 原来在20世纪五六十年代，一些电脑专家在研发计算机软、硬件系统时为节省存储空间，只采用了两位十进制数记录年份，如1968年就用68来表示。到2000年时，再以这种方式编写程序，会造成无法正确判断事件，导致程序混乱，甚至系统崩溃，给跨世纪的操作带来许多原来意想不到的麻烦，[②] 并渗透到社会的各个角落。

牛津经济预测中心的研究成果认为，2000年问题对世界经济发展的消极作用主要表现在两方面：一是为了解决2000年问题，世界各国纷纷投入巨资来修改现行的计算机系统，以安全渡过日期转换关，全球范围内花在解决2000年问题上的费用估计将达到4500亿美元；二是在2000年到来之际，一些来不及修复的计算机系统会由于2000年问题而造成瘫痪，这会带来不小的经济损失。[③]

信息安全应急，从技术上讲，解决"千年虫"问题只要将程序中记录年份的地方，由两位数改为四位数就行了。但它涉及多种类型的计算机系统，需要多方面的配合协调，工作量很大，要求又很高，且耗资甚巨。据专家估计，排除全球的"千年炸弹"需要花费3000亿—6000亿美元。即使这样，面对信息安全隐患，1998年8月18日，国务院办公厅印发的《关于解决计算机2000年问题的通知》（国办发〔1998〕124号），要求电信、民航、金融、证券、税收等重要部门，成立专门的工作小组，强制解决计算机2000年问题。[④] 信息产业部于1998年8月、1999年4月

---

① 莱迅：《计算机"千年虫"问题刍议》，《上海保险》1998年第11期，第45—46页。
② 莱迅：《计算机"千年虫"问题刍议》，《上海保险》1998年第11期，第45—46页。
③ 《"千年虫"将减慢世界经济发展步伐》，《世界标准化与质量管理》1998年第11期，第39页。
④ 杨明静：《"千年虫"令全球头痛——略谈计算机2000年问题》，《国际市场》1998年第11期，第8—9页。

和11月先后三次召开了全国电视电话会议,对解决计算机2000年问题的各项工作进行认真部署,对重点部门进行了三次阶段检查并及时通报情况。根据1999年9月13日国务院办公厅下发的《关于抓紧做好解决计算机2000年问题有关工作的紧急通知》要求,信息产业部会同国务院有关部门共同组织了检查组,分别对国务院20个重点部门(行业)和我国10个省、4个直辖市进行了检查。①

上海市政府则成立了以常务副市长为组长的计算机千年问题解决小组,专门负责领导和协调各部门各单位攻克千年问题,组建成立了上海市计算机2000年问题"零点"应急行动市、区县(包括委办局)两级指挥机构。上海市人民政府1999年6月29日发布《关于解决计算机2000年问题的公告》。整个战斗实行一把手负责制,层层负责,职权明确。市级领导亲自在应急指挥中心现场指挥围剿"千年虫"战斗。

上海平稳跨越计算机2000年问题。1999年12月31日晚上10点,设在上海市政府应急中心的上海市计算机2000年问题"零点"应急行动指挥部正在指挥一场特殊的战斗,围剿"千年虫"。②"零点"应急行动的时间是1999年12月31日晚上10点至2000年1月1日凌晨1点。在此期间,上海市的51个应急指挥分中心分别向市指挥中心报告了各自零点过渡的情况。至2000年1月1日零点,全市各行各业的计算机系统并未见千年虫发作,上海平稳地跨越了计算机2000年1月1日零点这个新千年第一个关键日期。

全市的计算机2000年问题修改完成率是97.0%,其中重点单位的计算机2000年问题修改完成率是99.6%,并已经制定了应急计划和进行了演练。整个上海解决计算机2000年问题的形势良好,③ 受到了信息产业部的表扬。④

---

① 张琪:《中国解决计算机2000年问题的情况通报》,《金融电子化》2000年第1期,第8—10页。

② 《零点决战——上海千禧零时捉虫目击实录》,《上海微型计算机》2000年第53期,第6—7页。

③ 张玥:《上海平稳跨越计算机2000年问题第一个关键日》,《现代信息技术》2000年第1期,第52页。

④ 吴基传:《统一认识 加强领导——如期解决计算机2000年问题》,《信息化建设》1999年第3期,第11—15页。

2000年3月1日上午8时,上海市计算机2000年问题"零点"应急协调指挥中心在汇总了全市电力、自来水、煤气、金融、电信、机场、航空、地铁、海运、广播电视、卫生等51个分指挥中心的闰年过渡情况报告后,向社会各界宣布:上海实现了计算机2000年问题闰年关键日期的平稳过渡,标志着上海迎战千年虫重大战役取得决定性胜利。计算机2000年问题主要涉及两个关键日期的转换:一是2000年1月1日零点的过渡;二是2000年2月29日和3月1日零点的闰年日期过渡。2000年1月1日零点过渡已顺利实现,而计算机闰年问题是由于一些计算机系统不能识别关键日期2月29日造成的,它将使计算机系统的日期显示和与日期有关的计算产生错误,从而引发一系列严重影响及法律问题。这次闰年关键日期平稳过渡后,上海解决计算机2000年问题的重大战役已基本结束。[1]

《信息安全事件分类分级指南》(GBZ 20986—2007)指出:"信息安全事件,由于自然或者人为以及软硬件本身缺陷或故障的原因,对信息系统造成危害,或在信息系统内发生对社会造成负面影响的事件。"[2]"千年虫"事件表明,信息系统灾备工作是信息安全应急管理中的重要任务。灾备的起源最早只是对IT系统的数据进行备份和恢复,然后逐步发展到对业务系统的备份,并从业务系统发展到业务流程和服务本身,业务的连续运营成为企业追求的目标;从灾难恢复和业务连续管理的方法论而言,形成了业务影响分析、风险分析,以及灾难恢复和业务恢复预案的开发、演练、培训等多种最佳实践等。业务的恢复涉及很多业务的流程、资源的调配、人员和组织架构的调整及恢复策略的制定等多个方面,我们称之为业务连续性规划。第三个阶段是业务的连续性管理,在业务连续性规划的基础上涉及危机处理、供应链的业务连续管理、企业的可持续性发展等管理性问题;业务连续性管理已经将灾备提升到了管理的高度。

---

[1] 周曦民、杨东升:《上海平稳跨越闰年关键日期 迎战千年虫战役取得决定性胜利》,《上海信息化》2000年第1期,第24页。

[2] 中华人民共和国国家质量监督检验检疫总局、中国国家标准化管理委员会:《信息安全事件分类分级指南》(GBZ 20986—2007)(http://www.doc88.com/p-189300 4518747.html),2007年6月14日。

从实施层面上来看，目前我国政府和企业的灾备水平大部分还处在第一阶段，即主要关注数据和应用系统的备份和恢复；也有些政府和企业在做一些业务连续性规划工作。前期国信办和各行业主管部门也以业务连续管理的方法论对其所管辖的信息系统灾难恢复和业务连续相关领域制定了一些标准和要求，使得业界的灾备和业务连续建设水平逐步向纵深和广泛两个方向发展，向着业务连续管理的方向迈进。

20世纪七八十年代，灾备在欧美发达国家起步，大部分机构和企业都只考虑信息系统和数据的备份与恢复；20世纪90年代尤其是2000年前后，因为千年虫和突发性灾难等事件，国际上的一些企业开始重视业务连续性规划，这推动了灾备理论和体系不断向前发展。进入21世纪，随着国际分工的深化和国际环境的复杂化，目前，国外发达国家的企业越来越多地开始进行业务连续性管理体系建设。[1]

我国国内制定的相关国家政策和标准有：2003年，《国家信息化领导小组关于加强信息安全保障工作的意见》（中办发〔2003〕27号文），要求：各基层信息网络和重要信息系统建设要充分考虑抗毁性与灾难恢复制度，不断完善信息安全应急处置预案；2004年，国信办《关于做好重要信息系统灾难备份工作的通知》，强调了"统筹规划、资源共享、平战结合"的灾备工作原则；2005年，国务院信息化办公室的《重要信息系统灾难恢复指南》；2007年的《信息安全技术信息系统灾难恢复规范》（GB/T 20988—2007）。

小结：风雨兼程谋大治

1993—2002年上海应急治理四十年的第二个十年，即诞生与起步时期，应急治理SEMS1.0版本，是大干快上的十年，干出许多大事的十年，城市安全成绩斐然的十年，安全运行未出大事的十年，从风霜雨雪跨世纪，长江洪水漫青浦（1998）、大风冰雹袭农物（1999）、凉夏冻寒下江南（2000）、水葫芦蔓舞疯狂（2002），到风雨兼程干大业，包括工业转型，企

---

[1] 佚名：《中国灾备、应急体制面临变革与创新》，比特网（http://m.chinabyte.com/storage/360/8618860_mi.shtml）。

业转制，大批工人下岗、转岗，农民工进城流动人口激增，东亚运动会，2001 年 APEC，2001 亚太经合组织会议《上海共识》，2002 上海申办世博会成功，东方明珠建设，浦东大开发。岁月激荡的十年，上海在改革开放的前沿阵地上作为先锋队和排头兵的成就赫然醒目，创造了浦东开发大变革、百万居民大动迁、社会维稳大手笔、韧性城市大格局的上海奇迹，这当中多少风险，多少磨难，多少险滩，几多暗潮涌动，几多峰回路转，几多柳暗花明。新千年之首的国际大都市安全就是中国开放的成就，新世纪之初全球经济中心的安全就是中国改革的丰碑，上海安全经受住了波涛汹涌的洗礼，上海应急承担住了激浊扬清的检验，上海的应急装备迈入崭新纪元，全国首家智能 110 报警系统、中国首入国际互联网、第一支信息化系统先遣队、最平稳制伏计算机应急千年虫，这标志着在上海应急治理的成熟，开启了从应急管控模式要逐步积累过渡到应急管理模式的时代背景，奏响了上海韧性挑战各种新型风险而昂首阔步的吴侬凯歌。上海在平安中干成大事，在大事中成就平安，韧性上海的特色凸显，若水但却坚韧地克刚、如水但却柔韧地穿石，上海的应急，怎一个"韧"字了得！上海应急的诞生是开篇破题，上海应急起步是直扑主题，将上海的每一步都走得平安，上海的应急是投石问路、探索奋进，将上海的每一件大事都干得平安，在应急管理理念与组织体系上取得了行稳致远、水静流深的效应，城市安全应急系统工程成为开放道路的护航先锋，也成为改革征程的保驾盾牌。上海应急治理的风雨兼程，也是中国应急治理的缩影，国家政策支持和中央特别关注，给了上海应急治理道路的制度自信，同时使其成功探索出上海特色的创新发展道路。

国家层面。由于受计划经济体制的影响，此阶段，我国逐步形成的城市公共安全管理体制是在政府统一领导下，分类别、分部门的单一管理模式，即每一个灾种或几个相关灾种分别由一个或几个相关的部门负责。例如，地震、环保、水利、消防、森林、卫生等部门各自分管相关的灾害或安全事故，并且根据灾害或安全事故产生、发展和结束的各个环节，参照各职能部门的功能实行分阶段管理。相继出台了一系列法律法规和条例，例如 1996 年 12 月国务院批准实施的《国家破坏性地震应急预案》，1997 年 12 月颁布实施的《中华人民共和国防震减灾法》，它们标志着我国破坏性地震应急制度及其他防震减灾基本法定制度的正式确立，我国已经进入了依法实行减轻地震灾害工作的时代。在这期间和以后，我国在公安、消防、交通、安全生产等领域，也先后颁布了一些法律、法规，例如《中华人民共和国防洪法》《中华人民共和国消防法》《中华人民共和国安全生产法》《中华人民共和国环境保护法》等，在推进防灾减灾工作法制化的进程上迈出了可喜的步伐。在减灾规划的建设方面，我国制定了《中华人民共和国减灾规划（1998—2010年）》（中国国际减灾十年委员会，1997年12月18日）。毋庸置疑，在过去几十年里，在政府和民众与公共安全事件进行不屈不挠斗争的艰难历程中，这种传统的公共安全管理模式曾发挥过不可磨灭的作用。

但也要看到，随着改革开放的深入，全球化和城市化的深入发展，这种垂直管理存在的一些不足也逐步显现出来，如各灾种的管理之间相互独立，缺少统一的整体协调，经常出现各灾种间重复建设的情况，特别是在基础地理信息、通信网络、救灾设备和队伍的建设方面，低水平重复建设情况相当普遍，这影响了国家在减灾方面投入的有效性和合理性，特别是在重特大灾害事件面前显得力不从心。这是中国真正意义上的应急治理诞生之前各地所共同存在的共性困难，体制上的不顺和机制上的不通以及法律上的空白，加上应急预案的缺位，中国应急管理的专业化和职能化道路尚未开启，应急治理还处于前应急管理的阶段。总体来说是一直有灾害应急，但是缺乏应急管理，缺少多主体合作治理、多向度组织协同、多灾种综合应急的专业化和职能化。同时，在灾害应对的流程上只是针对灾害本身的救灾和抢险，而缺乏从风险管理到危险要素管理，到危机管理，到应急管理，再到灾难管理的这样一个减缓、准备、评估、预防预测预警、响应和处置及善后的总体风险管控循环流程，基本仍停留在针对灾害或事故或事件的头疼医头、脚疼医脚的局部—事后—应对的状态，处于刺激—反应式的应急，缺乏对应急的管理，处于应急管控向应急管理过渡的时期。

上海层面。上海的应急管理体制在2002年以前，与上述中国的整个国家层面上的共性状况是一致的，也是一个各自为政的、封闭决策的管理模式，抗震、防汛、防火、交通安全、核化救援等各自为政。基本是政府大包大揽、灾民全体等待救助的状态，基本没有社会自我自发支撑体系。2002年上海成立上海市减灾领导小组及其办公室，应急管理开始向新的体制与运行模式过渡，体制和机制还不完善。上海市虽然已经制定了《上海市灾害事故应急处置总体预案》和19类25种单灾种预案，但是仍然缺乏有关处理公共安全突发事件的地方立法。上海作为一个国际大城市，市政府是处理公共安全突发事件的第一责任人，上海市应该拥有贯彻国家有关法律的实施细则，也要拥有结合地方实际情况的应急管理的地方条例。[1] 在经历跨世纪的雨雪风霜洗礼的十年里，在励精图治自我鼎新的开创式发展的十年里，上海意识到灾害应急和平安上海的刚性需求，上海应急改革需谋大治，箭在弦上、呼之欲出。

2002年上海市投资0.9亿元建设救灾减灾指挥系统，专门建立了上海市民防救灾指挥中心，还为此建造了民防大厦。该中心安装了民防信息中心系统作为上海市防灾减灾指挥的综合协调和指挥中心，将市政府信息中心及来自公安、消防、地震、气象、事发现场等重要信息送至民防信息中心后，将这些各有关部门汇总的图像信息和相关数据信息及时进行分类、判别、处理，供决策指挥人员迅速掌握灾情。事实证明，将防汛、防火、抗震救灾、重大交通事故救援的工作综合在一个机构进行应急指挥，能有效预防重大事故的发生，降低事故造成的损失。[2] 建立上海市政应急指挥地理信息系统也提上了议事日程。上海的应急治理在1993—2002年的这十年正是风雨兼程谋大治的十年。

---

[1] 董瑞华、董幼鸿：《上海市政府应急机制和管理结构研究》，《上海行政学院学报》2005年第3期，第33—42页。

[2] 《国内外应急指挥系统综述》，百度文库，智能交通网（https://wenku.baidu.com/view/60d941b03b3567ec112d8a85.html）。

第三章

成长与探索(2003—2012)SEMS2.0

进入21世纪,中国开启了全面建设小康社会阶段,加快推进社会主义现代化建设新的发展阶段,工业化、现代化建设全面展开。上海紧紧抓住国际金融中心和国际航运中心建设两个重点,有序推进,不断向"四个中心"目标迈进,增强城市综合竞争力和增强城市国际竞争力成为上海这个阶段的中心任务。上海城市安全的刚性需求被提到了前所未有的高度,上海城市安全的韧性应急也同时被展现得淋漓尽致,进入快速成长和连续探索阶段。

2003年对于我国应急管理体制建设是个标志性的里程碑,建立现代意义上的应急治理理念和制度开始成为我国各级政府重视的核心工作和紧迫任务。上海在1993—2002年上海应急治理四十年的第二个十年的诞生与起步时期应急治理SEMS1.0版本所积淀的城市安全经验,以及应急抢险减灾救灾的实践锻炼,头十年的跨世纪雨雪风霜的实战磨砺所打造出来的上海韧性,在进入21世纪的头十年里,也就是上海应急治理的第三个十年里,处于成长与探索时期的上海安全管理,以SARS的催生为标志,以SARS的集结为引擎,在第一时间进入应急的现时代、应急管理的科学时代、应急管理的专业化和职能化时代。整个中国的现代意义上的应急管理时代开始于对SARS成功应对,上海应急管理的现代意义上的应急救援体系、指挥决策体制、组织架构、运行机制、法制化建设,都是中国的现代意义上的应急管理的里程碑。特别是上海应急联动建中心、上海世博安保成典范、闵行区域综合应急创新,都为"一案三制"的地方政府主导的应急属地管理制度创建并提供了新鲜可靠的政策平台和管理范本,也成为中央政府国家层面应急管理"一案三制"的地方落实执行的试金石。

　　上海精细的抗击SARS工作为党和政府领导下的全国公共卫生突发事件及流行性公共疫情防控体系创建，以及赢得全地球村特别是世界卫生组织WHO的普遍高度点赞，也为国际大都市高效应对、有力防范突发公共疫情提供了上海方案，上海CDC配合中国CDC所实现和推动的精准监测及高效预防，成为突发公共疫情风控模板，并成为直接支撑、全面启动灾害灾难一体化综合应急管理体系的踏板，成为中国应急管理体系创建的扳机。举世闻名的上海世博的成功举办令人难忘，城市让生活更美好，把城市安全作为城市生命线工程，世博场馆建造以及全市上百号重大工程全面开工建设，先后投入世博服务运营及维护，还有后期利用和开发，精致的世博安全应急保卫经验，是上海在世博时代给全球的献礼，也是上海在后世博时代给人们的纪念，成功、精彩、难忘的上海世博，精致、精确、精细的上海世博安保工作，成为国际大都市安全管理的集大成，也成为城市重大活动风控的典例，更成为世界博览会难以超越的安全应急的经典。闵行区的城市综合管理与应急管理相结合的大联动模式，引起了国内应急学界和政府应急部门争相参观学习取经的浓厚兴趣，作为一个区级应急部门的运行及管理的创新，上海闵行区的大联动模式引导了城市综合应急管理的政府职能转变及应急大部制改革创新方向，还创建了应急管理效能及应急绩效评估的新方法。上海应急科技产业化特别是在应急技术、装备与产业方面，起步早、起点高，主要的开端就是始于2003—2012年这十年的积累、成长和探索，集中体现了应急平台互联通、应急装备全升级、应急科技执牛耳、应急产业成链条这些特点，由于科技含量支撑的上海应急实力的延伸和提升，上海的城市韧性得到了实质性的强化，上海应急对城市安全的管理能够实现在政策刚性与管理弹性之间达到动态的平衡，体现韧性应急的优势，实现了多次连续的各种大型盛典活动成功安全应急风控，多重连环超多种超大型重大工程安全应急风控，高层次决战型关键性重大决策安全风控，维护上海社会稳定大局的新型履职方式。在2003—2012年上海应急治理四十年的第三个十年的成长与探索时期，上海在城市安全应急治理SEMS2.0版本间铸就了一个国际大都市每逢大事必有静气的平安淡定、举重若轻的韧性应急风格。

第一节 SARS催生沪应急

【应急形势与风险(社会特征与风险特点)面临的应急任务】

建成国际经济、金融、贸易和航运中心之一，是上海建设社会主义现代化国际大都市最主要、最核心的内容。2001年5月，国务院批复原则同意《上海市城市总体规划（1999—2020）》，批复指出：要把上海建设成为经济繁荣、社会文明、环境优美的国际大都市，国际经济、金融、贸易、航运中心之一。至此，上海建设社会主义现代化国际大都市的目标要求，正式由"三个中心"演进为"四个中心"。由此上海加快转变经济增长方式、优化产业结构，2008年全市服务业实现增加值7350.43亿元，比2007年增长11.3%，现代服务业增加值占全市生产总值的比重为53.7%，服务业已成为推动上海经济发展的主要动力之一。现代服务业的快速发展，为上海建设现代化国际大都市和"四个中心"奠定了重要的产业基础。城市经济发展从以生产性经济为基础的城市经济转向以服务型经济为基础的城市经济。随着改革开放的不断深入，上海开始了从全国最大工业基地到全国最大经济中心城市的转型，国际经济中心、金融中心、贸易中心以及航运中心，"四个中心"功能不断强化。

上海城市布局呈现阶段性特征：从简单扩展到建设卫星城镇，从组团发展到形成全市体系。2006年1月，上海进一步提出统筹城乡协调，推进"1966"全市城乡体系建设。按照"1966"城乡体系规划目标，建立一个中心城和包括嘉定、松江、临港、闵行、宝山、青浦、金山、南桥、城桥等9个新城，以及60个左右新市镇和600个左右中心村。"1966"城乡规划体系是从现代化国际大都市大的体系着眼，从人口、产业、环境、资源、基础设施等诸多要素出发，对上海市域范围进行的一次更全面、更综合的重新整合布局。①

此阶段，上海国民经济持续快速增长，2003年，国内生产总值（GDP）6250.81亿元，按可比价格计算，比上年增长11.8%。全年第一

---

① 俞克明、黄金平、郭继：《解放后上海城市发展转型的历史阶段及特征》，中共上海市委党史研究室供稿，范文网（http://www.9xwang.com/d86532.htm）。

产业增加值 92.98 亿元, 比上年增长 2.3%; 第二产业增加值 3130.72 亿元, 增长 16.1%; 第三产业增速受"非典"的影响而有所减缓, 全年实现增加值 3027.11 亿元, 增长 8%, 增幅比上年下降 2 个百分点。第三产业增加值占全市国内生产总值的比重为 48.4%, 比上年下降 2.6 个百分点。①

2012 年, 上海市生产总值 (GDP) 20101.33 亿元, 按可比价格计算, 比上年增长 7.5%。其中, 第一产业增加值 127.8 亿元, 增长 0.5%; 第二产业增加值 7912.77 亿元, 增长 3.1%; 第三产业增加值 12060.76 亿元, 增长 10.6%。第三产业增加值占上海市生产总值的比重首次达到 60%, 比上年提高 2 个百分点。按常住人口计算的上海市人均生产总值为 8.5 万元。②

从该阶段上海人口变化来看, 到 2003 年, 上海市户籍人口为 1341.8 万人, 人口密度达 2116 人/平方公里。上海市外来流动人口达到 477 万人, 比 1993 年翻了近一倍。为此, 上海市政府成立了市人口综合调控领导小组, 由原市人口与计划生育工作领导小组、市控制人口机械增长③联席会议和市外来流动人口管理领导小组整合, 其办公室设在市发改委, 人口管理实行市人口办牵头下的多家职能部门平行管理模式。④ 由于上海城市建设对劳动力的需求增长, 到 2008 年, 外来流动人口从 2003 年的 477 万人增长到 720 万人。同时大规模的旧区改造, 上海市户籍人口的人户分离情况日益突出, 原有人口管理模式不再适应新形势, 人口办组织和协调作用有限, 综合优势难以显现, 相关政策措施难以得到有力贯彻。市政府提出实有人口以公安为主一口管理、人口政策统一实施、资源统一整合、信息统一共享的改革思路, 2008 年 4 月, 市人口综合调控领导

---

① 上海统计局:《2003 年上海市国民经济和社会发展统计公报》, 上海统计网 (http://www.stats-sh.gov.cn/html/sjfb/200401/95439.html), 2004 年 1 月 20 日。

② 上海统计局: 国家统计局上海调查总队,《2012 年上海市国民经济和社会发展统计公报》, 上海统计网 (http://www.stats-sh.gov.cn/html/sjfb/201302/253153.html), 2013 年 2 月 26 日。

③ 《上海市人民政府印发关于加强本市人口综合调控若干意见的通知》, 上海市人民政府网站 (w2/nw2314/nw2319/nw2404/nw4466/nw4467/u26aw279.html)。

④ 蔡晨程:《改革开放以来上海人口增长趋势及相关政策回放》,《上海人大月刊》2009 年第 7 期, 第 12 页。

小组正式更名为"市人口综合服务和管理领导小组",领导小组办公室(简称市人口办)从市发改委改设在市公安局,并提出了党委领导、政府主导、公安指导、部门司职、社区实施的实有人口服务与管理工作体制。到 2012 年,上海市常住人口 2380.43 万人,人口密度 3754 人/平方公里,其中外来流动人口超过 900 万人。①

此阶段影响上海社会经济发展的主要瓶颈和障碍有:人口资源环境压力增大,人口数量持续增加,人口老龄化、高龄化问题突出,污染减排形势严峻,土地资源供应紧张。一些深层次体制机制障碍尚未突破,服务业"短腿",非公有制经济发展不够充分,社会管理和公共服务需要进一步加强,来沪人口管理压力较大,劳动力就业压力较大,高端专业人才比较缺乏。

一 SARS 病毒禽流感(社会政治形势,上海任务)

2003 年,对于上海这座城市来说,注定是个多事之秋,从 3 月 SARS 防御战开始,防汛防台、轨道 4 号线工程渗水、地铁 1 号线停运、高温时期的电力短缺,到 2003 年"8·5"黄浦江特大燃油污染事故等一系列灾害事故考验着这座城市抗灾应急治理能力。根据《上海年鉴 2004 年》的《抗击传染性非典型肺炎》记载如下。②

2003 年春,突如其来的传染性非典型肺炎席卷了包括上海在内的 24 个省、自治区、直辖市。SARS 在我国暴发,并迅速席卷全球。当时,我国自第一例病例发病到确诊经历了两个月,到最后控制疫情又经历约半年时间,其间共感染 5327 人,死亡 349 人,其中医务人员感染 1002 人。据估计,SARS 使亚洲 GDP 损失 180 亿美元,如果按照最终总支出计算,SARS 对 TFE 的影响为 590 亿美元。其中,中国大陆所遭受的损失最大,其 GDP 损失为 61 亿美元。SARS 危机是一次典型的全球性的公共卫生突发事件,它严重地威胁人们的身体健康和生命安全,对我国乃至世界的

---

① 蔡晨程:《改革开放以来上海人口增长趋势及相关政策回放》,《上海人大月刊》2009 年第 7 期,第 12 页。

② 上海年鉴编纂委员会:《抗击传染性非典型肺炎》,《上海年鉴 2004 年》,上海年鉴出版社 2004 年版。

经济运行、社会生活等都产生了极大的影响。

在党中央、国务院的统一部署下，在中共上海市委、市政府的直接领导下，上海人民紧急行动，团结合作，不畏艰险，守望相助，全面开展防治传染性非典型肺炎（以下简称"非典"）的各项工作。具体过程如下。

2003年年初，中国南方某些城市出现"非典"病例，市疾病预防控制中心开始警惕 监视疫情对上海可能产生的影响。1月，全市防病工作会议召开，会议特别强调呼吸道传染病的监测和预防控制工作，落实每周类流感疫情报告。2月11日，春节刚过，市卫生局向市政府正式书面报告《关于近期广东省部分地区发生"非典型肺炎"的情况》，市领导在报告上作了重要批示，正式拉开上海防治"非典"战役的序幕。3月，市人代会期间上海开始部署防治"非典"的工作，成立市卫生防病联席会议，后来根据形势发展的需要成立市防治"非典"指挥部。市委、市政府周密部署，采取果断措施，先后发出一号、二号通告，动员群众万众一心、全力以赴抗击"非典"，形成全市动员、运转高效的组织体系和工作格局，防治工作有力、有序、有效，顺利迎接世界卫生组织的考察，向国际社会澄清事实，维护了中国上海的形象。同时接受国务院督查组的检查，获得较高的评价。在上海抗击"非典"战役中，从4月4日确诊第一例输入性"非典"病例，到6月10日第八例"非典"病人治愈出院，全市共救治"非典"病人8例，治愈出院6例，无1例医务人员感染。此后，上海的防治"非典"工作逐步转入常态运行和长效管理。

上海防治"非典"工作的特点是，紧急立法，以法防治。国内"非典"疫情出现后，上海市委、市政府组织专家研究编制"非典"的防治预案和工作指南，"非典"防治工作开始启动预案、以法防治。市人大、市政府启动紧急立法程序，针对"非典"疫情的不同阶段，从预防、控制、"非典"预案、公共场所及设施预防性消毒管理、降低"非典"对部分行业的影响、做好"非典"防治期间社会保障工作，到科学规范"非典"防治措施、对"非典"常态有效管理等方面制定并印发了一系列法规、规章和政策、通告等，把防治"非典"的工作纳入法制化管理的轨道，对防治"非典"战役取得阶段性胜利奠定了坚实的基础。

强化措施，全线应对。全市防治"非典"工作展开后，上海各个行业、区县按照市委、市政府的统一部署,结合各自的特点制定强有力的措施,全面布置并开展防治"非典"的各项工作。市卫生局、市经委、公安,交通口岸、铁道,市中心区、郊区等都紧紧围绕防治"非典"的10个关键环节,制定措施,并严格贯彻落实,形成覆盖全社会防治"非典"的群防群治网络,使得上海的防治"非典"工作有条不紊地展开,并取得胜利。

专家咨询,科研攻关。防治"非典"期间,成立"非典"专家委员会,注重专家咨询和实验室研究,多次组织专家咨询会,就疫情监测、趋势预测、流行病学调查、技术方案论证、诊断标准的确立、医疗救治方案的改进等重要的关键问题进行讨论,为防治"非典"提供决策支持与技术保障。同时组织有关高等院校、科研单位和医疗机构开展科研,发挥优势学科的带头作用,积极有效地开展针对"非典"的技术攻关,一批科研项目取得重大进展或取得重大成果。

宣传教育,群防群治。在积极抗击"非典",阻截"非典"病源扩散的同时,各级政府及有关委办、新闻媒体等开展集中的、大规模的宣传教育活动,提高全体市民的防病意识;倡导全社会积极投入和支持防治"非典"工作。在防治"非典"最严峻的时候,市健康教育部门作了抽样调查,市民对"非典"的知晓率超过97%,对"非典"防治知识准确掌握的达88%,对政府能控制"非典"充满信心的比例达92.5%。全市各机关、企事业单位和广大市民和衷共济、守望相助,为抗击"非典"慷慨解囊。

SARS疫情充分暴露了我国防范应对突发公共卫生事件能力的不足,促使我们痛定思痛,全力推进包括突发急性传染病事件应急管理在内的应急管理体系建设。中国应急管理进入1.0时代。

二 上海世博树丰碑(城市建设规划,上海特色)

城市化和工业化在带给人类丰富的现代文明成果同时,也伴随着前所未有的挑战。人口膨胀、交通拥挤、环境污染、资源紧缺、城市贫困、文化冲突,正在成为全球性的问题,在发展中国家表现得尤为突出,给城市的应急治理带来了新的挑战和机遇。以"城市,让生活更美好"为主题的2010年上海世博会成为历史上首次以"城市"为主题的世博会。

(一) 应急形势与挑战

上海世界博览会举办时间从 2010 年 5 月 1 日至 10 月 31 日，展期为 6 个月，历时 184 天，有 246 个国家和国际组织参展，逾 7308 万人次的海内外游客参观，单日最大客流达到 103.28 万人，均创世博会历史新高，创下规模最大、参观人次最多、单日客流最大等多项历史新纪录，是一届规模空前的人类盛会。这种规模的世博园区的应急管理面临着前所未有的挑战。

1. 规模大、展期长，人流、物流、信息流高度集聚，如遇灾害，易造成大量人员伤亡和财产损失。持续时间长达 184 天，入园人次突破 7300 万，日均 40 万，极端高峰值突破 103 万。如果加上提前十五天开始和推迟十五天结束的安保时间，则整个世博会安全管理战时状态持续 214 天。这是中华人民共和国成立以来举办的时间最长、参与人数最多的世界性盛会。

2. 展馆采用大空间、大体量、大规模建筑形式且自建展馆多，功能复杂，例如正式参展方的自建馆达 46 个、42 个租赁馆、11 个联合馆、18 个企业馆。其中自建馆数量为历届最多，大多根据各国的文化和国情，自行设计建造，风格迥异，并且大部分采用大空间、大体量的结构形式，且功能复杂。如中国馆、沙特馆、德国馆、法国馆等。

3. 528 平方公里的世博园区横跨浦江两岸，处于城市的中心区域，地形地势较为复杂。世博园区临时建筑多、原来建筑改造利用多、复杂体型展馆多，存在诸多不安全因素，增添了监督管理的难度。上海世博园区内约有 2 万平方米历史建筑得以保留、保护，超过 40 万平方米的工业建筑将被保护性改造、置换，约占世博园区总建筑面积的五分之一。对老建筑的保护、利用成为世博会主题演绎中的重要内容。这些老建筑往往存在诸多不安全因素。因此，上海世博会园区入选中国世界纪录协会世界上保留园区内老建筑物最多的世博会。

4. 大量地下空间开发利用和大面积交通运行，形成地下轨道、地下隧道、地下公共通道及综合交通运行的复杂局面，显著增加了世博运行管理工作的难度。园区内设 4 条地面公交线路、5 条观光线、1 条轨道交通专用线、5 条越江轮渡航线、8 条水门航线。每天接送游客量大。这些地上地下的交通综合运行体系给园区安全运行带来了巨大压力。此外，世博会的大客流为城市的公交、轨道交通运输带来前所未有的压力；给航空、火车、轮渡等交通枢纽产生重要影响，增加了住宿、旅游、卫生、清洁、餐饮等各个方面的接待量和压力，增加了城市的公共安全管理的难度。

5. 参展国家、地区和国际组织多，对运行管理服务好世博园区各参展者提出了现实要求。参加上海世博会的国家和国际组织有240多个，有来自全球的189个国家和57个国际组织参展，园区内约有154个展馆，为历届世博会之最，超过了2000年汉诺威世博会172个国家和国际组织参展的最高纪录。

6. 世博园区展览、展示及文艺演出活动频繁、服务人员众多复杂，对运行管理提出了更高的要求。184天会期中，共有超过1200个中外演出团体来园演出，节目总数超过1100个。世博园区共上演各类文化演出活动22900余场，累计吸引观众逾3400万人次。其间，共举办1场高峰论坛、6场主题论坛、1场青年高峰论坛，此外还举办了53场公众论坛。上海世博会新闻中心共接待了18.6万人次的中外记者，还为近400名参展新闻联络官、288场重要官方活动、198个媒体参访团提供了服务。国际广播电视中心（IBC）提供3万多个小时的世博节目资源，充分满足了媒体的报道要求。

7. 世博园区分布在黄浦江的两岸，形成浦东浦西联动，水域的综合利用给世博水上运行管理带来很大的挑战。

8. 世博园区国内外重要贵宾接待任务重，对安保管理提出全方位要求。世博园区运行中，基本上每天都有国家馆日和国际组织荣誉日，大批的国家政要和国际组织代表来世博园区参加各类外事公务活动，给园区的安全保障工作提出了全方位的要求，最多一天安保部有68批警卫任务。

9. 境内外敌对势力和分裂主义分子的恐怖威胁。

（二）应急管理经验和做法

1. 世博园区指挥体系：在市主运行指挥部的直接领导和指挥下，在园区指挥部的基础上形成的一个园区运行指挥平台，是园区运行管理中的大脑和中枢，为世博园区平稳、安全运行提供了坚强的保障。

2. 市政府主要领导和世博局、公安、武警、军队领导分别担任指挥部领导，提升园区运行指挥权威，增强了园区运行指挥工作权威性和有效性，保持政令畅通，指挥统一及反应迅速，有利于协调园区运行中各方力量。

3. 强调园区职能部门高度联动。园区运行相关的专业部门和片区管理部都在指挥中心平台上设立指挥席，在园区指挥部的统一领导下，包括公安、武警、军队力量及园区管理中的卫生、城管、交通等城市管理力量都能在同一平台得到有效整合，形成各种主体大联动的格局，保证园区运行能做到指令统一、步伐一致，各种资源最快整合，提高了各部门快速反应能力，有利于保障园区运行的平稳正常。

4. 园区运行层级突出扁平化特征。在园区运行指挥中，减少了行政层级，从专业指挥角度出发，直接向相关片区和专业部门下达指令，有效调动基层和条线的各种资源，提高园区快速反应能力。

5. 园区运行注重重心下移。片区场馆管理部是园区运行管理的基础，做实做强基层，强化基层执行力是园区成功运行的支撑。因而在园区运行中片区场馆管理部是第一责任主体，不管发生何种事情，第一时间由片区场馆负责解决，然后请求相关条线专业部门的支持和协助，共同解决各类突发事件。

6. 重视信息快速汇聚与共享。园区指挥中心在专业条线配合下，通过二级指挥平台第一时间掌握园区的信息和突发事件的隐患，通过信息上报和沟通，使园区运行中的各类信息以最快速度得到共享。

总之，上海世博会给城市应急管理带来了很多成功经验和启示。可将其简单归纳为以下方面。

1. 目标明确，统一认识，建立工作责任机制，保证了园区问题能第一时间得到发现和解决，控制了园区运行中的脆弱性，降低了各类突发事件的风险，确保园区各项活动顺利开展。

2. 有效整合各类资源，建立顺畅而高效的工作合作机制。

3. 树立问题意识，敏锐分析，精确研判。增强对潜在问题和运行中的脆弱性的敏感度，确保世博会安全运行。

4. 健全制度，规范行为。园区运行管理自始至终坚持各项工作规范化和制度化建设，无论在信息报送、安检入园、参观者服务等方面，还是在部门协调联动方面都形成了基本制度规范和固定的工作机制。例如，在整合园区各种安保力量方面形成了武警、公安与片区"三方三联"（三方：武警、公安、片区；三联：联动、联防、联控）的工作机制，三方统一指挥、就近配置兵力、快速处置情况、下沉指挥中心等，确保第一时间发现问题、第一时间处理问题、第一效率解决问题。这些制度和机制的形成确保了园区运行的规范化和制度化，提高了园区运行的规范化管理水平。

5. 及时评估，善于总结。面对自然灾害，以城市为主题的上海世博会也在探寻如何应对大灾大难。上海世博取得了一系列最宝贵的城市安全应急管理、突发紧急事件处置、城市安全风控的实际经验和先进机制，后世博时代消化吸收、拓展运用上海世博安保理念和成功经验，是对一个历史性的里程碑式的国际大都市盛大活动持续近一年的安全应急风控模式的继承及弘扬。

中国远大公司研究如何建造一座可以抵御地震的房屋，研制出"可建一号"（可持续建筑一号），经过中国建研院工程抗震研究所的试验，顺利通过了抗9度地震测试，被称为是世界上最牢固的房子。

这座坚不可摧的房屋被选进了世博园，成为上海世博会上最大的展品。在远大馆体验过"地震"惊魂未定的游客，进入展馆可以立刻感受到未来安全的房屋。

对"地震"的思考不仅独现于远大馆。作为地震频发国，日本设计师在设计日本馆时没有使用地桩，而采用了覆膜材料减少了对地基的冲击，体现了日本人对建筑抗震能力的重视。

太空家园馆思考的是如何通过高科技手段降低自然灾害的威胁，让人类的生活更为安全。在馆内的"公共安全"展项里演示了人类通过电子技术的应用可以预测灾害，远离灾害带来的痛苦。

在国际红十字新月馆，一幕数分钟的影片带领现场观众陷入"思考"。随着一幕幕关于地震、飓风、海啸的场面在眼前闪过，游客仿佛上了一场关于灾害的精神课程，并从其中感受"生命无价，人道无界"的精神真谛。

无论是建立应对灾害的预警机制，还是灾后的救援都需要长期的探索，上海世博会不同展馆从不同角度所做的"思考"无疑给了后世更多启迪，[①]

---

① 董幼鸿：《关于后世博时代城市公共安全管理创新的思考——上海世博会园区应急管理创新的启示》，《2012年应急管理国际研讨会论文集》，第66—73页。

成为无价无形财富。

三　汶川地震惊全球（城市对口支援，上海特点）

2008年5月12日汶川发生特大地震，地震严重破坏地区超过10万平方千米，其中，极重灾区共10个县（市），较重灾区共41个县（市），一般灾区共186个县（市）。截至2008年9月18日12时，"5·12"汶川地震共造成69227人死亡，374643人受伤，17923人失踪，成为中华人民共和国成立以来破坏力最大的地震，也是唐山大地震后伤亡最严重的一次地震。

地震能够真正考验一个国家和地区的综合应急实力，当时我们国家的响应速度是非常快的，特别是在"5·12"汶川地震救灾工作中，应急社会动员机制发挥了重要作用。在大灾应急中，往往体现出我国举国体制下"全民动员、军地协同"的特点和优势。但是在地震应急和救援过程中也暴露出我国应急管理体系的缺陷和不足。例如，由于缺乏应对大灾的经验，导致最开始的判断不够准确；缺乏精确的指挥体系和精良的技术准备，无法做到针对大型灾害的快速高效应急反应；在汶川地震初期，大批的志愿者前往灾区，电力、消防、医疗等救援力量从各方涌来，大家都希望行动起来参与救灾，但由于缺乏统一协调和有序安排，甚至给救灾带来了一定负面影响，而汶川地震在发生后3天才启动交通管制；汶川地震当时参与救援的专业队伍人数仅有5000多人，志愿者、解放军和武警人数也缺乏专业训练和专门设备，大多数人只能用最原始的铁镐铁铲施救，效率不高。

汶川地震的发生，是危难，也是机遇，在危机大考验之中，转危为安、转危为机，积累了经验，锻炼了队伍，暴露了问题，引导了变革，对我国应急管理体系建设和应急管理理念的转变产生了深远的影响，震撼式地迅速提高了国家和民众对于防灾减灾前所未有的全社会重视，也为更有效地应对此后的地震灾害应急提供了直接的宝贵经验，还由此引发了中国应急管理领域的各项工作从理论到实践、从政策到管理、从政府到社会的巨大改变。

从2009年起，每年5月12日被确立为全国防灾减灾日；汶川地震直接推动了中国的紧急医疗救援体系逐步建立并快速发展，促使此后我国地震应急机制在救援力量、设施装备、技术能力、政策规则、制度体系上取得了长足进步，提升全民减灾防灾技能及增长安全防范素质。汶川地震发生后，中国应急管理体系建设也驶上专业化和职能化的快车道，中国应急管理预案、体制、机制、法制和能力都获得了跨越式的发展。中国应急管理进入 2.0 时代。

上海参与对口支援。汶川地震后的灾后恢复重建是一项十分繁重而艰巨的任务。为举全国之力，加快地震灾区灾后恢复重建，并使各地的对口支援工作有序开展，经党中央、国务院同意，建立了灾后恢复重建对口支援机制，并考虑了支援方的经济实力和受援方的灾情程度，兼顾安置受灾群众阶段已形成的对口支援格局。

2008 年 6 月 13 日，距离汶川特大地震发生一个月，中央制定《汶川地震灾后恢复重建对口支援方案》，按照"一省帮一重灾县"的原则，全国 19 个省市对口支援四川、甘肃、陕西受灾严重地区，上海对口援建属于"极重灾区"的都江堰市。

2008 年 6 月 18 日，上海市对口支援都江堰市灾后重建工作领导小组成立，下设办公室，同时作为上海市对口支援都江堰市灾后重建指挥部，沙海林兼任办公室主任、总指挥。同年 11 月 15 日，薛潮接替沙海林担任援建工作办公室主任、总指挥。

只争朝夕。6 月 28 日，上海市委组织部举办对口援建选派干部培训班，随后成立对口援建现场指挥部临时党委。6 月 29 日，指挥部先遣组赶赴都江堰。6 月 30 日，上海市医疗卫生队进驻都江堰各工作点，与抗震救灾医疗队进行现场交接。7 月 1 日，都江堰市灾后重建工作委员会上海对口支援工作组成立。7 月 2 日，上海对口援建都江堰指挥部人员整体入驻青城山镇一个名叫玉景园的农家乐小院。

早在对口援建工作启动之前，2008 年 6 月 5 日，中央政治局常委会议研究部署汶川地震灾后恢复重建对口支援工作，国务院有关方面拟订援建方案过程。6 月 12 日，上海市规划局专家小组深入都江堰等地震灾区进行实地考察，帮助都江堰市开展建筑受损情况评估与重建规划方案准备。6 月 17 日，市委常委会听取并审议专家小组前期调研考察和灾后重建情况报告。对口援建工作指挥部成立后，确立了"问计于民、问计于当地政府、问计于专家学者"的援建工作规划原则。

时任上海市委副秘书长、市委研究室主任王战，率领有关专家学者和由"两院"院士组成的专家团一行15人，专程赴都江堰调研，围绕都江堰市灾后重建的科学布局、优势领域和事实路径等进行专题研讨，为都江堰城市规划与建设、城市管理与社会发展、生态环境保护与旅游经济、节能减排与可持续发展等提供决策咨询。在此基础上，成立对口援建都江堰市灾后重建工作专家委员会，其中工程建设专家19位，负责对援建工程项目的立项、方案设计、重大技术要点等进行咨询、决策指导。

时间紧，任务重，更要尊重科学规律。7月13日，都江堰市灾后重建规划概念方案集中研讨、评审完毕，来自日本、法国、美国、瑞士以及中国的十多个设计规划机构参与竞标。这是公开亮相的汶川地震灾区首个灾后重建规划概念方案，听取专家学者、援建对象意见和建议。经过广泛交流研讨，确定都江堰市灾后重建规划思路是：延续原有目标与总体框架，在空间开发上依托旧城、就近安置、新旧联动；在发展理念上，始终坚持将生态保护作为第一责任，将造福于民作为第一追求；在产业发展上，重点恢复旅游业，加快发展高科技产业和生态农业。

科学的规划方案，严格的管理体制机制，是援建工程质量高标准的保障。对口援建工作是一项政治任务，也是一件好事善事。把好事做好，把善事做到心坎上，还要把好事善事做得干净廉洁，是援受双方社会各界对援建工作的普遍期待。对口援建都江堰工作创建了"制度+科技"的项目审计与资金监管工作"上海模式"，做到权力在阳光下运行，资源在市场中配置，资金在网上监管，没有出现过一起腐败案件。

上海市审计局及时制定对口援建都江堰灾后重建项目审计工作方案，明确对援建项目进行全过程审计，确保援建工程质量和资金使用的真实、合规和有效。

援建指挥部根据援建工作实际，逐步形成一整套管理办法、制度和规程，按照透明、高效、安全的原则，制定《援建项目管理规程》《援建资金管理使用实施细则》《援建财务监督管理实施细则》等20多项涉及资金物资监管和工程质量安全的规章制度。同时，建立上海和都江堰"两地五方"监督工作联席会议制度，即上海市纪委监察局、成都市纪委监察局、都江堰市纪委监察局、上海市对口援建指挥部、都江堰市对口援建办公室，定期分析研判资金监管方面的情况和问题，及时排查风险点，消除廉政隐患，确保每一个项目都是优质项目、民心项目、廉洁项目。

2009 年 10 月 20 日，上海市政府网站正式发布《上海对口援建都江堰市灾后重建资金计划安排及项目实施情况公告》，向社会详细公布援建项目资金筹措及使用安排情况。此后，又继续跟踪援建项目进展，分四次持续发布审计报告，直至对口援建项目圆满完成任务。

援建工作是全方位的，从抗震救灾，到对口援建，再到生产发展、社会重建，包括医疗公共卫生体系、现代生态农业体系、商业旅游服务经济体系、城市基础设施和公共服务体系、文化艺术教育体系等等。

在"5·12"汶川特大地震中，都江堰市是重灾区，57 支来自上海的专业队伍驰援灾区，1.5 万人参与援建。截至 2010 年 8 月底，总投资达 82.5 亿元的 117 个上海援建都江堰项目全面竣工并交付使用，形成了覆盖城乡、惠及民生的"5.2.1"援建项目体系。2010 年 9 月初完成援建项目资产的整体移交。学校、医院、水厂、污水处理厂、社会福利院等上海援建"交钥匙"项目总体运行情况良好，功能得到充分发挥；40 个"联建共建"项目已基本投入使用，审计等相关工作平稳完成；7 个"交支票"项目顺利实施。为了巩固援建成果、深化交流合作，2010 年 8 月，上海市对口支援都江堰市灾后重建指挥部、上海市人民政府合作交流办公室和都江堰市人民政府共同商定，达成了《关于构建上海市对口支援都江堰市工作长效机制的框架协议》，建立定期沟通交流和联系工作机制等多层次的合作交流机制，加强教育、医疗等援建项目后续运行管理保障，推进农业、商贸、旅游等领域全方位多层次合作交流。

由上海市同济城市规划设计研究院设计的"壹街区"将上海"里弄"风格复制于此。一条主干道及 4 条支路将 12 个社区串联，"品"字形排列的楼体彼此相望，"像是在互相守护"。1.5 平方公里的建筑面积也让"壹街区"成为都江堰市目前单体容量最大的社区。如今壹街区已经安置了 2501 户共 6969 名受灾群众，实现 100% 安置。

2009 年 9 月 1 日，都江堰市全市 48 所受灾学校统一在北街小学召开开学仪式，48 所学校的校长从援建单位手中接过永久校舍的新钥匙，其中 22 所学校由上海负责援助建造。[①]

[①] 杨舒鸿吉：《驰援都江堰：117 个援建项目里的上海情谊》，搜狐网（https://www.sohu.com/a/231338023_313745）。

四 特大型城市应急（国家重大安全，上海情况）

特大型城市一般是一个国家或地区的政治、经济和文化中心，人口、建筑、企业、商业、交通等现代化城市要素高度集中，其城市化水平，产生突发性灾害事件的风险因素、发生概率、灾害种类，以及灾害造成的损失和影响均高于一般城市。

上海作为我国人口最多、经济最发达的城市，是带动长江经济带，乃至全国经济发展的龙头城市。上海城市人口密度日益加大，高层建筑、特种设备、轨道交通、地下空间等设施设备大量投入使用，船舶、冶金、重型装备制造、化工等产业不断发展，所有这些都客观上增加了城市运行安全风险。

经过多年探索和实践，上海逐步建立了符合法律法规总体要求、对应国家应急体系架构、基本适应上海特大型城市特点的应急管理体制机制，有力维护了城市的安全运行。概括起来，主要做法有以下几方面。

一是健全应急管理组织体系。从2001年起，上海市开始实践从城市减灾的单灾种管理向综合减灾管理转变，成立了上海市减灾领导小组及其办公室，确立了上海综合减灾和紧急处置体系框架。2004年9月，上海市构建起城市应急联动工作体系，整合公安、消防等资源，依托上海市公安局指挥中心，成立了上海市应急联动中心，搭建统一的110接警平台，作为本市突发事件应急联动处置的职能机构和指挥平台，进一步提升突发事件应急响应能力。2005年，按照党中央、国务院的统一部署，围绕"确保城市安全运行"主线，以"一案三制"建设为主要内容，按照"测、报、防、抗、救、援"六环节全过程管理的要求，全面加强应急管理工作。2005年8月，上海市委、市政府决定成立上海市突发公共事件应急管理委员会（以下简称"市应急委"），决策和部署本市应急管理工作，并在市政府办公厅设立市应急办，承担市应急委的日常工作，负责值守应急、信息汇总、综合协调和督促检查等职责，发挥应急管理工作枢纽作用。明确市政府相关委、办、局和有关单位，按照各自职责，承担相应种类突发事件防范和处置职责；市应急联动中心作为上海突发事件应急联动处置的职能机构和指挥平台，履行应急联动处置一般和较大突发事件、对重大和特别重大突发事件进行先期处置等职能。同时，根据大城市政府管理特点，建立扁平化、全覆盖的应急管理体制，针对本市应急管理的重点区域和高危行业重点单位，设立9个市级基层应急管理单元，分别落实组织体系、应急预案、保障体系、工作机制和指挥平台5个要素，提高常态下的防范以及非常态下的应急处置效能。各区县应急管理机构按照属地化要求，依托现有的行政组织体系，探索建立了多元化的管理机制和模式，努力做好本行政区内的各项应急管理工作。依托公安消防部队，成立了市应急救援总队，并发挥基层专兼职队伍和志愿者队伍的应急救援辅助作用。上海市综合救援队伍、各类专业救援队伍和基层应急队伍队员在2005年前后就达近8万人，覆盖防汛防台、安全生产、公共卫生、轨道交通等多个领域和市、区、街道（乡镇）等各个层面。按照"分级负责、分类管理、建管结合"的原则，针对各类突发事件应对工作特点，依托应急管理各工作机构，建立了应急管理专家队伍。

二是建立适合特大型城市特点的工作机制。主要包括：（1）监测预警机制。市气象、防汛、地震、海洋灾害、传染病、消防、旅游安全等监测预警预报体系已初具规模，预警预报系统达到了国内先进水平。例如，依托上海市气象局资源，建立了上海市预警发布中心，推进多灾种早期预警系统建设，加强监测预警信息共享，整合信息发布渠道，统一发布预警信息，进一步提高预警效能。（2）应急处置机制。主要包括信息报告和通报、先期处置、应急响应、指挥协调等机制。一旦发生突发事件，市应急联动中心统一接警，指挥调度应急联动单位实施联动处置。对持续时间较长、影响范围大、联动处置不能有效控制事态的，报请或由市应急委直接决定，成立市应急处置指挥部统一指挥处置。（3）分工协作机制。"条、块、点"相结合的工作网络基本形成。条上，对应国家层面分工，明确由市民政局、市安监局、市卫生局、市公安局分别牵头推进自然灾害、事故灾难、公共卫生和社会安全等四大类突发事件应急管理工作。同时，根据国务院办公厅《关于加强基层应急管理工作的意见》，确定市民政局、市安监局、市教委负责推进应急管理进社区、进企业、进学校。块上，按照属地管理原则，各区县着重落实突发事件风险隐患排查、治理、科普宣教等防范工作，做好突发事件应急处置过程中的人员疏散安置、后勤保障、善后处置、社会动员等工作。点上，依托市级基层应急管理单元,明确管理主体、落实管理职责、建立管理机制、形成工作合力。(4)应急保障机制。一是信息保障。依托信息化手段,以上海市应急平台为枢纽,整合应急管理业务信息资源,实现与国务院总值班室、各区县和有关部门、单位值班部门的互相联通,基本具备为处置重特大突发事件提供信息技术支持的条件。二是物资保障。已建立起市级重要商品储备、专业应急物资储备、区县物资储备等三级储备体系,在汶川特大地震救灾援助、防控甲型流感H1N1等工作中,发挥了作用。三是经费保障。建立了预算调整、紧急拨付、税收援助等一整套紧急财政制度。市、区县两级财政逐年增加对各项应急防范资金的投入。(5)科普宣教机制。建立了分级分类的应急管理科普宣教机制。例如,在干部教育培训方面,依托上海行政学院,成立了城市公共安全应急管理培训中心,对应急管理干部进行专题培训。在应急队伍能力培养方面,依托市消防训练基地,建成上海市应急管理培训基地,着力提高各类应急救援队伍应急处置能力。在社会宣传方面,按照分类管理的职责分工,由民防、民政等部门组织实施,并结合"5·12"防灾减灾日、"11·9"消防日等节点,集中开展主题性的应急管理宣传活动。(6)协同协作机制。探索建立军地协同机制,发挥军队在抗灾抢险中的主力军作用。在闵行区开展国防动员和军队指挥体制与政府应急管理体制相衔接的试点工作,进一步加强军地一体化联动指挥机制、预案体系和信息平台等建设。探索建立区域应急管理合作机制。2010年12月,沪、苏、浙三地签订了应急管理区域合作协议,围绕应急信息沟通、应急处置协同、救援资源共享等机制建设,① 共同推动长三角安全圈应对突发事件的能力和水平的提升。(7)值守应急和信息报送机制。按照国务院有关突发事件信息报告工作规定和要求,上海市建立、健全了值守应急和突发事件信息报送工作机制,严格全市突发事件信息报告制度,规范应急值班平台操作,加强突发事件信息报送工作,加强社会舆情关注和核查督办,发挥值守应急在保障城市运行安全和生产安全过程中的应急中枢作用。同时,推进值守应急标准化建设,加强政府系统值守应急工作。(8)评估考核

---

① 董泽宇:《推进应急管理建设 保障特大型城市运行安全——访上海市应急办及应急委部分成员单位负责人》,《中国应急管理》2013年第9期,第43—51页。

机制。根据《中华人民共和国突发事件应对法》以及《上海市实施〈中华人民共和国突发事件应对法〉办法》等相关规定，制定了《上海市应急管理工作考核办法（试行）》，对各区县应急委、市应急委各成员单位及有关单位实行年度考核，采取自评、测评相结合的方式，由市应急办具体组织实施，主要围绕应急准备、值守应急与预警、应急联动与处置、善后和工作总结等五方面内容进行考核评估。

三是完善应急法规体系。《中华人民共和国突发事件应对法》的许多条款都规定各级政府是责任主体。我们通过研究发现，涉及"县级以上人民政府"或"有关人民政府"的职责达30多项。作为国家层面的综合性法律，有些方面的规定还比较原则，上海市需要结合实际进行细化和落实。一方面，上海市在实践中形成了一些应急管理的特色制度，例如在体制方面，拓展了属地为主的原则，探索了单元化应急管理的工作。在机制方面，建立了应急联动机制，集中、统一地开展应急处置。这些行之有效的做法需要通过立法来予以确认和固化，并形成长效机制。另一方面，需要不断推动应急管理工作法制化、规范化。全面梳理现有法规制度，有针对性地剖析当前城市运行安全与应急管理风险隐患的关键和核心点，确定重点推进的应急管理、安全生产、消防安全、食品安全、质量安全等领域的地方立法、规章制度等项目，在国家法律框架内，创新和完善相关制度和措施。2012年年初上海市启动了《中华人民共和国突发事件应对法》地方立法工作，并将其纳入当年市人大立法项目。市应急办会同市政府法制办等单位，并邀请市人大内司委、市人大常委会法工委派员指导，开展了地方立法工作专题调研，与国务院应急办进行了工作沟通，并组织赴外省、市学习考察。通过上海市人大相关机构、市政府相关部门和单位的共同努力，2012年12月26日，市人大常委会通过了《上海市实施〈突发事件应对法〉办法》，并于2013年5月1日起实施。

四是完善应急预案体系。结合上海特大型城市特点，形成了以市级总体预案为龙头，50余件专项和部门预案为主体，各区县、单元、重大活动和基层应急预案为支撑的应急预案体系。其中，市总体应急预案主要明确突发事件应对的工作原则、组织体系、响应机制和保障要求，体现指导性和规范性；各区县应急预案、专项与部门应急预案、基层单元应急预案主要针对具体区域和突发事件，着重界定突发事件应对的工作任务、职责分工和处置程序，突出适用性和衔接性；重大活动应急预案、工作预案、处置规程以及社区（乡村）、企业、学校等基层单位应急预案，侧重确定应急处置行动的具体程序等，强调操作性和实用性。在进一步做好市级专项及部门应急预案评估、修订工作的同时，推动街道、乡镇、居（村）委会、企业、学校、商住楼宇、公众场所等基层单位应急预案建设，进一步明确责任主体，提高预案覆盖率、可操作性、实用性，促进基层应急管理工作的规范化；加强有关人员疏散、火灾事故处理等基层预案宣传，提高群众自救互救意识，充分发挥基层预案作用。结合预案内容，组织开展消防、防汛、气象灾害防御、交通事故处理、环保、反恐、疏散等预案演练，特别注意加强新编、修订的应急预案培训和演练。①

主要不足之处：由于将应急联动中心设在市公安局，市应急联动中心可能同时受到市应急委、市反恐办、市维稳办等多个协调管理机构的指挥，从而形成"多"对"一"的关系。这种模式存在的问题是多头领导，程序复杂，缺乏统一管理，反而会削弱对复合型突发事件的应对能力。另外，在全市资源的快速调集和整合方面，市公安局的指令难以形成有效的工作程序，特别是在一些重大突发事件应急救援过程中，此问题暴露得比较明显。还有，没有规定市应急办和市应急联动中心之间的关系，二者在一些职能上存在重合，在应急管理工作中经常产生冲突。

第二节 天灾人祸齐接踵

【应急事件与典型案例】

上海应急治理处于成长与探索（2003—2012）时期，应急管理处于SEMS2.0版本阶段，在这个十年里，可谓是天灾人祸接踵而至。从2008年春节的抗雨雪冰冻灾害（2008年1月25—29日、2月1—2日），到2009年夏天的莲花河畔房屋倒塌（2009年6月27日），到2010年的静安胶州路烈

---

① 董泽宇：《推进应急管理建设 保障特大型城市运行安全——访上海市应急办及应急委部分成员单位负责人》，《中国应急管理》2013年第9期，第43—51页。

火（2010年11月15日），再到2011年的地铁10号线追尾（2011年9月27日），整个的连续四年里，每年各发生一起重特大公共突发事件，就在这刚刚跨入的21世纪里，上海应急治理的道路是风雨兼程、灾祸齐发。而这十年也是政府对灾祸认知和应对取得最大进步的十年，从应急管控，到应急管理，再到应急治理，取得了实质性跨越性的进步，"一案三制"成就好，应急联动建中心，世博安保成典范，闵行区域综治新。

一 抗雨雪冰冻灾害（2008年1月25—29日、2月1—2日）

2008年1月中下旬至2月初，遭受低温雨雪冰冻天气袭击，其强度大，持续时间长，对经济社会和人民生活的影响之大为上海历史罕见。1月下旬至2月上旬，上海市平均气温和平均最高气温分别较常年同期偏低2.6℃和3.9℃，为近30年来最低值；雨雪持续时间为1964年以后最长，累积雨雪量达114毫米，为1901年以后历史同期最多，积雪深度达22—23厘米，为上海近136年来第二极值。全市共2人死亡，转移安置1658人；农作物受灾面积700公顷；倒塌房屋82间，损坏房屋594间；直接经济损失15635万元，居2008年各种气象灾害损失之首。此次灾害对上海市的影响主要表现在以下三个方面。

（一）路面积雪、结冰对交通造成重大影响，春运受阻

此次低温雨雪冰冻天气正值春运高峰期，严重影响了公路、铁路、民航等交通部门的正常运营，对人们的出行及返乡极为不利。虽然上海市范围内的路面积雪、结冰严重程度相对周围省份较轻，但由于江苏、浙江、安徽等地的路面积雪、结冰现象严重，导致机场和高速公路关闭，迫使上海的高速公路几度全部关闭，两大机场实际使用率仅为50%。上海长途客运取消3000多个班次、近10万旅客受阻，是上海春运十几年来受影响最大的一次；因铁路运输受阻，铁路上海站1月28日停止发售28—30日北方及南方长途各次列车车票；铁路上海站因大批趟次列车未能及时到发或停运，近9万名旅客滞留；机场延误航班6000余次，受影响旅客近8万人次。上海港长江口一度全面封港，200多艘船取消出航计划。

（二）低温雨雪冰冻灾害对农业生产造成影响

由于长时间的阴冷天气使作物光合作用明显减弱，对小麦、油菜等越冬作物生长十分不利，部分作物受冻，低温同样造成西甜瓜苗生长处

于停滞，部分瓜苗出现僵苗、死苗等现象，蔬菜生长速度减慢，产量和品质下降。其造成全市大面积农田受灾和大棚倒塌，估计各种大棚重建资金需4亿—5亿元。

(三) 对人民生活的影响

因路面结冰和积雪，造成跌伤骨折、车祸的急救病人成倍增加，急救业务量也急剧上升，1月28日出车达到793次，创上海市救护出车数量之最。持续低温使上海地区的用电负荷一再创出新高，1月28日全市用电负荷最高达1800万千瓦，创冬季用电历史最高纪录；为节约用电，上海全市关停景观灯。积雪使全市共发生简易房屋工棚坍塌近70万平方米。

2008年年初，受异常气候影响，我国南方地区先后四次出现大范围低温雨雪冰冻天气过程。这场突如其来的雨雪冰冻灾害肆虐的时间正是一年一度的全民大迁徙的春节前夕，它席卷的地域偏偏是以往习惯了温煦冬阳的南方，其危害之大50年来从未有过。一时间，城乡交通、电力、通信等遭受重创，百姓生活受到严重影响，经济损失巨大。由于持续低温雨雪天气，中国最新、最先进的一条输电线路——三峡电力大动脉湖北宜昌至上海的500千伏直流流输电线路安徽霍山张冲段的4座线塔竟然被雨雪压垮了。[①] 三次暴风雪的连续袭击[②]，造成高速铁路、公路、民航受阻，旅客大量滞留，生活和生产物资运输中断，公路险情不断。[③]从2008年1月中旬开始，我国江南地区的降雪使得部分高速公路相继进入关闭状态，不少省市的高速公路全线封闭。上海两大机场近千个航班

[①] 国家电力监督委员会主席史玉波：按照我们南方输电线路设计标准，覆冰是10—15毫米的设计标准，按照15—30年一遇设计。这次天气是50年一遇，覆冰达到30—60毫米，远远超过设计标准。

[②] 1月12日，长沙飘落了2008年的第一场雪，此时分别来自西北、东北、西南三股不同方向的冷暖气流正在向我国南方大部分地区和西北地区东部不断逼近。而2008年南方大部分地区普降第一场雪，也就此拉开了一次罕见低温雨雪冰冻灾害序幕。在第一场雪还没有完全融化的时候，第二次暴雪又再次降临，从1月18日开始，第二次冷空气自西向东推进，这与往年相比显得十分反常。从1月25日至2月2日，第三、第四次暴雪接踵而来。第三次降雪是这次低温雨雪灾害的转折点。它最终影响到了全国20个省（区、市）超过1亿人口范围。

[③] 国家气象中心主任端义宏介绍：低温灾害实际上是一种冻害。每年黑龙江零下40℃都没有问题，因为它比较干，没有严重的结冰现象。但是在南方不同，有大量的水汽遇到低温后结冰，使导线结冰、铁塔垮塌。道路结冰车子没法开，还有就是低温造成温度太低结冰长时间不化，使灾害延续。

延误。①

上海市分别于1月25—29日、2月1—2日两次出现明显雨雪冰冻天气，累积降水量达到70.3毫米，全市最大积雪深度为23厘米，雨雪量、积雪深度为近60年来最大，持续降雪时间为1964年以来最长。此次罕见的低温雨雪冰冻天气正值春运高峰，对上海市交通运输、春运工作、电煤供应、群众生活和人民生命财产都造成了严重威胁，给城市安全运行带来了严峻考验。据统计，雨雪冰冻期间全市因灾死亡2人，受伤14人，因危房简屋发生险情转移安置群众1658人；倒塌各类房屋82间，损坏房屋594间；农作物受灾面积10684公顷；倒塌厂房、工棚69.1万平方米；因灾直接经济损失1.5635亿元；部分跨省高速公路几度封闭；全市各春运站点旅客滞留总数累计23万人次。其中1月28日铁路上海站出现滞留高峰，滞留旅客4万人；2月2日铁路上海南站出现滞留高峰，滞留旅客6万人。其间，全市10KV线路故障19起，同时用电负荷持续走高，最高用电负荷为1802万千瓦，电煤库存可用量一度下降到5—6天；受灾害影响，蔬菜价格出现较大涨幅。

全面抗击2008年雨雪冰冻灾害。上海市委、市政府高度重视，按照党中央、国务院的统一部署，全力组织低温雨雪冰冻天气的防范和处置工作，做到了预警信息发布早、准备工作部署早、应急机制启动早，城市应急管理体系发挥了明显作用，将灾害可能造成的损失降到了最低，防止了次生灾害和重特大等级事故的发生，确保了城市安全有序运行和市场基本稳定，经济社会保持了良好的发展势头。2月5日新华社对上海市应对低温雨雪冰冻天气工作进行报道，认为"此次迎击雨雪恶劣天气，各部门在全市统一的应急管理体系下，分工协作，相互配合，优势互补，实现了抢险工作的有效运转"。

领导重视，靠前指挥。1月28日，时任市委书记俞正声、市长韩正分别到市应急联动中心、长途客运总站和铁路上海站检查工作，并慰问一线工作人员。1月31日，市委召开常委会，听取市政府灾害性天气应对工作情况汇报，并对全市抢险抗灾、节能节电等工作提出要求。2月2

---

① 《2008我国南方出现罕见雨雪冰冻灾害》，中国天气网（http://www.weather.com.cn/zt/kpzt/1233643.shtml）。

日上午，韩正同志到市政府总值班室，打电话直接了解职能部门和部分区县应对雨雪冰冻天气工作情况，随后召开紧急会议，强调要认真贯彻、全面落实党中央、国务院和市委部署，尽最大努力降低雨雪冰冻天气影响，确保群众的生命财产安全，确保生活必需品的正常供应，确保城市安全有序运行。会议明确常务副市长和各位副市长结合工作分工，牵头负责相应领域的应对工作。会后，市领导立即分四路赶往虹桥机场、高速公路、铁路上海火车站和长途客运站等处检查工作。市委常委、常务副市长杨雄及副市长沈骏等同志从1月26日起，多次召开市政府专题会议和全市抗击雨雪冰冻灾害紧急电视电话会议，研究、部署雨雪冰冻天气期间春运、扫雪除冰、道路交通保障和滞留农民工安置等工作。市委常委、副市长屠光绍，副市长唐登杰、胡延照、艾宝俊、沈晓明、赵雯等深入一线，组织部署、落实全市应对雨雪冰冻天气的有关工作。

预警准确，发布及时。1月上旬起，市气象局就开始密切关注灾害性天气情况，加强监测，并组织与周边省市的气象联防会商，及时向市有关部门通报重要动态情况。在雨雪冰冻天气过程中，气象部门通过媒体共发布暴雪、道路结冰、寒潮等预警提示15次，有关预报情况基本准确。按照市领导要求，市应急办先后5次发出预警防范工作通知，要求各区县、各部门做好各项预防和应急准备工作；多次组织相关单位，研究灾害性天气影响和对策，并对具体问题进行协调。市委宣传部、市政府新闻办向上海市各新闻单位下发了《宣传通知》，对各新闻单位如何做好应对雨雪天气的宣传报道提出了明确要求。据不完全统计，在应对雨雪灾害天气的10天时间里，上海市主要媒体共刊播相关新闻报道950多篇（条）。各区县、各部门和各单位按照全市的统一部署，纷纷建立起横向到边、纵向到底的工作网络。有关单位还通过手机短信、电视滚动字幕、社区电子公告牌、高速公路和高架道路情报板、车载移动电视等及时向社会公众发布气象预警信息及防范提示。

指挥有序，重点突出。雨雪冰冻天气前期，市政府即成立上海市应对雨雪冰冻灾害和安置滞留农民工应急处置指挥部，由常务副市长和分管副市长担任总指挥和副总指挥，指挥部办公室设在市应急办。市应急处置指挥部及时梳理有关情况，明确了应对雨雪冰冻灾害的四个重点，即"保畅通、保市场、保春运、保运行"。根据市委、市政府要求和有关气象预报，各区县、各部门和各单位迅速启动应急预案，开展各项防范和处置工作。

"保畅通"方面：上海市政局共投入1.1万余人次，动用各类应急车辆3400余台，撒布融雪材料350多吨，在上海警备区和武警上海市总队2000余名官兵的支援下，连续奋战，全力铲除冰雪，及时抢通600多公里高速公路、100公里城市高架路、5座跨黄浦江及所有苏州河桥梁；市容环卫部门全行业6000余名干部职工全员上岗，对地面道路积雪进行及时清扫；各区县发挥街道、乡镇和居（村）委会等基层组织的作用，发动企事业单位、居民志愿者累计约40万人次，对区内道路和小区积雪进行清扫。公交、地铁、出租车等行业落实各项防冻防滑措施，在确保安全运行的前提下，增加部分线路运力，缓解交通压力。

"保市场"方面：市经委、市发展改革委、市政局加强协调，开辟农副产品绿色通道，减免来沪农产品通行费和进场费等，加大主副食品供应，并在部分菜场、集贸市场、大卖场设立供应和价格监测点，及时掌握市场变化情况，稳妥做好临时价格干预等措施。市农委按照应急预案，建立专门的农业防雪防寒应急指挥机制，指导督促抗灾救灾工作。

"保春运"方面：市建设交通委、市交通局、上海铁路局、机场集团等部门和单位，采取有效措施，在确保安全的前提下，千方百计输送滞留旅客。市公安局、武警上海市总队调集执勤干警和3000名武警官兵配合铁路、公路、民航、水运等部门维护秩序和疏散滞留旅客。各区县按照工作部署，及时开启体育场馆、中小学等场所安置旅客。市卫生局、市食品药品监管局认真搞好相关场所的卫生防疫和食品供应安全检查。

"保运行"方面：市发展改革委在灾害性天气初期加强应急物资储备，组织筹备了15万只草包、30万条麻袋、2.5万吨工业盐等一批应急救灾物资，并及时启动储备商品动用机制，安排市级储备2万把铁锹随时待命；市政局备足生产物资，细化限气、停气应急处置方案，加强燃气供应调度，确保供气平稳；市水务局落实防冻保暖措施，及时处置供水管道险情；市房屋土地资源管理局加强应急值守，提高物业报修处置能力，并加大危房地区巡查力度；市安全生产监管局、市质量技监局、市建设交通委督促有关企业落实雨雪冰冻天气下的各项安全生产措施，并对危险化学品、特种设备、轨道交通施工站点等重点部位和重点场所加大了监管力度;市卫生局充实一线门诊力量,开辟急救"绿色通道";市经委加大资源采购力度,提高煤炭运力,将电煤库存逐步提高到7—10天;上海铁路局采取积极措施,努力保证电煤运输,45天完成装车17万余辆,同比增长15.2%,有效缓解了华东地区电煤供应紧张局面;上海海事局主动联系电煤船运公司,优先各项措施,保障重要物资水运;市电力公司加强巡视,配强抢修力量,维护好发电机组的稳定运行和电网安全,确保城市电力供应;宝钢等国有大型企业,积极响应市委、市政府节能节电的号召,采取限电避峰措施,优先保证居民电力供应;申能集团、上海石油天然气公司加强生产,保证供应。

强化联动,形成合力。市公安局充分发挥应急联动平台作用,全力确保社会治安秩序和道路畅通。据统计,1月25日至2月3日,市应急联动中心共接报警31.4万余起、处警9.3万余起;向联动单位发送警情1万余起,日均联动处警1100余起,同比1月中旬日均上升40%。市气象局每天向全市300多家相关职能部门和单位定时提供最新的气象预报情况。市容环卫局在工具、设备自身不足的情况下,主动支援市政局参与保障城市快速路的畅通。围绕铁路两站滞留旅客,各有关方面牢固树立一盘棋的理念,讲配合,讲支持,讲协作,共同应对。市劳动保障局加快农民工工资拖欠案件的处理,解决农民工的后顾之忧;市建设交通委、市国资委、市外经贸委等部门准确统计滞留车站的农民工数量,细致做好劝返工作,为全市及时有效组织安置工作打好基础;各区县负责对农民工进行分类托底安置;市教委、市体育局和市民防办等部门积极参与配合。据不完全统计,全市共设置以体育场馆、学校和民防地下工程为主的滞留农民工安置点765个,实际启用滞留点410个,累计安置滞留农民工约12万人。驻沪部队主动请缨,全力以赴,上海警备区组织兵力约3000人次,武警上海市总队派出兵力1.8万人次,先后担负越江大桥、机场、隧道等重要部位的执勤保障任务,发挥了人民子弟兵在抗灾抢险中的突击队作用。社会各界、企事业单位、市民群众积极参与、守望相助、共同应对。①

在上海应急治理四十年的第三个阶段成长与探索(2003—2012年)

---

① 《上海应急管理报告》,上海市突发事件应急管理委员会办公室,上海人民出版社2012年版。

时期，即应急管理SEMS2.0版本时代，如果说2003年春SARS病毒、禽流感是上海应急治理组织体系的催生剂的话，那么2008年春的雨雪冰冻灾害就是对上海应急组织体系的全面考验。实践表明，在这场全面抗击雨雪冰冻灾害的战役中，军队、武警包括驻沪部队，上海警备区，武警上海市总队，上海的政府部门几乎全员参战，包括市应急联动中心、市政府总值班室、市气象局、市交通局、市公安局、市政局、市水务局、市卫生局、市食品药品监管局、市安全生产监管局、市质量技监局、市房地资源局、上海铁路局、上海海事局、市容环卫局、市劳动保障局、市体育局和市民防办、市发展改革委、市建设交通委、市经委、市农委、市教委、市委宣传部、市政府新闻办，大型国有企业应急单元包括市电力公司、上海铁路局、机场集团、宝钢、申通集团、申能集团、上海石油天然气公司等国有大型企业，虹桥机场、高速公路、长途客运总站和铁路上海站，公交、地铁、出租车、市容环卫部门全行业，各区县街道、乡镇和居（村）委会等基层组织，社会各界、居民志愿者、市民群众，从政府，到企业，到事业，到社会，全员联手，协同配合，取得了全面抗击2008年雨雪冰冻灾害的胜利，把各项损失降到了最低，还把社会效益增到了高点。经历了实战洗礼和检验之后的上海应急联动中心、上海应急联动体系、上海应急组织网络、上海应急协作平台，特别是上海应急指挥体系，上海的全员社会协作支撑，都得到了极大的锤炼，并由此而迅速成长、稳健进步，标志性地进入一个快速成长、锐意探索的新时期。这是经历了后续更严峻社会安全危机考验的上海应急治理四十年的关键成长期，在连续的天灾加人祸里，上海进行了连续的应急动作升级，从建上海市应急联动中心，到上海世博会成功安保经验，再到闵行大联动的创新，一路灾难，一路应急，可谓风雨兼程，筚路蓝缕。

二 莲花河畔屋倒塌（2009年6月27日）

2009年6月27日凌晨5点30分左右，当大部分上海市民都还在睡梦中的时候，家住上海闵行区莲花南路、罗阳路附近的居民却被一声巨响吵醒，伴随着的还有一些震动，罗阳路口西侧"莲花河畔景苑"中一栋13层已结构封顶的在建住宅楼完全倾倒式倒塌，造成一名一大清早不到六点钟就进入倒塌大楼试图拿工具安装门窗的27岁安徽籍安装工人被压窒息死亡。①② 庆幸的是，由于倒塌的高楼尚未竣工交付使用，所以，事故并没有酿成居民伤亡事故。此次事故造成直接经济损失 1900 余万元。③④ 该栋楼整体朝南侧倒下，13 层的楼房在倒塌中并未完全粉碎，但是，楼房底部原本应深入地下的数十根混凝土管桩被"整齐"地折断后裸露在外，非常触目惊心。该小区临河原本有六七栋在建的 13 层小高层，远远望去，沿河的这排楼房之间出现了一处"空当"。该在建住宅楼由上海众欣建设有限公司承建，开发商为上海梅都房地产开发有限公司。⑤

事故应急处置。事故发生后，时任上海市委书记俞正声和市长韩正立即要求彻底查清事故原因，严肃追究事故责任，并以此为鉴，举一反三，落实责任。副市长沈骏以及闵行区委、区政府领导等立刻赶往现场，指挥部署抢险善后工作，积极处置"莲花河畔景苑"房屋倒塌事件，对事故应急处置采取了一系列的专业规范、标准流程。一是紧急组建了现场抢险指挥部，同时组成了由中国工程院院士江欢成先生担任组长，14 位勘察、设计、地质、水利、结构等相关专业专家参加的专家组。二是针对倾倒楼房附近存在南面开挖基坑、北面堆土过高、部分防汛墙坍塌等重大隐患，为保持土压平衡，根据专家组建议，加快卸载北面堆积最

---

① 《上海楼房倒塌事故》（https：//baike.baidu.com/item/）。

② 《上海塌楼事故死者家属与善后人员发生冲突》（https：//baike.baidu.com/item/）。2009 年 7 月 4 日 7 时 40 分许，该倒楼事故中死者肖德坤之母在闵行区虹梅南路莘朱路口西侧与梅陇镇政府负责事故善后处置的工作人员发生纠纷，进而引发肢体冲突。闵行分局梅陇派出所接到报警后，立即派出民警赶赴现场处置。考虑到现场围观群众较多，影响交通，加上死者家属当时情绪激动，民警到达现场后，将双方人员劝至派出所调解接待室内了解情况，并安排人员为双方人员做询问笔录。死者家属离开派出所时情绪平稳，该事件警方正在进一步调查处理之中。2009 年 7 月 7 日下午 2 时左右，肖德坤的父亲透露，当天上午儿子生前工作的装潢公司已答应赔偿，并表示家属已愿意签署赔偿协议。2009 年 7 月 7 日下午 5 时，这家装潢公司一位王姓负责人说，双方已经在梅陇镇司法人员的调解下签署了赔偿协议，并由肖德坤的父亲亲自签字。具体赔偿金额为 77.5 万元。

③ 《上海"莲花河畔景苑"倒楼事故调查报告》（https：//wenku.baidu.com）。

④ 《直接经济损失具体是 1946 万元，上海倒楼事件 6 责任人过堂　当庭承认土堆得太高》（http：//news.ifeng.com/mainland/detail）。

⑤ 经审价，7 号楼土建及安装造价计 669 万余元。上海梅都房地产开发有限公司在事发后向购房者赔付 1200 余万元。《上海倒楼事件 6 责任人过堂　当庭承认土堆得太高》（http：//news.ifeng.com/mainland/detail）。

高约10米的土方,抓紧回填楼房南面深约4.6米的基坑,同时对多余土方进行外运。经过抢险施工人员三天三夜的连续奋战,累计卸载、外运和回填土方约6万方。截至6月30日,南面基坑全部填平,北面堆土下降至0.5米左右,临时防汛设施基本修筑完成,防止了次生灾害的发生。三是对临近区域人员进行紧急疏散安置。事故发生后,与工地邻近的一所学校进行了紧急疏散,附近小区的135户居民也已被疏散,有关部门在闵行区罗阳小学设立了临时安置点,安置此次事故中受影响的居民。四是组织专业检测人员,分别对在建的其余10幢楼房、邻近居民小区、附近防汛设施和道路管线进行不间断监测,并对燃气、电力等管线进行逐户安检。专家组根据检测结果判断,邻近居民小区、附近道路管线等未受影响;在建的其余楼房安全状况稳定,不会发生类似倾倒事故。临时撤离的居民于6月29日晚全部回家,工程抢排险任务于7月1日结束。①

事故原因调查。根据俞正声关于速报事实、慎报原因的应急事件舆情管理方针,针对这一特别罕见的、非常规的突发紧急事件,相关部门进行了深度事故原因调查,市委、市政府高度重视事故的调查处理工作,多次听取事故调查进展情况汇报,明确工作要求。由上海市安监局牵头负责事故责任调查。事故调查组依据《安全生产法》《生产安全事故报告和调查处理条例》的相关规定,以事实为依据、以法律为准绳,认真贯彻"四不放过"原则,按照"全过程、全方位、全环节"调查的工作定位,对涉及工程程序及工程行为的21个重要环节,通过现场勘查、技术鉴定、调查取证,进行认真研究分析。调查组在闵行区20多天,调查询问了293人次,共做了近300份笔录,通过调查分析,查明了事故直接原因、间接原因。经过调查分析,事故调查组认定这起事故在本市实属罕见,社会影响恶劣,性质非常严重,是一起重大责任事故,其直接原因是:紧贴7号楼北侧,在短时间内堆土过高,最高处达10米左右②;与此同时,紧邻7号楼南侧的地下车库基坑正在开挖,开挖深度4.6米,大

---

① 《上海应急管理报告》,上海人民出版社2012年版。
② 事故调查专家组组长、中国工程院院士江欢成说,事发楼房附近有过两次堆土施工:半年前第一次堆土距离楼房约20米,离防汛墙10米,高3—4米;第二次从6月20日起施工方在事发楼盘前方开挖基坑堆土,6天内即高达10米,"致使压力过大"。

楼两侧的压力差使土体产生水平位移，过大的水平力超过了桩基的抗侧能力，导致房屋倾倒。除了直接原因，还主要存在六个方面的间接原因。一是土方堆放不当。在未对天然地基进行承载力计算的情况下，建设单位随意指定将开挖土方短时间内集中堆放于7号楼北侧。① 二是开挖基坑违反相关规定。土方开挖单位，在未经监理方同意、未进行有效监测、不具备相应资质的情况下，也没有按照相关技术要求开挖基坑。② 三是监理不到位。监理方对建设方、施工方的违法、违规行为未进行有效处置，对施工现场的事故隐患未及时报告。③ 四是管理不到位。建设单位管理混乱，违章指挥，违法指定施工单位，压缩施工工期；总包单位未予以及时制止。五是安全措施不到位。施工方对基坑开挖及土方处置未采取专项防护措施。六是围护桩施工不规范。施工方未严格按照相关要求组织施工，施工速度快于规定的技术标准要求。事后，依据有关法律法规，6个责任单位受到处罚，6人被追责，同时，上海市对全市在建工程开展安全普查，④ 进一步加大监管力度，加强对开发商、设计、施工、监理等从业人员的教育培训，严格执行规范标准，强化现场施工管理，防止类似事故发生。⑤

后期处置。"莲花河畔景苑"，由上海梅都房地产开发有限公司开发，该公司注册资金800万元，持有三级房地产开发企业资质证书，"莲花河畔景苑"原定于2010年5月交房。⑥ 莲花河畔景苑倒楼事件发生后，业

---

① 7号楼北侧堆土太高，堆载已是土承载力的两倍多，使第3层土和第4层土处于塑性流动状态，造成土体向淀浦河方向的局部滑动，滑动面上的滑动力使桩基倾斜，使向南倾斜的上部结构加速向南倾斜。

② 10米高的堆土是快速堆上的，这部分堆土是松散的，在雨水的作用下，堆土自身要滑动，滑动的动力水平作用在房屋的基础上，不但使该楼水平位移，更严重的是这个力与深层的土体滑移力引成一对力偶，加速桩基继续倾斜。

③ 高层建筑上部结构的重力对基础底面积形心的力矩随着倾斜的不断扩大而增加，最后使得高层建筑上部结构向南迅速倒塌至地。这个过程是逐步发生的，是可以监测的，直到高层建筑倾斜到一定数值时才会突然倾倒。土体不滑动，高层建筑上部结构是不会迅速倒塌的。这是土体滑动造成的失稳破坏。

④ 2009年6月28日上午，上海市建筑管理部门发出紧急通知，立即要求对全市的建筑工程进行全面普查。

⑤ 《上海应急管理报告》，上海人民出版社2012年版。

⑥ 据一位不愿透露姓名的业主介绍说，莲花河畔小区楼房一直销售得很好，据说几乎全部销售出去了。她交款时的价格还在1.2万—1.3万元/平方米，现在已经涨到了1.7万—1.8万元/平方米。

主普遍对这个楼盘失去了信心,认为其他未倒房屋随时随地都有可能倒塌,要求开发商退房并赔偿。同时,他们又担心周边房价太高,无力买房。在这个时候,为让莲花河畔景苑业主放心,闵行区政府向有实力的知名品牌大开发商伸出了"橄榄枝",请它们协助解决善后事宜,让业主重新树立起对这个楼房倒塌小区的信心。有关部门认真研究了莲花河畔景苑未倒楼预售合同履行细则,从7月31日晚上开始,梅都公司以邮寄方式,向购房人送达《操作细则》,业主可在8月15日前选定方案。业主可自行在打折5%继续履行合同、解除合同并退本返息、按2009年6月27日市场价由万科收购中任选一种方案。万科房地产公司作为第三方托管小区建设,表示将确保楼盘明年5月31日前交房。8月11日,在政府相关部门督促下,梅都公司就莲花河畔景苑购房者关注事项做出说明。9月25日公布"莲花河畔景苑"未倒10幢楼房检测报告,报告显示其中9幢楼房总体符合安全要求,距离倒楼最近的6号楼则需要进行基础加固。报告指出,10幢楼的各房屋的建筑、结构布局符合设计要求,轴线尺寸、层高、构建截面尺寸、配筋、混凝土强度等指标总体达到设计要求,检测中未发现各房屋的主体结构存在明显施工缺陷和裂缝损伤。钢筋工程及混凝土工程中存在部分施工偏差,经检验各种规格钢筋的力学性能符合要求,考虑施工偏差进行结构验算,各房屋上部主体结构的各项性能指标满足规范要求。地基基础方面,各房屋的沉降和不均匀沉降均较小,无明显倾斜变形,目前沉降区域稳定,沉降与倾斜均在规范允许范围之内。

通过资料调查发现,桩基施工质量满足设计和规范要求。通过单桩水平承载能力、低应动变测及桩芯孔内摄像检测表明,抽样工程桩均未发现桩身质量问题。根据调查确定的实际桩长、桩数及单桩承载力进行验算,报告指出,1号楼到5号楼、8号楼到9号楼的桩基承载力、桩基抗震验算及沉降验算均满足规范要求。综合施工环境条件比较以及房屋沉降、倾斜、水平位移测量和现场工程桩完整性检测等分析判断,前期施工及事故过程对它们基础结构的安全性未造成影响。由此,报告综合检测和分析结果表示,莲花河畔景苑1号楼至5号楼、8号楼至11号楼上部主体结构工程、基础工程和桩基工程的总体施工质量满足设计和规范要求,结构安全性和抗震性能满足规范要求。至于距离7号楼最近的 6 号楼,报告显示,其上部主体结构工程总体施工质量满足设计和规范要求,安全性和抗震性能满足规范要求。不过,综合施工环境条件比较、水平位移分析和监测结果判断,6 号楼基础发生的水平位移可能会造成其工程桩的损伤,为确保 6 号楼基础的安全性,报告建议对 6 号楼基础进行加固处理。这个检测报告的检测评估工作大纲和检测评估报告经市建设交通委科学技术委员会组织专家评审通过。11 月 18 日,倒覆楼赔偿工作结束。倒塌的 7 号楼中所有购房者全部完成意向协议签署。其中,18 户选择退房,23 户选择置换未倒楼房屋。宣告为期 4 个月的倒覆楼赔偿暂告一段落。2010 年 5 月 26—30 日,莲花河畔景苑房屋集中交付,全部已售的 437 套房屋中,共交付 421 套房屋,占到全部房屋的 96%。小区业主最终决定,不改变小区原有名称,仍以"莲花河畔景苑"命名。[①]

值得进行深入反思的还有一个细节,据悉,就在大楼倒覆的前一天,由于工地施工造成大量堆土,附近的淀浦河防汛墙曾出现了 70 余米塌方险情,有关方面连夜组织过抢险工作。那么需要反思的问题就来了,就在大楼倒覆的头一天,既然已经发生了防汛墙 70 余米塌方险情,既然是连夜组织过抢险工作,那么这个险是谁抢的?是怎么抢的?为什么对于这样一个巨大隐患而且已经出现了巨大险情的状况,这家抢险的单位居然没有条件(其实不是没有技术,而是根本没有严格根据标准)意识到那么明显的更大的危险就近在眼前吗?这意味着,要么这家抢险单位不够专业,要么这家抢险单位不够负责任,否则这家抢险单位本应该凭常规和凭常识判断出险情其实已经远远不仅是防汛墙 70 余米塌方险情,更深层的险情、更本质的威胁其实就是紧贴 7 号楼北侧 10 米高的堆土与紧邻 7 号楼南侧的已经开挖出的深度 4.6 米的地下车库基坑,7 号楼两侧的压力差必然会使土体产生水平位移,过大的水平力超过了桩基的抗侧能力,会导致房屋倾倒。如果当时能够在抢险时将险情发现到这个应有的程度,那么第二天楼即将倾覆的可能性就会得到提前预判,即使是阻止 7 号楼倾覆的事实是来不及了,但是发出危险警告禁止所有人接近或入内是完全可以做得到的,那么那位肖姓 27 岁的年轻工

[①] 《上海应急管理报告》,上海人民出版社 2012 年版。

人就会被告知不要进入 7 号楼里去取拿工具，他年轻的生命就会继续，那么所有原定来安装窗子的施工都会被预警停止施工，工地安全就会获得一次真正的践行。如果，我们能够做到的预警是极其有限的，那是由于技术原因。但是我们错过的预警却是无数的，由于人因因素。

三　静安胶州路烈火（2010 年 11 月 15 日）

2010 年 11 月 15 日，上海市静安区胶州路 728 号公寓大楼发生一起高层建筑特别重大火灾事故，造成 58 人遇难，71 人受伤，建筑物过火面积达 12000 平方米，直接经济损失达 1.58 亿元。经调查，该起特别重大火灾事故是一起因企业违规生产造成的责任事故。事故发生后，党中央、国务院高度重视，中央领导做出重要指示，要求全力组织灭火，千方百计搜救被困人员，千方百计做好伤员救治工作，妥善做好善后处理。受胡锦涛总书记和温家宝总理委派，国务委员孟建柱率国务院工作组连夜赶赴事故现场，慰问遇难者家属及受伤人员，指导抢险救援、善后处理和事故调查工作，16 日凌晨 2 时许，孟建柱主持召开会议，传达胡锦涛总书记和温家宝总理的重要指示精神，听取市委、市政府的情况汇报。

国家安全监管总局在接到事故报告后，立即组织研究部署，并要求市安全监管局：一要配合有关方面全力组织灭火救援，科学制定方案，确保救援安全；二要更进一步核实伤亡情况；三要查清事故原因并通报全国；同时，国家安全监管总局要求各地吸取教训，落实消防安全责任，强化安全监管，认真排查、消除隐患，坚决遏制重大事故发生。随后，国家安全监管总局局长骆琳，副局长王德学、梁嘉琨率工作组赴上海，指导抢险救援和事故调查等工作。

俞正声、韩正等市委、市政府领导第一时间应急处置"11·15"特别重大火灾事故，全力组织灭火救援，迅速成立事故善后处置领导小组，统一指挥协调伤员救治、遇难者家属安抚、受灾群众安置及人员抚恤、财产赔付等善后工作。副市长沈骏，市长助理、市公安局局长张学兵等迅速赶赴现场指挥灭火救援行动。当晚，市委、市政府召开紧急会议，研究火灾的有关善后工作，要求全力以赴抢救伤员、做好居民安置工作，尽快准确查明火灾原因；市区两级组织班子要妥善做好善后工作，本着实事求是的态度，及时报道火灾实情；各级领导要高度重视，举一反三地做好各项安全生产工作，决不能松懈大意，必须紧绷安全这根弦，确保人民群众生命安全、社会和谐稳定。应急处置的基本情况有如下几方面。

一是迅速调集力量做好火场救援工作。当日 14 时 15 分，市应急联动中心接到火警后，迅速调集 25 个消防中队的 61 辆消防车前往扑救。由于此次火灾的起火建筑是塔式结构，体量大，火灾控制难度也大，加上居民家庭可燃物多，燃气管道紧急关阀后还有不少存量，导致火灾迅速进入猛烈燃烧状态。起火建筑的东、南两侧都没有消防登高面，消防云梯车、举高车无法靠近作战。在这种形势下，消防官兵采取内外夹攻的灭火方法。从外面控制火势，用举高车以及在邻近建筑楼顶架设移动炮和水枪阵地，堵截与强攻相结合，上下左右合围打击火势；同时灭火与救人同步进行，60 个攻坚组、240 多名攻坚队员强行进入楼内，挨家挨户搜救被困人员。除了传统的云梯救人之外，还出动了直升机。共救出 160 人，并有效堵截和扑灭了快要烧到东侧相邻建筑的火势。

二是全力救治伤员。事故发生后，上海市卫生系统按照市委、市政府的要求，举全市医疗卫生单位之力，调集全市最好的医疗专家和设备，全力以赴保障伤员的生命安全和身体健康。静安区中心医院、华东医院、华山医院、瑞金医院、长海医院、长征医院等 9 家市、区级医院紧急动员，开辟绿色通道，在第一时间做好伤员救治工作，市医疗急救中心调集 30 辆救护车抢救、转运伤员和投入应急保障工作，市级烧伤救治中心专家赶赴各医院紧急会诊。在组织全市医疗卫生机构开展医疗救治工作的基础上，市卫生局连夜部署落实 5 条措施，加强伤员抢救工作：（1）组织市级专家对在院病人进行全面梳理；（2）对病情较重的病人进行集中收治；（3）进一步加强瑞金医院、长海医院的医疗救治力量；（4）建立对口救治指导机制；（5）积极做好伤员心理疏导等工作。

三是妥善安置受灾人员。在事故善后处置领导小组的领导下，相关部门及时联系 17 家宾馆，安置受灾居民。

事故调查及责任认定。一是依照国家有关法律法规，并报经国务院同意，2010 年 11 月 17 日成立了由国家安全生产监督管理总局、监察部、公安部、住房和城乡建设部、全国总工会和市政府及有关部门人员组成的国务院上海市静安区胶州路公寓大楼"11·15"特别重大火灾事故调查组。最高人民检察院应邀派员参加调查。事故调查组经过调查取证，查清事故原因、性质和责任，提出了对有关责任人员的处理建议和防范措施，完成了《上海市静安区胶州路公寓大楼"11·15"特别重大火灾事故调查报告》。二是国务院事故调查组查明，该起特别重大火灾事故是一起因企业违规生产造成的责任事故。根据国务院批复的意见，依照有关规定，对54名事故责任人做出严肃处理，其中26名责任人被移送司法机关依法追究刑事责任，上海第二中级人民法院于2011年6月27日受理6起相关刑事案件后，与人民陪审员共同依法组成合议庭，于7月18—24日分别公开开庭审理了上述案件，对"11·15"特别重大火灾事故作出一审判决；28名责任人受到党纪、政纪处分。三是国家安全生产监督管理总局依据《安全生产法》《生产安全事故报告和调查处理条例》等法律和行政法规规定，责成市安全监管局对事故相关单位按法律规定的上限给予经济处罚。事故调查组表示，这起事故是一起因违法违规生产建设行为所导致的特别重大责任事故，是一起不该发生的、完全可以避免的事故。

善后工作全面细致。（1）加强治疗。按照市委、市政府的要求，各医疗机构开辟绿色通道，启动应急方案，组织医务人员迅速投入抢救，并建立心理援建队伍，为每一个遇难者家属安排了两个志愿者，开展心理援助，帮助受灾群众解决灾后心理问题。同时，受灾群众的所有医疗费用均免费，由政府相关渠道解决。（2）做好逝者身份确认。市公安局通过DNA技术，对逝者身份进行了认真比对，确保逝者身份准确无误。（3）悼念逝者。按照民间传统丧葬习俗，俞正声、韩正等时任市委、市政府领导于逝者"头七"举行悼念活动，为遇难者献花。（4）信息公开。通过市政府新闻发布会，及时公布相关信息。同时，在火灾善后处理现场的入口处张贴《尚未联系到的居民名单》和《急诊入院病人情况汇总》，便于家属掌握。（5）保险理赔。事故发生后，上海保监局在事故现场附近设立了专门的保险理赔受理点，并派驻24小时值班人员，接受市民的咨询和报案。各家保险公司纷纷启动紧急预案，第一时间确认核实客户信息，投入灾后理赔工作。（6）慈善救助。市慈善基金会于火灾发生当晚向受灾群众送上价值20万元物资；11月16日一早，市慈善基金会副理事长金闽珠代表基金会来到"11·15"特大火灾受灾群众的临时安置点，为受灾群众送去 50 万元善款，并安抚受灾群众的情绪。(7) 经济赔偿。按照有关政策，积极做好经济赔偿工作，非本市户籍遇难人员和本市户籍遇难人员按同样标准处理。每位遇难人员将获得约 96 万元赔偿和救助金。其中按《中华人民共和国侵权责任法》一次性死亡赔偿约 65 万元、政府综合帮扶和社会爱心捐助等 31 万元。

反思与整改。事故暴露的违法违规问题主要有：一是电焊工无特种作业人员资格证上岗作业，严重违反操作规程①，且引发大火后逃离事故现场；二是装修工程违法层层多次分包，导致安全责任不落实；三是施工作业现场管理混乱，安全措施不落实②，存在明显的抢工期、抢进度、突击施工行为；四是事故现场违规使用大量尼龙网等易燃材料，导致大火迅速蔓延，人员伤亡和财产损失扩大；五是有关部门安全监管不力，对停产后复工的建设项目安全管理不到位。③

此外，事故也暴露出了高层消防的难题。为深刻吸取教训，国务院要求各地区、各部门要深入开展工程建设领域突出问题专项治理，严格落实消防安全责任制，抓紧研究完善建筑节能保温材料防火等技术标准及施工安全措施，加强安全管理和监管，督促企业严格落实安全措施、及时消除安全隐患，切实防止重特大火灾等事故的发生。

事故引发上海市对城市运行安全和生产安全的高度重视，事故发生后，上海市开展了防火及安全生产大检查、建筑市场专项整治。11月 22 日，市长韩正在市政府常务会议上指出，本市建筑市场表现出的混乱现象以及监管不力，是造成"11·15"特别重大火灾事故的重要原因之一。他强调，要永远铭记事故的惨痛教训，让警钟长鸣，让惨痛的教训时刻警醒各方，对生命负责，对城市负责，切实做好维护城市安全的每一项工作。从 2010 年年底起，上海市组织开展了城

---

① 2010 年 11 月 15 日，电焊工吴国略和电焊辅助工王永亮在无灭火器及接火盆的情况下，违规进行电焊作业，电焊溅落的金属熔融物引燃下方 9 层脚手架平台上堆积的聚氨酯材料碎块、碎屑，引发火灾。

② 上海静安区胶州路 728 号公寓节能改造项目现场执行经理沈大同提出搭设脚手架和涂外墙保温材料实施交叉施工，马义镕和现场总监理工程师张永新等人对此严重违规做法未予制止。

③ 2010 年 11 月，静安区建设交通委选择上海静安建设工程监理有限公司承担项目监理工作。

市运行安全和生产安全大调研，提出了进一步加强城市运行安全和生产安全的意见和要求。

在上海胶州路大火的背后，存在一条食物链条，正是这张血盆大口，火舌喷涌，焚烧了58条鲜活的生命。上海静安胶州路烈火（2010年11月15日）发生在距离上海世博会结束还剩下不到几小时的时间里，上海世博的成功举办是举全国之力，集上海之最，安全和安保是世博会的生命，可就是在这万无一失的缜密之中，不怕一万，就怕万一，这个"万一"还是发生了。其实，这个万一并不是真正的万一，这样发生在工地上的万一，并不是守不住的那个万一。当时上海该停工的工地大部分都并未继续施工，因为要确保世博会期间绝对不要出事故。而位于上海市中心静安区胶州路728号的这幢28层大楼的外部修缮工程却在持续进行，这是当时正在实施的静安区政府实事工程——节能综合整治项目，这个项目而且是用可燃材料、在有人在里面生活的情形下进行外立面装修，这不是在找死，就是在拿生命豪赌，这是一个最聪明、最智慧的城市犯的一个最低级、最愚蠢的错误。那么是什么背景驱动着这样明显的问题？

这场大火食物链条中的最底层的四名无证电焊工[①]最先被追究。四个无证上岗违规操作的电焊工点燃了这次大火，但是是谁让这些无证工人上岗的？为什么一家具有正规资质的公司居然连具有从业资格证的电焊工都派不出来？在施工告示牌上看到，从2010年9月24日开始，是静安区建设和交通委员会[②]委托静安区建设总公司作为施工方，对小区三幢居

---

① 肇事的电焊工人，四名全是河南籍，其中有三人为80后，住在常德路618弄，这是一片由十几间工棚回连而成的小院，一扇铁门将之与马路分割。铁门一边是水槽，另一边是不带门的公厕。每个工棚内，都有三套高低铺，可以睡六个人。在这里原来住着的是几十个肇事公司上海佳艺公司的民工。胶州路728号大火之后，这些民工死的死，伤的伤，剩下的人，也都已经搬出了。这是一片即将动迁的土楼，在周围林立的高楼中有些突兀。

② 上海市静安建设交通委原主任高伟忠在2010年9月下旬，在静安区建设总公司承包静安区胶州路728号公寓节能改造工程未经进行项目申报的情况下，未获得施工许可证、未完成全部施工方案审批的情况下违规决定开工。高伟忠由此被判16年，其中滥用职权罪6年10个月，受贿罪9年6个月，并处没收个人财产3万元，执行有期徒刑16年，没收个人财产3万元；上海市静安建设交通委原副主任姚亚明被判滥用职权罪5年。2011年8月2日上海第二中级人民法院宣判。

民楼进行外墙节能改造①。而具体的施工单位则是"上海佳艺建筑装饰工程公司",②③ 后者是前者的子公司。工商资料显示,静安区建设总公司是由静安区建设交通委出资 5000 万元注册成立,是政府全资持股的一家国有企业,持有建筑工程施工总承包资质。本次工程项目的总包方上海静安区建设总公司下属子公司上海佳艺建筑装饰工程公司,此前也在施工中曾多次出现过安全问题,并有失火"前科",就在 2010 年 7 月 7 日,由该公司担任总施工方的上海百乐门大酒店装饰装修工程,就曾因施工不规范烧损外墙保温材料,造成火灾。更有甚者,早在 2006 年,上海佳艺就已经被列入了"取得安全生产许可证但已不具备安全生产条件的建筑企业名单"。就是这家根本不具备实际施工资质的公司、根本不具备安全生产条件的建筑企业,却一直能拿到大的政府项目,而且是上几千万的大项目。

上海佳艺建筑装饰工程公司能接到很多的政府项目,那它的背景肯定不一般④。而上海佳艺也确实不一般,佳艺的"竞标",自有一套佳艺"竞标法",有一套独特的手法。就在离胶州路 728 号"11·15"大火起火小区不远的延平路 123 弄,有一个曾经被誉为"上海高档社区"的三和花园,当时该小区的业主也正陷入与上海佳艺公司的纠纷之中。由于小区水管系统年久锈蚀,水质混浊,三和花园业主委员会打算进行水管改造,并请专人估算出工程报价,约为 300 万元。可就在此时,静安区政府找上门来,声称三和花园的水管改造工程可以纳入"政府实事工程",由静安区政府负责出 70% 的改造费用。天下还有这样的好事?三和花园

---

① 胶州路 728 号这个小区三幢公寓楼是于 2010 年 9 月被告之选为"静安区改善住房工程试点楼盘"的。起火的此幢大厦当时正在进行的"外部修缮",是当时提倡的一项建筑"节能减排"改造工程,其实就是用保温材料给大厦的外墙覆盖上一件"衣服",达到热传递阻滞的效果,"冬暖夏凉",减少电力消耗,进行这样的改造,肯定要投入资金,涉及设计、物资采购、施工等环节,就有成本问题,有利润的追求问题。最根本的是质量和安全问题,"11·15"大火表明,质量和安全问题出了大漏洞,酿成了惨剧。

② 上海佳艺的法人代表黄佩信,在"11·15"大火之日已经被警方带走调查。但讽刺的是,就在三个月前的 8 月,黄佩信刚荣获世博建筑整治的先进个人奖。

③ 上海佳艺公司坐落于常德路 618 弄,在弄堂里 21 号的一栋红砖老屋内。这是一条窄得不能开车的小弄堂。

④ 沈玎、郑文、李秋萍、邰艺:《社区论坛上海胶州路大火食物链》,《南都周刊》,大众点评(http://s.dianping.com/),2010 年 12 月 6 日 12:46:24。

业主委员会欣然同意。静安区政府所提出的唯一条件就是"该工程必须交给区政府指定的公司来做",这个公司,正是上海佳艺。由于项目质量由区政府负责验收,所以三和花园的业主对上海佳艺公司并无异议。上海佳艺公司接手工程项目之后,给出一个新的报价,660万元,一下子翻了一倍多。三和花园业主委员会虽然有不少疑惑,但由于在这660万元中,业主只需出30%,不到200万元,比起之前300万元的预算还是省了许多,于是就答应敲定了项目。

诸念是三和花园6号楼的一位老业主,对建筑工程略知一二。施工第一天,诸念在楼下碰到了为楼板打洞的工人,"那人骑着助动车,一看就像马路边的散工,我就多留了个心"。诸念问那工人要了张名片,上面只有一个姓名,一个手机号,无公司名称,显然就是散工。接下来一个多星期,在三和花园不断发生打洞打断电线、水管油污不清理、偷工减料等现象。诸念对佳艺提出三点质疑:一无营业执照;二无施工图纸;三无材料资质报告。三和花园业主委员会成员随后到静安区建设交通委汇报情况,要求更换施工公司。当时,静安区建设交通委原建筑建材业市场管理办公室主任张权[①]接待说,"一个星期后给你们答复"。一周后,静安区建设交通委的周建民科长[②]、静安建设总公司副总经理以及上海佳艺的代表,三人一起来到三和花园。周建民科长代表静安区建设交通委,当面承诺更换施工公司。此外,并未对上海佳艺的资质问题多作解释。然而这个承诺一直没有兑现。据三和花园业主委员会的于秘书回忆,一直延宕了两个月,直到2010年9月28日,静安区建设交通委才委托静安区建设总公司送来了新合同。在新合同上,乙方变成了上海静安区建设总公司,法定代表人瞿幼棣盖章,代理人签字还是上海佳艺法人代表黄佩信。三和花园业主委员会于是拒签了这份合同,"我们都不明白,为什么静安区政府要一次次地为上海佳艺这家二级资质的小公司擦屁股?"是

---

① 上海静安区建设交通委综合管理科科长周建民积极执行建设交通委主任高伟忠的违规决定,被判滥用职权罪4年6个月,受贿罪10年,没收个人财产3万。执行13年6个月,没收个人财产3万。2011年8月2日上海第二中级人民法院宣判。

② 上海静安区建设交通委综合管理科原建筑建材业市场管理办公室主任张权被判滥用职权罪3年6个月,受贿罪11年,没收个人财产6万。执行13年6个月,没收个人财产6万。2011年8月2日上海第二中级人民法院宣判。

谁站在了上海佳艺的背后？是谁在纵容违规成为一种常态？诸念说。11月15日，胶州路728号工程重大火灾发生。第二天清晨，在三条马路之外的三和花园里，就出现了身份不明的人，企图将三和花园水管改造工程的剩余材料悄悄搬出。三和花园6号楼的早班保安拦住了这些形迹可疑的人，并询问其身份、目的。来的人回答说，他们来自上海佳艺公司。就在"11·15"火灾发生前一个星期，上海佳艺也找上了三和花园。他们提出要为三和花园进行外墙涂层粉刷，耗资约1000万元。当然，这仍是由政府埋单。三和花园业主委员会尚未就此进行回复，"11·15"火灾便发生了。"同样的事情，也许就会发生在我们自己身上。"三和花园业主委员会的于秘书对于事情的后果不敢想象。①

在2010年前的那几年，上海佳艺的业务增长速度十分惊人。光是在2007年6月到2010年9月之间，就一举中标了60多个项目，其中以政府工程为主。媒体曝光的资料显示，上海佳艺公司的营业收入从2006年的3940万元，逐年上升到了2009年的1.1亿元。可是，即使是在1.1亿元的营业收进状况下，佳艺公司报表显示，全年利润总额也才达到43万元。让人不禁困惑，钱都到哪去了？滥用职权是"11·15"大火灾发生的重要原因。法院查明，2004—2010年，静安区建设交通委主任高伟忠利用职务便利帮助他人承接工程等，收受贿赂，其中高伟忠受贿12.1万元，周建民受贿12.5万元，黄佩信和马义镗利用在国有企业中从事公务的职务便利帮助他人承接工程等，分别受贿62万余元和94万余元，此外，支上邦等为承接工程还向他人行贿。法院认为，高伟忠、姚亚明等人滥用职权的行为，是造成"11·15"特别重大火灾事故的重要原因之一，其行为均已经构成滥用职权罪，且情节特别严重。高伟忠、周建民等人还收受他人贿赂，其行为又构成受贿罪，依法应当两罪并罚。

在静安区建设总公司（以下简称静安建总）作为母公司、作为总包方，上海佳艺作为子公司并作为分包方的合同里显示，上海佳艺分包所得为1200万元。这与静安建总承包资金3500万相去甚远。上海佳艺

---

① 沈玎、郑文、李秋萍、邬艺：《社区论坛上海胶州路大火食物链》，《南都周刊》，大众点评（http://s.dianping.com/），2010年12月6日12:46:24。

再次肢解转包的各施工单位，所得必然更少。从总包到分包，巨额差距之下，各下层承包商只能通过压缩工期、降低用料成本来获得更大收益。事实上，上海佳艺公司继而将脚手架搭设工作分包给"上海迪姆物业管理有限公司"，将节能工程、保温工程和铝窗作业分包给"正捷节能工程有限公司"和"中航铝门窗有限公司"。各个工程项目再分别包给不同的工头。就是大老板去找小老板，小老板再找小小老板、小小小老板……小小小老板再找包工头，包工头再找来自己用惯了的熟工。有的大项目，大大小小的老板下面有包工头，包工头下面还有小包工头，关系一层层往下①，形成了一个错综复杂的乱象②。这个人群太杂，文化程度低，又是临时工。这些工人有的跟着工头干，有的是临时招聘的散工，形成一个如大杂烩般偶然交织的底层网络，并承受着巨大的压力。这些民工从未融入上海的生活，他们也不想融入，心里只想着干完活，赚到钱。11月17日下午，失火工地的民工代表来到上海佳艺建筑装饰工程公司讨薪，这家公司当时已是风雨飘摇。按行业规矩，民工并不与上海佳艺公司直接发生联系。但现在项目断了，"小老板"整个资金链都断了，他们只能来这里找"大老板"。当时在起火大楼上共有多少民工，上海官方至今没有发布数字。

四 地铁 10 号线追尾（2011 年 9 月 27 日）

2011 年 9 月 27 日 14 点 10 分，上海地铁 10 号线新天地站设备故障，

---

① 裴友金是一名湖北籍的包工头，在上海已经工作了十多年，他早就明白，在这行要发财，不是靠手艺，而是靠关系。裴友金也曾做过政府工程，"一个项目我报价10万，别人报价30万，最后这个项目还是被报价30万的人抢去了，然后他一转手，再10万又包给我来做"。《社区论坛上海胶州路大火食物链》，大众点评（http://s.dianping.com/）。

② 层层转包都是无资质者接。法院查明，2010年6月初，时任静安区建设交通委员会主任高伟忠接受上海佳艺建筑装饰工程公司原法定代表人、经理黄佩信的请求，违规决定由静安区建设总公司承包静安区胶州路728号公寓节能改造工程，并将该工程整体转包给不具备相应资质的上海佳艺公司，由时任静安区建设交通委副主任姚亚明等人以违规招投标等方式具体落实。此后，黄佩信与佳艺公司副经理马义镑将工程拆分后分包，其中脚手架搭设项目由没有资质的被告人支上邦、沈建丰经黄伟星同意，非法借用上海迪姆物业管理公司的资质承接，脚手架项目中的电焊作业又被交给不具备资质的沈建新承包，沈建新再委托马东启帮助招用无有效特种作业操作证的吴国略和王永亮等人从事电焊作业。

上海交通大学至南京东路上下行采用电话闭塞方式①②，列车限速运行。14点51分列车豫园至老西门下行区间百米标176处两列车不慎发生追尾，14点51分，虹桥路站至天潼路站9站路段实施临时封站措施，其余两端采取小交路方式保持运营，启动公交配套应急预案，公安、武警等赶赴现场协助疏散。截至2011年9月27日20点38分，两列事故列车内500多名乘客已经全部撤离车站，经初步统计，295人到医院就诊检查，有70人住院和留院观察③，30人在急诊室观察24小时无事后出院。无人死亡，约有伤员40名，大部分为轻微伤，未发现重伤。受伤乘客已得到及时的医护处理。一名怀有双胞胎28周的孕妇被甩出座位3米远，经检查母子平安。晚19时许，事故现场清理完毕，逐步开始恢复运营。

由于"7·23"动车追尾事故还历历在目，所以本次地铁追尾事故被瞬间放置在放大镜下，曾经为多条铁路及地铁提供信号设备的卡斯柯公司④，似乎被认定为事故的罪魁祸首。然而，究竟是什么因素导致了这起重大的地铁安全事故？事故原因是，下午两点半左右，由于新天

---

① 这应该是一起人为责任事故。由于基本没有任何自动设备的辅助，电话闭塞的安全性全凭人员的责任心来保证，在行业内又被称为"良心闭塞"。而纵观5号车从南京东路发动前的一系列先决条件，必有一个或多个操作环节出现了严重漏洞。

② 令人遗憾的是，早在2011年6月，申通地铁集团的"电话闭塞法演练"活动"圆满结束"，当时的口号是"以'安全生产月'活动为契机，以'安全责任 重在落实'为主题"。2011年6月30日上午，"安全生产月"中又一重要活动——"电话闭塞法演练"活动点评会在恒通大厦25楼会议室召开。集团安监室、运管中心、运管总调所和四家运营公司参加了此次会议。电话闭塞法作为又一项重要行车作业标准规范，为的是进一步提高各行车岗位人员在非正常行车情况下的操作技能，由运管中心牵头组织，各运营单位积极开展理论、实操培训和演练等一系列工作。

③ 截至2011年27日17时45分，上海市第九人民医院共收治伤员54人，年龄最小的1岁，最大的83岁。伤员以外籍居多，少部分病人骨折及神经系统损伤，但伤员生命体征平稳，无生命危险。其中8人收入骨科、神经外科、口腔颌面外科等科室继续治疗，两名伤员入重症监护室，1名为怀孕28周的双胞胎孕妇。伤员中一名为日本籍。据瑞金医院副院长袁克俭介绍，截至19时许，该医院共收治事故伤员56人，多是骨折和软组织挫伤，其中包括一名加拿大籍女性和一名日本籍男性。这名加拿大籍女性是跟随其丈夫一起来沪旅游的，其丈夫未受伤；日本籍游客伤势不严重。

④ 资料显示，上海地铁10号线信号系统承包方卡斯柯公司，即是"7·23甬温线特大动车事故"的甬温线信号系统供应商，2009年该公司的信号错误还曾导致上海地铁1号线两车侧面相撞。

地站信号故障，上海地铁10号线采用人工调度，导致豫园到老西门下行区间1005号车与1016号车相撞。据上海地铁官方消息，14点10分，10号线新天地站突发设备故障，即在信号系统故障或失灵后，自动控制列车停车。后车（5号车）网友的微博称，"在南京东路，此次列车停靠近20分钟，豫园站停靠10分钟"。而此时前车（16号车）却纹丝不动，网友微博称："后来又过了很久，始终没有要开的迹象，也没有解释，广播只有因故暂停的录音。"然而，后车5号车却在一步步逼近。14点30—51分追尾事故发生在5号车从豫园站开出来后三十秒（还有人说几秒）左右。据上海地铁官方消息显示，在14点51分时，"两列车不慎发生追尾"。① 但令人疑惑的是，现场几位网友发出"追尾微博"的时间，均要早于这个时间点。例如，网友Mr奶妈的微博在14点38分时就发布了车内照片，照片中车体连接处已经变形。此外，网友季法师在14点49分时发布了本专题头图中采用的照片、网友段有省在14点44分时发布微博大呼救命、网友安默然在14点45分时发布微博、网友钱包瘦在14点46分时发布微博……上海轨道交通10号线：全长36公里，共设31座车站，整条线路均在地下。

"电话闭塞"，简单地说就是2个车站区间通过打电话的方式联系、调度。电话闭塞后两站间会分成多个闭塞分区，地铁两站间的区段相对较短，一般在一公里左右；而闭塞分区中前后车之间将有红灯、黄灯、黄绿灯三个"不能驶入"的区间，"等于是'三保险'"。专家表示，即便电话闭塞后ATP系统不再介入，但正常操作下行车应该是可以保证安全的。电话闭塞时两站间可能只允许一辆列车进入，也因此，对此次发生的10号线追尾事故，专家坦承"无法理解"。而究其原因，专家称不排除应急状态下处理不当等人为因素导致。②

本次事故与上海地铁以往事故有何不同？2009年，上海地铁1号线因为信号系统误发速度码，导致两辆列车侧面相撞。2010年，地铁10号

---

① 《上海地铁追尾事故技术分析》，http：//view.news.qq.com/。
② 李欣：《专家：无法理解为何在电话闭塞下发生追尾》，新民网（http：//view.news.qq.com/），2011年9月27日17：02。

线的某列车，因信号系统故障走错方向。①② 因为这两起事故，许多人都认为本次事故的主要责任也在信号系统。其实不然③，当调度中心决定改用人工调度继续运营，此后的事故责任就不应当归罪于信号系统④，起码信号系统不应当承担主要责任。部分媒体报道"信号系统故障致追尾"，言过其实。此外，ATP（自动防护系统）在信号系统故障的情况下，将不再起效（会及时停车但之后将失去效力）。而且在电话闭塞运营时，往往也会手动切断 ATP 系统。所以本次事故的祸首也并非 ATP。

2011 年 9 月 27 日，上海地铁通过官方微博就 10 号线追尾一事致歉，称"今天是上海地铁运营有史以来最黯淡的一天"。上海地铁在官方微博上写道，"无论最终原因和责任怎样，给市民乘客造成的伤害和损失尤感愧疚。全力抢救伤员；尽快恢复运营；接受和配合有关部门对事故的调查和追责；坚决整改，举一反三；再多致歉比起实际损害也显苍白，但还是要深深道歉"。⑤

---

① 10 号线"去航中路的开到虹桥枢纽去了"。就此，东方网记者从上海地铁运管中心了解到，系信号调试中发生故障，致使该列车重复使用了前一列开往虹桥火车站列车的进路信号，经龙溪路站驶入了虹桥火车站方向。王铭泽：《上海地铁运营方称信号故障致开错方向，不会追尾》，东方网（http：//view.news.qq.com/），2011 年 7 月 29 日 15：49。

② "今天晚下班乘 10 号线竟然发生司机开错方向，去航中路的开到虹桥枢纽去了。"昨晚 8 点 20 分左右，@ALEX 网球哥发微博讲述了自己下班遇到的事，并称当时没有听到运营方的解释，"连广播都没"。王铭泽：《上海地铁运营方称信号故障致开错方向，不会追尾》，东方网（http：//view.news.qq.com/），2011 年 7 月 29 日 15：49。

③ 就此，上海地铁运营方表示：7 月 28 日晚 19 时 06 分，10 号线原计划开往航中路站方向的 101101 列车，因正在实施 CBTC（基于无线通信的信号控制系统）信号升级的调试中发生信息阻塞故障，致使该列车重复使用了前一列开往虹桥火车站列车的进路信号，经龙溪路站驶入了虹桥火车站方向。王铭泽：《地铁运营方称信号故障致开错方向，不会追尾》，东方网（http：//view.news.qq.com/），2011 年 7 月 29 日 15：49。

④ 信号阻塞，后车复制前车行进路线，是否会有"追尾"之虞？由于全网络均采用严格的 ATP 列车运行自动保护系统，一旦发生情况都会立即报警并采取制动措施，确保安全。当时后车得到了错误的进路信号，但每部列车也都有独立的电脑系统，受 ATP 自动保护。哪怕是上海地铁刚开通时，列车都是人工手动驾驶，也不是放任司机自己去开，仍由 ATP 保护着。王铭泽：《地铁运营方称信号故障致开错方向，不会追尾》，东方网（http：//view.news.qq.com/），2011 年 7 月 29 日 15：49。

⑤ 李欣：《上海地铁致歉 称"上海地铁运营有史以来最黯淡的一天"》，新民网（http：//shanghai.xinmin.cn/tfbd/2011/09/27/12214612.html），2011 年 9 月 27 日 17：16。

事故原因。经事故调查组查明，在未进行风险识别、未采取有针对性防范措施的情况下，申通集团维保中心供电公司签发了不停电作业的工作票，并经上海地铁第一运营有限公司同意，9月27日13时58分，上海自动化仪表股份有限公司电工在进行地铁10号线新天地车站电缆孔洞封堵作业时，造成供电缺失，导致10号线新天地集中站信号失电，造成中央调度列车自动监控红光带、区间线路区域内车站列车自动监控面板黑屏。地铁运营由自动系统向人工控制系统转换。此时，1016号列车在豫园站下行出站后显示无速度码，司机即向10号线调度控制中心报告，行车调度员命令1016号列车以手动限速（RMF）方式向老西门站运行。14时，1016号列车在豫园站至老西门站区间遇红灯停车，行车调度员命令停车待命。14时01分，行车调度员开始进行列车定位。14时08分，行车调度员发布调度命令交通大学站至南京东路站上下行区段实行电话闭塞法行车。这是行车调度员未严格执行调度规定，违规发布调度命令。此次系责任事故，主责在于当值行车调度员违规[1]，未准确定位故障区间内全部列车位置，便发布电话闭塞命令。接车站值班员在未严格确认区间线路是否空闲的情况下，违规同意发车站的电话闭塞要求，14时35分，1005号列车从豫园站发车。14时37分，1005号列车以54公里/小时的速度行进到豫园站至老西门站区间弯道时，发现前方有列车（1016号车）停留，随即采取制动措施，但由于惯性仍以35公里/小时的速度与1016号列车发生追尾碰撞。

事故发生后，党中央、国务院十分重视，中央领导同志分别做出了重要指示，中共中央政治局委员、上海市委书记俞正声，上海市委副书记、市长韩正等市委、市政府领导立即赶赴现场，指挥应急救援处置等工作，并到医院看望伤员，了解情况。上海市委、市政府领导在现场作出处置要求。事故的处置工作主要从四个方面开展：第一，全力救治伤员；第二，申通地铁集团做好轨道交通线路的安全检查工作，防止次生

---

[1] "9·27"事故主要责任在于调度失误，但诱因却是在未进行风险识别、未采取有针对性防范措施的情况下，对地铁10号线新天地车站实施电缆孔洞封堵作业，造成供电缺失。这也需要地铁运营方进一步完善规章制度，严格管控线路运营时的施工作业，特别是涉及电力系统的施工作业。

事故发生,在确保安全的前提下恢复通车;第三,以严肃、严谨的态度查清原因,由各方面专家开展彻底调查,不放过每一个环节;第四,及时公开调查情况,做到信息公开透明。① 27日下午,上海市成立由市安监局牵头的调查小组,由上海市建设交通委、交通港口局等部门以及独立第三方参加,下设专家组、综合组、技术组、管理组。同时,上海市交通港口局牵头,会同申通地铁集团等单位,做好事故的后续善后工作。② 通过积极努力,事故的应急处置和善后处理工作平稳有序。事故发生后③,上海地铁申通集团所属地铁部门立即启动应急预案,疏散乘客,救治伤员;开展救援抢险,抢救列车和设备;事故发生后约10分钟,15时许,救援人员特别是消防人员抵达现场施救。④ 现场消防官兵有的抬着担架,有的手持颇有分量的破拆工具,在奔跑了近千米距离后迅速上车救援。此时,事故前车16号列车车头驾驶室已被人为掀开,由于车身较高,工程人员在打开的车窗和地面间铺设了一条临时走廊,供救援人员进入和乘客疏散。16时许,两列事故列车内500多名乘客已全部撤离车站。120指挥中心迅速调集62辆救护车到场⑤,通知事发地附近7家医院迅速开通绿色通道,确保第一时间救治伤员。救护车将伤员送往就近的市九院、曙光医院、长征医院、瑞金医院、黄浦区中心医院、卢湾区中心医院等7家医院进行救治。上海地铁申通集团及时调整10号线运行方式,对13个站临时封站,其余两路段采取小交路运营;迅速连续发布事故和救援信息。16时,发生事故的16号车驶离现场;17时55分,发生事故的另一辆5号车完成救援,驶离现场。

上海地铁两车追尾事故发生后,共出动200辆公交车应急疏运。

---

① 刘杰:《上海地铁追尾事故调查引入独立第三方》,《京华时报》(http://news.ifeng.com/),2011年9月28日,上海市交通港口局局长孙建平在27日晚间的新闻通气会上的发言。
② 刘杰:《上海地铁追尾事故调查引入独立第三方》,《京华时报》(http://news.ifeng.com/),2011年9月28日03:07。
③ 《上海地铁10号线运营方、上海申通集团总裁俞光耀在27日晚间的新闻通气会上的情况介绍》,《京华时报》(http://news.ifeng.com/)。
④ 刘杰:《乘客讲述上海地铁追尾瞬间:人们多米诺般倒地》,《京华时报》(http://news.ifeng.com/),2011年9月28日03:05。
⑤ 刘杰:《乘客讲述上海地铁追尾瞬间:人们多米诺般倒地》,《京华时报》(http://news.ifeng.com/),2011年9月28日03:05,上海市卫生局局长徐建光介绍120救援情况。

受此影响，无法准时抵达虹桥火车站坐高铁的旅客，获得了免费退票。追尾事故发生后，上海市交通港口局立即启动公交配套应急预案，增派5辆公交车至伊犁路站，增派5辆公交车至虹桥火车站协助疏散乘客，同时告知10号线沿线的公交企业适当增能，辅助做好交通应急疏运工作。上海市交通港口局要求10号线沿线40条公交线路所属企业共增派200辆公交车，以保障晚高峰交通出行，并协调交警部门帮助疏导10号线沿线公交乘客上下车，保证客流安全。地铁分段停运后，启动了接驳公交车。公交配套措施，共配车15辆，备用车5辆。① 大概有上百名司机，被紧急调来接送乘客。他们开着200余辆绿白相间的短驳车在城区道路上蠕动，一个早上他们就接送了2万人次的乘客。

从上海地铁部门获悉②，在对轨道交通10号线相关运行设施安全性能进行严格检测分析后，上海地铁经事故调查组同意，在采取严格的安全控制措施并进一步完善应急预案的前提下，定于28日晚8时恢复地铁10号线全线通行，即发生事故4小时后地铁复运。据悉，随着10号线全线恢复正常运营，28日停运的伊犁路至四川北路区段车站于当晚8点开放，全线投运23列列车，并同步取消公交短驳配套。其中，新江湾城站至龙溪路站运行间隔时间为5分钟。为确保10号线全线运营恢复后的运行安全，10号线全线暂时限速45公里/小时；同时，提高运营保驾等级，司机、调度等关键岗位设置双人双岗。

事故处理。上海地铁"9·27"事故调查组6日公布事故调查结果，认定"9·27"事故是一起造成重大社会影响的责任事故，12名事故责任人员受到严肃处理。市安全监管局依据《安全生产法》《生产安全事故报告和调查处理条例》等法律和行政法规规定，对申通集团按法律法规规定的上限给予经济处罚。事故调查组认为申通集团存在执行规章制度不严、应急管理不到位，以及设备设施维护、隐患排查治理不到位等问题，

---

① 《地铁10号线28日部分区段暂停运营 配套公交方案出台》，东方网（http：news.ifeng.com/），2011年9月27日。

② 孔璞、崔木杨：《上海地铁追尾原因公布，人工调度未严格执行规定》，《新京报》（https：//news.qq.com），2011年9月29日。

要求申通集团深刻吸取事故教训，举一反三，以人为本，安全至上，优化完善地铁运行规章制度，进一步健全隐患排查治理机制，加强培训，进一步健全特大型城市地铁运营的管理机制，不断提升城市地铁运营安全。①

回顾与反思1：社会舆情

上海地铁10号线追尾事故发生后，上海地铁官方对舆情的引导和管控是恰到好处的，既做到了及时主动、诚挚恳切，亦做到了不厌其烦、宠辱不惊、从容淡定、应对自如，尤其是以诚感人，以信任聚民心，这才提早或在事前就将舆情的不满和怀疑化解在萌芽状态，并成功扭转舆情朝着正确方向、有利于问题解决的方向推进。舆情躁动的前期症状表现为，上海地铁通过官方微博就追尾一事致歉，随即又删除道歉微博，在接下来的时间内，上海地铁官方微博再发微博再删除再发，在第一条微博中，上海地铁写道，"无论最终原因和责任怎样，给市民乘客造成的伤害和损失尤感愧疚。全力抢救伤员；尽快恢复运营；接受和配合有关部门对事故的调查和追责；坚决整改举一反三；再多致歉比起实际损害也显苍白，但还是要深刻道歉"。但很快，网友发现微博被删除了。就在网友议论道歉微博为什么被删时，一条标注为"心声"的微博又出现在上海地铁的官方微博上。上面写道，"10号线运营正在逐步恢复，事故原因将进一步调查。无论最终原因和责任怎样，我们对乘客造成的伤害和损失深感愧疚，事故发生后，车厢里互救互助有序撤离的感人场景，让人倍感温暖，那些一路狂奔全力参与抢险的武警消防官兵和抢修队员，让人肃然起敬……"更为戏剧的一幕随后出现了，第二条致歉微博在发出不久后也被删除。这

---

① 依照有关规定，12名事故责任人受到严肃处理：给予申通集团地铁10号线调度控制中心运营副调度员施雄留用察看一年、调离调度工作岗位处分；给予10号线调度控制中心调度长汤志华、10号线调度控制中心副经理（主持工作）阚康、申通集团总调度所副主任朱利敏行政撤职处分；给予申通集团运管中心副总经理兼总调度所主任戴祺行政大过处分；给予地铁运营一公司老西门站值班员贝宇、地铁运营一公司总经理朱效洁、申通集团维保中心供电公司副总经理沈建强、申通集团维保中心供电公司总经理王育才行政记过处分。申通集团副总裁兼运营中心总经理邵伟中对事故负有主要领导责任，给予行政降级处分。申通集团总裁俞光耀、申通集团董事长应名洪对事故负有重要领导责任，给予行政记大过处分。地铁追尾事故调查结果公布，12名责任人受严肃处理，东方网（http：//www.sina.com.cn），2011年10月6日19：38。

几个反复的动作引起了很多网友的关注，而且舆情出现了大面积的质疑和批评，甚至是引发了轩然大波，网友"12079—ldp888"发出疑问，"他们还在研究合适的官方解释？"就在此时，上海地铁微博"再次致歉"，内容与第一次发布的致歉微博相同。这条微博在发出40分钟内，就被转发 3718 次，更多的网友选择了对此评论。网友"杨子盛"称，"态度可以接受，但要落实到行动上"。"我们要的不是道歉，而是解决的办法，这样的悲剧能不能不要再上演啊？"网友"Allan_沧海一粟"的评论道出了网友的心声。

　　及时地解释修改致歉微博缘由与积极回复网友的各类评论，并未收到公众和网友的正面理解反而招致了新的怀疑和不满之后，并且舆情面正朝向不利的、不可控的方向发展时，上海地铁官方用最真诚和最朴素的几句话，就赢得了网友们瞬间的理解和信任、体恤和尊重。这几句话是这样的，就是忠实地、客观地描述了当时第一条和后来每一条的修改所具体的考虑是什么，当时为什么连续修改几次、反复重发是出于什么目的。① 上海地铁官方告诉网友，致歉博文的反复修改是因为第一次发上去之后一些网友反馈觉得说"最黯淡"这样的用语有些重，这就使@上海地铁 shmetro 担心不被公众理解反而生出不妥，所以就撤下来重新斟酌换词，放上去之后仍觉得还是要之前的写法这种较能体现道歉的思考深度，所以又重新再撤下来再发上去，其他几次反复也是出于类似的语言上的反复修改及想要更好地让公众理解和体谅的目的，这样简单、朴素的对于上海地铁官方很有人情味的交代，马上就赢得了网友们的理解，原来是上海地铁官方是想把道歉信写得更真诚

---

① 2010 年 9 月 28 日下午，记者致电@上海地铁 shmetro 的负责人之一冯昊。据冯昊介绍，此次地铁追尾事故中，一共有 7—8 人参与到官方微博的信息发布中。整个团队第一时间从上海地铁应急指挥中心获取信息并及时在微博上发布。昨日更是派出多位微博通讯员赶赴多个停运车站，实地了解公交短驳配套预案实施情况，并通过微博迅速反映运营情况。冯昊告诉记者，@上海地铁 shmetro 也是第一次面临如此严重的突发事故，他们也是"赶鸭子上架，摸着石头过河"。"网络时代，瞒不住什么东西，没有必要遮遮掩掩"，这也是上海地铁提出的"开门办地铁"的宗旨。《上海地铁表示致歉微博被删是为更准确表达歉意》，《南方日报（广州）》（http://news.163.com/），2011 年 9 月 29 日 10：05：20。

而几易其稿,① 而并不是自己内部还没研究好或是有什么需要内部统一再一致对公众的所谓说法,更没有什么猫腻,从几次修改之后反复发上去的文字上也可以清晰地看到这种情形。所以网友的舆情就"放过"了上海地铁官方反复重新修改重新发布官方道歉博文的做法,舆情也就没有再进一步发展成淹没官方发布的情况。否则,由地铁10号线追尾的责任事故随着处理舆情的不当行为而易衍生酿成一场次生的舆情危机。

自媒体时代,上海地铁事故不可避免地成了两天来微博上最热门的话题。截至9月28日18时30分,记者在微博上搜索"上海地铁事故",共搜出644123条微博。@上海地铁shmetro在很大程度上成了网友的首要消息源。② 当晚20时18分,@上海地铁shmetro发布的一条"再次致歉"微博更是引发众多网友的转发和评论,"今天是上海地铁有史以来最黯淡的一天……再多致歉比起实际损害也显苍白,但还是要深深道歉"。截至27日18时30分,该微博被转发22781次,评论9193次。许多网友评论说"至少态度还不错",同时强调"要给公众一个交代才对"。许多网友对此次@上海地铁shmetro的表现颇为满意,"感到了一种人性化的新鲜感",尤其是"多次的感谢和致歉"。有报道称,前日,上海地铁10号线两列车发生追尾事故。上海地铁通过其官

---

① 关于网友提出的"道歉信息发布、删除、再发布、再删除、再发布"的质疑,@上海地铁shmetro的负责人之一冯昊解释说:"事故发生后,大家都非常难过和内疚,于是就商量了一下,编发了这条代表地铁人歉意的微博。"冯昊说,"但发上官方微博后,网上有一些质疑,有的认为'最黯淡'用语太重了,也有人质疑道歉太轻描淡写。于是我们又拿下来,想斟酌一下文字。再放上去以后,大家又商量了一下,觉得'最黯淡'一词符合现在地铁人的心情,也想以此表达我们的愧疚,所以又改了一稿,最终8点多才再次发上去"。《上海地铁表示致歉微博被删是为更准确表达歉意》,《南方日报(广州)》(http://news.163.com/),2011年9月29日10:05:20。

② 前日即2010年9月27日下午14时11分,上海地铁10号线出现故障,三分钟之后,@上海地铁shmetro就发布了"突发运营信息",提醒地铁班次间隔延长并敬请乘客谅解。随后滚动发布多条微博,向乘客进行解释并做换乘指引,还公布了当下事故原因。记者发现,在@上海地铁shmetro发布的63条微博中,除了第一时间发布事故信息之外,还转发了许多网友拍摄的现场图片和一些细节描述,还有一些相关的服务信息,例如换乘信息、天气信息、客流信息等。在@上海地铁shmetro发布的多条微博中,"感谢乘客的理解,再次对您表示歉意"也多次出现。《上海地铁表示致歉微博被删是为更准确表达歉意》,《南方日报(广州)》(http://news.163.com/),2011年9月29日10:05:20。

方微博@上海地铁shmetro滚动播报了此次追尾事件,并通过微博向公众进行了多次感谢和多次致歉。截至27日18时30分,@上海地铁shmetro共发布有关地铁事故的微博63条,此举广受网友好评,"杜绝了谣言的产生,满足了信息饥渴网友的需求"。有媒体评论称"这才是危机公关的正确做法"。① 针对此次@上海地铁shmetro的表现,武汉大学信息管理学院教授沈阳表示:"从历史情况看,上海地铁官方微博一直是国内办得最好的地铁微博。事故发生后,@上海地铁shmetro连发了多条具有较大影响力的事实性微博,对处于信息饥渴的网友而言,在一定程度上满足了民众的知情权,在微博上的信息公开发挥了集群效应。"对于@上海地铁shmetro多次发出的致歉消息,沈阳认为,"这其实是一条敬重国民权利,体现悲悯情怀,敢于担当的好博文,非常及时。可惜中间删除掉了。不过晚上上海地铁微博再次发出致歉声明,这表明在面子和理性的较量中,尊重乘客、敬畏公民的理念占据了上风"。②

不过,这里仍然要汲取的教训就是,官方博文最好是不要轻易修改,公众和网友往往是从修改背后所隐藏着什么见不得人的内幕的角度去猜想,而不是从理解工作和沟通效果角度去体谅其中辛苦,舆情面的特点就是公众对官方往往是不利假设,而不是有利假设。试想,如果发布博文的工作人员能够经验再丰富一些,不去因为一两句措辞的修改纠结而把全文反复删除反复修改反而弄巧成拙,那么就不会差一点儿惹起舆情危机。差一点儿酿成舆情危机之后,凭着最朴素的真诚和最大的善意,将事情原委和盘托出真实相告,本着"网络时代,瞒不住什么东西,没有必要遮遮掩掩"的认识,也坦然承认自己的经验不足,承认@上海地铁shmetro也是第一次面临如此严重的突发事故,他们也是"赶鸭子上架,摸着石头过河"。这样的坦诚就是以心换心,以实情换理解。这样的处理就很有面对面直接真诚沟通的效果。需知,在公众用怀疑和不满来

---

① 《上海地铁表示致歉微博被删是为更准确表达歉意》,《南方日报(广州)》(http://news.163.com/),2011年9月29日10:05:20。
② 《上海地铁表示致歉微博被删是为更准确表达歉意》,《南方日报(广州)》(http://news.163.com/),2011年9月29日10:05:20。

对待已经十分敏感而随时生变的危机状态时,官方的每一句话、每个动作都可能引发猜测和推断①,信息不对称会使各自的角度正好相反,沟通出现问题。@上海地铁 shmetro 的负责人之一冯昊介绍了@上海地铁 shmetro 发布消息的三个原则②:一是遇到突发事件,尽可能快地发布消息,大众越早知晓,越能取信于民;二是微博其实是与乘客面对面地交流,所以态度一定要真诚,并及时修正工作中的不足之处;三是微博的信息要以网友愿意接受的方式来发布,拒绝官话,拿网友的话来说就是"像人一样说话"。

回顾与反思2:员工问题③

正常情况下上海地铁由 CBTC(基于无线通信的信号控制系统)调度,但事发时,因为失电 CBTC 系统失效,10号线转用人工调度,结果出现了问题。长期在智能系统环境下工作,面对突发状况,地铁一线员工一下子由"飞机大炮"换成"小米加步枪",结果忙中出错,"地铁的人力资源配置是不是有问题,平时的应急演练设置是否到位?"

对此,地铁运管中心相关负责人表示,客观上,2009年以来,上海地铁经历了跨越式发展,到目前为止已初步形成11条线路,总长约425公里,但随着员工数量的快速增长,队伍整体素质特别是实战经验被摊薄、稀释;同时,由于地铁一线员工整体收入偏低,面对外地的高薪聘请,不少经验丰富的调度员、驾驶员频遭挖角。"我们一线员工平均年龄不足30岁,工龄普遍在3年以内。一个调度员成熟起来至少需要5年,但不少人因为工作压力大,刚刚开始成熟便转行换业,而一些老调度因为收入低频繁被苏州、杭州、深圳等地高薪挖角,我们人员流失比较严重。"

主观上,该负责人坦言,虽然员工岗前基础培训丰富,但在岗培

---

① 例如,事故发生后"碰擦说"曾引起网友的广泛质疑,认为有关方面要"大事化小",一些媒体报道中使用的"轻度追尾"也引发了网友的一片质疑。《上海地铁表示致歉微博被删是为更准确表达歉意》,《南方日报(广州)》(http://news.163.com/),2011年9月29日10:05:20。

② 《上海地铁表示致歉微博被删是为更准确表达歉意》,《南方日报(广州)》(http://news.163.com/),2011年9月29日10:05:20。

③ 《上海地铁坦言:员工频遭高薪挖角 日常应急演练不足》,东方网(http://news.ifeng.com/),2011年10月10日23:26。

训不足,特别是应急演练不够,面对突发状况时便暴露出实战经验缺乏的问题。地铁平均每年举行大型应急演练至少2次,各线路小型演练每月都有,但考虑到安全,实际演练效果不佳。与之形成对比的是,交港局有时事先未通知便举行地铁公交配套演练,临时抓几部车子实行配套保障,虽然场面不是很好看,但效果挺不错。而在应急演练中,"我们放不开手脚,曾经有过练着练着,几部列车就差点儿出了事;更重要的是,我们的演练设计有时候确实没能涉及每一个细小的层面"。① 例如,"9·27"事故前半个月左右,地铁方面曾就电话闭塞进行过演练,但导致"9·27"事故的"列车定位"未纳入设计。此外,一线调度员长时间对着"多点一线"的屏幕,容易产生身体特别是心理上的疲倦。

地铁运营方表示,将进一步吸取"9·27"事故教训,切实落实加强重点行车岗位与重点设备安全管控、强化行车作业安全风险点把控措施、加强对员工安全意识和业务技能教育培训等五项整改措施,全力保障地铁网络运营安全可靠。

第三节　应急体系彰全网

【应急管理理念与组织体系】

2003年的SARS成为一个划时代的分水岭,抗击SARS催生了中国的全国疫情应急防控体系,进而激发了全国应急组织体系的建立,SARS成为一把双刃剑,其本身是一场始无前例的公共危机,但是因为中国的全民举国应对体制的先进性和迅速建立起来的卫生防疫体系特别是疾病控制中心CDC发挥的作用,把一场危机转化成为一个契机,中国因SARS也由SARS而建立了统一的、标准的、规范的专业专门专司应急的组织体系,这是一座中国应急和抗灾历史上的丰碑。

---

① 长期从事航空安全工作的李丰华说:"为什么波音、空客这些飞机制造商长久屹立不倒,关键就在于能够从每次事故中及时总结,并立即将相关处置方式写入使用条例;而航空公司也要通知技术、管理等方式,确保飞行员熟悉每个条款。这对于刚刚迎来长足发展的我国地铁行业,应该同样适用。"上海地铁坦言:员工频遭高薪挖角　日常应急演练不足,东方网(http://news.ifeng.com/),2011年10月10日23:26。

从此，由组织体制、运作机制、法律支撑、资源保障这四个最基本面所构成的中国国家与地方层面的应急组织体系，就正式地建立起来了。

上海应急治理的第三个阶段到来了，上海从原先处于2002年时期的一般常规非专门一体化机构的应急，跨入一体化专门应急机构的常规设置与运作时期。在2003—2012年这十年里，上海的应急管理得到了全方位的实战锤炼与快速稳健发展。在这十年里，一个成长与探索的关键时期，上海经历了抗雨雪冰冻灾害（2008年1月25—29日、2月1—2日）、莲花河畔屋倒塌（2009年6月27日）、静安胶州路烈火（2010年11月15日）、地铁10号线追尾（2011年9月27日）的惨烈洗礼和惨痛教训。在承办举世瞩目的世博会期间，上海积累了世博安保和应急的世纪应急财富，也建立和检验了应急联动中心特别是闵行应急大联动先进典型经验的成功，在丰富发展和完善中国"一案三制"的应急治理地方经验和成功及失败案例上，书写了浓墨重彩的、喜忧参半的、回味无穷的、无法忘却的历史。

2004年5月在我国北京召开的"中国城市经营与发展高峰会"上[①]，城市应急与社会综合服务系统作为主要议题之一在大会上引起了广泛的关注，并对统筹建设内地大中城市社会应急联动系统的有关问题进行了专门的研讨，会议提出并建议我国争取用三到五年在内地主要大中城市建成城市应急和社会综合服务系统，实现城市互联互通和资源共享，并尽可能扩展系统覆盖范围，并认为目前我国内地已具备技术及物质基础，推动信息系统联动建设的时机已然成熟。同年5月22日，国务院办公厅关于印发《省（区、市）人民政府突发公共事件总体应急预案框架指南》（国办函〔2004〕39号），明确规定了各省市提交应急预案的编制原则、组织机构与职责、预测与预警、应急响应、后期处置、保障措施、宣传培训和演习等。2005年7月，国务院召开全国应急管理工作会议，标志着中国应急管理纳入了经常化、制度化、法制化的工作轨道，而"一案三制"（即预案、法制、体制及机制），作为我国应急管理建设的基本框

---

① 陈学强、奚建明：《我国城市灾害应急管理体系的科学重构》，《上海城市管理职业技术学院学报》2008年第5期，第21—25页。

架被正式启用。这说明我国政府已高度重视应急管理在政府管理职能中的地位，也标志着城市应急管理全面正式纳入城市的常态化管理且进入一个新的发展阶段。

具体表现为，在国办函〔2004〕39号文出台前后，各省和直辖市相继成立了突发公共事件应急委员会、应急管理办公室、突发公共事件应急处置指挥中心和突发公共事件应急处置总指挥部。该机构的第一责任人基本为省市主要领导负责，并有常设机构，该机构负责城市应急管理的日常管理工作，同时成立专项灾害应急管理指挥部（例如抗震救灾指挥部、地质灾害应急指挥部、消防灭火指挥部、生产安全事故应急指挥部、特大危险化学品事故应急指挥部、防汛抗旱气象灾害指挥部、突发公共卫生事件应急指挥部、突发社会安全事件应急指挥部、交通事故应急指挥部；重大、特大环境污染事件应急指挥部等），这些指挥部门的直接领导为政府对应部门的责任领导。从目前我国各省市建立的应急管理的行政架构来看，已基本完成了应急管理体制的建立。

2005年1月26日，国务院第79次常务会议通过了《国家突发公共事件总体应急预案》，以及25件专项应急预案、80件部门应急预案。预案将突发公共事件分为自然灾害、事故灾难、公共卫生事件、社会安全事件四类；按照各类突发公共事件的严重程度、可控性和影响范围等因素，分为特别重大（I）、重大（IT）、较大（E1）和一般（IV）四级。按照不同的责任主体，预案体系设计为国家总体应急预案、专项应急预案、部门应急预案、地方应急预案、企事业单位应急预案五个层次。我国政府还根据风险分析结果，将可能发生和可以预警的突发公共事件用红色、橙色、黄色和蓝色表示。政府要求对发生的特别重大或者重大突发公共事件不得迟报、缓报、瞒报和漏报，并要在突发公共事件发生的第一时间向社会发布简要信息。各省、自治区、直辖市也分别完成了省级总体预案的制定工作，许多市、区（县）也制定了应急预案。

一 "一案三制"成就好

在2003—2012年这十年里，中国应急管理的架构和基本制度已初步建立，头五年在组织体系方面进行了自上而下的建设，基本建成了专司应急管理的委办局，条线上的职责划分是比较明确清晰的，板块上的职能边界也是相对专业专门的，在政府传统的组织体系里，应急机构是放在办公厅之类的机构里的，主要是在原先为领导服务的办事机构的基础之上改良而成的，综合服务的传统色彩仍然较浓，信息值守等应急新增加功能经历了强化，基本上应急办事机构的人员编制是有保障的，省级大城市的区一级往下的应急办公室里的工作人员，有的就是确保不了固定编制的，所以长期有借调的情况。应急办的功能有时也存在被矮化的现象，快退休的领导干部在退休之前的一年，往往被安排到应急办过渡一年。应急办的实战指挥功能也基本上是没有的，还只是一个综合服务、信息上传下达的机构。在上海，上述这些情况也是比较普遍存在的，这是体制性原因，是初创时期的中国应急体系内生的矛盾表现。不过，专门的一体化的应急组织体系仍然表现出了较好的独特价值和专门功能，应急组织体系的有和无，是存在本质差异的。一个国家的中央和地方，有没有专司应急的组织体系，这是结构性差异，在有专司应急的组织体系的前提下，是否发挥了作用、发挥了怎样的作用，这是一个应急组织体系如何继续完善的过程。

　　应急组织体系里，除了组织架构上的应急委办局系列的领导机构和工作机构及应急预案之外，就是三制了，即所称的"一案三制"，包括体制、机制和法制。在中国关于应急和危机及紧急状态方面的法律，《中华人民共和国突发事件应对法》是很有特色的一部法律，随后一些城市紧跟着制定了突发事件应对法实施细则等地方性的下位法，以增强《突发事件应对法》在实际应用和实际实施中的法律解释和执法效果。应急管理体制尽管在随后的十年里也显现出一些不适应和一些需要进一步改善的方面，但是总体来说，在SARS这一无硝烟战场上诞生并经历近十年洗礼的中国式的应急组织体制、运行机制、法律基础和资源系统，以"一案三制"为主线的专司应急管理工作的条线和领域，在应对天灾和人祸的神圣使命感与责任感的担当中，取得了里程碑式的成就。但不容回避的现实是，在2003—2012年这十年里，我国应急管理"一案三制"建设还有许多不足之处，那段时期的当务之急是亟须建立具有中国特色、国情特点的"一案三制"体系，这对提高预防和处置突发事件的能力，保障人民群众生命财产安全、维护社会稳定，具有重要的社会现实意义。

SARS 之后，我国在传统民防基础之上迅速建立起突发事件应急管理，逐步实现了从单一民防到应急与民防并存且以现代应急体系为主的跨越，这一转变过程主要是政府体系内部的，是以公共部门为决策主导和行动主体的应对方式。① 面对各类突发事件，力求做到反应及时、保障有力已成为各级政府部门的共识和现实中的工作抓手，并在"一案三制"方面进行了制度设计和行动安排。例如，我国已初步形成以《突发事件应对法》为基本法，加上《防震减灾法》《传染病防治法》《水法》《安全生产法》《消防法》《食品卫生法》《国家安全法》《破坏性地震应急条例》等四五十部单行立法与之并存的全方位、多层级、宽领域的应急法律体系；已制定出台以《国家突发公共事件总体应急预案》为总纲，由 25 件国务院专项预案、80 件国务院部门预案、31 个省区市总体预案以及企事业单位应急预案和重大活动应急预案等六个部分组成的应急预案体系；明确国家建立以统一领导、综合协调、分类管理、分级负责、属地管理为主的应急管理体制，指出国务院是全国应急管理工作的最高行政领导机关，国务院各有关部门依据有关法律、行政法规和各自职责，负责相关类别突发公共事件的应急管理工作，地方各级人民政府是本行政区域应急管理工作的行政领导机关，负责本行政区域各类突发公共事件的应对工作；初步形成了统一指挥、反应灵敏、协调有序、运转高效的应急管理机制，实现社会预警、社会动员、快速反应、应急处置的整体联动，建立起突发公共事件预测预警、信息报告、应急响应、恢复重建及调查评估等机制。虽然，近年来我国应急管理"一案三制"建设取得了不少成效，但就现实而言，仍凸显出法律法规缺位、预案适用性差、行动主体有限、协调机制缺乏等弊端。

从应急法制来看，第一，高位阶法律《突发公共事件应对法》作用发挥得还不明显。尽管这部法律于 2007 年已颁布实施，但从 2008 年春节南方暴雪、"5·12"汶川特大地震等突发事件来看，这部法律发挥的作用似乎并不大，感觉法律没太派上用场，《突发公共事件应对法》所确立

---

① 刘霞、向良云、严晓：《公共危机治理网络：框架与战略》，《软科学》2009 年第 4 期，第 1—6、12 页。

的应急体制的组织协调和防范作用，并没有完全发挥出来，真正的应急工作还是依靠目前高度统一和一元化的党政领导体制来完成。第二，上下位法之间的关联亟须调整。我国一般性的应急法规大部分是从各部门条例演变而来，彼此之间缺乏必要的调节和有效协同，各应急主体在处置重大公共事件中难以有效协调，加上很多法律法规对应急主体在突发事态下可以采取的紧急措施规定得不够具体，对公民权利义务的规定不够明确。第三，与现实应急需要相比尚需完善。例如，单灾种的法律和法规，难以综合应对和协调处置多灾并发的公共事件；单个行政机关和主管部门的应急主体、范围、职责、行动方式的法条，难以真正厘清多个部门实战配合的协调方式和步骤，仅仅是说明主管、参与或是配合，但是在具体的预案中，到底如何管理、如何参与、怎样配合，多为描述性的定性规定，缺乏切实可操作的多重配合路线和具体行动方案，加上缺少演练，真正的协调与配合在平时都不很顺利，在战时就更难以真正有效发挥作用。政府的统一命令多，社会群体、志愿者团体等第三部门配合渠道少，应急法条中仅仅说参与和配合，但缺乏其他配套的行政程序法的明文具体的落实和相关实战演练的规定，也缺乏政府主持的项目或计划之类推动的平台，等等。

从应急预案而言，目前国家宏观层面的总体应急预案和各部门、各地区的部门、专项应急预案的编制修订工作已基本完成，基层应急单元预案和重大活动应急预案也正加紧编制。但在现实运行过程中，仍然存在缺陷。第一，预案内容缺少针对性。现在某些地方预案和部门预案是迫于上级要求和行政形式，只是为了应付上级的检查或者为了完成任务"照猫画虎"制定出来，不是从一个地方或一个地区或某个行业的实际出发。仓促而草率应付差事所制定出来的所谓预案，其内容也不符合应急预案的规范要求，一些重大行业、重要部门以及基本应急单元的应急预案内容单薄，没有涵盖本行业、本部门和本单元最常发生的所有危机的有针对性预前方案。第二，预案之间衔接不足。现行的各种总体预案、部门预案以及专项预案，主要是以条条为主的垂直方式建立的，上下级之间的统一配合基本按上令下效方式推动，但在块和块之间的配套衔接和横向协调是最大的问题。一方面，在条条内部上下贯通的预案，标准过分统一，上下一般粗，依葫芦画瓢，下一级的应急预案与上一级的应急预案基本没什么大的区别；另一方面，在块块之间，却各自为政，各行其是，因各自只执行本部门条条上的体例和标准，而造成不同的块块之间标准差别过大，混乱不一。第三，预案缺乏可操作性。很多预案大多只停留在文件层面，没有在社会公众之间进行有计划、有步骤的演习和演练，实际效果如何不得而知。由于很少进行真正的演习和定期的演练，使得仅有的可操作性也得不到固化和稳定，在情况变化或是出现新情况时，不能随时通过经常性的演习和演练及时发现既有预案存在的欠缺和漏洞，更是降低了新情况下的可操作性及有效性。

就应急体制而言，我国现有的应急管理领导体制基本上是属于部门主导，九龙治水、各管一方，缺乏国家层面上的综合对策部门，一般以国务院为领导，但是国务院毕竟不是专管应急事务的，所以每次事发基本是临时成立领导小组的方式。在地方上也是一样，也都是每次事发组成临时领导小组的做法，市委、市政府是主要领导，但是毕竟不是专门管理突发公共事件这一类事务的集专业与综合协调于一体的部门。现有的应急委和应急办从领导机构和办事机构来说，是比以前没有这类机构的情形要好得多，但是仍不是真正意义上的专门性的常设的综合协调指挥体系，其虽权威性高，但专业性和综合性不够。另外，目前有些地方层面上应急管理的机构设置层次不清、管理职能不明确。虽然大多数应急管理机构能从职能、性质上区分为综合和专项两大类应急管理机构，但在层次上尚未分清专项应急管理机构接受综合应急管理机构的指导关系。同时，在突发事件常态和非常态时各应急管理机构的功能切换不到位：常态时，综合应急管理机构缺少科学的风险评估和有针对性的突发事件反应计划；非常态时，综合应急管理机构尚未突出应急决策、应急运行枢纽和应急处置的重要地位和各专项应急管理机构不能及时提供专业的决策咨询和技术支撑保障作用。

就应急机制来看，条块分割、地域阻隔等体制性障碍造成"多龙治水，各管一摊"，甚至是各自为政的弊病削弱了突发事件应对整体合力，协调机制成为最大的桎梏。由于政府组织中的权力受到组织层级的节制和规则的过多制约，严格的部门和地区分割使得它们在突发事件应对过程中往往各自为政，剑走偏锋，仅仅局限于在本地区、本部门管辖范围内行动。由于各自的行政权限、政策目标等的不同，它们之间的相互沟通往往梗塞不畅，一个地区或部门所采取的危机应对措施往往很难得到其他部门和地区的认可和响应，不靠共同上级机关的行政命令，往往无法自动生成危难中的有序协作。具体表现为：一是"块间配合不够"，即专业机构与专业机构之间、专业机构与政府部门之间的配合不够，由于政府部门层级节制和利益化倾向作梗，加之部门色彩比较浓厚，各部门、各机构"自扫门前雪"现象突出，在突发事件发生时，综合应急管理部门接警分理快速与专业部门处置迟缓形成强烈反差，各级应急办处警到场后，专业部门有时不能及时到位。各级联动单位负责单灾种的应对处置，习惯于各自为战，遇灾时相互间缺乏主动协同。这一点突出表现为实际应急处置中的信息严重不对称现象，一方面，一些行业、部门以技术接口无法连接为由不愿提供信息；另一方面，综合部门与专业部门各自提供的信息不匹配或差异性强等。二是地域之间，也往往以倡导型会议、论坛合作形式为主，缺乏区域协作的制度性框架，区域合作局限于政府之间的合作，合作的领域、形式以及行动步骤都依赖于政府的感知和选择，各地方政府仍然习惯于将区域内出现的问题和威胁内化为自身管辖范围和行政区划内的"问题领域"进行内部化、碎片化管理，缺乏应急联动合作机制，在应对影响范围跨越行政区域的巨灾时，地方治理单元的分兵作战时"搭便车""公用地的悲剧"现象突出。

总之，因为存在上述普遍现状，所以我们对2003—2012年这十年里我国（当然也包括上海）应急管理"一案三制"建设的一个总体判断是："一案三制"基本框架和基本内容建立起来了，但由于法律法规不健全、预案体系不完善、行动主体单一化、地域及行政部门条块分割和传统行政命令等因素制约，有粗略、机械式的内容，而无非常态下快速、灵活式的应对程序。总体上，在2003—2012年这十年里，我国应急管理"一案三制"只是处于初创和成长期，建是建起来了，而且发挥了不可或缺的实际作用，但是尚未形成规范化、程序化和体系化，适合我国国情的应急管理"一案三制"体系尚待下一个时期的建设，把应急管理成长与探索（2003—2012）形成的SEMS2.0版本进行升级和转型。

二 应急联动建中心

在 2003—2012 年这十年里,上海在应急领域可以说是天灾人祸齐接踵,典型应急事件一是抗雨雪冰冻灾害(2008 年 1 月 25—29 日、2 月 1—2 日),二是莲花河畔屋倒塌(2009 年 6 月 27 日),三是静安胶州路烈火(2010 年 11 月 15 日),四是地铁 10 号线追尾(2011 年 9 月 27 日)。2008 年的雨雪冰冻灾害中的上海是全国的一个缩影,也是上海作为南方城市应对特大雨雪冰冻灾害最为艰辛的一次,更是上海史无前例的雨雪冰冻大战,挑战了"一案三制"的功能极限,也挑战了人们春节归心似箭但受阻于天灾的社会心理底线。应急联动的运行机制和工作平台,在应对这场雨雪冰冻的天灾里,发挥了独特的功效。城市和百姓都感到了在天寒地冻中的联合行动与协同配合春天般的温暖。莲花河畔屋倒塌事件堪称一个"奇葩",但是却真切地就发生在社会的视野里,整个楼盘就那么整体地轰然坍塌、整体地躺倒在湖畔。这件事情让如履薄冰、小心驶得万年船的上海人更加谨慎地追问原委、更想讨个说法。百姓内心深处的不安与雨雪冰冻带来的寒冷相比,如果不及时化解个中猜测甚至谣言,那么来自社会内部的不安与失信,以及谣言和猜臆的扩散与传播,社会舆情压力给社会生活和社会心态带来的不稳定,将比天灾还具有更强的破坏力。在这类事件的处理与舆情的引导上,应急联动发挥作用了吗?怎样发挥的呢?谁说天天岁月静好,只是有无数人在背后付出,这样的应急联动其实要化解的并不只是倒塌的楼房本身,而是社会心态里的不安与不信任,抗洪救灾的应急联动,可以抗击天灾的洪水,社会信任的应急联动,能否化解人祸的猛兽?应急联动中心管不管这样的事情?管得怎么样呢?静安胶州路烈火(2010 年 11 月 15 日)是上海人心中永远的痛,应急联动上哪去了?怎么就那么活活地在可燃物外装修的楼房里烧死那么多人?用几个电焊工无证上岗的理由就能推诿掉主要领导人和管理者的责任吗?接下去的党纪国法的惩治是否真的给了社会一个可以重新信任的交代?地铁 10 号线追尾(2011 年 9 月 27 日)事件,是上海轨道交通历史上极为惨重的事件,纯属意外,但是就那么的触目惊心!如何处理、如何善后特别是如何重建百姓对地铁安全的信任,是最大、最棘手的核心问题,上海应急联动发挥了什么不可替代的作用吗?受到了哪些挑战？

在 2003—2012 年的这十年，是上海应急治理的成长与探索阶段，应急治理处于 SEMS2.0 版本。在这十年里，上海应急治理成长和探索的一个标志性的成果，就是建立了市应急联动中心。在上海市应急联动中心之外，各区也相应地建立了区应急联动中心，其中闵行区应急联动中心特色突出，成效斐然，成为示范性应急联动中心。建立市应急联动中心是上海城市发展和处置公共突发事件、恐怖袭击事件的迫切需要。上海当时正在加快建设现代化国际大都市和国际经济、金融、贸易、航运中心的步伐。在上海整个城市发展的进程中，维护城市安全，妥善处置各类突发事件，已经成为确保上海经济社会持续健康发展的迫切要求。上海城市人口高度密集，重点场所、要害部门多，只有迅速、有效处置，才能最大限度地控制和减少各种危害、损失。突发事件处置工作涉及诸多职能部门，迫切需要建立一个由上海市政府直接领导的，集中受理、统一指挥、应急处置各类突发事件的城市应急联动中心。为此，上海市委、市政府未雨绸缪，于 2001 年年底就开始了相关调研。可以说，上海市应急联动中心的建立，是上海应急治理四十年诞生与起步（1993—2002）SEMS1.0 阶段的核心起步标志，亦是成长与探索（2003—2012）SEMS2.0 阶段的核心探索标志。上海市应急联动中心的建立，既是连接 SEMS1.0 阶段与 SEMS2.0 阶段的纽带，也是划分 SEMS1.0 阶段与 SEMS2.0 阶段的分水岭。

美国 "9·11" 恐怖袭击事件发生之后，上海市委、市政府意识到，针对特大型城市公共安全事故的应急处置和救援问题紧迫地摆在上海面前。经上海市委、市政府研究决定建立和完善 "上海市的应急救援体系"。上海市公安局结合自身对这一课题的研究工作向市委政法委提交了《关于对建立上海城市应急联动中心及其设置问题的几点思考》，正式提出了建立上海应急联动中心这个议题。2003 年 5 月 20 日，市委政法委正式向市委提出《关于建立上海市城市应急联动中心的请示》。26 日，市委书记办公会议讨论通过《关于建立上海市城市应急联动中心的请示》，并明确上海市应急联动中心设在市公安局。随后，上海市公安局起草了《关于建立上海市应急联动中心的初步方案》报市委、市政府，并编写《上海市应急联动中心信息通信系统（一期）建设方案》。9 月 15 日、9

月19日,市委常委会、市政府常务会议先后审议通过了《关于建立上海市应急联动中心的初步方案》,并要求力争2004年7月1日,最晚不迟于9月1日,初步建成上海市应急联动中心。2003年11月,应急联动中心筹建办召开第一次成员单位工作会议,确定将卫生局、海事局、民防办等17家单位作为首批接入应急联动中心的单位,实现有线、无线、网络互联互通,初步建立了专家库、应急处突救援队伍库和应急救援物资装备库,制定了应急联动工作办法。2003年12月22日,市公安局将《上海市应急联动中心信息通信系统(一期)建设可行性研究报告》提交市发改委。2004年2月13日,市发改委正式下达《关于上海市应急联动中心信息通信系统(一期)工程可行性研究报告的批复》,总投资额为9725万元。上海市应急联动中心信息通信系统(一期)由电话接处警系统、计算机辅助决策系统、无线通信调度系统、实时图像监控系统、大屏幕显示系统、电子记录存储系统、视频音响保障系统、信息网络传输系统8个子系统组成。2004年8月15日,市应急联动中心各系统正式建成,并投入试运行。

上海市应急联动中心(SERC)于2004年9月30日正式启用,这不仅标志着我们这个城市的应急处置体系的全面启动,而且使上海的城市安全迈上了一个新的台阶。[1] 这还标志着上海成为全国首个建立应急处突救援统一指挥平台的城市,在城市应急建设上迈出了重大的一步。[2] 这标志着上海在建设"统一指挥、反应灵敏、协调有序、运转高效"的突发事件应急处置体系方面迈上一个新台阶。上海市应急联动中心是我国特大型城市中第一例成功建成且具有自主知识产权的城市应急联动系统,有效整合了各类资源,提高了政府应急综合服务水平,建设规模为亚洲第一,日均报警量约4万次,报警峰值达到过10万次,获得"上海市科技进步一等奖"。[3]

上海市应急联动中心设在市公安局办公指挥大楼内。办公用房面积

---

[1] https://baike.baidu.com/item/%E4%B8%8A%E6%B5%B7%E5%B8%82%E5%BA%94%E6%80%A5%E8%81%94%E5%8A%A8%E4%B8%AD%E5%BF%83/202916.

[2] http://www.587766.com/news2/43500.html.

[3] http://www.fritt.com.cn/case?id=38.

总计约 3500 平方米，由指挥区、办公区组成。指挥大厅面积 768 平方米，里面预留了所有应急联动单位的指挥席。在遇到重特大突发公共事件，需要开展应急联动处置时，相关应急联动单位可以立即进驻应急联动指挥大厅，开展工作。大厅其余部分设置了公安综合指挥区，承担公安日常指挥调度工作；消防指挥区，承担对各类火灾报警处置和抢险救灾工作的消防业务指挥调度；交通指挥区，承担道路交通情况监控。另外，大厅内还有首长指挥席。在发生重特大突发公共事件时，市领导可开展临场指挥。

上海市应急联动中心是在市委、市政府以及其他具有处置突发事件职能的领导机构的领导下，有效整合相关力量和社会公共资源，对全市范围内的突发事件和应急求助进行应急处置的职能机构和指挥平台。上海市应急联动中心作为一个正处级的常设机构设在市公安局，其职责是统一受理全市各类突发事件和应急求助的报警，组织、协调、指挥、调度相关联动单位应急处置一般突发事件和求助；遇有重特大突发事件，协助市领导统一组织、协调、指挥、调度相关联动单位开展应急处置；牵头负责对全市应急联动工作的机构、队伍、装备、预案、制度、经费等方面工作进行规划、组织、协调。上海应急联动中心定位是：一个具有统一报警号码和全天候值守的力量，拥有完善应急处置预案和实战经验丰富的指挥人员，能够调动训练有素、充足常备的应急突击力量和相关专业处置力量，并以充足的物质、技术和专业情报为保障的体系。

联动网络的构建：应急联动，应该是先"联"后"动"，相关职能单位先要实现联合，实现信息、资源共享、统一指挥，才能发挥应急处置的作用。为此，与各联动单位一同做了大量细致的工作：一是多方联动，全面联动。根据市领导"关于先将与突发事件应急处置紧密相关的单位纳入应急联动体系"的指示精神，在联动中心正式启用初期，市公安局、市民防办、市海事局、市卫生局、地铁抢险救灾指挥部等 17 家市一级具有处置紧急突发事件职能的单位首批接入。联动中心结合市公务网建设进度，借用公务网非涉密区域，与首批接入联动单位网络互通，并建立本市应急联动网站，以此网站为平台，实现联动工作的信息发布、交流，电子预案、通则和办公管理等功能。联动中心还牵头组织为首批接入单位申请安装了应急有线电话，并向各单位发放了 800 兆无线通信设备，以网络、有线、无线的形式实现全方位的互联互通。目前联动网络已增加至18家，市环保局、环卫局等8家单位也即将被纳入应急联动网络。二是内部资源整合。主要是以应急联动建设为契机，实现110报警服务台和119消防报警台、交警总队交通调度台正式合并，统一开展接处警和指挥调度工作。同时建立了指挥长负责的指挥调度和应急处置工作机制。联动中心设立专职指挥组，由指挥长负责。指挥长具有丰富的应急处置工作实战经验；能够根据事态作出比较准确的判断；有权调集各种处置力量和资源进行应急处置。

应急联动工作的制度保障：应急联动机制建立之初，没有法律的支撑。为此上海借鉴了西方先进国家应急救援方面的专门法律，经过认真调研，于2004年2月完成《上海市突发事件应急联动处置暂行办法》（初稿）（以下简称《办法》）的起草工作。对突发事件的分类、应急联动中心及联动单位的职责、应急处置的预案管理、突发事件处置流程等内容做出界定和描述。经各方讨论、修改，《办法》通过了市政府常务会议，于2004年10月1日正式施行。《办法》确立了应急联动中心及相关联动单位的职、权、责。此外，为了确保突发事件处置工作的制度化、规范化，上海在系统建设的同时，起草了《关于应急联动工作联席会议制度的暂行规定》《现场指挥部工作规范（试行）》《信息报送工作规范（试行）》《突发事件应急处置工作证件管理方案》等一系列制度。这些工作机制明确了联动单位之间的工作关系和工作程序，为联动工作有序开展提供了制度保障，并经应急联动工作联席会议审议通过，开始正式施行。

通过上述几方面的努力和各联动单位的支持配合，上海按时建成了应急联动的组织指挥体系和突发事件的处置网络。上述过程，堪称是上海应急联动建设的经验，上海在应急联动方面进行了先行先试的创新，尽管上海在全国并不是首家建立应急联动中心的城市，但是上海却是在应急联动"一案三制"框架内自生创新成果突出的城市，在全国率先建成了国际接轨、一流标准、专业规范的城市应急联动中心。特别是在法律法规并不健全甚至缺位的情况下，采取边立法、边出台规定、边建联动中心的跨越式发展思路，这是超常规建设，也是超创新举措。在城市应急成长与探索的道路上，一个古老而年轻的国际大都市，在城市安全与应急治理航向上的一次成人礼，上海从而具备了一个国际大都市作为成熟城市发展的标志之一，具有了安全城市的基本前提和充分保障。上海市应急联动中心运行情况，可以分别从市应急联动中心及其所辖应急联动各单位的职责权限、处置流程、日常运作情况、接处警情况、应急处置指挥功能、应急指挥架构和指挥流程、工作成效等几个方面进行全面观察。

市应急联动中心的职责主要包括：（1）受理全市范围内突发公共事件的报警。市应急联动中心受理通过"110"报警电话或者其他方式的突发公共事件报警后，应当立即予以核实，启动相应的应急联动处置专项预案，并向有关联动单位的指挥机构下达指令，组织、协调、指挥、调度有关联动单位进行处置。（2）负责应急联动处置一般突发公共事件。在处置过程中，市应急联动中心应当收集、汇总突发公共事件有关情况，根据现场实际征询有关专家意见，对突发公共事件进行综合研判，确定突发公共事件的等级。属于一般突发公共事件的，要直接组织、协调、指挥、调度有关联动单位开展应急联动处置。（3）负责组织联动单位对重特大突发事件进行先期应急处置，并协助市政府组织实施紧急处置。对属于重大以上突发公共事件的，要立即组织实施先期应急处置，同时上报市政府同意，征询有关专家意见，做好后续应急处置队伍和资源的组织、调度等准备工作，协助市政府组织、协调、指挥、调度有关联动单位实施紧急处置；属于特大突发公共事件的，还应当立即通知有关联动单位指挥人员和专家进驻市应急联动中心。发生重特大突发公共事件时，市应急联动中心可以根据现场处置的工作需要，开设现场指挥部。现场指挥部负责现场处置的组织、协调、指挥、调度。市应急联动中心配合现场应急联动处置，负责现场外应急处置队伍、资源的组织、协调、调度。区、县政府及有关单位应当为现场指挥部的开设提供必要的场地，并提供现场指挥部运作所需的后勤保障。（4）负责对全市应急联动工作的指导。（5）市政府授予的其他职责。

从应急联动单位的职责来看，公安、卫生、安监、民防、海事、建设、交通、环保等部门以及各区、县人民政府（以下统称为联动单位），在各自职责范围内负责下列应急联动处置工作。（1）设立应急处置指挥机构，建立24小时值班备勤机制，做好应急处置准备。（2）加强对突发公共事件的预测和预警，对发生或者可能发生的突发公共事件，及时报告市应急联动中心。(3) 按照应急处置的实际需要,组建和管理应急处置队伍、专家队伍,组织开展应急处置队伍的训练和演练。(4) 按规定配备、管理、使用应急处置的专业设备、器材、车辆、通信工具等装备、物资和经费,保持应急处置装备、物资的完好,确保应急通信的畅通。(5) 根据市应急联动中心指令,按照职责分工和应急联动处置预案的要求,迅速指挥、调度本单位应急处置队伍、专家队伍和资源,相互协同、密切配合,快速高效地处置突发公共事件。处置过程中,应及时向市应急联动中心反馈处置情况和有关信息。(6) 加强突发公共事件应急处置信息资源的交流与共享,为突发公共事件的预防、预警和应急处置提供及时、准确、全面的基础材料、数据、情况及其他有关信息。(7) 法律、法规、规章规定的其他职责。发生重特大突发公共事件,需要军队、武警、国家有关部门、其他省市协助处置的,由市应急联动中心向市政府请示,市政府按照国家有关规定办理。

应急联动处置工作终止后,有关联动单位应当及时向市应急联动中心报告处置情况和有关信息。市应急联动中心汇总后,按照规定报告市政府及有关部门。

上海市应急联动中心的应急处置流程,简单说就是报告—接报—处警。具体而言,就是接到110、119报警电话或有关公安分局上报、应急联动成员单位通报的重特大公共突发事件(如恐怖袭击事件)后,应急联动中心在迅速将警情发送相关联动单位的同时,立即由应急联动的指挥大厅开展先期处置工作。先期处置由指挥长全权负责。一是根据了解到的情况,启动相应预案。二是将情况上报市委、市政府。三是与相关联动处置单位互通信息,及时传递事态发展情况。在各单位根据预案处置的过程中,应急联动中心要负责不间断掌握事态发展情况。一是要根据事态发展情况,征询有关专家意见,确定可能的发展趋势和危害程度,及时变更、转换突发公共事件的等级,根据需要启动更高一级的应急处置预案。二是要将事态发展情况上报领导,通报相关单位。三是要视情开设现场指挥部,协助上级领导赶赴现场,进行现场指挥。四是要组织、调度后续力量和资源进一步开展应急处置、抢险救援工作。各单位应在各自职权范围内,根据有关预案开展应急处置、抢险救援。应急处置工作告一段落后,由市政府发布终止命令。

从日常运作情况来看，一是保持日常沟通联络。为确保各联动单位的有线、无线和网络系统的正常运转，应急联动中心每日定时对各联动单位进行有线、无线点名和网络测试。自 2004 年开通运行以来，各联动单位值班人员能坚守岗位，主动应答，用语规范。二是落实专项检查措施。鉴于各联动单位的实际情况不同，联动中心牵头会同各联动单位开展各类专项检查工作。2004 年 10 月 28 日至 11 月 3 日，对各联动单位值班人员进行了系统操作、设备维护、制度熟知程度的专项检查，总体情况良好。三是组织实战演练。为提高各联动单位的实战能力，应急联动中心牵头组织开展了一系列规模和内容不同的实战演练。2004 年 10 月 27 日，应急联动中心与市反恐办联合举行了首次反恐怖综合演练，武警、消防、卫生、民防、环保、防化部队、教育、外事、新闻、环卫等部门参加了演练，各单位共同协作，密切配合，取得了预期的效果。2005 年 9 月 26 日，应急联动中心会同申能集团在南汇区川南奉钢建材市场开展"天然气管道泄漏事故应急处置"实战演练。演练以天然气管道泄漏为科目，各参演单位各司其职、密切配合，完整地演练了处置工作的流程，演练达到了预期效果。市消防局、市卫生局、市环保局、市气象局、申能集团、南汇公安分局等单位参加了演练。同时，应急联动中心积极参加相关部门组织的各类演练，参加了海事局海上搜救、国动委国防动员等演练。

从接处警情况来看，市应急联动中心自 2004 年 8 月 15 日投入试运行以来，系统运行情况基本正常。通过一年来在实际应用中不断完善，接处警系统等达到了设计目标。2004 年 10 月 1 日至 2005 年 10 月 1 日，市应急联动中心共接报警 935 万余起，处警 282 万余起。目前，110 报警服务台可受理 360 人同时报警。2005 年 8 月 7 日，"麦莎"强热带风暴影响上海市，日呼入量达到 76398 次，高峰时段，高达 12184 次/小时。110 接处警系统保持正常运作，处警及时迅速，确保了抢险救灾工作的有序开展。联动处警方面，自 2004 年 10 月 1 日至 2005 年 10 月 1 日，由两个或两个以上应急联动单位共同现场处置的警情共 12 万余起，日均 330 余起，绝大部分为一般突发公共事件和应急求助，共涉及市民防办、市卫生局、市水务局等 16 家联动单位。各联动单位均能按照有关规定反馈信息，处置过程做到了反应迅速、快速高效，相互之间密切配合、协同作战，有效地处置了各类突发事件。

从应急处置指挥作用来看，指挥机构的作用最重要。指挥机构的重要性，主要在于两方面，一是决策，二是决策的传递。决策依靠的是成熟的预案体系和对预案的不断演练。决策的传递依靠的是功能强大、适于实战的通信系统，尤其是无线电台。如果说指挥所是我们的大脑，那么通信系统就是我们的中枢神经，是传递信息的重要环节。没有通信系统传递信息，再完善的预案、再精妙的决策都只能是空中楼阁，功能强大的各处置部门只能各自为战。尤其是在恐怖袭击事件中，事态发展千变万化，如不能及时掌握正确信息，往往会贻误战机，后果不堪设想。2003年7月1日，正在施工的轨道交通4号线浦东南路至南浦大桥间隧道联络通道发现渗水，大量流沙涌入，有塌陷的可能。各抢险单位到场后积极开展工作。但是由于分属不同系统，沟通方面存在障碍。上海市抢险指挥部成立后，公安机关迅速搭建了临时通信平台，现场各单位凭借公安无线通信网络和通信器材，实现信息共享。此外，市公安局还派出图像转播车，安装固定监控设备，利用公安光缆向市委、市政府实时转播现场图像，为领导决策提供依据。因此，通信在处置突发事件中具有独特的重要地位，处置中最重要的就是不但要保持与指挥机构的通信顺畅，而且要保证本单位内部的指令畅通。

从应急指挥架构和指挥流程来看，指挥体系的基本框架是，在指挥处置突发事件过程中，各级部门根据一定的目的和任务，按照法定的规则和程序，形成组织形式和领导制度，它是有效处置的重要保证。应建立以现场最高领导为核心、专家辅助决策的指挥体系，以保障指挥权力集中、机制统一、目标明确，实现专业指挥，最大限度地避免层级叠加。指挥框架呈现两头大中间小的特点：市领导和专家顾问组建的宏观决策层主要是作出关系到较大范围的全局性、普遍性和整体目标性问题的决策，对具体指挥层面给出指导意见；而组织执行层主要是参与处置的各相关单位的专业应急处置队伍。在处置突发事件中组织框架具体表现如下：在处置突发事件过程中，市应急联动中心受市委、市政府领导开展工作，有关专业部门领导和专家参与决策。例如，发生恐怖袭击事件，由市反恐办参与应急联动中心工作，协助市领导开展指挥，对有关反恐方面工作开展专业指导。通过应急联动中心现有的有线、无线通信系统，组织、协调有关应急联动单位及反恐工作成员单位，各司其职，相互配合，有序进行应急处置工作。

从工作成效来看，上海市应急联动中心自建成以来工作成效突出。一是有效整合联动单位资源。举一个例子来说明。针对夏季汛期可能发生因强对流和高温天气引发突发公共事件的情况，应急联动中心会同市气象局、市防汛指挥部通过手机短信平台，向各联动单位领导和联络员发布气象预警短信息，形成了气象预警信息发布的长效机制，使各联动单位能够及时做好相关处置准备工作。在7月30日强对流天气应急处置工作中，气象预警信息的及时发布发挥了重要作用。二是形成处置突发事件的工作合力。还是以"麦莎"台风的处置工作为例。市气象局不间断地将有关预警信息提供给各联动单位，充分发挥了信息源头的作用。接到预警信息后，联动中心立即做好处置突发事件的准备工作。考虑到受台风影响，会造成110报警数增多的情况，市联动中心召开动员会，增开接警工位，紧急抽调民警加强接处警工作，确保110报警渠道畅通。台风影响期间，联动中心向相关联动单位处警6576起，其中防汛指挥部150起、电力公司1734起、气象局2889起、绿化局1506起、卫生局297起。各相关联动单位均紧急动员、周密部署、全力以赴，组织人员坚守岗位，形成了有效处置的工作合力。受台风影响，全市轮渡停航，部分群众被困渡口。联动中心立即启动预案，联系市交通管理局、武警总队，调集大客车在大连路和打浦桥隧道接驳群众过江，另开通复兴路隧道下层供非机动车通行，确保群众安全过江。共引导群众过江3500余人次。

上海市应急联动中心在经过仅仅一年多的运作、磨合之后，应急联动网络就已经显现出了在处置突发事件方面的突出作用，使得上海应急联动体系已经具备了以下的工作优势：一是拥有知晓率极高的110报警号码。110报警电话开通十二年，获得了广泛的社会认同，现日均受理量达3万余次。大量突发事件信息正是通过110得到了及时反应和处置。可以说，110报警服务台是应急联动体系得以正常运作的基础保障。二是拥有覆盖面广，灵敏、准确的信息源。公安机关、交通管理部门、气象部门、卫生部门、抗灾救灾部门，都拥有与各自职能有关的信息渠道。因此，应急联动体系的信息面覆盖了社会各行各业和所有地区。所有联动单位能够通过联动网络迅速、准确获取相关信息。三是形成了比较完善的应急指挥体系。经过各联动单位的通力协作，应急联动体系已经建立了以应急联动中心为平台,由各单位办公指挥部门构成的两级指挥体系,形成了指令畅通、快速便捷、统一高效的应急指挥网络。同时,还建立了各单位的专业处置预案库,可以有效应对各类突发事件。这是组织保障。四是拥有常备不懈、训练有素的应急处置力量。应急联动体系可以在最短时间内动员、调集包括全市 4 万余名公安民警、消防官兵在内的各类专业处置力量和有关部门专家。根据上海市领导提出的"急需、分步"原则,为进一步扩大全市应急联动的覆盖面,市应急联动中心于 2005 年 10 月 1 日前又再次完成了第二批联动单位的联网工作,包括市气象局、市建委、市港口管理局、市环保局、市环卫局、市地震局、市食品药品监督管理局、机场集团 8 家单位。①

上海市应急联动中心自 2004 年成立至今,已有 15 年,在这 15 年里,市应急联动中心根据城市情况不断变化发展,完善工作机制和应急预案,全力参与全市的应急抢险救援和处突工作,最大程度地减少了突发事件中的人员伤亡和经济损失,积极组织各级联动单位的应急处突救援演练,提高各应急联动队伍的实战能力和协调配合能力,它为城市安全运行做出了巨大贡献,当之无愧地成为维护上海社会安全稳定的神经中枢。②

三 世博安保成典范

在中国城市安全保卫中,上海世博会举办期间的安保工作创下了数个纪录,成为经典载入城市安全的史册,载入世界博览会的史册,给保障城市安全、大型活动安全的经验留下了宝贵遗产。上海世博的成功举办,取决于成功的安保,成功的安保,确保了世博的成功。没有安保,就没有世博,世博安保大楼的位置,这就是世博安全的总控中心、指挥中枢。理念先行,指挥精当,在世博安保期间,公安牵头,统领其他的力量一起来服务游客。因为公安带有军事化的管理,且具有传达枢纽的作用。

安全理念的先导,是世博安保工作的头脑大智。时间跨度长达 184

---

① https://baike.baidu.com/item/%E4%B8%8A%E6%B5%B7%E5%B8%82%E5%BA%94%E6%80%A5%E8%81%94%E5%8A%A8%E4%B8%AD%E5%BF%83/202916.

② http://www.587766.com/news2/43500.html.

天，加上前期筹备，甚至更长。参观客流超过 7000 万人次，算上 VIP 客户，甚至更多。每天，大量人流、车流、物流通过空中、陆路、水道，蜂拥而至。如果能用一幅画勾勒这一切，相信这幅画给人的第一感觉只有两个字：眩晕。摆在上海警方乃至中国警方面前的，就是这样一道让人"眩晕"的安保难题。相较北京奥运安保和国庆 60 周年安保，上海世博安保有其独特性，更有诸多不确定因素。这样一场旷日持久的战役，比拼的已不单单是人力、财力和物力，还包括机制。而机制取决于理念，理念产生智慧，理念决定行动。对上海世博安保而言，先进、科学的警务运作和执勤执法理念是"魂"之所在。

理念一是服务先行，警民良性互动。把公共关系的维护作为公共安全的基础，把惠民服务贯穿于整个安保工作的始终，警民之间形成一种守望相助的关系。世博会开幕前，上海警方宣布，世博会期间，上海公安机关将实施十项便民利民措施。在世博安保过程当中，上海警方又推出了 9 条惠民便民措施。从前后两次一共 19 条的便民措施当中，广大群众看到了警方的诚意，也感到了警方的善意，更看到了警方的努力。实际上，整个安保措施的实施过程也成为警方为民服务的过程。在世博园区里排队，一开始没有硬隔离，试运行下来看，不行。有的外国主办方不理解，认为有一条标志线就行了，不需要硬隔离。排在硬隔离里面，的确有些麻烦，上厕所、续水都很不方便，但是老百姓没有怨言，这其中，既有市民素质提高这一因素，更重要的是警方的服务跟上了。民警成立送水队，发明了如厕等候卡。这些细节方面的工作，让群众深受感动。世博会整个安保过程中，上海警方做到了"三个不放过"，即不放过任何释放善意的机会，不放过任何一个为民服务的机会，不放过任何一个和社会沟通的机会。

理念二是多靠前，少断后。把主动出击作为一种常规的经营模式，把防范在先作为一种积极的经营模式。上海警方设计了打击整治攻坚战，与其断后，还不如靠前，不打被动仗，少打遭遇战，打有准备之战，反复打、持续打、回头打，对各类犯罪持续保持强大的打击力度，上海警方还主动做好一些基础性工作，狠抓落脚点的管理，抓住"人"这个最基本的要素，保证实有人口管理到位。这不仅有助于破案，还增加了警方处置某些突发事件的主动权。世博安保期间，上海市的报警类"110"

处警数和刑事案件立案数始终保持两位数的下降比。

理念三是讲科技，讲合作。现代社会的治安管理，包括打击犯罪、防范犯罪，有两大主要要素：一个是科技，另一个是合作。上海世博期间，上海警方就把信息化建设作为警务工作的硬实力来抓，把多方合作作为警务工作的软实力来抓。在科技强警方面，上海警方主要是通过信息化的手段，建立起了立体化的、扁平化的指挥系统，设立在世博园区的指挥中心通过350兆电台，可以直接点对点地指挥一线民警，不管是交通保障、交通指挥还是治安防范、打击犯罪，以高科技手段应对高科技犯罪，各警种之间、公安和其他部门实现强强联手、高度协同，来应对物联网时代交通、通信高速化，人流、物流高复杂交织特征产生的时代挑战，进而大大提高了警方对治安犯罪的处置效率。就科技而言，走进世博安保指挥中心，十余块巨大的LED显示屏，实时显示着几个出入口和热门场馆的排队情况。指挥民警可以根据显示屏上的动态数据和图像，全面掌握实时入园人数、出入口和重点场馆排队情况、警力部署情况等相关信息。遇到突发事件，无须等到群众拨打求助电话，指挥民警就会根据现场情况用对讲机进行警力调整，上下联动。出入园人数每5分钟刷新一次，前往世博园区的车辆信息15分钟更新一遍，入市境道口人车数据实时变化这些实时更新的数据，为科学应对大客流提供了依据。面对快速流动的大客流，世博安保部门依靠科学完备的预案，超前预判客流信息，从细节入手微调措施，全市4万余名民警倾力投入世博安保工作，在连续10天的超大客流下，确保世博园区内外始终保持治安平稳良好。上海警方给一线民警配备了PDA，过去在马路上遇到嫌疑对象，要带到派出所去盘问，现在第一个动作，就是通过PDA查询，是不是网上在逃人员，是不是有过犯罪前科，一查即知。通过信息化手段，警方能做到运筹帷幄，决胜于千里之外。就合作而言，上海警方不仅力求警种之间的合作，还与长三角各地公安之间进行合作。上海到南京2小时即达，到杭州45分钟，同城效应非常明显，各地警方情报信息的共享，为警务工作提供了极大便利。

理念四是全过程问题管理。上海警方通过防范机制的建立，把全面细致的精细作风贯穿到了世博安保的全过程，随时发现问题，随时解决问题，把问题消灭在萌芽当中。

历经半年世博安保的洗礼，问题管理的理念在上海民警心中逐渐扎根，并影响着他们的一举一动。小到疏通下水道、发明如厕等候卡，大到交通疏堵、打击犯罪，民警养成了"吹毛求疵、小题大做"的习惯，每时、每天、每月不断地在发现问题，同时举一反三，形成早期解决问题、提早防止问题发生的机制。①

对于上海世博会的安全保卫工作，严密高效的指挥体系功不可没。上海世博会诞生了一个个奇迹。

从5月的日均客流28万人次，到7月的日均超过45万人次，再到10月最高峰时的103万人次，自10月15日开始，每天入园客流均超过60万人次，10月16日入园人数更是创造了103.27万的新纪录，10月24日，上海世博会参观者累计突破7000万人次。这相当于每天都有一个中等城市的人口，进入仅仅3.28平方公里的上海世博园区，游客平均在园区停留10个小时，七成以上在园区内就餐，没有发生一起拥挤踩踏事故，没有出现一起群体食物中毒的事件。不仅是应对大客流，世博安保在交通引导、重要活动安全保卫、区域警务协作等方面也表现得高效、专业、有条不紊。这一切都离不开科学的指挥与调度，都依赖于建立了一套运转协调、高效灵活的指挥体系，立体化、扁平化的指挥体系，从根本上满足了覆盖范围广、指令下达迅速的要求。

指挥体系的建设，是世博安保工作的头等大事②。上海世博安保指挥体系可以分成4个层级：第一层级是国家层面，成立由公安部牵头的世博安保工作协调小组；第二层级为上海层面，成立"军警民一体"的上海世博会安全保卫工作指挥部；第三层级是园区层面，世博园内设有园区安保指挥部；第四层级是责任区层面，园区安保指挥部设立了9个安保责任区，每个责任区都设立相应的指挥中心。每个责任区在实现了信息的高度共享和互联的同时，其分工又各有侧重。国家层面的指挥系统重在协调，从实战功能考虑，中枢神经在第二层级，即上海层面。它的最大特点是通过信息化的手段，建立起立体化、扁平化的指挥系统。这

---

① 铁血网（http://bbs.tiexue.net/post2_4581974_1.html）。
② 公安部网站（http://news.163.com/10/1108/10/6KV814NK00014JB5.html），2010年11月8日10：04：33。

个系统既是立体布局的，但同时又可以实现扁平化指挥，可以通过各种画面，看到全市最主要的、需要维护安全的场所。通过这样的信息化指挥平台，决策可以用最快的速度传遍全国主要安保指挥中心；通过世界先进的电台，可以准确了解民警在什么位置，直接对其进行指挥；通过一目了然的电子地图和相关应用系统，可以迅速锁定想找到的人和地点；通过能精准定位的 GPS 导航系统，指挥调度能够更加精确、更加高效。指挥体系"耳聪目明"，警方在应对超大客流等挑战时始终掌握主动权，考虑到世博期间可能发生的各种复杂情况，扎实做好应对各种挑战的充分准备工作，努力把各种不稳定不安全因素化解在当地。

2010 年 4 月 30 日晚，浦江两岸灯火通明，上海世博会正式开幕。当日 20 时刚过，在紧临世博园区鲁班路出入口的龙华东路上，仅一段约 300 米的狭长路段，就已挤满了近万名赶来观看焰火表演的市民。此时，卢湾公安分局领导正坐镇指挥中心从容面对着现场情况。按照之前的预案准备，分局第一时间加大对龙华东路周边街面的警力投入，在园区外围组织了一道"过滤网"；派出大批警员，通过定点设卡、流动巡查、便衣巡查等方式，在人群中设置了多道看不见的"警戒线"。此外，分局还组织大批"平安志愿者"进入现场，引导人们文明观礼。由于警方安保措施得力，尽管观礼的市民众多，现场却一直秩序井然，没有发生一起刑事和治安案件。

在节假日以及重要节点、重大活动期间，上海世博安保指挥中心陆续发布世博园区"大客流"黄色、橙色预警，在超大客流背景下园区内外始终保持治安平稳良好的背后，是一套筹划两年的完备预案。这套预案将防破坏、防爆炸等突发事件，大客流人流以及灾害性天气编入为 18 个应急预案，一旦发生情况，都有完善的应对措施。上海警方在全市道路设立"4 个圈层"，市境道口的外圈加强管控，以中环线与园区周边 7 平方公里范围边界道路为分界线，将全市空间由外及内划分为交通引导区、缓冲区、管控区三个圈层，逐层加大一线警力投放，加强通往园区主要道路及园区周边道路的现场疏导管理，确保道路畅通有序。

苏、浙、沪三方指挥体系实现信息共享和联勤联动，真正织就一张天罗地网。除了与各职能部门的横向协作，上海市公安机关还加强了与周边省市公安机关的联勤联动，并推动建立了苏、浙、沪两省一市在省市级、市区级和公安检查站三个层面的三级指挥、协调、联动工作机制。公安民警、武警官兵等安检力量之间的协调配合机制得到了极大优化。

江苏省专门建设了前方指挥部图像监控管理系统，整合集成并实时提供上海138路江苏进沪公路图像，同时接收上海世博园区、上海重要道路卡口等20余处监控图像，为实现两省市公安机关警务协作提供了有力保障。此外，在与上海、浙江交界的环沪检查站、治安卡口，互设350兆警用电台，确保一声令下、三地响应、多方联动。

江苏省前方指挥部根据联勤指挥部的通知，及时调取相关监控图像资源，将研判预警信息通报省厅交巡警总队，通过交通广播和高速公路可变情报板等途径，滚动发布世博客流和入沪道路通行状况等信息，确保入沪水陆通道的安全畅通。此外，通过通信电台互通，两地及时妥善处置了20余起检查站闯卡事件。2020年5月23日凌晨，两辆轿车通过江苏大通检查站被执勤人员拦停检查时，撞断收费栏杆强行闯关，执勤民警立即通报前方上海钱门检查站，经两地警方密切合作，顺利完成了对两辆闯关轿车的控制，消除了安全隐患。

四 闵行区综合应急

闵行区是上海市下辖市辖区，总面积372.79平方千米，常住人口255万人，辖3个街道、9个镇、1个市级工业区、134个村民委员会、421个居民委员会。位于整个上海地域腹部的闵行区，是上海市主要对外交通枢纽，也是西南地区主要工业基地、科技及航天新区。作为上海改革开放的缩影，20多年间，这里的发展实现了"三级跳"，迅速跨越郊县、城郊接合部阶段，进入"深度城市化"：从仅有50万常住人口的传统乡村社会，发展成为拥有255万常住人口的现代化城区。当然，和众多地区一样，在城市发展突飞猛进的过程中，传统的社会管理理念、体制、机制、制度、方法等不适应的问题日益突出。为了有效解决这些问题，2010年闵行区探索建立了城市管理和社会管理长效常态机制，"大联动"机制自此孕育而生。

2010年4月上海闵行区成立全市首个实体化运作的城市综合管理和应急联动中心，构建城市综合管理长效机制。上海闵行区的应急联动和应急管理是最接近现代应急治理的典例，具有很突出的特色。一是将城市应急管理与城市综合管理结合在一起,集城市应急的实战与城市管理的平战于一体,在城市常态管理中时时进行应急管理。二是将城市应急管理的管理过程与应急联动的处置响应手段一体化,管理当中有联动,联防联处联动,上下联动、问题联处、执法联动;联动当中有管理,采取网格化管理发现和捕捉联动机制的即刻处置对象。三是将处置和响应的主体与防范和防御的主体连成一体,前者是专业化、专门化机关和队伍,后者由社会化全体市民共同参与,企业主体、事业单位、媒体、社会组织、市民百姓和政府机关共同针对应急事件实施常态化网格化管理和监督,多主体、多向度、对话协商式、扁平化、参与式、跨灾种、齐抓共管、协同治理,这样就实现了从应急管理向应急治理的转换,从"管"到"治",一字之差,这是一个跨时代的进步、标志性的转型、里程碑式的跨越。上海应急治理四十年,从真正的"应急治理"而不是从"应急管理"的角度来看,闵行区创造的大联动机制是可圈可点的代表作。

闵行建"大联动"管理机制的运行①:2010年12月9日13时14分,位于莘庄工业区的"大联动"分中心接到街面网格监督员信息:鑫都路3687号发现一处乱设的广告牌。联动平台受理后立即向城管派单,并要求60分钟内到场处置。这里是闵行区13个"大联动"分中心之一。随着闵行区城市化的加速,人口导入剧增,城市和社会管理顽症凸显:"三乱一跨"久治不愈;违法建筑、群租等屡禁不止……在一个面积370多平方公里、实有人口220多万人、人员物资高度流动的城郊接合区域,如何实现有效、高效的社会管理尤其是社会安全问题管理特别是隐患问题管理?一方面在传统及现行城市管理体制中,该有的城市管理职能部门、执法部门闵行区都有,全区还有社保、交通、综治、市容、环保、房屋等协管人员1.84万余名,可另一方面隐患问题却一直顽固存在,症结究竟在哪里?2009年年初,闵行区区委、区政府将"建立城市管理联动新机制"列为区委常委会重要议题,城市综合管理"大联动"理念逐渐清

---

① 陆一波、张奕:《上下联动,问题联处,执法联动——闵行建"大联动"管理机制》,《解放日报》,解放网首页(http://newspaper.jfdaily.com/jfrb/html/2010-12/13/content_472605.htm),2010年12月13日。

晰。区"大联动"中心主任裘建华介绍称,所谓"大联动",就是在不改变现有行政管理组织体制的前提下,社会协管力量整合统管、管理信息集中采集共享、行政执法协调联动,优化完善城市综合管理运行机制。"'大联动'将形成上下联动、问题联处、执法联动的社会管理联动局面,形成合力。"

闵行区从2009年开始试点、2010年全面推行"大联动"管理机制。所谓"大联动",就是纵向建立区、街镇、村居的三级网络,横向建立53家职能部门间的行政执法联动机制,在闵行区一级设立了一个区"大联动"中心,公安、消防、建设交通委等部门常驻中心,对城市日常管理和各类公共突发事件统一处置;在全区13个街镇设立"大联动"分中心,516个居村委成立"大联动"工作站。与此同时,将全区街面网格划分成75个巡区,189个责任块;居村委"大联动"工作站划分责任块1299个,将全区按照地理空间划分为1002个固定网格,明确网格管理员,其中大部分是职能部门、街镇、居村一把手,辖区内出现任何问题,责任到人,无从推卸。在社区,"大联动"整合了就业援助、房屋协管、社区保安、小区物业等队伍,形成了社区网格巡管队,开展各类信息上报和基层监管服务工作;在街面,整合了派出所、城管、网格监督员等队伍,形成街面网格巡管队,开展城市公共设施管理、市容环境管理和治安巡逻等工作。

七宝镇联明村是深化"大联动"机制的试点村[①]。村里建立了不同类别的工作小分队,对违法建筑等疑难问题进行快速处置。他们还依托村级大联动工作站建立了覆盖全村的"大联动"管理服务自治平台,无论是网格巡查发现的问题,还是走访接待的意见建议,或是村民的投诉,都会通过"大联动"工作站进行汇总梳理、核查处置、反馈通报。同时,联明村还将辖区分为8个责任网格,每一个责任块都包括村宅、河道、企业单位等不同类型的巡查区域,村两委班子成员、村民小组联络员、治安管理服务队队员、各类协管员4—5人参与网格的巡查管理。区域边界的有效衔接也是村网格化管理的重点,"大联动"工作平台主动与村内

---

① 孙楠:《城管创新上海市闵行区:城市管理的高效"大联动"》,《银川日报》(http://www.360doc.com/content/16/0322/06/5120433_544206360.shtml)。

企业、单位对接，建立双向沟通机制，确保管辖区域不留盲区。过去市政道路、绿化带等区域也是管理的薄弱环节，现在与市政城管等职能部门也形成了条块联动，保证了这些区域的管理到位。江川路街道好第坊居委会，管辖范围涉及两个小区，是拥有1688户居民的大社区，还有两家幼儿园、一家小学。巡管面积大、管理任务重。如何将"大联动"真正落地？"大联动"将所辖两个小区和周边商铺划分为5个责任块，每块确定一位居委会干部直接联系，另有两名巡管人员负责对整个辖区的专职巡管。通过搭建微博、微信平台，开设工作群，居民只要添加微信微博，就能查看跟踪"大联动"的工作进程，发现的问题及时上报，自然而然地成了"大联动"编外巡管员。街面和社区巡管网格共整合各类力量3.66万余人，是原来的近2倍。

对外[1]，则以"962000"热线电话24小时统一受理市民与城市管理相关的投诉、举报。接线员会详细录入电话内容、所属街镇、事件类型等关键要素，然后将市民的诉求记录通过网络上传，再由"派单员"接手，即由指挥中心立即对市民诉求分类整理，根据事件类型，转发至相应单位或部门，以对接相关部门和街镇解决。而各部门、各单位立即指派工作人员、协管员与市民对接，且必须在限定期限内给市民一个满意的答复。让市民的求助电话、城市生活的点滴问题都能逐步分解，直到解决问题的"终端"。

依托大联动"三级管理、四级网络"[2]，建立了覆盖全区的应急管理组织体系和应急工作网络。区联动中心的指挥中心，对上连接上海市，对下连接各委办局、街镇、社会机构，落实日常服务、管理和演练。一张联动大网几乎覆盖了城市管理的方方面面，管理在"大联动"中更加高效，社会在"大联动"中更加和谐。

闵行区"大联动"统合的队伍有数十家之多，如何让互不隶属的各

---

[1] 孙楠：《城管创新上海市闵行区：城市管理的高效"大联动"》，《银川日报》（http://www.360doc.com/content/16/0322/06/5120433_544206360.shtml）。

[2] 孙楠：《城管创新上海市闵行区：城市管理的高效"大联动"》，《银川日报》（http://www.360doc.com/content/16/0322/06/5120433_544206360.shtml）。

个部门、地区能够心往一处想、劲往一处使？闵行区的做法是①：第一，党委政府的统一领导，三级工作都实行"书记负责制"；第二，将"大联动"纳入各部门、地区的考核，占10%的权重；第三，"晒"工作、受监督，所有工作数据对各级领导实时公开，对人大代表、政协委员公开；第四，有奖有惩、重在激励，对参与"大联动"的工作人员每月落实数百元的激励经费。"大联动"机制需要牵头人。在闵行区，公安机关就承担了这个职能。区公安分局常驻"大联动"应急中心办公，在这里，公安部门负责危急事务的接警处置，其他各职能部门则通过民生热线接听、下派、处置各类社会事务。

机制创新必须严格遵循法治原则，避免运动式的"联合执法"。在实施过程中，"大联动"一直坚持"发现与处置分开"的原则。每个条线的人员都不能只盯着自己的一亩三分地，对其他问题视而不见；与此同时，发现问题后要及时上报，由职能部门处置，不能越俎代庖。"大联动"机制全面实施一年多，就初步实现了"早发现、早报告、早研判、早处置、早解决"的工作要求。"大联动"实现了三个转变、三个无缝衔接，即从条线单一行动向条块互补联动转变，从条线分散运作向以块为主合成作战转变，从事后"被动处置"向事前"主动发现"转变；以及街面和小区管理空间无缝衔接，白天和夜晚管理时间无缝衔接，市容城管和治安防控管理责任无缝衔接。以前，乱设摊点的小贩和城管部门打"游击战"是常见事②，但这招在闵行区实施"大联动"之后就行不通了。因为市容环境管理人员和治安巡逻人员"联动"了。白天，城管巡逻队以市容环境协管为主业，兼顾治安防范，搜集报告违法犯罪活动线索。夜间，治安巡逻队以治安巡管为主业，兼顾管理乱倒垃圾、乱贴黑广告、乱设摊等行为。这样，管理时间上白天和夜晚无缝衔接，马路和小区的管理空间也实现了无缝衔接。

由公安牵头"大联动"，起到了"多靠前、少断后，多牵头、少兜

---

① 杨金志：《上海市闵行区创新"大联动"机制加强社会管理》，新华网，新华网首页（http://news.163.com/11/0602/14/75I5S2MO00014JB5.html），2011年6月2日14:43:14。

② 孙楠：《城管创新上海市闵行区：城市管理的高效"大联动"》，《银川日报》（http://www.360doc.com/content/16/0322/06/5120433_544206360.shtml）。

底"的作用,看似多干了一件活,其实减轻了负担。近一两年来,在警力没有增长的情况下,闵行区的发案总量实现了明显下降,实有人口、实有房屋信息的采集更加准确及时,警务和非警务热线也开始合理分流。统计显示,自2010年1—11月,全区城市网格化管理共接单9.69万起,结案9.66万起,结案率达99.69%;全区接处"110"总量同比下降6.8%;"两抢"、盗窃等民生类案件发案数同比分别下降17.9%、9.8%;群众安全感和满意度上升明显。①

2010年10月,上海世博会闭幕前夕,一辆满载20吨天然液化气的槽罐车在途经闵行境内时侧翻,泄漏物质一旦发生爆炸,后果将不堪设想。闵行公安分局指挥中心接报后,立即启动"大联动"应急预案,区公安分局指挥中心升格为区应急中心,组织区建设交通委、民防、安监等单位,在第一时间调集应急处置力量和物资赶赴现场处置。经过34小时奋战,险情终被排除。处置过程中,有一个细节值得玩味:因为泄漏物质易燃易爆,不能用铁链捆扎固定。怎么办?"大联动"应急中心协调来海事部门一部20吨重的起重机,以及不会产生火花的棉质粗缆绳,顺利解决了难题。"这起事件的有效处置,充分体现了大联动机制快速反应、协调联动、资源整合、运作高效的特点。"闵行公安分局局长胡世民说:"这充分说明,大联动要解决、能解决的不仅是社会治安问题,而是社会生活中可能出现的种种急难问题。"②

值得一提的是③,这套管理体系没有改变原有行政管理组织体制和各部门的行政管理职能,也没有增加额外行政编制,而是以信息化平台建设为支撑,建立"大联动"城市综合管理新模式。简单来说,就是通过前端队伍整合、职能融合、网格划分、工作联动、信息共享、业务协同等举措,实现信息采集及时全面、任务指挥准确权威、问题处置快速高

---

① 陆一波、张奕:《上下联动,问题联处,执法联动——闵行建"大联动"管理机制》,《解放日报》,解放网首页(http://newspaper.jfdaily.com/jfrb/html/2010-12/13/content_472605.htm),2010年12月13日。

② 杨金志:《上海市闵行区创新"大联动"机制加强社会管理》,新华网,新华网首页(http://news.163.com/11/0602/14/75I5S2MO000014JB5.html),2011年6月2日14:43:14。

③ 孙楠:《城管创新上海市闵行区:城市管理的高效"大联动"》,《银川日报》(http://www.360doc.com/content/16/0322/06/5120433_544206360.shtml)。

效的特点。科学地运用社会化、市场化、专业化资源，实现以社会服务、管理、执法为一体的综合管理。

"智慧大脑"助力城市安全和应急事务管理：闵行区"大联动"机制的高效运转，中枢神经"闵行区社会管理大联动综合业务信息平台"的作用不容小觑。建设中，信息平台按照区大联动中心、街镇大联动分中心、居村委大联动工作站三级组织架构业务流转要求顶层设计，做到每一个民生诉求解决在平台上都留有工作痕迹和时效记录，办理的过程是一个"闭环"回路。每一个诉求办理都有一个环节时限和处置时限，分别用蓝色、黄色、橙色和红色提示。相关效率和质量监察部门在平台上分别会采取提醒、催办、督办和问效等操作履职，将诉求办理效率和质量纳入对办理部门的量化考核。另外，信息平台还将区公安110指挥中心的非警务并且非紧急的诉求在区顶层交换到区大联动中心派发处置。同样，民生热线"962000"接到的属于警务或治安紧急的诉求，由大联动中心派发区公安110指挥中心处置，解决了应急和非应急、警务和非警务交织在一起的矛盾。

"大联动"时代迈入2.0版①：自2010年实施"大联动"机制以来，不断探索和完善这项工程也成为该机制的又一重要特点。2014年，闵行区以深化大联动改革为突破口，按照"属地管理、重心下移、整合队伍、联动联勤、权责一致、提高效率"的原则，做实居村前端管理平台，做强街镇综合管理平台，做优区级监管服务平台，推动"大联动时代"迈入2.0版。一是明确村（居）委会前端管理职责。二是闵行区"升级版"大联动还在各街镇实施派驻式联动执法模式，即采取以各街镇大联动分中心或街镇联动执法办公室为平台的"2+X"联动执法管理模式。"2"是指城管、派出所两个牵头部门；"X"是指工商、食药监、卫监、环保、教育等其他部门。这样原区属的城管中队、规土所、房管办、卫监所、水务站等管理执法力量的人财物等行政资源和管理责任，全部下沉至各街镇，街镇就可以利用下沉的执法管理资源，组建相对稳定的联勤巡管队伍，增强城市顽疾的快速发现和处置能力。例如，街道城管中队仍由

---

① 孙楠：《城管创新上海市闵行区：城市管理的高效"大联动"》，《银川日报》（http://www.360doc.com/content/16/0322/06/5120433_544206360.shtml）。

区城管执法局派驻，以区城管执法局名义执法，但在人、财、物管理和具体行政事务办理事项上由街道负责。这样有助于提升街镇对城市管理综合执法队伍的协调指挥能力，形成职责清晰、权责一致、指挥高效的城管执法体制机制。总结起来，就是重心下移、属地管理，赋予街镇基层更大的执法管理权。三是下沉行政资源和管理责任，闵行区分多路并行推进"驻地执法"。（1）块属块管。将土地所、房管办、城管中队、水务站、卫监所等五支队伍的人员编制、管理权限率先下沉至各街镇。（2）条属块管。对于派出所、工商所、食药监分所等派出机构执法主体不变，业务管理责任落实到街镇，街镇有人事任免建议权、工作监督权和考核权。（3）条属条管。对于没有派出机构的条线部门，执法主体不变，相关业务前段管理责任由村居、街镇承担。此外，整合原有协管队伍，连任务带经费打包给街镇统筹，人员统一分配到责任网格开展巡查。为确保条块联动，闵行区明确街镇以块为主承担综合管理职责，而条线部门发挥业务指导和专业执法作用。这种模式首先在七宝、江川街道等地区试点之后再推广全区。

人下来了，网搭起来了，但舞跳得好不好，还需要一个有效的考核和问责机制。目前，在街镇考核指标中，区相关部门对街镇社会前端管理的履职能力和工作绩效具有一定的考核评价权；同时，街镇对辖区内条线部门派出机构有工作监督权和考核权，对区相关部门的业务指导、执法保障等工作绩效有评价权。此外，"大联动"平台案件流水号系统实现了各个层级、环节责任人与具体案件的责任捆绑。依托"红灯超时案件定期通报制度"，凡属街镇、部门法定职责，因"红灯"超时、效率低下、工作延误、推诿扯皮、敷衍塞责等履职不到位，造成不良影响的，由监察部门依照《闵行区各级机关工作人员有错与无为行为问责办法》进行问责。驻地执法，就是要进一步杜绝隔山打牛。以往街镇、村居委只是落实了发现职能，并没有落实管理职能，导致的结果是：村居委层层上报问题，区相关部门"隔山打牛"，大联动一定程度上成了选择性执法，而现在这些问题迎刃而解。七宝镇试行模式一个月后，最直观的感受就是解决问题的速度快了。新龙村巡管人员在巡查中发现了正在搭建中的"非改居"，在劝阻无效的情况下，立即联系相关部门。次日，派出所分管民警和镇安全办工作人员一同上门找业主劝诫谈话。当天，联动执法办也到现场办公。最终，业主停止了施工，并同意更改。短短两天时间，一起"居改非"事件就妥善处理完毕。

作为一名下派执法人员，七宝镇卫生监督所所长曲晓军与5位同事一起下沉到镇里，由区级单位派出机构到镇职能部门，他一度心里有些别扭，但是几个月下来，明显感觉工作效率提升了。以前卫监所整治"黑诊所"，都不知道其藏在哪里，虽然也要求村居协助排摸，但毕竟不是镇直属部门，村居委并不积极，信息排摸成为整治"黑诊所"工作的制约瓶颈。大联动升级后，对前端处置要求增加了，村居委责任意识提高了，上报信息数量和质量明显提升。现在由于信息上报快、处置速度快，不少"黑诊所"都关门不做了。七宝镇大联动分中心主任唐洁表示，村居委不缺处置力量，但是缺执法权，职能部门有执法权，但是缺处置力量，现在条块有效结合，处置问题快速高效。七宝镇城管执法中队负责人表示，以前搞一次联合执法，各个部门要上报、开会，至少要两个星期准备，现在联合执法随时可以进行。

社区成为城市应急治理的一线平台，"多元共治"让居民自己当家做主。在社区，"升级版"的"大联动"还推行市场化管理模式，改政府购买岗位为政府购买服务，以社区建设为抓手，充分发挥社会管理多元主体的自治、自律，特别重视发挥村委、物业、居委会的主体作用和志愿者的配合作用，多渠道、多方式动员和鼓励市民积极参与社区建设和城市治理，实现"共建共享"。在闵行区古龙三村，社区居民自愿成立了和睦团结（民政）委员会、美化环境（卫生）委员会等8个自治委员会，各委员会下分别组建和管理若干自治团队，同时还建立了楼道自治小组开展楼道管理，楼长由居民推举产生。这些组织在社区承担了政策宣传、项目实施、违建巡查、治安防范、公共文化服务、纠纷调解等工作，经费、人力、物力等方面都由居民自主解决，真正实现了居民自我管理、自我教育、自我服务。目前，闵行区的居民自治委员会发挥的作用越来越大，已成为社区管理的重要力量，为"多元共治"打下了坚实的群众基础，不仅将职能部门"联"在一起，也"联"上了百姓的心。"大联动"没有增加人手，只是整合了行政资源，大大提高了城市管理效率。在近8年多的实践和完善中，"大联动"大大提高了城市管理效率①,代表性地标志着上海的城市安全应急管理正式跨入了应急治理的时代。

上海市闵行区的"大联动"创新机制,体现了上海应急治理的本质特征,就是把非常态的应急管理放在常态的日常管理里做精做细,方法是让每个细胞都活跃起来、都一同作为主体与责任人共同实施对社会的管理,这其中的每个细胞就是每个百姓、每个家庭、每个小区、每个物业、每个社区、每个街道、每个公务员、每个基层部门、每个政府机关、每个企业公司、每个事业部门、每个媒体自媒体人员。一句话概括,也就是每个公民,都是社会突发事件应急问题的发现者、反映者,都是应急治理的主体,都有责任,对这些问题从源头上发现、从线索上提供、从预防上参与、从监督上实施、从处置上响应、从维护上守土有责,从被动到主动,背后反映的是主体责任的明确。闵行区大联动的最大亮点就是明确人人有职责、件件有任务,明确第一责任人,明确人人有责任,随时做到主动积极预防、巡查发现、宣传劝阻、快速处置、及时报告、巩固成效等守土职责和任务类型,发挥全社会、全主体、全事件、全流程的每个环节的第一道防线作用。这样,就把政府从原来传统的、单一的管理和管治或统治的主体角色,单一的管治社会的职能主体,把政府是管治者、百姓和问题是被管治对象,转变为政府和百姓一道共同作为多主体的协作方、把社会安全问题特别是隐患问题作为政府和百姓共同一体化要去应对和解决的对象。解决社会安全问题、突发应急事件,百姓不是政府的管治对象,百姓也是管治主体,社会安全问题特别是隐患问题才是政府的管治对象,而且是政府和百姓共同一起、同仇敌忾的管治对象,采取这种理念和做法,就把传统的管治变成了现代的治理,就把传统的应急管理变成了现代的应急治理。如果说,上海市应急联动中心的建立,是标志着上海真正现代意义上的应急管理的诞生的话,那么上海闵行区这一首个实体化运作的城市综合管理和应急联动中心,就是上海城市安全从应急管理迈入应急治理的标志,时间是2010年。上海真正现代意义上的应急治理,到目前,也只有

---

① 孙楠:《城管创新上海市闵行区:城市管理的高效"大联动"》,《银川日报》(http://www.360doc.com/content/16/0322/06/5120433_544206360.shtml)。

8年的时间，此前都是上海应急治理的孕育和萌芽阶段（1978—1992）SEMS0.0、诞生与起步阶段（1993—2002）SEMS1.0，2003—2012年才是成长和探索阶段SEMS2.0，其中2010年是应急治理元年，才出现了真正现代意义上的应急治理。

第四节　应急科技产业化

【应急技术、装备与产业】

一　应急平台互联通[①]

站在21世纪的门槛上观云测天，也许谁都不曾想到，伴随着种种美好的遐想迎面而来的这一个百年，竟然是一个流年不利的、多灾的世纪。

2003年7月1日，轨道4号线发生塌陷事故。由于上海电视台和中央电视台的连续直播，影响波及全国。事故现场那栋比萨斜塔般摇摇欲倾的变电楼和锯齿般开裂凹陷的路面，成为众多电视观众的集体记忆。是日凌晨4时许，事故发生后，险情急报市政府值班室。当日，在市委、市政府领导的统一指挥下，上海警方首先迅速赶赴现场，圈定管制区域，搭建通信联络平台，调拨物资设备，会同各方组建起了一个权威而又高效的指挥系统。地下抢险，仅仅靠公安、消防、武警、军队这些通用型的队伍显然远远不够，离开了隧道、土建、电力、燃气、防化、交通、民防、市政等专业队伍绝对行不通。面对突发事件，上海太需要一个能够调动各路诸侯、左右八方神仙、汇聚内外精英的指挥平台了。

在市、区两级政府各有关职能部门和方方面面专业单位的通力合作下，经过15个昼夜的连轴运转，轨道4号线抢险救灾工作终于告竣。事后统计，参加这场救援的单位和部门多达数十个。事故涉及的范围之广，处置的时间之长，投入的人力之大，为近年来所仅见。它所给予人们的启迪也颇具典型意味。

然而，当事故的震荡波尚在人们的脑海中回旋之时，仅仅一个多月之后，上海不得不又一次面对考验。

---

① 本部分内容来源于姜龙飞《大上海，应急联动在行动》一文，但该文目前在互联网上已经找不到了。

2003年8月5日凌晨时分,停泊在吴泾热电码头的"长阳"号货轮,突遭不明船舶的强力撞击,位于货轮尾部的燃油舱瞬间迸裂,大量燃油顺着裂口汩汩外涌,在很短的时间便使附近的水域遭到严重污染。

盛夏时节,正值长江汛期,水丰流湍。在峻急的江水托浮下,燃油迅速弥散,污染面节节扩大,1300万上海人民的生活用水受到直接威胁。

好在运行已有多年的"110"紧急接处警系统,再一次显示了作用,关键时刻起到了宝贵的联动效能。在市委、市政府紧急会议的部署下,借助"110"指挥平台,统一协调,武警上海总队、上海警备区、上海海事局、公安局、消防局、水务局等相关单位(部门),派出人员紧急赶赴现场,在吴泾海事处设立清污临时指挥部,搭建并开通了应急通信平台。在长达1850米的水域内,2400多名解放军、武警官兵摆开了清污作业场。经过连续六昼夜的水上鏖战,终于将污染区域内的水草、淤泥清除了一遍,对沿污染水域的防汛墙和码头底部所沾染的油污,也进行了彻底的清洗。1300余万上海市民几乎是在毫无察觉的情况下,继续享用着每日质量依然的清流水。与此同时,对肇事船只的案件侦破工作,也在海事和公安部门的联手行动下展开。

接踵而来的突发事件,考验着上海的应变能力,也考验着上海最高决策层的执政能力。

对于正在建设社会主义现代化国际大都市和经济、金融、贸易、航运中心之一的上海来说,在城市发展的进程中,维护城市安全,妥善处置各类突发事件,已经成为确保上海经济社会持续健康发展的迫切要求,也是责任政府的施政目标之一。由于上海城市的现代化、信息化、集约化程度比较高,且人口布局呈高度稠密的特点,处置各类突发事件的能力相对而言必须更强,要求必须更高,方有可能应对自如。如此,仅靠一个单一功能的警用110是远远不够的。

事实上,早在上述事件突发之前的2003年5月20日,市委政法委就已经向市委递交了《关于建立上海市城市应急联动中心的请示》,提出了建立一个由市政府直接领导的,集中受理、统一指挥、应急处置各类突发事件的上海市城市应急联动中心的建议。建议认为,这个中心应当参照世界发达国家应急联动系统运作的成功经验,具有统一的报警号码和全天候值守的接警力量,集匪警、火警、交通事故、医疗急救、水电气抢救、抢险救灾等的报警和应急求助受理为一体，能够随时承担全市各类突发事件的报警和应急求助；可以有效整合社会和相关职能部门的组织资源、信息资源及其他物质和非物质资源，在统一指挥平台上，实现相关职能部门的资源共享、协调运作和有序联动。从而最迅速地作出应急反应，更快、更及时地控制和减少突发事件造成的危害与损失。

建议提出，应急联动中心在设置方案上可以有两种选择：一种是完全独立型，即由市政府直接领导和管理，完全不依托任何现有职能部门的体制、人员、设施等，单独设立；另一种是相对独立型，体制上归市政府直接领导，但依托现有职责最为接近、条件最为成熟的职能部门，减少重复建设，降低运行成本，以实现早建成、早使用的目标。

请示递交不到一个星期，5月26日，市委迅速形成决议，同意建立由市政府直接领导的、相对独立的上海市城市应急联动中心。换言之，就是在市公安局现有职能的基础上，扩展和添加应急联动这一块。如此决议的理由是，市公安局现有的指挥平台，无论在应急处置、涉及领域、实战锻炼、突击力量、物质保障和技术条件上，均具有明显的比较优势。他们拥有自1993年开通至今已达10年之久、公众知晓率极高的110报警号码和具备专业素质的接警队伍，已经得到了社会和公众的广泛认同；建有从市局到各分县局的两级指挥中心，形成了警令畅通、快速便捷、统一高效的应急指挥网络，并制定有治安类、灾害类、事故类等90多个应急处置预案，针对性、可操作性、有效性强；公安机关还拥有一支纪律严明、常备不懈、训练有素的应急处置力量，6万余名经专门训练的治安、刑侦、交通民警和消防、武警官兵均属备勤序列；公安机关还拥有经市、区两级政府多年投入所形成的较好的物质保障和技术保障。

随后市公安局立即着手起草了《关于建立上海市应急联动中心的初步方案》。2003年9月15日、19日，市委、市政府先后审议批准了这一方案。方案对应急联动中心的组织机构、主要职责、事件分级（包括预案分级）、运行模式、保障体系，均作出了详尽的规划。2003年11月10日，上海市编制委员会正式批准成立上海市应急联动中心，为中心确定了机构级别和人员编制。

2003年11月12日，应急联动中心筹建办召开了首次应急联动成员单位（部门）工作会议，市民防办等40余家机构出席了会议。经过反复调研和征询，筹建办决定将市民防办、卫生局、海事局、水务局、电力公司、环保局、市政局等 17 家与突发事件应急处置工作紧密相关的职能单位，作为首批接入单位与中心相衔接，实现有线、无线、网络互通互联。同时紧锣密鼓地初步建立了专家库、应急救援队伍库、应急救援物资装备库。与此同时，一部名为《上海市突发公共事件应急联动处置暂行办法》的法规文本，也进入了起草阶段。

一个适应上海现代化城市建设需要的新型组织机构，即将破壳而出。

2004 年 9 月 30 日，上海市应急联动中心在刚刚交付使用的武宁南路市公安局指挥办公大楼内正式启用。次日，由上海市人民政府颁发的《上海市突发公共事件应急联动处置暂行办法》开始施行。

市应急联动中心的定位是：负责应急联动处置各类突发事件的职能机构和指挥平台。它的主要职责是：（一）受理全市范围突发事件的报警和应急求助（整合原有的 110、119 等报警求援号码，统一使用 110 专号）；（二）负责应急联动处置一般突发事件；（三）负责协助市人民政府应急联动处置重特大突发事件；（四）负责对本市应急联动工作的机构、队伍、装备、制度等方面工作进行指导；（五）市人民政府授予的其他职责。

应急联动中心的运行模式是：根据突发事件和应急求助事态的紧急、复杂、危害程度及其可能影响的范围，以及对处置力量、资源的要求等综合情况，初步将突发事件和应急求助分为四个等级，即一级（特大突发事件）、二级（重大突发事件）、三级（一般突发事件）、四级（应急求助）。依照突发事件、应急处置预案、处置流程的三个一致性原则，当发生突发事件和需要应急求助时，即启动相应等级的预案和处置流程。其中，启动一、二级处置流程时，应急联动中心负责应急处置的先期指挥；与此同时，立即向市领导报告，并视情开设现场指挥部，同时有关联动单位专业指挥人员进驻应急联动中心或现场指挥部。市领导到达后，应急联动中心协助市领导指挥。启动三、四级处置流程时，由应急联动中心负责组织、协调和调度有关联动单位的指挥机构指挥各自专业处置力量和资源，进行应急处置。

应急联动中心的机制建设主要是公安内部整合和全市其他职能部门外部联动两大块。公安内部整合已实现市局、交警、消防指挥中心"三台合一"，各部门的指挥调度职能已顺利并入市局指挥中心，指挥长制度也在加紧推行。外部联动方面，首先加强了建章立制，注重联动工作制度规范的建设，除了《上海市突发公共事件应急联动处置暂行办法》外，还起草制定了《关于应急联动工作联席会议制度的暂行规定》《现场指挥部工作规范（试行）》《信息保送工作规范（试行）》《突发事件应急处置专用证件管理暂行规定》等制度，基本厘清了各联动单位应急处置预案和物资、装备、人力资源等状况，进一步规范了上海市突发公共事件应急联动处置工作。

上海市应急联动中心一经启用，立即显示了它强大的作用和卓著的功能。

2004年11月5日凌晨4时许，大众燃气公司伟羚施工队在剑川路、文井路口进行天然气转换工程开挖施工时，将埋设在地下用于轨道交通5号线供电的两条110千伏高压电缆挖断。早晨7时，市应急联动中心接到电力公司的报告，立即指令闵行公安分局派出人员，赶赴现场了解情况，维持治安和交通秩序；同时将有关情况立即通报市地铁抢险救灾指挥部，就可能产生的后果发出预警。在市应急联动中心的统一指挥和协调下，各单位动作迅速，各尽职守，相互配合，密切协同，于当晚便完成了全部抢修工作。在此过程中，轨道交通5号线运营正常，始终未受到任何影响。

2004年11月8日清晨6时44分，市应急联动中心接到报警，奉贤亭大公路、沿线路路口东侧400米处，发生一起重大交通事故，造成多人伤亡。接警后，市应急联动中心立即启动预案，调集公安、卫生、交通等部门救援人员，赶赴现场处置。时任副市长杨雄闻讯后，也亲临现场指挥处置工作。事后查明，事故共造成10人死亡、5人重伤、11人轻伤。伤亡人员在市应急联动中心的统一调度下，均得到了妥善的处理和救助。

而对系统最大的考验，则是2005年8月上海遭受300年一遇的"麦莎"台风的考验。从8月5日11时到7日凌晨4时33分，"麦莎"近中心风力达12级以上，历时41个小时。和1997年第11号台风相比，"麦莎"带给上海的风更大、雨更猛、持续时间更长，但经济损失却少很多了。在这40多个小时内，上海应急联动中心一共接到13万个报警电话，向相关联动单位处警6858起，涉及电力公司、气象局、绿化局等多个部门。应急联动中心还及时把有关信息通过无线、有线、网络提供给各联动单位，迅速解决问题。台风肆虐期间，中心的"110"呼入量连创新高，但排队数基本为零。

2006年6月15日出台的《国务院关于全面加强应急管理工作的意见》（国发〔2006〕24号）把"推进国家应急平台体系建设"列为"加强应对突发公共事件的能力建设"的首要工作，明确指出"加快国务院应急平台建设，完善有关专业应急平台功能，推进地方人民政府综合应急平台建设，形成连接各地区和各专业应急指挥机构、统一高效的应急平台体系"。应急平台建设成为应急管理的一项重要基础性工作。2006年10月4日，国家安全生产监督管理总局印发关于《国家安全生产应急平台体系建设指导意见》（安监总应急〔2006〕2011号）的通知。

在上述国务院24号文件出台前，为全面提高上海应对突发事件应急处置能力，构建适应超大型城市的综合减灾体系，特别是加强应急综合信息平台建设、跨部门联合行动、减灾各环节的一体化运作，为完善上海突发事件预警工作体系提供技术平台支撑，2003—2012年，上海在推进全市应急平台体系建设方面开展了一系列卓有成效的努力和探索。

2004年9月，上海市构建起城市应急联动工作体系，整合公安、消防等资源，依托市公安局指挥中心，成立了市应急联动中心，搭建统一的110接警平台，作为本市突发事件应急联动处置的职能机构和指挥平台，进一步提升突发事件应急响应能力。依托信息化手段，以市应急平台为枢纽，整合应急管理业务信息资源，实现与国务院总值班室、各区县和有关部门、单位值班部门的相互联通，基本具备为处置重特大突发事件提供信息技术支持的条件。2005年8月，市委、市政府决定成立市突发公共事件应急管理委员会（以下简称"市应急委"），上海市应急联动中心是在市委、市政府的领导下，有效整合相关力量和社会公共资源，对全市范围内的突发事件和应急求助进行应急处置的职能机构和指挥平台。按照市政府的授权范围，统一受理全市各类突发事件和应急求助的报警，或者协助市委、市政府以及具有处置突发事件职能的领导机构，组织、协调、指挥、调度相关联动单位开展应急处置。市应急联动中心作为上海突发事件应急联动处置的职能机构和指挥平台，履行应急联动处置一般和较大突发事件、对重大和特别重大突发事件进行先期处置等职能。根据大城市政府管理特点，建立扁平化、全覆盖的应急管理体制，针对本市应急管理的重点区域和高危行业重点单位，设立9个市级基层应急管理单元，分别落实组织体系、应急预案、保障体系、工作机制和指挥平台5个要素，提高常态下的防范以及非常态下的应急处置效能。依托上海市气象局资源，建立了上海市预警发布中心，推进多灾种早期预警系统建设，加强监测预警信息共享，整合信息发布渠道，统一发布预警信息，进一步提高预警效能。[1] 经过两年时间的工程建设，上海市政府电子政务灾难备份中心项目于2008年建成使用。灾难备份中心是指配备了各种资源以在灾难发生时接替数据处理中心运行的计算机处理中心，一个灾难备份中心的数据保护工作对大灾之后的恢复重建起着至关重要的作用。据悉，上海市政府电子政务灾难备份中心落址于浦东软件园三期园区内，建筑面积为12733平方米，地上四层，地下一层。项目由上海市信息投资股份有限公司负责。目前，深圳、北京、广州等地已经启动或者建成了灾难备份中心。[2]

针对上海市网格化管理和突发事件联动处置应对的工作特点，将市安监局应急值班信息平台与市应急联动中心报警平台连接，随时接报和调度处置安全生产事故信息。一旦发生事故，应急处置人员根据市应急联动中心的指令，赶赴现场开展处置。2009年，依托市卫生局的卫生应急资源，建成了上海市突发公共卫生事件应急指挥中心。该中心具备监测预警、信息沟通、指挥协调、专家研判和视频会商等功能，并实现了国家—上海市—各区县开展视频会商、信息交换的功能。

探索建立军地协同机制，发挥军队在抗灾抢险中的主力军作用。在闵行区开展国防动员和军队指挥体制与政府应急管理体制相衔接的试点工作，进一步加强军地一体化联动指挥机制、预案体系和信息平台等建设，探索建立区域应急管理合作机制。2010年12月，沪、苏、浙三地签

---

[1] 董泽宇：《推进应急管理建设 保障特大型城市运行安全——访上海市应急办及应急委部分成员单位负责人》，《中国应急管理》2013年第9期，第43—51页。
[2] 《一月浏览》，《上海信息化》2008年第10期，第90—94页。

订了应急管理区域合作协议,围绕应急信息沟通、应急处置协同、救援资源共享等机制建设,共同推动应对突发事件能力和水平的提升。①

上海市电力公司自2006年以来,经过数字集群虚拟专网建设、卫星应急通信建设、海事卫星电话建设,辅以公网3G数字视频语音通信装置,初步实现了全方位的无线通信应急指挥体系,为应对突发事件、应急生产抢修创造了良好的硬件条件。②

二 应急装备全升级

2003—2012年,上海应急治理经历了SARS病毒、禽流感的考验,2008年5月12日汶川地震应急救援的洗礼,2007年开建世博会工程项目的安全需要,应急联动中心全天候运行、平安城市建设风生水起。上海的应急装备,在2003—2012年这十年里,得到了全面建设和重点提升,做到了基本与上海这座国际大都市安全运行相匹配的建设标准。从无到有、从少到多、从低到高、从旧到新、从劣到精,上海的应急装备在数量和质量上都得到了全面建设。

工欲善其事,必先利其器。公安警用装备、消防装备、危险特殊化学品救援装备、施救防护装备、道路紧急救援设备、空中救援直升机、海上搜救、地下塌方抢险、空中无人机拦截、红十字和120急救医疗设备和救护车、生命探测议等,常规设备的备齐和补全,非常规设备的特殊贮备,新式设备的政府采购,老设备的升级换代,特种设备的专门管理,一系列的基础性工作繁复而耗时。清点统计、盘存家底,行业内部和行业之间,系统内部和系统之间,部门内部和部门之间,应急装备不像其他设备,有就有没有就没有,也不用特别清理和摸排,应急设备是救命用的,没有设备到时候也许只能见死而无法施救。所以应急设备的配备、预备和防备,在标准和规范方面都必须要有建制。因为灾难后果中需要救援救助的情景和场景往往五花八门、险中生奇、没有想不到只有没想

---

① 董泽宇:《推进应急管理建设 保障特大型城市运行安全——访上海市应急办及应急委部分成员单位负责人》,《中国应急管理》2013年第9期,第43—51页。

② 张恩宝、李舟演、叶旭升:《聚焦上海电力应急通信体系建设》,《上海信息化》2014年第5期,第62—64页。

到，与之对应的救生设备和装备也是一个无底洞，也是随着现代应急科技的发展而不断涌现的。军队武警和公安的装备列装都是严格按标准实现的，地方和行政及专业救援队或者民间救援队的装备，基本就是看实力和理念了。城市安全的应急理念是不断提升的，经历了血的教训或付出了血的代价才会得到行动上的改进，高层救火装备就在上海"11·5"大火的救援中暴露出的严重装备问题。空中索降也在这场大火中被提出了新的命题，直升机救援更是在这场大火之后呼之欲出。

俗话说，远水解不了近渴，灾害的后果使得救援救助的时刻防要胜防，时刻要准备着。但是实际情况却是我们救援设备在隔壁部门就有而我们却到处苦苦寻找，有些设备和装备因为并不经常使用而老化导致用时也派不上用场。有些设备和装备是因为优化备置的地点和分布不合理或没想到怎么样更合理，传统老方法下信息不对称或信息孤岛导致的无法获取更新设备的最新信息，或是最新分布信息，导致虽有设备但是在紧急需要时来不及运输过来派上用场。上海东方曼哈顿小区当年被水淹了地下车库时需要紧急采用的排水泵，却一时运输到不了事发地，交通阻塞又致使插翅膀也难飞到现场，所以只能望洋兴叹。在这十年中，上海各社区和小区基本下发了应急救急包之类的家用紧急自救基本物件，手电筒、应急灯、绳子、破窗锤等简单小工具，这些很重要，但是引起的重视程度往往不尽如人意，有些百姓并不重视也不当回事儿，东西下发了就看也没看地扔到一边去了，用的时候都找不着，其实是应该放在最显眼最方便拿取的地方，物件虽小但有急时真的能救命和保命。这说明发放的工作是好的，一般是由街道或居委会发放，但是演习和演练却几乎没有在一般小区常年按时定期举行，所以居民的防灾意识和防灾本事及自救他救的基本技能都十分不足，防灾减灾深入居民的工作还需要做到最后一米才行，要细致和精确，要周到和管用。这方面日本的做法和习惯就值得借鉴和学习，桌面演习和沙盘演习在每个小区都按时定期举行，孩童老人无一例外都全员参加，居所附近的逃生通道及周边环境特别是典型紧急场景下逃生路线和逃生方法及救助办法，都是家喻户晓、老少皆知、运用自如。应急物资即使是火柴和饼干之类的，都列入防灾标准在严格执行。

磨刀不误砍柴工。装备和设备是要演习和演练的，是要平战结合的，所以在谈到装备时必须谈到装备的使用，战时的真正使用是一方面，更多的是平时常练常习的演习演练使用。演习和演练是最不可或缺的，可是平时的演习和演练仍是少得可怜。不过随着上海平安城市建设的开展，在这方面也做了相应的实现性工作，不过有时是流于一时，有时是重点推进，有时是无法长效稳定。不过行业性的、系统性的演习和演练是越来越受重视。安排的越来越多了，也越来越讲求实际效果了。包括乘着大型重要活动的关口和东风一般都会在重点行业和重要领域、重要地段举行演练，但是仍然需要长效机制来保障和落实，最好不要是因重要场合或重大活动而举行的，而应该是为了生命和安全本身而举行的，不只是拿重要场合或重大活动来说事儿，否则给市民百姓的一个印象就是为国家领导人或政府官员政绩而实施的安全面子工程，不出大事儿的政治工程，而不是为了平时和任何生活中城市里百姓自身安全的里子工程。

尽管官方的出发点和用意是好的，是为了借某些场合或活动来引起百姓和市民重视及参与而做得有声有色甚至声势浩大，这样也许在官方的期待和预计中应该是收到的效果比较理想、比较有成效，但是在观望和观察的普通市民和百姓眼里，其实可能刚好相反，我们会以为平时不演练而一有活动就演练，那是为了面子工程和政绩工程，其实里子工程、市民工程与此并不矛盾，政府官方也并不都是为了政绩工程而搞运动战和阵地战或一阵风。既然不是这样的动机那就不要给市民留下这样的印象才好，这样才能凝民心、聚民情、长民智、练民力，把应急演习和演练做到基层、做到居民、做到百姓心里。近些年来，有关部门保持原有的重大场合和重大活动期间提前或演习或演练之外，也加强了无重要场合无重大活动期间平常日常的常规按期定期的演练和演习，就是演习演练常态化和定期化，演习和演练不是为了场合与活动，而是为了生命与安全，不是为了政府自身政绩，而是为了百姓生命。最近几年显见的是，演习和演练绩效明显提升。

据《劳动报》报道，2018年9月12日，由上海市运输管理处主办，上海巴士第三公共交通有限公司承办的"决胜'进口博览会'，2018年上海公交行业突发事件应急处置演练"在久事公交申昆路停车场举行。本次演练共设三个科目，分别模拟乘客携带易燃易爆等危险物品上车、新能源公交车辆在行驶中突发火警、新能源公交车辆发生故障路抛施救，涵盖了公交车辆运行过程中容易出现的三类突发情况。演练现场的情景是，一辆公交车在行驶途中突然冒出浓烟，疑似发生火警。驾驶员按车辆紧急处置方案进行处理：关闭电源拔出车钥匙，打开应急总阀和车门，疏散乘客至上风口100米处的安全地带，抱起灭火器冲下车并关闭电源总闸，放置三角警示牌再灭火，呼叫119并报备车队。车队即刻报告公司营运指挥中心。后续车辆很快到达，乘客被安全带离。接警后，消防员迅速赶到现场灭火，火点很快被扑灭。近几年上海市新能源公交车辆投运比例不断增加，新能源公交车辆已有5804辆，占全行业车辆数的35%，到2020年，上海市主城区更新、新增的公交车都要求使用新能源车，新能源车辆比重将超过50%。随之，新能源车辆的安全性能也成为管理部门的关注重点。为了更好地让驾驶员熟悉新能源车辆性能及规范操作，管理部门编制了《新能源车辆安全规范操作手册》及教学视频，包括驾驶员规范操作流程、安全应急处置等内容。①

"大家不要慌张，可至诸光路站搭乘地铁17号线或在P6停车场乘坐公交车离场。"这是2018年9月30日举行的"2018年进口博览会交通安全保障应急处置综合演练"的场景之一。11月5日，首届中国国际进口博览会在国家会展中心举行，预计将有100多万人参加展会。上海市交通委员会主任谢峰表示，此次进口博览会客流强度大、保障要求高，是对上海综合交通设施保障能力的一次阶段性考验，也是对上海综合交通统筹组织、一体化指挥能力的一次重大检验。据了解，本次演练动用公交车40辆、大客车5辆，参演人员近1000人，是目前上海市规模最大、参演人数最多的交通安全保障应急处置综合演练。上午10时，随着指挥人员一声令下，进口博览会交通保障组现场指挥部按计划陆续开始5个科目的演练，地铁触网失电后的大客流应急处置、地铁故障后展馆离场大客流的应急处置等方面的演练依次开始。

演练模拟的情景是，一列轨道交通2号线列车在驶入徐泾东站时突发触网失电，被迫停止运行。经初步排查后获知，该故障30分钟内难以修复，上海地铁立即启动大客流疏散预案，对乘客进行疏散。同时，应

---

① 《上海公交举行应急演练 2020年新能源车辆比将超50%》，东方网（http://sh.people.com.cn/n2/2018/0913/c134768-32049765.html），2018年9月13日09：12。

急公交车接到指令，立即从 P1 停车场内开出，去往徐泾东地铁站 9 号口。10 分钟后，街镇志愿者到达地铁站，提示站外乘客不要继续进入地铁站，引导乘客换乘地铁 17 号线或乘坐公交接驳车。接驳公交为滞留乘客提供了两个选择：线路一从徐泾东地铁站 9 号口出发，开往虹桥枢纽东交通中心；线路二从徐泾东地铁站 9 号口出发，开往航中路 10 号地铁站。此时恰逢展会散场，大量参观游客正从会展中心二层步廊向 2 号线徐泾东站涌来，地铁站入口人流量瞬间上升。现场指挥部立即启动应急响应，通过场馆内外联动、多点分流、错峰出馆、快速接驳等方式对大客流进行处置。

演练现场，志愿者有条不紊地引导离场观众步行至诸光路站搭乘地铁 17 号线或步行至位于国家会展中心东侧的进口博览会 P6 停车场乘坐公交车，采用多点疏散、错峰出馆、接驳运输等多种措施疏散客流。为了减轻场馆西面的客流压力，市运管处启动另外 2 条应急公交线路：线路三从 P6 停车场出发，开往虹桥枢纽东交通中心；线路四从 P6 停车场出发，开往 10 号线航中路站的线路。市交通委提示，进口博览会期间，一旦突发交通事故，请市民注意收听现场广播和接受志愿者引导，也可关注"上海交通"官方微信（微信号：shtransport）和微博（新浪微博：上海交通），及时了解最新交通引导信息。①

为确保危险货物运输车辆的安全运营，提高上海危险货物运输行业应急处理能力和协调能力，全力做好"进口博览会"的交通服务保障工作，9 月 26 日下午，由上海市运输管理处主办，上海比欧西气体有限公司承办的"迎进口博览会"2018 年上海市危险货物运输（液氮）行业突发事故应急处置演练活动，在上海市金山区金山大道 4500 号（卫六路/金山大道）举行，以实际行动展示了上海危险货物运输行业保障进口博览会的精神风采，提升了行业安全应急水平。上海市交通委道运处、市道路危险货物运输行业协会、金山区应急办和安监局等单位（部门）相关负责同志到现场指导，全市片区近 60 家危运企业代表近 100 人观摩交流。本次演练模拟运输高压液氮的危运车辆发生严重泄漏事故，检验司

---

① 《出动公交车 40 辆、参演人员近千人……上海为何举行这场规模空前的交通应急演练？》（https：//baijiahao. baidu. com/s? id = 1613042945350523397&wfr = spider&for = pc）。

押人员堵漏自救、政府相关应急部门互相配合、事故报告制度执行等相关应急处置措施,有效避免了次生灾害的发生,维护了行业安全运营。演练通过实兵、实车、实地、实情的操练,增强了企业负责人和行业从业人员的忧患意识,普及了应急救援知识和自救互救技能,提高了突发事件的处置能力,实现了锻炼队伍、磨合机制的演练目标,用实际行动为进口博览会成功举办提供坚强保证。①

2018年9月20日下午,上海金山区多部门联合开展进口博览会旅游景区行业突发事件应急演练活动。分局副局长顾玉泉出席活动,区公安分局、旅游局、枫泾镇政府、属地派出所、安全办、消防支队等相关单位领导参加。演练假设金山旅游景点重点部位发生火灾,并迅速向周边蔓延,情况十分危急。消防支队指挥中心接警后,立即调动车辆,火速赶往现场。消防力量到场后,全体指战员严格按照"救人第一、科学施救"的指导思想和战术原则全面展开战斗。在整个演练过程中,全体官兵分工明确、行动迅速、战术运用得当,充分展现了消防过硬的战斗作风和良好的精神面貌。演练结束后,顾玉泉副局长对演练活动进行了点评,并就进一步加强应急救援能力提出要求:一要牢固树立底线思维,充分认清开展应急演练工作的重要性和必要性,切实加强单位实战化演练,确保地区火灾形势稳定可控;二要针对不同突发情况进一步完善相关预案,提高预案的实用性和可操作性;三要加强人员配合以及装备器材的保养,切实增强应急保障能力,确保应急救援力量随时拉得出、打得赢。

2018年10月1日傍晚6时,武警官兵在豫园商城、田子坊等景点准时上勤,武警上海总队国庆安保勤务全面启动,各类应急处置小组、专业救援分队、反恐分队亦已全部到位,应急、救援、反恐全部到位!武警上海总队守护申城国庆平安。节日期间,武警总队将在加强固定勤务部署的基础上,担负彩灯开放区、重要景点维护秩序及反恐处突机动备勤任务,重点加强外滩、南京路沿线及豫园、田子坊、新天地区域和机场、车站等人员密集区域安保力度,确保市民和游客安全。

---

① 《申城"进口博览会"前危险货物运输车辆泄漏堵漏应急处置演练顺利举办》,上海市交通委员会(http://www.shanghai.gov.cn/nw2/nw2314/nw2315/nw18454/u21aw1342392.html),2018年9月29日16:06。

国庆10月1日当晚6时30分，随着申城主要景观区域、主要道路节日彩灯的点亮，外滩、小陆家嘴等区域人流量逐渐增加，一波波客流不断涌来，武警总队科学合理部署力量、措施，全力以赴确保人流安全有序。在南京东路中山东一路路口及上下堤的各个通道，武警官兵采取疏导拦截、波次放行、单项循环等措施，防止人流对冲造成危险。南京东路河南中路路口，百余名武警官兵手持哨子、扩音喇叭等器材，协同公安民警维护现场秩序，控制疏导客流。豫园商城曲桥路段狭窄，容易造成人流拥堵，对此，武警总队加强了对该区域观察、疏导、控制的力度，确保豫园商城及周边区域的治安、交通秩序稳定。

在完成国庆临时任务的同时，武警总队还加强了对浦东机场、虹桥高铁站、轨道交通站点、徐家汇商圈等党政机关、标志性建筑、中心广场、繁华商区的防控，武装巡逻分队和步巡组全部采取特殊部署，进一步加强社会治安整体防控，打击各类犯罪活动。①

每年的9月15日是全民国防教育日。上海当天11时35—58分在除浦东、虹桥两大国际机场地区之外的全市范围内组织了防空警报试鸣，并进行了防空防灾演练。据了解，目前上海应急避难场所大致分为两类，一类是以公园、公共绿地、郊野公园等开阔空间为主的场地型，另一类则是以学校体育馆、影剧院为主的场馆型。截至目前，上海共有应急避难场所64个。"十三五"之后，上海力争实现每个街道都有应急避难场所。应急避难场所是指在城市中人口集聚地附近，以应对地震灾害为主，兼顾其他灾害事故，用于接纳受灾居民紧急疏散、临时或较长时间避难及生活，确保避难居民安全，避免灾后次生灾害危害，并可供政府组织开展救灾工作的场所。当空袭、地震等灾害事故来临时，市民可寻找离自己最近的应急避难场所。应急避难场所具有应急避难指挥中心、独立供电系统、应急直升机停机坪、应急消防措施、应急避难疏散区、应急供水等11种应急避险功能。②

---

① 冯来来、黄书聪、江跃中：《应急、救援、反恐全部到位！武警上海总队守护申城国庆平安》，新民网（http：//news.sina.com.cn/o/2018-10-01/doc-ifxeuwws0098851.shtml）。

② 李荣：《上海未来力争每个街道都有应急避难场所》，新华社上海2018年9月15日电，百家号2018年9月15日15：06。

据《劳动报》报道,"奔跑吧,安全君"2018 上海市青少年应急安全主题城市定向赛暨应急安全体验营活动于 2018 年 9 月 22 日在金山万达广场启动。团市委、市应急办联合近 20 家青年社会组织为青少年和市民免费提供高楼逃生缓降、浓烟逃生、AED 自动体外除颤仪使用、酒驾模拟体验、书包防身术等各类体验服务项目。上午 10 时,192 支队伍 1297 人出发,采用徒步+公共交通的活动方式,分别到金山城市沙滩、金山区图书馆、金山广场、金山规划展示馆、金山嘴渔村、金山卫火车站、新城公园完成高空模拟救援、心肺复苏、破窗逃生等应急安全体验任务,用城市定向的方式学习体验了各种应急安全小技能。现场,公安部上海消防研究所和万一应急安全科普实训基地联手为市民带来高楼缓降体验。穿好防护服、戴好头盔、轻推墙体、松开手,在缓降器的帮助下以每秒 1—1.5 米的速度降落到地面。虽然只是 6 米高台,但对前来体验的大多数市民来说,仍感到十分惊险。据介绍,该缓降器可装在阳台、窗台等牢固处,缓降垂直距离可达 30 米,接受过专业培训后,市民将为自己争取逃生机会。此次活动是上海市青少年发展"十三五"规划八个重点项目之一——"上海青少年应急安全支持计划"的主要工作内容。2018—2019 年,市青少年服务保护办将面向全市青少年免费开展应急逃生、消防安全、心理健康、防骗防拐、交通安全、防身防护、紧急救助等 7 大类 100 场培训课程,并围绕应急逃生、交通安全、女性防身防护等领域进行专门的课程研发。下阶段,市应急办、团市委、市青少年服务保护办将继续围绕"上海青少年应急安全支持计划"的项目安排,全面提升青少年群体的自救互救能力。①

2018 中国(上海)国际应急与消防安全博览会②于 2018 年 12 月 5—7 日在上海新国际博览中心举行。为贯彻落实"一带一路"倡议,推动我国消防应急产业与国际消防领域的合作交流,搭建新的贸易平台,由中国商务部批准,应急救援装备产业技术创新战略联盟、中国机械工业集团有限公司、新兴际华集团有限公司、中国航空器材集团有限公司、

---

① 王嘉露、吴春伟:《2018 上海市青少年应急安全主题城市定向赛启动》,东方网,2018 年 9 月 23 日 03:46:20。

② 全称是 2018 中国(上海)国际应急与消防安全博览会。

上海消防工程设备行业协会联合主办的"2018中国（上海）国际应急与消防安全博览会"于2018年12月5—7日在上海新国际博览中心隆重举行。本届展会将邀请国内外消防和应急产业的技术和装备研发、生产制造、仓储物流、测试与标准、信息平台、教育咨询、培训演练、资格认证等行业机构，打造国际大安全平台。全面向国内外推介和宣传最新的消防技术和先进的消防产品，为消防产品生产、销售、开发和使用者之间架起展示、交流和贸易洽谈的桥梁与纽带，为我国消防管理机构、应急产业与世界各国及地区的友好交流合作创建全新平台。展会以"打造国际大安全平台"为主题，上届展出面积近2万平方米，入场观众逾2万人次，吸引了百余家媒体竞相报道展会盛况。展会现场有来自德国、英国、澳大利亚、韩国、缅甸、马来西亚、孟加拉国、印度尼西亚、印度、泰国等超过20多个国家和地区的260余家消防与应急领域的知名企业参与，集中展示了消防装备器材、应急救援装备、消防机器人、消防无人机、机场消防车、应急救援车、消防物联网信息安全等高科技产品。通过展会实现的包括现场采购、技术合作、项目建设、渠道商合作，合同总额达200万美元，意向成交订单达1000万美元。①

2018年第十八届上海安博会暨国际警用反恐应急装备博览会暨警察反恐信息化技术创新应用论坛由公安部治安管理局支持，上海市公安局、上海安全防范报警协会主办。随着我国反恐意识的提高和反恐措施的加强，迫切要求提升当前的警用装备实力，为维护社会和平稳定提供强有力的安全保障。现代化警用反恐装备的发展，事关社会的稳定、国家的安全，也关系到广大反恐特种部队、公安民警、武警、消防官兵及广大群众的生命安危。由公安部治安管理局支持，上海市公安局、上海安全防范报警协会承办的第十八届上海安博会暨警用反恐装备展，于2018年5月23—25日在上海世博展览馆拉开帷幕。由公安部治安管理局和上海市公安局支持、上海安全防范报警协会主办，上海国际公共安全产品博览会暨警用反恐装备展成功举办过十七届，展出总面积达到29万平方米。共有15000多家企业参展，参观观众累计50多万人次。借助上海安博会的整体资源和优势，本届展会在秉持"技术含量高、展出产品精、

---

① 《2018—2024年中国应急救援装备行业全景调研及未来发展趋势报告（目录）》。

行业理念新"的准则中，融合当下创新驱动、转型发展的时代背景，重新定义"公共安全"新维度。世界领先技术和新装备行业大咖亮相活动现场，为全国公安部门展示了众多前沿高科技警用装备。展会期间举办了2018上海国际警用反恐应急装备展览会。同期举办"公安信息化技术应用高峰论坛"。此次展会为公、检、法、国家安全部门、武警系统和部队系统创建提供了一个促进国际科技交流学习且促进行业发展的全景式的服务平台，为全面提升公安装备建设水平做出更大贡献。

2018年，我们将紧跟国家"一带一路"政策，为国内外警用反恐技术装备企业提供"走出去""引进来"共享平台，将第十八届上海安博会暨警用反恐装备博览会打造成更具国际化的大型展会。公安部门领导，国内各省（区、市）以及兄弟单位、公安、武警、边防、海警、消防、航空、行业协会、刑侦/技防专家和学者、警用技术企业领军人物等到会观摩。为了更多的同行业者能参与本届展会，组委会着力加强招商和观众组织力度，进一步创新展会同期活动，与国际安防联盟、长三角各地安防协会、警察协会、保安协会等多家专业行业媒体合作，共享数据资源，合力打造一个以上海为中心，辐射国内外地区的集专业性、针对性、示范性于一身的多功能安防警用盛会。

各种新式花样的警察反恐技术装备在展会上尽展雄姿：爆炸物探测设备、爆炸物现场勘察设备、危险品检测/处理设备、人像识别、虹膜识别等生物识别技术、警用无线通信系统、电子警察、车牌自动识别比对系统、酒精检测系统、反恐救援装备、安检排爆装备、核生化处置装备、灾害救援装备、生命探测装备、救生装备、工程救援装备等。

刑事技术装备：现场勘查装备、物证检验鉴定装备、分子遗传生物学检验技术、法医损伤和法医物证检验鉴定技术、微量物证检验设备、痕迹检验鉴定技术、文件检验鉴定技术、指纹管理及检验设备、电子物证检验设备、三维图像/成像设备及视听分析系统、生物识别技术、心理测试技术、刑事技术应用软件、分析仪器、实验室仪器及物证保全装备等。

警用交通工具技术装备：巡逻车、警用开道车、警用摩托车、防爆车、囚车、防弹车、清障车、刑事技术现场勘查车、通信指挥车、防弹运钞车、警务用车、执法执勤用车、警用船艇、警用直升机、无人机、机器人、越野车及各种警用商务车、警示灯、警报器、警用航空器等。

安全防护及警械装备：驱逐制服性警械：含非致命性武器，如催泪、电击、强声等。约束性警械：手铐、脚镣、电子脚扣、警绳、约束带等；头盔、盾牌、防护器材、军队及警察用品、户外用品、防护服、防弹衣、防割服、防火服、防毒面具、防割手套以及排爆服、防爆毯、防爆罐、防爆球、排爆机器人等各种防爆安检器材。警用械具：警棍、防暴枪、防暴弹、射捕网、强光手电筒、探照灯、特种作业专用灯具、手铐、脚镣、警戒带、搜索灯、路障及证照办理、监所管理、消防管理等专用装备等。

武器装备：枪支：手枪、冲锋枪、步枪。

中心弹药科技：装备以图片、静态展示。

智能柜：各种智能枪柜、远程枪柜、特种保险柜、公安智能指纹枪弹柜、军需仓库钥匙管理柜、涉案物证保管柜等。

科技强警及安防无人系统新概念展示区包括：

无人机、无人船、无人车辆、无人潜艇器、无人机器人、无人停车系统、无人收费系统、无人加油站/充电系统、无人报警设备、无人消防设备、无人驾驶系统、无人接警系统、无人搬运设备等。

智能软硬件系统、雷达探测/控制设备、视频/摄像设备、传感器、数据通信设备、数据链系统、红外报警系统、热成像仪、红外测温仪、扫描仪、自动安检/门禁系统、综合显示设备、记录与回放设备、情报处理与通信设备等。

城市信息通信应急联动装备：指挥调度系统、调度系统、数字电话会议系统、呼叫中心。通信装备：公安有线、无线通信装备；公安模拟、数字移动通信系统、移动警务接入系统、公安卫星通信系统、手持设备（警务通）、车载专用终端、便携式计算机等。音视频图像装备：城市电视图像监控系统、电视电话会议系统、无线图像传输系统。信息网络装备：网络基础设施、公安信息系统、应急联动指挥系统（三警合一：110、122、119）、GPS车辆定位/导航系统、图像监控系统、语言记录子系统、卫星现场图像传送子系统、无人值守机房集中监控系统。

报警视频监控系统：城市联网报警系统、入侵探测器、防盗报警控制系统、视频综合应用平台系统、视音频编/解码器、视频转换器及视音频采集设备、传输设备、显示设备、存储设备。

公共安全产品：监视监控防范系统、城市联网报警、区域联网报警、出入口控制系统、防雷产品、电线、电缆、机箱、机柜、防伪技术与产品、人体安全防护设备、停车场管理系统、生物识别技术与产品、公共广播系统、防盗门、防火门、锁、柜、箱、GPS、GIS、ITS 等产品及计算机网络楼宇智能、社区安防系统、物联网技术与应用等。①

有专项研究报告指出，公安警用装备应急实战化的现实需求直线上升，应急装备的公安及武警特种装备科技化和实战化全面升级。我国正处于改革攻坚期和社会转型期，社会矛盾冲突不断，群体性事件频发；当前境内外反华分裂势力猖獗，极端宗教主义抬头，暴力恐怖事件时有发生；我国地域辽阔，自然环境复杂，自然灾害事件多发。面对新时期社会管理的复杂局面，突发事件尤其是暴力恐怖事件和群体性事件的发生趋于常态化，严重威胁国家的政治安全和政权安全，公安机关必须做好应急警务常态化的建设工作，不断强化应急警务实战能力建设，时刻以"日常稳得住，战时打得赢"为建设目标，提升自身战斗力，维护好社会的和谐稳定。然而，在过去的突发事件应对中，应急研判预警能力、战时处置能力、维稳善后能力不足，无法满足现实应急警务需求；装备日常维护不到位，日常管理机关化，应急警用装备专项经费得不到充分保障；使用技能不熟练，应急警务作战能力培训浮于表面、流于形式，没有跟着警务实战走；联动保障不完善，信息化装备配备落后，区域联动保障能力弱；战备保障不充分，应急警务保障理念和应急警用装备建设理念陈旧、滞后，错把服务好领导当作应急警务保障的目标，极大地弱化了实战力量的保障工作，从根本上动摇了"打得赢"的根基。实战水平高低是检验公安机关战斗力强弱的根本标准。"工欲善其事，必先利其器"，笔者认为，应急警用装备建设理念、原则、目标、内容等实战化建设方向性的顶层设计是确保建设实战化应急警用装备体系的基础。本书通过总结当前已有的应急警务和应急警用装备建设的研究成果，实事求是，立足我国公安机关维稳反恐的严峻形势，构建了应急警用装备实战化建设的指导思想、原则、内容，提出了如何确保应急警用装备建设实战化的实施策略。只有从顶层设计、发展理念和实施策略上明确应急

---

① http：//www.ciepe-sh.com/.

警用装备建设服务实战的目标、方向、原则,才能在复杂的国际国内安全形势中确保公安机关应急警务作战能力的持续、稳定提升;才能真正地把主动权握在自己手里,有能力处置好暴恐事件等突发性事件;才能为国家政治和政权的安全保驾护航,实现总体国家安全。①

专业特种装备高级研究机构的最新报告显示,高科技含量的应急装备尤其是武警特警所专用的特殊高端装备在我国科技强警、科技强军和科技应急联动的突发应急联动中发挥着物质前提和基础性保障功效。

公安部装备财务局警用装备研发论证中心警用车辆研究室主任凌建寿指出,警用装甲防暴车是公安一线实战单位针对当前打击暴力恐怖活动、维护社会治安、处置突发事件的重要装备。警用装甲防暴车辆具有反应快速、机动灵活、能够提供有效安全防护、担负多种任务功能的特性。目前,我国各级公安实战单位所配置的警用装甲防暴车对提升公安一线警力的机动性和灵活性发挥了重要作用,因此,必须瞄准关键,突破难点,大力推进特种警车装备实战化。②

三　应急科技执牛耳

上海是一座国际化的大都市,特定的地理环境和城市结构特征,使上海在尽享渔耕舟楫之利的同时也受到暴雨、台风等自然灾害的困扰;城市的快速发展和城市建设的大规模开展,使上海人民尽享城市生活便捷的同时也受到各类隐患和事故的威胁。随着上海经济社会的快速发展和 2010 年世博会筹备工作的深入,上海的防灾减灾工作获得了较好的发展机遇。③ 而且,应急科技支撑应急发展,民政应急催生应急科技,建立和完善了一套科技减灾工作新模式。城市中心城区高楼林立,基础设施纵横交错,水、电、煤气、通信等生命线工程密布,这是国内许多大城市的写实图景,也是上海这个国际化大都市的真实写照,但在超速推进的现代化表象之下,风险隐患也频露端倪。火灾、水灾、地质灾害、恐

---

① 金天宇:《公安机关应急警用装备实战化建设研究》,中国人民公安大学 2017 年硕士学位论文。
② 朱璇、凌建寿:《瞄准关键,突破难点　大力推进特种警车装备实战化》,《警察技术》2015 年第 2 期,第 23—26 页。
③ 徐娜:《上海:创建科技减灾工作新模式》,《中国减灾》2011 年第 23 期,第 24—25 页。

怖爆炸、踩踏事故、城市流行病灾、高新技术事故、工程质量事故、交通事故等突发事件，无不是上海这个现代化城市的"致灾因子"。在这条格外需求科技助力减灾的道路上，上海下大力气打造科技减灾之城，在应急技术领域一直走在全国前列。

"您好，这里是上海市应急联动中心"，"204国道发生交通事故，有伤员，请速来救援"，应用软件自动将报警人的相关信息从数据库中检索出来，案发地点也迅速在电子地图上定位，接警员只需轻点鼠标，出警指令就会发给当地的公安、交警、医疗急救等相关部门，通过GPS定位系统调遣离事故点最近的巡逻车迅速到达现场，这只是上海应急联动中心的接警大厅里平均每天处理的三万多次报警信息中的普通一幕。

上海应急联动中心最核心的接处警及指挥调度系统采用的迪爱斯信息技术股份有限公司的相关产品，包括交换机、分布式通信中间件、CTI中间件、接处警业务系统、指挥调度系统等，这些产品均是迪爱斯公司多年持续研发的成果，充分显示了民族产业的实力。上海应急联动中心是全国乃至全球最大规模的应急联动指挥中心。联动中心设有近200个座席，包含接处警应用系统、地理信息系统、预案系统、有线无线通信系统、GPS定位系统等诸多子系统；同时，联动中心涉及公安、消防、交通、卫生、通信、电力、防洪、抗震、公用事业等众多联动单位和业务部门，实现了真正意义上的城市应急联动。上海应急联动中心正成为"上海人民的守护神"，日夜守护着上海这个国际大都市的安宁，为上海乃至全国的经济发展服务。上海市应急联动系统在技术上实现了重大升级飞跃，这些重大的飞跃创新包括以下几方面。

1. 在一个系统上实现全市各类突发事件的"统一接警、分类处警、社会联动"

系统率先实现了对治安、消防、交通突发事件的统一受理与处置，并联动了卫生、民防、市政、防汛、电力、地震等部门，有力地整合相关力量和社会公共资源，可以有效处置各类事件。

2. 综合各类信息通信技术、大容量的总体架构

应用计算机、网络、语音、数据、图文、视频等多媒体信息，有线无线通信、GIS、GPS、IP、WEB、宽带传输和信息处理等技术，以电话

接处警、计算机辅助决策、有线无线通信调度、电子记录存储系统、实时图像监控、大屏幕显示、视频音响保障、信息网络传输系统八个子系统构建综合信息通信系统，同时为异地备份留有接口。在受理报警时同步采集，传送各类信息，监视事发动态，提供决策方案和处警资源信息，实现快速处警。日接警设计能力5万次，满足特大城市的需要。

3. 科学、合理，实现资源充分利用的组网设计

科学、合理、有效的组网，使新建网络与已有网络有机结合，发挥资源作用，保证信息畅通。以SDH、IP网为基础构成信息传输平台，保证信息传输的通达、安全、可靠。与公务网非涉密域互联，实现受理全市的报警、处警调度和对4000多点的视频监控，做到事发现场、处置单位、联动中心和上级机构信息渠道畅通。

4. 面向分布式设计的应急联动软件平台

应急联动软件平台融合了分布计算理论和思想，通过CTI中间件、消息中间件和通用业务组件，为众多子系统提供了运行条件，是实现接处警流程的基础。

5. 科学高效的接处警流程

正确的应急联动指挥流程是进行信息通信系统设计的基础，是实现应急联动单位合成指挥，快速、及时、协同处理突发事件的保证。系统设计中所制定的接处警流程是上海公安在治安、消防、交通以及社会紧急突发事件的处置上经验的长期积累。

6. 高可靠性、安全性设计

（1）双排队交换机平行工作方式

首创双排队交换机平行工作的方式，实现两台交换机共享所有受理台。任何一个交换机的呼叫，均可接至任何一个空闲座席，保证报警呼叫接入可靠、不间断。

（2）一体化双机芯成像技术

大屏幕显示采用一体化双机芯成像技术，具有双机芯、双光源、双电源、双图像处理能力，双DMD芯片，控制灵活、安全可靠，保证重要场合不黑屏。

（3）网络的可靠与安全技术

骨干节点间环状网络和交换机冗余配置，防止单点故障。通过路由

实现 VLAN 之间的信息访问，隔绝网络风暴。网间互联采用隔离、检测、扫描、审计等安全设施，为网络安全提供了坚强保障。

7. 优质图像技术

大屏幕中采用两套独立的 DMD 芯片和两套分色轮机构，通过色度增强电路和软件调节，使相应的色彩在坐标上聚合为一点，达到图像稳定、色彩饱和；软件拼接技术实现对多路输入信号的画面灵活开窗显示，多画面、多层次叠加。

8. 先进的流媒体技术

采用网络流媒体技术，从编码缓存、网络传输、接收和并发访问等多方面着手，保证了多路语音、视频信号再现的完整性、实时性、时序性和连贯性。

9. 多制式综合调度

综合集成有线调度、数字集群系统、模拟集群系统和无线常规系统，实现对所有有线、无线用户的调度和通话切换。

四 科技应用盘点

（一）2010 年上海世博会。世博客流。交通保障组运用交通信息化技术手段，发挥调度指挥、信息服务两大平台作用，为推动世博交通科学、高效、安全运行构筑了坚实的基础。

一是以世博交通港航安全监管系统为基础，实现对多种公共交通方式的运营组织管理和服务供应情况的实时动态监测。在公交、出租汽车、省际客运（班线车和包车）、轨道交通、水上客运、危险品运输等行业，利用 GIS、GPS、AIS、道路或车载视频监控系统等技术手段，以综合交通信息、世博交通信息应用服务、世博园交通信息三个子平台为重点，建立了一个信息集聚、运作有序的综合平台。实现了对全市道路交通、公共交通、对外交通、世博会专项交通等信息的采集、汇聚和标准化处理，有效地统筹了世博园区外、交通港口、铁路、机场、公安等部门交通管理信息，并分层次、分类型对各类信息进行整合和分析，提高了行业监管水平。在调度指挥中心，能实现对 3000 余辆世博公交车、4000 辆世博出租专用车、2400 辆长途客运班线车、6000 余辆危险品运输车、300 余艘危险品运输船舶以及外省市进沪车船的运行安全实时监管，具有超速、驶入禁止区域和违规停车等自动报警功能。

二是接入大量的视频，为应急指挥调度和领导的决策提供服务。指挥调度中心与市交通信息中心、市公安局（二指）、市应急办、市民防办、上海世博局、申通COCC、公交巴士集团、大众出租调度平台等单位实现网络互通，信息共享。在指挥调度中心能看到全市主干道、快速路和高速公路通畅情况，主要路口通行情况，交通枢纽（虹桥枢纽、公交场站、轨道交通车站、长途汽车站、客运码头）、停车场库、内河航道、危险品作业码头、人流聚集的公园，以及世博园区内的道路、各大出入口、周边停车场等近5000路视频。再加上数辆移动视频车，保证指挥调度中心可以掌握全市面上交通运行情况，从而实施指挥调度。

2010年中国上海世博会历时6个月，约200个国家和国际组织参展，海内外7000多万人次游客前来参观，平均每天40万人次，高峰60万人次，极端高峰80万人次。

庞大的客流对世博园区的道路、场馆、广场等造成极大的压力。如果不加以有效引导，很容易形成客流分布不均甚至局部拥挤的状况，导致游客等待时间长、参观舒适度下降，甚至群体事件和踩踏事件的发生。有效的客流管理可避免重蹈爱知世博会由于因拥挤和长时间排队而造成游客满意度下降的覆辙，同时还可以吸引更多的游客来参观世博会，帮助实现世博会7000万张门票、60亿元销售额的销售目标。

如何通过实时客流数据采集、科学客流分析、有效的客流导引策略、及时有效的客流引导信息发布等措施，最大限度地控制参观者在园区内的合理有序流动，使得在提升客户满意度、吸引游客并促进门票销售、有效控制和平衡客流三方面达到平衡，是世博会迫切需要解决的一个重大问题。

（二）2010年引入"客流眼"智能视频识别客流监测平台。

2007年9月，由上海市世博局信息化部牵头组织的世博专项课题"世博园区客流导引系统开发及工程应用"被国家科技部列入国家科技支撑项目（课题编号：007BAK27B02）。上海新联纬讯科技发展有限公司成为该课题的承担单位。在课题研究中，上海新联纬讯科技发展有限公司结合2010年上海世博会的应用需求，成功研制了基于智能视频识别技术的客流信息管理系统，简称"客流眼"。"客流眼"基于智能视频识别技术,将神经元算法与图像自动识别技术整合在一起,通过"自学习"和"自适应"对设定的"事件"和"物件"进行自动侦测,快速做出分析和判断并将结果及时通知管理中心,可实现智能监控(基于事件的自动监控,不需要人员紧盯监控屏幕)、交通流量管理和交通引导、客流管理和客流引导、城市治安环境管理(公共事件监控、乱设摊、乱停车等)、商场业务分析、旅游景点管理等。世博会组织方在园区出入口、各大广场安装"客流眼",每天自动采集这些区域的客流信息,通过网络每五分钟向园区运营指挥中心数据汇聚平台发送一次客流数据及客流拥挤度分析信息,并根据客流拥挤程度发布绿色、橙色、红色预警信号,通过手机、网站、电视、广播等工具每小时更新园区的客流人数、各出入口的拥挤情况、各场馆的排队等候时间,为2010年上海世博会期间7000多万人次游客的参观游览提供了强有力的技术保障。

"客流眼"的成功应用为园区运营指挥中心准确预判当天客流状况和确保世博活动安全提供了技术保障。"客流眼"为园区运营指挥系统、辅助决策子系统、可视化指挥系统提供基础客流数据,为广大人民群众合理选择参观时间和参观地点提供了及时和准确的信息。

(三)"高科技"打造公路应急信息化管理平台[①]。

2018年,普陀区公路管理局正式启动应急信息化管理平台建设。未来,普陀区将构建公路应急处置监控体系,进一步保障公路安全畅通,提升社会应急服务能力和社会安全保障能力。普陀区公路部门投入200万元,用于建设公路应急信息化管理平台,内场规划使用面积60平方米作为指挥平台,配备指挥系统、视频监控系统、应急调度系统等。外场则对普陀区三高(高边坡、高挡墙、高落差)桥隧、临水临崖等特殊路段安装高清监控摄像头,建立24小时监控系统,并配备无人机一架,以便近距离拍摄特殊地理位置。目前,工作人员正在进行内场指挥平台设备的安装工作。待该平台建成后,工作人员可在指挥中心实时观看特殊路段的公路情况,满足应急抢险救援和安全生产监控等方面的需求,有效

---

① 翁青青、缪筱、贺轩豪:《"高科技"打造公路应急信息化管理平台》,浙江新闻(http://sh.qihoo.com/pc/91c939d346bc29a84?cota=1&sign=360_e39369d1&refer_scene=so_3),2018年9月27日07:00。

提高公路应急处置能力,同时对公路养护管理工作起到有益的补充作用,有效治理超速车辆,强化路域环境整治。

(四) 中心供氧应急预案 KoZX4kw[①]。

加入计算机监视控制系统进行管理已经成为各医院新建或改建中心供氧系统的一个选择。医用供氧系统作为医用供氧急救设施,对医院、病人都是十分重要的,因此医院在购买医用供氧系统时一定要选择优质的、合格的、能够通过检验的中心供氧系统,只能这样,才能保证供氧系统输送的氧气浓度、纯度值合格,因此选择供氧系统也有它的标准值,那这个标准值是什么呢?检查系统本身各个部件是否合格,包括所有新建医用供氧系统及其管道、附件,都应该进行检验与验收,中心供氧应急预案确保系统完全符合规范规定。

在手术室的净化工程中,空气的净化十分重要,这就涉及空气净化设备。如今的空气质量严重下降,对于我们来说,手术室对于空气质量的要求十分严格,空气净化设备也就成为净化手术室空气的关键!

中心供氧利用集中供氧系统将氧气气源的高压氧气经减压后,通过管道输送到各个用气终端,在各个用气终端利用呼吸机、出氧管等设备供气,以满足人们的用氧需求。

随着我国科技水平以及经济实力的提高,各种科技产品在我们生活中的运用也越来越频繁,并为我们的生活提供了不少便利,尤其是医疗行业,各种先进产品的研发不仅提高了医院手术成功率,同时也减轻了医护人员的工作负担,医用供氧系统的存在就为医院提供了不少便利。虽然我们现在的供养系统已经在性能等方面发展得很好,但是在我国科技水平不断提高的前提下,医用供氧系统的各个新功能将会得到进一步完善。

(五) 上海气象应急科技。

上海市气象局充分发扬世博精细化气象保障服务。在市委、市政府的正确领导下,上海市气象局充分发扬世博精细化气象保障服务工作作风,连续奋战 11 天,继"达维"和"苏拉"之后,全方位做好"海葵"的预报服务工作。8 月 9 日,俞正声书记亲赴上海市气象局,代表市委、

---

① 中心供氧应急预案来源:KoZX4kw(http://www.hznews.com/xinxi/KoZX4kw/201810-250609.html),2018 年 10 月 1 日 11:33:16。

市政府向气象部门一线干部职工表达了他和韩正同志的慰问和感谢。市委常委、市委秘书长尹弘，副市长沈骏，市委办公厅主任李逸平等市委、市政府领导及市应急委、市建设交通委、市水务局领导随同参加慰问。市委、市政府领导对上海市气象局工作的肯定和对一线干部职工的关怀给了其极大的鼓舞和继续做好气象工作的坚强动力。

五　应急产业成链条

上海市政府发布《关于加快本市应急产业发展的实施意见》，提出力争到2020年建成3到5个国家级应急产业示范基地，在应急智能机器人、北斗导航救援系统、城市公共安全应急预警物联网、应急救援装备等方面的关键技术、产品研发和制造能力达到国际先进水平。实施意见还提出，上海要培育一批在国内外有影响力的应急产业企业，逐步实现高端应急装备核心产品的进口替代，实现应急产业工业产值与服务业产值达到1600亿元。[①] 应急产业地位提到法规层面上的明确确立，这在上海应急治理四十年的历程上，具有划时代的重大战略意义。

2011年11月中旬，国务院应急办以闪淳昌参事为组长带队，组织部分应急管理专家和国家行政学院有关研究人员，就我国应急产业和装备发展现状分赴浙江、江苏、广东3省9市进行调研，调研组先后走访了25家相关企业，召开了12次座谈会，回京后又组织了由发改委、工业部和信息化部、科技部等部门，以及解放军总后勤部、有关科研院所、应急产品和装备生产骨干企业相关同志分别参加的两个座谈会，同时调研组还对中外应急产业和装备情况进行了比较研究。通过实地调研、座谈讨论和比较研究，调研组对我国应急产业和装备发展现状有了基本的了解和掌握，撰写并发表了《我国应急产业和装备发展现状的调研报告》，该报告首次提出了我国应急事业迈入产业化时代的重大议题，明确提出对产业化的内涵和分类进行产业定位、明细分类、标准化及产业政策制定的重大战略任务。

该报告指出，应急产品有公益性、专业性、安全性、准公共产品等

---

① 《上海发力应急产业，力争到2020年建成3到5个国家级示范基地》，《中国基金报》2017年8月28日。

特点，应急产业具有全灾种、全过程、全方位、全社会的特征。为此，应急产业发展模式和总体目标应确定为：以政府为主导，以企业为主体，社会积极参与，市场充分运作，建立专业化分工、规模化生产、市场化经营、标准化管理、集成化组织、社会化服务的产学研和服务紧密结合的应急产业体系。应科学地明确应急产业定位，确定政策导向。应急产品遍及各个行业，涉及四大类突发事件及其全过程。目前，对应急产品进行内涵式准确定义有一定难度，可以暂时尝试进行特征性描述。如从产品和服务形态上，应急产品可分为应急装备设备、咨询服务等。从管理流程上，可分为用于预测预警的、现场处置防护的、恢复重建的等。从作用关系上，可分为直接用于应急的专用产品、间接用于应急的兼用产品、有关联性的日常用品。我们倾向暂时按作用关系分类。按照这种定位，可考虑进一步完善相关政策。一是结合《产业结构调整指导目录（2011年本）》，尽快建立相应的统计和行业监测机制，调查行业现状，摸清需求潜力，分析发展方向，细化政策规定。二是分门别类地选择公共政策形式。例如，第1类专用产品，可由政府直接进行投入生产，或由企业生产，政府购买、储备，或由政府强制使用；第2类兼用产品，可由政府引导与市场相结合，政府主要通过制定目录和规划，进行能力储备，需要时进行购买，由政府推荐使用；第3类关联产品，主要发挥社会动员能力，通过市场供给，辅之以能力储备，在突发事件发生后由政府统筹安排。三是出台《国务院关于加快发展应急产业的若干意见》，明确政府促进应急产业的发展目标、政策原则、政策范围及有关部门的职责。[①]

国务院发展研究中心产业经济研究部魏际刚对于我国应急产业化内涵和分类做了系统的梳理和分析：[②] 国内外迄今没有对应急产业的概念做过明确的界定，但存在"紧急救援产业""安全产业""安防产业"等一些相关提法。根据有关法律和我国现实国情，应急产业的定义大致可分

---

① 《我国应急产业和装备发展现状的调研报告》，《中国应急管理》，调研组成员：闪淳昌、陈建安、王守兴、严鹏程、吕新民、刘铁民、徐玉明、贾群、刘钊、李明、朱伟、秦绪坤，2014年7月29日。

② 《应急产业地位提到法规层面上的明确的确立：意义、思路和建议解读》，国务院发展研究中心产业经济研究部魏际刚，智慧城市圈子邱文斌编选，微信号订阅号 QWB_2014（http://www.360doc.com/content/15/0517/11/471722_471186800.shtml），2015年5月1日。

为广义和狭义两种。广义的应急产业，指在自然灾害、事故灾难、公共卫生事件、社会安全事件以及其他一些危及生命健康和财产安全等不确定性事件发生前后或发生时，利用相关装备、设备、技术、信息等手段为应急救援活动提供相关软硬件产品和服务的各类社会经济组织集合。狭义的应急产业，指在自然灾害、事故灾难、公共卫生事件、社会安全事件发生前后或发生时，利用相关装备、设备、技术、信息等手段为应急救援活动提供相关软硬件产品和服务的各类社会经济组织集合。广义定义强调凡是为各种应急需要提供产品和服务的社会经济组织集合均属于应急产业，既涉及非常态时的应急需要，也涉及常态下的应急需要。狭义定义特指为"自然灾害、事故灾难、公共卫生和社会安全"四大事件提供应急产品和服务的社会经济组织集合，着重于非常态时的应急需要。

按照广义的定义，前述的紧急救援产业、安全产业或安防产业等均属于应急产业。按照狭义的定义，紧急救援产业、安全产业或安防产业与应急产业有一些共同的特征和范围，但彼此有所区别。应急产业的形成和发展，是经济社会发展到一定阶段的产物，是社会分工深化的结果。从起源看，应急产业脱胎于传统产业，但又不同于传统产业。正因如此，应急产业的产业边界与产业内涵有着相当的模糊性和动态性，与其他产业部门的交叉和渗透较深。

应急产业不能被简单地归类到第一、二、三产业，它是一个跨产业、跨领域、跨地域，与其他经济部门相互交叉、相互渗透的综合性新兴产业。例如，提供应急服务的企业，需要整合其他产业提供的装备、设备、技术、信息等；又如，生产一般装备设备的企业有可能同时生产应急装备和设备。考虑到新兴产业培育和成长过程中，与支撑其发展的各类传统产业存在交叉、渗透和复合，我国当前应当采用广义的应急产业概念。国内在这方面已有成功先例。例如，2009年国务院印发的《物流业调整和振兴规划》中，将物流业界定为"融合运输业、仓储业、货代业和信息业等的复合型服务产业"。这样，就解决了物流产业与交通运输业、仓储业、货代业和信息业的关系问题。同样，应急产业采用广义的概念，就可以包含安全产业、救援产业等各类应急子产业，同时又能重点突出应急产业的特性。

应急产业（特别是应急产业提供的产品）至少具有如下一些特性。一是需求的广泛性。应急事件发生的广泛性，决定了应急产业涉及领域的广泛性。从空间分布看，既有国际应急需求，也有国内应急需求。国内应急需求中，又可分为跨省应急需求、省内应急需求等。从需求主体看，政府、企业、家庭、个人等各类经济社会主体均有可能产生应急需求；按行业分布看，国内应急需求分布在国民经济的各行各业。从应急活动的环节看，可以有事前应急需求、事中应急需求、事后应急需求或全方位的应急需求等。二是需求的诱致性。应急需求主体提出各种应急要求的目的并不是应急产业本身，而是着眼于减少生产、流通、消费及生活中各种突发事件和意外事故发生的概率，减少事故带来的损害程度等目的。三是需求的刚性。在自然灾害、事故灾难、公共卫生事件、社会安全事件以及其他一些危及生命健康或财产安全的事件发生时，对应急服务或应急产品的需求具有不可或缺性或刚性。四是供给的多样性。应急产业面对的需求遍及国民经济和社会生活的方方面面，这种对象的极其多样性，决定了应急服务或产品提供的多样性。五是供给的关联性。应急产业既脱胎于传统产业，又服务于国民经济的各行各业，其自身发展也离不开其他产业的支持，与其他产业有很强的关联性、交叉性、渗透性。六是时效性。"不用不急，用则急需。"应急产品和服务需在突发事件发生的第一时间内使用，否则就会带来负面影响，甚至是严重的经济、社会和政治后果。用途的可转换性。有些常态下的装备设备或服务可以转换为应急装备设备或应急服务。有些应急装备设备或应急服务，也可以在常态下为日常的生产和生活使用。

应急产业的分类是一个涉及理论性和实践性的重大问题。这里根据不同的分类标准，对应急产业具体包含的类型做出粗略划分。

（一）根据应急产品的产业形态，应急产业大致可以划为四类：应急服务业、应急制造业、应急软件业、应急产品经销产业。

应急服务业，具体又可分为应急综合服务企业、应急专业服务企业、一般服务企业中的应急服务业务。（1）应急综合服务企业，指针对各类突发应急事件，提供综合性应急服务的各类组织。（2）应急专业服务企业，指针对某一特定领域的突发应急事件，提供专业应急服务的组织。有时候，应急专业服务企业可以包括专门从事应急技术研发、应急咨询、应急预案的制定、应急培训的企业。(3) 一般服务企业中的应急服务业务,指某些服务性企业根据业务发展需要提供的应急服务业务。例如,一般性保险企业提供的应急保险业务。这里需要区分的是,一般性保险企业提供了某种应急保险业务,但我们不能界定其为应急产业,它还是属于保险业。但是,专门提供应急保险的企业则可划归为应急专业服务企业。保险企业提供的应急保险服务这个产品,可以细分到应急服务业中。

应急制造业,具体又可分为专业应急装备设备制造企业、专业应急轻工产品制造企业、一般应急产品制造企业。(1) 专业应急装备设备制造企业,指专门用于生产应急预防、事故处理装备设备的企业。例如,应急交通装备、应急通信装备、报警装备、灭火器等。(2) 专业应急轻工产品制造企业,指专门生产应急预防、事故处理的轻工产品的企业。(3) 一般应急产品制造企业,指以生产一般性制造产品为主同时兼具生产某类或某些应急制造产品的企业。这里需要区分的是,制造企业提供了应急产品,但我们不能认为其为应急产业,它还是属于一般性的第二产业。但是,制造产业提供的应急产品,可以细分到应急制造业中。

应急软件业,具体又可分为专业应急软件开发企业和包含应急软件产品的一般软件企业。(1) 专业应急软件开发企业,指专门为应急生产和服务提供相关软件开发的企业。(2) 包含应急软件产品的一般软件企业,指以提供通用软件开发为主同时兼具开发应急软件的企业。

应急产品经销产业,主要是对各类应急产品进行经营和销售的企业。这种定义和分类的依据是传统的产业分类法,其特点是按照活动领域或对象的特征来进行划分。这种分类方法的优点是可以明确应急产业各子类在三类产业中所处的位置,便于进行宏观国民经济的统计和分析。

(二) 根据应急产品针对的应急环节,应急产业大致可以分为四类:(1) 针对各类应急事件未发生前的预防性产品和服务。主要涉及应急事件发生前的咨询服务、信息收集、应急保险、应急预防等。(2) 针对处理各类应急发生时的功能性产品和服务。(3) 针对应急结束后的后续或相关性产品和服务。应急后续的法律、经济和人事处理,以及相关的装备技术、物资保障和金融保险等。(4) 综合性应急产品与服务,主要指提供应急前、应急中、应急后两个或两个以上环节的产品和服务。

国务院应急专家组组长闪淳昌参事领导撰写的《我国应急产业和装备发展现状的调研报告》对我国应急产业发展概况做出如下的系统分析和基本判断。近几年来，经过各地、各部门和社会各界的共同努力，我国应急产业发展速度进一步加快，应急保障能力明显增强，呈现出应急产业与应急能力相互促进的良性循环势头。①

（一）发展改革委制定的《产业结构调整指导目录（2001年本）》将"公共安全与应急产品"作为单独产业类别鼓励发展。工业部和信息化部2009年发布的《关于加强工业应急管理工作的指导意见》，明确提出加快制定应急工业产品相关标准，促进应急工业产品推广；公安部将加强装备保障能力建设作为提高各级公安机关处置突发事件能力的关键；科技部近几年不断加大对有关公共安全和防灾减灾科技开发项目的支持力度，2001年又委托有关方组织开展了36个公共安全类科研项目；安全监管总局将促进安全产业发展、建立国家安全产业基地纳入国家安全生产"十二五"规划。应急工作实践也使地方各级政府和相关企业越来越认识到发展应急产业的重要性和紧迫性。广东、安徽、重庆、浙江等地方政府，结合经济结构调整、产业升级和企业转型，将应急产业作为战略新兴产业予以重点支持。一批产业基地正在形成。

（二）应急产业发展势头加快。在国家有关部门大力引导和支持下，在各类突发事件防范处置工作对应急产品需求的牵引之下，许多地方政府、大型国有企业、民营企业发展应急产品的积极性不断提高，研发和生产投入力度加大，产业体系初见雏形，企业对应急产品投资行为由以往的被动、无意识状态，开始向主动、有意识状态转化；投资形式：产品投入向产业投入转化；应急产品逐步由单一的有形安全产品，向应急科研、服务、咨询、标准认证等无形产品形式扩展。浙江、江苏、广东等省一些民营资本开始按商业化模式，自主投资应急产业建设，应急产业发展的规模效益正在显现。

（三）产品科技创新能力强。政府企业以培育自主知识产权、自主品

---

① 《我国应急产业和装备发展现状的调研报告》，《中国应急管理》，调研组成员：闪淳昌、陈建安、王守兴、严鹏程、吕新民、刘铁民、徐玉明、贾群、刘钊、李明、朱伟、秦绪坤，2014年7月29日。

牌和创新性企业为重点，加强应急产业的科技创新能力建设，应急科技水平逐步提高，新产品开发、新技术应用范围日益广泛。例如，将互联网技术应用于大坝防护、泥石流监测、早期预警等；将云计算技术用于分析处理海量灾情信息等，都收到了良好效果。

（四）应急保障作用得到发挥。应急产业发展既为我国经济结构调整、战略新兴产业发展注入了新的生机和活力，更为保障公共安全、维护社会稳定发挥了重要作用。在抗击"非典"、禽流感等突发公共事件中，相关企业生产了大量流行病防护用具、检测设备、防控设施等；抗震救灾中，应急产业提供了大量优质帐篷、活动板房、各类救援车辆等；山西王家岭矿难救援中，排水、通风、打钻等应急产品，在救援中发挥了巨大作用；北京奥运会、上海世博会、广东亚运会、广州大运会期间，大量监测、预警和装备技术的应用，确保了重大活动的顺利进行。

在国务院发展研究中心产业经济研究部魏际刚的理论中明确指出，我国应急产业的产业定位已初步确立。魏际刚研究认为，对于这个问题的探讨，是一个理论性和实践性很强的课题，具有重大的现实意义。国内部分人士认为我国当前应急产业形态不清晰，这种观点的存在已经影响到应急产业在国民经济和社会发展中的角色定位，影响到应急产业发展战略和应急产业政策制定的方向。对此，必须予以明确的回答。理论上讲，产业地位的确立应有几个方面的标志：一是有能够提供符合社会某种需要产品或服务的企业，有成长空间，并形成一定经济规模；二是产业在国民生产总值中占到一定比重；三是产业具有一定规模的从业人员，包括专门的设计、技术人员、管理人员以及工人群体。我国应急产业的产业地位初步得以确立，主要有以下几方面理由。

（一）从应急需求角度看，已经具备了应急产业形成的需求基础。

应急需求的存在是应急产业得以形成的前提。随着我国国民经济持续快速增长、工业化的推进、市场经济体制的逐步建立以及应急消费和应急安全需求不断增加，经济社会发展对应急需求的强度越来越大。

（二）从应急供给主体看，已经出现的各种类型应急企业使得应急产业地位明显确立。

应急产业是由大大小小不同类型的应急企业构成的，为国民经济各行各业发展提供相应的服务。我国应急市场上已经形成了由多种所有制（如国有独资、集体、三资、外商独资、民营、内资股份制、上市公司等）、不同经营规模和各种服务模式共同构成，各具特色的应急企业群体。例如，目前市场上就存在专门提供应急装备的企业、专门提供应急服务的企业，还存在一些提供应急服务的事业单位（这些事业单位通过改变机制可以转化为企业）等。

（三）应急产业园区的出现，是应急产业得以形成的另一重要特征。

例如，广东省东莞市以本地从事应急产品研制生产企业为主体，在松山湖国家高新技术产业园建设应急产业示范基地，基地已具备一定规模，未来将重点新建应急产业研发中心、救援培训中心、应急物流中心等十大中心，计划投资80亿元，其中应急产业研发中心已开工。安徽省在合肥国家高新技术园建设公共安全产业基地，创建公共安全信息技术研究院，占地面积近3平方公里，力争将公共安全产业打造成拥有独立知识产权和国际竞争力的优势产业。重庆市在合川推动重庆应急装备科技产业园和安全生产（应急）产业基地建设，其中安全生产（应急）产业基地投资60亿元，将形成产值数百亿元的新型产业集群，努力成为国家级的安全产品研发、制造、交易、物流、培训、演练的重要基地和龙头。

（四）从生产要素看，应急产业得以形成的各种要素资源如人力资源、应急技术、固定资本投资不断得到加强。

（五）从应急产业的产出看，应急产值规模在国民经济占比中虽然不高，但近些年增长速度很快。例如，浙江乐清市对该市应急产业产值的初步调研显示，2009年该市应急产业产值大于100亿元。

总的来看，应急产业在我国已经具有明晰的产业形态，未来的成长性很大，无论从应急产业规模、各类应急企业的成长、应急服务模式的多样化、应急效率均会有很大提高。当然，也要看到，我国应急产业还处于起步期，应急能力还很欠缺，产业竞争力并不强，应急总体水平仍然偏低，还不适应国民经济发展的需要。国家主管机构要尽快明确应急产业的地位，出台相关政策加快其发展。

所以可以看出，2014年国务院应急专家组的研究报告《我国应急产业和装备发展现状的调研报告》提出了应急产业问题，紧接着在2015年中旬，国家权威机构的产业政策专家就明确下过判断，中国的应急已经处于产业化的产业定位，而且论述了大力发展我国应急产业化具有的特殊重大意义。正如魏际刚研究员所指出的那样，加快发展应急产业对于推进产业结构升级、转变经济发展方式、构建和谐社会有重要意义。我国应急产业的产业地位初步确立。未来应高度重视应急产业发展，夯实基础能力，提升创新能力，推动集群发展，打造高效产业链，壮大优势企业。建议整合政府资源，加大对应急产业的资助力度，进一步拓宽融资渠道，营造良好市场环境，培养应急人才队伍，完善法律法规，改革相关体制机制。

第一，有利于合理发挥政府和市场的作用，极大增强全社会应对各类突发事件的能力。政府在各类突发性事件中负有重要责任，但并不意味着政府必须包办一切。从应急能力提供和应急效率方面看，政府均有其局限性。过去国内发生的各种紧急事故，基本上是由政府、军队、警察、消防以及慈善机构提供救助和资金支持，出面组织临时机构处理。"应急"往往是相关单位抽调临时人员组织进行，在既无经验又无准备的情况下，既缺乏专业知识与技术，又缺乏设备与装备。往往产生施救单位社会效益越高、经济效益越低的倒挂和错位，影响参与救援单位的积极性，致使在急需救援时得不到相应的援救，严重影响施救的效果和质量。大量的社会救援行动，给政府带来财政负担，面对遇难人或家属及国际社会的责难时，也使政府承受了不必要的压力。应急产业的发展，有利于改变以往政府包办的不足，向专业化、社会化的应急服务转变，使政府与社会力量相互补充，形成更加缜密的应急保障体系。应急产业的形成与发展，大大提高了社会应对经济社会系统运行中的突发事件和事故灾难的能力，可以大大减少生命健康和财产损失。

第二，有利于培育新的经济增长点。我国自然环境和气候复杂多样，自然生态灾害十分严重。我国是世界最大的发展中国家，处于社会主义初级阶段，工业化和城市化正在加快推进，经济社会面临重大转型，经济增长方式粗放。这种形势使得安全事故发生概率加大。同时，随着经济的发展、社会的进步、人民收入水平提高，各产业预防突发事故、人民安全意识不断提高等，使得全社会对应急服务和应急产品有更大需求。综合各种因素，我国应急需求规模巨大。初步估计每年有近千亿元的市场潜力,是国民经济新的增长点。

第三,较好适应经济社会变革带来的应急挑战和要求。在社会发展关系上,灾害的发生与工业化发展速度息息相关。工业化和城市化迅速发展势必在安全、环保、防疫等方面提出更加严格和紧迫的要求。应急产业的发展可以适应这种经济、社会、自然生态等变化提出的挑战和要求。

第四,有助于产业结构的优化。应急服务企业和应急装备企业包括大量的备灾活动中的物流、仓储专业公司,传播安全生产管理专业技能的培训公司,与灾害防御、救援相关的信息处理与技术服务公司,安全风险审计顾问公司,救援技术研发公司和引进国际先进技术建立的特种救援产品制造公司等,这些新兴企业的成长有助于提高现代服务业和先进装备制造业在国民经济中的比重和地位,有助于产业结构的优化。

第五,有利于维护国家应急自主权。我国应急产业发展尚处于起步阶段,严重滞后于经济迅速发展、社会迅速变迁的时代要求,与发达国家的应急产业相比无论是规模还是能力均相去甚远。例如,许多关键应急装备依赖进口。在2008年"5·12"汶川大地震中发挥"最后一公里"作用的特种直升机均是从国外购买和租借的。长此以往,我国许多应急事件的处理将不得不依靠国外有关机构和公司,这将逐步丧失社会应急救援的国家自主权。大力发展应急产业,提升国内应急产业的研发、生产、服务能力,是一项着眼长远、关系全局的重大战略举措。①

既然应急产业化的产业定位很明确,加快发展具有重大意义,那么就要明确发展应急产业化的困难和挑战在哪里?《我国应急产业和装备发展现状的调研报告》在2014年时就对我国应急产业发展中面临的主要问题给出了有依据的、客观中肯的、科学的分析和判断:我国应急产业虽然发展势头良好,但也存在一些亟待解决的突出问题。这些问题不但阻碍着应急产业的健康发展,也影响着我国应急管理基础能力建设的推进,特别是应急处置水平的提高。

---

① 《应急产业地位提到法规层面上的明确的确立:意义、思路和建议解读》,国务院发展研究中心产业经济研究部魏际刚,智慧城市圈子邱文斌编选,微信号订阅号 QWB_2014 (http://www.360doc.com/content/15/0517/11/471722_471186800.shtml),2015年5月17日。

应急产业概念界定不清。应急产品是应急管理的物质基础，贯穿于突发事件全过程。但应急产品上升为"应急产业"在我国时间还不长，概念还比较生疏。目前，无论是政府部门还是学术界，对应急产业的定义不清晰、不统一、不规范，影响了政策导向的准确性和产业发展的稳定性。一是在制定产业政策或规划产业园区建设时，对哪些产品属于应急产品，哪些企业应引入等分歧较大，很难找到准确的依据和标准。二是对本地区应急产业范围无法界定，难以进行分类和统计，造成产能不明，家底不清。三是对哪些产品列入产品储备目录，哪些列入产能储备目录心中无数，随意性很大。总体来看，大部分地区应急产业处于一种自发状态。

关键应急装备发展缓慢。与先进国家相比，我国应急技术装备手段和生产能力差距大。一是科技含量不高。近几年我国虽然注重提升应急装备水平，但由于我国工业基础相对薄弱，应急产业起步晚，大部分应急产品还没有摆脱低技术含量、低附加值的状况，特别是大型、关键性应急装备难以适应应急实践需要。二是自主创新能力不强。应急产品的科技研发力度不够，缺少核心竞争力。有些看起来比较先进的国产装备，其实是对国外零配件进行的集成，基本上处于"攒机"阶段。三是关键设备依赖进口。例如，航空应急救援，矿山井下救援，应急通信，生化、核辐射防护等设备、装备均严重依赖进口，难免被动。一些国家借机抬高价格，赚取超额利润；很多国家出于冷战思维，对先进产品进行限制或完全禁止对我国出口。

应急产业政策滞后。一是缺乏系统性。现行的应急产业政策分散于各个法规、各个部门文件中，组合性不足。尤其缺乏顶层设计、宏观谋划，全国性应急产业分散在各个领域，没有通过系统性政策引导进行有效整合。二是缺乏可操作性。有些政策停留在一般化的要求提倡上，缺乏具体的实施细则和配套措施。在"5·12"汶川特大地震、甲型H1N1流感、南方低温雨雪冰冻灾害等重大突发事件应急处置中，都发生过因缺乏明确采购、征用、补偿政策规定，导致企业承担不必要的成本等问题，影响企业参与救灾的积极性和应急产业发展的可持续性。三是缺乏导向性。现行的产业政策偏重引导，缺乏对应急产品生产企业的经济利益、行为保障等激励性的配套措施，致使部分企业对投身应急产业持观望、迟疑的态度。

应急产品市场不成熟。政府对应急产品推广不足，对市场整体培育开发不够。主要表现为三个脱节。一是供求脱节。应急产品生产企业普遍反映，除了军队、武警、公安等少量用户外，应急产品需求主体不明确，找不到有效用户，无法进行有目的的生产；一些政府用户虽然有需求，但不知道按照什么样的产品目录和标准进行储备、配置，不知道企业能够提供什么样的应急产品。二是产学研脱节。政府、企业、院校与科研机构间缺乏有效的沟通协调机制，应急科研新成果往往被束之高阁，没有及时转化为现实产品。三是资源共享脱节。"十一五"期间，我国普遍开展了政府应急管理信息平台体系建设，但是应急产品生产企业、应急资源部门、受灾地区信息难以共享，数据库建设明显滞后于硬件发展，普遍存在"硬件硬，软件软"的问题。地区与部门之间、军地之间、政企之间应急产品和应急能力储备缺乏共享，导致贻误战机的现象时有发生。

综上所述，应急产业的培育和发展已经成为我国应急体系建设中的短板，大力发展我国应急产业势在必行。[1] 国务院发展研究中心产业经济研究部魏际刚给出了加快发展应急产业的基本思路。[2]

从战略高度重视应急产业发展。借鉴发达国家经验，重视制定应急产业发展战略，推动应急产业发展。制定"国家应急产业发展战略"，明确未来发展的战略方向、战略目标、战略重点、战略步骤和战略保障，提出实现应急产业发展的具体路径，明确管理体制、运行机制、激励机制和扶持政策，尽快寻找应急产业的优势领域、优势技术和优势产品的突破口进行突破，促进应急产业实现跨越式发展。

夯实应急产业的基础能力。我国应急产业处于起步期，应急装备制造、应急服务等基础性能力还比较薄弱，远不能满足经济社会发展的要求。当前及今后一段时期，要以形成应急产业的基础能力作为一项基础

---

[1] 《我国应急产业和装备发展现状的调研报告》，《中国应急管理》，调研组成员：闪淳昌、陈建安、王守兴、严鹏程、吕新民、刘铁民、徐玉明、贾群、刘钊、李明、朱伟、秦绪坤，2014年7月29日。

[2] 《应急产业地位提到法规层面上的明确的确立：意义、思路和建议解读》，国务院发展研究中心产业经济研究部魏际刚，智慧城市圈子邱文斌编选，微信号订阅号 QWB_2014（http://www.360doc.com/content/15/0517/11/471722_471186800.shtml），2015年5月17日。

性任务，通过以增加应急装备品种、改善应急装备质量、完善应急服务网络、提升应急服务水平为重点，加快提升应急产业的基础能力，以满足经济社会发展对应急产业的基本需求。

大力提升应急产业的创新能力。支持优势应急企业建立着眼于核心、共性、重大关键技术原始创新和集成创新的高水平研发机构。改造或新建一批国家工程实验室、工程研究中心，提高科研成果的工程化与系统集成能力。加强相关平台建设。推进国家应急技术公共实验室、中试基地以及融资平台、人才培训平台等产业化能力建设。鼓励形成以优势企业为核心，相关主体参与的高端共性技术平台。加强高校和科研院所研究开发设施建设，形成若干具有较大规模、多学科融合、创新能力强、开放运行的应急科学研究中心。推动应急产业技术创新联盟建设。提高产学研结合的组织化程度，在战略层面建立持续稳定、有法律保障的合作关系，整合应急产业技术创新资源。通过产学研合作等方式，建立由企业牵头组织、高等院校和科研院所共同参与的有效实施机制。鼓励企业与高等院校、科研院所联合开展应急技术成果转化。打造一支国际一流的研究开发队伍。加速引进和培养一批国际一流的技术人才，充分开发国内国际两种人才资源，紧紧抓住培养、吸引、用好人才三个环节。大力加强以原始性创新人才、应用基础研究和工程化开发人才、工程技术人才、创新创业人才为主体的应急产业人才队伍建设，努力把各类优秀人才聚集到应急产业的事业中来。通过重大科技专项、863计划、973计划、重大科技专项、支撑计划和国家自然科学基金等国家主体科技计划，培养一批具有国际影响的学术带头人。逐步建立一支以创新领军人物、学科带头人、科研骨干和高级实验操作人员为主体的研发团队，造就一支既具备科技知识又掌握现代管理的复合型科技企业家队伍，特别应注重培育战略型企业家。同时，加快推进应急产业的服务创新、管理创新和商业模式创新。

推动应急产业集群发展。应急产业集群是发展应急产业的重要方式。加快培育和发展有实力的应急产业区域集群，按照统筹规划、发挥比较优势、分类指导、稳妥推进的原则，选择产业基础好、创新能力强、市场化水平高、开放程度高的地区建设几个国家应急产业基地，引导和鼓励高水平人才、技术、资金、信息等要素及相关主体向应急产业基地集聚，形成若干各具特色、产业布局相对集中的应急产业聚集区。

打造高效应急产业。我国应急产业链尚不完善，存在诸多薄弱环节，产业链交易成本和生产运作成本很高，市场反应能力较弱。为此，应鼓励和引导应急企业和上下游相关主体良好合作，合理分工，有效集成，优化产业链。

培育、壮大一批优势应急企业。重点培育一批自主创新能力强、拥有创新产品的骨干应急企业，按照"政府导向、市场机制、龙头整合"的原则，支持其做大做强，鼓励其收购、兼并国内外拥有核心技术的研发机构，兼并、重组国内外发展势头良好的企业，加速培育具有较强创新能力和国际竞争力的本土应急龙头企业，形成品牌优势。支持若干有技术特色、机制灵活的高科技中小应急企业的发展。扶持大型应急流通企业，鼓励其立足国内市场，积极开拓国际市场。支持服务外包企业融入应急产业全球研发链。

闪淳昌参事领导调研和撰写的《我国应急产业和装备发展现状的调研报告》对促进应急产业发展提出有远见的战略建议：应急产品其有公益性、专业性、安全性、准公共产品等特点，应急产业具有全灾种、全过程、全方位、全社会的特征。为此，应急产业发展模式和总体目标应确定为：以政府为主导，以企业为主体，社会积极参与，市场充分运作，建立专业化分工、规模化生产、市场化经营、标准化管理、集成化组织、社会化服务的产学研和服务紧密结合的应急产业体系。具体政策建议如下。①

明确应急产业定位，确定政策导向。应急产品遍及各个行业，涉及四大类突发事件及其全过程。目前，对应急产品进行内涵式准确定义有一定难度，可以暂时尝试进行特征性描述。例如，从产品和服务形态上，应急产品可分为应急装备设备、咨询服务等。从管理流程上，可分为用于预测预警、现场处置防护、恢复重建等。从作用关系上，可分为直接用于应急的专用产品；间接用于应急的兼用产品；有关联性的日常用品。我们倾向暂时按作用关系分类。按照这种定位，可考虑进一步完善相关

---

① 《我国应急产业和装备发展现状的调研报告》，《中国应急管理》，调研组成员：闪淳昌、陈建安、王守兴、严鹏程、吕新民、刘铁民、徐玉明、贾群、刘钊、李明、朱伟、秦绪坤，2014年7月29日。

政策。一是结合《产业结构调整指导目录（2011年本）》，尽快建立相应的统计和行业监测机制，调查行业现状，摸清需求潜力，分析发展方向，细化政策规定。二是分门别类地选择公共政策形式。如第1类专用产品，可由政府直接进行投入生产，或由企业生产，政府购买、储备，或由政府强制使用；第2类兼用产品，可由政府引导与市场相结合，政府主要通过制定目录和规划，进行能力储备，需要时进行购买，由政府推荐使用；第3类关联产品，主要发挥社会动员能力，通过市场供给，辅之以能力储备，在突发事件发生后由政府统筹安排。三是出台《国务院关于加快发展应急产业的若干意见》，明确政府促进应急产业的发展目标、政策原则、政策范围及有关部门的职责。

制定应急产业发展规划。在全面调查摸清家底的基础上，由发展改革委、工业部和信息化部尽快制定《应急产业发展规划》。规划中应明确应急产业发展目标，应急产业门类及产品目录，制定应急产业标准；明确规范配置，实施产品认证和准入制度；完善政府采购、征用、补偿、储备政策，包括民族工业政策倾斜、采购形式设置、补偿标准、军地联储和代储等；完善应急产业的财政、税收、保险、信贷政策等。

优化应急产业的发展环境。应急产业是一个战略性的民生产业，技术含量高，系统性强，涉及面广，需要政府统筹规划，周密安排，为产业发展营造良好氛围。一是提高产业组织水平，整合供给需求。建立部门间应急产业的沟通协调机制；建立由用户（包括潜在用户）、生产厂家、科研单位等参加的应急产业协会、研究会；组织有关应急产业博览会、各类研讨会；以市场化手段推动产业园区建设等。二是结合国家经济结构调整和战略性新兴产业发展需要，扶持应急产业"国家队"，建立示范区，推动龙头企业的形成；加大科技研发投入，促进产学研融合，增强原始创新、集成创新和引进消化吸收再创新能力，加快科技成果向现实生产力转化。三是发挥政府主导作用，对各级政府及有关部门提出相应的应急准备配备标准。四是加强宣传和舆论引导，大力普及防灾救灾知识，增强公民应急意识、忧患意识，着力培育、开发应急产品市场。

建设应急产业及资源数据库。由各级政府应急管理机构牵头，依托政府及有关部门应急管理信息平台，抓紧建立应急产品储备名录和资料库，包括企业应急产品及生产能力储备资料库、应急资源库等，实现资源、信息共享。建议各地结合本地防范应对突发事件的实际需要,建立和完善企业生产能力储备、产品储备、国家法定储备相结合的应急储备体系;完善应急物流体系,实现政府、部门、企业以及军地间应急储备信息平台的互联互通机制,及时更新相关数据信息。

在 2014 年闪淳昌参事领导调研和撰写的《我国应急产业和装备发展现状的调研报告》对促进应急产业发展提出了战略建议的第二年,国务院发展研究中心产业经济研究部魏际刚提了许多具有针对性的加快发展应急产业的政策建议。

(一) 整合政府资源,加大资助力度

我国应急产业尚处于发展的初期阶段,政府的引导、推动和扶持十分关键。建议国家制定应急产业发展"十二五"规划,出台《加快发展应急产业的指导意见》。整合政府科技计划(基金)和资助资金等,加大财政科技投入对应急产业的支持力度,设立"国家应急产业发展基金"。结合国家税收改革方向,研究制定支持应急产业发展的税收优惠政策。

(二) 进一步拓宽融资渠道

鼓励设立和发展应急技术创业投资机构和产业投资基金,引导社会资金投向应急产业。支持应急企业通过资本市场融资,在国内创业板股票市场采取"单独名额、单独标准、单独评审"原则,提高直接融资比重,加大政策性金融对应急产业资金支持力度,应特别发挥国家政策性银行的作用,金融机构对符合产业政策的应急企业给予积极的信贷支持,支持企业以专利技术为担保向银行贷款,重点支持具有自主专利技术、市场发展前景好的应急企业发展。研究适合应急产业发展特点的金融产品,支持成长期创新型应急技术企业快速发展。鼓励风险投资、国家科技型中小企业创新基金优先支持在境内从事应急技术开发及其成果转化的中小型企业。采取特殊政策,鼓励和优先支持设立"应急产业投资基金"。

(三) 营造良好市场环境

培育和扩大应急产品市场需求。加大政府采购对国内应急企业的支持力度,加强对公众应急事件的普及教育,正确引导消费;完善应急技术产品和应急服务市场准入政策。

（四）培养应急人才队伍

贯彻落实国务院办公厅《关于加强基层应急队伍建设的意见》，加强和完善基层队伍建设，形成规模适度、管理规范的应急队伍体系。同时，教育部门应根据市场需求调整专业结构和人才类型结构，加大高校应急类学科专业建设力度，加强硕士、博士等专门人才的培养力度。依托高等院校、科研院所建立一批应急技术人才培养基地，在大型企业设立博士后科研工作站，鼓励科研机构、企业与高校联合建立应急技术人才培养基地，加强创新型人才和高级实用型人才培养。鼓励各类职业院校加快培养应急产业发展急需的技能型人才。

（五）完善相关法律法规

建立健全有效鼓励应急技术创新、产业发展的法律法规。如进一步完善《应急管理法》中有关应急产业发展的内容，《政府采购法》中对自主创新产品优先采购的办法，以及应急技术知识产权保护的法律法规等。

（六）改革相关体制机制

根据应急产业特性和新兴产业成长规律，切实形成有利于加快产业发展的体制和机制。例如，放宽市场准入；制定应急产品和服务安全评价标准，完善评审、监测和监督程序；等等。

2014年闪淳昌参事领导调研和撰写的《我国应急产业和装备发展现状的调研报告》和2015年国务院发展研究中心产业经济研究部魏际刚撰写的《加快发展我国应急产业的意义、思路和建议》，是方向性的、定位性的关于我国应急产业发展的研究报告，闪淳昌参事2018年还亲自撰文题为《我国应急产业发展的技术支撑能力评价研究》发表在《科学学研究》上，对近几年来我国应急产业发展的技术支撑能力进行科学评价。国家自然科学基金青年基金项目（71203171）、湖北省协同创新中心开放课题重点项目（JD20150104）"安全预警与应急联动技术"研究报告[①]曾经在2015年研究表明发展离不开科学技术的支撑，客观、科学地评价产业技术支撑能力对于我国产业的持续健康发展有着重要的意义。我国应

---

① 马颖、谢莹莹、吴陈：国家自然科学基金青年基金项目（71203171）；湖北省协同创新中心开放课题重点项目（JD20150104）研究报告"安全预警与应急联动技术"，《我国应急产业发展动力机制模型研究》。

急产业还处于起步阶段，技术支撑能力是提升其应急救援能力的关键。该研究从技术投入、技术研发、技术产出和技术服务四个方面构建我国应急产业技术支撑能力评价指标，运用主成分分析法对我国 31 个省市的技术支撑能力进行实证评价和比较分析，结果表明我国应急技术支撑能力存在严重的区域差异。最后，研究结果提出了提高我国应急产业技术支撑能力的建议。

最早期的研究来自 2002 年华中科技大学公共安全预警研究中心唐林霞、邹积亮的论文，该文认为转型时期的中国处在突发公共事件频发阶段，迫切需要提高保障公共安全与应对突发事件的能力。文章指出应急产业概念的提出尚处于初始状态，应急产业在我国的理论研究与实践发展还处于起步阶段。该文提出了应急产业的定义与特征，探讨应急产业的内涵与分类，运用自组织理论分析我国应急产业发展的动力机制，提出推动应急产业发展的政策支持体系。①

较早期的关于我国应急产业化的研究始自 2010 年中国安全生产科学研究院重大危险源监控与事故应急技术重点实验室王建光的调研，其分析指出的应急产业定义，明确了应急产业的范围；从产业内容、产业发展阶段等角度，分析了应急产业的特点；基于自组织理论和新古典经济理论，结合应急产业特点，建立了应急产业发展动力机制"内切圆"模型。模型中应急产业的发展动力机制系统包括产业成长的外部动力因素和内部动力因素。其中，外部动力因素包括市场需求、技术创新、产业政策、产业投资等，内部动力因素包括应急产业内相关企业间的竞争与协作、针对市场失效的产业政策。内部动力因素和外部动力因素之间存在相互作用，在一定的条件下，外部动力可以与内部动力相互转化。内部和外部动力因素的综合作用推动着应急产业不断发展。②

2011 年，国家行政学院应急管理培训中心邹积亮指出，由于对公共安全需求的不断增长客观上推动了应急产业的产生与发展。党中央、国务院高度重视应急产业发展，作为新兴产业，促进其发展要选准抓手，

---

① 唐林霞、邹积亮：《建立中国的紧急救援产业》，《中国减灾》2002 年第 1 期。
② 王建光：《应急产业发展的动力机制及政策激励分析》，《中国行政管理》2010 年第 3 期。

在发展路径与发展方向上实现重点突破，以点带面，推动整个产业健康协调可持续发展。当时该论文是江苏省应急办委托项目"应急产业发展与科技支撑体系研究"的阶段性成果；可见地方省市的应急办系统对应急产业的发展是在积极跟踪、发现和研究当中的。①

2012 年也有研究关注到其受到的挑战和存在的问题②，反映出应急管理体系要靠应急产业支撑。还提出我国应急产业管理体系建设应从健全应急产业发展的法律法规体系，构建多层面、灵活联动的产业体系，建立应急产品目录和应急产品质量标准，建立应急产业协调管理机构等方面着手。

近期关于我国应急产业研究现状的一篇文章有趣而耐人深思地指出了一个现象，欧洲人出国必定随身携带 3 样东西：护照、信用卡和境外紧急救援卡；日本人没有紧急救援卡是不敢出国的，而我们中国人呢？与灾害和事故打了半辈子交道的两位学者，近日又一次紧急呼吁：建立中国的紧急救援机构，既是一个市场，也是一个产业，更重要的是以人为本，与世界接轨。③ 2017 年有研究从应急产业研究的现有成果出发，对该产业的含义和特征、发展的动力机制、政府作用、发展现状、发达国家经验借鉴五个方面进行梳理和总结。并在已有研究的基础上，提出理论基础亟待深化、需要精确的政策指引、风险控制需要加强研究等问题，并对应急产业研究做了进一步展望分析。④ 中国人民大学经济学院、国家发展改革委、国防动员研究发展中心康光荣、郭叶波从更高的国家安全高度，撰文指出，加快推动公共安全与应急救援产业发展，对于统筹国家安全与经济社会发展全局具有重要意义。当前，我国应急产业发展势头良好，对于经济新常态下拉动经济增长可起到一定的作用。今后必须尊重应急产业特性及其发展规律，针对缺乏政策引导、创新能力较弱、

---

① 闪淳昌：《大力发展应急产业》，《中国应急管理》2011 年第 3 期，第 17—19 页。
② 邹积亮：《当前应急产业发展的突出问题与路径探讨》，《经济研究参考》2012 年第 31 期，第 47—51 页。
③ 唐林霞、邹积亮：《建立中国的紧急救援产业》，《中国减灾》2002 年第 1 期，第 80—83 页。
④ 曾建国、魏倩云：《我国应急产业研究现状及展望》，《现代商业》2017 年第 22 期，第 54—56 页。

市场需求波动性大、基础数据较少等问题，研究制定有针对性的政策措施。

近年来，随着应急产业化发展，各种应急企业组成的应急产业联盟也自然而然地、雨后春笋般地涌现，应急产业发展蓬勃空前、方兴未艾。上海消防科技产业高技能人才培养基地和上海应急产业（大消防）技术创新战略联盟于 2016 年 1 月 20 日成立，上海市经济和信息化委员会副巡视员、市经济和信息化发展研究中心主任史文军，市社团局副局长贾勇，市消防协会领导沈林龙以及上海消防工程设备行业协会全体会员参与。① 由应急救援装备产业技术创新战略联盟文彬、姚翔、庞辉、朱自虎主持的科技部科技创新战略研究专项项目"应急产业科技创新发展战略研究"（项目编号：ZYL2015031）成果认为，近年来我国突发事件总体呈现出增多、加重、趋密和复杂次生衍生的严峻态势，已经成为威胁经济社会发展的主要因素。每年因突发事件造成的非正常死亡人员约 20 万人，伤残人数超过 200 万人，经济损失上万亿元。我国要从制定技术规划、整合创新平台、加强政策扶持、设立创新基金和成果产业化基金等方面，加强对应急产业科技发展的引导和支持。②

2018 年 6 月 12 日中国船舶重工集团有限公司（下称中船重工）整合集团内部应急产业资源组建"中国应急"。③ 与此同时，自 6 月 12 日起，创业板上市的"华舟应急"正式变更为"中国应急"，证券代码不变。12 日，中船重工董事长胡问鸣在武汉召开的"应急产业发展国际研讨会"上表示，中船重工所属企事业单位结合自身技术与装备集成优势形成了一大批有竞争力的各类新型应急产品，其中集团下属的各类海洋装备使用的综合消防设备、核应急发电机组、应急交通工程装备、海上应急搜救系统、援潜救生装备和潜水、深海个体救援装备、高原应急救生装备、

---

① 《上海应急产业（大消防）技术创新战略联盟成立》，《上海信息化》2016 年第 3 期，第 87—88 页。
② 刘艺、李从东：《应急产业管理体系构建与完善：国际经验及启示》，《改革》2012 年第 6 期，第 32—36 页。
③ 新华网百家号 06 - 1222：06 新华社武汉 2018 年 6 月 12 日电（记者黄艳、伍欣）中国船舶重工集团有限公司（下称中船重工）整合集团内部应急产业资源组建"中国应急"责任编辑：唐斓。

核辐射监测预警系统、发电应急系统等相关应急技术与产业资源，将逐步整合进入中船重工集团应急预警与救援装备股份有限公司。胡问鸣表示，希望依托中国应急这个平台，打造百亿级应急产业。集团未来还会加大应急领域研发来拓展新的产品，通过市场兼并做大做强中国应急。应急产业是新兴产业，也是朝阳产业。中国是一个自然灾害多样且频发的国家，70%以上区域、50%以上人口分布在气象、地质、海洋自然灾害频发区，防灾救灾、抢险救援越来越受到社会、政府高度重视，客观上催生和极大地推动了应急产业发展。中船重工表示，目前中船重工的应急产业占据国内市场绝大部分的份额。参与12日在武汉召开的"应急产业发展国际研讨会"的国内外专家认为，全球应急产业具有万亿级的市场想象空间，未来中国在军民融合战略等实施过程中，应急产业将以新兴产业的姿态获得长足发展。

近期，由30余家来自应急产业相关领域的企事业单位、科研院所、行业机构共同发起的"上海智慧应急产业联盟"在沪成立。[1] 上海市经济和信息化委副主任邵志清出席会议并为联盟成立揭牌。随着我国社会发展进入转型期，城市化进程不断加快，城市流动人口急剧增长，城市面临的社会风险日趋严峻，城市公共安全管理和应急响应能力逐渐成为政府和广大人民群众共同关心的重大社会问题。上海迪爱斯通信设备有限公司隶属于大型中央科技企业大唐电信科技产业集团，是大唐应急产业的骨干企业，是国家级重点新产品及国家重点火炬计划的高科技企业。公司具有国家计算机系统集成一级资质，以及CMMI、ISO9001、上海市创新型企业、上海市明星软件企业等资质。据刚成立的上海智慧应急产业联盟透露，政产学研各方在黄浦、杨浦等中心城区建设商圈人流监控示范项目，通过采集手机移动信号等参数，提升对突发大客流的预警。[2] 从外滩踩踏事件到天津爆炸事件，公共安全话题一度引爆了社会舆论。对重大、突发公共安全事件的应对处置能力是城市现代化程度的重要标志。"安而不忘危，治而不忘乱"，在智慧城市大背景下，应急产业必须

---

[1]《智慧应急 为城市安全保驾护航——上海智慧应急产业联盟成立》，《电信快报》2015年第5期，第1—2页。

[2]《上海：成立国内首个智慧应急产业联盟》，《现代城市》2015年第2期，第59页。

踏上新的台阶才能赢在公共安全起跑线上。①

来自通信应急产业的最新动向激动人心也令人鼓舞奋进，应急通信产业的路任重道远。由工业部和信息化部主办，应急通信产业联盟承办，应急通信产业联盟指导委员会、工业和信息化部通信科技委共同指导的"2018年应急通信产业发展高峰论坛"于2018年9月28日在国家会议中心成功举办，作为"ICT中国·2018高层论坛"的重要分论坛，为2018年中国国际信息通信展览会增色添彩。本次论坛主题为"融合天空地，推进应急通信产业发展"，中国通信学会秘书长、工信部通信科技委应急通信专家组组长张延川，应急通信产业联盟秘书长何庆立，以及北京海莱特科技有限公司副总经理罗常青先后主持会议，工信部信息通信管理局副局长隋静、中国信息通信研究院纪委书记王晓丽、工信部运行监测协调局应急协调处处长曲国燊出席论坛并致辞。工业部和信息化部、通信运营企业、应急通信设备制造企业、高等院校、研究院所等单位约150名代表共同参加了此次论坛活动。② 应急通信是应对突发事件中的重要因素，近年来随着政府的重视呈现快速发展的态势，具备了丰富的应急通信手段，下一步，要加快推进应急产业的统计、标准、计量和认证体系，共同促进我国应急产业快速发展。同时，论坛正式发布了《应急通信产业联盟新技术应用蓝皮书》，来自中共中央党校中欧应急管理学院、山东省通信管理局、公安部第一研究所、中国卫通、中国联通、华为等单位的13位政产学研各界专家发表了系列主题报告，涉及应急通信需求、应急通信技术、应急通信应用等多个方面，交流研讨应急通信前沿技术，致力于引导技术创新，加大产品推广应用，提升我国应急通信产业活力。

最后，由应急通信产业联盟副秘书长王柯主持高端对话环节，来自航天十三所、华为、信威、海莱特、中兴高达、久华信、航天恒星及信通院的多位专家，围绕天空地一体，共同畅谈新形势下新一代信息技术在应急通信领域的深度融合应用，为本次论坛画上圆满句号。

---

① 成吾：《智慧应急 筑起城市安全"防洪塔"》，《上海信息化》2016年第2期，第52—55页。

② 《2018年应急通信产业发展高峰论坛成功举办》，中国信息通信研究院（https：//www.toutiao.com/a6606625372542861832/），2018年9月29日20：40：37。

发展应急产业成为社会共识。应急产业作为应急管理的重要物质和技术保障，自《中共中央关于制定国民经济和社会发展第十二个五年规划的建议》开始受到正式的国家规划列单建设，加上《国民经济和社会发展第十二个五年规划纲要》也对加强公共安全体系建设、发展应急产业提出明确要求，将应急产业作为战略新兴产业予以重点支持，一批产业基地正在形成。上海六大产业基地、上海化学工业园区等，都有上海应急治理四十年的应急产业发展的轨迹和精华。

小结：凤凰浴火图大治

本章阐述上海应急治理四十年的第三个时期，成长与探索（2003—2012）阶段，应急治理SEMS2.0版本，选取发生在这个时期的上海主要的、全国都有影响的、有典型意义的、有代表性的真实事件作为典型案例，主要有四个案例，分别是抗雨雪冰冻灾害（2008年1月25—29日、2月1—2日）、莲花河畔屋倒塌（2009年6月27日）、静安胶州路烈火（2010年11月15日）、地铁10号线追尾（2011年9月27日），进行个案分析，研究和发现这些真实重要事件背后所折射出来的上海应急治理的沧桑变化及最核心的成就或经验，从中提炼和总结出上海应急治理四十年中的这个基本告别了"管治式"应急、真正诞生了"治理式"应急的规律和共性特征。主要是选择从应急管理"一案三制"在上海的成就、上海市应急联动中心的建立和建设、世博安全保卫的成功经验遗产、上海首个实体化运作的城市综合管理和应急联动中心，即闵行大联动实现城市管理和社会管理及应急管理三位一体的机制这四个方面，论述和发现并分析上海2003—2012年这个时期的应急治理的主要变化、成长和发展，来总结上海是如何实现从应急管理向应急治理转型和升级的，标志性的做法及其特点有哪些是可以总结并提炼的。上海是中国改革开放的前沿，也是中国应急管理发展成应急治理的一个国际大都市级的缩影。从上海应急治理四十年的风风雨雨，特别是本章重点锁定的其中第三个阶段，也是最重要的时期、发展最快的时间、实质性转型的时点，可以看到，一个城市的安全道路是曲折的、艰辛的，花好月圆都是砥砺前行的结果，歌舞升平都是守卫奉献的果实。上海经历了2003—2012年这个时期的应急事件与典型案例的洗礼，改变了应急管理理念并变革了组织体系，升级和转型到应急治理SEMS2.0，凸显了时代科技前沿的支撑成效。

城市问题伴随城市的发展而不断增多，2003年的SARS事件是一个标志，预示着我们的城市进入了应急治理阶段，我国开始大规模进行现代意义上的应急治理体系建设，应对由点到面的城市热点问题。我国的应急治理紧紧围绕着"一案三制"（即应急预案、应急体制、应急机制和应急法制）建设，开始建立从中央到各级地方政府的应急管理体系，逐步形成了统一领导、综合协调、分类管理、分级负责、属地管理为主的应急管理体制。制定并颁布了《国家突发事件总体应急预案》；形成了包括灾害在内的各类危机事件应急预案框架，建立责任政府，加强政府部门的责任和透明度；加强危机管理的国际合作；等等。这对于提高城市应对灾害的救助能力，减少灾害造成的人员伤亡和财产损失提供了很好的依据。

应急预案方面，在国务院的直接领导下，各地、各部门都在积极制定和完善应对公共突发事件的应急预案，加强各级政府应急管理体制，应急救援工作运行机制建设取得了显著进展。面对国家突发公共事件应急体制建设的新形势，特别是各级政府应对突发事件的各种预案形成以后，要确保"应急预案"不变成"花瓶方案""应付方案"，确保公共安全事故发生时能够真正做到各个环节、各个部门的快速反应和有效应对，就必须建立和完善城市公共安全事故应急救援能力评价体系。

从汶川地震震后救援来看，我国已经初步建立起分类管理、分级负责、条块结合、属地为主的应急管理体制；应急管理机制不断完善，表现出统一指挥、反应灵敏、协调有序、运转高效的特点。以2007年11月1日实施的《中华人民共和国突发事件应对法》为龙头的应急法律体系和应急预案体系发挥了重大的作用。

早在2002年，上海进入综合应急治理体系的建立和完善阶段。根据市减灾领导小组第一次会议的部署，综合减灾体系建设取得了实质性进展。组织整合上，成立了上海市减灾领导小组，其办公室设在市民防办；市减灾领导小组办公室、市减灾专家委员会组成人员和市减灾领导小组各组成单位、各区（县）的联络员已确定，并建立了相应的工作制度；在各区县中，已有16个区成立了减灾领导小组及其办公室。信息整合上，完成了

"上海城市减灾综合信息管理系统"总体规划课题研究报告和建设总体框架方案，明确了全市14个类别的减灾基础信息和数据采集的基本格式；日常减灾信息的汇总、分析工作逐步展开。资源整合上，市19类25种灾害事故应急处置分预案和各区（县）灾害事故应急处置预案拟制工作基本完成。[①]

上海市政府在抗击一系列灾害事件的过程中认识到，建立统一的城市减灾应急机制已经迫在眉睫。上海市民防办公室着手制定具体方案，内容包括具体机构设置、管理体系和人员编制等内容。2003年10月1日正式下发上海市人民政府办公厅关于印发《上海市灾害事故紧急处置总体预案》的通知（沪府办发〔2003〕39号），上海城市综合减灾体系建设取得实质性进展。从2003年开始，为了更有效地保护城市安全，上海在努力建设处于国际领先水平的"城市减灾应急处置系统"。该系统能合理配置人才、信息、技术、资金、物质等救灾资源，改变了过去那种"单灾种"的管理方式，整合城市减灾救灾信息，以便发生重大灾害时，各部门能共享信息，统一行动。该系统的4项信息化技术将为城市减灾发挥很大的作用。

2006年1月8日，国务院发布《国家突发公共事件总体应急预案》，2006年1月22日又发布了《国家突发环境事件应急预案》等9个事故灾难类突发公共事件专项应急预案。在这些文件的指导下，各地也纷纷加强了各类突发性公共事件应急预案的制定工作，上海市政府于2006年1月26日发布了包括突发环境事件在内的《上海市突发公共事件总体应急预案》。

2006年，上海应急管理工作围绕"为城市安全运行设防"的中心任务，根据"以人为本、预防为主、依靠科技、分级管理、整合资源、处置有力"的原则，强化"积极预防、有效应对"两大工作环节，努力形成常态和非常态有机结合、综合和分类分级衔接、防范和处置并重的应急管理工作格局，提高应对自然灾害、事故灾难、公共卫生事件、社会安全事件等各类突发公共事件的应急管理水平。一是形成应急管理预案体系框架。上海市应急预案体系由1个总体预案、19个区县总体预案、

---

① 市民防办：《2002年本市综合减灾工作有关情况》，中国政府网（http：//www.shanghai.gov.cn/shanghai/node2314/node8603/node8614/userobject31ai641.html）。

若干个市级专项和部门预案、基层应急管理单元预案和重大活动应急预案组成,总体上对应国家总体预案工作原则和要求,贯彻执行国家专项、部门应急预案,同时体现上海特大型城市应急管理"扁平式""全覆盖"等工作特点。二是确立应急管理组织体系。确定应急管理的领导机构、办事机构和工作机构等。《上海市突发公共事件总体应急预案》明确:市委、市政府统一领导全市突发公共事件应急管理工作。市政府是全市突发公共事件应急管理工作的行政领导机构。市突发公共事件应急管理委员会(简称市应急委)决定和部署全市突发公共事件应急管理工作。市突发公共事件应急管理委员会办公室(简称市应急办)是市应急委的日常办事机构,设在市政府办公厅,负责综合协调全市应急管理工作,对"测、报、防、抗、救、援"6个工作环节进行指导、检查和监督;具有处置突发公共事件职责的市级协调机构、相关职能部门和单位,作为应急管理的工作机构,承担相关类别突发公共事件的应急管理工作。市应急联动中心设在市公安局,作为市突发公共事件应急联动先期处置的职能机构和指挥平台,履行应急联动处置较大和一般突发公共事件、组织联动单位对特大或重大突发公共事件进行先期处置等职责。各区县也建立相应的应急管理领导机构、办事机构和工作机构。有的区县已建立应急联动分中心和街道镇以及相关部门应急办。三是推进应急管理工作。2006年,在《上海市综合减灾和应急管理"十一五"规划》编制工作基础上,编制市、区县"十一五"应急体系建设规划;建设市级基层应急管理单元。洋山深水港、浦东国际机场和虹桥国际机场、上海化工区等3个第一批市级基层应急管理单元试点建设框架基本形成。组织开展风险隐患排查。市建设交通委和市房地局针对高层建筑玻璃幕墙的安全问题开展玻璃幕墙建筑专项检查和整治工作,相关部门还结合管理职能,开展食品卫生等风险隐患排查工作。加强应急值守工作。制定并印发《上海市政府机关值班工作规范》,明确值班工作制度、信息报告制度、值班工作保障等规范。开展应急管理科普宣教。结合《上海市中小学生生命教育指导纲要》加强学校应急管理基础教育,编发市、区两级的《应急管理信息》和宣传材料。组织"110""119""应急减灾""安全生产月"等专题活动,建设应急防护等科普场馆和基地,开展应急管理工作人员和专业队伍的培训,进行安全生产、建设工程等市级、区县和基层的应急处置演练。①

城市灾害管理是一项庞杂的社会系统工作,涉及多项公共治理领域的改革,上海城市应急治理体系仍有待完善。

---

① 邹勇杰:《上海年鉴2007·城市建设与管理》,中国政府网(http://www.shtong.gov.cn/Newsite/node2/node19828/node78865/node78887/node78963/userobject1ai99978.htm)。

第四章

转型与升级(2013—2018)SEMS2.0+

此阶段包括"十二五"(2011—2015)后期和"十三五"(2016—2020)前期,"十二五"时期,世界经济处于转型期,全国大多面临着转变经济发展方式的历史重任,上海也进入了"创新驱动,转型发展"的重要时期。由于其自身的特殊性,上海在增长动力、资源环境、社会和谐、体制机制等方面受到更多的约束,在国内具有一定的代表性。"十三五"时期是我国全面建成小康社会的决胜阶段,上海承担着到2020年基本建成国际经济、金融、贸易、航运中心和社会主义现代化国际大都市的国家战略,肩负着继续当好全国改革开放排头兵、创新发展先行者的重要使命。

然而在全球经济需求疲软、增长乏力,以及不稳定、不确定因素增多的形势下,上海发展仍面临不少瓶颈制约和突出问题:资源环境约束趋紧,商务成本攀升;传统增长模式不可持续,创新创业活力不足,城乡区域发展协调性有待增强;常住人口总量增长较快,人口老龄化加快,基本公共服务和社会保障压力加大,收入分配差距较大,群体利益诉求日趋多样、协调难度增大,社会矛盾增加,城市管理、公共安全短板瓶颈凸显;各种潜在风险和挑战增多,一些长期积累的矛盾需要用大力气化解,不少层次体制机制障碍亟待破除,改革攻坚任务更加艰巨。

此阶段,为适应新时代、新形势和新要求,总体国家安全观和安全发展理念开始形成,并逐步发展成为我国应急管理事业发展的指导思想。

第一节　痛定思痛图变革

【应急形势与风险（社会特征与风险特点）面临的应急任务】

一　总体国家安全观（社会政治形势，上海任务）

2014年4月15日中央国家安全委员会第一次会议上，中共中央总书记、国家主席、中央军委主席、中央国家安全委员会主席习近平立足中国，放眼世界，从全球视野和战略高度创造性地首次提出总体国家安全观，并首次系统提出"11种安全"。

从国内情况看，中华民族伟大复兴进入关键阶段，我国正处于从大国走向强国的关键时期。历史经验显示，崛起的大国越接近冲刺阶段，所面临的综合压力就越大。我国与世界的关联性与互动性不断增强，相互影响广泛而深入，面临的风险隐患也在增多。中外人员交流的增多、互联网的发展、敌对势力的破坏等因素，使我国的政治与意识形态安全面临新挑战。

从国际情况看，世界大变局带来了国际安全领域的新变化，对中国国家安全产生了深刻的影响。一方面，传统安全问题依然威胁着世界和平；另一方面，全球性挑战和非传统安全问题日益突出和严峻。经济危机、气候变化、国际恐怖主义、难民问题、核扩散、网络安全等一系列全球性挑战，不仅威胁着中国的国家安全，而且威胁着整个人类的安全。传统安全与非传统安全问题相互交织、相互渗透，使得安全的整体性、关联性增强，国家面临的安全挑战更加复杂，不确定性因素也明显增加。特别是近年来，由于世界经济复苏持续乏力，西方世界"逆全球化"思潮涌动，各种保护主义、民粹主义兴起，更使得各种风险挑战层出不穷。总之，国际安全领域发生的变化既扩大和丰富了中国国家安全的内涵和外延，也使得中国国家安全面临的内外挑战比历史上任何时候都要复杂。

因此，我国国家安全形势既有内忧也有外患，外部安全威胁与内部安全威胁相互渗透、相互交织，内部安全问题往往存在外部势力干预的背景，外部安全挑战则容易引发内部安全问题。中国面临的主要安全威胁并不是外部强敌大规模入侵的威胁，而是局部安全摩擦引发的安全危机和非传统安全威胁的挑战。

国家安全观的核心内容有：必须既重视外部安全，又重视内部安全，对内求发展、求变革、求稳定、建设平安中国，对外求和平、求合作、求共赢、建设和谐世界；既重视国土安全，又重视国民安全，坚持以民为本、以人为本，坚持国家安全一切为了人民、一切依靠人民，真正夯实国家安全的群众基础；既重视传统安全，又重视非传统安全，构建集政治安全、国土安全、军事安全、经济安全、文化安全、社会安全、科技安全、信息安全、生态安全、资源安全、核安全11种于一体的国家安全体系；既重视发展问题，又重视安全问题，发展是安全的基础，安全是发展的条件，富国才能强兵，强兵才能卫国；既重视自身安全，又重视共同安全，打造命运共同体，推动各方朝着互利互惠、共同安全的目标相向而行。①

习近平主席首次提出的这一总体国家安全观，我们可以从以下三个方面解读其内涵。

首先是在战略层面上内外结合、家国一体、平战统合的国家安全战略框架。一是内外结合的安全观。在重视内部安全的同时重视外部安全，以外观内、以内察外，内外安全同时并举、交互倚重。其中，内部安全就是对内求发展、求变革、求稳定，建设平安中国；外部安全就是对外求和平、求合作、求共赢，用中国方案建设和谐世界。二是家国一体的安全观。在重视国土安全的同时重视以民为本、以家齐国，家国安全同时并捍、交融凝重。其中，家安全，就是以国民安全为目标；国安全，就是以国家安全为手段。三是平战统合的安全观。在重视传统安全的同时重视非传统安全，以战争能打赢、灾害能战胜的实战实力，同时并训、军民融合。

其次是战役层面上政治统领、军民一体、跨域协合的国家安全体系格局。习近平主席首次提出构建集政治安全、国土安全、军事安全、经济安全、文化安全、社会安全、科技安全、信息安全、生态安全、资源安全、核安全等于一体的国家安全体系。

---

① 习近平：《坚持总体国家安全观 走中国特色国家安全道路》，人民网，人民日报，中国共产党新闻网转载（http：//cpc.people.com.cn/n/2014/0416/c64094-24900492.html），2014年4月16日07：22。

最后是战术层面上安全为纲、发展为目，富国强兵、强兵卫国的发展求安全，备战求和平的国家安全战术目标。既重视发展问题，又重视安全问题，发展是安全的基础，安全是发展的条件，富国才能强兵，强兵才能卫国；既重视中国自身安全，又重视国际共同安全，打造命运共同体，推动各方朝着互利互惠、共同安全的目标相向而行。

习近平主席首创的这一总体国家安全观，在战略、战役和战术的宏观、中观及微观三个层面上，全面系统整体，全局顶层统筹，把国内安全和国际安全、国土安全和国民安全、传统安全和非传统安全、领域安全和行业安全首次体系化、集成化、交互化、融合化、一体化，提供了中国国家安全委员会的组织建制上的精确依据、中国国家安全文化建设上的民族特色、大国国家安全发展上的中国方案。充分体现出大国领袖对中国恢宏历史积淀的洞察、对复杂现实挑战的责任担当、对纵横战略机遇的智慧把握。习近平主席的这一总体国家安全观，是习近平新时代中国特色社会主义思想的核心组成部分，较之前的其他国家安全观相比有着标本两面上的迥然不同，真正具备了最为鲜明的总体性、系统性、体系性、完整性、层次性、前瞻性、战略战役战术结合性、行业领域部门协同性，一举突破创新，全面完善和系统健全了中国国家安全的战略框架、体系格局、战术目标，突出强调要准确把握国家安全形势变化新特点新趋势，以总体国家安全观为引领，走出一条中国国家安全的特色道路。

在"十二五"（2011—2015）后期的2014年和"十三五"（2016—2020）开局之前，习近平主席创立并提出的总体国家安全观，具有重大而深刻的时代需求和现实迈向未来的前瞻远见。因为2014年前后，正当我国国家安全内涵和外延比历史上任何时候都要前所未有的丰富，时空领域比历史上任何时候都要宽广，内外因素比历史上任何时候都要复杂，中国现在比以往任何时候都更加需要一个完整系统的总体的国家安全观，只有一个有中国特色的总体国家安全观才能引领中国安全地富起来、强起来。在这样的重大而敏感的历史关口和全新时代，习近平主席审时度势、高屋建瓴、高瞻远瞩地创建了中国总体国家安全观，气势磅礴、气贯长虹地将中国国家的外部安全与内部安全、国土安全与国民安全、传统安全与非传统安全智慧辩证统一、综合统领全局、整体战略把控，洞若观火地透视明判了发展中的安全问题与安全里的发展问题、中国自身安全问题与全球共同安全问题之间的超复杂巨系统的非系统性、非线性、非常规性所具有的超强模糊性和新不确定性及预期外复杂动态性，以卓越的政治雄略和伟岸的大国风骨，构建集政治安全、国土安全、军事安全、经济安全、文化安全、社会安全、科技安全、信息安全、生态安全、资源安全、核安全等于一体的国家安全体系。习近平主席的中国国家总体安全观现在提是恰到好处、正逢其时，乃落一子而成全局，在以前提，基础不够、火候未到；若以后提，则错失战机、巨患无穷。

国安才能国治，治国必先治安。习近平主席的总体国家安全观对国家治理体系和治理能力提出了新时代的新要求。根据这一总体国家安全观，对中国国家治理体系和治理能力的新要求是，国家治理体系和治理能力必须要有针对性地正面直视现在新时代和未来需要面对的新形势和新挑战。一是要围绕国家安全这个核心，去思考和筹划国家治理的体系、去夯实国家治理的能力；二是必须以国家安全治理作为底线路径和前提条件来建设维护和保障国家治理体系；三是在国家治理实践上，在各行业、各领域、各部门的治理体系和治理能力里，全面深刻植入总体国家安全观所对应的各领域安全、各要素安全、各层面安全；四是要时刻以国家安全为红线、为底线、为生命线，统筹国家治理体系和治理能力，以国家安全治理体系和国家安全治理能力引领和拓展国家治理体系和国家治理能力；五是要把国家治理体系和治理能力的试金石按照国家安全的治理体系和治理能力的标准及规范去锻造磨砺。在国家安全的治理体系和治理能力上能够经得起国际风云惊涛骇浪的国家，在国家一般治理体系和一般治理能力上就不成大问题，反之则是至关国家前途命运的要害问题。

在国家安全领域，主要热点问题：一是核安全，二是 AI 安全，三是反恐怖。核安全是传统经典国家安全，是一个国家的最高国家安全，包括核政策、核战略、核危机、核武器、核工程、核技术、核能源、核邻避。AI 安全是重点突破的前沿领域，主要原因：一是人工智能带来的国家安全问题的潜在安全威胁与风险研究，包括网络安全、数据安全和信息安全等支持人工智能、5G 发展的所有相关技术安全；二是 AI 颠覆性技术给国家安全带来的新不确定性及新脆弱性分析；三是 AI 的跨国争夺战和跨域争夺战在军事领域和情报领域给国家安全带来的模糊性及潜在性威胁预研;四是 AI 对未来战争形态变化方向及国家威慑力新增变数的预计影响研判。国际恐怖主义是各国高度关注的问题领域,重点包括:一是恐怖主义的政治化及代理人战争方式的演化,特别是中东局势的恐怖主义化及美国优先的霸权主义新恐怖局势演化;二是中国疆内疆外、线上线下、国内国外恐怖主义动态风险及国家安全战略研究。中国国家安全需在上述三个领域精心、精致、精确、精准布格局、落妙子,以习近平主席总体国家安全观为指南针,打赢攻坚战、打胜隐形战、打好未来战、打亮总体战。

一是高科技战。例如,人工智能、5G 技术等。美国约翰斯·霍普金斯大学的肯特·凯尔德(Kent Calder)教授认为,未来中美在人工智能、5G 两个领域可能产生瞬间的严重冲突,因为这事关国家安全和即时反应能力,它可以影响导弹防御系统,也可能影响工业生产,既可能是商业也可能是军事。这就是所谓的"两用"(Dual Use)技术,中美两国都在这种技术上有快速的发展。高科技领域的竞争会让中美关系紧张,因为这牵扯到一些军事问题。美国可能对中国施压,和中国讨论控制这些武器,甚至是这些技术本身研发的规则,等等。"中国制造 2025"特别突出了两条,第一是进口替代,第二是国家安全,这不仅关乎生产力,也关系到中国的军事技术。[①] 华为晚舟[②]中国高科技的先遣部队,舍我其谁地引蛇出洞火中取栗,美国使出下三烂流氓手段已经恰恰证明其已被中国击中致命要害。中美高科技的阵地大决战里,中国最终将五星红旗插上世界最高科技的主峰。这都是中国国家安全的重大严峻领域。中国要想长期稳步发展,必须确立独立的、成体系的制造业,中国不可能通过对美妥协让步的方式实现这个目标。中国只能通过大规模国家干预的方式实现上述目标,不可能通过经济自由化的方式来实现。这就涉及新全球化与美国继续采用其国内法代替国际法在全球市场经济过程中搞经济霸

[①] 孟维瞻:《无论中国如何改革,美国都不会减轻对华压力》,国政学人【时事评论】,作者主页(https://user.guancha.cn/user/personal-homepage?uid=243464)。

[②] 周子静:《中国对加拿大采取行动了,释放了三个强烈信号!》,澎湃新闻 2018 年 12 月 9 日。

权主义之间的斗争，其背后充斥着中国和美国欧洲西方国家之间意识形态领域里的国家安全冲突，还涉及重大的"一带一路"沿线国家安全与中国国家安全之间的关联关系。而上海是"一带一路"的桥头堡，同时，上海正在打造中国的人工智能技术高地。其间，在总体国家安全观指导之下的高科技战与国家安全风险保卫战的无硝烟战争中，上海在国家安全应急管理及风险管理领域的任务繁重，责任重大。

二是金融战。世界银行前驻华代表黄育川指出，中美贸易战只是表象，真正的问题是美国对中国国际地位上升的恐惧，尤其是对自己失去国际金融霸权地位的担心。美国之所以能肆意对任何国家进行制裁，主要是因为它掌控了金融霸权。北京大学陈平教授指出，现在中国在国际金融领域的影响力越来越大，美国愈加感到不安，不排除武力保卫金融霸权的可能性。很早就有学者指出，美国这样一个庞大的国家，之所以能维持民主制度，也是因为掌握了金融霸权继而剥削其他国家，将国际财富转移到美国。金融霸权如果动摇，美国就无法积聚足够财富，无法弥合国内的分歧，这就是为什么近期美国政治变得越来越"极化"。金融霸权关系到美国的生死，而贸易分歧暂时掩盖了金融矛盾。一旦中国在贸易问题上退让，那么金融矛盾将会立即显示出来。中国早已认清美国的本质，誓将重拳猛烈狠击美国的七寸，那就是美国的金融霸权。中国只需要稳住阵脚、智慧冷静就必能高招连环，同时自力更生、奋发图强。在贸易战的表面胶着持久拉锯消耗美国的同时，狠狠地瞬间闪电战攻击美国的金融霸权，釜底抽薪地扼杀住美国这一最要害生死咽喉。上海是世界经济中心城市，金融中心是上海的腹地，中国的华尔街也正在走向深入的金融改革与开放，经济领域以及金融霸权与反霸权的特殊较量无声展开。中国国家的金融安全在上海有定海神针之效。国家安全在金融安全方面从上海角度而言也是新课题迭出，新风险陡增。

安全是发展的基础，也是巨大的挑战。在日益复杂和快速多变的国内外新形势下，完善国家安全应急管理与风险管理，在国际—国家—城市—街镇—社区各个不同层面上，要筑起基于风险管理的应急体系，尤其是在中观层面上的城市应急治理体系，保障和维护城市公共安全，确保国家和人民的重大核心利益成为总体国家安全观的重要组成部分。总体国家安全观为上海超大城市风险防控指明了方向，提供了遵循。

从 2013 年起，上海常住人口超过 2400 万人，2016 年上海常住人口达 2419.7 万人。超大城市已经或者正在发展成为一个巨大的运行系统，随着人口大量流动、人口产业高度集聚、高层建筑和重要设施高度密集、轨道交通承载量严重超负荷，再加上极端天气引发的自然灾害、技术创新中的不确定性等，许多过去的"城市问题""城市病"已经演变成为"城市风险"。城市风险呈现出突发、区域、叠加、波及等特征，可能会造成许多经济问题、社会问题，潜伏着某种危机的因素，往往是某个单一问题如果防控不当，触发连锁反应，可能就会变成公共安全事故或事件，造成巨大的系统性影响。城市安全形势严峻，安全事故事件时有发生，传统和非传统叠加的风险影响着城市的安全发展。2014 年 12 月 31 日晚发生在外滩的拥挤踩踏事件造成了重大伤亡和严重后果，给上海安全发展带来了负面影响。

二 上善若水中国梦（城市建设规划，上海特色）

"中国梦"是党和国家的发展战略、是中国人民的梦想、是中华民族树立的志向，"中国梦"就是中华民族的伟大复兴梦。

2016 年，上海进入全面建成小康社会决战决胜阶段的关键时期，在"十三五"规划中，上海要发展成为世界性的全球城市。全球城市，是在信息化、网络化支撑的深度全球化背景下，在全球网络系统中，在全球经济、政治、文化、社会及科技等领域，具有很强的资源集聚力、创新辐射力、战略领导力和优势竞争力的城市。从经济来看，归纳起来就是一句话——"四个中心"和现代化国际大都市。"四个中心"是国际经济中心、金融中心、贸易中心、航运中心。上海要建成"四个中心"和社会主义现代化国际大都市，形成具有全球影响力的科技创新中心，开启谱写中华民族伟大复兴中国梦的上海篇章。

中国梦的上海篇章在 2018 年公布的《上海市城市总体规划（2017—2035）》（以下简称《规划》）中有所体现，规划提出"到 2035 年，将上海基本建成卓越的全球城市，令人向往的创新之城、人文之城、生态之城，具有世界影响力的社会主义现代化国际大都市"。

至 2035 年，上海 GDP 将上升为全球第五位，仅次于纽约、东京、伦敦、洛杉矶；严格控制人口，常住人口控制在 2500 万人左右；2035 年前上海将建成强大的轨交系统，更加高效的轨交网络，强化便捷高效的综合交通支撑，形成城际线、市区线、局域线，"三个1000公里"的轨道交通网络，基本实现10万人以上新市镇轨道交通站点全覆盖；未来，以上海人民广场为圆心，100公里为半径，包括太仓、昆山、苏州、嘉兴、平湖、嘉善等，都将与上海形成紧密协作圈。更开放的国际枢纽门户，建设浦东枢纽、虹桥枢纽、洋山深水港区国际级枢纽；优化高等教育设施功能布局，确保每个新城、城市副中心至少有一所大学；打造高品质国际化的健康休闲、医疗服务和医学科创中心，每个新城至少有一处三甲综合医院。加快建立多主体供给、多渠道保障、租购并举的住房制度，多渠道增加租赁性住房比重，至2035年，政府及机构持有的租赁性住房比重约8%—10%，提供人才公寓、国际化社区、适老性住宅等；社区服务打造15分钟生活圈，覆盖率将达到99%左右；上海全市的森林覆盖率将达到23%左右，人均公园绿地面积达到13平方米以上；2035年上海将建成有国际影响力的文化创意产业中心；构建上海大都市圈，打造具有全球影响力的世界级城市群。

以城市梦承载中国梦，安全是发展的保障。《上海市城市总体规划（2017—2035）》强调"要形成稳定高效的综合防灾能力。不断提高城市各类能源供给的安全保障度，加强区域水资源合作，保障供水安全，加强防汛工程建设，提高供应系统抗风险能力。保障城市生命线和信息通信安全运行，强化防灾减灾空间保障体系建设，健全区域协调、城乡统筹的综合防灾和应急救援机制，发挥地区综合防灾中心的作用。至2035年，应急避难场所人均避难面积达到2.0平方米以上"。[①]

国际国内形势发生深刻变化，超大型城市应急治理面临的各种矛盾问题非常突出，各种挑战斗争非常严峻。城市治理得好，国家才好。中国需要以城市韧性提升城市软实力，以上海韧性应急来标识国际全球城市治理的特色，精细化和国际化特大型城市的应急治理。

三 反恐反腐反病毒（城市人口规模，上海特色）

2011—2016年，曾经人口流入最多的北京、上海、天津的流入人口

---

① 上海市人民政府：《上海市城市总体规划（2017—2035）》，2018年1月发布。

在逐年减少，2017年同步转为负增长，人口流动大势可以说在2017年迎来转折。①

2017年上海市常住人口总量略有减少。2017年年末全市常住人口为2418.33万人，比上年末减少1.37万人。从2013—2017年上海市常住人口变动整体上看，上海市人口处于波动状态。其中，户籍常住人口1445.65万人，外来常住人口972.68万人。全年常住人口出生19.70万人，出生率为8.1‰；死亡12.90万人，死亡率为5.3‰；常住人口自然增长率为2.8‰。全年户籍常住人口出生11.20万人，出生率为7.8‰；死亡12.15万人，死亡率为8.4‰；户籍常住人口自然增长率为-0.6‰。2017年60周岁及以上人口24090万人，占比17.3%。65周岁及以上人口15831万人，占比11.4%。上海是我国最早进入老龄化社会的城市，也是我国老龄化程度最高的大型城市。2017年，上海老龄化率达到14.3%。②

人口是一把双刃剑，它既是城市的资源，城市的活力和动力，同时又是消耗城市资源的主体，"12·31"外滩拥挤踩踏事件暴露出上海的城市安全工作存在重大疏漏、重大隐患，对大人流集聚等安全风险缺乏应有认知。对大型活动场所的高密度大客流做到更加精细化管理，目前已经在越来越广泛地利用人脸围栏、视频监控等技术手段和大数据支撑及分析来进行监控，对预警情况及时快速反应。③

上海，作为一个国际化特大型城市，在风险社会中面临着恐怖主义、极端主义犯罪的威胁。近年来，国内反恐形势日趋严峻，尤其是以"东突"为代表的暴力恐怖势力在新疆和内地制造了多起暴恐案件，对国家安全、城市安全和公共安全造成了严重的负面影响。从"10·28"金水桥事件，到昆明"3·1"暴恐事件，暴力恐怖案件呈现出从边疆向内地蔓延的趋势。近期在沈阳、石家庄、温州等城市连续破获几起暴恐分子

---

① CIA：《中国人口大迁移，在2017年已发生根本性转折》，搜狐网（http://www.sohu.com/a/228603532_313480）。

② 上海市统计局：《2017年上海市国民经济和社会发展统计公报》，上海统计网（http://www.stats-sh.gov.cn/html/sjfb/201803/1001690.html），2018年3月8日。

③ 缪琦：《12·31事件背后隐忧：上海城市公共安全管理压着哪些大山》，《第一财经日报》2015年1月27日17：05：00。

的破坏活动，说明今后内地城市面临的恐怖袭击风险正在增大。同时，从全球范围看，国际恐怖活动呈现频率反弹、地域扩大的总体趋势。"伊斯兰国"2014年以来异军突起，参与其中的"东突"恐怖分子的回流给国内安全带来严峻挑战。尽管目前为止，中东地区原存的大规模ISIS几乎被消灭，但是国际恐怖主义的意识形态阴魂未散，残余势力随时有可能死灰复燃、卷土重来。随着未来中国"一带一路"构想的逐步推进、拓展和落地，我们应高度警惕和防范沿途处于"不稳定之弧"国家的"输入型"恐怖活动对中国国家安全及国内安全带来的潜在威胁。

上海合作组织成为最重要的工作机构，中国依托上海作为"一带一路"的桥头堡，正展开以反恐怖为核心的"一带一路"反恐怖安全风险的综合防范与持久防御工作。研究如何建构行之有效的全民防恐反恐防范机制，建立健全基层社会恐怖风险防控体系；有效防范恐怖主义分子向上海的渗透渠道及方式；如何防止恐怖主义在人流密集场所制造恶性案件等课题已迫在眉睫。如何对广大普通市民进行防恐防暴训练，提高他们的自我应变能力及自救他救能力；如何引导舆论加大反恐常识的宣传力度，普及必要的反恐知识，增强民众自救处理突发事件的能力；如何防范极端主义者将个人的怨气不满向无辜群众发泄；如何协调、安排公安、武警等武装力量的日常巡逻和战备警戒，随时保卫人民群众的人身和财产安全等必须提上日程，刻不容缓。①

突发事件的国际溢出效应凸显。随着全球一体化进程的加快，各国之间的政治经济活动和民间往来更加密切、人员流动更加频繁，特别是一些非常规重大突发事件的影响早已跨越国界，需要各国通力合作、协同应对。一方面，国际输入型、波及型突发事件对我国国家安全和公民安全的影响不容小觑。例如，抗击甲型H1N1流感病毒、埃博拉病毒、韩国MERS疫情等，国家层面均提前做好防控，避免了疫情传入和扩大化。再如，日本福岛核电站事故给我国和周边地区都带来了一定程度的威胁，东亚各国纷纷进行海洋环境污染监测，严阵以待，我国还全面加强了对在运行核电设施的安全监管，并暂停了核电项目的审批。另一方面，随

---

① 《保障城市公共安全　反恐法律问题研究会议在沪召开》，人民网，上海频道（http://sh.people.com.cn/n/2015/1217/c134768-27338943.html），2015年12月17日10：03。

着我国"走出去"战略的进一步落实,很多中资企业和国内公众在国外的各类活动越来越受到各类突发事件的影响。如何确保国有资产安全和国民人身安全,成为当前和今后一段时间内涉外型突发事件应对处置中的首要考虑因素。近年来针对利比亚撤侨、也门撤侨、马航客机MH370失联等事件的处置,都凸显出"国外出事,国内应急"的重要性。①

某些自然灾害、突发事件、紧急事故等发生在上海这样一个人口密度大、设施集中又错综复杂的国际超大城市里,会衍生、叠加出新的后果。有些问题还会通过社会机制放大,形成更大规模。在治安、消防、生产、交通、网络、食品、电梯、寄递等重点领域,如何保障其有序运行,不发生系统性、全局性的安全风险,创新理念思路和方法,以世界眼光和战略思维加强城市应急管理顶层设计,在推行基层网络化管理、城市精细化管理和充分发挥专家及社会力量作用等方面,上海经历了承办世博会、进博会等超大型国际级国家级盛大活动,已经形成并积累了许多独家的一手宝贵经验。但是,毋庸讳言,上海这类特大型国际城市,其城市现代化程度高,城市脆弱性大,各类风险因素密度高且耦合性强,风险叠加效应复杂,进一步酿成系统性风险的后果也更加严峻。如何落实风险监控和风险预防措施,着力构建全方位、全天候、全系统、全覆盖的现代化国际大都市运行安全保障体系,一直是上海应急治理的核心工作。

经过全市上下合力及长期不懈努力,从数据看,2017年,上海共发生生产安全事故448起、死亡436人,分别比上年下降3.9%和7.2%。这个降点是一个台阶,取得这样的成绩是很不容易的。其中,工矿商贸事故202起、死亡192人,分别下降10.6%和12.3%;生产经营性道路交通事故224起、死亡217人,分别上升4.7%和下降0.9%;生产经营性火灾事故7起、死亡8人,分别下降12.5%和11.1%;水上交通事故11起、死亡13人,分别下降21.4%和13.3%;铁路事故1起、死亡1人,均与上年持平;农业机械事故1起、死亡1人,均下降50%;燃气事故1起、死亡3人;渔业船舶事故1起、死亡1人。全年亿元生产总值生产安全事故死亡人数为0.014人,工矿商贸企业从业人员10万人死亡

---

① 曹海峰:《"十三五"时期我国应急管理工作的重点》,《学习时报》2015年8月10日。

率为1.454/10万，道路交通事故万车死亡率为1.73人/万车。①

腐败也是社会最大的风险。尽管腐败并不被列入城市应急管理和风险管理对象的范畴，但是一个城市的风清气正是这个城市的底色，一个城市决策层与领导层的风骨是这个社会的上梁，整治腐败的新风可以给这个城市带来生机，在广义社会风险的语境里，反腐败的成绩单也是城市风险的一个晴雨表。上海城市应急治理的2013—2018年这个时期，上海反腐败力度持续高压而强势，从2016年上海反腐成绩单可见一斑：32名局级干部、18名处级干部受追责②。据悉，2016年上海各级党组织通报曝光违反中央八项规定精神问题193起，涉及303人。全市共对57个违纪问题、78人实施责任追究，涉及32名局级干部、18名处级干部。

据新闻报道，整个2016年，在中央纪委和市委的坚强领导下，全市各级纪检监察机关深入贯彻习近平总书记系列重要讲话精神，全面落实中央纪委六次全会精神和市委部署，紧紧围绕党章赋予的职责，举起监督执纪问责这个"纲"，坚持正风肃纪不手软，反腐惩恶不放松，反腐败斗争压倒性态势已经形成，党风廉政建设和反腐败斗争取得新进展、新成效。上海市纪委、市监察局新闻发言人称，从数据看，2016年全年，共处置线索7430件，初步核实4655件次，谈话函询1873件次，澄清了结2826件次。依规依纪诫勉谈话260人，给予纪律轻处分1223人，给予纪律严重处分798人，严重违纪涉嫌违法移送司法机关的90人。让"红红脸、出出汗"成为常态，坚持纪在法前、纪严于法。对苗头性、一般性问题抓早抓小，按5类标准对反映问题线索分类处置，市纪委共对202名市管干部开展了谈话函询。及时处理党员干部的"破纪"行为，制定出台《市纪委机关关于违纪案件适用简易程序的意见（试行）》，推动严查快办。

上海的特色做法是加强反腐败组织协调，专门制定了关于上海市在查办党员和国家工作人员涉嫌违纪违法犯罪案件中加强协作配合的实施意见，全面细化纪检监察、审判、检察、公安机关相互协作配合机制。

---

① 上海市统计局：《2017年上海市国民经济和社会发展统计公报》，2018年3月8日。
② 陈琼珂：《2016年上海反腐成绩单出炉：32名局级干部、18名处级干部受追责》，《上观新闻》2017年1月23日。

严肃查处了市经信委原主任李耀新，上海公安高等专科学校原党委书记、常务副校长郑万新，东华大学原副校长江建明，上海仲裁委员会原副主任、秘书长汪康武，上海物资贸易股份有限公司原总经理成冠俊等严重违纪违法问题。积极开展"天网行动"，完善追逃追赃工作协调机制，全年共追回外逃人员148名，其中国家工作人员3名，"红通"人员2名。

社会风险来自基层政治，而社会民心向背是最大的政治。近年来，中央抓住重要节点，坚决纠正"四风"，收效明显，得到了人民群众的广泛拥护。2016年上海市纪检监察机关在驰而不息纠正"四风"、推动中央八项规定精神落地生根方面，采取了相应的有力措施，使作风建设永远在路上成为一种工作机制。2016年，全市各级纪检监察机关抓住元旦、春节、"五一"、中秋、国庆等重要节点，一个节点一个节点坚守，一个问题一个问题解决，狠刹公款吃喝、公款旅游、公款送礼等不正之风。将违反中央八项规定精神的行为列入执纪审查重点，严查隐形变异"四风"问题。全市共受理违反中央八项规定精神问题的信访举报件1358件次，办结892件次；共查处问题327个，处理相关责任人545人，其中给予党纪政纪处分428人，分别同比上升51%、33%和91%。同时，加大对全社会的通报曝光力度，全年上海各级党组织通报曝光违反中央八项规定精神问题193起，涉及303人。其中，市纪委通报曝光64起，涉及105人。组织协调有关职能部门在全市开展联合督导，加强对下级办理问题线索的审核把关和督促指导。

上海在中央精神指引下，继续深化纪律检查体制改革。巡视是党内监督的重要方式，新修订的《巡视工作条例》也已正式实施。上海市充分发挥政治巡视的尖兵和利剑作用，市委高度重视巡视工作，全局部署、集中统一安排，认真贯彻中央巡视工作方针，制定《中共上海市委贯彻〈中国共产党巡视工作条例〉的实施办法》，把坚持党的领导、全面从严治党作为深化政治巡视的核心任务，及时调整巡视节奏和工作重点。通过常规巡视、专项巡视和合并巡视的方式，全年共分3批对119家单位开展巡视，共发现问题1137个，向被巡视单位提出建议372条，向市有关部门提出建议115条，形成专题报告84份，本届市委巡视工作全覆盖目标顺利完成。

成果运用是保障巡视生命力的关键因素。上海建立了巡视整改工作责任制,将巡视整改成效列入被巡视党组织主要负责人和班子的绩效考核内容。组织开展巡视"回头看",建立巡视问题清单、问题线索移交督办台账等制度,确保条条要整改、件件有着落。2016年,通过巡视整改,共立案处理144人,组织处理4217人次,退出各类钱物合计7614万余元。

全面从严治党向基层延伸。社会层面,群众对发生在自己身边的不正之风和腐败问题感受最深最直接,这些问题严重啃噬了广大群众的获得感,增加了对党和政府不信任的社会风险及社会不稳定风险。上海市采取有力举措维护群众切身利益。主要是通过推动全面从严治党向基层延伸,把压力传导到街道乡镇、责任压到基层。重点查处和纠正集体"三资"管理、土地征收和惠农等领域强占掠夺、贪污挪用等问题。严肃查处为群众办事中的吃拿卡要,甚至欺压群众的违纪行为。各级纪检监察机关严肃查处了一批失职渎职、玩忽职守、滥用职权、失察失管等严重违纪案件,对相关责任人作出党政纪处分和问责处理,并进行通报。2015年全市共处分科级及以下干部1741人。同时,特别重点专门地加强涉及城市运行安全、生产安全、食品安全等事故事件的责任追究工作,对发生在宝山工业园区的"11·13"较大爆炸事故、发生在杨浦区的"7·19"生产安全事故等开展问责调查,对失职渎职、监管缺失的单位和部门领导严肃问责。推动解决生态环境保护、食品药品安全监管、民生资金监管等领域的突出问题。

习近平总书记多次强调,党风廉政建设和反腐败斗争形势依然严峻复杂,要着力构建不敢腐、不能腐、不想腐的体制机制。上海市纪检监察组织作为监督执纪的专责机关,在工作方式创新方面做了有力工作,坚持标本兼治,发挥执纪审查和巡视的治本作用,在强化不敢腐氛围的同时,加强问题剖析,推动堵塞漏洞、建章立制,倒逼责任落实,着力筑牢不能腐的制度防线;立足教育,加强正面引导,着力筑牢广大党员干部不想腐的思想道德防线。具体举措很多、很到位,也很管用,例如,针对财政资金管理不规范,特别是现金支付管控不严等情况,督促完善公务卡制度。针对一些行业协会政会不分、管办一体、治理结构不健全、监督管理不到位等问题,督促推动行业协会商会与行政机关脱钩。针对土地征收和储备土地临时利用管理不规范的问题,牵头开展专项调查并向市委报告，督促在全市范围内开展专项整治，建立健全长效机制。

在 2017 年又出台了更多全新的有力措施。集中体现打铁还需自身硬，坚持把建设一支忠诚、干净、担当的纪检监察队伍作为自身建设的永恒主题，强化责任担当，严格教育管理监督，以铁的纪律建设过硬队伍，实现思想观念、体制机制、管理监督、方式方法和工作作风的与时俱进。在严防"灯下黑"上，发挥干部监督机构作用，加强对重点岗位和关键环节的监督，从严监督管理纪检监察干部，对违纪问题发现一起、查处一起，对纪检监察机关在履职过程中监督不力、执纪不严等问题严肃问责。

《中国共产党纪律检查机关监督执纪工作规则（试行）》是纪委带头强化自我约束、昭示执纪者有更为严格纪律要求的重大举措。2017 年，上海市精准对照工作规则，认真查找执纪审查工作中存在的突出问题和薄弱环节，制定相关的配套制度和实施办法，把风险防控贯穿到监督执纪全过程，把监督执纪权力关进制度的笼子。加强监督检查，及时纠正违反工作规则的行为。创新组织制度，将执纪监督和执纪审查部门职责分开，使执纪监督、执纪审查、案件审理各环节相互协调、相互制约，全面贯彻党的十八大和党的十八届三中、四中、五中、六中全会精神，深入贯彻习近平总书记系列重要讲话精神，坚决维护以习近平同志为核心的党中央权威，认真落实中央纪委和市委关于党风廉政建设和反腐败工作部署，忠诚履行党章赋予的职责，严肃党内政治生活，加强党内监督，推进标本兼治，强化监督执纪问责，驰而不息纠正"四风"，保持惩治腐败高压态势，维护好党内政治生态，推动全面从严治党向纵深发展，严格执行监督执纪工作规则，践行忠诚干净担当，不断开创上海党风廉政建设和反腐败工作新局面，为上海当好改革开放排头兵、创新发展先行者提供坚强政治保障。

腐败是社会风险的风险源，是社会肌体的精神病毒。作为一个健康的社会肌体，防控肉体上的生理病毒也是城市疾控中心的首要任务及核心工作。新的应急管理部的成立，已经将公共卫生突发事件及公共疫情风险监控统统从城市应急管理的专业应急管理局的职能中分离出去，并入中国质量监督检验检疫局，现如今的城市应急管理局并不管辖公共疫情这类城市风险。上海城市应急所走过的道路，之前的公共疫情风险管理及突发公共卫生事件应急管理,都是重要的组织机制和工作内容。我们这里所重点阐述的反病毒,不是指计算机的网络病毒,而是主要指与公共疫情相关的生理或病理的病毒。反病毒的工作主要集中在发现新型变异病毒方面,这也是提前对可能发生的新型的大规模传染性疫情最早的第一道监控关口。

上海在这一领域的工作也是屡出新绩。2016年12月31日,质检总局境外传染病监测哨点报告1名来自安哥拉的疑似感染黄热病中国籍人员即将回国治疗,质检总局卫生司通报上海局进行入境检疫工作。

一是排除黄热病嫌疑并做好样本采集。上海局接报后,立即启动突发公共卫生事件应急处置预案,2017年1月1日晚,对搭载该旅客的飞机(EK306航班)实施登机检疫,对该旅客及其密切接触者开展流行病学调查和医学排查,并采集样本送去检测;对航班客舱按规定进行卫生处理;因患者症状已明显减轻,并经快速检测排除黄热病感染后予以放行,通过联防机制通报其居住地江苏南通卫生计生部门。

二是立即开展常见虫媒传染病排查检测。上海局卫生检疫中心实验室收到样本后,立即开展常见虫媒传染病排查检测。1月2日黄热病毒、裂谷热病毒、基孔肯雅病毒、登革病毒、疟原虫等多种虫媒病原体检测结果均为阴性。考虑到样本肝功能检测异常,实验室又开展甲肝、乙肝和丙肝病毒检测,结果均为阴性。为进一步查明病因,上海局联合军事医学科学院微生物流行病研究所,运用宏基因组测序技术对样本进行测序,1月7日发现有一段序列与Ekpoma病毒同源性高达96.5%,结合病人流行病学史和临床表现及其治疗转归情况,初步考虑为疑似Ekpoma病毒感染病例。

三是采集病例恢复期血样并通过全基因组测序确认。1月17日上海局在江苏局的协助下前往该旅客居住地,采集了患者恢复期血样。再次联合军事医学科学院实验室采用病人全血样本进行病毒全基因组测序。2月21日得到该病毒全基因组,确认为尼日利亚Ekpoma弹状病毒。

Ekpoma病毒是在2015年西非尼日利亚Ekpoma地区新发现的病毒,全球仅有一次报道,此次在国内属于首次发现。Ekpoma病毒传播媒介为库蠓,而我国又是库蠓种类多、分布区域广的国家,上海市已经建议有关国家和地方有关部门在我国库蠓分布区和其他虫媒传染病流行区开展病毒的主动监测，同时做好进一步变异性和致病性研究，为该病的诊断、治疗和预防打下基础。①

四 智慧城市物联网（国家重大安全，上海情况）

物联网的概念于1999年被正式提出，2008年提出智慧城市理念。智慧城市是一套非常复杂的城市管理系统，它的实质就是通过信息化的手段，将大数据技术与城市管理相结合，主要是以智能化、互联网、协同发展为主要特征，通过已发展的物联网技术将全市各个方面资源的信息进行搜集整理分析，通过智能化的管理系统取代传统的人工研判模式，用更好的服务来保障城市的发展，促进人民生活水平提升。

公共安全与应急管理是智慧城市建设的重要内容。智慧城市建设需要以公众需求为导向，而安全是公众的基本需求。面对智慧城市，建设好公共安全应急管理体系，需要紧密结合智慧城市的优势从战略的高度进行体系设计，从而提出智慧城市背景下的城市公共安全应急管理体系建设的支撑条件和途径。因此，智慧城市物联网技术在国家重大安全和城市应急治理领域有着广阔的应用前景和重大需求。

通过智慧城市建设来促进城市应急管理，使城市的应急指挥系统能够有即时有效的信息共享，各部门统一协作标准化的紧急应对，无论何时何地畅通无阻的通信，简便快捷的处理能力，对事件的预知，预警和预报以及更高效的协同工作能力。我国部分城市也已颁布应急管理建设规划。上海在2011年就推出了《上海市推进智慧城市建设2011—2013年行动计划》，提出城市运行安全的重点专项，计划建成具备多灾种早发现监测、灾害预报预警、预警信息发布等功能的多灾种早期预警系统，做到实时监测、准确预报、及时预警，提高对重大气象灾害及其衍生的突发公共安全事件的应急处置能力。②

安全是公众的基本需求，智慧城市建设需要以公众需求为导向，着

---

① 《上海局检出中国首次全球第二次新型病毒——Ekpoma病毒》，国家质量监督检验检疫总局官网（http://www.aqsiq.gov.cn/），2017年3月6日。
② 刘松柏、生王丹：《公共安全与应急管理应成智慧城市建设重点》，中国经济网，人民网转载（http://politics.people.com.cn/n/2015/0421/c70731-26880280.html?from=singlemessage&isappinstalled=0），2015年4月21日12：53。

重加强公共安全与应急管理体系建设。加快推进智慧城市建设与应急产业发展，是完善国家治理体系、实现城市治理能力现代化的重要举措。智慧应急产业的发展能够有效地保障和改善民生服务、创新社会管理、维护公共安全、提升突发事件应对能力。2014年12月17日，上海发布《上海市推进智慧城市建设行动计划（2014—2016）》专项规划；2016年9月19日，上海市人民政府又印发《上海市推进智慧城市建设"十三五"规划》，强调"深化智慧治理，构筑和谐之城"，"聚焦城市安全与应急处置，完善和提升信息化支撑城市平稳运行和突发事件处置的机制和能力"。①

上海作为我国的经济中心、国家大数据（上海）综合试验区，大数据产业资源丰富，同时，政务数据共享开放也日趋完善，物联网应用布局领先。上海数据交易中心作为上海大数据产业发展"五位一体"布局中的重要功能机构，承担着促进商业数据流通、跨区域机构合作和数据互联、政府数据与商业数据融合应用等工作职能，是大数据流通与交易技术国家工程实验室承担单位，同时承担运营上海大数据应用展示中心、牵头筹备上海大数据应用创新中心，在大数据应用创新领域具有示范地位。②

上海正在加紧建设智慧城市应急预警物联网安全服务公共平台，提高城市应急救援监测预警和应急救援管理指挥水平，提升综合减灾防灾能力。上海市政府提出要运用"互联网+"手段，增加城市安全实施项目内涵，建立应急预警物联网安全服务云平台，并将其推广应用，为保障城市人民生命财产安全服务。该平台把应急产业领域内消防、安防、人防、化工仓储、电气、电梯、智能空调、锅炉等特种设备监控系统的各管各的孤岛现象，以各模块系统集成的方式，对接政府的应急指挥中心、110指挥中心、网格化中心，消防、交通、质监、智慧社区、物业小

---

① 上海市人民政府：《上海市推进智慧城市建设"十三五"规划》（沪府发〔2016〕80号），2016年9月19日。

② 《上海数据交易中心"上海大数据应用创新工程项目——大数据与城市管理（静安区）"被列为国家重大项目，将助力上海智慧城市建设》，搜狐网（http://www.sohu.com/a/216200607_468622），2018年1月12日11：29。

区等连接分享数据。①

城市是一个复杂的社会肌体、一个巨大的运行系统，我们面临着比以往更多、更复杂、影响更大的威胁，应对的是城市痛点问题，城市安全进入了应急治理阶段。围绕应急治理发展战略、构建统一多元应急治理体系、推进智能化治理是这阶段的显著特征。

经济社会的快速发展，特别是城市化的深入推进、大城市的迅速崛起，使得大量灾害事件往往具有连锁性、衍生性和综合性等特征，横向上涉及多个部门，纵向上涉及多个层级，靠某个部门单打独斗不行，靠一个部门临时牵头也不行，因此，统一指挥、综合协调就显得特别重要。2003年的"非典"暴露了我国传统应急治理体系分散化、被动化的短板和不足。自那时起，从国务院到地方各级政府建立了应急办，开始强化对专业条线的统筹协调，特别是对灾害信息的汇总与报送，取得了明显效果，是对我国传统应急管理模式的一次升级和转型。但"应急办"往往设在政府办公厅或办公室，且一般由原来的"值班室"翻牌而成，有的甚至没有固定编制，人员从其他部门抽调，缺乏稳定性和专业性，因此其专司协调统筹的功能也未得到最大限度发挥。针对人民群众对美好、有序、安全生活的需要，应急体制亟须进一步变革和创新。②

国家层面，2015年国务院发布《国家突发公共事件总体应急预案》；2017年年初，《中共中央国务院关于推进防灾减灾救灾体制机制改革的意见》对外公布。该意见明确提出要"坚持以防为主、防抗救相结合，坚持常态减灾和非常态救灾相统一，努力实现从注重灾后救助向注重灾前预防转变，从应对单一灾种向综合减灾转变"；2017年7月发布《国家突发事件应急体系建设"十三五"规划》；2018年3月，伴随机构改革，应急管理部成立，将分散在13个部门的应急管理相关职能进行整合，统一管理。应急管理部的成立也意味着中国特色应急管理体制正式组成。汶川地震后，中国正从应灾走向防减救全过程、安全与发展有机融合的

---

① 《上海将建应急预警物联网安全服务公共平台》，搜狐网（http://www.sohu.com/a/41511632_310384），2015年11月13日10：20。

② 容志：《从"应急办"到"应急管理部"，折射出治理理念怎样的变化？》，上观新闻，上观网（https://www.shobserver.com/news/detail?id=83323），2018年3月21日06：41。

模式。

作为国际超大城市的上海,创新理念思路和方法,以世界眼光和战略思维加强城市应急管理顶层设计,在推行基层网格化管理、城市精细化管理和充分发挥专家及社会力量作用等方面下功夫;着力构建全天候、系统性、现代化的城市运行安全保障体系。[①]上海市发布的《上海市突发事件应急体系建设"十三五"规划》,明确了"十三五"期间应急管理工作的总体目标、工作原则、主要工作和80项具体任务,并明确责任单位,为"十三五"期间上海市应急管理体系建设发展提供指引。在此基础上,积极推进应急体系建设,抓好重点工作落实:一是持续推进风险隐患排查报备;二是推进镇街基层应急管理"六有"建设(有班子、有机制、有预案、有队伍、有物资、有演练);三是加强市级应急预案管理,强化预案激活机制;四是深化市应急平台建设,优化应急平台功能应用。2018年是全面贯彻落实党的十九大精神的重要一年,为适应新时代、新要求,上海市着眼早筹划、早安排,对新年度的应急管理工作进行了研究筹划,重点是进一步加强以下工作:一是进一步完善应急管理工作体系;二是积极推进"互联网+应急管理"建设;三是不断强化各项应急准备;四是针对薄弱环节加强工作调研;五是深入开展应急管理科普宣教;六是加强应急值守建设与管理。[②]

第二节 凤凰涅槃谱新章

【应急事件与典型案例】

在上海应急治理四十年的转型与升级期(2013—2018年)、应急治理SEMS2.0+版本时代,也就是最近的五年里,上海的应急治理取得了转型和升级的新成就,正处于关键的变革时代。上海作为中国改革开放的最前沿、中国改革开放的排头兵、中国改革开放的先行先试的试验

[①] 《应急管理部在上海市调研城市应急管理》,搜狐网(http://www.sohu.com/a/246662268_772212),2018年8月12日。

[②] 《上海市强化应急管理工作 守牢城市安全底线》,佛山市南海区人民政府网(http://www.nanhai.gov.cn/cms/html/8661/2018/20180814143259198494005/20180814143259198494005_1.html),2018年8月14日。

区，在城市安全和生产安全、城市综合应急管理、城市灾害管理、突发事件应急管理、社会安全稳定风险管理领域里的管理都进行了精细化管理的系统工程。在城市发展的诸多挑战面前，上海基于海派文化的博大精深、有容乃大、海纳百川、上善若水，进入新的高科技时代的城市安全智能化升级、数字化精控、物联化协同、海绵式学习的上海新时代，上海城市安全的精细化和智能化走在全国前列，对标国际标准，创造中国经验。在经历了上海人内心深处永远无法抹去的外滩夜跨年踩踏（2014年12月31日）事件，黄浦江再次重演了与1987年十六铺码头踩踏高度相似的事件，天上还险些出了百年未遇的空中惨祸之东航两机险相撞（2016年10月17日），上海最妩媚最上海的记忆标志之外白渡桥遭封闭（2017年11月27日），而一般多发的常见交通事故之中环高架车追尾（2018年5月9日）也不得不列入典型案例。上海严防死守防御台风"安比"正面登陆上海，上海提前转移19万余人，宣布停课、闭园、关机场、关高速、停运部分路段的高铁。上海凤凰涅槃般长舞一曲，谱写了江南水墨丹青的抗击天灾人祸之后成长起来的日臻成熟的国际大都市淡定应急画卷。

一 外滩夜跨年踩踏（2014年12月31日）

2014年12月31日23时35分，在群众自发进行的迎新年活动中，上海市黄浦区外滩陈毅广场东南角通往黄浦江观景平台的人行通道阶梯处发生拥挤踩踏，造成36人死亡、49人受伤。

踩踏事件发生后，党中央、国务院高度重视，习近平总书记、李克强总理等中央领导同志分别作出重要批示，要求上海市全力以赴救治伤员，做好各项善后工作，抓紧调查事件原因，深刻吸取事件教训，及时准确向社会发布信息。中共中央政治局常委、国务院总理李克强也就伤员救治和加强安全管理作出批示，要求千方百计减少因伤死亡，精心安抚家属，各有关部门要督促各地切实做好节日期间人员密集场所的安全管理，落实各项防范保障措施，严防重特大事件发生，确保人民群众生命安全和社会稳定。市委书记韩正、市长杨雄对事件调查工作高度重视，要求彻查原因，严肃问责，举一反三，深刻吸取教训。依据《突发事件应对法》和《实施办法》等有关法律法规，上海市迅速成立了市政府联合调查组，先后组织100多人开展调查，市委常委、常务副市长屠光绍任组长，副市长周波任副组长，市政府相关副秘书长和市监察局、市安全监管局、市公安局纪委、市应急办、市政府法制办、市卫生计生委、市旅游局等部门相关负责同志为成员，联合调查组邀请了国家和本市应急管理、公共安全管理、法律等方面的专家为事件调查进行分析论证。

"为了弄清事实，调查组专门查看了外滩区域36个监控探头拍摄的累计70个小时的视频录像。"调查组成员熊新光介绍，参与调查的人员前后超过100人，组内有38人脱产参与调查，查阅了195份政策、法规、会议纪要等相关资料，对51名有关部门领导进行谈话；通过现场勘验、调查取证，问询了96名当时在现场的人员，包括家属、游客、现场执行民警、工作人员等，确保在事实基础上进行客观分析。

（一）事件发生和应急处置及救援情况

2014年12月31日22时37分，外滩陈毅广场东南角北侧人行通道阶梯处的单向通行警戒带被冲破以后，现场执勤民警竭力维持秩序，仍有大量市民游客逆行涌上观景平台。23时23—33分，上下人流不断对冲后在阶梯中间形成僵持，继而形成"浪涌"。23时35分，僵持人流向下的压力陡增，造成阶梯底部有人失衡跌倒，继而引发多人摔倒、叠压，致使拥挤踩踏事件发生。

23时35分拥挤踩踏事件发生后，在现场维持秩序的民警试图与市民游客一起将邻近的摔倒人员拉出，但因跌倒人员仍被上方的人流积压，多次尝试均未成功。此后，阶梯处多位市民游客在他人帮助下翻越扶手，阶梯上方人流在民警和热心市民游客指挥下开始后退，上方人员密度逐步减小，民警和市民游客开始将被拥挤踩踏的人员移至平地进行抢救。许多市民游客自发用身体围成人墙，辟出一条宽约三米的救护通道。现场市民游客中的医生、护士都自发加入了抢救工作，对有生命体征的受伤人员进行紧急抢救。

23时41分22秒起，上海市"120"医疗急救中心陆续接到急救电话。23时49分起，先后有19辆救护车抵达陈毅广场，第一时间开展现场救治和伤员转运。上海市公安局及黄浦公安分局迅速开辟应急通道，调集警用、公交及其他社会车辆，将受伤市民游客就近送至瑞金医院、长征医院、上海市第一人民医院和黄浦区中心医院抢救。同时，迅速组织力量千方百计收集伤亡人员信息，及时联系伤亡人员所在单位和家属。

事件发生后，市委、市政府主要领导迅速赶赴现场指挥应急处置工作，并分别赶往医院看望慰问受伤人员和伤亡人员家属。同时，连夜召开紧急会议，决定成立医疗救治、善后处置等专项工作组和联合调查组，各组当即开展工作。调动全市优质医疗资源全力以赴救治伤员，在专家会诊评估的基础上，按照"一人一方案、一人一专家"的要求，逐一明确医疗方案，尽一切可能挽救生命。截至1月20日，49名伤者中已有46人经诊治后出院（包括13名重伤员中的11人），3名伤员（2名重伤、1名轻伤）仍在院治疗。通过多种途径尽快确认伤亡人员身份，及时向社会公布遇难者名单，并对出院伤者进行随访。指派专人全力做好伤亡人员家属的接待、安抚工作，组织专业人士对受伤人员和伤亡人员家属进行心理疏导。通过组织集体采访、书面发布、"上海发布"政务微博及微信等形式，及时向媒体和社会发布相关信息。1月1日上午，市委、市政府召开全市党政负责干部紧急会议，全面部署各项善后工作和全市面上安全防范工作，并在会议开始前向遇难者表示深切哀悼。1月4日，市领导分别参加市十四届人大三次会议各代表团会前组团活动和市政协十二届三十八次主席会议，会前全体与会人员肃立默哀，向遇难者表示深切哀悼。1月7日，市委、市政府召开全市安全工作会议，要求全面开展各类安全隐患排摸，针对薄弱环和短板，一个一个认真梳理，一件一件细致解决，切实做好人员密集场所的安全管理工作。

（二）事件原因、性质和经验教训

对事发当晚外滩风景区特别是陈毅广场人员聚集的情况，黄浦区政府和相关部门领导思想麻痹，严重缺乏公共安全风险防范意识，对重点公共场所可能存在的大量人员聚集风险未作评估，预防和应对准备严重缺失，事发当晚预警不力、应对措施不当，是这起拥挤踩踏事件发生的主要原因。

1. 对新年倒计时活动变更风险未作评估

大量市民游客认为外滩风景区仍会举办新年倒计时活动，南京路商业街和黄浦江对岸的上海中心、东方明珠等举办的相关活动吸引了部分市民游客专门至此观看。黄浦区政府在新年倒计时活动变更时，未对可能的人员聚集安全风险予以高度重视，没有进行评估，缺乏应有认知，导致判断失误。

2. 新年倒计时活动变更信息宣传严重不到位

自2012年元旦跨年启动以来，外滩灯光秀一直是上海跨年的一个招牌活动，外滩风景区也是国内外游客来上海的"首选之地"。2014年11月，鉴于在安全等方面存在一定不可控因素，黄浦区政府向上海市政府请示，新年倒计时活动暂停在外滩风景区举行；12月9日决定在外滩源举行，活动现场观众控制在3000人左右。

2015年1月21日，上海市发布的"12·31"外滩拥挤踩踏事件调查报告指出，直至12月30日，新年倒计时活动变更后，主办单位黄浦区旅游局才对外正式发布了新年倒计时活动调整信息，对"外滩"与"外滩源"的区别没有特别提醒和广泛宣传，信息公告不及时、不到位、不充分。

"地址变更的宣传报道、与公众的沟通很不够，即使是土生土长的上海人，对外滩和外滩源的区别也不甚了解，导致现场人流量并没有因活动的取消而减少。"调查组邀请的专家组成员、国务院原参事、国家安监局原副局长闪淳昌说，在风险评估、风险管理、风险沟通上都存在问题。

调查报告认为，"作为历年新年倒计时活动以及2015年新年倒计时活动的承办方，黄浦区旅游局对活动场所变更风险未充分评估，变更信息向社会公众告知不充分，负有管理责任"。

3. 缺乏"事前预防"意识，预防准备严重缺失，没有专门风险评估

正是由于外滩灯光秀的取消，当晚相关活动安保的级别也因此下降至区级管理：没有采取封站和封路等较高级别流量控制手段，没有安排与2014年跨年夜相当的警力，没有启动大规模的志愿者服务。

黄浦公安分局仅会同黄浦区等有关部门，对外滩风景区及南京路沿线布置了350名民警、108名城市管理和辅助人员、100名武警，安保人员配置严重不足。

虽然后期也增调警力，但截至当日23时30分，黄浦公安分局在外滩风景区、南京路沿线布置警力只有510名，其中陈毅广场80名（阶梯处13名），南京路沿线150名。

黄浦公安分局在编制的新年倒计时活动安全保卫工作方案中，仅对外滩源新年倒计时活动进行了安全评估，未对外滩风景区安全风险进行专门评估。"外滩历来都是进行灯光秀和举行跨年活动的主要场所之一，即使没有组织的活动，那里的风险也应该进行评估。"闪淳昌说。然而上海黄浦公安机关未对外滩风景区安全风险进行专门评估。而且与往年相比，警力配备悬殊，这正是思想麻痹的体现。

4. 对监测人员流量变化情况未及时研判、预警，未发布提示信息

数据显示，截至事发当日 20—21 时，外滩风景区的人员流量约 12 万人，21—22 时约 16 万人，22—23 时约 24 万人，23 时至事件发生时约 31 万人，外滩风景区人员流量一直处于进多出少、持续上升的趋势。

然而，对于人流量的上升，上海公安黄浦分局却未及时研判、预警，未发布提示信息。当日 21 时 39 分，黄浦公安分局指挥中心指挥员致电外滩分指挥部，得知当时外滩风景区和南京路步行街人员流量为"六七成"（民警凭经验对人员密集程度的判断），但电台和电话记录未显示上报上海市公安局指挥中心，直至 22 时 45 分，黄浦公安分局上报，说外滩风景区观景平台人员流量为"五六成"。

5. 应对处置不当

上海公安黄浦分局负有直接管理责任，针对事发当晚持续增加的人员流量，在现场现有警力配备明显不足的情况下，黄浦公安分局只对警力部署作了部分调整，没有采取其他有效措施，黄浦公安分局指挥中心未严格落实上海市公安局指挥中心每半小时上报人员流量监测情况的工作要求，未向上海市公安局提出增援需求，也未及时向黄浦区委、区政府总值班室报告，以发布预警，控制事态发展。对各时段人员流量快速递增的变动情况未及时采取有效措施；对上海市公安局多次提醒的形势研判要求未作响应。

6. 失职的"守夜人"：黄浦区委书记、区长等 11 人被建议处理

跨年夜 23 时 35 分，外滩观景平台上的僵持人流发生对冲，继而引发多人摔倒、叠压，致使拥挤踩踏发生。对于这一导致 36 人死亡、49 人受伤的惨痛事件，谁该负责？

变更信息宣传严重不到位、预防准备严重缺失、研判预警不及时、应对处置失当，即使是一起群众性活动，公安、旅游等部门也都难辞其

咎。调查报告建议，对 11 名责任人进行处理。

调查报告指出，黄浦区副区长、黄浦公安分局党委书记、局长周正对事件发生负有主要领导责任，建议给予撤销党内职务、行政撤职处分。

黄浦区区委常委、分管旅游工作的副区长吴成，黄浦公安分局党委委员、局长助理兼指挥处处长陈荣霖等人，对事件发生负有重要领导责任，分别被建议给予党内严重警告、行政降级处分或行政记过处分等处理。

维护人民群众生命财产安全和城市运行安全，是政府法定的职责和应尽的义务。即使是没有组织活动，作为守夜人，当地政府也必须对安全进行"全方位负责"。笔者梳理了 2014 年十余起特大安全事故发现，300 余名地方官员被追责，其中正局级及以上 4 人。

此次事件中，调查报告建议，给予上海市市委委员、黄浦区区委书记周伟，黄浦区区委副书记、区长彭崧撤职处分。

闪淳昌认为，"对区委书记这样的地方一把手严厉问责，就是因为他身为党委领导统筹考虑不到位。政府作为主导公共场所安全的守夜人，有着不可推卸的责任"。

7. 事件性质

这是一起对群众性活动预防准备不足、现场管理不力、应对处置不当而引发的拥挤踩踏并造成重大伤亡和严重后果的公共安全责任事件。

（三）整改建议（城市之殇：把踩倒的公共安全扶起来①）

城市的规模越庞大，功能越复杂，它可能出现问题的地方越多，潜在的危机越大。这起公共安全责任事件，后果极其严重，社会影响极其恶劣，教训极其深刻，必须时刻牢记，维护人民群众生命财产安全和城市运行安全，是政府法定的职责和应尽的义务。事件调查结果警示我们，领导干部思想麻痹是城市公共安全的最大隐患，安全责任落实不力是城市公共安全的最大威胁。事件调查结果告诫我们，各级政府和领导干部必须时刻把人民群众生命财产安全放在第一位，不能有丝毫侥幸。不能

---

① 《外滩踩踏重大伤亡　深刻教训有哪些?》，新华网（http://www.xinhuanet.com/politics/2015-01/21/c_1114076036.htm），2015 年 1 月 22 日。

有丝毫疏忽，不能有丝毫懈怠，必须对党和人民极端负责，不遗余力、竭尽全力、殚精竭虑，切实保护好人民群众生命财产安全，切实维护好城市运行安全，切实履行好党和人民赋予的神圣使命。在对事件原因进行深入剖析的基础上，联合调查组提出以下整改建议。

1. 切实落实安全责任制，大力增强"红线""底线"意识

要真正把安全作为不能触碰、不能逾越的高压线，把"红线""底线"作为守护生命安全的保护线。按照"党政同责、一岗双责、齐抓共管"的要求，进一步健全安全责任体系，全面落实管行业必须管安全、管业务必须管安全、管生产经营必须管安全，切实把安全责任逐级落实到基层、落实到岗位、落实到人头。要严格落实政府部门监管责任，进一步落实区县、乡镇属地管理责任，依法强化企业安全生产主体责任，切实做到守土有责、守土负责、守土尽责，坚决把好每道安全关。

2. 切实加强对大人流场所和活动的安全管理，进一步落实和完善相关制度规定

这起事件暴露出上海市在公共安全管理方面仍然存在盲点，特别是对无主办单位的大型群众性活动安全风险评估不足、准备不充分，存在管理空白。要按照国务院《大型群众性活动安全管理条例》，对大型群众性活动严格依法审批，切实落实相应监管和防范措施。尽快制定出台本市大型群众性活动安全管理实施办法，加强对公共场所群众自发聚集活动的管理，填补无组织群众活动的管理空白。对照国家旅游局日前下发的《景区最大承载量核定导则》，各景区要抓紧核算游客最大承载量，制定游客流量控制预案。各区县、各部门和单位要按照"分类管理、分级负责、属地为主"的要求，坚持预防为主、关口前移、重心下沉。在6月底前完成对旅游景点、商业设施、体育场馆、娱乐场所、公园、学校、地铁、机场、车站、码头等人员密集场所的公共安全检查，梳理风险隐患清单，落实整改治理措施。要督促相关经营和管理单位制定应急预案，明确最大人流承载量、限流措施和疏散路线等具体内容，做到"有组织活动有预案，群众自发活动也要有预案"，尤其对活动变更要做好风险评估、信息发布等工作。要根据应急预案，落实活动场所的供水供电、临时厕所、移动通信等基本保障措施。各区县要在年底前对涉及公共安全的重要场所进行全面梳理和评估，符合条件的要建立区县级基层应急管

理单元，明确管理单元牵头主体，做实特定区域应急管理工作。

3. 切实加强监测预警，进一步提升突发事件防范能力

这起事件反映出，相关管理部门对监测信息研判不够、对人流高度密集产生的后果估计不足。要健全"谁主管、谁监测、谁预警、谁发布"的预警管理机制，针对不同突发事件，完善预警标准和响应措施。进一步加强重点环节、重点领域和重要时段的现场情况监测，结合大规模人员聚集、大流量交通等情况变化，加强分析研判。及时发现苗头性、趋势性问题，及时启动相关应急案例，采取限流、划定区域、单向通行等交通管控措施，重点加强台阶、扶梯、连接通道等特定区域的人员流动管理。要适时在全市重要场所设立显示屏和高音喇叭等安全提示设施，充分利用应急广播、新闻媒体、网络等平台发布预警信息和相关提示，规范引导市民游客采取合理避险措施。要利用大数据加快构建全市统一的公共安全信息平台，实现信息共享，进一步加强预警信息沟通。

4. 切实加强应急联动，进一步强化应急处置能力

这起事件表明，"条块分割、条线分割、各自为政"依然是城市运行管理亟须破解的难题。要结合这起事件教训，近期抓紧组织修订本市突发事件应急联动处置暂行办法，进一步规范本市应急联动体制机制和响应程序，强化指挥协同，提升应急联动处置效能。要加强应急队伍训练和管理，组织开展实战化应急演练，特别是要针对轨道交通、高层建筑、危险化学品、人员密集场所等开展专项处置和救援训练及演练，确保现场处置和救援有序高效。各区县政府、各有关部门和单位要认真执行值班值守制度，严格落实重要节假日及重大活动前后领导值班带班制度。要按照突发事件信息报告规定的时限要求，向同级和上级政府总值班室报告，避免信息迟报、漏报，杜绝谎报、瞒报。

5. 切实加强宣教培训，进一步提升全社会公共安全意识和能力

加强人民群众的公共安全教育是各级政府的一项重要工作，需要常抓不懈。要充分发挥"5·12防灾减灾日"等公共安全宣传活动作用，依托传统媒体和新媒体，开展公共安全知识普及。要扎实推进公共安全宣传教育工作"进社区（乡村）、进企业、进学校"，鼓励市民积极参与社区（乡村）组织的防灾宣传活动，督促企事业单位组织职工开展应急技能培训和实战演练，加强大中小学安全教育，增强青少年学生安全意识

和自救、互救能力。加紧研究制定本市急救地方性法规。要加强以急救知识为核心的应急技能培训,不断提高急救专业资质人员比例。推动市民参与应急演练和宣传教育,共同树立忧患意识,增强安全防范知识,提高突发事件应对能力。

二 东航两机险相撞(2016 年 10 月 17 日)

2016 年 10 月 11 日,上海虹桥机场一架东航① A320 客机正在跑道滑跑起飞,突然发现前面有一架东航 A330 客机正在穿越跑道,最终由于 A320 机长何超将飞机果断拉起,避免了两机相撞的惨剧。尽管没有造成人员伤亡,但这一事件已被民航局定义为严重事故征候,属于 A 类跑道侵入(间隔减小以至于双方必须采取极度措施,勉强避免碰撞发生的跑道侵入),性质极为严重。要知道,在 37 年前发生的特内里费空难,与虹桥机场上演的惊险一幕有些类似,当时造成 583 人死亡,是全球航空史上最严重的空难之一。

10 月 11 日,东航飞行员(一名机长何超、两名副驾驶)同往常一样认真细致地做着飞行准备,当天,他们要驾驶 A320 飞机执行 MU5643 航班,由上海虹桥机场起飞,将 147 名旅客送往天津。11 时 54 分,飞机在晚点了 19 分钟后,终于接到塔台指令开车滑出,12 时 3 分,塔台指挥飞机进跑道 36L,机组在执行完起飞前检查单之后进跑道,12 时 4 分,塔台指挥 A320 飞机:跑道 36L,可以起飞。之后,A320 机组在确认跑道无障碍的情况下,执行了起飞动作,然而,就在飞机滑跑速度达到 110 节(每小时 200 公里)左右时,机长突然发

---

① 中国东方航空股份有限公司(China Eastern Airlines)是一家总部位于上海的国有控股航空公司,在原中国东方航空集团公司的基础上,兼并中国西北航空公司,联合中国云南航空公司重组而成,是中国民航第一家在香港、纽约和上海三地上市的航空公司。1997 年 2 月 4 日、2 月 5 日及 11 月 5 日,中国东方航空股份有限公司分别在纽约证券交易所、香港联合交易所和上海证券交易所成功挂牌上市,是中国三大国有大型骨干航空企业之一(其余二者是中国国际航空股份有限公司、中国南方航空股份有限公司)。2014 年 9 月 29 日上午,中国东方航空首架波音 777-300ER 飞机飞抵北京首都国际机场,华丽亮相。并且在新机型上喷绘了全新涂装。此架飞机于 9 月 26 日从美国西雅图飞抵上海,随即在上海、北京、广州三地进行静态展示。在第二架 777-300ER 飞机(B-2002)交付后的第二天,东航开启了上海—纽约的航线。截至 2015 年 7 月,东航共拥有 386 架客机。

现有一架 A330 正准备横穿 36L 跑道，在立即让中间座询问塔台时，机长观察并确认该 A330 飞机确实是在穿越跑道，此时飞机速度已达 130 节（每小时 240 公里）。穿越跑道的是东航 MU5106 航班（A330 执飞）正载着 266 名旅客从北京飞抵上海，并得到空管指令穿越跑道前往航站楼停靠。当时，操纵 A320 飞机的副驾驶一度有所迟疑，点了一下刹车，不过 A320 飞机的机长迅速接过了操纵①，以 7.03 度/秒的速率，带杆到机械止动位，最终，A320 飞机从 A330 飞机的上空飞越，避免了可能的撞机事故（机上旅客 413 人、机组 26 人）。根据民航局初步调查后召开的视频会议透露的细节，当时两架飞机的垂直距离最小时仅为 19 米，翼尖距为 13 米，只差三秒就造成两机相撞，险些成为"中国民航史上最惨烈事故"。

跑道侵入。事件发生后，由中国民用航空局、民航华东地区管理局共同组成的调查组，分别对事发相关人员进行了调查问询，调取通话录音、雷达录像，并对两架涉事飞机的飞行数据记录器、驾驶舱语音记录器进行了译码。10 月 12 日，来自调查组的初步判断显示，这一事件是一起因塔台管制员指挥失误造成跑道侵入的不安全事件。10 月 14 日，民航局召开紧急安全视频会，进一步通报了"10·11"事件调查的初步结果，这是一起塔台管制员遗忘飞机动态、违反工作标准造成的人为原因严重事故征候。事故征候，就是指在航空器运行阶段或在机场活动区内发生的与航空器有关的，不构成事故但影响或可能影响安全的事件。

日常飞机的起飞和降落，都是在管制员的指挥下进行的，塔台管制员属于空管系统中的一个岗位，一般是在机场的塔台中根据屏幕以及观察现场，对飞机发布起飞或降落等指令。遇到一架飞机起飞，另一架飞机要穿越跑道的情况，应该是在确保要起飞的飞机抬轮之后，再对另一架飞机发出穿越指令。而在这一事件中，A320 飞机接到塔台管制员 36L

---

① 正常人看到飞机跑道侵入的第一反应是刹车，反推减速板。但只有经验丰富的飞行员才能马上判断，"在这种情况下，飞机是停不下来的"。A320 机组人员，尤其机长何超因此被赞"忠实履行了机长的职责"。李玲、自治霖：《虹桥机场客机事件原因已明确：管制员疏忽是主因，客机对接存瑕疵》，2016 年 10 月 17 日 10：31：00，《南方都市报（深圳）》，http：//news.163.com/16/1017/10/C3ISBU8E00014SEH.html。

跑道起飞指令后的 37 秒，塔台管制员遗忘了 36L 跑道有飞机在起飞，开始指挥在 H3 道口的 A330 飞机穿越 36L 跑道。A330 机组在收到管制员的错误指令之后，也没有特别留意跑道上有无飞机起飞，只是简单依照塔台管制员的错误指令开始穿越跑道①。塔台空管并不是唯一的责任方，A330 机组同样存在观察不周、关闭应答机等问题。② 根据相关规定，我国的塔台管制员需要实施双岗制，一名管制员在发出指令的同时，还应该有一个负责监督。虹桥机场的塔台管制员工作模式是两小时换一班③，与跑道直接相关的席位有指挥席和监控席，指挥席负责对空指挥，监控席负责对指挥席的指挥进行监控，同时负责与各席位及相邻管制单位的协调。事件发生时，将近指挥席管制员的下班时间，而监控席管制员有事不在，由另一名同事顶替。在当时，临近下班的管制员到了一种比较放松的状态，有些懈怠，所以忘了（A320）飞机的起飞，因此酿祸。原本是当塔台管制员遗忘了正在起飞的飞机而对另一架飞机发出穿越跑道的指令时，应该会有另外一个管制员马上发现这是一个错误的指令进而马上制止发出该错误指令，但是实际上这个会造成几秒钟之后两机相撞、机毁人亡的索命指令居然照常发出去了，这就意味着双岗制的流程根本没有履行到位。

尽管表面上看，这是一个偶然的、纯属个别空管员个人的工作失职和极不负责任所造成的险象环生的严重事故征候，但是这个事件的背后，一定是整个管理制度存在问题的直接暴露，至少在"塔台管制员双岗制"

---

① 民航局航空安全办公室安全监察处处长孙长华向南都记者证实："管制员的疏忽懈怠是事件的主要原因，另外（A330）机组成员在和塔台的对接工作上也存有瑕疵。"《虹桥机场客机事件原因已明确：管制员疏忽是主因，客机对接存瑕疵》，2016 年 10 月 17 日 10：31：00，来源：《南方都市报（深圳）》，http：//news. 163. com/16/1017/10/C3ISBU8E00014SEH. html。南都见习记者 李玲 实习生 向治霖。

② 有空管专家解释道，并非所有机场都有飞机需要横穿起飞的跑道，"在拥有多条跑道的机场上，如飞机降落后需要横穿起飞，飞机的跑道滑向候机楼"。而虹桥机场和浦东机场都属于大型机场，不仅有一条跑道。资深机长陈建国也解释说，虹桥机场因为其特殊的地理位置，候机楼在跑道的另一边，因此更加需要横穿跑道。新华社，http：//news. sina. com. cn/o/2016 - 10 - 17/doc-ifxwvpqh7572826. shtml，空管部门回应虹桥塔台领导免职：将公布处罚结果。

③ 《虹桥机场客机事件原因已明确：管制员疏忽是主因，客机对接存瑕疵》2016 年 10 月 17 日 10：31：00，来源：《南方都市报（深圳）》，http：//news. 163. com/16/1017/10/C3ISBU8E00014SEH. html。

的流程上存在重大疏漏,如果一丝不苟、不折不扣地真正实施这一制度,那么就绝不会出现两个塔台管制员同时遗忘了跑道上还停着正在起飞或降落的飞机的奇葩现象。民航局①由此明确要求空管系统彻查安全生产责任制是否健全、关键岗位人员培训是否严格落实、资质能力和工作作风是否符合岗位要求、是否存在超能力运行、管制运行程序是否合理优化、是否存在违章运行情况等触碰红线的安全失信②问题。在短期内进行一次比较大的安全整顿,一方面是机场和航空公司的运行效率特别是正点率和效益;另一方面是民航更加稳妥、绝对保障安全,后者是目标,前者是目的,这两者在其他行业也都存在平衡问题和兼顾问题,整个安全管理的终极与核心就是在效率与安全之间寻求平衡,但是安全第一,在"安全第一"的前提之下,再追求效率。这是安全的底线思维,红线法则。在民航业,牺牲效率来换取安全是值得的,毕竟民航的安全问题是最核心的,但是民航业的效率低下、正点率低下,不能以维护安全追求绝对安全为借口和托词,当然这个问题在强大的复杂激烈的同业竞争中不是一个问题,因为没有垄断性的低效率。但是出了事暴露出问题之后,需要下大力气进行安全整顿时,就必然面临着要在高效率正点和高效益运营上,拿出相当多的工夫来练内功。练上去的是更加安全稳妥、安全极限追求,练下来的可能是短时期的效率相对低,但是民航业实施的就是磨刀不负砍柴工,慢工出细活,至于怎么才能工也快、活更细,就要完全依靠现代智能化的空管技术和空管体制,在技术智能化和管理先进化方面双管齐下,从根本上保障安全和效率双赢,追求安全却不失高效率,追求高效益却以安全为绝对最高理念。效率和效益两者之间,也会有一个不平衡的问题,有的效率高当然效益也高上去了,但是有的效率上去了效益却不见得高,没有效率的长期的效益根本无从谈起。长期关

---

① 2016年10月17日讯,记者昨天获悉,民航局日前召开全行业航空安全电视电话会议,通报2016年10月11日虹桥机场发生的跑道侵入事件初步调查情况,深刻剖析存在的问题,要求全行业深刻汲取教训,举一反三,保持安全警觉,全面管控风险,确保民航安全的底线不被突破。http://www.takefoto.cn/北晚新视觉>新闻>国内,上海虹桥机场跑道侵入事件追踪民航局要求彻查六大问题,2016年10月17日10:29,编辑:TF006,来源:网络。

② 特别强调"是否存在迟报、谎报、瞒报航空安全信息问题,是否存在弄虚作假等触碰红线的安全失信问题,若有瞒报将严惩"。http://www.takefoto.cn/北晚新视觉>新闻>国内,上海虹桥机场跑道侵入事件追踪民航局要求彻查六大问题,2016年10月17日。

注航空问题的专家建议①，在民航业运量持续增加、双跑道甚至多跑道机场不断增加的情况下，应制定合理的制度和可靠的科技，以确保安全和效率的平衡问题。

  在民航业，目前包括上海机场在内的京沪粤等大型机场都是满负荷运行，几乎每分钟都会有飞机起降，一旦安全整顿开始，无论是空管、机场还是航空公司，都可能从之前的保证正点率和效益，向更加稳妥、安全方向倾斜。如果整个民航业因为这一事件，能够从运行规则、管理体制机制上做一些优化，例如滑行路线的优化、空管管理方面的改进，从长远来看，对民航业的运行会有更多的好处。②上海虹桥机场东航两飞机险相撞事件，暴露出空管员培训欠佳、激励机制待完善、疲劳管理、运行规则存在漏洞等诸多制度性"短板"，同时也暴露出我国航空管制科技化水平不足。"飞机险相撞"不能只追究空管责任，或者进行一阵风式的安全整治。只有改进空管员的培养和管理制度，完善程序和人工监控，同时借助科技手段提升空管的智能化水平，才是避免类似事件发生的根本所在。③

  民航局全面管控风险，要求通过"六查"，切实改进六个方面的工作。一是切实加强管制员资质管理；二是切实加强一线人员培训；三是切实加强执行规章的监管；四是防止超能力运行；五是切实优化管制运行程序；六是切实改善管制员生活保障。确保空管运行安全和行业安全。民航局特别重申了规章底线和诚信红线，强调对组织违章、法人违章和管理违章，无论有无后果，都要严肃查处，完成监管闭环；触碰诚信红线，无论单位还是个人，都将受到"一处失信，处处受限"的严厉惩处。④当班管制员事后曾给 A330 机长打电话要求瞒报，民航局对虹桥

---

① 李玲、向治霖：《虹桥机场客机事件原因已明确：管制员疏忽是主因，客机对接存瑕疵》，《南方都市报（深圳）》（http://news.163.com/16/1017/10/C3ISBU8E00014SEH.html），2016 年 10 月 17 日 10：31：00。

② 陈姗姗：《东航飞机生死时速：险相撞事件还原》，《第一财经日报》（http://finance.sina.com.cn/roll/2016-10-17/doc-ifxwvpaq1473323.shtml），2016 年 10 月 17 日 06：47。

③ 上海虹桥机场东航两飞机险相撞，鹰眼舆情热评（http://www.eefung.com/），2016 年 10 月 17 日。

④ http://news.sina.com.cn/o/2016-10-17/doc-ifxwvpqh7572826.shtml，据新华社，空管部门回应虹桥塔台领导免职：将公布处罚结果。

"10·11"事件中瞒报、缓报问题的处罚包括：对当班管制员实施三停，上海虹桥机场塔台所有领导就地免职、转岗，虹桥塔台由空管中心代管。①② 2016年11月3日，中国东方航空公司召开虹桥机场"10·11"事件何超机组表彰大会，民航局领导和包括刘绍勇在内的东航高管悉数到场，对英雄机长何超及何超机组进行奖励。机长何超被评为先进党员，并奖励人民币300万元，同时机组也获得表彰和人民币60万元的奖励。民航局给予这位机长的评价是"处理非常到位、正确，临危决断，立了大功"。③④

三　外白渡桥遭封闭（2017年11月27日）

2017年11月27日上午八点钟左右，一名女子爬上上海外白渡桥，欲跳桥，被巡逻中的交警发现。上海交通广播微博称：外白渡桥北向南往延安东路方向在桥顶上发生突发事件，虹口公安、消防部门随即赶到现场进行处置，采取临时封闭道路的措施。经过4个小时苦口婆心的劝说，这名一直坐在外白渡桥顶的女子被虹口警方劝下带离。事件造成附近交通一度管制。

这一突发事件，本是一个女子自己想不开欲轻生的个体事件，但是因其爬上了公共建筑，特别是上海的标志性地标，所以其公共性陡然提升，而且因其事件处置而不得把地标性的交通要道进行封堵长达4个小

---

① 上海"两客机险相撞"处罚结果：塔台所有领导就地免职，http：//news. sina. com. cn/o/2016 - 10 - 17/doc-ifxwvpqh7572826. shtml，2016年10月16日19：21：00，金羊网（广州），http：//news. 163. com/16/1016/20/C3HC6R1H00014AEE. html。

② http：//news. sina. com. cn/o/2016 - 10 - 17/doc-ifxwvpqh7572826. shtml，据新华社，空管部门回应虹桥塔台领导免职：将公布处罚结果。

③ 上海虹桥机场两客机冲突事件续：A320机长将获奖励，中国青年网（http：//news. youth. cn/gn/201610/t20161016_8751249. htm），2016年10月16日10：19：31。

④ 何超机长不仅技术精湛，且爱心满满，经常看望云南大山的孩子们，曾把自己的肩章和航徽送给孩子们。据中国东方航空集团公司团委发表的飞行部"爱在东航"活动总结中提到，上海飞行部四部二分部副中队长何超曾在9月21日与公司几位代表一起，到勐镇千蚌村千蚌完小看望过千蚌完小的孩子们。何超机长的名字曾在2014年8月东航上海飞行部旺季保障总结的报道中出现过。报道中写道，何超与机组成员在恶劣天气的影响下，为了保障航班运输，克服连续艰辛的飞行后，再次顽强地投入新的航班任务中。上海虹桥机场两客机冲突事件续：A320机长将获奖励，中国青年网（http：//news. youth. cn/gn/201610/t20161016_8751249. htm），2016年10月16日10：19：31。

时，事件的处置还特别需要专业性，涉及心理、医疗、交通、救援等。任何一件个体事件，都可能转化为公共事件。这位不想活的女子，如果真的不想活了，那她就会悄悄去死，而不会这样大动干戈、劳民伤财地影响到城市常态生活，往往是处于不想活与想活之间纠结的人。也可能由于情绪管控或其他心理问题，才会专门选取公共场所在情绪激动时做出鲁莽轻率行为，这不但给亲人和家人造成压力和麻烦，还给社会和公共生活造成影响。类似的个体事件经常会升级为公共事件，紧急突发事件的应急管理中，对于这类事件的处置要求非常高。一来人命关天，救人要紧。二来不管是什么原因都必须出动公共力量专业处置，所造成的成本由公共财政承担，但是如果这类事件频发的话，这样的成本对于其他纳税人来说是不公平的、非正当的。三来市民好奇或同情或围观，引起各种其他潜在隐患，如踩踏事件，至少影响事发地周围的交通和道路秩序。对于这类事件，上海公安、消防和专业救援力量的经验是十分丰富的，经常发生的、猝不及防的这类事件，虽然其影响并不一定是轰轰烈烈，范围并不一定非常广泛，其后果也只是当事人自身或其家属及好友承担。但是往往会产生始料未及的舆情关注，往往也构成对应急管理机构的各种挑战，处置和响应的快速果断及时并成功救人，既是对应急部门的要求，也是社会期待和舆情关注的要害，这些类似事件其实是常规突发事件，需采用具体的个案处置方式，但是亦具公共突发事件应急处置的基本要求和后果。

四 中环高架车追尾（2018 年 5 月 9 日）

上海中环高架发生多车追尾事故：14 人送医、2 人伤势严重，5 月 8 日下午 4 时 30 分许，浦东中环上南路华夏西路高架处发生多车追尾事故，14 名受伤人员被紧急送至上海市东方医院南院急诊医学部接受救治。① 上海中环高架多车追尾事件引发社会关注，在浦东中环上南路华夏西路高架处，网友反馈一辆大巴车追尾一辆小轿车，将三厢轿车撞成两厢，还有多辆车发生追尾，导致 14 人受伤，其中，12 名伤者是外籍人士，2 名

---

① 《中环高架多车追尾》，我酷网（http://www.lc123.net/yx/gl/2018-05-08/927642.html），2018 年 5 月 8 日 22:22:15。

中国人。引发网友热议。①

14 名伤员中包括 12 名外籍人士和 2 名中国人，针对批量伤员，东方医院开通急诊绿色通道，不到 8 分钟内调配了神经外科、骨科、急诊科、胸外科、口腔科、眼科、麻醉科、ICU、影像科等科室 40 余名医护人员进行快速检伤分诊、开展联合救治。收治的 14 位伤员中，2 名中国籍患者伤势严重，其中 1 名女性重伤，身体多发性骨折：胸椎骨折、颈椎棘突骨折、肋骨骨折，同时伴有气胸、多发性软组织挫伤等，现已被送入 ICU 进行后续治疗；另 1 名女性中度伤，因骨盆、腰椎骨折被转入急诊创伤外科治疗；其他 12 名外籍患者均为不同程度的擦伤、破裂伤、肩袖损伤等轻伤，经妥善处理后离院。②

中环事故多发，而且经常是多车连环追尾事故。只要你是上海的读者，"中环事故"肯定是你手机上的"头条新闻"。为什么？一则因为它严重影响了很大一部分上班族的出入交通，最极端的例子是，有人为此"肠梗阻"迟到了七个小时。③

2018 年 5 月 23 日的凌晨，有多辆集卡擅自上了不能开货运车的中环，其中的一辆肇事车④在行驶至桩号 ZN835 附近时，因车辆载物超过核定载质量，造成中环高架路面发生横向倾斜，车辆装载的 31 根预制水泥管发生倾覆，进而压裂该段高架，部分预制水泥管掉落至高架路面及地面道路。在沪太路汶水路路口地面上有一个长约 10 米的水泥护栏，疑似是从事发中环内圈高架上坠落。当时因路面受损，造成途经该路段的 4 辆小型汽车不同程度受损，事发当时有一辆红色小轿车路过事发高架，正好撞上了翘起错位的桥面，该车损毁严重。上海中环真华路至万荣路之间的高架桥面发生开裂脱位，中环高架路段主桥面翘起损坏，现场车辆已无法通行，

---

① 《上海中环高架多车追尾：中环高架多车追尾引发热议［组图］》，购车之家，2018 年 5 月 9 日 0：23：40。
② 《中环高架多车追尾怎么回事？》（http：//www.home8080.cn/xw/2018/25349.html），2018 年 5 月 8 日 22：45：10。
③ 刘巽达：《"上海中环事故"的两点教训》（http：//guancha.gmw.cn/2016 - 05/25/content_20255577.htm）。
④ 据上海发布，肇事车辆属于上海建景物流有限公司（沪 D39066），而网友提供的图片则显示，同时段还有另一辆同样满满地装载了预制水泥管的车辆行驶在中环高架上。

无人员伤亡①。事件导致中环内圈古浪路至万荣路段处于封闭状态，由于事发路段两个方向的高架属于单独分开的桥面，因此中环外圈的交通暂不受影响。地面交通方面，沪太路汶水路路口处于封闭状态，交警、路政等多部门迅即赶到现场处置，现场仍留有不少从高架上掉落的物体。

中环内圈古浪路下匝道到沪太支路上匝道恢复通行需两周左右时间。这起中环事故，打了谁的脸？中环质量有问题吗？中环被撞裂开后，有不少网友提出疑问：中环是豆腐渣工程吗？为什么这么不经撞？事实上，中环作为城市快速路，本身就不允许大卡车上路，只允许小客车、客车通行。而且，这样的开裂，专业术语叫变形缝错位，和钢箱梁偏心受压有关系！但中环并没有被"压断"！上海的中环并非豆腐渣工程。

事故既已发生，我们来看看各方面的应急措施是否到位？交警、路政部门第一时间赶到现场，对事故路段实施交通封闭，并要求所有车辆驾驶员提前绕行。但是！请仔细看，是"要求"，也就是说，是驾驶员把车开到这里，然后让他们退回去的。事故是凌晨发生的，但从凌晨到早高峰期间，是否使用了各种手段，让更多的人提前获知信息？例如，短信、微信通知，电视台、电台通知……不少人得知事故后，马上改乘其他公共交通工具，对于他们，能否多一些关怀？不知道大华地区的公交车有没有多开出几辆？还有地铁，很多人选择换乘地铁，那么地铁方面能否紧急调度增援？由于事故影响，上海的大半个城都瘫痪了！北部一些小区居民直接堵在了家门口。对于他们，是否能像地铁故障一样，直接给予他们"允许迟到"的允诺，让他们稍微宽心些？维修至少两周，当中有高考，可能还会碰到中考，天气还会下雨，希望中环事故的蝴蝶效应，能够减小些再小些……②

2018年2月8日凌晨1点左右，上海中环高架上又发生一起令人大跌眼镜的离奇车祸！为什么要说又呢？因为距离上次大货车压断中环才

---

① "5·23"上海中环被货车压断事故，https://baike.baidu.com/item。
② 《今天的中环事故，打了谁的脸?!》，上海新闻微信号 news310（https://www.sohu.com/a/76837478_391507），2016年5月23日20:34。

没多久啊！没想到中环又以这种方式上了头条！①

痛心！上海中环车祸丧生的是黄玉峰的独子黄光立。黄玉峰是谁？他是上海四大名校之一——复旦附中的特级教师，去年开始出任复旦附中的民办初中——复旦五浦汇实验学校的校长。

虎父无犬子，黄玉峰的独子黄光立也很优秀，他是创客星球创业投资管理中心的主要负责人。创客星球成立于2014年，是国内最具影响力的创客文化展示分享平台，为创业者、发明家、设计师和所有创造性人群提供实践梦想的机会。大部分人对黄光立的评价是阳光、聪明、幽默、能干。警方已经核清黄光立并非酒驾，而是工作太疲惫了，疲劳驾驶。

惨祸发生之后头两天的上海各报都是整版整版刊登"事故通报"，通过还原事故现场和事后处置的情况，发现了不少"管理短板"，概括起来，主要有两点教训，在"预防机制"和"事后处置"上都应该"全面检讨"一下，不要临到出事，再做"事后诸葛亮"。

教训之一是，如何加筑"预防机制"。货车禁上中环，这是企业和司机都知道的常识，更何况在高架匝道入口，货车禁行标志十分醒目。货车司机为何敢于铤而走险、以身试法？除了"路近、省油、省时、多拉快跑"的动力外，还与他们无数次"侥幸的前科"有关：因为"中招"的可能性很小，所以才如此"壮胆"。那就关系到"执法之严"的问题。这次大整治确立了十大重点违法行为，而货运车辆的超载超限、违规闯禁令却并不在其中。这是一个大"盲点"！大型货车违法肇祸，吞噬数条生命，这样的例子频频发生，教训可谓深刻。"盲点"和以下两项的"执法不力"有关。一是"夜间疏漏"不该长期存在，"长期空白"自然给不良司机有机可乘。二是"治根手段"不严厉，要从根本上杜绝超载，除了管住"前台司机"，更要管住"幕后企业"，只有从企业入手，建立起制度性的规范和技术性的手段，才能釜底抽薪。

教训之二是，如何完善"事后处置"。星期天深夜的事故，必将影响

---

① 羽翼双音祈祷：《上海中环又出严重车祸！司机当场身亡！太惨烈!》，新浪看点（http://k.sina.com.cn/article_6432899457_17f6e41810010044 uh.html? cre=newspagepc&mod=f&loc=4&r=9&doct=0&rfunc=100），2018年2月8日09：21：37。

周一早高峰的上下班出行。假如在这个重要的时间节点,高架和地面交通同时陷入瘫痪,会令无数上班族急如热锅上的蚂蚁。交通管理部门除了要处理"事故",还需要及时处理"事故信息",做到在最短时间内,把道路交通信息最广泛地推送告知,这是一座现代化程度很高的大都市应有的"常识",需要告知路况,还要告知未来的进展情况。如果能够让人们在出门前就广泛知道事故和交通管制信息,那么就便于绕道而行,不会梗阻在现场周围。因为据路政部门预测,受损的中环线修复,最乐观可能要持续两周时间。对于管理者来说,如何及时发布各个时间段的交通拥堵情况,如何组织和调整有关公交线路的走向,如何加速修复高架道路……都是"事后处置"的一部分。就眼下情况而言,管理部门的水平,离一座现代化大都市的要求而言,还有很大距离。①

上海其他道路的事故处理也积累了大量丰富经验,据《劳动报》报道,自2016年6月1日起,上海警方与上海保险业联合推出"快处易赔"机动车物损交通事故线上快处机制②③,以有效缓解城市交通拥堵。"快处易赔"是上海保监局携手上海市公安局,创新运用"互联网+"思维,以制度先行、科技保障、高效便利为总体原则,以移动互联技术与交通管理、保险服务有机结合为基本手段,建立的具有上海特色的机动车物损交通事故线上快处机制。④ 这标志着,在上海,轻微交通事故处理已步入"移动互联时代",车主可在微信公众号的远程指导下,通过"快处易赔"系统在线完成从事故处理到保险理赔的全过程。⑤ 只要是在上海有分公司的保险公司都可以适用。对于驾驶人员而言,一旦发生事故,

---

① 刘巽达:《"上海中环事故"的两点教训》(http://guancha.gmw.cn/2016-05/25/content_20255577.htm)。

② 《沪"快处易赔"将启动10分钟完成交通事故处理》,华龙网(http://finance.ifeng.com/a/20160602/14452291_0.shtml),2016年6月2日09:18。

③ 潘高峰:《上海今推出"快处易赔"交通事故线上快速处置,来源:新民晚报新民头条>民生热线>》,戴慧菁(http://shanghai.xinmin.cn/msrx/2016/06/01/30113635.html),2016年6月1日16:35。

④ 《"快处易赔"上线两周排堵显成效》,《新闻晨报(上海)》(http://news.163.com/16/0617/01/BPNPSHAD00014Q4P.html),2016年6月17日01:52:47。

⑤ 《上海:"快处易赔"系统在线完成交通事故处理到保险理赔》,新华社(http://www.xinhuanet.com/local/2016-07/28/c_1119294455.htm),2016年7月28日09:41:55。

只需要10分钟7个步骤就可以完成定责、定损程序。相关部门也表示，希望通过此举可以有效缓解道路拥堵情况。"快处易赔"6月启动。近年来，上海城市化进程不断加速，截至2015年年底全市常住人口达2415.27万人，上海市人均公路长度仅为0.6米，远低于全国3.75米的平均水平，几近饱和的公路密度，道路拥挤问题极为突出。① 与此同时，上海市机动车保有量逐年攀升，交通事故逐渐增多，从2013年的日均3260件上升至2015年的日均3835件，频发的交通事故，加剧了城市拥堵，加重了交通治理的难度。② 事故现场不及时撤离进一步加剧了城市交通拥堵。为全天候提供当事人快速撤离事故现场和后续保险理赔便利，上海警方和上海保险业创新研发的"快处易赔"系统，建立了7×24小时全天候电子化道路交通事故处理平台，通过事故任一当事人自主使用完成事故照片上传和信息交互，即可实现交通事故网上受理、在线定责和便捷的保险报案及理赔服务，并在全国率先实现了与上海市机动车辆联合信息平台的实时对接。据悉，为确保"快处易赔"机制有章可循，上海市公安局与上海保监局联合印发了《上海市机动车物损交通事故快速处理实施办法》并于6月起正式实施，"快处易赔"微信公众号同步上线运行。"快处易赔"以"移动互联+交通管理+保险服务"为手段，构筑起多部门信息互联互通渠道，实现保险行业与交警部门之间交管车辆数据和保险理赔数据的信息交互和共享。③ 在2016年刚推出的"快处易赔"微信公众号的基础上，"快处易赔"系统还将开发手机应用软件，实现事故处理全流程网上操作、理赔案件全程无纸化。此外，这一系统还预留了对接端口，未来有望通过保险数据共享，成为江、浙、沪乃至全国性的交通事故在线处理平台。④

不过，需要注意的是，下列4种情形不适用"快处易赔"：（1）

---

① 王文娟：《沪推出"快处易赔"微信号：10分钟处置理赔轻微交通事故》，人民网（http://www.cankaoxiaoxi.com/society/20160601/1178450.shtml），2016年6月1日13：14：02。
② 《"快处易赔"上线两周排堵显成效》，《新闻晨报（上海）》（http://news.163.com/16/0617/01/BPNPSHAD00014Q4P.html），2016年6月17日01：52：47。
③ 潘高峰：《上海今推出"快处易赔"交通事故线上快速处置》，《新民晚报》（http://china.huanqiu.com/hot/2016-06/8999366.html），2016年6月1日16：44：00。
④ 《上海："快处易赔"系统在线完成交通事故处理到保险理赔》，新华社（http://www.xinhuanet.com/local/2016-07/28/c_1119294455.htm），2016年7月28日09：41：55。

交通事故中有人员伤亡；(2)无牌（含临牌）或无证或无本市保单；(3)涉酒涉毒；(4)车辆无法移动的。"快处易赔"系统还推出了相应的App应用程序。该服务未来有望通过扩大保险数据共享范围，探索突破区域限制，实现长三角乃至全国性的交通事故在线处理平台。平台上有5张样图供模仿拍摄，分别是侧前方两车全景图、自己车辆的受损部位、对方车辆受损部位、自己车辆牌照和对方车辆牌照，当然，还可以添加其他现场照片，但前面5张属于必拍照。双方都拍好照以后将车辆迅速移至不影响交通的地方，再协商定责。这时完成的是"快处易赔"的"快处"部分。"快处易赔"会将采集的事故现场信息同时向交警和保险公司进行推送，并根据上传的车辆牌照自动核对车辆信息和投保情况，引导当事人自行协商定责，如遇事故责任有争议时，可以申请交警远程（在线/电话）指导，不认可指导的，可报警等候交通警察电话或赴现场处置。对于当事人自行协商并认可定责结果的，"快处易赔"将即时生成电子版协议书，保险公司会主动在5—10分钟内拨打当事人电话，引导开展保险报案、定损等事宜。现场采取线上快处的，因驾驶证、现场照片等信息均已通过"快处易赔"做好上传，电子版协议书也已自动生成，所以在办理保险理赔时，无须重复提供。据悉，"快处易赔"所拍的事故现场照片会自动包含事故地点的GPS信息，另外，后台数据库可以自动识别车辆牌照，以及自动核对投保情况。事故发生地点、车辆牌照和保险信息等这些内容都不需要当事人输入。

2018年4月，由上海保监局、上海市公安局指导，上海市保险同业公会开发的"快处易赔"系统成功接入国务院客户端和中国政府网微信公众号。自2016年6月1日正式上线运行以来，"快处易赔"系统以其365天×24小时全天候电子化处理道路交通事故的便捷高效，截至6月14日，"快处易赔"微信公众号订阅人数迅速增加至7.4万人，通过"快处易赔"处理的交通事故数量262件，日均19件，大大提升理赔速度和客户满意度。[①] 在服务上海这一特大型城市交通治理、提升保险服务

[①] 《"快处易赔"上线两周排堵显成效》，《新闻晨报（上海）》，王晓易（http://news.163.com/16/0617/01/BPNPSHAD00014Q4P.html），2016年6月17日01：52：47。

时效和改善消费者体验方面取得了显著成效。"快处易赔"上线后,不仅受到广大车主的热捧,也获得了众多保险机构的积极支持。中国平安旗下平安产险为此成立了专项小组,并成为首批与"快处易赔"系统成功对接的保险公司之一。① 客户上传到"快处易赔"系统的信息及照片将直接对接平安的理赔系统,系统根据照片锁定损失部位,在线快速完成定损。客户确认支付信息无误后,一键点击就能实时收到理赔款。② 来自上海市保险同业公会的最新数据显示,使用"快处易赔"后,事故车辆撤离现场平均用时4分钟,事故责任认定平均用时2分钟,大大缩减了事故当事人在现场等待和处理的时间。保险企业在事故发生后,通过"快处易赔"的后台及时了解事情详情,并在5分钟内对出险客户进行电话回访,指导客户后续定损理赔,获得了车险客户的一致认可。③ 对城市管理者而言,"快处易赔"系统的上线累计减少出警13.7万多人次,在有效节省行政资源的同时,帮助上海市区主干高架路、核心商圈拥堵时间日均减少1小时以上。从提升经营车险的保险公司服务来看,"快处易赔"系统可以向其推送事故现场信息（含事故发生地的GPS定位信息、事故现场影像资料、事故当事人信息）,保险公司据此可以更快速地向出险客户提供理赔服务。对车主来说,"快处易赔"系统为其遭遇交通事故后的理赔处理提供了高效便捷的全流程指导与服务。交通事故当事人仅需使用"快处易赔"系统,即可根据提示完成交通事故的应急处置、安全防范、信息录入、数据交互、现场定责、快速撤离、一键报案等,客户体验得到了极大提升。④ 同步上线的"快处易赔"系统,以智能终端为载

---

① 《上海:"快处易赔"系统在线完成交通事故处理到保险理赔》,新华社（http://www.xinhuanet.com/local/2016 - 07/28/c_1119294455.htm）,2016年7月28日09:41:55。

② 平安产险上海分公司副总经理杨宏旭介绍情况:《上海:"快处易赔"系统在线完成交通事故处理到保险理赔》,新华社（http://www.xinhuanet.com/local/2016 - 07/28/c_1119294455.htm）,2016年7月28日09:41:55。

③ 《"快处易赔"上线两周排堵显成效》,《新闻晨报（上海）》,王晓易（http://news.163.com/16/0617/01/BPNPSHAD00014Q4P.html）,2016年6月17日01:52:47。

④ "快处易赔"使用非常便捷。无须下载App软件,关注微信号即可使用;仅需8步就可以完成线上事故处理全流程;系统自动识别车牌信息,无须手动输入。"快处易赔"还实现了全天候服务。交警远程定责,以及保险公司理赔服务,均采取7×24小时、365天年中无休的模式,事故处理平台全天候运行,各区县事故科交通警察24小时轮班进行远程定责指导,确保当事人能够全时段进行操作,实时自主完成交通事故线上处理,为车主第一时间解除后顾之忧。

体，大数据应用为依托，同时联通交通管理信息库和车险信息平台。① 据上海市保险同业公会相关负责人介绍，截至2018年4月1日，"快处易赔"微信公众号关注人数突破53万人，使用量35.3万人次，快撤环节平均用时3分35秒，快处环节平均用时2分27秒，合计用时仅6分02秒，成为目前国内道路交通事故处理最快速高效的信息化平台。②

上海警方为了交通事故处理的快速有序，发明的上述"快处易赔"机制是应用科技手段解决现代道路交通事故应急管理问题的一项非常有效的措施，也是上海公安交警系统对道路交通事故应急处理的创新，在全国交通事故快速处理和应急处置工作领域里都是走在前列的。这是全国交通事故应急管理的标志性动作，也是交通事故应急处置成功的进步与成长。在上海应急治理四十年的风雨历程里，上海道路交通的应急处置是应急治理的重要领域，上海道路交通管理部门特别是公安交警系统对于道路交通管理的这些标志性的探索，为全国树立了排头兵和先行先试的创新典范。这看上去是一项交通事故处理的快速通道式方法，其实这项举措的背后体现了从管治到治理的跨越式晋级，交管部门与保险理赔部门的配合与联手，大大方便了整个事故认证和理赔的进程，这是政府部门和企业的协商共治，实现了跨部门互联互通和数据共享。作为国内唯一与车险信息平台对接的交通事故线上快处系统，其实现了交通事故处理与保险理赔服务的无缝对接。通过与公安、保险数据的共享，打破了区域限制，具备了较强的可复制性，为未来走向全国打下了坚实的基础。③ 而从事故双方在"快处易赔"机制里被交管部门委以的信任环节来看，是政府部门与社会百姓之间直接的协同共治，是一种平等的、信任的、依法的、程序性的对话，是一种以公民主动积极配合为假设前提的处置理念，而不是以往的以公民不配合反被强制处置为前提的处置理念。前者是与行政相对人的管与被管的关系，后者是与行政相对人的治

---

① 《上海："快处易赔"系统在线完成交通事故处理到保险理赔》，新华社（http://www.xinhuanet.com/local/2016-07/28/c_1119294455.htm），2016年7月28日09：41：55。

② 付习习：《上海"快处易赔"系统接入国务院客户端和中国政府网微信公号》，房文彬（http://baijiahao.baidu.com/s?id=1598119063845128692&wfr=spider&for=pc）。

③ 王晓易：《"快处易赔"上线两周排堵显成效》，《新闻晨报（上海）》，2016年6月17日。

与理的关系，交通违法和交通事故的快速处置是以平等、公义、合法、自觉为前提进行协同配合式的处理，也就是共同治理型的处理。一个程序上的改变，就标志着一种理念上的进步，一项措施的创新，需要其背后的理念革命。交通应急处置和响应的快速与便民，公正执法与公民信任，道路快通与事故处理，这些原本很难兼顾的问题以及双方不同的考虑，都被协同共治的应急理念主导着向从方协同、配合解决的方向推动，市民百姓在这项管理措施中，不仅得到时间和空间上的方便，方便了事故方，也方便了道路交通行驶中其他路过车辆，还在程序上养成了市民主动配合自觉理性的习惯行为方式，对市民的共治精神也是一种无形的塑造。而对于政府部门而言，也由一种任务改进的需要升级为理念层面上的进步。

第三节 应急治理多灾种

【应急管理理念与组织体系】

以"一案三制"（指应急预案、应急管理体制、机制和法制）为基础框架的综合应急管理体系在面对复杂多变的突发事件时，尤其是涉及军事、外交、国际国内综合的重大国家安全事件时，已亟须进一步整合和完善。当前我国突发事件大部分不再局限于自然灾害事故，涉及公共卫生、社会安全、暴力恐怖等领域的事件越来越多，且呈现深度复杂性、影响广泛性、紧急多变性等特点。这对我国应急管理体系提出了新的要求，如何应对这种新形势下的突发事件，需要从国家宏观安全层面出发，建立和完善应急管理体系和安全战略。党的十八届三中全会提出："创新社会治理，必须着眼于维护最广大人民根本利益，最大限度增加和谐因素，增强社会发展活力，提高社会治理水平，维护国家安全，确保人民安居乐业、社会安定有序。要改进社会治理方式，激发社会组织活力，创新有效预防和化解社会矛盾体制，健全公共安全体系。设立国家安全委员会，完善国家安全体制和国家安全战略，确保国家安全。"目前，国家已将应急管理工作纳入宏观战略的决策中去，将国家安全问题和工作提升到了一个新的高度。

中国共产党第十八届中央委员会第三次全体会议后，2013 年 11 月 12

日决定成立国家安全委员会，2014年1月24日正式设立；国家安全委员会俗称"国安委""中央国安委"，全称为"中国共产党中央国家安全委员会"，是中国共产党中央委员会下属机构。中共中央总书记习近平任主席，第十八届中央政治局常委李克强、张德江任副主席，下设常务委员若干名。

2014年4月15日上午，中共中央总书记、国家主席、中央军委主席、中央国家安全委员会主席习近平在主持召开中央国家安全委员会第一次会议时提出，坚持总体国家安全观，走出一条中国特色国家安全道路。总体国家安全观的提出，体现了国家安全观念从传统安全观向新安全观，再向总体国家安全观的发展演进，适应了保障总体国家安全观的需要，建立与国家安全体制相适应的应急管理组织体制成为重要的研究课题。

随着城市化的日益加深，城市问题的不断浮现，城市灾害呈多样性、复杂性、人为性、放大性、连锁性及向巨灾演化的趋势，针对突发公共事件涉及领域的多元化，城市应急管理所涵盖范围越来越广；作为超大型国际大都市，上海按照国家部署和要求，结合特大型城市应急管理工作实际，建立了较为科学的多元多灾种应急治理体系，参与主体由单一行政主体演化为政府、社会、市民多组织互动，多主体共治；应急管理手段也由个人经验转向大数据风险预警，有效保障了城市安全运行。

一　区域治理精细化

2015年年底，中央37年来首次召开的城市工作会议，明确提出要把城市安全放在第一位，把安全工作落实到城市工作和城市发展各个环节、各个领域。2017年3月5日，全国两会期间，习近平总书记在参加十二届全国人大五次会议上海代表团审议时强调，走出一条符合超大城市特点和规律的社会治理新路子，是关系上海发展的大问题，"上海这种超大城市，城市管理应该像绣花一样精细"。城市精细化管理，必须适应城市发展。要持续用力、不断深化，提升社会治理能力，增强社会发展活力。

精细化管理是20世纪50年代起源于发达国家的一种先进的管理理念，提倡精益求精的工作态度、创新务实的工作精神和科学高效的管理理念。它要求将精细化的管理理念和原则引入城市危机管理的整个流程，利用更先进的管理理念、更加标准和规范的流程、更专业的技术手段以及更加标准化的实际执行,实现事前风险的精确监测与预警,事中应急处置的快速、高效,以及事后评估反馈的严格落实,全面提升城市危机管理的效能,用最小的代价最大程度地避免和减少各类危机事件的发生,有助于保障人民群众的生命、财产安全,实现社会的有序运转和可持续发展。[1]

长期以来,传统粗放化的管理理念和思维模式贯穿着我国城市发展及管理的各个环节,大到城市经济、社会发展,小到城市治理的各个方面,环境污染、交通拥堵、停车难等无不是城市粗放化管理的结果。应急管理体制脱胎于传统行政管理体制,惯性使然,管理者对待应急管理工作也难免不沿袭粗放化的管理方式,存在"重救轻防"的倾向,缺乏风险管理的理念。对待危机事件,仅凭经验进行处置决策,缺乏科学化、规范化的决策方法。应急管理过程中的部门分割、条块分割现象严重,分兵把守、各自为战、协调不力、责任不清、追责不严。

随着城市快速发展,城市现代化程度越高,各种公共安全风险呈现积聚、叠加趋势,脆弱性越大。公共安全管理任务日益复杂和艰巨,原来传统粗放式和经验式的城市应急管理模式越来越难以适应现代化城市安全发展的需要,倡导精细化理念和精细化治理日益成为城市公共安全风险管理的内在要求。在城市治理精细化的新要求下,要加强安全风险治理的精细化,从源头上做好风险排查与隐患治理工作,确保城市持续安全运行,实现城市安全发展,提高市民的幸福感、获得感和安全感。

超大城市如同生命有机体,其管理和治理需要"绣花式"的精细化。上海市作为国际超大城市,需要创新理念思路和方法,以世界眼光和战略思维加强城市应急管理顶层设计,以制度创新和科技利器为依托,提高城市应急治理科学化、智能化、法治化水平,不断完善城市精细化治理的"绣花针"。上海在推行基层网络化管理、城市精细化管理和充分发挥专家及社会力量作用等方面形成了许多宝贵经验。

上海超大城市精细化管理,确保人民群众生命财产安全和城市安全

---

[1] 张英菊:《城市危机管理粗放化现状与精细化转型研究》,《广西社会科学》2016年第7期,第154—157页。

有序运行。上海正式发布《贯彻落实〈中共上海市委、上海市人民政府关于加强本市城市管理精细化工作的实施意见〉三年行动计划（2018—2020年）》（以下简称《三年行动计划》）。

该阶段精细化治理表现在：2013年，上海继续完善应急预案体系、管理体制和处置机制，强化工作责任，规范操作流程，加强资源配备，有效提高应对和处置各类突发事件的能力和水平。《上海市实施〈中华人民共和国突发事件应对法〉办法》于5月1日起施行，市政府相继出台《上海市应急管理工作考核办法（试行）》《上海市海上搜寻救助管理办法》《政府系统值守应急管理要求》《上海市突发事件预警信息发布管理暂行办法》《关于进一步加强本市基层应急管理单元建设的意见》等应急管理地方法规和规范性文件，提升依法开展应急管理的工作水平。市应急办评估梳理现有市级应急预案，修订《上海市处置火灾事故应急预案》《上海市粮食应急预案》《上海市地下空间突发事件应急预案》《上海浦东和虹桥国际机场地区突发事件应急预案》《上海市处置核辐射事故应急预案》《上海市网络与信息安全事件专项应急预案》《上海市空气重污染应急预案》《上海市处置危险化学品和民用爆炸物品道路运输突发事件工作预案》等10个市级专项（部门）应急预案。市应急管理工作相关机构加强专业领域内应急预案管理，督促公共交通运营管理单位和学校、医院、商场人员密集场所经营管理单位，建筑施工单位和危险物品生产、经营、储运、使用单位，公共设施经营、管理单位等编制具体应急预案，并结合预案开展应急演练。通过应急救援"3+X"（市应急办、市应急联动中心、市应急救援总队+相关职能部门）机制，加强专业应急救援队伍联勤联训，应急物资储备、应急预案演练和应急指挥协同等，年内开展危险化学品事故处置、建设工程事故应急处置两次市级综合性演练。完善市应急平台应急管理专家库，按照"建管结合"原则，强化卫生、民防、环保、海事、建设、交通、防汛、地震等专业领域应急管理专家参与突发事件预防和处置机制。市应急办联合市安全委员会办公室普查全市应急队伍、应急专家、救援装备、应急物资等应急资源，及时更新应急资源数据库，全年更新补充静态数据2000余条。制定实施值守应急管理地方标准《政府系统值守应急管理要求》，进一步规范全市各级政府及其部门的值守应急管理，提升政府系统值守应急能力和水平。结合

"5·12"防灾减灾日、安全生产月、"11·9"消防宣传周,开展应急知识科普宣教。相关应急管理部门有力有序处置和应对"1·6"浦东农产品市场火灾事故、"1·10"金山朱泾水污染事故、"2·19"航班延误事件、"6·7"虹桥机场东航航班偏离跑道事故、"6·24"上海盛瀛化工有限公司爆燃事故、"8·31"上海翁牌冷藏实业有限公司车间液氨泄漏事故、防控H7N9禽流感和1323号台风"菲特"袭击等突发事件。

2013年2月6日,上海市突发事件预警信息发布中心成立。以"资源整合、平台共享"为原则,利用已有发布渠道和手段,依托市气象局的多灾种早期预警系统及工作资源,整合电视、广播、手机、微博、移动电视、电子信息屏、智能终端等发布手段,为全市各预警管理部门搭建面向公众、渠道多样、覆盖面广的预警信息发布共享服务平台。发布机制依然实行"谁主管、谁负责"原则,各预警管理部门产生的预警信息按照管理权限,常规预警信息直接通过预警发布系统用户端上传发布,需要由市政府审核的信息由市应急办(市政府总值班室)按程序报批后发布。该中心设在市气象局,由市应急办和市气象局共同管理,其中市应急办负责预警发布系统建设和管理的综合协调,市气象局具体负责预警发布系统的研发、运行和维护,各预警管理部门和发布载体的管理部门配合预警发布系统建设和管理。同时,市政府制定印发《上海市突发事件预警信息发布管理暂行办法》,规范突发事件预警信息发布工作。

2014年,上海按照"统一领导、综合协调、分类管理、分级负责、属地管理为主"的应急管理体制,围绕突发事件预防与应急准备、监测与预警、应急处置与救援、事后恢复与重建等环节,落实责任,做好各类突发事件应对工作,保障城市运行安全。一是加强区县应急管理体系建设。各区县政府通过召开政府常务会议等形式,研究部署区域应急管理工作,落实应急管理工作"一把手"负责制。推进基层应急管理单元建设,制定单元化应急管理工作方案。普陀、青浦等区分别在月星环球港、国家会展中心(上海)等区域建立区级基层应急管理单元,建立工作机制。二是做好突发事件预防和应急准备。市安全监管局完善安全生产事故隐患发现报告机制,完善危险化学品重大危险源辨识、登记、风险评估机制。市防汛办、市规划和国土资源局加强巡查排摸防汛防台、地质灾害等风险隐患,防范自然灾害风险。市建委、市交通委、市公安局、市住房保障局、市质量技监局等部门强化轨道交通、道路交通、高层建筑、建设工程、特种设备等领域的安全隐患排查。市安委办协同市安委会相关成员单位，开展地下空间、油气输送管线、危险化学品运输、职业卫生服务、装配式建筑、重要电力供应等部位的联合检查和专项治理，并集中开展"打非治违"专项行动和粉尘防爆专项整治。市消防局集中整治连片老式居民小区、乡镇级工业聚集地等重大火灾隐患，遏制重特大安全事故发生。三是落实突发事件监测与预警防范。按照预警工作"分类管理、分级负责、统一平台、规范发布"要求，市气象、海洋、地震、农业、卫生等预警管理部门健全相关灾害监测预警机制，切实做好预警发布。市应急办、市气象局深化预警信息发布中心建设，加强与国家层面预警发布衔接，建立预警管理部门联络员队伍和例会制度，定期测试发布平台系统，优化完善系统功能。出台《上海市应对极端天气停课安排和误工处理实施意见》，对台风、暴雨、暴雪、道路结冰等红色预警下停课、误工处理作出规定，建立以预警为动令的响应机制。市文广影视局等探索建立上海应急广播体系，加强与国家应急广播体系衔接，提升社区应急广播覆盖面。四是强化突发事件应急联动处置机制。市应急办、市应急联动中心、市应急救援总队强化应急救援"3＋X"工作机制运作，加强专业应急救援队伍建设，开展应急救援队伍联勤联训。市政府办公厅印发《关于进一步明确突发事件处置现场指挥的意见》，明确现场指挥关系，落实属地政府职责。市应急办、市交通委、市环保局联合印发《关于建立部门应急联动工作机制协议》《2015年部门应急联动重点工作项目》，规范和健全交通、环保领域应急联动工作机制。市卫生计生委会同市联防联控工作机制成员单位制定《应对埃博拉出血热疫情综合防控工作方案》，市联防联控工作机制成员单位科学、有序地处置排查疫区来沪发热可疑病例。五是开展专题调研和事后评估。市应急办、市应急联动中心、市安全监管局等相关部门先后开展危化品道路运输安全防范和事故处置、防汛防台、物资储备、油气危化品管道监管、轨交运营安全、大面积航班延误防范应对、安全监管、食品安全监管、"地沟油"处置机制等专题调研。对应"4·19"宝山泰和路盐酸槽罐车侧翻事故、"11·3"洋山东海大道大客车侧翻交通事故等突发事件，市应急办、市应急联动中心等部门评估分析突发事件防范和处置中存在的薄弱环节和不足，提出针对性建议。

2014年4月，市政府办公厅印发《上海市突发事件应急预案管理实施办法》（以下简称《办法》），要求强化应急预案规划、编制、审批、备案、发布、培训、宣传教育、演练、评估、修订10个环节工作，规范和完善全市突发事件应急预案管理体系建设，增强应急预案的科学性、实效性和执行力。《办法》明确完善市应急预案体系，以及定期评估预案、依据预案开展应急演练、预案公开等制度，并首创预案5年有效期制度。按照预案管理要求，市应急管理委员会办公室协调相关部门和单位在评估基础上，修订满5年的市级专项应急预案，审核批准后以市政府办公厅名义印发施行的包括海洋灾害、气象灾害、防汛防台、地震、特种设备、内河交通、民用航空器、核与辐射、旅游、重大植物疫情、网络与信息安全、信息发布和财政应急保障等应急预案。此外，由中国（上海）自由贸易试验区管委会牵头组织编制的《洋山深水港市级基层应急管理单元突发事件应急预案（总案）》经审核批准后，由市政府办公厅印发施行。

2014年10月1日，市政府办公厅印发《上海市突发事件信息报告工作管理办法》，对突发事件信息报告归口管理、责任主体，对信息内容研判、报告方式、原则、时效等作出规定；明确各区县政府、市政府各部门和市级基层应急管理单元、市级专项应急指挥部办公室及有关单位的值守应急机构是向市政府报告突发事件信息的责任主体，其负责人是负责本区域、本系统和本单位突发事件信息收集分析、报告等综合管理工作的第一责任人。同时出台《上海市突发事件信息报告范围与标准（试行）》，明确凡一次造成1人以上死亡或3人以上受伤的各类突发事件，应向市政府报告。细化四大类48小项应报告的具体事项，凡符合规定的信息报告范围与标准的突发事件信息，应在事发后30分钟内以口头方式、1小时内以书面方式（包括现场图片等）向市政府报告。明确突发事件信息报告进行首报、续报和终报的报告机制，在首报中增加"负责现场指挥处置的部门、负责人及联系方式"等内容。①

---

① 《上海年鉴2015·城乡建设与管理·应急管理》（http://www.shanghai.gov.cn/nw2/nw2314/nw24651/nw39559/nw39582/u21aw1138481.html）。

2015年年初，市应急办在浦东新区陆家嘴街道、普陀区曹杨街道、青浦区重固镇3个街镇开展基层应急管理示范点建设，探索实践街镇应急管理建设"六有"机制，即"有班子、有机制、有预案、有队伍、有物资、有演练"。按照"多种平台合一，多项任务切换"思路，统筹街镇治安、城管、安监、协管、志愿者队伍等资源，取得"1＋1＞2"的整合效益。应急预案建设、风险隐患排查、应急物资准备、应急基础设施建设、应急演练等应急管理重点向村居委、向社区延伸，将应急管理工作落实到最基层，渗透到最末端。

2015年3月16日，市政府办公厅印发《进一步加强本市应急物资储备体系建设的意见》（以下简称《意见》）。《意见》主要内容有四：一是加强应急物资储备的统筹。建立应急物资储备联席会议制度，由市应急办和市发展改革委领导担任联席会议召集人；强化应急物资储备日常监管，由市应急办指挥协调处和市发展改革委经贸流通处承担联席会议日常工作；以市应急平台为基础，强化应急物资信息管理功能，作为市应急物资储备信息共享平台。二是明确应急物资储备的职责分工。在全市建立相互支援、互为补充的市级重要商品储备、专业储备和区县及单元储备等三级储备格局。各应急管理工作机构和有关责任单位结合工作实际，按照有关规定、职责和任务，结合处置突发事件特点和要求，分别负责落实各相关行业、领域的专业应急物资储备、更新和日常管理。三是完善应急物资储备的管理制度。按照"全市统筹、分类管理、分级负责、统一调度"要求，建立应急物资储备论证、应急物资储备保障、应急物资储备信息报送、应急物资储备动态监管等制度。四是确定应急物资储备的调用原则，按照"谁储备，谁使用""就近就便，快速调用""统筹管理，统一调度""谁使用，谁补偿"等原则，建立健全相应应急物资调用机制。①

2016年，上海未发生影响经济社会发展的重特大等级突发事件，城市公共安全和安全生产形势总体平稳可控。（1）自然灾害。全年因自然灾害死亡1人（雷击），农作物受灾面积3110.3公顷，直接经济损失

---

① 《上海年鉴2016·城乡建设与管理·应急管理》（http://www.shanghai.gov.cn/nw2/nw2314/nw24651/nw42131/nw42154/u21aw1231804.html）。

2388.71万元。高温天数、强对流天数、年降水总量等均高于近10年平均值。年初出现1次极端低温天气，创近35年新低；暑期高温天数30天，为上年1.5倍。汛期遭受5场大暴雨侵袭和5次台风外围影响，其中台风"尼伯特""莫兰蒂"造成一定损失。全市粮油作物主要病虫害自然发生程度总体平稳（发生14次病虫害），重大动物疫情发生平稳。全市平均地面沉降量与上年持平。上海市行政区域内未发生有感地震。(2)事故灾难。全年发生道路交通、火灾、工矿商贸、铁路交通、农业机械五大类生产安全事故5497起，死亡1027人。事故起数和死亡人数分别比上年下降7.68%和10.46%。其中，发生一次死亡3—9人的较大生产安全事故9起，死亡33人，较大事故起数比上年上升28.57%，死亡人数比上年上升73.68%。(3)公共卫生。发生公共卫生事件31起，以食物中毒类、传染病类、高温中暑为主。其中，传染病类14起（按照国家规定口径统计），无人死亡；职业中毒类2起，死亡3人；高温中暑类13起，死亡14人；食物中毒和非职业性一氧化碳中毒（火锅店引发）各1起，无人死亡；全年未发生重大和特别重大突发公共卫生事件。(4)社会安全。未发生恐怖袭击、劫机、暴狱、宗教、涉外、涉侨等突发事件。实破刑事案件45638起，比上年下降17.5%；破"八类"（杀人、纵火、抢劫、强奸等）案件2329起，比上年下降11.7%；处置各类群体性事件37起，涉及1186人次，主要涉及"以动迁为主的上访老户矛盾群体、金融投资涉案引发的群体性矛盾、历史遗留问题所引发的矛盾、城市建设和管理中引发的矛盾"四大类；高校发生自杀、意外伤害、猝死等突发事件40起，死亡19人；处置涉及民族因素的矛盾纠纷3起；涉及国内国际旅游突发事件5起（主要涉及邮轮延误、意外交通、境外猝死等），死亡4人。

2016年，各区应急委、市应急委各成员单位贯彻落实《突发事件应对法》和《上海市实施〈突发事件应对法〉办法》，推进基层街镇应急能力建设，开展风险隐患排查和治理，提升应急联动和救援水平，全力防范与处置突发事件，保障城市安全和"G20"峰会、全球健康促进大会等重大活动安全。

2016年，市应急办组织协调各相关委办局评估修订满5年的市级专项应急预案8件，包括道路交通、桥梁隧道、轨道交通、空气重污染等专项,审核批准国际旅游度假区、洋山岛港区单元应急预案。各区、市应急委各成员单位均结合自身实际,开展各种演练。市应急办组织市级应急演练3次,分别为"危化品爆燃事故应急救援力量拉动演练""洋山岛港区道路交通突发事件应急处置综合演练""中欧应急管理合作项目——2016年全景式应急实战演练"。市电力公司举办"大面积停电联合应急演练";市气象局开展"暴雨红色预警发布演练";全市民政、民防、教委、消防、地震、红十字会等部门,市、区两级联动,在学校、社区、企业分别组织不同形式的应急救护、疏散逃生演练4600余场次,参与人数达76万余人;市消防局在3000余个居民小区组织消防安全演练,参与人数50余万人;市地震局指导各区县地震办开展地震应急疏散演练327场;市教委组织各高校开展消防疏散等演练50余次。完善市、区、街镇三级的突发事件应急联动体系,强化以市应急联动中心为龙头、以情报信息为主导、以应急处置力量为支撑的实战指挥平台,推行应急处置扁平化指挥、合成化作战的工作模式。

2016年,上海着力于突发事件应对防范,坚决遏制重特大安全事故发生。市防汛办会同市规土、住建等部门防范自然灾害风险,工程性改造42座道路下立交,组建防汛排水突击队伍100支。市交通、公安、消防、住建、质监、水务、安监、通信、电力等部门推进轨道交通、道路交通、高层建筑、建设工程、特种设备、油气管道和水电煤、通信市政公用管线等领域的安全隐患排查,开展交通大整治和禁燃烟花爆竹等专项行动。市质监局完成针对1000余台2000年前投入使用的住宅区老旧电梯安全评估。市卫计委会同联防联控成员单位做好寨卡病毒病和黄热病等新发输入性传染病疫情发生国家人员的入境检疫,排查可疑病例。市农委指导家禽养殖场的消毒、隔离和防疫,防止人感染H7N9流感疫情扩散。市食药监局对食品生产经营单位实行食品安全溯源管理。全年全市未发生重特大安全事故。

2016年3月16日,市政府办公厅印发《关于进一步加强街镇基层应急管理工作的意见》(以下简称《意见》)。《意见》要求,全面健全街镇基层应急管理组织体系,形成"政府统筹协调、社会广泛参与、防范严密到位、处置快捷高效"的基层应急管理工作机制,完成"横向到边、纵向到底"的街镇基层应急预案编制,加强应急保障能力,提升群众公共安全意识和自救互救能力，提高基层防范和应对各类突发事件能力，全力保障城市运行安全。《意见》提出7项主要任务和措施。3月，"上海市街道（乡镇）应急管理工作现场会"召开，全市启动街镇应急管理"六有"（有班子、有机制、有预案、有队伍、有物资、有演练）建设。

2016年12月14日，市环保局印发新版《上海市空气重污染专项应急预案》。新版《预案》自印发之日起施行，有效期5年。新预案未改变原预案中蓝色、黄色、橙色、红色四级（空气污染由轻到重）预警分级，但调整蓝色、橙色、红色3个级别预警启动条件。新预案加强并完善各级预警对应的应急响应措施，重点是加强工业企业污染物排放监管和建设工地扬尘管控。此外，预警启动指标调整为以实时PM2.5浓度监测值作为判定启动预警的指标。《上海市空气重污染专项应急预案》于2014年1月11日由市政府办公厅印发，2016年修订。①

二 应急联动智能化

应急处突和救援体系是一座城市不可或缺的重要部分，尤其对特大型城市来说，它关系到整座城市能否正常运作，能否平安稳定。随着恐怖主义和天灾人祸频发，应急处突和救援体系如何依据人工智能实现应急联动智能化，这已经被越来越多的城市列为建设重点，成为一个新的课题。

上海作为特大型城市，尽管重特大突发事件鲜有发生，但城市应急处突和救援体系智能化阶段的步伐却从未停止，早在1993年，上海便迈出了城市应急处突和救援体系建设的第一步——上海市公安局报警服务台成立。在维护社会安全稳定、打击各类犯罪活动中，110报警服务台发挥了重要的作用，但也暴露出一些问题，除了治安案件，各种邻里纠纷、经济纠纷等拨打110报警的事情也层出不穷，造成接处警人员疲于奔命，警力资源浪费，公安机关自身的职能难以充分发挥。为了解决这一问题，1998年，上海市政府办公厅向区县各级政府机关、委、办转发了市公安局拟定的《关于上海社会服务联合行动工作实施意见》，要求全市各公共事业、卫生、环保、民防、工商、市政等部门负责对群众的求助投诉进

---

① 《上海年鉴2017·城乡建设与管理·城市公共安全》（http：//www.shanghai.gov.cn/nw2/nw2314/nw24651/nw43437/nw434 59/u21aw1311702.html）。

行快速处理，110报警台在接到非治安刑事案件类求助电话时，要将情况及时反映给有关部门，由其作出处置，同时公安机关还承担起了各部门间的协调工作。

到了1999年1月，上海社会服务联动机制正式启动，在其后的5年里，社会报告联动机制为群众排忧解难，提供紧急救助服务达到上百万起，有效提高了各部门间的协调处置能力。

虽然社会服务联动机制在启动后颇有成效，但在发生城市重特大突发事件时，它所牵涉到的各个部门在行政上与公安又无隶属关系，公安报警台也无权在第一时间指挥调动这些单位参与处置，这将会延误最佳的处置时机。2003年5月，市政法委向市委提出建立一个由市政府直接领导、统一管理和指挥的城市应急联动中心的建议，这是城市应急联动概念第一次被提出，同月，市委批准建立应急联动中心，各项筹建工作紧锣密鼓地展开。

根据《上海市突发事件应急联动处置暂行办法》（沪府〔2004〕57号），市应急联动中心使用"110"报警电话号码，统一受理公民、法人或者其他组织对本市行政区域内突发事件的报警。上海市应急联动中心的指挥平台设在市公安局指挥中心，该中心的建成实现了公安、消防和交警的三台合一，日常工作由市公安局托管，采用值班长轮值制度，每日设有一名值班长（指挥长），市应急联动中心的主要职责包括受理全市范围内的突发事件报警，负责联动处置一般和较大突发事件，组织联动单位对重大、特大突发事件进行先期联动处置和对全市各级应急联动工作的指导等。而各级联动单位的主要职责包括设立应急处置指挥机构、加强对突发事件的检测预警、组建和管理应急处置队伍、配备相关应急处突和救援装备及物资、接到市应急联动中心指令后迅速派出应急队伍参与处置和应急处置资源交流共享等。

在发生城市突发事件时，市应急联动中心实行分级处置，发生一般或较大突发事件后，由市应急联动中心直接调度各联动单位参与应急联动处置，并收集事件现场的实时信息，掌握事态发展和处置情况；发生重大或特大突发事件后，市应急联动中心组织各联动单位进行先期处置，并通知有关职能部门开展后续处置，必要时成立市级专项指挥机构。

2015年7月2日发布《上海市人民政府关于印发上海市突发公共事

件应急联动处置暂行办法的通知》(沪府〔2004〕57号),其中涉及的应急联动单位增加了5家,共27家。

目前上海市应急联动中心旗下的联动单位,几乎包含了全市绝大部分的公共服务、应急处突和救援单位,分别是:上海市公安局、上海市卫计委、上海市环保局、上海市地震局、上海市司法局、上海市交通委、上海市建设管理委、上海市水务局、上海市工商局、上海市质监局、上海市市容局、上海市安监局、上海市食药监局、上海市气象局、上海海事局、上海市民防办、上海市防汛指挥部、上海化工区管委会、上海市电力公司、上海市燃气集团、上海市机场集团、上海华谊集团、上海申通地铁、上海铁路局、上海自贸区管委会、上海虹桥商务区管委会和上海市新闻办。

市应急联动中心除了与旗下各联动单位的日常联系沟通,还承担着与驻沪军队和武警部队的联系沟通,建立与军队和武警部队在突发事件时的共同处置机制,组织协调军警地开展联合反恐演练及联合应急救援演练。

依靠科技进一步提高风险隐患发现、识别、管理、控制能力;构建智能化的应急指挥调度系统,实现应急联动智能化,对于维护人民安定生活、实现突发事件的高效追踪调度,具有重要意义。在此背景下,传统粗放式的应急预警管理模式越来越不能满足社会公共安全应急管理的需要,信息化、科技化是大势所趋。

当前,世界范围的科技革命和产业变革正在孕育兴起,一些重要科学问题和关键核心技术呈现革命性突破先兆。脑科学、量子计算、材料基因组等前沿科技领域展现重大应用前景。信息网络、生物科技、清洁能源、新材料、智能制造等技术领域交叉融合,加快群体性突破和颠覆式创新,科技与产业向"智能、泛在、互联、绿色、健康"方向融合发展。其中,以大数据、云计算、移动互联网等为代表的新一代信息技术向经济社会生活各领域广泛渗透,成为未来变革的重要引擎。

该中心系统、有效地整合与调动了城市应急的联动资源,及时共享各类相关信息,充分发挥了指挥调度、应急联动所需的各种信息资源融合共享、信息智能化处理和在信息处理后对案发区域内布警调度的能力,真正实现"全网管理、触网即动"的智能化、扁平化科学调度与快速反应,以最快的速度将违法犯罪等影响公共安全的案件平息和处理。

随着新技术、新理念层出不穷,我们要利用互联网、大数据、智能辅助决策等新技术推动应急管理信息化，积极运用"互联网+"理念，开发支持文字、声音、图片、视频的突发事件信息报送手机客户端及配套管理系统。与此同时，加强新媒体应用，及时回应社会关切，并根据事态进展动态发布信息等，结合智慧城市建设，完善网格管理信息平台，强化突发事件预测预警功能，及时发现突发事件苗头，提高先期处置时效。

上海作为我国特大城市，在享受城市化快速发展带来的便利时，也面临着城市公共安全管理难度大、应急响应能力不足等困扰。提高城市应急管理能力、提升城市智能化管理水平，对于突发事件应对发挥着重要作用。

2014年12月，《国务院办公厅关于加快应急产业发展的意见》（国办发〔2014〕63号），明确提出要以企业为主体，以市场为导向，激发各类创新主体活力，加快突破关键技术，不断提升应急产业整体水平和核心竞争力，增强防范和处置突发事件的产业支撑能力。

2016年8月5日，上海市人民政府关于印发《上海市科技创新"十三五"规划》的通知，规划中提出：针对超大城市多元空间尺度的灾害风险问题，开展城市日常运行管理突发事件监测、预警预防、处置救援等关键技术与产品研发及应用示范，提升超大城市应急处置能力和智慧管理水平，保障城市有机体的正常高效运行，使市民工作生活更有序、更安宁。其内容主要包括以下几方面。

（一）城市综合安全运行与智慧管理

围绕城市建设管理运行需求，以及气候变化等多因素导致的多元风险，开展城市综合安全运行风险监控、预警、事故防范与快速应对技术研发和应用示范，完善网格化管理技术和应用模式，推进基于大数据与云计算的城市危险源动态辨识系统与智慧管理平台的一体化建设。针对大型城市综合体和人群密集重点区域，实现常态化安全风险防范关键技术突破，构建城市突发事件自动预警与全过程管控体系，提升多重安全风险的精细化预警和应急响应功能，基本实现城市安全风险治理的高效与可控，保障城市安全运行。

（二）城市地下空间的综合利用与安全

基于防灾物联网，突破地下空间主要灾害实时监测与智能预警技术，构建重大市政基础设施全生命期抗灾技术体系，提升多发性灾害的风险防控和处置能力。围绕地下轨道交通、长大隧道等地下生命线的安全运行，以及地下资源综合开发利用的多元风险，重点开展多传感器信息融合、运行状态在线监测、复杂环境开发利用致灾因素识别等技术研究，构建地下空间综合开发与防灾安全试验平台，深化地下空间基础设施的信息化管理，提升灾害影响评估和安全风险控制水平。开展地下综合交通枢纽和商业中心疏散与应急安全系统技术研究，推进地下空间重大灾害整体应对网络与保障体系的建设。

（三）城市高层和超高层建筑群安全

推进城市高层建筑和超高层建筑健康监测和评估技术研发，构建基于数字网格和建筑信息化模型（BIM）技术的安全管理保障体系，为增强超高层建筑（群）安全运营提供科技支撑。融合大数据、物联网和网络地理信息系统以及虚拟现实等技术，重点开展城市高层和超高层建筑（群）火灾等突发事件多元信息监控、感知与报警技术研究，推进智能安全疏散引导等技术突破，建立基于灾害现场重构及动态信息反馈的新型火灾预警技术体系。开展玻璃幕墙爆裂与外墙脱落等灾害智能化预防技术研究，为防止次生灾害危及公众安全提供技术保障。

2016年8月30日上海市人民政府发布《"中国制造2025"上海行动纲要》（沪府发〔2016〕69号），提出力争在关键核心技术领域和产业化方面取得重大突破。2017年8月14日发布《上海市人民政府办公厅关于加快本市应急产业发展的实施意见》（沪府办发〔2017〕48号）提出，力争到2020年建成3到5个国家级应急产业示范基地，在应急智能机器人、北斗导航救援系统、城市公共安全应急预警物联网、应急救援装备等方面的关键技术和产品的研发和制造能力达到国际先进水平。实施意见还提出，上海要培育一批在国内外有影响力的应急产业企业，逐步实现高端应急装备核心产品的进口替代，实现应急产业工业产值与服务业产值达到1600亿元。上海这次发布的应急产业实施意见，以国家明确的监测预警、预防防护、处置救援、应急服务等四个应急产业为重点方向，并结合本市实际，确定了应急产业发展重点：一是发展监测预警类应急产品，提高各类突发事件监测预警的及时性和准确性；二是发展预防防护类应急产品，提高个体和重要设施保护的安全性和可靠性；三是发展处置救援类应急产品，提高突发事件处置的高效性和专业性；四是创新应急服务业态，提高突发事件防范处置的社会化服务水平。同时提出了推动应急产业示范基地建设、提升应急产业标准化水平、完善应急物资管理系统、推进应急产业军民融合发展、推广应急产品服务消费市场、促进应急产业国际交流与合作等六大重点任务。具体见附件3《上海市人民政府办公厅关于加快本市应急产业发展的实施意见》。

此外，除了上海市应急联动中心体现应急联动智能化外，上海还建立了"上海大客流监测平台"。针对上海市人流密集场所，为及时监控人流密度，智能化指导安保和疏散工作，确保人身安全，牵头研发了上海大客流监测平台，基于云计算、物联网、大数据技术，充分整合应用运营商、电子围栏、轨交流量、WI-FI嗅探等多源头多维度数据，进行客流综合监测预警。

作为应急信息化领军企业，为上海智慧应急管理做出重大贡献的是由上海电信研究所更名而来的电信科学技术第一研究所有限公司（以下简称"电信一所"）。

智慧应急管理板块为电信一所应急发展的核心业务，以自主创新和专业能力进行软硬件产品研发和系统集成，主要产品包括公安三台合一指挥调度系统、消防灭火救援指挥系统、大数据挖掘分析与研判系统、政府应急管理平台、GIS地理信息系统、情指联动指挥系统、合成指挥系统、海外ECC/EGIS平台、移动应急指挥平台等。

行业分布于公安、消防、人防、医疗救护、通信、环保、政府、城市管理等；致力于为政府公共安全部门、政府行业管理部门、公共事业部门提供应急指挥与决策、预警防范等全面的整体解决方案。

目前，在国内市场覆盖31个省、市、自治区，20多个省会城市，1000多个地县级城市；建成1000多个应急指挥中心，交付使用各类移动指挥车1000多辆，在应急通信与指挥等特殊通信领域具有较高的市场占有率。肯尼亚内罗毕城市应急指挥系统的建成标志着电信一所走出了国门。此外，它在海外还承担巴基斯坦、老挝、加纳等国的城市应急指挥系统建设。系统历经多次重大事件考验，稳定可靠。在杭州G20峰会、上海迪士尼开园、亚信峰会、上海世博会等重大活动中保驾护航，此外，在重大自然灾害抗险救灾、重大反恐处突中也发挥了巨大作用。

2015年诞生的上海首个智慧应急产业联盟，也是全国首个基于信息化的智慧应急产业联盟，由工信部电信科学技术第一研究所（DS）牵头，首批36家企事业单位、高校院所及行业机构入盟。除商圈人流监控外，联盟还将运用各种新型传感方式，在轨交站点等人流密集区域，示范智慧应急的管控手段，维护城市安全运行。

三 风险防御保底线

上海作为国际大都市，体量巨大的高层建筑防火、超大客流量的轨道交通、危化物品生产存储运输环节等传统风险依然突出；共享单车、网约车、互联网理财等新经济、新产业、新业态模式下的新型社会风险亦开始萌生。风险无处不在、无时不有。面临比以往更繁多、更复杂、影响更大的安全隐患，城市风险管理的重要性日益彰显。一直以来上海公共安全形势总体可控，但公共安全风险隐患依然存在，在一定条件下仍可能触发、演化为突发事件。有效防控风险，维护社会安全，加强公共安全风险管理和隐患排查工作，实现从"以事件为中心"转向"以风险为中心"，建立健全上海公共安全风险管理和隐患排查长效机制，是保障上海"五个中心"[①]和社会主义现代化国际大都市建设、保障人民群众幸福安康生活、实现"安全是上海城市建设管理运行中必须牢牢守住底线"的重要表现。

汲取2014年"12·31"外滩拥挤踩踏事件惨痛教训，举一反三，在2015年，上海开展了风险隐患排查和治理工作，夯实应急管理工作基础。具体有：（1）开展风险隐患排查和治理。按照"全覆盖、零容忍、严执法、重实效"要求，2015年上半年完成对旅游景点、商业设施、体育场馆、娱乐场所、公园、学校、地铁、机场、车站、码头等人员密集场所的公共安全检查，梳理风险隐患清单，落实整改治理措施。2015年12月23日，上海出台《上海市人民政府关于进一步加强公共安全风险管理和隐患排查工作的意见》（沪府发〔2015〕63号），健全公共安全风险管理

[①]《中共上海十三届市委三次全会举行：研究部署2018年任务》，东方网（http://shzw.eastday.com/shzw/G/20171230/u1ai11111225.html），2017年12月30日。

和隐患排查长效机制。（2）加强突发事件监测预警。市气象、水务、公安、环保、旅游、卫生计生、食品药品监管、新闻等部门健全"谁主管、谁监测、谁预警、谁发布"的预警管理机制，落实自然灾害、事故灾难、公共卫生事件等常态化监测预报，加强实时监测和会商研判，完善预警标准和防御指引，全面提高突发事件预警能力。加强预警信息发布中心建设，建立预警发布工作联络员队伍和例会制度，利用传统媒体和新媒体平台，发布预警信息和相关提示，并制定相应的发布规范，优化完善系统功能，形成全市突发事件预警信息的统一发布格局。（3）夯实应对防范工作基础。市防汛办会同市规划和国土资源、住房城乡建设管理等部门加强防汛防台、地质灾害等风险隐患监测，加强防汛设施建设，防范自然灾害风险。全年完成47座道路下立交工程性改造，增设120处道路下立交积水监测点，增设40处道路下立交预警设施。推进轨道交通、道路交通、高层建筑、建设工程、特种设备、油气危化品管道，以及水、电、燃气、通信等市政公用管线等领域的安全隐患排查，遏制重特大安全事故发生。市质量技监局完成1200台2000年以前投入使用的住宅小区老旧电梯安全评估。市卫生计生委会同市联防联控工作机制成员单位，及时做好来自埃博拉疫情发生国家人员的入境检疫，科学、有序地处置排查疫区来沪发热可疑病例。市农委指导做好家禽养殖场消毒、隔离和防疫工作，防止人感染H7N9流感疫情扩散。市食品药品监管局加强食品生产经营单位的食品安全溯源管理。（4）完善基层应急管理体制机制。各区县应急委结合区域实际，细化应急体系、联动处置、预案演练、"3+X"（区应急办、应急联动中心、应急救援支队+相关单位）应急救援工作机制、物资储备等领域的制度规范。推进区县级基层应急管理单元建设，建立国家会展（上海）中心、外滩区域、徐家汇商圈等重要场所的23个区县级基层应急管理单元，形成具有示范效应、安全管理能力显著提升的单元化管理区域。（5）推进预案管理和物资储备体系建设。各部门单位按照《上海市突发事件应急预案管理实施办法》规范应急预案管理，应急预案的制定、审核、报备、公开、培训、演练、评估和修订等工作明显进步。市应急办结合城市运行安全特点，对照应急预案的有效期等规定，督促有关部门做好处置供电事故、药品安全、生活必需品市场供应、人员疏散撤离和避难场所启用、重大动物疫情、金融突发事件处置等9个市级应急预案修订。浦东新区和虹口、闵行、宝山、崇明等区县开展应急预案专题培训，解读预案管理办法。按照"3+X"工作机制，市应急办、市应急联动中心、市应急救援总队和市安全监管、交通、消防、地震、海事、电力等部门开展应急演练，年内开展处置地下燃气管线泄漏、轨道交通事故、化工区火灾等4次市级综合演练，检验应急预案的针对性和可操作性。市政府办公厅印发《进一步加强本市应急物资储备体系建设的意见》，建立市级重要商品储备、专业储备和区县储备三级储备体系。市应急办、市发展改革委会同相关部门推进全市应急物资储备工作，至年底，汇总物资储备信息数据13项1500条。(6)深化应急联动处置机制。市应急办、市应急联动中心、市应急救援总队深化应急救援"3+X"工作机制运作，开展应急救援队伍联勤联训。市公安局（市应急联动中心）修订《上海市突发事件应急联动处置办法》。市应急办会同市交通委、公安局、浦东新区有关部门、申通集团等单位在地铁世纪大道站试点"四长"（地铁站站长、轨交警长、街道办事处主任或镇长、派出所所长）联动机制，强化地铁站点突发事件联动处置能力。市安全委员会结合《关于切实加强生产安全事故应急处置工作的意见》，强化各有关单位落实生产安全事故应急处置责任，提升事故应急处置救援水平。市交通、环保等部门签订《关于建立部门应急联动工作机制协议》和《2015年部门应急联动重点工作项目》，启动部门联动机制，建立年度定期联席会议机制与热线联席制度，加强工作会商和协同联动。巩固《上海江苏浙江应急管理工作合作协议》成果，加强沪苏浙皖应急管理工作交流与合作，推进应急资源共享、信息互通，拓展应对跨区域突发事件应急管理工作合作机制，提高四省（市）区域共同应对突发事件能力和水平。(7)有效推进应急科普宣传教育。依托上海市城市公共安全应急管理培训中心，市应急办、市公务员局、上海行政学院开展应急管理第2期专题培训，应急管理干部200余人参加培训。市民政、民防、安全监管、消防等部门和各区县结合"5·12"防灾减灾日、安全生产月、"119"消防宣传周等社会面集中宣传活动，提高市民应对灾害的自我保护能力。市灾害防御协会、市科协、团市委、市红十字会等社会团体，开展"百人百场"等群众性应急科普宣传活动，深入学校、企业、社区等，宣传应急管理知识和灾害防御技能，提高公众自我防护能力。市教委以开学第一周、放假前一周为重点时段,开展安全教育,推进中小学生公共安全实践体验基地建设,创建"学校、家庭、社区"三方联动宣教模式。市应急办、市气象局等部门办好"中国上海"门户网站应急管理专题网页、"上海应急""上海预警发布"等政务微信,向公众提供公共应急服务和应急知识。①

2017年9月25日市委副书记、市长应勇主持召开市政府常务会议,强调"安全是上海城市建设管理运行中必须牢牢守住的底线",研究加强本市公共安全风险管理和隐患排查整治,聚焦轨道交通、危险化学品生产储存运输、高层建筑消防、食品安全、防汛防台等重点领域和机场码头车站等人员密集场所,强化日常风险管理,切实维护城市运行安全等工作。要求全市各区、各部门和各单位每年都要开展排查,向市政府报备高风险等级危险源、危险区域和一级安全隐患,并按照"边排查、边整改"的要求,及时落实风险隐患管控和整改措施,及时有效处理排查出的风险隐患。

党的十九大报告指出,要"树立安全发展理念,弘扬生命至上、安全第一的思想,健全公共安全体系,完善安全生产责任制,坚决遏制重特大安全事故,提升防灾减灾能力"。

在2018年1月23日的上海市第十五届人民代表大会第一次会议开幕式上,上海市市长应勇作政府工作报告时再次表示"上海要牢牢守住城市安全底线"。要从严从细落实安全责任,深入开展安全隐患排查整治,严防重特大安全事故发生。完善应急管理体系。加强危险化学品安全管控和综合治理,强化消防、轨道交通、道路交通、高层建筑、地下空间、人员密集场所、特种设备等重点领域的安全管理。加强关键信息基础设施保护,提高网络信息安全保障能力。完善食品安全源头治理、分类监管、全程追溯等机制,创建国家食品安全示范城市。

上海市住房和城乡建设管理委员会主任黄永平②表示要在上海城市管

---

① 《2016上海年鉴》(http://www.shanghai.gov.cn/nw2/nw2314/nw24651/nw42131/nw42154/u21aw1231804.html)。

② 黄永平:《把上海建成卓越的全球城市》,国际在线(http://www.sohu.com/a/207075624_115239),2017年11月28日11:27。

理和建设实际中，密切关注各类安全风险，坚决守住城市运行安全和工程质量安全的底线。

一是强化设施安全运行管理。重点做好高层建筑、地下空间、地下管网等领域的安全管理。加强房屋全生命周期管理，健全覆盖住宅、非居住房屋、公共建筑的安全排查和处置机制，进一步加强地下空间、燃气等安全管理。二是加强建设工程质量安全管理。严格落实质量安全管理"五方主体责任"，健全以施工总承包单位为中心，建设、监理、勘察、设计等有关单位各负其责的责任体系。推进落实注册执业人员质量责任，建立建设工程质量和安全风险评估制度、施工过程中的设计签认制度、工期及进度审核制度、工程质量保险制度等，推进施工现场质量标准化管理和建设工程在线监管，集中整治非法、违法生产行为，坚决遏制重特大事故发生。三是形成应防有力、系统严密的城市安全防御能力。加强城市运行安全体制机制建设，注重从应急管理向风险管理转变，建立与城市运行风险相匹配、覆盖应急管理全过程和全社会共同参与的突发事件应急体系。完善城乡建设防灾减灾标准体系，提高基础设施安全标准，优化完善预警预报机制，全面提高灾害防治水平，有效提升应急管理能力，努力构建全天候、系统性、现代化的城市运行安全保障体系。

四 危机应急靠事前

我国传统城市应急管理体系是建立在危机处理而不是危机管理概念之上的，危机处理主要侧重于突发事件发生之后的应对，是一种传统的抗灾救灾观念。其过程更多地放在从危机发生到结果的处理上，其体制特征是消极被动的反应。危机管理则与之相反，它是一种积极主动地、有目的地采取的对危机施加事前、事中和事后的具有计划性和持续性的动态管理过程。事前管理必须要注意把握三大环节：预测、预警、预备。应急管理上，预防为主非常重要。要树立预防为主、防治结合、全员应急管理的理念。与此同时，做好风险评估。"关口前移，预防为主"的风险治理范式逐渐受到各级城市管理者重视，要求将应急管理的重心前置、关口前移，即重点放在风险的识别、评估及防控上，改变以前被动应付公共安全事件发生后的应急处置环节。

城市犹如一台结构复杂的庞大机器，任何一个微小零件出问题，都有可能影响城市的正常运行。安全是人民日益增长的美好生活需要的重要内容，也是事关城市发展全局的重要工作。为此，自党的十八大以来，习近平总书记曾在不同场合对安全生产工作发表重要讲话，多次作出重要批示，"要加强城市运行安全管理，增强安全风险意识，加强源头管理。要加强城乡安全风险辨识，全面开展城市风险点、危险源的普查，防止认不清、想不到、管不到等问题的发生"。"要站在人民群众的角度想问题，把重大风险隐患当成事故来对待，有让人民群众安心放心的措施。"从城市公共安全管理战略高度加强城市风险防御显得尤其重要。

开展风险管理和隐患排查，是加强公共安全管理，做好突发事件预防与应急准备工作的重要抓手；是落实"预防为主、常态与非常态管理相结合"原则，实现应急管理关口前移的具体体现；是维护公共安全，完善政府社会管理和公共服务职能的重要方面。

2013年上海两会上，市长杨雄在政府工作报告中明确提出，要"加快多灾种早期预警体系建设，提升应对突发事件能力"。加强"预防为主""关口前移""源头治理"是风险隐患排查治理长效机制建设的重要保障。特别是"12·31"拥挤踩踏事件后，上海将城市运行中风险识别、隐患排查和治理作为城市公共安全管理工作的重要内容和抓手，逐步探索建立风险治理与隐患排查的长效机制。

2015年下半年，上海市人民政府在前期风险排查的实践基础上，为规范城市风险治理工作，提高风险治理工作有效性，颁布了《关于进一步加强公共安全风险管理和隐患排查工作的意见》（以下简称《意见》）。该文件明确了风险治理指导思想、工作原则、主要内容、排查方法和工作要求，对上海市的风险治理和安全隐患排查工作提出了具体任务和要求，并强调每年6月30日各区县政府、各有关部门向市政府报备所辖区域内隐患排查的结果，初步形成了区县向市政府办公厅报备、政府办公厅移交市应急办的风险隐患报备管理路径。

案例1　上海市气象局关于台风"安比"预报服务工作[①]

2018年第10号台风"安比"于7月22日12时30分在上海市

[①] 案例来源：上海市气象局提供。

崇明岛登陆,对上海市造成了明显的风雨影响。上海市气象局在中国气象局的指导下,按照市委、市政府统一部署,加强监测预警,适时发布台风预警信号和风雨实况及影响,加强部门联动,为全市各部门抗台成功提供保障。现将具体情况汇报如下。

台风"安比"是1949年中华人民共和国成立以来第三个登陆上海的台风。受台风"安比"影响,21日下午到23日白天全市普遍出现7—8级偏北大风,风力最大为东滩公园9级(23.5米/秒),小洋山10级(28.0米/秒),鸡骨礁12级(33.1米/秒);本市北部和东部地区还出现了大雨到暴雨,个别地区出现大暴雨,21日20时至22日20时实况统计显示,本市各区基准观测站中雨量最大是宝山81.7毫米,其次是浦东69毫米,自动站中横沙新民112.8毫米最大,最大小时雨强出现在横沙新民46.5毫米/小时。

上海市委、市政府进行了有力组织部署。上海市气象局贯彻落实李强书记关于做好今年第10号台风"安比"防御工作的指示要求和市防汛指挥部会议关于防汛防台工作的具体要求,上海市气象局组织下发了《关于切实加强台风"安比"气象预报服务工作的通知》,要求各单位高度重视,主动靠前,精准预报,强化联动,加强应急响应值守和信息报送工作,全力做好台风各项监测预报预警工作。

董熔局长坐镇业务一线,多次向市领导当面或通过视频汇报台风"安比"对上海的影响情况。值班局领导和分管局领导各司其职,指导预报服务工作。各业务职能部门、各直属事业单位、各区气象局昼夜值守,应急响应到位。

气象预报预警服务具有以下几方面特点。

一是预报预警准确及时

预报准确。台风"安比"生成后,上海中心气象台持续关注移动路径和对本市的风雨影响,在19日的预报结论中已经明确台风"安比"将在上海附近登陆,本市将出现8—10级大风及累积雨量可达大到暴雨,局地大暴雨。提前三天准确预报台风路径、风雨影响等,预报与实况相符。

预警及时。把握预警信号发布节奏,衔接全市层面防汛防台的指挥调度,适时发布台风黄色、橙色,暴雨黄色等预警信号,确保预警及时有效,为全市防台工作提供了较为充分的应对时间。

二是决策服务和部门联动有效

台风期间,每2小时向市委、市政府发布最新台风实况和发展趋势信息,报送《重要气象信息市领导专报》6期、《专题气象报告》7期。每3小时向市委、市政府提供《台风快报》,为领导果断决策、有序应对提供决策依据。与市应急办、市防汛办、市公安局、市电力公司等多部门保持密切联动,发布内部预通报3次、短信23条、微信11条、电话通报30余次,通过"上海知天气"App每隔3小时滚动发布"气象灾害预警服务快报"。通过"气象灾害预警服务联络员"微信群实时更新预报预警服务信息。

根据气象部门预测意见,全市各部门和各单位积极行动,全力做好防汛防台工作。全市交通行业储备草包和沙袋4万余件、挡水板2000多块、阻水袋近3万件、抽水泵千余台、拖轮和挖掘机及其他各类防汛物资不等,建立了300多支、5000多人的防汛抢险队伍,准备了数千辆各类公共交通应急车。本市全面取消大型户外活动,8000余个在建工地全部停工。浦东、虹桥机场停航660架次。全市撤离安置人员近20万人。未发生人员伤亡和重大财产损失事故,实现了"不死人、少伤人、少损失"的目标。

三是公众气象服务广泛

利用新媒体广泛宣传。通过上海市气象局官方微博平台发布台风最新动态及对上海的风雨影响,在官方网站、官方微信、官方微博上持续发布最新台风信息以及相关科普知识。与市应急办联合策划"气象防灾避险一起答"活动,引导市民主动了解气象灾害防御措施。

媒体合作扩大宣传覆盖面。为上海电视台、东方网等10余家媒体提供相关资讯,开展台风情况通报10余次,直播连线5次,接听相关媒体电话30余次,接受上海电视台采访3次,电台连线3次,专家热线接听30余次。

专家现场权威解读。气象专家通过新闻综合频道《夜线约见》栏目开展专家解读,面向公众介绍台风发展趋势,普及台风防御知识。

抗台一线现场直播。在"上海知天气"App上新增"台风直击"专栏，在抗台一线洋山港区开展"安比"风雨影响直播，并通过官方微信和App持续发布，及时将台风最新资讯传递给公众。

其中，主要亮点工作有如下几项。

一是建立联动的新闻宣传机制，确保宣传口径一致

上海市气象局和市新闻办建立了联动的工作机制，每天把台风路径信息、风雨影响等预报口径提供给市新闻办，由市新闻办要求各大媒体按照气象部门预报预警节奏开展宣传，确保口径一致。实现气象信息统一、权威、广泛发布。

二是融入城市精细化治理，开展风险预警服务

针对中心城区城市运行精细化管理和专业用户需要开展影响预报和风险预警服务。针对徐汇区发布基于气象的城市运行风险预警报告，预测未来24小时因台风造成的12345市民投诉案件数量及区域和类型分布，为徐汇区城市精细化治理提供技术支撑；针对杨浦区提供暴雨内涝影响预报产品，分析对应各个区块的内涝影响等级，为城区精细化防汛提供支撑；针对首个巨灾保险试点区黄浦区开展精细化跟踪气象服务，保险公司也根据气象信息为用户开展服务。

三是建立"党建+气象服务"新机制，强化信息解读

广泛动员党员、团员等气象青年成为网评员，在"上海发布""上海观察"等有影响力的媒体上及时跟帖发表评论，对气象信息进行科普解读，传播防灾减灾知识，引导市民关心权威的气象预报信息，同时提升市民的自救互救意识。

经验分析表明：

（一）领导关心和支持，是做好台风气象服务的关键

台风期间，市委、市政府和防汛指挥部高度重视气象监测预报预警工作，先后10次听取了市气象局的预报分析。上海市委常委、市委秘书长诸葛宇杰于7月21夜间和7月22日先后两次赴市气象局现场了解台风"安比"最新情况，慰问一线业务人员。台风"安比"的气象监测预报预警工作得到了市领导的充分肯定。在21日晚7点

召开的市防汛指挥部会议上,应勇市长特别强调指出,气象部门加强台风监测预报预警,为全市防台抗台提供了重要依据。在22日下午召开的市防汛指挥部视频会议上,时光辉副市长再次肯定气象部门预报准确、预警及时的重要性。在23日召开的市政府常务会上,应勇市长对市气象局的抗台工作给予高度肯定,指出"这次安比台风防御工作非常值得表扬的是气象局,勇担当,敢负责,为市委、市政府决策提供有力的科学依据",并请参会的董熔局长转达他对气象干部职工的感谢。

(二) 加强新技术应用,是精准预报预警的关键

风云4号卫星为台风定位定强提供了科学支撑。依托我国首颗第二代静止气象卫星FY4A先进的辐射成像仪,实时监测台风"安比"每4分钟动态更新的路径和结构场信息,运用云类型、云冰水含量等定量化产品获取"安比"的精细化云顶特征参数,为台风强度诊断提供了科学的参考。此次上海市气象局自主研发的华东区域数值预报模式提前24小时准确预报了台风"安比"登陆点,为台风路径预报提供了有力支撑。

(三) 加强媒体合作宣传,是强化社会防台意识的关键

加强媒体合作,把握正面的舆论导向,强化社会防台意识。此次台风登陆上海,影响面大,受众人群广,权威的气象预报预警信息十分重要。上海市气象局加大宣传力度,传统媒体与新媒体相结合,在官方新媒体平台上持续发声,为多家媒体及时提供资讯,第一时间发布权威的气象预报预警信息,牢牢把握了关于此次台风的舆论导向,使公众能最直接最快速地了解到最真实的气象信息。

(四) 岗位设置、内部业务流程还需要进一步优化

此次台风服务也暴露出业务岗位设置不够合理,服务产品需求过多时应对不够的现象,信息共享还不够及时,整体的业务流程还需要进一步优化。

案例2 上海市气象局关于台风"云雀"预报服务情况[①]

2018年第12号台风"云雀"于8月3日10时30分在上海市金山区沿海登陆，对我市造成了明显的风雨影响。上海市气象局在中国气象局的指导下，按照市委、市政府统一部署，借鉴防御"安比"的成功经验，并对防御"安比"台风中暴露的问题进行改进，预报预警业务流程更优化，应急响应制度执行更到位，为全市各部门防台成功提供有力保障。现将具体情况汇报如下。

台风"云雀"是1949年中华人民共和国成立以来继10号台风"安比"后第四个登陆上海的台风。受台风"云雀"影响，本市中南部地区普降暴雨，个别地区为大暴雨，8月2日20时至3日20时实况统计显示，本市各区基准观测站中雨量最大是金山89.1毫米，其次松江84.8毫米，自动站中兴塔112毫米最大，最大小时雨强出现在新浜28.8毫米（2日23时至3日00时）；2日下午到3日夜里全市普遍出现6—8级阵风，风力最大为海湾基地11级（29.3米/秒）、南漕东10级（28.4米/秒）、鸡骨礁10级（27.9米/秒）。

受台风"云雀"影响，上海虹桥、浦东两机场取消航班151架次，全市轮渡停航，卢浦大桥、东海大桥全线封闭，全市高速公路采取限速措施，中国铁路上海局集团有限公司暂停运行长三角铁路部分旅客列车24车次，假期仍在上课的幼儿园及暑托班8月3日停课一天。据民政部门初步统计，本次台风造成直接经济损失162万元。

持续滚动式预报，为市决策部门提供有利参考。上海中心气象台从7月29日起持续关注台风"安比"移动路径和对本市的风雨影响，在29日的台风专报结论中已经明确台风"安比"将在华东中部沿海登陆，对本市将产生明显风雨影响。7月30日至8月3日，通过市领导专报、专项报告以及电话沟通等多种方式持续滚动地为决策部门提供最新的台风路径和影响预报信息，与实况相比，此次台

---

① 案例来源：上海市气象局提供。

风提前5天预报准确，台风路径、风雨影响预报等都与实况相符。

分区分级预警，精准把握台风影响区域。把握预警信号发布节奏，衔接全市层面防汛防台的指挥调度，适时发布台风黄色、暴雨黄色等预警信号，各沿海区局适时发布台风橙色预警信号。确保预警及时有效，为全市防台工作提供了较为充分的应对时间。台风登陆后，适时改发大风预警，确保城市安全运行。

台风期间，及时向市委、市政府发布最新台风实况和发展趋势信息，共报送《重要气象信息市领导专报》8期、《专题气象报告》8期。每3小时向市委、市政府提供《气象灾害预警服务快报》，为领导果断决策、有序应对提供决策依据。与市应急办、市防汛指挥部、申通地铁、市消防局等多部门保持密切联动，发布内部预通报4次，短信10次，电话通报50余次。通过"上海知天气"App滚动发布《气象灾害预警服务快报》6期，通过"气象灾害预警服务联络员"微信群实时更新预报预警服务信息。

根据气象部门预测信息，全市各部门和单位积极行动，落实各项防范应对措施，全力做好防汛防台工作。市政府办公厅下发紧急通知，要求各区、各部门、各单位严格落实防汛防台责任制，紧急开展防汛防台排查，及时发布预警提示信息，全力保障公共服务。上海防汛防台应急响应行动提升到三级。据市民政部门统计，本次台风共撤离安置143065人。浦东新区、金山区、奉贤区、崇明区沿海各区迅速组织区内内河水位预降、海上作业船舶回港避风、加固锚地等工作。洋山岛港区应急办要求除值班和应急人员外，其他人员全部撤离洋山岛，洋山公安局启动三级响应，增加不少于30%警力。

利用新媒体广泛宣传。通过上海市气象局官方微博平台发布台风最新动态及对上海的风雨影响，在官方网站、官方微信和微博上持续发布最新台风信息以及相关科普知识。

媒体合作扩大宣传覆盖面。为上海电视台、东方网等10余家媒体提供相关资讯，开展台风情况通报10余次，直播连线9次，接听相关媒体电话30余次，接受上海电视台采访10余次，电台连线10余次，专家热线接听20余次。

专家现场权威解读。气象专家于8月2日通过新闻综合频道《夜线约见》栏目开展专家解读，面向公众介绍台风发展趋势，普及台风防御知识。

上海市委书记李强8月1日在上海市气象局报送的《重要气象信息市领导专报》（第41期）上批示："要进一步加强监测预警，细化预案措施，坚决防止麻痹思想，统筹做好各项防范应对工作，确保人民群众生命财产安全和城市平稳有序运行。"8月2日11时，董熔局长参加市防汛指挥部扩大会议向应勇市长汇报台风"云雀"的最新路径和走势及研判情况。20时董熔局长参加市防汛防台会议，向上海市委书记李强汇报台风动态。8月3日6时，董熔局长再次赴市防汛指挥部，向时光辉副市长汇报台风动态。

8月2日下午3点，上海市气象局在局内会商会上对本次台风预报服务工作进行了动员，董熔局长要求各单位坚决防止麻痹轻敌思想，切实加强台风监测预警和服务工作。

经验分析表明，灾害性天气预通报制度，为决策部门赢得了更多应对时间。按照局领导的要求，上海市气象局于2018年汛期建立了灾害性天气预通报制度，涵盖台风、暴雨、暴雪等9类灾害性天气。与气象灾害预警信号相比，灾害性天气预通报时效更长，标准更加严格。本制度自汛期实施以来，为各联动部门针对暴雨、高温等灾害性天气采取有效措施提供了更长时效的决策依据。在本次台风应对过程中，上海中心气象台8月1日19时57分发布台风Ⅲ级预通报，较8月2日12时发布台风黄色预警提前了约16个小时。

预警发布精细化，上海广播电视台分区发布市区两级预警信号。本年度汛期前，上海市气象局与市应急办、市新闻办、市文广局、上海广播电视台多次沟通，对以往电视台固定发布全市预警信号的业务进行了改革。自汛期始，上海广播电视台所有频道通过动画翻屏的方式播放全市所有预警信号的同时，同步播放与全市预警信号不同的区级预警信号。本次台风应对中，通过上海市气象局与上海广播电视台建立的新机制，同步播放了全市台风黄色预警信号及沿海4个区台风橙色预警信号。预警信息的精细化程度得到有力提升，填补了以往市民无法从电视媒体获取区级高影响天气预警的盲区。

优化业务流程，严格落实分级应急响应制度，是本次台风应对工作的重要支撑。针对"安比"台风应对工作中暴露出的业务单位岗位设置不够流畅，服务产品需求过多时应对不够有序或存在的全员上岗的问题，上海市气象局主要业务单位及时调整业务流程，优化岗位力量配置，保障了本次台风应对工作的有序开展。

本次台风应对过程中，在全局启动应急响应状态前，上海中心气象台最早进入Ⅲ级应急响应工作状态，市预警发布中心、各区局相继进入Ⅲ级应急响应工作状态。2日9时浦东新区、奉贤区气象局启动台风Ⅱ级应急响应，12时金山区、崇明区气象局启动台风Ⅱ级应急响应。应急响应期间，各业务单位和区局加强关键岗位值班力量，主要负责人和业务分管领导、业务骨干昼夜值守，及时将最新预报信息报告至市政府相关部门，各区气象局为区领导实时提供决策参考信息。应急响应行动的及时性以及关键岗位力量的加强，保障了台风应对工作的圆满成功。

案例3 上海市气象局关于2018年第14号台风"摩羯"预报服务工作①

2018年第14号台风"摩羯"是2018年第三个给上海带来直接风雨影响的台风，同时"摩羯"影响期间正值天文大潮，针对可能出现的"风、暴、潮"三碰头情况，上海市气象局在中国气象局的指导下，按照市委、市政府的统一部署，在连续成功服务"安比""云雀"台风的基础上，分区预警到位、服务节奏有序，充分发挥气象部门在防汛防台工作中的重要保障作用。现将具体情况总结如下。

台风实况及影响情况。受台风"摩羯"外围环流影响，8月12日8时至13日8时，本市市区、东部和北部地区普降大雨到暴雨，个别站点为大暴雨，浦东大团135.2毫米为最大，小时最大雨强出现在浦东大团为58.1毫米（10—11时）。另外，本市市区出现6—7级阵风，长江口区和沿江沿海地区最大阵风9级（崇明东滩湿地23.7

---

① 案例来源：上海市气象局提供。

米/秒），上海市沿海海面最大阵风10级（南漕东25.3米/秒）。受台风"摩羯"和汛期第6次天文大潮汛的共同影响，8月13日凌晨上海杭州湾和黄浦江沿线子潮潮位全面超过警戒线0.32—0.65米。

台风"摩羯"带来的风雨导致8月12日上海部分航班取消、本市高速及快速路网有部分路段实施限速、部分公园景点已采取临时关闭措施。另外，本市住建行业对所有建设工地（新改扩建、修缮、拆房、架空线入地）、物业小区、燃气供应进行全面排查，截至8月12日中午，本市所有拆房工地、燃气管网施工、架空线入地施工项目全部停工，并落实各项安全应对措施。全市预警情况：上海中心气象台8月11日20时发布台风蓝色预警；8月12日9时45分发布暴雨黄色和雷电黄色预警信号；8月13日上午6时10分解除暴雨黄色预警信号，上午8时57分解除雷电黄色预警信号，上午9时解除台风蓝色预警信号。

分区预警情况：8月12日中午沿江、沿海区包括崇明、奉贤、金山、浦东区气象局均升级为台风黄色预警。8月13日上午，沿海地区崇明、宝山、浦东、奉贤发布大风黄色预警信号。

应对台风的组织部署情况表明，气象预报信息为全市防台部署提供支撑保障。8月11日，上海市委书记李强关于防御2018年第14号台风作出批示：各区、各有关部门要密切关注台风动向，落实各项防范应对措施，确保群众生命财产安全和城市平稳有序运行。8月11日，气象局主要领导向市政府时光辉副市长汇报了"台风'摩羯'趋势分析"，重点汇报了台风对上海的风雨影响，为市领导决策进行参谋。8月12日下午，上海市市长应勇召开防汛防台工作会议，听取第14号台风的防御工作准备情况，上海市气象局主要领导到会汇报气象监测预报服务情况及台风对上海的风雨影响强度、影响时段及决策建议等。8月12日20时，上海市气象局参加时光辉副市长召集的市防汛指挥部专题会议，并对"摩羯"的最新路径和走势进行分析。

局领导坐镇指挥，内部应急响应工作组织有序。8月11日9时，上海市气象局启动台风Ⅳ级应急响应，8月12日12时，升级台风Ⅳ级应急响应为Ⅲ级应急响应。各单位、各岗位根据应急响应工作方案要求，加强应急值守和监测预警服务，全力做好台风预报服务工作。8月12日上午全国天气会商后，上海市气象局主要领导就做好台风预报服务工作提出明确的要求，要求加强内外联动，重点关注风雨的影响时段、影响范围，及时将滚动更新的预报服务信息告知决策用户、洋山港区等重点区域用户和公众。

服务于气象灾害应急一线指挥。上海市气象局决策气象服务中心密切关注台风的最新动态和对上海的风雨影响，自8月9日发布第1期关于"台风摩羯"动态起，累计报送《重要天气市领导专报——台风动态》8期，同时向委办局发布专题8期。通过公务网、"上海知天气"App专项服务板块每3小时向市委、市政府提供《气象灾害预警服务快报》为领导果断决策、有序应对提供决策依据。与市应急办、市防汛指挥部、市消防局等多部门保持密切联动，发布内部预通报4次，短信8次，电话通报40余次。通过"气象灾害预警服务联络员"微信群实时更新预报预警服务信息。

根据气象部门预测信息，全市各部门和单位积极行动，落实各项防范应对措施，全力做好当前防汛防台工作。上海市政府8月11日（周六）晚下发了《关于切实做好台风"摩羯"防御工作的紧急通知》，要求气象部门加强监测预警，并要求各单位根据气象部门的预警，做好全市有效落实各项防御措施、突出重点地区和部位的防范等台风应急准备工作。据市民政部门统计，本次台风共撤离安置2898人。

气象服务于社会公众，组织做好多渠道广泛发布。8月8日，"摩羯"生成后，上海市气象局即组织官方微博平台发布台风动态。9日起在官网、官微、官博以及"上海知天气"App上持续发布最新台风信息、短视频和科普知识。累计通过"上海预警发布"微信推文6篇，单篇阅读量最高点击量达到15509次；通过官方微博发布信息40余条，总阅读量约380万，单条最高25.7万；通过上海天气网发布16篇文章，单篇阅读量最高16047。组织跟踪服务，"上海知天气"App增设"台风直击"专栏相关跟踪报道；通过各类官方渠道及时滚动通报最新实况，做好防台风防暴雨科普；尤其针对周一早高峰重点时段开展服务。做好媒体服务，为上海电视台、解放日报、东方网等多家媒体提供相关资讯和专家解读。主动发布和接受媒体采访达26人次。

经验分析表明，气象分区预警充分体现了上海城市精细化管理的工作理念。上海全市正在全面推进大城市精细化管理工作，8月12日下午，应勇市长在防御台风"摩羯"专题会上专门提到，气象部门在台风预警服务中采取的分区预警发布策略，为政府部门的精细化管理提供了依据和支撑，同时这也充分体现了城市精细化管理的工作理念。在此次台风预警服务中，上海市气象局科学把握预警信号发布节奏，精准把握台风影响区域，衔接全市层面防汛防台的指挥调度，全市适时发布台风蓝色、暴雨黄色等预警信号，各沿海区局适时发布台风黄色预警信号，为全市精准防台工作明确了防御的重点区域、重点时段。下一步上海市气象局将进一步规范气象分区预警发布要求，加强市级对区级预警的指导，落实区级气象与防汛部门的岗位直通车制度，广泛宣传分区预警的发布情况，科学指导分区实施精细化的防御措施。

全程滚动无缝隙气象服务是做好决策气象服务的关键。从台风"安比"到台风"摩羯"，上海市气象局服务策划全面、业务流程规范、预报准确超前、服务及时主动，全程无缝隙，为市委、市政府领导提供了重要的决策依据。局、台领导坐镇指挥，参加国家局加密会商，参加市委、市政府防台防汛专题会议，及时向市领导汇报台风实况和预报情况；首席等预报人员坚守岗位，密切监视台风动态、天气变化，随时提供最新预报；决策服务人员发挥敏感性、及时性和主动性，早做准备，随时提供预报预警、天气实况等各种专题服务材料，及时按要求上报预报服务总结等，实施全程滚动无缝隙服务。下一步上海市气象局将在发布预通报、专报的同时，继续细化和深化不同影响范围、不同影响程度下的防御建议，对决策部门提前部署、提高防御应对能力做好参谋。

气象部门与媒体间密切互动是提升气象服务效果的有力保障。在台风气象服务中，上海市气象局与各大主流媒体开展了密切合作，通过上海电视台新闻综合频道开展直播和夜线专家解读，通过解放日报、东方网等主流报纸和新闻客户端广泛快速地传递各类台风预报信息和防御指引,在公众服务方面起到了事半功倍的服务效果。下一步上海市气象局将继续加强与宣传部门、社会媒体沟通,健全合作机制,将气象监测、预报、分区预警信息等通过"上海预警发布"等权威媒体及时发布,利用广播、电视、网络等媒介为广大群众提供准确、及时、全面的气象服务,进一步提升公众的防灾减灾意识。

案例4 上海市气象局关于2018年第18号台风"温比亚"预报服务工作①

2018年第18号台风"温比亚"是2018年第四个给上海带来直接风雨影响的台风。上海市气象局在中国气象局的指导下,按照市委、市政府的统一部署,在连续成功服务"安比""云雀""摩羯"台风的基础上,分区预警到位、服务节奏有序,充分发挥气象部门在防汛防台工作中的重要保障作用。现将具体情况总结如下。

台风"温比亚"是2018年8月第三个登陆上海的台风。受其影响,8月15日20时至17日20时,本市普降大雨到暴雨,局部地区大暴雨,其中闵行体育公园154.6毫米为最大,嘉定F1赛场152.3毫米次之,小时最大雨强出现在青浦徐泾46.6毫米(17日13—14时)。另外,本市陆地出现7—9级大风,长江口区和沿江沿海地区最大阵风10—11级(东滩湿地31.5米/秒),上海市沿海海面最大阵风12级(南漕东34.1米/秒)。造成直接经济损失1231.92万元。上海中心气象台8月15日20时发布台风蓝色预警信号,8月16日12时升级为台风黄色预警信号;8月16日17时7分发布暴雨黄色预警信号,8月17日5时58分更新暴雨黄色预警信号为暴雨橙色预警信号,8月17日10时更新暴雨橙色预警信号为暴雨黄色预警信号;8月17日12时41分发布雷电黄色预警信号;8月17日15时解除台风黄色预警信号,同时发布大风黄色预警信号。8月17日15时50分,解除雷电黄色、暴雨黄色预警信号。

上海市委、市政府针对本次台风实施了应急响应的组织部署。

---

① 案例来源:上海市气象局提供。

一是气象预报信息为全市防台部署提供决策支撑

根据气象部门上报的气象信息，8月15日，上海市委书记李强批示：要进一步做好气象监测预报，加大安全隐患排查工作力度，严格落实责任制，认真细化和做实各项防范和应急处置工作。8月16日，上海市市长应勇批示：请市防汛指挥部加强"温比亚"台风的预测预报，部署防汛防台工作，特别是高空坠物的整治，切实消除隐患。根据气象部门信息，上海市政府办公厅、上海市防汛指挥部等均发文强调切实做好今年第18号台风"温比亚"防御工作的通知。

二是迅速策划部署，应急工作组织有序

8月15日16时30分上海市气象局启动台风Ⅳ级应急响应，8月16日10时45分升级台风Ⅳ级应急响应为Ⅲ级应急响应。各单位、各岗位根据应急响应工作方案要求，加强应急值守和监测预警服务，全力做好台风预报服务工作。8月16日，在全国天气会商结束后，董熔局长通过视频会议对做好台风防御工作做了专题部署，要求各单位克服麻痹思想，发扬连续作战的优良作风，继续做好台风监测预警和信息发布工作。

应急响应期间，上海市气象局向市应急办提供台风公众防御指引信息（电视滚动字幕备用）。及时向市防汛办、市应急联动中心、太湖防总、市消防局等通报气象预报预警信息，共发布内部预通报7次，短信8次，微信4次，电话通报60余次。向市防汛指挥部等相关单位提前告知做好撤离人员的准备。通过"气象灾害预警服务联络员"微信群（188人）实时更新预报预警服务信息。

根据气象部门信息，全市相关部门迅速采取防御措施。全市共组织检查在建工地、地下空间、下立交、易积水小区、旅游景点后海塘、防汛墙、泵闸等防汛设施共计39488项次，引导船只进港避风2813艘、转移上岸船民4028人，转移安置其他各类人员59236人，加固树森6.79万棵，加固店招店牌11072块、拆除12345块。

上海市气象局直接为市委、市政府决策提供服务。

8月15—17日，局主要领导多次向市政府当面汇报"台风'温比亚'趋势分析"，重点汇报了台风对上海的风雨影响，为市领导决策进行参谋。上海市气象局决策气象服务中心密切关注台风的最新动态和对上海的风雨影响，目前累计报送《重要气象信息市领导专报》6期，《专题气象报告》6期，每3小时向市委、市政府提供《气象灾害预警服务快报》。内容涉及台风动态、风雨影响、预警信号、台风登陆信息等内容，为市政府果断决策、有序应对提供决策依据。

上海市气象局直接为全市公众提供气象服务。

8月15—17日通过上海市气象局官方微博平台发布台风最新动态及对上海的风雨影响，在官网、官微、官博以及"上海知天气"App上持续发布最新台风信息和相关科普知识。为上海电视台、解放日报、东方网等12家媒体提供相关资讯，参与和组织气象专家进行台风解读9人次。在"上海知天气"App增设"台风直击"专栏，滚动通报最新实况，做好防台风科普。根据"温比亚"风大、雨大、影响范围广等特点，有针对性地开展服务策划，通过全渠道广而告之，同时提醒市民不要麻痹大意，做好防台避险准备。针对8月17日早晨短时强降水和大风对早高峰可能产生的影响，加密全渠道台风信息发布频次，增加电视台直播频次，及时向公众传递台风讯息，气象专家通过《夜线约见》栏目向公众科普防台避险知识。

经验分析表明，"早服务"为全市层面防台抗台提供了强力的决策支撑。早在第18号台风"温比亚"生成之前，上海市气象局中心台就密切关注此次"热带扰动"的发展，并提早报送了第一份市领导专报，强调：即将形成的热带风暴对本市有明显的风雨影响，预计16日中午到17日本市有大雨到暴雨，局部地区有大暴雨，陆地最大阵风6—8级，长江口区和沿江沿海地区8—9级，洋山港区和上海市沿海海面10级。早服务、早提醒、早准备，为全市防汛防台的指挥调度提供了充分的应对时间。

与媒体间的密切互动有力提升了公众气象服务效果和效率。此次台风气象服务中，上海市气象局与各大主流媒体开展了密切合作，确保宣传口径一致，通过上海电视台新闻综合频道开展直播和夜线专家解读，通过解放日报、东方网等主流报纸和新闻客户端广泛、快速地传递各类台风预报信息和防御指引，在公众服务方面起到了事半功倍的效果。

对于台风登陆等重大气象信息服务节奏的把握仍需进一步加强。一个月内台风连续四次影响上海,此次台风又是影响最强的一次,权威的气象预报预警信息显得十分重要。在台风"温比亚"快要登陆的时候,市政府办公厅、市应急联动中心等部门数次致电询问登陆地点,社会媒体也对登陆地点不断猜测。所以,针对台风登陆地点、是否登陆上海等社会关注的热点,需要在气象服务过程中予以重点关注,建立相应的服务机制,加强舆情应对。

第四节　应急智能全流程

【应急技术、装备与产业】

一　应急资源云计算

如果从 2008 年阿里巴巴决定进军云计算开始算起,中国云计算至 2018 年恰为第 10 个发展年头,[①] 产业规模从 2009 年的 249 亿元发展到 2018 年的 2481 亿元,10 年时间增长近 9 倍,近年来更是保持着 30% 以上的年均增长率,成为现代数字化发展最具代表性的领域。阿里云把一抹中国红代入了国际视野,以自主研发屹立于世界"3A"云端,比肩国际亚马逊 AWS 和微软 Azure。2013 年以后,云计算迎来高速发展,成为 IT 基础设施中的重要组成部分,支撑、连接企业业务流程,并开始与其他产业融合。随着云技术的不断发展、云应用的逐步深入,我国企业上云率增长迅速,2009 年上云率为 3.2%,2018 年增长到 30.8%,且此为保守数据。从业务方式看,公有云服务占 19.8%,私有云服务占 7.6%,混合云占了 3.1%。从上云率来看,我国仍处于比较初步的阶段,市场潜

---

① 参阅云栖大会:为更多人创造机会的科技盛宴,2018 年云栖大会来了多少人? 钉钉上的通知状态显示,光是刷脸刷二维码入场的客人,就有 55205 人与会。客人形形色色,大都带着问题和思考而来,所有人都希望在 23 万平方米的云栖小镇里撞出火花、认清未来。而现场准备了超过 170 场分论坛,涵盖智联网、金融科技、区块链、金融科技、生命科学等前沿创新领域,醉心技术的人乐得在此听大咖传道授业,与同行交流心得;寻求合作的人,恐怕就要辛苦得多,来自 67 个国家及地区超过 400 家企业,分布在 3 万平方米的展区里,一次全部逛遍总要把腿累断。

力较大，企业认为云服务的种类和创新服务还有待提高。

中国的云计算市场起步略晚，与美国存在约五年的发展差距，市场规模较欧美处于落后地位。根据《云计算白皮书（2016年）》披露的数据，2015年中国占全球云计算市场份额为5%，远小于美国的56.5%。此外，中国云计算市场尚未完全定型。在公有云领域，虽然阿里云市场份额领先，但紧随其后的腾讯云、金山云等近年来亦有出色表现，并开始携手前进，例如金山云在游戏领域与腾讯达成合作。而根据相关的调查报告，中国私有云市场尚未出现垄断企业，各企业尚有竞争空间。

2018年是中国云计算大会举办的第十年，从2009—2018年的十年里，云计算作为现代数字化发展最具代表性的新兴领域，经历了三个发展阶段。第一阶段是2010年之前，这是云计算的准备阶段，重点是确立概念和架构。第二阶段是2010—2013年，这是云计算的成长阶段，从概念普及到公有云、私有云、混合云的多云模式协同发展。用户对云计算的认识不断加深，认可程度也不断提高。从这一阶段开始，政府开始出台各项推进政策，加快云计算产业发展，促进我国传统产业接入云，完成变革。第三阶段是从2013年到现在，这是云计算的高速发展期。产业规模上来看，我国云计算从2009的249亿元规模发展到现在，2018年预计为2481亿元规模，十年时间增长数倍。尽管与美国等发达国家相比还有些差距，但与十年前相比已经是走到了前列。云计算产业在我国已全面爆发，无论是传统软件公司，还是IT巨头，甚至连互联网公司和众多创业企业都纷纷涌进这一市场。根据工信部印发的《云计算发展三年行动计划（2017—2019年）》，计划目标到2019年，我国云计算产业规模达到4300亿元。[①]

2013年9月15—17日，2013全球云计算大会[②]中国站在上海国际会议中心举办。会议从战略的高度、技术的前沿、应用的细节全方位提供多维度云计算解决方案。由全球"十大云计算领袖"之一 Joseph Wein-

---

[①] 《行业风口云计算市场十年增长十倍：行业龙头迅速崛起》（http://www.cnelc.com/text/1/180821/AD100845896_1.html）。

[②] 全球云计算大会（Cloud Connect）由 UBM Tech 于2008年在美国硅谷创办，在业界具有极高声誉，是被企业 CIO 论坛列为"全球最佳云计算盛会"之一的品牌盛会。

man 领衔的主题演讲带给了大家全新的思维和启发。① Joseph 通过严格的多学科方法——分析经济学、行为经济学、统计、微积分、计算复杂性理论、模拟和系统动力学，所描述的云计算提供的业务灵敏性、业务连续性、降低业务风险和提高用户体验的附加价值功能，为未来的应急资源的云存储和云计算及云配置都提供了最好的、最经济的最新技术手段。应急资源的运筹和优化特别是云端备急，是物态应急和现实应急同时需要配置的，也是应急计划的应急计划，应急预案的应急预案。云间悬挂和云地交换的应急信息是安全的、实时的、容灾备份的，与空天地海相接的资源库存的最大服务器。应急需求者，包括应急处置和应急响应方、被救援和被救方，以及灾难发生的实时过程，都可以在云计算的应急资源的调整配备信号引导下，将最急需、最管用的人力、物力和财力有轨迹地、有依据地、有序地投放给监测到的最需要方。这需要云计算支持的新一代"互联网＋物联网"的双网技术和"人脑＋电脑"的双脑智能协同。人虽不能一定胜天，但人在云端就可以见天，一线生机很可能真的就来自天上。一个云计算支持的应急资源救急的时代已经开启。

在云端所提供的可迭代的应急资源的空中云间对地的指令，是不受地面灾害影响的，这可以从根本上确保应急备份及应急冗余的实现，越是精密的应急指令系统就越是容易遭受灾害的毁灭性的、不可再生的、无法重启的影响，如果在云端不保存备份的话，地面物理空间的任何一处指挥系统，不论是信息系统还是作战系统的指令，很可能因灾害的发生而首先发生毁损失灵。数字化的、智能化的信息系统的好处就在于方便备份，但以往的任何本地备份都有可能不能发挥备份的作用，云备份解决了这个难题。除了备份信息系统和指挥系统数据最优利于确保业务连续性之外，人工智能的云计算还可能生成计算的应急预案和计算的预警预案。如果是没有经过演练和演习的预案，在实战时出了问题，或者无法实操、不管用，那云生成的实时预案有可能会为求救者提供新的一线生机或新生的救援方案。云计算的业务灵敏性保证了该业务的连续性和可操作性。正如 Vmware 全球高级副总裁 Charles Fan 在演讲《移动云时

---

① 郭佳：《2013 全球云计算大会中国站 9 月上海举行》，CTI 论坛，2013 年 8 月 29 日 14：12：36。

代的企业IT战略》时强调的"移动云的时代已经到来。在这个时代里,移动设备是新的客户端,云是新的服务器"。应急移动云只要能被任何一个有网络的应急需求者下载或上载,那么获救的云计算方案就会优于以往任何人工救援的老旧方案,解决信息时效性和不对称性及信息迟滞性的问题。

云安全专题及云服务模式、开源云技术、大数据及行业应用使得我们的世界正处于一个创新与变革的新时代。全球工业体系不断整合,先进计算、分析、低成本传感和可通过互联网进行的高水平连接都加速了这一时代的到来。这些创新将为各行各业带来更迅速、更高效的发展,包括航空、铁路运输、发电、石油与天然气开发和医疗保健的提供。它还将带来更强劲的经济增长、更多更好的就业机会,同时提高人们的生活水平。而这些首先就包括提供安全给这些最需要安全同时也提供安全给人类社会的行业,这些行业的安全问题和提供给这些行业更多安全的问题,都将得到云计算的直接帮助。

在上海应急治理四十年的第三个十年里,2013—2018年,这是一个应急科技面临转型和升级的时代,云计算为应急治理提供了技术上可见的可能性,特别是在应急资源的测量、预备、统筹、优化、运输、配置、投放、成本评价、升级、备份等各方面。云计算和其他的新型云技术,为云端指挥的应急提供无限可行性。移动云和移动终端的云地对话为第一时间救援提供发现和搜索的可行性方案。这也为云计算产业提供了与应急科技产业风口对接与融合的机遇。

云计算产业是指与云计算技术、产品、人才、企业、市场有关以及支撑云计算平台搭建、运维管理及服务的软、硬件的总和。云计算产业由电子信息产业、软件与服务业、互联网产业、通信产业等融合产生。云计算已经成为世界主要国家抢占新一轮经济和科技发展制高点的重大战略选择,作为新一代信息技术的核心,云计算技术及产业发展对于我国转变经济发展方式、完善社会管理手段、深入推进两化融合具有重要战略作用。而近年来,国家在宏观层面,从规划、专项、产业化发展等方面制定了促进云计算产业发展的扶持政策,有力推动了中国云计算市场的产业化、规模化发展。同时,国内参与云计算产业发展的政府和企业力量不断积聚,有效带动了中国整体信息化的进程。①

2010年8月,上海市经信委正式发布《上海推进云计算产业发展行动方案（2010—2012年）》,即"云海计划";2011年9月,上海公布《上海市云计算产业基地财政扶持政策实施办法》,明确了云计算产业基地的空间布局、产业定位、十大工程等举措,推进基地内产业集聚;2012年,上海加快了云计算产业发展步伐。目前已经基本完成云计算基础设施建设,正在大力推进以应用促发展的全新战略布局。上海市提供有远见的与云计算产业相关的政策、环境、企业、人才、技术、产品和服务,推动和支持上海云计算产业的发展和产业链结构的优化。

2013年9月2—3日在上海世博中心,全球领先的信息与通信解决方案供应商华为举办2013华为云计算大会。② 2013华为云计算大会（HCC2013）会聚全球云计算技术领袖、知名企业高层、行业权威和专家学者,精心设置近百场精彩纷呈的分论坛,提供云计算、移动应用、数据中心运维管理和企业应用等方面的最前沿创新成果。阵容强大的云智囊团具有全球视野,透过国际化视野和前瞻性分析,洞悉云计算行业发展趋势和最前沿技术。

2013年11月9—11日在上海召开的2013云计算与信息安全国际研讨会,也是专门就信息安全问题进行专业讨论的盛会,云计算的信息安全问题备受专业领域的先锋级人物们关注。2013年3月29日,由CEBEX集团创业中国精英会（China Entrepreneurs,以下简称CE）举办,IBM软件集团赞助的"2013云计算与移动应用大会"在上海金茂君悦大酒店完美闭幕。作为CEBEX举办的每年规模最大、层次最高、覆盖面最广的盛会,此次"2013云计算与移动应用大会"可以说一直是反映云与移动行业趋势的浓缩版和晴雨表。2013年10月29—30日引领科技的2013世界云计算大会在上海浦东展览馆召开。

2013世界云计算大会是国内唯一的邀请广大云计算行业用户群体免

---

① 宇博智业:《2012—2013上海市云计算产业发展研究年度报告》,中国报告大厅（www.chinabgao.com）出版发行。

② CTI论坛记者郭佳:2013华为云计算大会将于上海隆重召开（时间:2013年9月2—3日）,2013年8月7日。

费参会的大型国际峰会。大会以"大数据,宽带建设,行业示范应用,助推云实践"为主题,从云计算建设与云计算应用出发,邀请来自相关集成电路设计、软件开发、系统集成、信息安全、数据中心建设与运营、电信运营公司、政府部门与协会、医疗机构、教育科研、互联网、银行金融、保险投资公司、制造业、能源等在内的近2500名代表出席,提供技术交流、项目解决方案以及商务合作。会议规模宏大:超过2500名代表参会,中国参会规模宏大的云计算盛会。专业高端:全球云计算领域权威专家学者、企业代表及近百位知名院士、专家坐而论道,观点碰撞,决策者不容错过的信息资源。全球视野:会集来自美国、欧盟、韩日等国外云计算专家,云计算主要厂商组团与会交流,并特别邀请中国台湾、中国香港代表团参会。北京、上海、深圳、杭州、无锡等云计算示范城市代表团与广大典型用户群体参与交流。内容丰富:70余场讲座,14场专场、多形式开放交流互动平台,全面、系统、深入地反映国内外最新云端与研发实践,聆听来自行业最前沿的声音,现场解答您的疑问。突出应用:围绕云计算平台与应用解决方案展开,涵盖互联网、交通、电网、医疗、教育等多个行业的应用实践。并专门开辟云计算展示区,直观体验云计算。参加单位:相关集成电路设计、软件开发、系统集成、信息安全、数据中心建设与运营、电信运营公司、政府部门与协会、医疗机构、教育科研、互联网、银行金融、保险投资公司、制造业、能源、电力、石化、烟草、铁路、航空、仓储物流、服务业、广电媒体、房地产、建筑工程、交通旅行企业、制药化工、医药保健、快速消费品等。参加人员:政府主管部门领导、企事业单位高层决策者、CIO/CTO/信息主管、IT专业技术人员、教授/研究员、销售/市场/公关/渠道人员等。①

2018第六届全球云计算大会上海站于2018年5月9—11日在上海国际会议中心召开,随着科技的日新月异,云计算、大数据、物联网等技术应用正不断地推动并优化着信息化建设,始于20世纪90年代的信息化建设工程,因为引擎升级而插上了新的快速腾飞的信息高速的翅膀,上海在这一领域一直领跑,主要是得益于上海市政府的政策支持和远见战

---

① http://news.yesky.com/272/34915772.shtml.

略。各种该领域的国际顶级盛会接踵而至、纷至沓来、盛况空前。处于应用形势和应用需求双高的应急产业，从应急装备科技升级到应急信息系统平台智能化，都随着应急信息资源云计算发展显示出新变化。相对而言，比起其他行业和领域，应急管理部门的技术反应并不是最快的，甚至是比较滞后的，倒是应急科技产业领域蓬勃生机、一派盎然。全球云计算大会每五年召开一届。2018年首度开启一年两地双站模式，扩容升级，2018年5月在上海、9月在郑州召开。2013年全球云计算大会自美国引入，首次开启中国站，并受上海市经济和信息化委员会指导，致力于打造IT厂商、开发者以及应用企业三位一体的交流平台。

云计算是提升企业IT基础设施效率，简化IT流程管理，帮助企业实现更低成本、更高效率运营的有效手段，以上这些都是上海市政府与企业及科技界对云计算的前瞻性前沿性部署及行动，为上海在全国和世界上走在云计算及云产业的前端开拓了道路，也为应急科技与云计算产业的融合与集成应用做好了准备。上海应急行业和领域的科技支撑将得到进一步的实施，并将延续2003—2012年成长与探索阶段积累起来的技术优势和科技基础，体现在实体化、实操化的应急装备、设施、规划、科技、系统、平台上。

二 应急预警大数据

2018年全球互联网十大数据泄露事件盘点[①]

百家号根据全球各地频发的数据泄露事件，整理了2018年上半年度的10起国内外影响最大的数据泄露事件，希望以此引起广大网友对数据安全的重视。

1. Aadhaar

泄密指数：★★★★★

泄密数量：10亿条

事件时间：2018年1月3日

事件回顾：

---

① 《2018年全球互联网十大数据泄露事件盘点》，环球网（https：//baijiahao.baidu.com/s?id=1610549852221408902&wfr=spider&for=pc）。

2018 年 1 月，印度 10 亿公民身份数据库 Aadhaar 被曝遭网络攻击，该数据库除了有名字、电话号码、邮箱地址等之外，还有指纹、虹膜记录等极度敏感的信息。

印度 Tribune 报道指出，他们能够通过一个 WhatsApp 匿名群组花上 500 卢比就能获得访问该数据库的一个账号。通过输入任何一个 Aadhaar 号码（一个 12 位的唯一标识符，每个印度公民都会使用到它）检索印度唯一身份识别管理局（UIDAI）存储的关于被查询公民的诸多类型的信息。这些数据包括姓名、住址、照片、电话号码和电子邮箱地址。在向卖家额外支付 300 卢比的费用后，任何人都可以通过该软件打印某个 Aadhaar 号码归属者的身份证。

2. Facebook

泄密指数：★★★☆☆

泄密数量：超过 8700 万条

事件时间：2018 年 3 月 17 日

事件回顾：

2018 年 3 月，一家名为 Cambridge Analytica 的数据分析公司通过一个应用程序收集了 5000 万 Facebook 用户的个人信息，该应用程序详细描述了用户的个性、社交网络以及在平台上的参与度。尽管 Cambridge Analytica 公司声称它只拥有 3000 万用户的信息，但经过 Facebook 的确认，最初的估计实际上很低。今年 4 月，该公司通知了在其平台上的 8700 万名用户，他们的数据已经遭到泄露。

不幸的是，随着对 Facebook 应用程序更深入的审查，看起来 Cambridge Analytica 丑闻可能只是冰山一角。6 月 27 日，安全研究员 Inti De Ceukelaire 透露了另一个名为 Nametests.com 的应用程序，它已经暴露了超过 1.2 亿用户的信息。

3. Panera

泄密指数：★★☆☆☆

泄密数量：3700 万条

事件时间：2018 年 4 月 2 日

事件回顾：

2018 年 4 月 2 日，安全研究员 Dylan Houlihan 联系了调查信息安全记者 Brian Krebs，向他讲述了他在 2017 年 8 月向 Panera Bread 报告的一个漏洞。该漏洞导致 Panerabread.com 以明文泄露客户记录，这些数据可以通过自动化工具进行抓取和索引。Houlihan 试图向 Panera Bread 报告这个漏洞，但他告诉 Krebs，他的报告被驳回了。在此后的八个月里，Houlihan 每个月都会检查一次这个漏洞，直到最终向 Krebs 披露。随后，Krebs 在他的博客上公布了这些细节。在 Krebs 的报告发布后，Panera Bread 暂时关闭了网站。

尽管该公司最初试图淡化此次数据泄露事件的严重程度，并表示受到影响的客户不到 1 万人，但据信真实数字高达 3700 万人。

4. Under Armour

泄密指数：★★★★☆

泄密数量：1.5 亿条

事件时间：2018 年 3 月 25 日

事件回顾：

2018 年 3 月 25 日，美国著名运动装备品牌 Under Armour 称有 1.5 亿 MyFitnessPal 用户数据被泄露了，MyFitnessPal 是一款 Under Armour 旗下的食物和营养主题应用，以跟踪用户每天消耗的卡路里、设置运动目标、集成来自其他运动设备的数据、分享运动成果到社交平台而受到广泛欢迎。

该公司称，此次数据泄露事件影响到的用户数据包括用户名、邮箱地址和加密的密码，但并没有涉及用户的社会安全号码（Social Security numbers）、驾驶证号和银行卡号等隐私信息。

5. MyHeritage

泄密指数：★★★★☆

泄密数量：超过 9200 万条

事件时间：2018 年 6 月 4 日

事件回顾：

2018 年 6 月 4 日，MyHeritage 的安全管理员收到一位研究人员发来的消息称，其在该公司外部的一个私有服务器上发现了一份名为 "MyHer-itage" 的文件，里面包含了 9228 万个 MyHeritage 账号的电子邮件地址和加密密码。在检查文件后，MyHeritage 的安全管理员确认该资产包含了在

2017年10月26日之前已注册MyHeritage的所有用户的电子邮箱地址。

随后该公司发布的一份声明称，由于MyHeritage依赖第三方服务提供商来处理会员的付款，黑客破解了密码机制，获得哈希密码，但不包含支付信息。该服务将家谱和DNA数据存储在与存储电子邮箱地址的服务器不同的服务器上，该公司表示，没有证据表明文件中的数据被黑客利用。

6. Ticketfly

泄密指数：★★☆☆☆

泄密数量：超过2700万条

事件时间：2018年6月3日

事件回顾：

2018年5月31日，美国票务巨头Ticketfly遭遇黑客攻击勒索，导致音乐会和体育赛事票务网站遭到破坏，并离线和中断一周。据报道，此次攻击事件背后的黑客先是警告Ticketfly存在一个漏洞，并要求其支付赎金。当遭到该公司的拒绝后，黑客劫持了Ticketfly网站，替换了它的主页。

据黑客IsHaKdZ表示，他手中拥有完整的数据库，里面包含2700万个Ticketfly账户相关信息（如姓名、家庭住址、电子邮箱地址和电话号码等，涉及员工和用户）。

7. Sacramento Bee

泄密指数：★★☆☆☆

泄密数量：1950万条

事件时间：2018年6月7日

事件回顾：

2018年6月，一名匿名攻击者截获了由Sacramento Bee拥有并运营的两个数据库。其中一个IT资产包含加利福尼亚州州务卿提供的加州选民登记数据，而另一个则存储了用户为订阅该报刊而提供的联系信息。在截获了这些资源之后，攻击者要求支付赎金以换取重新获得对数据的访问权限。Sacramento Bee最终拒绝了这一要求，并删除了数据库，以防止将来这些数据库再被利用来进行其他更多的攻击。

根据Sacramento Bee的说法，这起黑客攻击事件共暴露了5.3万名订阅者的联系信息以及 1940 万加州选民的个人数据。

8. AcFun

泄密指数：★★☆☆☆

泄密数量：800 万条

事件时间：2018 年 6 月 14 日

事件回顾：

2018 年 6 月 14 日凌晨，国内著名网站弹幕视频网站 AcFun（A 站）在官网发布《关于 AcFun 受黑客攻击致用户数据外泄的公告》称，该网站曾遭遇黑客攻击，近千万条用户数据已发生外泄，其中包括用户 ID、昵称以及加密存储的密码等数据均遭泄露。

其实早在 2018 年 3 月，暗网论坛中就有人公开出售 AcFun 的一手用户数据，数量高达 800 万条，而价格仅为 12000 元，平均 1 元能买到 800 条。而在 AcFun 发布此次数据泄露公告之前，暗网中也早有人兜售其 Shell 和内网权限，主要卖点就是数据量大以及日流量高。

9. 圆通

泄密指数：★★★★★

泄密数量：10 亿条

事件时间：2018 年 6 月 19 日

事件回顾：

2018 年 6 月 19 日，一位 ID 为 "f666666" 的用户在暗网上开始兜售圆通 10 亿条快递数据，该用户表示售卖的数据为 2014 年下半年的数据，数据信息包括寄（收）件人姓名、电话、地址等，10 亿条数据已经过去重处理，数据重复率低于 20%，并以 1 比特币打包出售。

并且该用户还支持用户对数据真实性进行验货，但验货费用为 0.01 比特币（约合 431.98 元人民币），验货数据量为 100 万条。此验货数据是从 10 亿条数据里随机抽选的，每条数据完全不同，也就是说，用户只要花 430 元人民币即可购买到 100 万条圆通快递的个人用户信息，而 10 亿条数据则需要 43197 元人民币。

10. 华住旗下多个连锁酒店开房信息

泄密指数：★★★★★

泄密数量：5 亿条

事件时间：2018 年 8 月 28 日

事件回顾：

2018 年 8 月，华住旗下多个连锁酒店开房信息数据正在暗网出售，受到影响的酒店，包括汉庭、美爵、禧玥、漫心、诺富特、美居、CitiGo、桔子、全季、星程、宜必思、怡莱、海友等，泄露数据总数更是近 5 亿条！

从网络上流传的截图可以看出，黑客目前正在出售的数据信息如下，有几大数字值得我们注意：

1. 华住官网注册资料，包括姓名、手机号、邮箱、身份证号、登录密码等，共 53G，大约 1.23 亿条记录；

2. 酒店入住登记身份信息，包括姓名、身份证号、家庭住址、生日、内部 ID 号，共 22.3G，约 1.3 亿人身份信息；

3. 酒店开房记录，包括内部 ID 账号、同房间关联号、姓名、卡号、手机号、邮箱、入住时间、离开时间、酒店 ID 账号、房间号、消费金额等，共 66.2G，约 2.4 亿条记录。

数据之齐全，令人咋舌。

发帖人声称，所有数据拖库时间是 8 月 14 日，每部分数据都提供 10000 条测试数据。所有数据打包售卖价格为 8 比特币，按照当天汇率约合 37 万人民币。而经过媒体报道之后，该发帖人称要减价至 1 比特币出售⋯⋯

据研究人员表示，此次泄露的原因是华住公司程序员将数据库连接方式及密码上传到 GitHub 导致的。而数据库信息是 20 天前传到了 GitHub 上，而黑客拖库是在 14 天前，黑客很可能是利用此信息实施攻击并拖库。

信息化时代的今天，面对数据泄露事件的层出不穷，国家、企事业单位、个人都应提高对数据安全的重视度，加强对自身数据的保护措施。

2018 年过去的 8 个月里，"数据泄露"的字眼总是活跃在我们眼前，全球各地深受数据泄露事件的困扰，已造成数以万计的损失。据《2018 数据泄露损失研究》评估显示，大型数据泄露代价高昂，百万条记录可致损失 4000 万美元，5000 万条记录可致损失 3.5 亿美元。遭遇数据泄露事件的企业平均要损失 386 万美元，同比上年增加了 6.4%。

当前大数据正在改变世界，应急管理手段也由个人经验转向大数据风险预警，数据不仅仅是信息，还能从中分析出未来风险，提前预警，数据收集和分析则成为提升应急管理功能的重要手段，大数据可以成为政府维护公共安全的重要利器，成为控制城市风险的预警工具。因此，我们必须重视风险评估，利用大数据提前预警，完善事中应急处理，实现城市"韧性应急"。

重视大数据应用。国家出台了《促进大数据发展行动纲要》（国发〔2015〕50号）、《公共信息资源开放试点工作方案》（中网办发文〔2017〕24号）等重要文件，上海出台了《上海市大数据发展实施意见》（沪府发〔2016〕79号）等，实现大数据应急预警是其重要内容。

在预警信息平台建设方面，2013年2月6日，上海市成立了突发事件预警信息发布中心。该中心以"资源整合、平台共享"为原则，利用已有发布渠道和手段，依托市气象局的多灾种早期预警系统及工作资源，整合电视、广播、手机、微博、移动电视、电子信息屏、智能终端等发布手段，为本市各预警管理部门搭建一个面向公众、渠道多样、覆盖面广的预警信息发布共享服务平台。在发布机制方面，仍然实行"谁主管、谁负责"的原则，即不改变各部门原有的突发事件监测预警、信息审核、发布权限、评估检查等职能。各预警管理部门产生的预警信息按照管理权限，常规预警信息直接通过预警发布系统用户端上传发布；需要由市政府审核的信息由市应急办（市政府总值班室）按程序报批后发布。在运行管理方面，该中心设在市气象局，由市应急办和市气象局共同管理，其中市应急办负责预警发布系统建设和管理的综合协调，市气象局具体负责预警发布系统的研发、运行和维护，以及与各预警管理部门和发布载体的管理部门之间的配合。同时，为规范预警信息发布工作，2013年市政府制定印发了《上海市突发事件预警信息发布管理暂行办法》（沪府办〔2013〕11号），对预警信息发布的体制机制、发布流程、预警响应等作了进一步细化明确。① 此外，上海学术界和实务界开展了相关研讨。如2014年8月10日，上海2040战略专题系列研讨会专门聚焦"城市安

---

① 董泽宇：《推进应急管理建设　保障特大型城市运行安全——访上海市应急办及应急委部分成员单位负责人》，《中国应急管理》2013年第9期。

全与风险应对",对"推广大数据提前预警城市风险"开展了广泛的讨论。[①] 2017年10月29—30日,上海市人民政府发展研究中心、上海市住房和城乡建设管理委员会、上海交通大学、联合国人居署、世界银行在上海交通大学开展了主题为"全球城市精准治理"的"2017全球城市论坛"活动。在"城市应急管理分论坛"中,南京大学政府管理学院教授童星对大数据时代的灾害管理进行了展望,分别对大数据的分类、四种研究视角和不同学科中使用的不同概念进行了简要介绍,选用案例法,总结广东阳江实践经验,并对阳江经验做理论提升,探讨内在机理和运作逻辑,构建理论模型。最后,展望大数据灾害治理的未来趋势及可能陷阱,提出大数据灾害管理模型设计。[②] 对于大数据的概念界定目前学术界存在不同的理解,其中被广泛使用的是麦肯锡全球研究所(McKinsey Global Institute)对大数据给出的定义,所谓大数据,指的是超出常规数据库软件工具所能捕获、存储、管理和分析的超大规模数据集。[③]

如何利用大数据进行城市治理,是政府部门迫切需要落实的重要工作。欧美一些国家已经开始把大数据运用到应急管理中,并取得一定成效,当前国内实务界和学术界开始关注大数据的应用。例如,上海新联纬讯科技有限公司在这方面做出了积极的尝试,公司研发的 IVS 智能视频识别系统——"客流眼",获得多项发明专利以及全国和上海的科技进步奖,在上海世博会、广州亚运会、上海迪士尼、新天地客流安保等重大项目中发挥了积极作用。公司并先后荣获国家科技部、全国工商联及中共上海市委、上海市政府授予的先进单位称号。IVS 针对主要道路、广场、出入口采用智能视频技术来获取客流信息,通过对智能视频系统采集的信息进行及时的分析来完成实时人数统计和拥挤度信息,为客流信

---

① 张钰芸:《上海 2040 战略专题研讨会聚焦城市安全与风险应对——推广大数据提前预警城市风险》,《新民晚报》2014 年 8 月 11 日。
② 樊博、刘瑞:《应急管理促进城市运行安全》,城市应急管理分论坛在上海交通大学举办,2017 年 11 月 8 日 11:09,来源:人民网——上海频道。
③ James Manyika, Michael Chui, Brad Brown, et al., Big Data: The Next Frontier for Innovation, Competition, and Productivity (http://www.mckinsey.com/insights/business_technology/big_data_the_next_frontier_for_innovation).

息分析、客流诱导策略制定、信息发布提供有效的信息采集手段。①

在大数据应用方面,经过多年探索,上海智慧地运用大数据,将城市管理内容不断"绣"进一张"电子地图",人机联手,使管理渐入佳境。上海将城市管理范围划分为 2000 多个边界清晰的网格,做成一张网格"电子地图",并把公共设施、道路交通、环卫环保、园林绿化、其他设施等五大类 87 种 1202 万余个部件,全部标记在地图上,同时将环卫市容、设施管理、突发事件、街面秩序、市场监管、小区管理、农村管理和街面治安等八大类 57 种事件纳入网格化管理中。2015 年以来,上海还将城市网格化综合管理延伸至村居层面,实现"两级政府、三级管理"体系。上海不仅要在城市管理中大力推进数据集成进程,更要善用大数据,通过分析研究,寻找城市精准管理的"靶心"。②

将大数据应用于建设上海"智慧公安",增强城市应急治理能力,在化解城市风险、实现精准治理过程中发挥了积极作用。据上海公安部门介绍,这座超大型城市将以智能化安防体系和大数据应用为支撑,实现研判多维、指挥扁平、处置高效的精准警务,使城市治理不断向"最有序、最安全、最干净"目标迈进。为有效遏制电信网络诈骗案件发案,上海市公安局建立了可疑电话预警数据模型,系统分析诈骗电话特征信息,智能识别进行中的疑似诈骗行为。上海市反电信网络诈骗中心与市局指挥中心、治安总队建立起联合劝阻机制,警情直接推送至被害人所在社区民警、居委会干部、楼组长,第一时间组织力量上门对被害人进行劝阻。据不完全统计,2017 年上海通过提前预警的方式已劝阻潜在被害人 13.2 万人次。通过改变一线警力目前驻点固守、巡逻警戒、安检盘查等传统模式,逐步转向主要处置由感知、研判之后精准推送的警情。上海"智慧公安"建设将逐步把一线警力岗位职责从"感知风险"转向"精准处置"。

"智慧公安"将悄然再造公安主业"打击破案"的流程。据上海市公安部门介绍,通过"智慧公安"数据超算中心实现毫秒级响应,可以迅速

---

① 上海金城达数码科技有限公司:《大数据在应急管理中的应用》,博客(http://blog.sina.com.cn/s/blog_abc58fe20102vqg4.html),2015 年 4 月 3 日 15:49:03。

② 孙小静:《上海运用大数据将城市管理内容绣出活地图》,人民日报(http://www.cac.gov.cn/2017-09/22/c_1121706087.htm),2017 年 9 月 22 日 12:15:32。

判断犯罪现场周边的警力分布，并直接把指令发送到周边每个公安民警所佩戴的终端设备上，省去了指令通过分局、派出所流转的时间。每个民警所配备的单兵设备，也可以通过头盔上的摄像头捕捉画面和实现高速信号传输，及时将案发现场情况反馈至指挥中心。"智慧公安"综合服务平台，则通过统一的数据标准和接口，实现上海公安的各类应用联通。上海公安还将开发、改造、完善一批适用于不同警务类型的应用系统，并统一接入平台，同时研发建设一批满足不同实战需要的数据分析模型。上海公安还将借助人力、技术、警情、档案等渠道，实现对公共安全和社会治安风险隐患的感知，并将其数字化，大数据将作为公安工作的基本方法，实现从指挥员到战斗员的全领域全过程应用。不仅仅是"人"的互联。在这里，窨井盖丢失或移位会报警，消火栓失压或故障会报警，消防通道被占也会报警……小区的设施都装上了感应芯片，出现异动就会向民警"报告"，让隐患能及时被消除。系统还预留了更多的模块，未来还有包括居民健康数据等方方面面的智慧城市数据，均可接入这一平台。

这样的"智慧"系统正越来越多地运用于上海这座城市的各个方面，为解决一道道社会公共安全难题另辟蹊径。例如，在火灾救援方面，浦西第一高楼"白玉兰广场"，通过一张智能访客卡，可以智能定位持卡人所在位置，从而精准获取各楼层人员数量及分布，实现直观了解人员疏散逃生和被困情况，更高效地完成救助任务。据了解，上海公安机关预计将用3年左右的时间，深度运用物联网、大数据、云计算、人工智能等前沿科学技术，加快推进小区、街面、单位及地下空间等街道（镇）社区内各类要素的安防设施建设，争取在建立适应信息化、智能化和现代化要求的社会面智能安防工作上取得突破性进展。2018年试点工作已在杨浦区、徐汇区、长宁区部分街道开展，相关指导意见及技术标准正在研究。①

据上海市经信委相关负责人介绍，上海建立智慧应急产业联盟，发布上海市推进大数据产业三年行动计划，其中一个重要应用领域就是使

---

① 工作动态：《以智能化安防和大数据为支撑 上海："智慧公安"打造"精准警务"》，《上海应急》（http://www.shanghai.gov.cn/shanghai/node2314/node2319/n31973/n31991/u21ai1289440.shtml），2018年2月12日。

用大数据分析，发现城市运行和安全生产中存在的薄弱环节和隐患，采取措施防患于未然。优良大数据技术的支撑，可以将城市安全工作逐步从事后应对转变为事前预防，并形成可复制、可推广的经验。①

上海市将大数据应用于突发公共卫生事件监测预警，建立了包括"法定报告传染病系统""专病监测系统""实验室监测""症状监测"在内的较为完善的传染病监测体系。不断修订完善监测方案，制定了人感染高致病性禽流感、甲型H1N1流感等专病监测方案，并运用于世博会公共卫生保障，提升了突发公共卫生事件监测预警和信息报告能力。

因此，可以说大数据时代来临对政府应急管理构成了巨大的困难和新挑战，同时大数据也为政府部门带来了新的管理应用契机。政府部门可以运用大数据技术收集舆情和民意，通过分析相关数据，了解大众需求、诉求和意见，同时还可以对大数据进行恰当的管理、建模、分享和转化，从中提取新的深刻见解，作出应急决策。

三 应急监控物联网

对于物联网（Internet of Things）这个概念，中国在1999年提出来的时候叫传感网。中科院早在1999年就启动了对传感网的研究和开发。与其他国家相比，我国的技术研发水平处于世界前列，具有同发优势和重大影响力。物联网在美国是MIT Auto-ID中心Ashton教授于1999年在研究RFID时最早提出来的，当时也叫传感网。其定义是：通过射频识别（RFID）、红外感应器、全球定位系统、激光扫描器等信息传感设备，按约定的协议，把任何物品通过物联网域名相连接，进行信息交换和通信，以实现智能化识别、定位、跟踪、监控和管理的一种网络概念。"物联网概念"是在"互联网概念"的基础上，将其用户端延伸和扩展到任何物品与物品之间，进行信息交换和通信的一种网络概念。

2005年11月27日，在突尼斯举行的信息社会峰会上，国际电信联盟（ITU）发布了《ITU互联网报告2005：物联网》，正式提出了物联网的概念。在2005年国际电信联盟（ITU）发布的同名报告中，物联网的

---

① 仇逸、何欣荣：《用大数据和网格化技术保障城市公共安全》，新华网（http://www.xinhuanet.com/politics/2015-03/14/c_1114638178.htm），2015年3月14日。

定义和范围已经发生了变化，覆盖范围有了较大的拓展，不再只是指基于 RFID 技术的物联网。

在 2009 年中国工业运行夏季报告会上，工信部总工程师朱宏任表示，物联网是个新概念，到 2009 年为止还没有一个约定俗成的、大家公认的概念。他认为总的来说，"物联网"是指各类传感器和现有的"互联网"相互衔接的一种新技术。2009 年 8 月 24 日，中国移动总裁王建宙在台湾的公开演讲中，也提到了物联网这个概念。2009 年 8 月，温家宝总理在无锡视察时提出"感知中国"，无锡市率先建立了"感知中国"研究中心，中国科学院、运营商、多所大学在无锡建立了物联网研究院。物联网被正式列为国家五大新兴战略性产业之一，写入了十一届全国人大三次会议政府工作报告，物联网在中国受到了全社会极大的关注。物联网的概念与其说是一个外来概念，不如说它已经是一个"中国制造"的概念，它的覆盖范围与时俱进，已经超越了 1999 年 Ashton 教授和 2005 年 ITU 报告所指的范围，物联网已被贴上了"中国式"标签。

"中国式"物联网最简洁明了的定义：物联网（Internet of Things）是一个基于互联网、传统电信网等信息承载体，让所有能够被独立寻址的普通物理对象实现互联互通的网络。它具有普通对象设备化、自治终端互联化和普适服务智能化三个重要特征。物联网指的是将无处不在（Ubiquitous）的末端设备（Devices）和设施（Facilities），包括具备"内在智能"的传感器、移动终端、工业系统、楼控系统、家庭智能设施、视频监控系统等和"外在使能"（Enabled）的，例如贴上 RFID 的各种资产（Assets）、携带无线终端的个人与车辆等"智能化物件或动物"或"智能尘埃"（Mote），通过各种无线或有线的长距离或短距离通信网络连接物联网域名实现互联互通（M2M）、应用大集成（Grand Integration）以及基于云计算的 SaaS 营运等模式，在内网（Intranet）、专网（Extranet）或互联网（Internet）环境下，采用适当的信息安全保障机制，提供安全可控乃至个性化的实时在线监测、定位追溯、报警联动、调度指挥、预案管理、远程控制、安全防范、远程维保、在线升级、统计报表、决策支持、领导桌面（集中展示的 Cockpit Dashboard）等管理和服务功能，实现对"万物"的"高效、节能、安全、环保"的"管、控、营"一体化。把所有物品通过信息传感设备与互联网连接起来，进行信息交换，即物物相息，以实现智能化识别和管理。物联网是在计算机互联网的基础上，利用 RFID、无线数据通信等技术，构造一个覆盖世界上万事万物的"Internet of Things"。在这个网络中，物品（商品）能够彼此进行"交流"，而无须人的干预。其实质是利用射频自动识别（RFID）技术，通过计算机互联网实现物品（商品）的自动识别和信息的互联与共享。

全球范围内物联网的产业实践主要集中在三大方向。第一个实践方向被称作"智慧尘埃"，主张实现各类传感器设备的互联互通，形成智能化功能的网络。第二个实践方向即是广为人知的基于 RFID 技术的物流网，该方向主张通过物品物件的标识，强化物流及物流信息的管理，同时通过信息整合，形成智能信息挖掘。第三个实践方向被称作数据"泛在聚合"意义上的物联网，认为互联网造就了庞大的数据海洋，应通过对其中每个数据进行属性的精确标识，全面实现数据的资源化，这既是互联网深入发展的必然要求，也是物联网的使命所在。

比较而言，"智慧尘埃"意义上的物联网属于工业总线的泛化。这样的产业实践自从机电一体化和工业信息化以来，实际上在工业生产中从未停止过，只是那时不叫物联网而是叫工业总线。这种意义上的物联网将因传感技术、各类局域网通信技术的发展，依据其内在的科学技术规律，坚实而稳步地向前行进，并不会因为人为的一场运动而加快发展速度。RFID 意义上的物联网，所依据的 EPCglobal 标准在推出时，即被定义为未来物联网的核心标准，但是该标准及其唯一的方法手段 RFID 电子标签所固有的局限性，使它难以真正指向物联网所提倡的智慧星球。原因在于，物和物之间的联系所能告知人们的信息是非常有限的，而物的状态与状态之间的联系，才能使人们真正挖掘事物之间普遍存在的各种联系，从而获取新的认知，获取新的智慧。"泛在聚合"即是要实现互联网所造就的无所不在的浩瀚数据海洋，实现彼此相识意义上的聚合。这些数据既代表物，也代表物的状态，甚至代表人工定义的各类概念。数据的"泛在聚合"，将能使人们极为方便地任意检索所需的各类数据，在各种数学分析模型的帮助下，不断挖掘这些数据所代表的事物之间普遍存在的复杂联系，从而实现人类对周边世界认知能力的革命性飞跃。物联网概念的问世，打破了之前的传统思维。过去的思路一直是将物理基础设施和 IT 基础设施分开，一方面是机场、公路、建筑物，另一方面是数据中心、个人电脑、宽带等。而在物联网时代，钢筋混凝土、电缆将与芯片、宽带整合为统一的基础设施，在此意义上，基础设施更像是一块新的地球。故也有业内人士认为物联网与智能电网均是智慧地球的有机构成部分。

不过，也有观点认为，物联网迅速普及的可能性有多大，尚难以轻言判定。毕竟RFID早已为市场所熟知，但新大陆等拥有RFID业务的相关上市公司定期报告显示出业绩的高成长性尚未显现出来，所以，对物联网的普及速度的认识存在较大的分歧。但可以肯定的是，在国家大力推动工业化与信息化两化融合的大背景下，物联网会是工业乃至更多行业信息化过程中，一个比较现实的突破口。而且，RFID技术在多个领域多个行业进行一些闭环应用。在这些先行的成功案例中，物品的信息已经被自动采集并上网，管理效率大幅提升，物联网的梦想已经部分实现了。所以，物联网的雏形就像互联网早期的形态局域网一样，虽然发挥的作用有限，但昭示的远大前景已经不容置疑。① 物联网的行业特性主要体现在其应用领域内，绿色农业、工业监控、公共安全、城市管理、远程医疗、智能家居、智能交通和环境监测等各个行业均有物联网应用的尝试，某些行业已经积累了一些成功的案例，真正实现了物联网。物联网拥有业界最完整的专业物联产品系列，覆盖从传感器、控制器到云计算的各种应用，产品服务智能家居、交通物流、环境保护、公共安全、智能消防、工业监测、个人健康等各种领域，具有"质量好、技术优、专业性强、成本低、满足客户需求"的综合优势，持续为客户提供有竞争力的产品和服务。物联网产业是当今世界经济和科技发展的战略制高点，据了解，2011年，全国物联网产业规模超过了2500亿元，2015年将超过5000亿元。②

在应急信息化和应急产业化相结合的应急两化融合方面，应急监控通过物联网和互联网的双网融合，对于所有能够通过互联网和物联网实现连接监控的物品（商品），包括设施、设备、装备、仪器、仪表、监视器之类一切应急功能的物件的运转及功能和数据，特别是监控对象包括

---

① https://baike.so.com/doc/5343938-5579381.html.
② https://baike.so.com/doc/5327834-5563006.html.

人和物，例如人脸和包袋行李及行为轨迹的变化，可以实现自动监控和跟踪及报警。这几年推行的安防智能家居其实就是把家中的电器通过网络控制起来以便远距离遥控和监测家中安全状况变化。大客流高密度人群恐慌踩踏监控疏散引导管控、安全设施如核电站等大型安全性能高要求的任何地上地下海陆空全方位立体化监控，应急监控物联网在枢纽型的、大型的安全设施特别是城市基础设施、生命线工程设施上已经基本实现，在局地和局系统里的内部互联也基本实现。机场、码头、车站等空天地一体的安全监控，具有军事意义和国防安全价值及国家安全和城市安全保护及防范系统装备更是完全实现国产自主创新。信息监测和数据跟踪及轨迹记录描绘都是基本常规，远程医疗所使用的远程会诊、远程手术、远程120救急指挥和院前应急救治的设备发现及资源统筹优化紧急调遣配置，也是应急监控物联网中实施的基础工程。

上海应急治理的四十年里，第三个阶段的2003—2012年，即应急治理的成长与探索期，在应急通信、应急信息化、应急物资和应急设备设施的物联网规划方面，都处于起步和成长进步状态。应急的事务性工作和常规工作，其实主要体现在条线上并多于体现在部门上的，一些与应急工作高度相关的部门处置和响应方面的信息、通信、物资设备和设施等，都是在互联网和物联网的双网规划及信息化和工业化的双化推动下落实在相关条线和部门系统里的，例如公安、110指挥中心、应急联动中心、消防、民政、安监、气象、环保、民防和人防、维稳办综治办等。这些部门的实战经验、处理事件的专业能力，在善后减灾工作、提前预备和减缓工作等方面，相互配合和协同工作。越来越多的环节需要互联网前提下的物联网，视频解构文本分析、物理识别影像处理、区位分析卫星遥感跟踪、气象灾害的地理区域对比等，都是要建立起对人群、设施、地理区位的直接或间接的风险监控及识别风险，这些都需要将传感信息以物联方式进行异构数据的融合集成，给出依靠物联网才能进行准确的物理时空的监控，物联网对于应急监控领域的作用是不可取代的，也是不可限量的。

未来的应急物联网将得到专业发展。专门为应急的物联和专门为物联的应急，都是双向设计、双重功能，并且以人工智能算法来提高智慧物联的水平，对于应急监控物联网的性能要求是高于一般物联网的，也是精于一般物联网的，具有跟踪传感、遥距传感、遇险报警、反馈救急等一体化的功能。感知风险的传感器、控制器、应急指挥与调度平台、救援人员和救灾物等通过应急监控互联网的方式联在一起，实现应急机关处置机构及操作团队与致灾物、受灾主体相联，通过各种信息传感设备，例如危险源传感器、风险射频识别（RFID）技术、灾害全球定位系统、灾难红外线感应器、激光扫描器、气体感应器等各种装置与技术，实时采集任何需要进行预警监控、紧急连接、危机救援救助响应的人员、器物或设施，采集其声、光、热、电、力学、化学、生物、位置等各种需要的信息，与互联网结合形成一个巨大应急监控网络。其目的是实现物与物、物与人，所有的物品与网络的实时连接，方便风险识别、危机管理和应急处置，以实现远程风险监视、危险自动报警、危急智能控制、远程迅速诊断和非常态抢修维护，进而实现"风险管理、危险控制、应急处置、韧性运维"一体化的应急监控网络。目标是实现应急监控信息化、远程应急管理控制和应急决策响应智能化的网络。

四 海绵城市机器人

强化城市韧性以有效防灾减灾是城市安全体系建设的需要，"海绵城市"建设正是城市防灾减灾实现"韧性应急"的重要实践。上海市城市总体规划（2016—2040）提出，到2040年上海将建成更可持续发展的韧性生态之城，地下基础设施与国际大都市对标，其中建设"海绵城市"是一个关键要素。

何谓"海绵城市"？"海绵城市"是一种新型的城市建设概念，指像海绵一样的城市，遇到有降雨时能够就地或者就近吸收、存蓄、渗透、净化雨水，补充地下水、调节水循环；在干旱缺水时有条件将蓄存的水释放出来，并加以利用，从而让水在城市中的迁移活动更加"自然"。"海绵城市"突破了传统的"以排为主"的城市雨水管理理念，以建筑与小区、绿地与广场、城市道路、城市水系等各种城市基础设施作为载体，充分考虑城市基础设施安全运行和城市水安全的问题、水文条件的差异性、规划指标及项目操作的可行性，并综合利用渗、滞、蓄、净、用、排等多种生态化技术，从而构建起新型的城市低影响开发雨水系统。① 同济大学的戴慎志认为海绵城市是指通过加强城市规划建设管理，充分发挥建筑、道路、绿地和水系等生态系统对雨水的吸纳、蓄渗和缓释作用，有效控制雨水径流，实现自然积存、自然渗透、自然净化的城市发展方式。提出上海海绵城市规划建设需关注的关键问题和总体策略，阐述统筹水利规划建设，全面提升抗潮、排涝能力；完善、更新道路、广场、绿地系统，科学有效排蓄雨水；建设街区雨水调蓄系统，保障街区水安全；联通城市地下雨水调蓄系统，适度解决饮用水水源安全问题等具体策略。②

在城市化进程迅猛的中国，随着城市人口和建筑物数量的增长，城市地表径流量大幅度增加，洪涝积水、河流水系生态恶化、水污染加剧等安全问题频现。上海是既滨江又临海的超大型城市，建设海绵城市尤为急切和重要。对于海绵城市建设的重视，习近平总书记在2013年12月召开的中央城镇化工作会议上指出"解决雨水问题必须顺应自然，要优先考虑把有限的雨水留下来，优先考虑更多地利用自然力量来排水，建设自然积存、自然渗透、自然净化的海绵城市"。至此，海绵城市概念开始广为人知。

海绵城市源于低影响开发技术，排水工程的理念经历了快速排放、控制水质、量质并举和可持续发展4个阶段。目前，美国等发达国家已进入可持续发展理念阶段。21世纪初，该理念传入我国，但在城市高速发展过程中，并没有得到广泛重视。近年来，一到暴雨天气，"城市看海"现象频发。2015年上海市政工程设计研究总院牵头并会同市规划局、水务局、绿化市容局、住房保障和房屋管理局等相关部门下属研究单位一起联合开展上海市海绵城市建设实施意见的研究，并牵头承担"上海市海绵城市规划与建设关键技术研究"。根据上海的特点，通过规划系统、建筑小区系统、绿化系统、道路广场系统和水务系统等各方面的协同，将径流量、污染物、水面率、绿化率等与城市防水排洪有密切关系

---

① 《"海绵城市"》，《当代贵州》2015年第1期，第59页。
② 戴慎志：《上海海绵城市规划建设策略研究》，《上海城市规划》2016年第1期，第9—12页。

的控制指标分解到相关的各个系统,共同构建海绵城市框架体系。①

2013年至今,中央政府出台了一系列政策和规定,着力推动海绵城市规划建设。2014年10月,住房和城乡建设部出台《海绵城市建设技术指南——低影响开发雨水系统构建(试行)》②;2014年12月,财政部、住房和城乡建设部、水利部联合下发《关于开展中央财政支持海绵城市建设试点工作的通知》(财建〔2014〕838号);2015年1月,财政部、住建部、水利部联合下发《关于组织申报2015年海绵城市建设试点城市的通知》(财办建〔2015〕4号);2015年7月10日住房和城乡建设部出台《海绵城市建设绩效评价与考核办法(试行)》(建办城函〔2015〕635号),评价考核海绵城市建设效果;2015年10月,国务院办公厅下发《关于推进海绵城市建设的指导意见》(国办发〔2015〕75号)③,开始在全国范围内推进海绵城市建设。上海市政府办公厅下发《关于落实〈国务院办公厅关于推进海绵城市建设的指导意见〉的实施意见》(沪府办〔2015〕111号)。④ 上海研究制定了《上海市海绵城市建设指标体系(试行)》(沪建管联〔2015〕834号),在《上海市海绵城市专项规划》中明确:2020年,海绵城市建设面积达到建成区面积20%以上,为240平方公里;2030年,城市建成区80%以上的面积达到海绵目标。2016年发布《上海市海绵城市绿地建设技术导则(试行)》。作为2016年国家海绵城市建设试点城市,上海提出各区县"十三五"期间至少建一个海绵城市建设试点区域,浦东临港地区、松江新城和普陀桃浦地区作为2016年试点区域先行。2018年上海市人民政府办公厅发布《上海市海绵城市规划建设管理办法》(沪府办〔2018〕42号)。

临港地区是上海"海绵城市"试点的承载区,建设以滴水湖为中心向外确立七个示范区,中心目标是贯彻海绵城市"渗、滞、蓄、净、用、排"原则保护滴水湖的水质,并确保碧波万顷的滴水湖及周边地区水安全。试点区域面积79平方公里,其中老城区及已建城区26平方公里,试

---

① 吴霖:《上海海绵城市建设指标体系年底完成》,《中国建设报》2015年9月10日。
② 住建部:《海绵城市建设技术指南——低影响开发雨水系统构建(试行)》,2014年。
③ 国务院办公厅:《关于推进海绵城市建设的指导意见》,2015年。
④ 毕桂平、陈嫣、徐存福、刘振涛:《城镇化大背景下的海绵城市建设与资源协调发展——以上海市海绵城市的建设途径为例》,《上海城市管理》2016年第25卷第1期,第24—26页。

点区将实现"5年一遇降雨不积水、100年一遇降雨不内涝、水体不黑臭、热岛有缓解"的总体目标；实现年径流总量控制率不低于80%，河道水体达到水功能区划目标。同时，试点还结合上海自贸区建设，创新海绵城市建设PPP融资模式。①

发挥人工智能的作用，将机器人应用于"海绵城市"建设成为未来的发展方向。例如，智能巡检机器人在建设海绵城市中也将起到重要作用，比如水量减少、水量控制、水源保护、后期维护等，信同科技的产品和技术能够贯穿各个环节，为海绵城市建设提供真正意义上的一体化完整解决方案。

机器人清淤工艺主要是具有人不下井、路不开挖、水不断流、泥不落地四大特点，解决了人工清淤的安全性和效率问题。特别是一些排水管道经过城中村、步行街等难以开挖的地方，机器人都可以在不影响上层建筑和交通活动的情况下解决清淤问题，也就是我们常说的城市低影响的开发要求。主要工作原理就是将机器人引入地下管道内，在无须断水截流的工况下，通过全作业面视频及感应监控，完成机器人工作行走、取泥、输泥的全部过程，大大加快了工程进度，节约了工程开支。②

小结：筚路蓝缕成大治

上海应急治理四十年的最近五年，是转型与升级期（2013—2018），SEMS2.0+时代的应急治理多灾种，应急智能全流程。这是一个整体性的、系统性的、具有顶层设计和综合规划引领的改革中的转型，转型中的改革。同时伴随着上海加快开放的步伐，海纳百川上善若水的上海韧性应急迈向了一个新的时代，一个基本成熟的完整长成的韧性应急的智慧系统。这华丽的转身是优雅的，但是这个庞大的转型却是沉重的，是在前一个历史时期面临和经历了抗雨雪冰冻灾害（2008年1月25—29

---

① 戚颖璞：《上海市政总院：用创新理念和技术引领"海绵城市"建设》（http：//shzw.eastday.com/shzw/G/20161121/u1a12428427.html）。

② 张继勇、王雪铭：《机器人清淤破解城市内涝难题》，《中国经济信息杂志》2016年第21期。

日、2月1—2日)、莲花河畔屋倒塌(2009年6月27日)、静安胶州路烈火(2010年11月15日)、地铁10号线追尾(2011年9月27日)一系列典型突发事件的血与火的洗礼之后,是在亲历了 SARS 病毒、禽流感的社会背景及政治形势和上海汶川地震援救任务锤炼后,是在探索创造了上海世博丰碑式的上海城市建设规划特色里,是在特大型国际化全球城市应急这一国家重大安全形势变化开始时,在上海经验与教训并存的韧性应急征程上,在挑战与机遇并存的国内国际波谲云诡之间实现的。上海千般柔软、万分隐忍的品格,在百转千回中,痛定思痛图变革的系统性改革始于关键的第二个五年计划收官、第三个五年计划的开局之时,于是上海应急治理四十年的最近的五年时间,铸造了新时代的新辉煌,在习近平总书记首次提出的总体国家安全观引领下,上海特色城市建设规划落地了,超大规模特大城市人口高密度居留管理创新了,上海特色反恐反腐反病毒都做成了一流的大事,上海智慧城市物联网支撑国家重大安全风险管理和应急治理体系的上海运作,已经成为上海新的安全屏障。应急资源云计算、应急预警大数据、应急监控物联网、海绵城市机器人交织穿梭成城市安全的天罗地网、火眼金睛,现代高科技特别是上海人工智能高地的建设和发展,奠定及推动了最新科技在上海城市安全领域及城市应急治理体系结构性的调整、功能性的集成、组织性的升级、效率性的提升,应急技术、装备与产业全面布局,规划、配套升级,基本实现了上海城市应急初级智能贯穿全流程。从上一个时期的突发事件应急管理流程向城市安全运行风险管控流程转型,推动城市的常态管理与常态及非常态应急紧密集成一体化但平战结合流畅切换,实现枢纽型指挥中心与现场型靠前指挥流程优化和智慧风控化,上海实现了区域治理精细化,应急联动智能化,做到了风险防御保底线,危机应急靠事前。中国应急管理部和上海应急管理局的大部制跨行业多部门协同的组织变革及新机构运行启动,终是成就了大部制组织建制和应急大治理的目标。

何为春晖寸草知,凤凰涅槃舞丹青。上海应急从管理迈向治理的这条风雨路是鲜血晕染的,是泪水流淌的,全球闻名的上海外滩夜幕低垂的妩媚里,那一夜跨年的踩踏失掉几多英年芳华(2014年12月31日),全球繁忙的上海空港东航转瞬之间的两机险相撞惊醒多少梦中人(2016年10月17日),老上海风情万种的外白渡桥遭遇封闭性管制惹恼许多不解心（2017年11月27日），道路交通路网中环高架车追尾连日轮丧多条人命（2018年5月9日）。最聪明的城市也可能犯最愚蠢的错误，最妩媚的上海也可能成就最坚强的内心，血与火不是前尘往事，痛与悲不是过眼烟云，而时时在心，岁岁顾念，逝去的生灵和出生的希望同在。上海应急治理的第四个历史时期，在歌舞升平里步步惊心，在觥筹交错中恍若隔世，才五年，整五年，一个规划的跨越，一条转型的道路，一曲平安的歌谣，一湾吴淞的江水，千锤百炼终成绕指柔，那条石库门的小路，那条老洋房的弄堂，那条百乐门的长裙，那条田子坊的旗袍，那片新华路的树影，那段周公馆的语录……近五年远十年，远远四十年的侯侬风雨，韧性砥砺初心路，筚路蓝缕成大治。

总结与展望:挑战与跨越(2018—)
SEMS3.0

未来已来。立足于今天,也当思考未来,要有战略,战略是基于对未来的判断,战略从愿景来,愿景从使命来。未来是一个充满挑战和机遇的时代,马云在《马云:未来已来》一书中让我们知道了一个DT时代的来临;当阿尔法狗亮相后,AI等候在"不久的将来",直到生活中的AI痕迹越来越多,我们才明白AI已在"明天",甚至"今天",我们就进入了一个前所未有的AI世界。"我们只知大势将至却不知未来已来。"在科技不断颠覆人类想象、大数据人工智能逐渐成为公共品、技术文明和人文思潮螺旋更替的未来世界面前,我们应该以怎样的视角和心态砥砺前行?

新时代,在新经济和科技创新不断发展的同时,我们仍面临着许多重大危机和挑战。经过数十年的创新发展,中国不仅从经济总量上成为世界第二大经济体,而且正在成为全球创新和科技发展的重要高地。我国经济已经由高速增长阶段转向高质量发展阶段,城市功能日趋复杂,新的安全隐患和安全风险在加速度扩张,传统和非传统风险叠加,随着城市突发事件不断增多,城市公共安全形势日益复杂严峻。贯彻以人民为中心的城市安全发展思想,顺应科学发展潮流,加强创新研发,建立和完善现代城市应急治理体系,提升现在和未来防灾减灾救灾能力,保护人民财产和生命健康,以适应新时代社会主要矛盾变化和高质量发展要求,显得十分迫切。

上海作为社会主义现代化国际大都市,解放思想,勇于担当,敢为人先,坚定践行安全发展理念,深化改革开放,引领创新驱动,提高应急智能,更多运用人工智能、互联网、大数据等信息技术手段,提高城市科学化、精细化、智能化管理水平,走出一条符合超大全球城市特点和规律的上海应急治理新路子,不断增强具有中国特色的城市应急治理能力,更好地履行新时代使命任务。未来已来,上海应急治理的明天曙光乍现。

一　应急部领新时代

历史长河、浩浩荡荡,新时代蕴含新特质、新机遇、新挑战。进入新时代,城市安全工作面临着新的形势和新的要求。

自2003年"非典"之后,我国开始加强应急管理能力建设,但应急管理的职能、资金、人力、信息、技术等资源分散在大大小小众多部门,条块分割、机构重叠、职责交叉等这些导致行政和管理效能不高,应急能力不适应新时代的要求,迫切需要建立协同、高效的应急组织管理体系。

在新时代,为坚持"问题导向",打造全主体、全要素、全流程公共安全体系,整合优化应急力量和资源,推动形成统一指挥、专常兼备、反应灵敏、上下联动、平战结合的中国特色应急管理体制,提高防灾减灾救灾能力,确保人民群众生命财产安全和社会稳定。2018年3月国务院组建了国家应急管理部,4月16日正式挂牌。这是贯彻党的十九大精神,把应急管理纳入国家的大安全观,这个大安全观在国内就是安全生产,就是应急管理。大安全需要大治理,国家应急管理部整合灾害处理各分散部门,主要整合了自然灾害和事故灾难两类突发事件的管理职能,将国家安全生产监督管理总局的职责、国务院办公厅的应急管理职责、公安部的消防管理职责、民政部的救灾职责、国土资源部的地质灾害防治职责、水利部的水旱灾害防治职责、农业部的草原防火职责、国家林业局的森林防火职责、中国地震局的震灾应急救援职责以及国家防汛抗旱总指挥部、国家减灾委员会、国务院抗震救灾指挥部、国家森林防火指挥部的职责整合,成为名副其实的"大部制"。它有效贯通安全生产、消防救援、民政救灾、地质灾害、抗震救灾、防汛抗旱等领域的应急管理工作,克服原有的各自为政甚至以邻为壑的管理弊端,加强对应急管理的整体谋划、综合统筹和标准统一,构建一支反应迅速、动作标准、能力全面的应急队伍，以解决应急能力发展不平衡不充分的难题。应急管理部的建立是我国应急管理工作顺应时代要求，解决应急管理领域发展不平衡不充分问题，走向现代化、科学化和精细化的重要里程碑，也是应急管理工作的一次重要体制创新和机制创新，是中华人民共和国成立以来力度最大的一次应急管理改革。

应急管理部的主要职责是，组织编制国家应急总体预案和规划，指导各地区各部门应对突发事件工作，推动应急预案体系建设和预案演练。建立灾情报告系统并统一发布灾情，统筹应急救援力量建设和物资储备并在救灾时统一调度，组织灾害救助体系建设，指导安全生产类、自然灾害类应急救援，承担国家应对特别重大灾害指挥部工作。指导火灾、水旱灾害、地质灾害等防治。负责安全生产综合监督管理和工矿商贸行业安全生产监督管理等。

组建应急管理部能够将全流程、标准化、科学化的应急管理模式和工作机制推广到各个专业领域之中，提高国家整体应急能力。现有整合部门中既有防灾功能，也有救灾功能，既有前端操作，也有后方指挥，加以系统整合后，就能够从纵向上打通预防、准备、处置、评估、改进和缓解等各个阶段，在工作上形成首尾相连、循环往复、持续改进的管理闭环，提升应急管理的前瞻性和主动性。也就是说，应急管理部考虑的不再仅仅是"救"的问题，还包括"防"的问题，通过关口前移、预防为主、风险防控，防止各类型突发事件的发生，切实提高人民群众的获得感和安全感。可以说，前期防控、防患于未然将成为国家应急能力建设的重中之重，被置于核心位置。既要遵循现代应急管理规律，也要结合具体国情，注重发挥制度优势，最终体现中国特色。

2018年11月，党中央、国务院正式批准《上海市机构改革方案》，2018年11月11日，上海市委、市政府召开全市机构改革动员会进行动员部署。上海市应急管理局，就是上海市机构改革中新组建的单位。根据中央和上海市委、市政府下达的有关工作安排，日前，上海市应急管理局挂牌成立。市委组织部领导宣布了关于市应急管理局领导班子任命的决定；上海市应急管理局党组书记俞烈和上海市应急管理局局长马坚泓代表领导班子做了发言；上海市常务副市长周波出席并讲话。

上海市委、市政府要求：要进一步提高政治站位，切实把思想和行动统一到中央和市委、市政府决策部署上来。深化党和国家机构改革是以习近平同志为核心的党中央作出的重大政治决策，地方机构改革是深化党和国家机构改革的重要组成部分。市委、市政府决定组建市应急管理局，是着眼于构建统一领导、权责一致、权威高效的城市应急管理体系作出的重大决策部署。市应急管理局要统一思想、提高站位、着眼大局，深入学习贯彻好习近平总书记关于深化党和国家机构改革、应急管理、防灾减灾救灾、安全生产等一系列重要指示精神，按照市委、市政府部署要求，积极构建系统完备、科学规范、运行高效的应急管理机构职能体系，切实提高城市自然灾害防治能力，大力促进安全生产形势稳定，确保人民群众生命财产安全。

要加快推进机构改革，努力使机构职能更加符合应急管理事业的需要。聚焦机构改革的关键环节和重要节点，细化任务，周密部署，精准实施，有序推进。要对标上海超大城市应急管理特点，以着力转变职能为重点，以推进机构职能优化协同高效为着力点，抓紧研究制定"三定"规定，全面梳理职能职责关系，改革机构设置，优化职能配置，理顺职责关系，提升行政效能。要切实做好转隶组建工作，抓紧推进集中办公、细化落实规章调整等综合保障，做到"转"得出、"接"得住、"融"得好，为科学高效履职提供坚实保障。要强化应急意识，提高应急能力，做到机构改革和日常工作两手抓、两不误、两促进，全力完成好今年任务、统筹谋划好明年工作。

要着力加强干部队伍建设，努力打造一支高素质应急管理铁军，在机构改革过程中，要引导各级干部积极支持改革、拥护改革、参与改革，做到思想不乱、工作不断、队伍不散、干劲不减。要坚持新时期好干部标准，着眼应急管理事业需要，坚持严管与厚爱相结合，选好用好干部，着力建设忠诚干净担当的干部队伍。要坚持干什么学什么、缺什么补什么，认真学习应急管理、安全生产、防灾减灾救灾等各方面知识，打牢全面、系统、专业的知识根底，努力使自己真正成为行家里手。要把学习教育与实践锻炼结合起来，让应急管理干部在急难险重任务面前勇挑重担，经受考验，在处急事、破难题中经受磨炼、增长才干。要营造团结奋斗的干事创业氛围，把各级应急管理干部团结起来，各司其职、各负其责、密切配合、通力合作，调动一切可以调动的积极因素，形成推进应急管理事业的强大合力。①

紧接着,上海市应急管理局召开第一次党组中心组(扩大)学习会,集体学习习近平总书记视察上海时的讲话精神、习近平总书记向国家综合性消防救援队伍授旗时的训词,以及李强书记、应勇市长近期在市委、市政府会议上对学习贯彻习近平总书记重要讲话精神的指示要求和市机构改革动员会精神。上海市应急管理局党组副书记、局长马坚泓在发言时指出,面对更加广泛的应急管理领域,要始终坚持以习近平新时代中国特色社会主义思想为引领,进一步提高政治站位,对应急管理工作进行重新定位和认识,保持良好的工作作风,不断提高创新意识和工作水平,以更高的责任感和使命感推动应急管理各项工作。

上海市应急管理局党组书记、副局长俞烈主持会议,副局长沈伟忠、花克勤、曹俊,总工程师李彩云参加学习会。俞烈在发言时强调,局领导班子要做学习的表率,带头学深悟透习近平总书记重要讲话精神的重大意义,深刻学习领会习近平总书记交给上海的 3 项新的重大任务,重点把握习近平总书记对上海提出的 5 个方面工作要求;要牢固树立训词在应急救援工作和队伍建设中的根本指导地位,严格落实市委、市政府各项决策部署,扎实推进当前机构改革、大调研等重点任务,切实用习近平总书记重要讲话精神统领新时代应急管理工作,开创应急管理新事业、新局面,展现应急管理新气象、新作为,切实担负起保护人民生命财产安全和坚决守住城市安全底线的神圣职责。

二 初心不忘系扬帆

在庆祝中国共产党成立 95 周年大会上,习近平同志提出"面向未来,面对挑战,全党同志一定要不忘初心、继续前进"。不忘初心,坚守使命,扬帆应急治理新时代。

身为中国改革开放的窗口,上海在改革开放 40 多年前进的道路上所取得的成就,无疑受到全世界瞩目。2017 年 3 月 5 日中共中央总书记习近平在参加十二届全国人大五次会议上海代表团审议时,对上海提出四点希望,即在深化自由贸易试验区改革上有新作为,在推进科技创新中

---

① 2018 年 12 月 1 日,中国安全生产网。

心建设上有新作为，在推进社会治理创新上有新作为，在全面从严治党上有新作为。上海在"努力把上海建设成为创新之城、人文之城、生态之城，卓越的全球城市和社会主义现代化国际大都市"这一幅美好蓝图中再次宣示要当好"改革开放排头兵、创新发展先行者"。

城市发展的历史经验表明，治理水平如果跟不上经济发展的步伐，后果将不堪设想。超大城市的治理是一个世界性难题，上海首先瞄向了自身的短板，以人为本，列出了一长串的任务单："五违四必"环境综合整治，致力于消除安全隐患，改善城市风貌；交通大整治，严格处置交通违法，改善道路交通秩序；中小河道整治推开，追求全市中小河道水路清新……

上海百姓们开始在越来越多的地方，感受到这种"精气神"带来的变化。过去一年间，上海持续推进的旧改，让越来越多民众有"宜居"的获得感；过去数年间，上海实施的禁烟令取得显著效果，2018年开始推广至公园；过去一年间，市民满意的食品安全城市建设持续推进；过去一年间，继河长制覆盖全市后，路长制也在静安区全面推行……2018年年初，上海尽管遭遇近十年来最大的一场雪，部分区域积雪达3—5厘米，多处地方出现冰冻，来自公安、武警、路政、航空、铁路、绿化市容等各条战线的工作人员连夜奋战，用温热的坚守，保障了上海的平安、通畅。

2017年12月29日，上海市委召开大调研动员部署电视电话会议，决定2018年在全市开展为期一年的"不忘初心、牢记使命，勇当新时代排头兵、先行者"大调研。事实表明，这场规模空前的行动，正在为上海城市治理和其他工作注入新的活力。

2018年1月31日，上海正式发布加强城市管理精细化三年行动计划，目标到2020年，在城市设施、环境、交通、应急（安全）等方面的常态长效管理水平得到全面提升。以绣花般的细心、耐心和卓越心，使上海这座城市更有韧性、更有温度、更富魅力、更具吸引力。

2018年1月中共中央办公厅、国务院办公厅印发的《关于推进城市安全发展的意见》提出，要推进安全生产领域改革发展，切实把安全发展作为城市现代文明的重要标志，贯彻以人民为中心的发展思想，"落实完善城市运行管理及相关方面的安全生产责任制，健全公共安全体系，打造共建共治共享的城市安全社会治理格局"。

如何在经济稳步发展的同时有效预防各类灾害风险,将城市安全管理模式中的"被动整治"化为"主动治理",从而实现城市安全领域治理能力提升与治理体系优化,是当前社会转型期上海安全协同治理的重要命题。

2018年8月9日,应急管理部党组书记、副部长黄明在上海调研城市应急管理工作时指出:"上海市作为国际超大城市,创新理念思路和方法,以世界眼光和战略思维加强城市应急管理顶层设计,在推行基层网格化管理、城市精细化管理和充分发挥专家及社会力量作用等方面形成了许多宝贵经验。城市现代化程度越高,风险越集中,脆弱性越大。要继续加强战略谋划,强化风险防控措施落实,着力构建全天候、系统性、现代化的城市运行安全保障体系。"

时代潮流浩浩荡荡,发展脚步不断向前。新时代的宏伟蓝图已经绘就,新时代的伟大征程已经开启。上海这座以"当好改革开放排头兵、创新发展先行者"为己任的光荣城市,将继续以习近平新时代中国特色社会主义思想为指引,汲取"不忘初心"的力量,奋楫争先,澎湃前行。

三 智慧应急 AI 势

在我们毫无察觉的世界里,人工智能正在读取我们的天量数据,日夜不息地自我迭代进化。我们人类用了几百万年才进化来的人脑正在各个领域被人工智能轻易击败。在即将面临的人工智能浪潮席卷而来之时,我们应高度重视新时代的力量,以及新时代到来的速度。

从近些年的应急事件处置案例中可以看到,无论是在应急能力还是应急效率的提升方面,政府都具有局限性。进入新时代,随着互联网技术、AI 技术、大数据技术的发展,通过技术创新,大力发展智慧应急,顺应新时代城市安全发展的需要,人们当下已经能通过互联网技术事先模拟出突发事件发生的概率和灾难后果的严重性,实现大规模活动或大人流聚集或大客流移动的轨迹趋势预判。应急信息平台、网络技术的应用将越来越重要。对于城市风险管控、灾害风险预测、社会风险预判,从应急治理迈向风险治理的高新技术和管理手段都在快速迭代。人工智能和大数据支持下的人脸围栏、视频分析、传感识别、机器理解、算法仿真、虚拟现实,都综合集成到快速高效智慧管理现代超大全球城市安全风险的平台上。新时代,智慧应急和应急科技迎来了最好的历史发展机遇期,具有广阔的发展空间,在更精准、更高效方面,辅助城市应急治理迈向城市风险治理。

大力发展智慧应急和应急科技是推进国家治理体系和治理能力现代化的要求,科技创新将对智慧应急的发展提供最基础性和支撑性的作用。智慧应急将成为应对突发应急事件的有效途径,是当前我国智慧城市建设的重要环节。2008年以来,从中央到地方,各级政府都在力推智慧城市建设;"十二五"期间,我国智慧城市建设市场规模超过了7000亿元,"十三五"期间,我国智慧城市建设市场规模可达4万亿元。城市大脑的构建需要应用人工智能技术,而人工智能的落地离不开大数据的共享。在构建智慧城市的过程中,AI就显得尤为重要。

为贯彻落实国家《新一代人工智能发展规划》(国发〔2017〕35号),2017年11月14日,上海市政府正式对外发布《关于本市推动新一代人工智能发展的实施意见》(以下简称《实施意见》)(沪府办发〔2017〕66号),提出全面实施"智能上海"(AI@SH)行动,到2020年,实现上海成为国家人工智能发展高地的总体目标。据了解,《实施意见》的制定是贯彻党的十九大部署要求,加快推进互联网、大数据、人工智能与实体经济深度融合的重要举措。意见还提出了具体量化的目标,即打造6个左右人工智能创新应用示范区;形成60个左右人工智能深度应用场景;建设100个以上人工智能应用示范项目;建设10个左右人工智能创新平台;建成5个左右人工智能特色产业集聚区;培育10家左右人工智能创新标杆企业;人工智能重点产业规模超过1000亿元。

国家发改委、城市和小城镇改革发展中心研究员、学术委员会秘书长冯奎提出要构建智慧应急系统,强调智慧应急系统要站在新时代的背景下考虑[①]。从治理现代化的角度来看,要加强智慧应急系统建设。从智慧社会数字中国的角度来看,要重视将一系列新技术应用到应急产业中去。冯奎认为,以新时代为背景,智慧应急系统的框架构成应该从六个方面来考虑:一是对技术的系统运用;二是对资源的系统调度;三是对

---

① 胡畔:《应急产业迎来发展机遇期》,《中国经济时报》2018年8月14日。

流程的系统再造，包括事先、事中、事后的一系列流程；四是对结果的系统管理；五是对机制的系统优化，包括政府机制和市场机制；六是对效益的系统评估。

2014年12月8日，国务院发布《关于加快应急产业发展的意见》，提出要加快我国应急产业发展，突破关键技术瓶颈，不断提升应急产业整体水平和核心竞争力，增强防范和处置突发事件的产业支撑能力。为实现智慧应急，为城市安全保驾护航，2015年3月30日，成立了上海智慧应急产业联盟。上海智慧应急产业联盟是由上海迪爱斯通信设备有限公司、上海新联纬讯科技发展有限公司、上海城基中控有限公司、万达信息股份有限公司、中电科软件信息服务有限公司、中国移动通信集团上海有限公司、中国联合网络通信集团有限公司上海市分公司、中国电信股份有限公司上海分公司、上海交通大学、华东理工大学等30余家涵盖规划设计、研究开发、系统集成、产品服务、通信网络、科研服务的企事业单位，共同发起成立的非营利性社会团体组织。

联盟将着力于上海智慧应急产业发展规划，以推进上海及周边地区乃至全国应急产业的创新和发展为目标，建立智慧应急产业链上下游、产学研用资等资源信息、知识产权的共享机制；建立与政府沟通的渠道及人才培养、国际合作的公共服务平台；组织企业、科研院所、高校等围绕产业自主技术创新的关键和重大问题，开展技术合作，突破产业发展的核心技术，实现创新资源的有效分工与合理衔接，实行知识产权共享；推动上海智慧应急领域科技创新平台的建立。最终实现或达到国内创新领先、国际知名的联盟组织。

新时代，上海在智慧应急方面，大力提升城市管理的精细化水平，助推城市应急治理体系和治理能力现代化，2018年2月6日发布《上海市人民政府办公厅关于成立上海市智慧公安建设领导小组的通知》（沪府办〔2018〕10号），上海"智慧公安"建设迈步出发，庞杂的数据正被梳理编织成一张城市安全网，成为增添上海市民幸福感、获得感和安全感的一次改革创新。例如，上海的居民区将广泛安装具有高灵敏度的视频、烟雾、声光感知设备，将实时采集的数据信息汇总到超算中心，通过数据运算，发现嫌疑人员，预警治安防控隐患，并通过手机将信息点对点推送至离事发点最近的社区民警。如今，行走在上海街头，不难发现这样多维度、立体化的城市"泛感知网"正逐步串丝成线、密织成网,上海的平安和有序就在这张网中不断孕育、成就。①

网络社会中,突发事件与网络舆情相互耦合极易产生一系列连锁效应。因此,在重视线下应急管理的同时,还应重视线上的"网络世界的应急管理",主动感知网络民意,实现风险感知应急。智慧应急的前提是发现规律、利用规律。深刻把握突发事件演化规律,识别演化关键节点,划分演化阶段,据此构建"无事先防,事初防变,事后防复"的应急管理模式,进而提升应急管理效能。智慧应急的手段是大数据、人工智能等关键技术。我们要依托大数据、人工智能等技术开发"监测→预测→预警→预防"的一体化智慧应急系统,敏锐识别风险隐患,感知突发事件情报,实现主动预测预警预防。

四 颠覆技术新风险

Gartner 公司近日公布 2018 年的十大战略技术发展趋势报告,报告点评了这十大技术的发展现状,并预测了它们在未来一段时间内的发展趋势。② 近日,全球领先的信息技术研究和顾问公司 Gartner 公布了在 2018 年对大部分企业机构产生显著影响的首要战略科技发展趋势。Gartner 副总裁大卫·希尔雷(David Cearley)预测,2018 年十大战略科技发展趋势将与智能、数字、网格息息相关。智能数字网格将作为未来数字业务和生态系统的基础,IT 领导者们在制定创新性决策时必须将其考虑在内,否则将面临巨大风险。人工智能(AI)常常与数据排序有关,偶尔与科幻作品中的虚幻机器人场景有关,但医疗保健领域的领导者希望利用机器学习,更有效地识别和治疗疾病。比如说,临床医生希望借助机器学习,通过核磁共振(MRI)和计算机断层(CT)扫描,更准确地识别肿瘤组织和健康组织,对头颈部癌症实行更精准的辐射治疗。Gartner 评出了对行业具有广泛影响力、在颠覆现状方面也大有潜力的十大战略性技

---

① 《新时代上海开启"智慧公安"建设 数据织密安全网 让平安"全时空"》,人民网(http://legal.people.com.cn/n1/2018/0213/c42510-29822122.html),2018 年 2 月 13 日 08:55。

② 原文来自:thenextsiliconvalley。

术趋势，AI 和智能物件是其中两个趋势。数字企业继续结合物理世界和数字世界，技术将融入未来数字企业的各个环节中。人员、设备、内容和服务的这种结合被称为智能数字网格（intelligent digital mesh），统称为 2018 年的三大趋势。

以下是十大战略技术的发展趋势。

（一）人工智能基础（AI Foundation）

至少在 2020 年之前，开发能够自我学习、调整并自主行动的系统仍是技术提供商的主要战场。直到 2025 年，人工智能将助力决策、重塑商业模式与生态系统、重建客户体验，这些都将进一步推动数字化进程。Cearley 认为："人工智能技术正在快速演化，各企业机构必须加大对技能、流程与工具开发的资金投入，以便构建功能更强大的人工智能系统。有前景的投资领域包括数据准备、集成、算法、选择训练方法以及建模。这些多元化的领域需要数据科学家、开发人员与业务流程所有者等多方支持者的共同努力。"

（二）智能应用与分析（Intelligent Apps and Analytics）

在接下来的几年中，几乎每一个应用程序和服务都将包含一定程度的人工智能。智能应用程序在人与系统之间构建了一个新的智能中介层，这将有望改变工作的本质和工作场所的结构。"探索智能应用的目的是增加人类活动，而不是简单地替人类工作，"Cearley 说，"增强分析是一个具有战略意义的、逐渐发展的领域。它面向的是广泛的商业用户、运营工作者和民间数据科学家"。

（三）智能物件（Intelligent Things）

智能物件是指利用人工智能，而非使用严密编程模型，来与周围环境或人类更自然地进行互动的实物产品。Cearley 先生认为："目前，自动驾驶汽车（automobile vehicles）是智能物件中成长最快速的一个领域。至少在未来五年内，我们预测需要驾驶员参与的半自动汽车将占主导地位。在此期间制造商将更加严格地测试技术，同时法律法规以及文化接受度等非技术性问题也将得到解决。"

（四）数字孪生（Digital Twin）

数字孪生是指以数字化方式，呈现真实的实体或系统。在今后三至五年内，此项技术将在物联网方面大有前途，当前也正是物联网引起了人们对此项技术的兴趣。此外，精心设计的资产数字孪生有望颠覆企业的决策。这些数字孪生将被用于了解物件或系统的状态、响应变化、改进运营模式并提升企业价值。Cearley 说，"城市规划者、数字营销、医疗保健人士和工业规划，都将逐步从在这种数字化的双重世界中受益"。

（五）从云到边缘（Cloud to the Edge）

边缘计算（Edge computing）描述了一种计算拓扑，在这种拓扑结构中信息处理、内容收集与交付都将在此类信息的源头完成。连接与延迟挑战、带宽限制以及嵌入边缘等更强大功能均将支持分布式模式。各企业应着手将边缘设计模式用于基础设施架构之中，对于拥有大量物联网元素的企业尤其如此。Cearley 先生指出："从互补观点上说，云可以创建服务导向型模式，集中控制和确定协作结构，而边缘计算则用作交付方式，从而以离散或分布式流程来执行云服务的各个环节。"

（六）会话式平台（Conversational Platforms）

在人类与数字化世界互动方面，会话式平台将推动下一个重大模式转变。计算机将接替人类，来进行意图的诠释。会话式平台将接收用户的问题或命令，然后通过执行某些功能、展现某些内容或询问是否更多输入信息来进行响应。在接下来的几年内，会话界面将成为用户互动的一个首要设计目标，并通过专用硬件、核心操作系统、平台及应用来实现其功能。Cearley 先生认为："在理解语言以及用户基本意图方面会话式平台已经达到了临界点，但仍有所不足。会话式平台面临的挑战在于用户必须以非常结构化的方式进行沟通，而这通常都令人失望。各类会话式平台之间的主要区别在于，会话模型的稳健性、用于调用第三方服务或交付复杂结果的应用程序接口（API）等模型。"

（七）沉浸式体验（Immersive Experience）

会话式界面正在改变人们控制数字世界的方式，而虚拟、增强和混合现实（virtual, augmented and mixed reality）则在改变人们观察和与数字世界互动的方式。目前，虚拟现实和增强现实市场尚不成熟，还处于碎片化阶段。为了推动实现真正有形的商业效益，各企业必须审视特定此项技术运用的真实场景。同时，提高员工的工作效率，优化设计、培训和可视化过程也不可或缺。

（八）区块链（Blockchain）

区块链正在从数字货币基础架构向数字化平台转变。区块链技术与现有的集中式交易和记录机制截然不同，可作为已有企业和初创公司发展颠覆式数字化业务的基础。虽然有关区块链的宣传都集中于金融服务行业，但区块链在其他一些领域也有潜在的应用前景，例如政府部门、医疗保健、制造业、媒体发布、身份识别、所有权登记服务和供应链等。虽然区块链前景可观且无疑会带来颠覆式影响，但是对区块链的展望胜过区块链的现实，而且许多相关技术在未来两到三年内难以成熟。

（九）事件驱动（Event Driven）

围绕数字化业务的核心，企业总是保持高度敏感，随时利用全新的数字化业务进行探索这一理念。业务事件可以是数字表达的任何事物，反映出明显的新状态或状态变化，例如完成订单或飞机着陆等。借助事件代理（event brokers）、物联网、云计算、区块链、内存数据管理（in-memory data management）和人工智能，人们可以更迅速地发现业务事件并进行更加详细的分析。

（十）持续自适应风险和信任（Continuous Adaptive Risk and Trust）

为了确保数字化业务计划，在面对高级定向攻击时仍能有效实施，领导者必须采用一种持续自适应风险和信任评估（CARTA）方法，进行实时决策。信息安全架构师应尝试从多点协同将安全测试融入DevOps工作流程之中。在此过程中，他们必须以十分透明的方式与开发人员合作。持续自适应风险和信任评估也可与诱捕技术（deception technology）等联合应用。虚拟化和软件定义网络等技术的进步已使"自适应蜜罐技术"（adaptive honeypot）的部署、管理和监控变得更加容易。

人工智能——2017年最火热的标签。对于众多AI试水者，你知道如何平衡技术与需求吗？你知道如何利用政策事半功倍吗？你知道如何寻找公司的投资伯乐吗？12月14日，"2017亿欧创新者年会·AI产业应用峰会"举行，众多投资人、创业者、AI领域精英共同探讨相关问题，不仅是AI+产业+应用，这里是需求方和技术提供方的沟通平台，是政策专家与企业方的交流平台，是投资人与企业方交流的互猎平台，是应届毕业生和企业方的对接平台。

近年来，粤港澳大湾区在打造创新驱动新引擎，在科技创新带动资源集聚等方面着力颇多，创新机制、产业升级、人才引流、协同发展等带来了多方面的机遇。相应地，人工智能、人才赋能正深刻地影响着商业步伐。2018年10月18—19日，亿欧在深圳举办"引擎·引领"2018大湾区国际科创峰会（BATi），集合智能制造、智能产品、智慧城市、智慧安防、智慧交通等一众热点问题展开探讨，分析科技创新未来趋势，盘点技术革命下的发展契机。

安全是发展的前提。科技高速发展是科技社会的重要特征，高科技给人类社会带来的变迁，其速度之快，范围之广，程度之深，都是前所未有的。然而事实表明，现代科学技术的负面效应与它给人们带来的福祉如影随形，不可分离，科学技术是把"双刃剑"。有别于以自然因素为主的传统社会风险，现代科技社会带来的风险主要是人为的，特别是科技活动的结果，其破坏性往往是全球性的、毁灭性的。这种风险与科技推进的现代性如影随形，科技能力的增长，必然意味着风险的增加。正如贝克所说："在发达的现代性中，财富的社会生产系统地伴随着风险的社会生产。在现代化进程中，生产力的指数式增长，使危险和潜在威胁的释放达到了一个我们前所未知的程度。"[1]

科技风险的发现，始于20世纪中期关于生化技术运用的争论。1962年，蕾切尔·卡森（Rachel Louise Carson）较早地揭示了化学制剂的生态危害。1986年，乌尔里希·贝克（Ulrich Beck）将科技风险视为"工业生产模式的产物和现代化系统副作用"，认为它具有知识依赖性、全球性和复杂性，是一种"现代化风险"。1990年，安东尼·吉登斯（Anthony Giddens）提出"被制造出来的（人造）风险"（manufactured risk），他认为"我们所面对的最令人不安的威胁是那种人造风险，它们来源于科学与技术不受限制的推进"。[2]

作为一种不确定性，科技风险一般潜伏于科学技术的发展、运用，以及传播之中。通常以科学技术的负面影响、相关事故或灾难为表征。例如，2011年3月11日，日本东部近海发生里氏9级地震，引发大海啸

---

[1] ［德］乌尔里希·贝克：《风险社会》，何博文译，译林出版社2004年版，第35页。
[2] 邹霞：《20世纪中期以来科技风险的表征与发展趋势》，《科技传播》2018年第15期，第1—3页。

并直接导致福岛核电站发生严重事故。

人类在享受人工智能机器人带来的服务及便利的同时，也担心未来某一天，过度聪明的人工智能机器人可能给人类带来难以预见的危害。早在一些科幻影片中，例如电影《2001：太空漫游》中的 HAL 9000、《我，机器人》中的 VIKI、《黑客帝国》中的"特工"，以及《终结者》中的"天网"机器人和其他类型的人工智能（AI），人类就已经在思考和关注这个问题，即新科技会不会带来新风险，会带来怎样的风险？在这些电影中，基于人工智能机器人从最初人类的助手变成了一种威胁，我们看到人工智能可能会背叛自己，控制人类社会，甚至对人类存亡构成威胁。2014 年，宇宙学家和物理学家斯蒂芬·霍金（Stephen Hawking）教授曾在《独立报》（The Independent）撰文："成功创造出人工智能或许是人类历史上最重要的事件。不幸的是，除非我们知道如何避免风险，否则这或许也将是最后一件。"霍金说："人类受到极其缓慢的生物进化的限制，无法与人工智能抗衡，最终将被其取而代之。"[1]

近些年来，以大数据、云计算、人工智能、万物互联为代表的新一代信息技术不断衍生出新的应用形态，这给互联网空间治理带来了巨大的挑战。新兴技术在成熟和获得认可的同时，正在寻找到日常生活中的应用途径。但这并不意味着他们没有风险。互联网新闻信息服务新技术、新应用快速发展，在给国家发展带来机遇、给社会生活带来便利的同时，也带来了一定的安全风险。社交网络、自媒体、即时通信工具、搜索引擎、网络直播等新技术、新应用被一些不法分子用来发布违法违规信息，从事违法犯罪活动，扰乱了互联网新闻信息传播秩序，损害了公民、法人和其他组织的合法权益。2017 年 10 月 30 日，国家网信办正式公布《互联网新闻信息服务新技术新应用安全评估管理规定》（以下简称《规定》），以规范开展互联网新闻信息服务新技术新应用安全评估工作，强化服务提供者的安全责任意识，健全管理措施和技术保障能力，构建健康有序的互联网新闻信息传播生态。

在云计算、大数据、深度学习算法、人脑芯片等新一代信息技术的催化下，人工智能正以前所未有的速度、广度和深度融入经济社会的各

---

[1] ACCA（特许公认会计师公会）：《新技术带来的治理风险》，《首席财务官》2017 年第 5 期。

个方面,正在成为全球新一轮科技革命和产业变革的着力点。人工智能的快速发展为我们的生活提供了巨大便利和改变。随着技术的发展,人工智能的定义是在不断变化、与时俱进的。随着互联网技术的发展,人工智能被广泛应用于企业的生产和服务之中,越来越多的企业开始重视人工智能技术带来的变化。大数据对打造新动能、提升政府治理能力的作用日益突出,我们正处在创造巨大经济价值和社会财富的"最好时代"。新技术、新需求和多样化的应用场景又给数据安全防护带来全新挑战,也催生着各类社会问题和安全隐患不断的"最坏时代"。

2016年3月9—15日,谷歌的人工智能围棋系统AlphaGo与世界围棋冠军李世石较量,并以4∶1的压倒性优势战胜了李世石,引起了人们对人工智能的高度关注。近年来,无数著名的科学家和企业家都对人工智能的风险性提出了警告。在没有风险分析的情况下,由强大的经济激励来推动新技术的发展。这些不利条件增加了我们对人工智能技术及其应用逐渐失去控制的风险。从认识论的高度,人脑智能是高于人工智能的,人工智能是人脑智能的延伸,人脑智能和人工智能应该是各有优势、互相支撑,人脑智能加上人工智能构成双脑智能才是人类所希望发展的未来方向。但也存在一个巨大的悖论,人类凭自己的人脑是不是能持续超越电脑。如果不能,那么人脑就有一天可能落后于电脑,而人工智能将超越人脑智能,包括机器对自然语言的理解、对情感及关系的理解和对物质世界的理解。

从法律角度来看,假如有一天,人工智能机器人拥有了自我意识,有可能违抗人类的命令,那就需要制定机器人法律来对其进行约束。虽然创建约束机器人行为的法律还尚且过早,但是设定机器人运行程序已经受到越来越多人的关注和支持。良好的运行程序是人类安全的坚实保障,例如自动驾驶汽车,就需要考虑在特殊的危险情况下,优先保障谁的安全这一顺序问题。

另外需要考虑的相关问题是,当出现事故的时候,谁应该来承担责任,以及人工智能的隐私安全问题等。如果说自动驾驶汽车或者无人机出现了事故,负责任的一方究竟是谁?另外的一个难题就是,人类与人工智能机器人的情感交流过程是否需要受到法律条文的约束?目前,人工智能已经实现了人机对话,这种情况便会涉及隐私安全问题,即应该在何种程度上把握对话内容，以及该如何保护用户的数据安全等。

五　上海人家全球家

海纳百川是上海的城市精神，也是城市能力的一种体现。上善若水，是上海的城市品格，这是城市内涵的一种定位。2016 年，上海市委、市政府提出了建设卓越的全球城市的发展愿景。2017 年 6 月上海市第十一次党代会报告提出要将上海建设成为令人向往的、卓越的全球城市。2017 年年底《上海市城市总体规划（2017—2035 年）》（上海 2035）获中央批准，提出"12345"的发展战略，在 2040 年将上海建成令人向往的创新之城、人文之城、生态之城的卓越的全球城市。从国际大都市到全球城市反映出上海鲜明的时代发展特征和国家战略要求，这是城市发展阶段从工业化转向后工业化时代的主动调整，也是为了响应国家战略"双百愿景"的发展诉求。可以预见的是，中国乃至世界会对上海的城市竞争力、可持续发展能力、自身吸引力和对外影响力的塑造，不断提出更新更高的期待。这个发展进程要求我们，必须同时对超大城市应急治理能力的现代化提升有更高更远的战略思考。

"上海 2035"提出要将上海建设成为世界上刑事案件和火灾等公共安全事故发生率最低、最安全的大城市之一，打造美妙宜人的居住环境，是上海未来美丽蓝图中不可或缺的重要内容。在此基础上，上海这座有温度的城市将更具魅力，百姓将更加幸福。

2018 年，是改革开放 40 周年，回顾上海应急治理四十年历史，是了解上海改革开放的一个重要切入点，其中蕴含了上海四十年来快速发展的基本经验。从上海打造安全宜居的社会主义现代化国际大都市的过程和做法来看，基本经验主要集中于三点：既勇于创新，摸着石子过河，又绝不莽撞，顶层设计努力探索，所以创造了俣侬弱水的韧性应急特色品牌；既勇于改革，又始终秉承人民利益至上的改革宗旨，所以锤炼了上善若水的韧性应急特色品质；既努力改革，又积极开放，改革与开放是始终联系在一起的，所以砥砺了海纳百川的韧性应急特色品质。水能克钢，滴水穿石，抽刀无法断的只有水，高山所能依的唯有水，上海拥有水一般的特质、性格、腔调、品位，做事高调争做排头兵，但却韧性亦如水，韧性应急，无所不及；上海如水一般的柔和、隐忍、谦卑、包容，做人低调绕指柔，但仍韧性恰如水，韧性应急，有急必应；上海如水一般的眉开眼笑、婀娜多姿、风情万种，但尤韧性胜如水，韧性应急，智在谈笑之间，有谁知那无人处的风雨兼程、筚路蓝缕？

上海应急治理的四十年特色之路，可分为：孕育与萌芽（1978—1992）SEMS0.0时代的应急传统独角戏，应急里程焕平安，痛定思痛砺大治；诞生与起步（1993—2002）SEMS1.0时代的应急工程领先锋，应急装备新纪元，风雨兼程谋大治；成长与探索（2003—2012）SEMS2.0时代的应急体系彰全网，应急科技产业化，凤凰浴火图大治；转型与升级（2013—2018）SEMS2.0+时代的应急治理多灾种，应急智能全流程，筚路蓝缕成大治；挑战与跨越（2018—）SEMS3.0时代的应急部领新时代，应急预控新风险，而今迈步从头越。花好月圆却伴峥嵘岁月，半个世纪的绝代芳华亦是山重水复，上海改革开放的四十年里，上海应急治理的四十年里，一个崭新的上海历经沧桑、百转千回，既有百媚千娇，亦是倜傥婉转，谈笑间举重若轻，上海韧性应急的内功长期磨砺出馨香的淡定锦绣与温雅的平安祥和。多少神圣的使命，多少崇高的责任，多少殷切的期待，那么多的重大决策，那么多的重大工程，多么多的重大活动，那么多的城市人口，那么高的交通密度，那么沉重的社会负担，多么低迷的起步经济，重于泰山的千钧重担和万钧重托，上海弱弱地担起来了，还酷酷地举起来了，亦美美地落地了。若不是靠一股韧性，若不是练一身韧性，若不是在常态练韧性，若不是在战时用韧性，任你浑身铁骨钢筋，也断难百折不挠。这才打造了地球村子里，柔美无骨的水乡江南和柔韧温馨的上海人家，风姿绰约的吴越秀林和小桥流水的森森涓流，魅力无穷的上海人家，活力四射的上海人家，妖娆华丽的上海人家，必是万方客来流连忘返的上海人家全球家。

回眸望春秋，满目寻伊人。今天来看，上海应急治理四十年的基本经验和成功做法，也可以视之为全国改革开放的基本经验。上海应急治理模式，为我国应急管理的制度改革积累了可复制、可推广的宝贵经验，促进了上海城市建设安全健康的高质量飞速发展。这段历史，不仅为今天纪念中国改革开放四十年提供了一份活生生的史料和极好的教科书，更重要的是，总结改革开放上海城市应急治理四十年的经验，对于今天落实党的十九大精神，不忘初心砥砺奋进，从红船之处改革开放再出发，都具有十分重要的历史借鉴意义、极为重大的现实政治意义、迫在眉睫的未来前瞻价值。上海要继续当好开放排头兵、创新发展先行者,在国际环境风云诡谲异端复杂山雨欲来之势之下,上海四十年改革开放、四十年韧性应急的经验、智慧、格局、风骨、气魄和精神,成功地激励着中华民族继续直挂千帆济沧海,任它两岸猿声啼不住、吾自轻舟已过万重山,豪迈地昭示着崛起的中国即使将来面对千难万险,也必是山重水复疑无路、柳暗花明又一村。

附件1：

上海市人民政府关于进一步加强公共安全风险管理和隐患排查工作的意见

沪府发〔2015〕63号

各区、县人民政府，市政府各委、办、局，各有关单位：

为深入贯彻《中华人民共和国突发事件应对法》《上海市实施〈中华人民共和国突发事件应对法〉办法》等法律法规，进一步加强突发事件预防与应急准备，建立健全本市公共安全风险管理和隐患排查长效机制，着力提高应急管理水平，保障城市安全运行，现就进一步加强公共安全风险管理和隐患排查工作提出如下意见。

一、深刻认识做好公共安全风险管理和隐患排查工作的重要意义

开展风险管理和隐患排查，是加强公共安全管理，做好突发事件预防与应急准备工作的重要抓手；是落实"预防为主、常态与非常态管理相结合"原则，实现应急管理关口前移的具体体现；是维护公共安全，完善政府社会管理和公共服务职能的重要方面。当前，本市公共安全形势总体可控，但公共安全风险隐患依然存在，在一定条件下仍可能触发、演化为突发事件。进一步加强公共安全风险管理和隐患排查工作，对保障"四个中心"和社会主义现代化国际大都市建设、保障人民群众幸福安康生活，具有重要意义。

二、明确加强公共安全风险管理和隐患排查的工作原则、重点范围和具体任务

（一）工作原则

1. 明晰责任，齐抓共管。落实各级政府的领导责任、相关部门的监管责任、企业和场所经营单位的主体责任，建立健全责任制，将责任落实到人、落实到岗位，并发挥社会组织和公众参与作用，形成责任明确、齐抓共管、多方参与的工作格局。

2. 分类管理，分级负责。市相关部门按照"谁主管、谁负责"的原则，牵头建立健全本领域、本行业、本系统的风险管理和隐患排查体系，

组织做好相关市级风险管理和隐患排查工作，并对区县政府相关工作进行指导；各区县政府按照属地管理原则，建立健全本区域风险管理和隐患排查体系，组织开展所辖区域的风险管理和隐患排查工作。

3. 查改并举，重在治理。按照"全覆盖、零容忍、严执法、重实效"的要求，坚持边排查、边治理、重在治理，对排查出的风险隐患落实防范措施、提出解决方案，着力补齐短板、堵塞漏洞、消除隐患，把问题解决在萌芽状态，避免引发突发事件及其次生衍生灾害。

（二）重点范围

将加强公共安全风险管理和隐患排查贯穿于城市规划、建设、运行、发展等各个环节。各部门、各单位要立足于源头管理，切实搞好风险管理和隐患排查，重点搞好危险源、危险区域的风险管理和重点行业、重点企业、重点场所的隐患排查。

1. 危险源。主要包括：长期或者临时地生产、搬运、使用或者储存危险物品，且危险物品的数量等于或者超过临界量的单元（包括场所和设施）。危险物品主要有易燃易爆物品、危险化学品、放射性物品等能够危及人身安全和财产安全的物品。

2. 危险区域。主要包括：容易引发自然灾害、事故灾难或公共卫生事件，可能会对位于此环境内的人员造成健康或安全威胁的区域，主要有地质灾害多发区域、危险海域、危化品仓库等。

3. 重点行业、重点企业、重点场所。主要包括：轨道交通、铁路、航空、水陆客运等公共交通行业；学校、医院、商场、宾馆、大中型企业、餐饮、食品加工行业、大型超市、幼托机构、养老机构、旅游景区、文化体育场馆、高层建筑、大型建筑体、地下空间等场所；建筑施工场所以及易燃易爆物品、危险化学品、危险废物、放射性物品、病原微生物等危险物品生产、经营、储运、使用单位；水、电、油、气、通信、广播电视、防汛等公共设施以及公共场所电梯、自动扶梯等特种设备运行场所。

此外，还包括可能引发社会安全事件的问题。

（三）具体任务

1. 建立健全风险评估机制。各区县、各部门、各单位要认真排摸和掌握本区域、本领域、本单位的危险源、危险区域，认真分析潜在危险性、存在条件、触发因素和可能造成的危害，科学开展评估，确定风险等级,并按照规定向社会公布。新建或规划建设易燃易爆物品、危险化学品、危险废物、放射性物品、病原微生物等危险物品生产、经营、使用、储运的,还要依法严格做好环评、安评等评估工作。风险等级的确定有行业标准的,从其规定。无行业标准的,按照高、中、低三个等级确定,"高"为该风险具有现实威胁或触发条件低,易引发重大、特别重大突发事件;"中"为该风险较难控制或有不确定性,可能引发较大突发事件;"低"为该风险具有一定的可控性,但在一定条件下,可引发一般突发事件。具体标准,由各主管部门参照相应市级专项应急预案突发事件分级标准制定。

2. 建立健全隐患排查机制。企业和场所经营单位等要落实主体责任,建立健全安全管理制度,根据有关法律和行业规范,开展日常自查自纠,及时排除可能引发突发事件的各种故障、险情。对没有行业规范的,由主管部门牵头或责成企业法人制定隐患排查工作制度。各区县政府、市相关部门要强化监督检查,组织开展全面排查、重点抽查、跟踪复查,要按照"四不两直"要求(不发通知、不打招呼、不听汇报、不用陪同和接待,直奔基层、直插现场),创新检查方式,并实行"谁检查、谁签字、谁负责"。全面排查每年不少于一次,重点抽查每季度不少于一次,列为重大安全隐患项目的,要建立台账,持续做好跟踪复查。安全生产事故隐患的等级,按照《上海市安全生产事故隐患排查治理办法》规定,分为一级、二级、三级。其中,危害和整改难度较小,发现后能够在3日内排除,或者无须停止使用相关设施设备、停产停业即可排除的隐患,为三级事故隐患;危害和整改难度较大,需要4日以上且停止使用相关设施设备,或者需要4—6日且停产停业方可排除的隐患,为二级事故隐患;危害和整改难度极大,需要7日以上且停产停业方可排除的隐患,或者因非生产经营单位原因造成且生产经营单位自身无法排除的隐患,为一级事故隐患。非安全生产领域的隐患等级划分和标准,由相关主管部门根据潜在危害大小、整改难易程度和解决时限等因素制定。

3. 建立健全风险隐患举报机制。指导社区定期开展风险隐患排查工作,鼓励和引导城市网格化管理队伍以及社会组织、志愿者队伍和公众,参与风险管理和隐患排查,建立健全风险隐患"啄木鸟"机制,广泛利用各种力量获取风险隐患信息。各区县政府、市相关部门要积极利用城市网格化管理、"12345"市民服务热线以及有关行业热线等,进一步完善风险隐患举报受理制度,畅通风险隐患反映渠道,并做好对所举报风险隐患的核查、评估、整改等工作,做到件件有反馈、件件有落实。对重大风险隐患举报属实的,要按照有关规定给予奖励。企业和场所经营单位也要建立内部风险隐患举报机制,发动干部、职工及时举报本单位各类风险隐患,切实搞好安全管理。

4. 建立健全风险隐患信息管理机制。企业和场所经营单位要对风险隐患进行"台账式、目录化"管理,特别是易燃易爆物品、危险化学品、放射性物品等,要详细记录类别、数量、具体存放位置和物理化学特性等信息,并按照规定分别向所在地安全生产监管、消防等部门备案。各区县政府、市相关部门要建立健全本区域、本领域危险源、危险区域和隐患数据库或台账,做好隐患排查、风险评估和群众反映风险隐患问题的登记备案,详细记录风险隐患类别、主要风险、责任单位、危险等级、防范措施以及检查人或反映人、主要情况等信息。要加强信息动态管理,及时更新风险隐患信息,保证信息真实可靠。同时,做好信息共享工作,发挥好信息作用。

5. 建立健全风险应急准备和隐患治理机制。对各类危险源、危险区域,企业和场所经营单位要根据对其评估的风险等级,制定具体应急预案、落实防控措施,做好演练、队伍、物资、资金、技术等各方面的相应应急准备。对发现的各类隐患,已发生或有征兆表明将危害人身财产安全的,要采取停产、停业、停止使用或者封闭等措施,按照轻重缓急程度,由涉事单位负责迅速整改消除;对一时难以消除的,要列入计划,落实资金和责任,限期整改,并及时发布预警或提示信息,做好防范应对准备,且每月至少开展一次跟踪评估;对难以协调解决的重大隐患,要向上级部门报告,必要时直接向市、区县政府报告。各区县政府、市相关部门要督促相关单位抓好风险应急准备和隐患整改治理的落实,定期对风险隐患进行检查、监管。要落实首接责任制,及时协调解决接报的重大隐患。同时,要结合区域行业特点、产业分布、人口状况等因素,有针对性地制定各类应急预案,强化应急救援准备,落实好应急救援物资。

三、落实公共安全风险管理和隐患排查工作的要求

(一)加强组织领导。各区县政府、市相关部门、基层应急管理单元

牵头单位要按照"统一领导、综合协调、分类管理、分级负责、属地管理为主""党政同责、一岗双责、齐抓共管""管行业必须管安全、管业务必须管安全、管生产经营必须管安全"的规定,加强风险管理和隐患排查工作的组织领导,细化工作方案,明确重点任务,分解落实责任,持续深入抓好风险管理和隐患排查工作。

(二)落实长效管理。要牢固树立"以风险为中心"的意识和理念,各部门、各单位要健全风险管理和隐患排查各类规章制度,形成制度化、常态化的公共安全风险管理和隐患排查机制;把责任落实到岗位、落实到人,加大风险管理和隐患排查投入力度,避免搞形式、走过场。同时,鼓励培育保险业在风险管理和隐患排查中的功能作用。

(三)依靠科技支撑。要依靠科技进一步提高风险隐患发现、识别、管理、控制能力;加强公共安全风险管理相关标准、规范及技术研究;加强经验总结,提高风险管理和隐患排查、突发事件演变规律的科学认识,严格源头管理。同时,探索建立依托相关科研机构、专家团体等的第三方专业化风险隐患评估机制。

(四)搞好督促指导。各区县政府、市相关部门加大督促检查力度,督促企业、场所经营单位落实安全生产主体责任,切实搞好风险管理和隐患排查整改,及时掌握排查和整改结果。市、区县应急办要会同民政、安监、卫生、公安等部门加强风险管理和隐患排查工作的指导和考核。其中,对列为高风险等级危险源、危险区域和一级事故隐患排查结果的,由所在区县政府、市相关部门从2016年起,每年6月30日前,报市政府备案。

(五)深化科普宣传。充分利用各种媒体,采取各种方式,加强公共安全风险管理和隐患排查的宣传教育,引导公众树立风险隐患防范意识、增强风险隐患识别能力,科学认识风险隐患,正确运用风险评估结果。市、区县行业主管部门、相关企业和场所经营单位要加强培训,大力倡导"以人为本、生命至上"的安全文化。

(六)严格责任追究。发生突发事件的,要倒查风险管理和隐患排查工作情况。对未建立风险管理和隐患排查制度,未按照规定开展自查、检查、复查和风险评估,未落实风险应急准备和隐患治理导致突发事件发生或使事态扩大的,要依法依规追究责任。

附件2：

中共中央办公厅　国务院办公厅关于推进城市安全发展的意见

　　随着我国城市化进程明显加快，城市人口、功能和规模不断扩大，发展方式、产业结构和区域布局发生了深刻变化，新材料、新能源、新工艺广泛应用，新产业、新业态、新领域大量涌现，城市运行系统日益复杂，安全风险不断增大。一些城市安全基础薄弱，安全管理水平与现代化城市发展要求不适应、不协调的问题比较突出。近年来，一些城市甚至大型城市相继发生重特大生产安全事故，给人民群众生命财产安全造成重大损失，暴露出城市安全管理存在不少漏洞和短板。为强化城市运行安全保障，有效防范事故发生，现就推进城市安全发展提出如下意见。

　　一、总体要求

　　（一）指导思想。全面贯彻党的十九大精神，以习近平新时代中国特色社会主义思想为指导，紧紧围绕统筹推进"五位一体"总体布局和协调推进"四个全面"战略布局，牢固树立安全发展理念，弘扬生命至上、安全第一的思想，强化安全红线意识，推进安全生产领域改革发展，切实把安全发展作为城市现代文明的重要标志，落实完善城市运行管理及相关方面的安全生产责任制，健全公共安全体系，打造共建共治共享的城市安全社会治理格局，促进建立以安全生产为基础的综合性、全方位、系统化的城市安全发展体系，全面提高城市安全保障水平，有效防范和坚决遏制重特大安全事故发生，为人民群众营造安居乐业、幸福安康的生产生活环境。

　　（二）基本原则

　　——坚持生命至上、安全第一。牢固树立以人民为中心的发展思想，始终坚守发展决不能以牺牲安全为代价这条不可逾越的红线，严格落实地方各级党委和政府的领导责任、部门监管责任、企业主体责任，加强社会监督，强化城市安全生产防范措施落实，为人民群众提供更有保障、更可持续的安全感。

——坚持立足长效、依法治理。加强安全生产、职业健康法律法规和标准体系建设，增强安全生产法治意识，健全安全监管机制，规范执法行为，严格执法措施，全面提升城市安全生产法治化水平，加快建立城市安全治理长效机制。

——坚持系统建设、过程管控。健全公共安全体系，加强城市规划、设计、建设、运行等各个环节的安全管理，充分运用科技和信息化手段，加快推进安全风险管控、隐患排查治理体系和机制建设，强化系统性安全防范制度措施落实，严密防范各类事故发生。

——坚持统筹推动、综合施策。充分调动社会各方面的积极性，优化配置城市管理资源，加强安全生产综合治理，切实将城市安全发展建立在人民群众安全意识不断增强、从业人员安全技能素质显著提高、生产经营单位和区域安全保障水平持续改进的基础上，有效解决影响城市安全的突出矛盾和问题。

（三）总体目标。到2020年，城市安全发展取得明显进展，建成一批与全面建成小康社会目标相适应的安全发展示范城市；在深入推进示范创建的基础上，到2035年，城市安全发展体系更加完善，安全文明程度显著提升，建成与基本实现社会主义现代化相适应的安全发展城市。持续推进形成系统性、现代化的城市安全保障体系，加快建成以中心城区为基础，带动周边、辐射县乡、惠及民生的安全发展型城市，为把我国建成富强民主文明和谐美丽的社会主义现代化强国提供坚实稳固的安全保障。

二、加强城市安全源头治理

（四）科学制定规划。坚持安全发展理念，严密细致制定城市经济社会发展总体规划及城市规划、城市综合防灾减灾规划等专项规划，居民生活区、商业区、经济技术开发区、工业园区、港区以及其他功能区的空间布局要以安全为前提。加强建设项目实施前的评估论证工作，将安全生产的基本要求和保障措施落实到城市发展的各个领域、各个环节。

（五）完善安全法规和标准。加强体现安全生产区域特点的地方性法规建设，形成完善的城市安全法治体系。完善城市高层建筑、大型综合体、综合交通枢纽、隧道桥梁、管线管廊、道路交通、轨道交通、燃气工程、排水防涝、垃圾填埋场、渣土受纳场、电力设施及电梯、大型游乐设施等的技术标准，提高安全和应急设施的标准要求，增强抵御事故风险、保障安全运行的能力。

（六）加强基础设施安全管理。城市基础设施建设要坚持把安全放在第一位，严格把关。有序推进城市地下管网依据规划采取综合管廊模式进行建设。加强城市交通、供水、排水防涝、供热、供气和污水、污泥、垃圾处理等基础设施建设、运营过程中的安全监督管理，严格落实安全防范措施。强化与市政设施配套的安全设施建设，及时进行更换和升级改造。加强消防站点、水源等消防安全设施的建设和维护，因地制宜规划建设特勤消防站、普通消防站、小型和微型消防站，缩短灭火救援响应时间。加快推进城区铁路平交道口立交化改造，加快消除人员密集区域铁路平交道口。加强城市交通基础设施建设，优化城市路网和交通组织，科学规范设置道路交通安全设施，完善行人过街安全设施。加强城市棚户区、城中村和危房改造过程中的安全监督管理，严格治理城市建成区违法建设。

（七）加快重点产业安全改造升级。完善高危行业企业退城入园、搬迁改造和退出转产扶持奖励政策。制定中心城区安全生产禁止和限制类产业目录，推动城市产业结构调整，治理整顿安全生产条件落后的生产经营单位，经整改仍不具备安全生产条件的，要依法实施关闭。加强矿产资源型城市塌（沉）陷区治理。加快推进城镇人口密集区不符合安全和卫生防护距离要求的危险化学品生产、储存企业就地改造达标、搬迁进入规范化工业园区或依法关闭退出。引导企业集聚发展安全产业，改造提升传统行业工艺技术和安全装备水平。结合企业管理创新，大力推进企业安全生产标准化建设，不断提升安全生产管理水平。

三、健全城市安全防控机制

（八）强化安全风险管控。对城市安全风险进行全面辨识评估，建立城市安全风险信息管理平台，绘制"红、橙、黄、蓝"四色等级安全风险空间分布图。编制城市安全风险白皮书，及时更新发布。研究制定重大安全风险"一票否决"的具体情形和管理办法。明确风险管控的责任部门和单位，完善重大安全风险联防联控机制。对重点人员密集场所、安全风险较高的大型群众性活动开展安全风险评估，建立大客流监测预警和应急管控处置机制。

（九）深化隐患排查治理。制定城市安全隐患排查治理规范，健全隐患排查治理体系。进一步完善城市重大危险源辨识、申报、登记、监管制度，建立动态管理数据库，加快提升在线安全监控能力。强化对各类生产经营单位和场所落实隐患排查治理制度情况的监督检查，严格实施重大事故隐患挂牌督办。督促企业建立隐患自查自改评价制度，定期分析、评估隐患治理效果，不断完善隐患治理工作机制。加强施工前作业风险评估，强化检维修作业、临时用电作业、盲板抽堵作业、高空作业、吊装作业、断路作业、动土作业、立体交叉作业、有限空间作业、焊接与热切割作业以及塔吊、脚手架在使用和拆装过程中的安全管理，严禁违章违规行为，防范事故发生。加强广告牌、灯箱和楼房外墙附着物管理，严防倒塌和坠落事故。加强老旧城区火灾隐患排查，督促整改私拉乱接、超负荷用电、线路短路、线路老化和影响消防车通行的障碍物等问题。加强城市隧道、桥梁、易积水路段等道路交通安全隐患点段排查治理，保障道路安全通行条件。加强安全社区建设。推行高层建筑消防安全经理人或楼长制度，建立自我管理机制。明确电梯使用单位安全责任，督促使用、维保单位加强检测维护，保障电梯安全运行。加强对油、气、煤等易燃易爆场所雷电灾害隐患排查。加强地震风险普查及防控，强化城市活动断层探测。

（十）提升应急管理和救援能力。坚持快速、科学、有效救援，健全城市安全生产应急救援管理体系，加快推进建立城市应急救援信息共享机制，健全多部门协同预警发布和响应处置机制，提升防灾减灾救灾能力，提高城市生产安全事故处置水平。完善事故应急救援预案，实现政府预案与部门预案、企业预案、社区预案有效衔接，定期开展应急演练。加强各类专业化应急救援基地和队伍建设，重点加强危险化学品相对集中区域的应急救援能力建设，鼓励和支持有条件的社会救援力量参与应急救援。建立完善日常应急救援技术服务制度，不具备单独建立专业应急救援队伍的中小型企业要与相邻有关专业救援队伍签订救援服务协议，或者联合建立专业应急救援队伍。完善应急救援联动机制，强化应急状态下交通管制、警戒、疏散等防范措施。健全应急物资储备调用机制。开发适用高层建筑等条件下的应急救援装备设施，加强安全使用培训。

强化有限空间作业和现场应急处置技能。根据城市人口分布和规模，充分利用公园、广场、校园等宽阔地带，建立完善应急避难场所。

四、提升城市安全监管效能

（十一）落实安全生产责任。完善党政同责、一岗双责、齐抓共管、失职追责的安全生产责任体系。全面落实城市各级党委和政府对本地区安全生产工作的领导责任、党政主要负责人第一责任人的责任，及时研究推进城市安全发展重点工作。按照管行业必须管安全、管业务必须管安全、管生产经营必须管安全和谁主管谁负责的原则，落实各相关部门安全生产和职业健康工作职责，做到责任落实无空档、监督管理无盲区。严格落实各类生产经营单位安全生产与职业健康主体责任，加强全员全过程全方位安全管理。

（十二）完善安全监管体制。加强负有安全生产监督管理职责部门之间的工作衔接，推动安全生产领域内综合执法，提高城市安全监管执法实效。合理调整执法队伍种类和结构，加强安全生产基层执法力量。科学划分经济技术开发区、工业园区、港区、风景名胜区等各类功能区的类型和规模，明确健全相应的安全生产监督管理机构。完善民航、铁路、电力等监管体制，界定行业监管和属地监管职责。理顺城市无人机、新型燃料、餐饮场所、未纳入施工许可管理的建筑施工等行业领域安全监管职责，落实安全监督检查责任。推进实施联合执法，解决影响人民群众生产生活安全的"城市病"。完善放管服工作机制，提高安全监管实效。

（十三）增强监管执法能力。加强安全生产监管执法机构规范化、标准化、信息化建设，充分运用移动执法终端、电子案卷等手段提高执法效能，改善现场执法、调查取证、应急处置等监管执法装备，实施执法全过程记录。实行派驻执法、跨区域执法或委托执法等方式，加强街道（乡镇）和各类功能区安全生产执法工作。加强安全监管执法教育培训，强化法治思维和法治手段，通过组织开展公开裁定、现场模拟执法、编制运用行政处罚和行政强制指导性案例等方式，提高安全监管执法人员业务素质能力。建立完善安全生产行政执法和刑事司法衔接制度。定期开展执法效果评估，强化执法措施落实。

（十四）严格规范监管执法。完善执法人员岗位责任制和考核机制，严格执法程序，加强现场精准执法，对违法行为及时作出处罚决定。依法明确停产停业、停止施工、停止使用相关设施或设备，停止供电、停止供应民用爆炸物品，查封、扣押、取缔和上限处罚等执法决定的适用情形、时限要求、执行责任，对推诿或消极执行、拒绝执行停止供电、停止供应民用爆炸物品的有关职能部门和单位，下达执法决定的部门可将有关情况提交行业主管部门或监察机关作出处理。严格执法信息公开制度，加强执法监督和巡查考核，对负有安全生产监督管理职责的部门未依法采取相应执法措施或降低执法标准的责任人实施问责。严肃事故调查处理，依法依规追究责任单位和责任人的责任。

五、强化城市安全保障能力

（十五）健全社会化服务体系。制定完善政府购买安全生产服务指导目录，强化城市安全专业技术服务力量。大力实施安全生产责任保险，突出事故预防功能。加快推进安全信用体系建设，强化失信惩戒和守信激励，明确和落实对有关单位及人员的惩戒和激励措施。将生产经营过程中极易导致生产安全事故的违法行为纳入安全生产领域严重失信联合惩戒"黑名单"管理。完善城市社区安全网格化工作体系，强化末梢管理。

（十六）强化安全科技创新和应用。加大城市安全运行设施资金投入，积极推广先进生产工艺和安全技术，提高安全自动监测和防控能力。加强城市安全监管信息化建设，建立完善安全生产监管与市场监管、应急保障、环境保护、治安防控、消防安全、道路交通、信用管理等部门公共数据资源开放共享机制，加快实现城市安全管理的系统化、智能化。深入推进城市生命线工程建设，积极研发和推广应用先进的风险防控、灾害防治、预测预警、监测监控、个体防护、应急处置、工程抗震等安全技术和产品。建立城市安全智库、知识库、案例库，健全辅助决策机制。升级城市放射性废物库安全保卫设施。

（十七）提升市民安全素质和技能。建立完善安全生产和职业健康相关法律法规、标准的查询、解读、公众互动交流信息平台。坚持谁执法谁普法的原则，加大普法力度，切实提升人民群众的安全法治意识。推进安全生产和职业健康宣传教育进企业、进机关、进学校、进社区、进农村、进家庭、进公共场所，推广普及安全常识和职业病危害防治知识，增强社会公众对应急预案的认知、协同能力及自救互救技能。积极开展安全文化创建活动，鼓励创作和传播安全生产主题公益广告、影视剧、微视频等作品。鼓励建设具有城市特色的安全文化教育体验基地、场馆，积极推进把安全文化元素融入公园、街道、社区，营造关爱生命、关注安全的浓厚社会氛围。

六、加强统筹推动

（十八）强化组织领导。城市安全发展工作由国务院安全生产委员会统一组织，国务院安全生产委员会办公室负责实施，中央和国家机关有关部门在职责范围内负责具体工作。各省（自治区、直辖市）党委和政府要切实加强领导，完善保障措施，扎实推进本地区城市安全发展工作，不断提高城市安全发展水平。

（十九）强化协同联动。把城市安全发展纳入安全生产工作巡查和考核的重要内容，充分发挥有关部门和单位的职能作用，加强规律性研究，形成工作合力。鼓励引导社会化服务机构、公益组织和志愿者参与推进城市安全发展，完善信息公开、举报奖励等制度，维护人民群众对城市安全发展的知情权、参与权、监督权。

（二十）强化示范引领。国务院安全生产委员会负责制定安全发展示范城市评价与管理办法，国务院安全生产委员会办公室负责制定评价细则，组织第三方评价，并组织各有关部门开展复核、公示，拟定命名或撤销命名"国家安全发展示范城市"名单，报国务院安全生产委员会审议通过后，以国务院安全生产委员会名义授牌或摘牌。各省（自治区、直辖市）党委和政府负责本地区安全发展示范城市建设工作。

附件3：

《上海市人民政府办公厅关于加快本市应急产业发展的实施意见》

沪府办发〔2017〕48号

各区人民政府，市政府各委、办、局：

为积极贯彻《国务院办公厅关于加快应急产业发展的意见》（国办发〔2014〕63号），全面落实《"中国制造2025"上海行动纲要》，经市政府同意，现就加快本市应急产业发展提出实施意见如下。

一、发展目标

力争到2020年，建成3—5个国家级应急产业示范基地。在应急智能机器人、北斗导航救援系统、城市公共安全应急预警物联网、应急救援装备等方面的关键技术和产品的研发和制造能力达到国际先进水平。培育一批在国内外有影响力的应急产业企业，逐步实现高端应急装备核心产品的进口替代，实现应急产业工业产值与服务业产出达到1600亿元。

二、重点领域

以国家明确的监测预警、预防防护、处置救援、应急服务等四个应急产业为重点方向，结合本市实际，确定以下应急产业发展重点。

（一）发展监测预警类应急产品，提高各类突发事件监测预警的及时性和准确性

在自然灾害方面，发展地震、气象、地质、水旱、海洋等灾害的监测预警设备；在事故灾难方面，发展危险化学品、特种设备、交通、旅游、建筑施工、城市公共服务等方面安全以及海洋环境污染、重污染天气、有毒有害气体泄漏等灾难的监测预警装备；在公共卫生方面，发展农产品质量、食品药品、生产生活用水等方面安全的应急检测装备以及流行病监测、诊断试剂和装备；在社会安全方面，发展城市安全、网络和信息系统安全等监测预警产品。发展突发事件预警发布系统、应急广播系统及设备等。

（二）发展预防防护类应急产品，提高个体和重要设施保护的安全性

和可靠性。

在个体防护方面，发展应急救援人员防护和危险化学品安全避险、家用应急防护等产品；在设备设施防护方面，发展火灾防护、视频人脸检索以及多通道视频监控和自动监测报警系统、地下管网等重要基础设施风险识别和防御设备；在城市建筑物防护方面，发展基于北斗技术的高层楼宇、老旧楼房及高架桥梁等建筑的安全监测与防御。

（三）发展处置救援类应急产品，提高突发事件处置的高效性和专业性

在现场保障方面，发展应急通信、应急指挥调度系统、应急电源、移动式应急照明系统、安全饮水设备等产品；在生命救护方面，发展生命搜索与营救、医疗应急救治、卫生应急保障等产品；在抢险救援方面，发展消防、建（构）筑物废墟救援、危险化学品事故应急、工程抢险、海上溢油应急、道路应急抢通、航空应急救援、水上应急救援、轨道交通救援、防汛抢险救援设施设备、反恐防爆处置等产品。

（四）创新应急服务业态，提高突发事件防范处置的社会化服务水平

在事前预防方面，发展风险评估、隐患排查、消防安全、安防工程、应急管理市场咨询等应急服务；在社会化救援方面，发展紧急医疗救援、交通救援、应急物流、工程抢险、安全生产、航空救援、网络与信息安全等应急服务；在其他应急服务领域，发展灾害保险、北斗导航应急服务等。

三、重点任务

（一）推动应急产业示范基地建设

结合上海产业优势和区域特点，重点建设北斗导航、智慧消防、智慧安防、公共安全应急物联网、应急重工装备等应急产业示范基地。北斗导航产业基地重点发展符合应急救援要求的智能控制系统、物联网智能应用设备、一体化卫星终端、卫星专网服务设施、地面设备等。智慧消防产业基地重点发展消防全过程监管、火灾预测预警、指挥决策、监控响应等方面的智能化系统。智慧安防产业基地重点发展覆盖办公、住宅、商场、财产、信息等多领域的智慧安防系统。公共安全应急物联网产业基地重点发展公共安全方面信息采集、数据分析、安全预警等系统。应急重工装备基地重点发展特种消防车辆、大型工程机械等抢险救援装

备。(责任单位：市经济信息化委、市发展改革委、市商务委、市规划国土资源局、市环保局、市国防科工办、相关区政府)

（二）提升应急产业标准化水平

充分发挥标准对产业发展的规范和促进作用，鼓励本市企事业单位和社会组织参与国内外应急产品和服务标准制定、修订工作，鼓励行业协会、产业联盟等社会中介组织建立应急产业标准目录清单，帮助企业提升标准化水平，促进产品升级。(责任单位：市质量技监局、市经济信息化委、市科委)

（三）完善应急物资信息管理系统

建立完善应急物资信息管理系统，实现动态管理。完善应急产品实物储备、社会储备和生产能力储备制度，确保突发事件发生后应急专用产品能充足到位。加强应急仓储、中转、配送设施建设，提高应急产品物流效率。(责任单位：市发展改革委、市经济信息化委、市民政局、市财政局、市交通委、市卫生计生委、市公安局、市安全监管局)

（四）推进应急产业军民融合发展

充分发挥上海军工资源聚集、工业基础扎实、军民融合发展环境良好的优势，创新体制机制，加强与军队科研院所及国防科技工业系统的对接交流，利用军工优势技术提升本市应急产业发展水平，加快军工技术民用化进程。鼓励和支持优势民用应急技术及产品进入国防领域，发挥市场机制作用，优化发展环境，引进和培育应急产业军民两用技术成果孵化和产业化项目，搭建技术转化和信息交互平台，推进本市应急产业在国家大安全、大防务领域发挥更大的作用。(责任单位：市经济信息化委、市发展改革委、市国防科工办、市科委)

（五）推广应急产品服务消费市场

加强全民公共安全和风险意识宣传教育，鼓励多渠道开展社区化应急培训，引导单位、家庭、个人等在逃生、避险、防护、自救互救等方面对应急产品和服务的消费需求，促进预防及防护类应急产品和服务发展。加强学校、公共场所、高层建筑、交通基础设施、危化品生产经营场所及运输等重点区域的应急设施设备配置，确保正常投入使用。(责任单位：市商务委、市发展改革委、市教委、市民政局、市规划国土资源局、市住房城乡建设管理委、市卫生计生委、市质量技监局、市公安局、

市消防局、市民防办、市气象局、市地震局、各区政府)

(六) 促进应急产业国际交流与合作

鼓励企业引进、消化、吸收国外应急产业领域的先进技术和先进服务理念,提升企业竞争力。引导外资投向应急产业有关领域(除外商投资"禁止类"和"限制类"领域)。鼓励跨国公司在本市设立研发中心。组织承办国际应急产业领域的重要会议和活动,鼓励各类应急机构、企业和个人参与国际应急产业领域的学术交流活动。(责任单位:市商务委、市知识产权局、市质量技监局、上海海关、市经济信息化委、市科委、市发展改革委)

四、保障措施

(一) 强化政策支持

探索建立政府引导应急产业发展投入机制,采用目录、清单等形式明确应急产品、技术和服务发展方向,引导社会资源增加对应急产业投入。

将符合条件的应急领域产品和软件纳入高端智能装备首台(套)、新材料首批次和软件首版次应用的扶持范围,推动重大应急创新产品的首次应用,鼓励关键领域国产化产品替代。

对列入产业结构调整指导目录鼓励类和先进装备制造业范围的应急产品、技术和服务,可按照规定申请科技创新和产业发展等财政专项资金(基金)支持。

对具备实现产业化条件的应急产品,发挥政府主导作用,通过招标方式,加大政府购买力度,带动市场主体推广应用。深入推进职能转变、正税清费,积极落实适用于应急产业发展的税收政策。(责任单位:市发展改革委、市经济信息化委、市科委、上海保监局、市地税局、市财政局)

(二) 加大金融投资力度

鼓励民间资本、金融资本、私募股权投资等投向应急产业,支持符合条件的企业直接上市融资。鼓励金融机构加大对技术先进、优势确立、带动和支撑作用明显的应急产业项目的信贷支持力度。在风险可控的前提下,引导融资性担保机构加大对符合产业政策、信誉良好、管理规范的应急产品生产企业的担保力度。(责任单位:市金融办、上海银监局、

上海证监局、市发展改革委、市科委、市经济信息化委)

(三) 加快应急产业人才队伍建设

建立多层次、多类型的应急产业人才培养和服务体系，重点培养技术型的蓝领人才和创新型、复合型的核心技术科研人才，培育具有国际视野的产业领军人才。加强专业学位教育，依托各类培训机构、大型企业和社会组织开展应急产业人才技能培养。完善相关配套支持政策，吸引海内外应急专业人才在沪创业和发展。(责任单位：市教委、市人力资源和社会保障局、市经济信息化委、市科委)

(四) 建立应急产业运行体系

根据国家有关要求，建立应急产业运行监测分析指标体系和统计制度。加强应急产品质量监管，依法查处生产和经销假冒伪劣应急产品的违法行为。发挥应急领域社会组织作用，加强行业自律和信用评价。(责任单位：市经济信息化委、市统计局、市质量技监局、市发展改革委)

(五) 建立健全工作机制

建立由市经济信息化委、市发展改革委牵头，相关部门参与的应急产业发展协调机制，制定完善配套政策措施，及时研究、解决重大问题。选择有影响力的龙头企业和特色鲜明的创新型企业，进行应急产业发展情况跟踪，总结成功经验，推广有效做法。各区政府、各有关部门要高度重视应急产业发展，制定具体推进方案，确保各项任务落实到位。(责任单位：市经济信息化委、市发展改革委、市科委、各区政府)

上海市人民政府办公厅
2017 年 8 月 1 日

附 录

年鉴摘编：上海韧性应急的轨迹[①]

1996 年鉴

【概况】 由市抗震办公室与市地震局联合组建的市建设场地地震安全性评价办公室于年初正式成立，使上海工程防震工作组织得到落实。上海开展工程防震工作始于 20 世纪 80 年代初，在 90 年代取得更大进展，先后完成了"上海市地震区划""上海市区地震震害初步估计"等一批专业科研课题，为开展抗震工作提供了理论根据。据此，国家正式将上海列为全国重点抗震城市之一，上海的地面建筑物设计标准也由原先的不设防提高到按地震烈度 7 度设防。组织机构上，也于 1993 年成立市抗震办公室，归属市建设委员会领导。为规范工作，市建委还颁发了从高层建筑钢结构设计到农村住房抗震措施的一系列技术标准，使工程抗震工作有章可循。（陈灵生）

【地震研究取得新成果】 依据 1994—1995 年最新地震地质研究成果，上海地区的基底在地质历史时期总体上表现为隆起，由地壳断裂所分割而成的隆、凹断块组成。境内主要大断裂有沙溪—吕四断裂、松江—牛皮礁断裂和太仓—奉贤断裂，控制了该区沉积构造和岩浆活动，且对第四纪以来的地貌和地震活动有控制作用。区内与地震活动关系密切的有长江口、白茆和甪直 3 个断陷盆地以及依据最新物探、地质资料确定的大场—周浦、崇明岛浅滩、北港口、佘山岛、昆山—嘉定、姚家港—白鹤等 6 条活动断裂。断陷盆地的陡深侧断层是该区有可能孕育和发生地震的部位；活动断裂则是本区小震的重要发震构造，其中以崇明

---

① 资料来源：《上海市政府年鉴》1996—2016。

岛浅滩活动断裂和北港口活动断裂为两腰的三角形区域，构成了最毗邻该区陆域的长江口潜在震源区。根据上海地区及周边地震史料和地质条件分析，影响该区地震烈度的主要潜在震源区依次为南黄海潜震区、太仓潜震区和长江口潜震区。计算表明，对该区潜在危害最大的南黄海潜震区，对全境的影响烈度在Ⅵ度左右，其他潜震区的影响烈度在Ⅴ度左右，因此，该区基本地震烈度可定为Ⅵ度，归属中国东部地区地震活动频度低、强度弱的稳定区。依据区内基底整体性、地震活动以及新构造运动的差异，本区尚可划分为稳定性不一的5个亚区：金山—奉贤、草棚—启东稳定区（最大地震强度 MS max ＜0.3，基本烈度 I_0＜Ⅳ度）；南汇—东海、崇明—寅阳基本稳定区（MS max：3.0—4.0，I_0：Ⅳ—Ⅴ度）；昆山—青浦次稳定区（MS max：4.0—5.0，I_0：Ⅴ—Ⅳ度）；上海—嘉定较不稳定区（MS max：4.75，I_0：Ⅳ度）；陈家镇—牛皮礁（水域）、太仓—巴城不稳定区（MS max：5.0—5.5，I_0≥Ⅵ度）。（刘守祺）

【上海地面沉降减缓】 1995年，上海市区地面平均沉降9.4毫米；近郊区平均沉降11.4毫米。同上年相比，市区和近郊区分别少沉0.6毫米和2.0毫米。上海地面沉降出现减缓的原因，主要是同1995年上海地下水开采量较上年减少有关。全市地下水总开采量，1995年比上年减少114万立方米，其中，市区减少227万立方米，近郊减少58万立方米，郊区增加171万立方米。在地下水开采量减少的影响下，由于地下水位升幅有所增加，使土层出现回弹，促使了地面沉降的减缓。1995年上海地下水开采量的减少，主要反映在第二、三、五承压含水层开采量的全面减少。其中第二、三承压含水层埋深70—150米，是控制地面沉降的主要层次。根据土层变形监测成果，本年度该土层普遍回弹0.2—1.0毫米，杨浦区第十七棉纺织厂该层回弹高达6.6毫米。上海自1921年开始统一基准测量，至1965年市区地面平均沉降1.76米，年均沉降38.8毫米，1966—1995年年末，由于采取了一系列控制地面沉降综合治理措施，市区沉降只有119.1毫米，年均沉降减缓到4毫米；其中，1986年以来，由于地下水开采量的增加，地面沉降量又有所加大。1986—1995年市区地面沉降94毫米，年均沉降9.4毫米，反映了地面沉降增加的趋势。同时，市政工程施工引起的附加地面沉降，也是不可忽视的致沉因素。今后，上海地面微量沉降，就地下水开采趋势推测，还将要持续相当一段时期，但1965年以前的大幅度地面沉降将不会重演。（韩庆德）

【全市各类灾害事故略增】 1995年，上海市遭受干旱、高温、龙卷风、暴雨等自然灾害影响，其受灾程度、经济损失和人员伤亡情况属一般灾害年份。全市因自然灾害死亡8人，倒塌房屋268间，损坏房屋445间；损坏护岸31处、堤防500余米；农作物受灾面积260万亩，绝收面积200亩，粮食减产5.75万吨。全年因灾直接经济损失12809.55万元。人为灾害（不包括火灾、交通事故）：化学事故发生率上升，全年发生化学事故53起，比上年增加1倍多；其中煤气泄漏尤为严重，共20起；其余主要是氯气、苯、硫化氢、溴素及硫酸等引起的事故。建筑物倒塌明显增多，共51起，比上年增加12起，造成9死15伤；其中由于建筑工地安全措施不落实或违反操作规程而发生的共10起，占20%；地震、地热、放射源丢失等城市其他灾情、事故9起，比上年上升63.3%。（叶永兴）

1997年鉴

【概况】 1996年，上海市受9608号和9620号热带气旋的外围影响，出现了7—8级大风。全年降雨量达1202.5毫米，高于常年降雨量。5—9月梅雨和夏秋降雨总量571.2毫米，是常年的2.8倍。在8号台风影响期间，全线出现高潮位。8月1日，黄浦江上游米市渡水位达4.03米，超历史纪录；市区黄浦公园站连续5天最高潮位达到和超过4.4米警戒线。尽管汛期汛情严重，但在全市军民的共同努力下，充分发挥现有防汛排水工程的作用，把灾害损失降至最低限度。11月9日21时56分，南黄海发生里氏6.1级地震波及上海，市区的地震烈度为4度强，崇明地区的地震烈度达5度。这次地震没有造成人员伤亡和大的财产损失。1996年全市加强防灾抗灾工作，首次将防灾抗灾规划纳入《上海市国民经济和社会发展"九五"计划和2010年远景目标纲要》，基本建立了市、区县两级抗灾救灾的协调机制，拟制了《上海市地震应急预案》，加强了抗灾救灾的宣传教育，提高公民的防灾意识，加强对防灾抗灾的投入，全年市财政安排专项资金2亿多元，用于防汛墙加固、太浦河上海段工程、黄浦江上游干流段工程等水利设施建设和地震、气象监测预报系统建设。

年内，因受台风和暴雨等自然灾害影响，造成死亡3人，倒塌房屋307间，损坏房屋230间，农作物受灾面积11000亩，家禽死亡5.6万只，因灾停产企业92个（主要是乡镇企业）。因自然灾害造成直接经济损失1301万元，比1995年明显下降。在人为灾害方面，共发生火灾879起，死亡87人，伤96人，直接经济损失2182万余元，与上年相比，火灾次数下降21.2%，伤亡人数和经济损失均有不同程度上升。化学事故全年共发生56起，造成死亡13人，伤147人。其他由市抗灾救灾办受理的灾情事故，包括建筑物倒塌、地热、放射源失散等共32起。（叶永兴）

【城市安全度过汛期】　1996年汛期，上海遇到了百年一遇的梅雨量和历史上的第二个高潮位，由于超前准备，强化管理，安全度汛。5—9月，总降雨量达517.2毫米，为上海有气象记录124年来之最；汛期中超过30毫米的降雨有12次，其中6次达暴雨程度。黄浦江苏州河口水位达4.40米警戒水位的有18次，为几十年来少有，尤其是8月1日凌晨子潮实测潮位达5.19米，为历史上第二高潮位。为确保城市安全度汛，市政管理部门预测、预报超前准备。汛期前，加强了对防汛设施的维修养护和采取工程性措施，共检修泵机123台（套），疏通下水道1687公里，清捞窨井、进水口73.9万座（次）；完成了周塘浜、中山西路泵站和霍山路、溧阳路排水系统改造，建成了成都路泵站。同时，还加强了执法与管理，根据控制本市建设工地施工泥浆排放的通知，组织了大规模的对建筑工地泥浆排放的联合执法。汛期中，市政管理部门组织力量及时排水，开泵15352小时，排水8619.5万吨；出动放水人员1355人（次），及时消除市区247条（段）道路的积水。由此，保证了城市的安全度汛。（周布宪、苏伟一）

【218个街道、乡镇建立民防抗灾末端指挥】　为落实社区防灾减灾工作，提高区域救灾的能力，在各级政府的重视下，截至年底，全市319个街道、乡镇其中已有218个建立了本级民防抗灾领导小组及其办事机构，由街道主要领导担任组长和副组长。街道、乡镇民防抗灾领导小组负有"联合有关部门做好防台、防汛、防火、防震及抢险救灾工作"的职能，组织制定街道（乡镇）抗灾救灾应急救援预案及各种保障计划，并根据救灾需要，组建抢险抢修、医疗救护、治安消防、化学事故应急救援等4支专业队伍，从而形成社区救灾网络。（叶永兴）

【开展第七个国际减灾日活动】 10月9日是联合国确定的第七个国际减灾日，主题为"城市化与灾害"。为增强上海城市的综合防灾能力，全市开展了形式多样的宣传活动，市抗灾救灾办印发5万份《公民防灾常识》《常见灾害自救画册》等宣传资料。上海电视台、东方电视台在《新闻透视》和《智力大冲浪》等栏目播放了开展国际减灾日专题节目。各区、县利用闭路电视、区报等媒体发表领导讲话，宣传防灾常识。全市在南京路、新客站、徐家汇、中山公园等闹市区设立20余个宣传咨询点。(叶永兴)

【南黄海地震波及上海】 11月9日北京时间21时56分55秒，在北纬31度42分、东经123度02分，长江口以东南黄海海域发生里氏6.1级地震，全市普遍有感。地震发生后，上海市抗灾救灾办公室根据震情和地震应急预案作出快速反应，采取了相应抗震抢险措施。上海的水、电、煤生产供应情况正常。中山西路五里桥有两处地下水管因地震爆裂，市自来水公司立即派员赶去抢修，未对居民生活造成影响。市区交通畅通，地铁照常营运，虹桥机场航班起降正常，火车站列车营运未受影响，上海港口航运保持正常。上海各家医院没有收到因地震而受治的伤员。上海人民广播电台、电视台当晚就播放了地震消息并疏导在街上的市民回家休息。这次地震，同时波及江苏、浙江、安徽3省，江苏部分地区和浙江杭州、宁波地区震感强烈，但均未造成破坏性影响。(叶永兴)

【国内首本《常见灾害自救画册》出版】 中国第一本较全面介绍城市常见灾害自救互救技能的《常见灾害自救画册》，在第七个国际减灾日前由上海远东出版社出版发行。该书科学、通俗、简明地介绍了城市房屋火灾、煤气事故、家庭用电事故、交通事故和急性食物中毒、化学灾害、核电事故、气象灾害、地震灾害以及战争灾害的预防、救护知识与技能。全书图文并茂，由上海市民防办组织了十多个有关单位的专家编写，旨在宣传抗灾救灾知识，提高市民的防灾意识和自救互救能力。(叶永兴)

1998年鉴

【概况】 1997年上海市所遇的自然灾害主要是气象灾害和海洋灾害，较严重的有4次（5月12日、7月10日、8月18日和8月25日），其中十一号台风影响最为严重。8月18日21时30分，十一号台风在浙江温岭登陆，时值上海处于天文高潮汛期，因而出现了台风、暴雨和天文高潮"三碰头"，为500年一遇，创历史最高。总计直接经济损失6.66亿元。全年化学事故发生55起，造成8人死亡，79人受伤，其中以市政工程违章施工造成的化学事故为最多，共20起，占36.4%；化学危险品运输过程中引发的泄漏事故发生8起，较上年有大幅度提高。1997年上海市抗灾救灾工作按两级政府、三级管理要求，完成了市、区县及街道、乡镇的《地震应急预案》及应急反应实施方案的拟制工作；制定了上海市沿江沿海的堤、塘加固和市内防汛墙的加固计划，加强了防汛设施的建设。为进一步理顺抗灾救灾管理体制，根据国务院办公厅《关于加强抗灾救灾管理工作的通知》，按市政府办公厅要求，研究制定了《上海市加强抗灾救灾管理实施办法》并已上报市政府审批。根据《中国21世纪议程——上海行动计划》领导小组要求，结合上海实际，组织编制了上海市抗灾救灾可持续发展课题规划。修改完善了全市456家化学危险物品重点目标单位化学事故应急救援预案，并组织演习和演练，进一步提高了市和区县化学救援队伍的应急反应能力。（潘金发）

【成功防御十一号台风侵袭】 8月18日晚至19日清晨，全市受到台风、暴雨、天文高潮的侵袭，形成"三碰头"的严峻局面。当天，市区普遍出现8—10级大风，金山、奉贤、南汇及崇明出现11—12级的阵风并普降暴雨，局部大暴雨达到152.1毫米，黄浦江沿线潮位均超历史纪录24—50厘米，黄浦江吴淞口子潮位达5.98米，超过警戒线1.18米；黄浦公园潮位达5.72米，超过警戒线1.17米，为500年一遇。这次台风大潮造成17.1万人受灾，死亡7人，市区防汛墙3处决口，倒灌近20处，海堤决口16处，崇明等地海塘损坏75公里。全市受灾农田33.95万公顷，成灾近2万公顷，绝收1.8万公顷，粮食损失2.58万吨，蔬菜减产6.45万吨。倒树43957棵（其中崇明27141棵），影响飞机航班135个。停产中小企业334个，但没有重要工厂受淹、停产，社会、交通秩序井然，蔬菜市场供应基本正常，市民生活未受大的影响。成功防御住这次台风大潮是因为：（1）防范工作抓得早、抓得实。得到信息后，自8月5日就全市动员开始准备抗击这次台风大潮。(2)"八五"期间对全市防汛水利工程投资达32亿元，这些防汛工程和排水设施发挥了作用。

(3) 水文气象预报准确,各级防汛组织管理水平提高。十一号台风生成后,市气象水文部门一直密切关注,并先后 25 次发出情况报告。(4) 各级领导高度重视,亲自指挥,精心组织,军民团结抗灾。8 月 18 日晚至 19 日,全市各级领导都亲临一线,全市出动近 10 万军民抢险。(文编)

【化学救援专业队伍进行综合会演】 按照市政府发布的《上海市化学事故应急救援办法》规定,近年来上海市陆续组建了市、区县以及化救重点目标单位专、兼职化学救援队伍,并组织了严格训练。11 月 19 日,市民防办举行了化救队伍训练成果综合会演。此次会演设置的项目有应急救援技术、战术团体综合表演,以及营救伤员、管道和钢瓶堵漏、转移危险品等 7 项个人专业救援技能竞赛。全市 26 支专、兼职化救队伍参加会演。上海氯碱化工股份有限公司和浦东新区、杨浦区等 8 支化救队获团体优胜,80 名个人获单项技术优秀。上海警备区、市政府有关领导和南京军区、驻沪三军、武警部队首长以及正在上海参加第十二次人防信息交流会的 20 个城市人防办主任观摩了会演(黄声)。

1999 年鉴

【概况】 1998 年,上海市所遇的自然灾害较轻,主要为高温影响,夏季 35℃以上高温天气 27 天,其中高温达 38℃以上的天气连续 5 天。由于市政府及有关部门提前做了准备,供水、供气、供电都基本正常,没有造成灾害。年内没有地震影响。全年发生各类化学事故 77 起,比上年增加 40%,共造成 12 人死亡,283 人中毒受伤;其中以煤气泄漏事故为主,共 28 起,占 36.4%。全市 317 个街道、乡镇都已建立了末端抗灾救灾机构,全市三级救灾指挥网络基本形成;组织全市 20 个区县和部分街道、乡镇完成了本地区地震应急预案实施方案的拟制工作,并举办了五期培训班,使各区县和有关委办局救灾指挥干部熟悉、了解预案;将全市化学危险品重点单位由原 456 个调整到 418 个,强化了日常监督,特别是加强了高温季节的化救安全工作,全年全市化工企业未发生较大事故。(黄声)

【市民防减灾工作会议召开】 10 月 6 日,市政府召开上海市防灾减灾工作会议。市政府有关委办局、各区县政府、抗灾办、地震办负责人近 200 人参加。会议通报了上海市抗灾救灾工作、地震综合防御情况,并

就今后的防灾减灾工作进行了安排。国家地震局、市政府有关领导出席会议并作重要讲话。（黄声）

【召开区域救灾理论研讨会】 12月7—8日，市民防办组织召开上海市民防抗灾救灾理论研讨会。市政府办公厅、有关委办局和市、各区县民防办的领导、专家六十余人参加会议。会议围绕"区域救灾——城市灾害与事故应急救援的必然要求"这个主题，对上海市区域救灾工作的现状进行了分析，并从灾害隐患的防治对策、如何加强抗灾救灾工作等方面展开了深入探讨，还交流了"区域救灾"工作的经验。（黄声）

2000 年鉴

【概况】 1999年全市继续重视防震、防灾工作，并尝试将民防抗灾工作向里弄（村）延伸；注重民防救灾队伍的规范化建设，组织了民防特救队伍和化救队伍业务骨干培训，队伍的快速反应和灾害事故处置能力不断提高；开展了部分区县民防地下指挥所标准化建设，使全市完成标准化建设的区（县）级地下指挥所达到10个，并推广了地下指挥所与地面抗灾值班室相结合的做法，使人防组织指挥要素在平时抗灾救灾中能够全面发挥效能。全年发生各类化学事故152起，比上年增加97%，共造成296人伤亡，其中死亡48人，伤亡总数比上年增加176.6%；化学事故以煤气、液化气泄漏事故为主，占事故总数的30.2%、伤亡总数的73%。（黄声）

【完善全市救灾机构网络】 年内，民防救灾工作实行"重心下移"，向社区延伸。全市311个乡镇、街道结合换届工作，将同级的民防抗灾机构——抗灾办或民防办全部调整完毕。在全市原有三级救灾指挥网络的基础上，部分区县开始尝试"两级政府、三级管理、四级网络"的新型民防救灾管理模式，将民防抗灾工作向里弄（村）延伸，区域救灾综合能力进一步增强。（黄声）

【举行救灾队伍综合会演】 10月13日，为配合第十个"国际减灾日"宣传活动，市民防办、闵行区政府成功组织了区、镇（街道）两级民防专业队伍综合会演，19支民防专业队伍、近千名民防队员参加。这次会演是闵行区建区以来首次区带镇（街道）民防专业队伍、民防志愿者队伍的综合演练，展示了民防救灾队伍的整体素质和区域救灾综合能

力，探索了区域民防救灾队伍"专群结合"的新模式。（黄声）

【城市防汛排水能力得到提高】　1999年汛期（4月1日至10月20日），全市总降雨量和梅雨量均突破历史最高纪录。汛期总降雨量达1397毫米，超过历史上的最高纪录1148.1毫米；梅雨量达815.4毫米，超过往年梅雨量204毫米的纪录，梅季时间也比往年（20天）延长一倍多，达43天。城市排水全年迎战30毫米以上的降雨29场，其中大到暴雨18场，大暴雨4场，经受4次强热带风暴外围影响，圆满完成防汛排水任务。（徐英福）

【上海经历超长梅雨期】　6月7日至7月20日，为1999年上海梅雨期。雨期比往年超长1倍，达43天；雨量为历史最高纪录的4倍，达815.4毫米。其间，曾出现洪水下泄、天文大潮和大暴雨"三碰头"情况。7月3日市水利部门开启蕰藻浜西水闸及嘉定、宝山沿长江所有水闸排水，7月15日又开启淀浦河西闸排水。整个梅雨期，全市各水闸共引水3420次、9.74亿立方米，排水11512次、53.41亿立方米，有效控制了内河水位，保障了城乡安全。（霍美芬）

【丽晶大酒店发生煤气燃爆事故】　12月9日傍晚18时10分，在愚园路110号丽晶大酒店内发生煤气燃爆，店堂西、北面墙体倒塌，餐厅和厨房部位受损严重，造成酒店内职工、顾客和行人伤亡130多人，其中死亡9人，重伤14人。事故原因主要是煤气表具破裂，致使大量煤气外溢，遇到炉灶的明火引起燃爆。（余臻胜）

【全国防台风会议在沪召开】　6月1—3日，国家防汛抗旱总指挥部在沪召开"1999年全国防御台风工作会议"，全国11个省、自治区、直辖市，5个计划单列市和国务院有关部、委、局及流域机构的60余位代表出席会议。国家防总秘书长、水利部副部长周文智在会上强调要按照副总理温家宝在国家防总1999年第一次全体会议上提出的"八个坚持"做好台风防御工作，要进一步强化防台风责任制，完善监督机制；要加强海堤建设，提高整体抗灾能力；要强化海堤工程质量管理，坚决杜绝"豆腐渣"工程；要以防为主，不断完善和落实防台风预案，加快预警预报、防汛通信等非工程措施的建设。会议期间，与会代表总结交流了工作经验，参观了上海奉贤县、金山区、浦东新区和上海化工园区、上海石油化工总厂等地的沿海海塘及黄浦江防汛墙。（霍美芬）

【上海中心气象台为领导决策提供可靠的气象信息】 1999年,上海市出现了罕见的异常天气,年降水量为1793.7毫米,破1985年1673.5毫米的历史最高纪录,是1873年以来降水最多的一年;从6月7日入梅,7月20日出梅,梅期长达43天,是常年的2倍,梅雨量高达815毫米,是常年的4倍,大大超过历史上梅雨量最多的一年（1996年为571毫米）,汛期出现暴雨次数达10次,刷新了年暴雨最多8次的历史纪录;影响气象台责任海区的热带气旋有10个,其中9911号强热带风暴对上海影响最大,且又正值国庆50周年大庆前夕,各种大型庆祝活动准备工作正紧锣密鼓进行。中心气象台充分发挥现代化设备的作用和采用高科技手段,密切监视异常天气,及时向市领导和新闻媒体发布气象预报,例如国庆50周年、99《财富》全球论坛上海年会、第四届农运会、防汛减灾、强热带风暴等,主动、及时向市领导提供可靠的气象信息,为领导科学决策提供了充分依据,收到较好效果,受到市领导的称赞。上海中心气象台已连续四年被评为上海市文明单位,1999年又被评为全国创建文明工作先进单位。

2001年鉴

【概况】 2000年,着手调整全市防灾减灾非常设领导机构及其办事机构的设置,着手编制《上海市灾害应急救援预案总体框架》,完成了《上海市防灾、抗灾、减灾"十五"计划和到2015年长期规划》及各分规划的编制;加强了日常的救灾演练和灾情处置工作,全市灾害事故应急救援能力得到进一步提高;民防网络组织机构继续向基层延伸,全市283个街道（乡镇）已全部建立民防（抗灾）机构。（黄声）

【组织居民疏散隐蔽演练】 6月25日,长宁区华阳路街道金谷苑小区进行了市内首次居民防灾疏散演练。志愿参加演练的140名居民开展了就地隐蔽演练和前往松江疏散地区实地安置演练,区人防专业队伍同时进行了建筑物倒塌抢险、消防抢险、医疗救护等演练。（黄声）

【民防信息中心建成并投入使用】 结合上海民防大厦建设,上海民防信息中心于6月建成并投入使用。该中心可与市政府应急指挥室实现视频监控信息资源共享,并建有光缆宽带传输系统、ATM计算机主干网系统、卫星电视接收系统、电视会议系统和视频信息监控系统等。信息

中心的投入使用,将有效提高全市抗灾救灾工作的综合协调和组织指挥水平。(黄声)

【组织水陆化救演练】 6月28日,市民防办和上海海事局共同组织举行了"2000年上海水陆化救综合演练",这次演练分为储罐区化救和水上化救两个阶段,包括"储罐灭火扑救""清除水上油污"等十多个演练项目,这是全市首次组织水上化救演练。演练取得了预想效果。

2002年鉴

【概况】 2001年,完成了《上海市灾害事故应急处置总体预案》及其分预案的编制和《上海市灾害事故应急手册》的编写工作,参与"上海市灾害事故综合管理模式研究"课题研究工作,着手准备市减灾办公室和市应急指挥中心的建设;对全市283个街道、镇(乡)民防机构进行规范化建设;全市有10个区的民防演练积极展开;社区民防志愿者队伍试点和推进工作势头良好;相关灾害事故应急处置及救援能力逐步加强,全市民防部门全年共出动救灾人员1625人次,出动救灾车辆387辆次,及时处置了307起灾情;信息化进程加快,"上海市减灾信息管理系统建设方案"课题研究基本完成,上海民防网站顺利开通;民防法制宣传影响广泛,结合《上海市民防条例》贯彻实施两周年开展了较有声势的系列宣传活动。(周蕾)

【全市灾害事故应急处置总体框架初步构筑】 在市政府办公厅牵头和市民防、公安等有关部门的参与下,完成了全市灾害事故综合管理模式的课题研究和《上海市灾害事故应急手册》(试行本)的编写以及《上海市灾害事故应急处置总体预案》的编制,完成了化学事故、核事故和放射性污染事故应急处置分预案的编写及19类25种分预案的汇总整理。该《上海市灾害事故应急处置总体预案》突出了灾害事故管理的组织、信息、资源整合,明确了应急指挥、保障、防范体系,确立建立上海减灾工作非常设领导机构、办事机构和应急指挥机构,并将减灾办公室的具体职能赋予市民防办承担,初步构筑了全市灾害事故应急处置的总体框架。(周蕾)

【开展社区防空防灾演练】 全市共有闵行、长宁、闸北、徐汇、杨浦、黄浦、静安、奉贤、浦东、金山10个区和市民防勤务中心分别开展了以警报试鸣、群众疏散、化学事故应急救援、防燃气事故、社区防空防灾和水上化救等内容的综合或专题民防演练。这些演练大多由区政府组织，民防、公安、消防、卫生、环保等各相关部门参加，全市共有1600余名专业队员和大量居民群众参与，从提高城市整体防护能力出发，贴近企业安全生产需要和社区居民生活，锻炼了各支救灾队伍的应急处置协调和实战能力。（周蕾）

【组建民防志愿者队伍】 根据《上海市民防条例》的规定，年内开展民防志愿者队伍的组建工作，由区民防办在公民自愿的基础上，综合考虑个人的专业技能和民防救援工作需要，按本地人口数0.2%—2%的比例组建。全市已有闵行、长宁、黄浦、卢湾、闸北、浦东、宝山、松江8个区的60余个街道、镇和800余个居委会组建了民防志愿者队伍，志愿者人数达20427人。民防志愿者主要承担本地区灾害应急的救护员、信息员和宣传员职责。（周蕾）

【上海民防网站开通】 上海民防网站（www.mfb.sh.cn）于6月26日正式开通。设有政务公开、民防动态、专题聚集、化救通、网络指南、技术与装备、防空知识、防灾园地、工程建管和案例分析10个一级栏目，民防简介、人民防空50周年庆、全国人防四次会议、他山之石四个专栏，还设有一个民防公众论坛和88199信箱。网站信息主要来源于各级民防办、合作单位、国内外各相关网站等媒体，大学生绿色志愿者以及有关领导和专家提供的稿件。上海抗灾救灾综合信息平台的建设已被市政府批准列入《2000—2002年上海市信息化实施计划》。（周蕾）

【"民防楼院"进社区】 4月起，长宁区民防办公室会同新华路街道、天山路街道分别在长宁区内5个居民楼院开展创建民防楼院试点工作。试点楼院普遍建立了民防工作小组，组建了民防志愿者队伍，加大创建"民防楼院"的经费投入，设立了宣传专栏，并做到每户配发一本《公民防灾常识》和宣传资料，居民的民防知识知晓率和普及率达到100%；配备了抢险工具箱，给每个楼层配备了灭火机，为2—4楼居民配备了救生绳；制定了处灾程序和疏散线路图；开展了"青少年暑期民防一日夏令营""民防知识纳凉晚会""家庭燃气泄漏救护演练"等各类活动。

2003 年鉴

【概况】 2002 年，《上海市灾害事故应急处置总体预案》正式试行，围绕组织整合、信息整合和资源整合，推进上海城市综合减灾体系建设取得实质性进展。市、区两级减灾管理组织网络基本建成，市级 19 类 25 种灾害故事应急处置分预案完成修订汇总，19 个区县《区域灾害事故应急处置总体预案》和《灾害事故应急处置应急手册》拟制完成，减灾信息整合步伐加快，民防综合演练普遍开展，灾害事故应急处置和救援能力得到提高。同时，国际减灾交流与合作不断深入，社区民防教育逐步深化，开展民防教育的学校有 275 所，受教育的有 20 多万人次。民防志愿者队伍普遍组建，全市有志愿者队伍 535 个，人员 9368 名。民防法制宣传也深入开展，共发放宣传材料 13.5 万份。（李巍）

【上海市减灾领导小组成立】 3 月 29 日，市减灾领导小组召开第一次会议，该领导小组作为全市减灾领域的非常设领导机构，统一领导全市减灾工作。下设市减灾领导小组办公室、市减灾专家委员会和市救灾应急指挥中心，原有 5 个市级抗灾救灾工作非常设领导机构，即市抗震委员会、市核化救援委员会、市防汛指挥部、市防火安全委员会、市道路交通安全委员会在予以保留的前提下，归并为市减灾领导小组下的灾种协调管理机构。市减灾领导小组办公室设在市民防办，负责全市日常减灾管理工作及减灾应急指挥中心运作和维护。会上介绍了《总体预案》的编制情况。（李巍）

【市、区两级减灾管理组织网络基本建成】 市减灾领导小组 35 家成员单位和市减灾专家委员会已确定，浦东新区、长宁、黄浦、静安、卢湾、徐汇、虹口、杨浦、闸北、闵行、奉贤、南汇、嘉定、宝山、松江和金山等 16 个区已成立减灾领导小组及其办公室。（李巍）

【开展 36 次民防综合演练】 年内，市、区县、乡镇（街道）全年共组织民防综合演练 36 次，内容涉及警报试鸣、群众疏散、抢险救灾、水上化救、防台防汛等。其中 4 月 9 日上海市灾害事故应急处置模拟演练、8 月 13 日长宁区防空警报试鸣暨民防综合演练，以及 10 月 17 日配合第五届地方政府应对灾害和紧急事件（LACDE）国际会议组织的大规模区域救灾演练在社会上产生了积极影响。（李巍）

【应急处置救援 225 起】 年内全市民防系统共出动救援人员 1412 人次,救援车辆 352 台次,处置灾害事故 225 起,其中化学事故 111 起、核事故 2 起、建筑物倒塌事故 6 起、重大交通事故 80 起、地热事故 1 起、马蜂窝事件 16 起、其他事故 9 起。(李巍)

【第五届地方政府应对灾害和紧急事件国际会议在沪举行】 由上海市政府主办的第五届地方政府应对灾害和紧急事件(LACDE)国际会议于 10 月 15—17 日在上海举行。这是 LACDE 协会首次在亚洲召开的会议,共有来自 34 个国家和地区的 430 名国内外代表围绕"城市可持续发展中减少危险和脆弱点"这一主题进行了广泛深入的探讨和交流,会议通过了《LACDE 上海宣言》,集中展示上海在城市建设和管理以及城市防灾减灾领域的成就。(李巍)

2004 年鉴

【概况】 2003 年,上海城市综合减灾体系建设取得实质性进展。《上海市灾害事故紧急处置总体预案》正式下发,圆满完成市防治"非典"指挥部的保障工作,围绕组织整合、信息整合和资源整合"三个整合"工作取得新进展。年内调整市减灾领导小组、办公室及市减灾专家委员会、联络员队伍的组成人员,修订有关工作制度,重点指导区县开展减灾组织整合工作,全市 19 个区县已经成立减灾领导小组,其办公室设在区县民防办,街道乡镇减灾组织机构建设逐步展开。民防综合演练普遍开展,灾害事故应急处置 304 起,救援能力得到提高。国际减灾交流与合作不断深入,社区民防教育逐步深化,民防志愿者队伍普遍组建。结合《上海市民防条例》颁布实施 4 周年,民防法制宣传深入开展。(李巍)

【灾害事故预案拟制有序推进】 年内继续组织开展 19 类 25 种灾害事故分预案和各区县总体预案的修订工作,市人防办组织制定《上海市防范和处置遗弃化学武器事件专项预案》。参与《应对非传统安全问题总体行动方案》研究,完成其中的《城市灾害对城市安全的冲击与防范》专题研究报告。(李巍)

【进行 42 次民防综合演练】 2003 年,各区县和相关灾种管理部门共组织实施 42 次各类各级演练。重点实施市民防办带领黄浦、卢湾、静安3区的网上组织指挥演练，初步规范市、区县两级人防组织指挥程序，提高相关队伍的协同作战能力，促进了网络等指挥保障手段的建设和完善。（李巍）

【应急处置救援304起】 全年全市民防系统共受理处置灾害事故304起，出动救灾人员1574人次，救灾车辆428车次。（李巍）

【继续推进行政审批制度改革】 至2003年年底，共取消、调整15项审批事项，保留7项，总体改革率达到68.2%。对现有36件规范性文件进行清理，废止16件，修改9件，保留11件，并在网上公开告知。积极推进政务公开，完成"上海民防网站"改版，网上办事和事先告知制度进一步落实。（李巍）

2005年鉴

【概况】 2004年，上海城市综合减灾体系建设取得新进展。组织编制完成《上海市人民政府突发公共事件总体预案》；综合减灾组织整合、信息整合和资源整合"三个整合"工作取得新进展。年内调整市减灾领导小组、办公室及市减灾专家委员会、联络员队伍的组成人员，街道乡镇减灾组织机构建设逐步展开；民防综合演练普遍开展，灾害事故应急处置和救援能力得到提高；组建民防志愿者队伍19支；完成"上海综合防灾对策及系统集成研究"和"民防建设研究"课题研究。全年全市民防系统共受理处置灾害事故320起，出动救灾人员1528人次，救灾车辆449车次。（李巍）

【进行46次民防综合演练】 2004年，针对信息化条件下特大型城市特点，组织实施市带7个区"8·13"两级防空袭指挥网上演习，重点演练指挥程序，增强演习研究性和针对性。参加市国防动员委员会组织的"东方—2004"演习和"全国民兵军事训练工作会议"实兵演练，参与军委空军"空防—2004"网上推演，较好地完成了参演任务。全市各区县民防办年内组织实施了46次防空防灾演练，提高了区域防空防灾组织指挥和应急处置能力，促进了网络等指挥保障手段的建设和完善。（李巍）

【减灾宣传教育进学校、进社区】 2004年民防知识教育内容、课时纳入教育部门下达的年度教学计划；完成《小学生民防知识读本》和高等院校《民防知识教程》的编写、出版工作，着手编制拍摄《小学生民防知识教育动画片》；组织完成高校民防教学训练器材的购置及配发工作。在街道、社区《科普之窗》多媒体触摸屏系统开设防灾减灾栏目；研制开发"上海市民防志愿者队伍管理软件"，逐步规范民防志愿者队伍建设和管理工作。在上海人民广播电台《社会与市民》栏目组织5次《专家谈减灾》节目，收到较好社会效果。（李巍）

2006 年鉴

【概况】 2006年，上海应急管理工作围绕"为城市安全运行设防"的中心任务，根据"以人为本、预防为主、依靠科技、分级管理、整合资源、处置有力"的原则，强化"积极预防、有效应对"两大工作环节，努力形成常态和非常态有机结合、综合和分类分级衔接、防范和处置并重的应急管理工作格局，提高应对自然灾害、事故灾难、公共卫生事件、社会安全事件等各类突发公共事件的应急管理水平。一是形成应急管理预案体系框架。上海市应急预案体系由1个总体预案、19个区县总体预案、若干个市级专项和部门预案、基层应急管理单元预案和重大活动应急预案组成，总体上对应国家总体预案的工作原则和要求，贯彻执行国家专项、部门应急预案，同时体现上海特大型城市应急管理"扁平式""全覆盖"等工作特点。二是确立应急管理组织体系。确定应急管理的领导机构、办事机构和工作机构等。《上海市突发公共事件总体应急预案》明确：市委、市政府统一领导全市突发公共事件应急管理工作；市政府是全市突发公共事件应急管理工作的行政领导机构；市突发公共事件应急管理委员会（简称市应急委）决定和部署全市突发公共事件应急管理工作；市突发公共事件应急管理委员会办公室（简称市应急办）是市应急委的日常办事机构，设在市政府办公厅，负责综合协调全市应急管理工作，对"测、报、防、抗、救、援"6个工作环节进行指导、检查和监督；具有处置突发公共事件职责的市级协调机构、相关职能部门和单位，作为应急管理的工作机构，承担相关类别突发公共事件的应急管理工作；市应急联动中心设在市公安局，作为市突发公共事件应急联动先期处置的职能机构和指挥平台，履行应急联动处置较大和一般突发公共事件、组织联动单位对特大或重大突发公共事件进行先期处置等职责。

各区县也建立相应的应急管理领导机构、办事机构和工作机构。有的区县已建立应急联动分中心和街道镇以及相关部门应急办。三是推进应急管理工作。2006年，在《上海市综合减灾和应急管理"十一五"规划》编制工作基础上，开展编制市、区县"十一五"应急体系建设规划；建设市级基层应急管理单元。洋山深水港、浦东国际机场和虹桥国际机场、上海化工区等3个第一批市级基层应急管理单元试点建设框架基本形成。组织开展风险隐患排查。市建设交通委和市房地局针对高层建筑玻璃幕墙的安全问题开展玻璃幕墙建筑专项检查和整治，相关部门还结合管理职能，开展食品卫生等风险隐患排查工作。加强应急值守工作。制定并印发《上海市政府机关值班工作规范》，明确值班工作制度、信息报告制度、值班工作保障等规范。开展应急管理科普宣教。结合《上海市中小学生生命教育指导纲要》加强学校应急管理基础教育，编发市、区两级的《应急管理信息》和宣传材料。组织"110""119""应急减灾""安全生产月"等专题活动，建设应急防护等科普场馆和基地，开展应急管理工作人员和专业队伍的培训，进行安全生产、建设工程等市级、区县和基层的应急处置演练。（邹勇杰）

资料：上海市应急管理工作实践沿革

从城市减灾的单灾种管理向城市综合减灾管理转变。上海原有的灾害管理采用单灾种纵向管理模式，1999年8月1日颁布实施综合性减灾法规《上海市民防条例》，开始实践综合减灾管理工作。2002年4月试行《上海市灾害事故紧急处置总体预案》，2003年10月正式颁布实施，成立市减灾领导小组及其办公室，市减灾办设在市民防办公室，标志着全市统一的综合减灾和紧急处置体系框架基本确立。

从城市综合减灾管理向城市突发公共事件应急管理提升。中共十六届六中全会通过的《中共中央关于构建社会主义和谐社会若干重大问题的决定》明确提出，要"完善应急管理体制机制，有效应对各种风险"。2005年4月，国务院印发《关于实施国家突发公共事件总体应急预案的决定》。2006年6月，国务院印发《关于全面加强应急管理工作的意见》。2005年7月和2006年7月，两次召开全国应急管理工作会议，对加强城市突发公共事件应急管理工作提出具体要求。上海贯彻落实国家有关应急管理工作要求,以城市综合减灾管理体系框架为基础,向城市突发公共事件应急管理提升。2005年7月,市委、市政府决定成立市应急委及其办公室,将市减灾领导小组及其办公室职能归并至市应急委及其办公室,标志着上海开始构建具有上海特大型城市特点的应急管理工作新格局。2005年9月和2006年8月,两次召开市应急管理工作会议,传达全国应急管理工作会议精神,部署市应急管理工作。2006年1月,颁布实施《上海市突发公共事件总体应急预案》,全面推进应急管理工作。(邹勇杰)

【制定应急预案】 1月下旬,《上海市突发公共事件总体应急预案》经市政府常务会议审议通过开始实施,并向社会公布。各区县政府、相关职能部门和单位依据市总体应急预案,对应国家有关专项和部门应急预案,开展相应应急预案编制工作。经各相关部门和单位工作,各区县总体应急预案以及市级各专项和部门应急预案的编制、审定和报备工作在2006年年底完成。通过制定应急预案,进一步明确应急管理工作领导机构、办事机构和工作机构职责,加强各部门、各单位间的工作协调,完善应急管理机构网络。上海市应急预案从层级上分为市总体预案、区县总体预案、专项和部门预案、基层应急管理单元预案、重大活动应急预案等。专项和部门预案为同一个层次,专项预案由市级议事协调机构负责制定,主要针对常见、频发和危害严重,且应急处置工作的涉及面广、协调复杂,常态管理需由市级议事协调机构负责的突发公共事件;部门预案由相关职能部门或责任单位负责制定,针对常态管理职责相对明确,应急处置以部门为主、相关单位配合的突发公共事件。专项和部门预案从类别上又可分为自然灾害类、事故灾难类、公共卫生事件类、社会安全事件类以及综合保障类等5类。(邹勇杰)

【开展基层应急管理单元建设】 基层应急管理单元分为市级和区县两级,其中市级基层应急管理单元由应急管理重点区域和高危行业重点单位组成,具有社会影响大、应急管理协调工作涉及面广、责任主体不够明确等特点。市应急委确定洋山深水港、浦东国际机场和虹桥国际机场、上海化工区、铁路上海站、轨道交通站点、地下空间、宝钢、世博园区、上海石化等9个区域为第一批市级基层应急管理单元。12月13日,在浦东国际机场召开基层应急管理单元试点建设现场会,对洋山深水港、浦东国际机场和虹桥国际机场、上海化工区3个基层单元的试点建设进行总结，全面启动全市基层应急管理单元建设。基层单元建设包括3个方面内容：一是确定基层单元建设牵头单位。牵头单位对本单元的应急体系建设负全责，牵头、协调和指导本单元范围内各部门和单位的应急管理工作。二是落实5个管理要素建设。即围绕建立组织体系、编制应急预案、明确应急保障、形成工作机制、构建响应平台，实现应急管理工作在基层单元区域范围的管理区间全覆盖、"测、报、防、抗、救、援"6个环节的管理环节全覆盖、全天候和全时段的管理时限全覆盖、基层单元可能应对的各类突发公共事件的管理对象全覆盖。三是明确部件和事件。以单元区域范围内需重点监控的突发公共事件易发地域、高危装置设施等为部件，以可能发生的各类突发事件为事件，制定部件和事件管理标准，明确部件和事件归属和管理责任单位，确定监控、处置流程。（邹勇杰）

【组建地震灾害紧急救援队】 12月22日，上海市地震灾害紧急救援队成立。该救援队在利用现有资源的基础上，依托市消防特勤支队和市地震局等部门优势，以"一队多用，一专多能，突出震害，兼顾多灾种抢险救援"为建队定位。该救援队总人数为250人，人员构成以消防局特勤支队的消防队员为主，结合医救、地震等专业人员。该救援队走精兵强队之路，引进高新技术装备，具有救援功能和手段较全、反应快速等特点，以"保障本市、支援国内、参与国外"为队伍的功能定位，提升承担跨地区、适应不同地理和气候环境的重、特大灾害事故综合性抢险救援能力。该救援队由市防震减灾联席会议领导。市应急联动中心可根据灾情，指挥调度其参与市内的各种抢险救援行动。（邹勇杰）

2007年鉴

【概况】 2007年，上海市应急管理工作按照"确保城市安全运行"主线，以基层应急管理工作为重点，进一步完善应急管理体制机制，促进应急管理组织体系、预案体系建设，使应急管理工作有新突破、新发展。按照"应急管理进基层"要求，市应急办会同市民政局、市安全生产监管局、市教委等部门实行应急管理工作"进社区（乡村）、进企业、进学校"。开展形式多样的宣传活动，进一步提高全民应急防护意识和水平。印发《上海市基层应急预案框架指南》，就社区（含乡村）、学校等单位基层预案及处置规程框架和生产经营性企业预案框架等提出意见，指导基层单位工作。市民防办、上海铁路局、宝钢集团、申通集团、上海石化等单位继续推进基层单元应急预案体系建设。上海世博局按照国家"安全世博"有关要求，编制和上报上海世博会应急管理专项示范工程建设工作方案。进行上海市应急平台体系建设，完成市政府指挥室一期工程，实现与国务院应急平台的视频图像、数据交换等互联互通。深入开展应急管理科普宣教工作，市委组织部、市人事局等分别将应急管理知识纳入各级干部和公务员培训规划和计划。应急联动机制使各类突发公共事件和紧急救助得到快速响应，全年市应急联动中心发送到相应联动单位的警情信息达 27 余万条，日均近 750 条。年内，上海受到超强台风"韦帕""罗莎"，以及 8 次天文大潮汛、2 次暴雨到大暴雨、13 次局部暴雨的侵害，黄浦江上游米市渡潮位 35 次超过警戒线。市防汛指挥部共发布防汛防台橙色预警信号 2 次、黄色预警信号 19 次、蓝色预警信号 1 次，启动Ⅱ级应急响应 2 次、Ⅲ级应急响应 19 次、Ⅳ级应急响应 1 次。全市遭受洪涝灾害人口约 7.23 万人，农田约 2.24 万公顷（其中成灾 1.33 万公顷），倒塌房屋 41 间；462 条次马路积水，约 1.26 万户次居民家中进水，紧急转移安置约 30 万人次，直接经济损失约 1.79 亿元。（顾铖祎、邓一露）

【建立突发事件年度趋势分析及对策研究和应对工作评估机制】 5 月，市政府办公厅印发《关于做好本市突发公共事件趋势分析及对策研究工作的通知》，明确由市民政局、市安监局、市卫生局、市公安局负责，组织开展自然灾害、事故灾难、公共卫生事件和社会安全事件四大类突发公共事件的年度趋势分析、对策研究和评估分析。8 月，形成并印发《上海市 2007 年突发公共事件趋势分析及对策研究报告》。（顾铖祎）

【举行电力突发公共事件应急联合演练】 6 月 20 日下午，2007 上海电力突发公共事件应急联合演练举行。黄浦区和宝山区政府、华东电网有限公司、上海市电力公司和交通、金融、公安、医院、商场、通信、工厂等 10 多个行业近 30 个单位参加演练。演练模拟上海地区受突发飑线风灾害天气影响，致使上海电网内多处 500 千伏、220 千伏设备发生故障，宝山区、金山区、闸北区等多个区域大面积停电，有关部门启动Ⅰ

级应急响应,在4小时内恢复供电的全过程。演练内容包括先期处置、信息报告及应急响应、应急处置和应急结束4个方面,以检验和完善《上海市处置供电事故应急预案》。各单位在演练过程中总结调整供电事故应急预案,提高其科学性、有效性和可操作性。(顾铖祎)

【调整上海市气象灾害预警信号及防御指引】 10月中旬,市政府批准《市气象局关于贯彻中国气象局〈气象灾害预警信号发布与传播办法〉实施意见》(以下简称《实施意见》),调整上海市气象灾害预警信号及防御指引。《实施意见》规定:上海市气象灾害预警信号分为台风、暴雨、暴雪、寒潮、大风、沙尘暴、高温、干旱、雷电、冰雹、霜冻、大雾、霾、道路结冰和臭氧预警信号15类。预警信号分为4级(Ⅳ、Ⅲ、Ⅱ、Ⅰ级),按照灾害的严重性和紧急程度,颜色依次为蓝色、黄色、橙色和红色,同时以中英文标识,分别代表一般、较重、严重和特别严重。预警信号由名称、图标和含义3个部分组成。市气象局负责市内预警信号发布与传播管理。市新闻宣传、通信管理等部门按照各自职责,协助做好预警信号发布与传播。上海中心气象台按照市气象局制定的程序,统一制作和发布上海市预警信号,并根据天气变化情况,及时予以更新、解除,同时向相关部门和防灾机构通报。区县气象台在上海中心气象台指导下,根据需要发布区县预警信号。其他任何组织或者个人不得向社会公众发布预警信号或者其他相关气象信息。市各类媒体收到上海中心气象台直接提供的适时预警信号后,要按照《上海市气象灾害预警信号及防御指引》统一的信号名称和图标,及时、完整、准确地予以播发,其中广播、电视、"中国上海"门户网站等媒体要在15分钟内播发。(萧明)

2008年鉴

【概况】 2008年,上海市应急管理工作贯彻实施《中华人民共和国突发事件应对法》,以确保城市安全运行为要求,有力、有序应对雨雪冰冻灾害等各类突发事件,切实做好汶川地震救灾援助工作,以建立健全应急管理体制为重点,夯实突发事件应急管理基础。推进应急管理组织体系建设,安全监管、交通港口、铁路、海事、卫生、检验检疫、农业、质量技术监督等部门及电力、机场、石油天然气等单位,建立应急管理领导机构，明确职能处室承担具体工作任务。加强应急预案体系建设，先后编制和印发《上海市处置大雾灾害应急预案》《上海市处置雨雪冰冻灾害应急预案》等一批市级应急预案和规范性文件，充实、完善全市应急预案体系；开展应急演练，检验应急预案的针对性和可操作性。健全应急管理保障体系，按照国务院应急办的部署和要求，市应急办、市政府办公信息处理中心会同各有关部门和单位，推进市应急平台建设。开展应急管理知识科普宣传教育，市应急办会同市民防办等部门组织"突发事件应对法宣传周"活动，以提高民众公共安全意识为目的，通过多种形式，面向社会宣传应急管理知识和应急防护技能。2008年汛期，上海经受住"海鸥""凤凰""森拉克""蔷薇"4个台风外围影响及9次天文大潮汛、18次局部暴雨或大暴雨考验。黄浦江上游米市渡潮位33次超过警戒线。市防汛指挥部共发布防汛防台橙色预警信号0次、黄色预警信号18次、蓝色预警信号6次，启动Ⅱ级应急响应0次、Ⅲ级应急响应18次、Ⅳ级应急响应6次。全市受灾人口5.07万人次，马路积水360条次，民居进水1.84万户次，直接经济损失397万元。（朱轲冰、邓一露）

【应对雨雪冰冻灾害】年初，上海市遭受百年一遇的低温雨雪灾害天气，对春运工作、农业生产和市民生活造成威胁。为应对雨雪冰冻灾害，上海市成立应对雨雪冰冻灾害和安置滞留农民工指挥部，统筹和部署全市应对雨雪冰冻灾害工作，全力"保畅通、保市场、保春运、保运行"。各区县、各相关部门和单位相互配合，形成高速道路以市政局为主、地面道路以市容环卫局为主、社区及沿街人行道以区县为主的除冰扫雪基本格局。市经委、市发展改革委、市农委等部门加强统筹和协调，落实开辟农副产品绿色通道，加大主副食品供应，保证市场供应平稳，维护城市正常运行。市建设交通委、市公安局、上海铁路局、市交通局、市港口局、机场集团和武警上海市总队等密切配合，确保铁路、公路、港口和航空有序运行。全市环卫职工参加除雪防冻约16万人次，车辆巡回2550车次，出动铲车、扫路车等机械设备400余辆（台）。武警上海市总队先后出兵1.8万人次、车辆680台次，扫雪除冰600公里，救助受灾群众150人，运送救灾物资250吨，处置因灾突发事件11起，维护浦东国际机场和虹桥机场、铁路上海站和铁路上海南站春运秩序1个多月，

协助疏散滞留旅客。（朱轲冰、黄国贤）

·资料·

【低温雨雪灾害天气影响上海】　1月下旬至2月上旬，上海市平均气温和平均最高气温分别较常年同期偏低2.6℃和3.9℃，为近30年来最低值；雨雪持续时间为1964年以后最长，累积雨雪量114毫米，为1901年以后历史同期最多，积雪深度达22—23厘米，为上海近136年来第二极值。全市共2人死亡，转移安置1658人；农作物受灾面积700公顷；倒塌房屋82间，损坏房屋594间；直接经济损失15635万元，居2008年各种气象灾害损失之首。由于江苏、浙江、安徽等地的路面积雪、结冰现象严重，导致机场和高速公路关闭，迫使上海的高速公路几度全部关闭，两大机场实际使用率仅50%。上海长途客运取消3000多个班次、近10万旅客受阻，是上海春运10多年来受影响最大的一次；铁路上海站1月28日停止发售28—30日北方及南方长途各次列车车票；铁路上海站因大批趟次列车未能及时到发或停运，近9万旅客滞留；机场延误航班6000余次，受影响旅客近8万人次。上海港长江口一度全面封港，200多艘船取消出航计划。低温雨雪冰冻造成全市大面积农田受灾和大棚倒塌，各种大棚重建资金需4亿—5亿元；小麦、油菜等越冬作物受冻；西瓜甜瓜苗生长处于停滞状态，部分瓜苗出现僵苗、死苗等现象；蔬菜生长速度减慢，产量和品质下降。因路面结冰和积雪，造成跌伤骨折、车祸的急救病人成倍增加，1月28日救护车出车793次，创上海市救护出车数量之最。持续低温使上海地区用电负荷一再创新高，1月28日全市用电负荷最高达1800万千瓦，创冬季用电历史最高纪录；为节约用电，全市自1月31日起关停景观灯64天。积雪使全市共发生简易房屋工棚坍塌近70万平方米。（徐家良）

【举行城市越江隧道突发事件应急处置演练】　6月30日凌晨，市应急办、市政局会同市公安局、市消防局、市卫生局、大众公用事业（集团）股份有限公司、浦江桥隧运营管理有限公司、浦江桥隧隧道管理有限公司、翔殷路隧道分公司等单位，在翔殷路隧道举行2008年上海市城市越江隧道突发事件应急处置演练。演练科目主要包括：隧道发现可疑物品事件应急处置、隧道发生车辆追尾和燃爆事故应急处置等。通过演练检验和提高市政系统与协同单位应对隧道突发事件的快速反应、应变处置和协同配合的能力与水平，总结应对突发事件处置的经验和不足，为进一步完善相关应急预案提供实践支持。（朱轲冰）

【完成 ARJ21-700 客机首飞应急保障任务】 11 月，ARJ21-700 客机在上海首飞，市应急办会同市公安局、市卫生局、上海海事局、市民防办、市政府新闻办、民航华东管理局、上海机场集团、中国商用飞机有限责任公司以及闸北、虹口、杨浦、宝山、崇明等相关区县，在分析首飞范围、载油量、飞行时间等情况基础上，制定《ARJ21-700 客机首飞应急保障方案》，落实应急救援队伍、装备、物资等各项措施。首飞期间，有 1100 余名民警和消防官兵、19 支应急医疗救护队伍、38 家二级甲等综合性以上医院、6 艘海上巡逻艇应急备勤，保障首飞圆满成功。（朱轲冰）

【制定实施"大雾、雨雪冰冻灾害"预案】 12 月，市应急办、市气象局会同相关部门和单位组织编制的《上海市处置大雾灾害应急预案》《上海市处置雨雪冰冻灾害应急预案》经市政府同意，以市政府办公厅名义印发实施。2 个预案细分相关部门和单位在大雾和雨雪冰冻灾害应对中的主要职责，明确大雾和雨雪冰冻灾害的监测与预防、预警响应、应急处置和应急保障等应对工作要求。（朱轲冰）

2009 年鉴

【概况】 2009 年，上海市认真贯彻落实《突发事件应对法》。结合"安全世博"目标，市突发公共事件应急管理委员会（以下简称应急委）印发《2009 年本市应急管理重点工作安排》，进一步推动应急管理各项工作，全年城市安全运行总体态势良好。各区县、应急管理工作机构结合机构改革，建立完善的应急管理组织体系。应急预案体系进一步完善，预案的可操作性、衔接性明显增强。市应急委印发《关于进一步加强应急预案工作的若干意见》，明确预案评估、修订、执行、宣传和管理等有关工作要求。全年修订专项、部门预案 10 件，组织新编水务行业、重要物资应急保障、应对高温天气、处置大风灾害和处置雷电灾害等应急预案。针对上海世博会安全保障以及防控甲型 H1N1 流感等，编制相应工作方案。市应急平台业务应用、基础支撑等系统的研发和数据组织工作有序推进，实现与国务院应急平台的互联互通，并建立与各区县及部分市级基层应急管理单元牵头的视频网络连接，完成45个部门和单位的数据汇总、修订和增补。全年组织2批次局（处）级领导干部应急管理专题研修班。开展首次"'5·12'防灾减灾日"及"社区民防技能运动会"、"安全生产月"等各类活动，引导科学普及宣传教育进机关、进社区、进农村、进学校、进企业。围绕上海世博会顺利举办和城市安全运行，有序组织各类应急演练，切实提高应对各类突发事件的能力。及时处置"11·28"津巴布韦籍麦道-11货机失事、"12·22"轨道交通1号线两车碰撞等事故。有序组织联防联控，取得应对甲型H1N1流感的阶段性成果。

2009年，上海汛期汛情较为平稳，共发生8次天文大潮汛、3次暴雨到大暴雨、7次局部暴雨、1次局部特大暴雨。黄浦江上游米市渡潮位38次超过警戒线。台风影响较弱，仅受到台风"莫拉克"外围影响。雷暴雨等强对流天气偏多，上海中心气象台先后发布暴雨红色预警信号1次、橙色预警信号6次、黄色预警信号15次、蓝色预警信号1次；市防汛指挥部发布防汛防台橙色预警信号4次（其中局部3次）、黄色预警信号14次、蓝色预警信号5次。（朱轲冰、邓一露）

【局（处）级领导干部应急管理研修班开班】 4月，市应急委、市委组织部、市委党校和市公务员局联合举办1期局级领导干部、2期处级领导干部应急管理专题研修班。办班期间，市内有关专家、学者分别就上海世博会安全、突发事件媒体沟通和四大类（自然灾害、事故灾难、公共卫生事件和社会安全事件）突发事件处置等内容作专题讲座。近百名区县政府、市级应急管理工作机构、市级基层应急管理单元牵头单位的分管领导及应急办、相关职能处室负责人等参加。（朱轲冰）

【甲流防控与救治】 4月，墨西哥、美国等国家出现的甲流疫情向全球范围扩散。在国家应对甲流联防联控工作机制框架下，上海成立市防控甲流疫情领导小组、工作小组和口岸现场指挥部。先后制定印发《上海市应对甲型H1N1流感疫情防控工作预案》《上海市甲型H1N1流感防控经费保障及使用管理规范》《上海市甲型H1N1流感医学观察点服务标准及规范》《上海市甲型H1N1流感集中留验场所技术工作规范》等文件，形成规范化、制度化的联防联控工作体系。4月25日起，上海检验检疫局对入境航空器、船舶、列车进行甲流疫情防控。全市疾病防控系统实验室实行24小时值班制度，确保检测结果及时、准确；追踪密切接触者，做好集中医学观察工作。至7月20日，共开展相关检测1177例，发现甲流病毒阳性255例；出动4900人次开展流行病学调查；接受密切接触者集中医学观察8113人，涉及69个国家和地区。6月5日，市防控甲流疫情工作小组制定下发《关于加强本市流感（甲型H1N1流感）社区防控措施的通知》，实行"减少二代病例，严防社区传播"甲流防控策略，防止发生学校等集体单位和社区暴发疫情。全市新增14个国家级流感哨点医院和18个国家级流感网络实验室，监视疫情发展趋势。市质量技术监督局为全市中小学在用测温仪器免费计量校准，市教委落实学校晨检、午间巡查等干预措施，学校未发生显著暴发疫情。10月15日起，启动"医疗卫生机构一线工作人员，口岸、公安、民航、交通等部门的关键岗位公共服务人员，托幼机构教职员工、中小学校学生及教职员工"等重点人群甲流疫苗接种工作。至12月31日，接种甲流疫苗137.31万人。市卫生局加强医院门急诊预检分诊和发热门诊工作，全市发热门诊设置点增加到136个；组织全市甲流诊疗技术培训；调动院前急救力量，做好空港口岸及各医疗救治点病人转运工作；指定11所市级定点（后备）医院和18所区级定点医院救治甲流确诊患者；甲流确诊患者按"集中病人、集中专家、集中资源、集中救治"原则进行救治，每例重症病例均组织市级临床专家会诊。至年底，全市累计确诊甲流病例3146例，其中重症危重症病例99例（救治无效死亡7例）。（朱轲冰、周晓伟、冯琴）

【举行"防灾减灾日"宣传周活动】 5月7—13日，上海市举行以"关注生命安全，加强防灾减灾"为主题、以"应急管理法律法规宣传和科普宣教"为主要内容的首个"防灾减灾日"集中宣传周活动。其间，以现场播放防灾减灾教育片、展出防灾减灾知识挂图、举办专家现场咨询和讲座、发放宣传资料、组织应急疏散演练、开展防灾知识有奖竞答、紧急救护演示培训等形式，向市民开展宣传教育活动。全市发放各类防灾减灾知识宣传资料近20万份，现场解答市民咨询1万多人次，组织各类紧急疏散演练近130次、参与民众10万多人，开展紧急救护专业和普及培训分别为912人次和2663人次。（朱轲冰）

2010 年鉴

【概况】 2010 年,上海市围绕"安全世博"目标,把握"维护城市安全运行"主线,不断完善应急管理体制机制,强化突发事件防范与处置能力建设。应急管理组织体系进一步完善,市民政局成立民政减灾中心,通过加强与国家减灾中心合作,开展自然灾害救助应急响应协调、救灾捐赠和对口援助等工作;市防汛部门建立防汛工程、组织指挥、预案预警、信息保障和抢险救援五大体系;上海铁路局、市交通港口局分别建成专门应急指挥中心,通过资源和信息整合,提高统一指挥、集中调度效能;市环保局成立辐射安全管理处,履行应急管理职能。不断完善应急管理法规规章体系和应急预案体系。市人大常委会颁布《上海市实施〈中华人民共和国防震减灾法〉办法》,修订《上海市动物防疫条例》;市安全监管局印发《上海市〈生产安全事故应急预案管理办法〉实施细则》和《上海市安全生产监督管理局生产安全事故应急预案备案程序》;市气象局制定《气象灾害预警信号发布管理办法(试行)》和《世博园区气象灾害预警信号发布流程及业务规定(试行)》;市防汛指挥部组织编写《上海市防汛物资储备定额(试行)》。新编和修订部分应急预案,充实完善预警预防机制、应急处置措施和防范应对流程,增强应急预案的适用性和规范性。应急队伍建设继续推进,成立市应急救援总队,继续加强防汛防台、气象灾害、危险化学品、建设工程等各类专业应急救援队伍建设,提高现场处置和快速响应能力。开展应急管理培训与演练。市应急办、市公务员局、上海行政学院联合举办 2010 年领导干部应急管理研讨班;电力、市政、民防、通信、绿化市容、排水等部门均开展多次分科目、分区域的专业演练,市反恐办先后开展"平安浦江""浦江 5 号"等大规模反恐怖实地实战演练。开展"5·12 防灾减灾日"等应急管理知识宣传。各类突发事件应对及时,及时处置"2·21"青浦区废品回收站火灾、"3·25"浦东新区大治河桥遭船撞击桥面断裂、"4·13"东方明珠塔塔尖遭雷击起火、"10·25"莘奉金高速(S4)公路剑川路出口液化气槽罐车侧翻、"11·6"轨道交通 9 号线管桩受损、静安区胶州路公寓大楼"11·15"特别重大火灾事故等突发事件。

完善上海世博会预案体系建设。按照"平安世博"和"以面保点"

等应急管理要求，建立世博应急保障机构，落实各项支援、保障工作，公安、防汛防台、气象、安全生产、质量技术监督、公共卫生、食品药品、出入境检验检疫等部门深入世博园区，确保第一时间进行应急处置。上海世博局编制并实施《上海世博会园区总体预案》和各类分预案。上海世博会主运行指挥部印发《上海世博会旅游突发事件处置预案》《上海世博会恶劣天气应对工作总体方案》《上海世博会运行信息公众发布工作方案》，保障上海世博会运行安全。

为保障上海世博会"成功、精彩、难忘"，市防汛指挥部根据《上海市防汛条例》第二十九条的授权，决定调整2010年汛期起讫日期为5月1日0点至10月31日24点，即提前1个月和延后1个月，与世博会期同步。在184天的汛期中，共发生13次天文大潮汛、6次局部暴雨。黄浦江苏州河潮位2次、上游米市渡潮位36次超过警戒线。经受"圆规""狮子山""玛瑙""莫兰蒂"4个台风外围影响。上海中心气象台先后发布暴雨红色预警信号2次、橙色预警信号5次、黄色预警信号19次；市防汛指挥部发布防汛防台橙色预警信号3次、黄色预警信号16次、蓝色预警信号5次。（朱轲冰、邓一露）

【发布机场航班延误应急预案】 3月，市应急委员会印发《上海市机场大面积航班延误应急保障工作预案》（以下简称《预案》）。《预案》细化相关部门职责，明确应对机场大面积航班延误的预测预警、处置规程、应对措施等保障要求。确保在浦东机场、虹桥机场出现大面积航班延误时快速、安全、便捷地疏散旅客。该《预案》在2010年发生大面积航班延误时及时启动，成为各相关单位协同应急处置的规范和依据。（朱轲冰）

【成立上海市应急救援总队、支队】 根据《中华人民共和国消防法》《国务院办公厅关于加强基层应急队伍建设的意见》《上海市消防条例》，4月22日，上海市应急救援总队在市消防局新虹特勤消防站挂牌成立。市应急救援总队依托上海市公安消防总队组建，区县应急救援支队依托区县公安消防支队组建，实行"一支队伍、两块牌子"运作模式，承担以抢救人员生命为主的应急救援任务，并负责现场的统一救援指挥。至6月底，全市各区县及化学工业区相继挂牌成立属地应急救援支队。（倪蓓蓓）

【深化应急平台应用】 3月,市应急委员会印发《上海市应急平台体系建设指导意见》,指导应急管理各部门和单位加强市应急平台应用,推进应急管理信息共享。上海世博会期间,高速公路、高架道路、轨道交通、地下空间、港口海事、防汛防台、世博会园区等视频信号以及燃气、建设交通、交通港口、实有人口库等系统接入市应急平台体系,为上海世博会运行提供信息保障。(朱轲冰)

2011 年鉴

【概况】 2011年,上海市推进应急管理"一案三制"(应急预案和应急管理机制、应急管理体制、应急管理法制)建设。健全应急管理组织体系,成立市消防安全委员会,加强全市消防安全管理;成立市食品安全委员会,建立健全食品安全管理体制。法规规章和应急预案体系不断完善。市人大常委会颁布《上海市实施〈中华人民共和国食品安全法〉办法》,修订《上海市安全生产条例》和《上海市中小学校学生伤害处理事故条例》;市安全监管局制定《典型危险化学品事故应急处置程序》;上海海事局修订《上海海上搜救和船舶污染事故专项应急预案》。各类应急演练贴近实战。市民政局和国家减灾中心联合开展"2011年国家自然灾害现场应急通信保障演练";市公安局会同相关部门围绕上海世游赛、"中国—亚欧博览会"等重大活动安保需要,开展系列反恐演练。继续推进应急救援队伍体系建设。上海警备区、闵行区开展国防动员机制、军队指挥机制与应急管理机制"三个机制"衔接试点,探索加强军队和民兵预备役应急力量与地方联勤联训、应急救援新机制;市应急救援总队强化总队、支队、中队三级救援队伍,推进高层、地铁、化工、空勤、水域、交通、搜救犬7个专业54支专业队伍建设。有力、有序应对各类突发事件,妥善处置"3·11"日本核泄漏后的口岸核辐射监测、"6·21"智利国航"瑞马"轮危险化学品燃爆重大险情、"9·8"赛科化工低温罐区烯烃管线爆燃、"9·14"英业达(上海)有限公司班车侧翻事故、"9·27"轨道交通10号线列车追尾事故等事件。

年内,上海市发生9次天文大潮汛、3次局部大暴雨、14次局部暴雨;经受"米雷""梅花"2个台风外围影响;苏州河口潮位2次超过警戒线,米市渡潮位59次超过警戒线。上海中心气象台先后发布暴雨红色预警信号 0 次、橙色预警信号 7 次、黄色预警信号 19 次、蓝色预警信号 0 次。市防汛指挥部发布防汛防台橙色预警信号 3 次、黄色预警信号 16 次、蓝色预警信号 13 次。（朱轲冰、谷鸿鹄）

【完成利比亚撤离人员转运任务】 按照国家部署，为有序、有力做好利比亚撤离人员转运保障工作，上海市成立利比亚撤离人员返沪疏散行动工作小组。上海出入境边防检查总站、上海出入境检验检疫局、上海出入境管理局等部门按照有关规定，制定简化手续的个性化监管预案，预先开辟绿色通道，征税、报关等手续提供"一站式"服务。华东民航局执行 24 小时值班和航班信息跟踪传递机制，上海机场集团制定机场保障方案，开辟专用通道，确保撤离人员有序、快速离开机场；交通、铁路、客运等部门强化联动，安排各类交通工具对接，保证撤离人员安全中转。市公安局制定预案，安排警力现场警戒、维护秩序。2 月 27 日至 3 月 5 日，通过上海口岸办理入境的中国在利比亚撤离人员 6803 人；上海虹桥、浦东两大机场保障撤离中国在利比亚人员任务的包机 53 架次。（朱轲冰）

【修订轨道交通事故应急预案】 4 月，市政府办公厅转发市建设交通委制定的《上海市处置城市轨道交通运营事故应急预案》。原市地铁抢险办公室制定的《上海市处置轨道交通事故应急预案》同时废止。新制定的应急预案细化相关部门职责，明确应对轨道交通运营事故中的预测预警、处置规程、应对措施等保障要求。该预案在处置应对"9·27"轨道交通 10 号线列车追尾事故时及时启动，成为各相关单位协同应急处置的规范和依据，确保处置应对有力、有序。（朱轲冰）

【处置"6·21"智利国航"瑞马"轮危险化学品燃爆重大险情】 6 月 21 日，装载有 72 吨危险化学品"连二亚硫酸钠"（俗称"保险粉"，4.2 类危险品）的智利国航"瑞马"货轮在上海洋山深水港水域与智利"佩托卡"货轮发生严重碰撞，造成"瑞马"轮 26 只集装箱落水，舱面部分集装箱变形倾斜、破损进水，装载有危险化学品的集装箱遇水后发生剧烈化学反应，出现重大险情。事发后，上海海事局协调救助打捞、消防、安监、港口等单位，迅速发布航行警告，设置警戒区；洋山港启动应急预案，立即开展现场交通组织，实施相关应急抢险救助，并组织打捞落水集装箱。至 25 日，共卸载舱面未倾斜变形集装箱 166 个，3 个

危险品集装箱卸载后运往奉贤奉城处置点。事故处置得当,未造成人员伤亡和环境污染。(朱轲冰)

【抗击第九号台风"梅花"】　8月6日,第九号台风"梅花"影响上海市。市区风力为7—9级,长江口区和沿江沿海地区出现10—11级阵风,上海海面阵风达12—13级,同时伴有6—10米海浪。全市各级防汛、水务、建设、电力、海事、交通、教育、安监、民防、机场等部门和驻沪部队共10万人进岗到位,落实各项防范措施;崇明、金山、宝山、奉贤等地采取人员转移、船只进港避风等安全措施;海事、交港、渔政、边防等部门完成海塘外一线施工作业人员、危旧房屋居民、工地临房内人员、租地农民工、居家船只内人员等31.4万人转移工作和5000艘船只进港避风引导;各级防汛排水工作人员做好值守巡逻,公安消防、小区物业等部门和单位及时处置台风引发的各类事故。全市经受台风"梅花"考验,未发生人员伤亡和重大财产损害情况。(朱轲冰)

2012年鉴

【概况】　2012年,上海城市公共安全总体态势良好,未发生影响经济社会发展的特大等级突发事件。制定《上海市实施〈中华人民共和国突发事件应对法〉办法》,规范上海市行政区域内突发事件的应急准备、值守与预警、应急联动与处置、善后与恢复重建等活动。实施上海市应急体系建设"十二五"规划,以保障城市安全运行为目标,推进"一个系统、两个机制、三个能力、四个体系"建设,取得阶段性成果。调整和充实应急信息系统数据库,重点更新防护目标、应急物资装备、应急队伍、危险源和风险隐患区五大类静态数据1.1万条,整合共享城市图像信息资源。依托应急联动平台,强化应急联动处置效能,建立应急救援"3+X"(市应急办、市应急联动中心、市应急救援总队+相关职能部门)会商机制,解决应急救援工作中的实际问题,强化联动联训等工作。做好应急预案评估修订、细化完善、培训解读等工作。市建设交通委、市防汛办、市食安办等部门围绕确保城市安全运行要求,评估修订部门现有应急预案。探索尝试应急管理新机制,应急管理重心下沉基层。长宁、杨浦、闵行、奉贤等区,整合公安、城管、安监等部门,探索集实践应急管理与城市综合管理于一体的实体化运作模式;市民政局继续推进社区风险评估试点，完成徐汇、杨浦、松江3个区40个街镇的社区风险评估，推进创建全国综合减灾示范社区。开展应急管理科普宣传教育。公安、民防、民政、消防等部门组织各级各类应急疏散演练；职能部门举办各层次培训班，提升应急管理队伍能力和水平。开展"5·12防灾减灾日""世界气象日""安全生产月""世界环境日""食品安全宣传周""11·9消防日"等应急常识科普宣传活动。全力处置各类突发事件，有力有序地处置和应对"4·22"上海旅游大巴常合高速重大交通事故、强台风"海葵"袭击、闵行浦江镇房屋倒塌、宝钢铁水包倾翻、"通银6"号油船泄漏事件、轨道交通12号线浦东在建配套工程坍塌等突发事件。

年内，上海市发生9次天文大潮汛、1次大暴雨、4次暴雨、9次局部暴雨；经受"苏拉""达维""海葵""天秤""布拉万"5个台风外围影响；黄浦江吴淞口潮位3次、苏州河口潮位4次、上游米市渡潮位60次超过警戒线。上海中心气象台先后发布暴雨、台风红色预警信号各1次及橙色预警信号7次、黄色预警信号10次、蓝色预警信号5次。市防汛指挥部发布防汛防台红色预警信号1次、橙色预警信号5次、黄色预警信号8次、蓝色预警信号9次，红色预警信号属首次发布。（王震、邓一露）

【处置"通银6"号油船泄漏事件】 5月18日20时40分，上海通银石油化工有限公司所属加油运输船"通银6"号（长42米，载380号燃料油355吨，柴油60吨，船员9人）在吴淞口锚区因大风浪进水，船体下沉，货油泄漏。事件未造成人员伤亡，但在长兴岛南岸形成长约十几公里、宽约400米的油污带。上海海事部门接报后立即启动防污染应急预案，临时关闭青草沙等水库取水口，先后出动42名海事执法人员，以及3艘巡逻艇赶到现场，将油污带用相关设施"圈围"起来。随后调来9艘清污船、19艘拖轮到现场参与清污。5月19日11时，沉船被打捞起浮。大面积油污清除完毕。上海市供水未受影响。（翟鲍）

【抗击强台风"海葵"】 8月7日夜间至8日夜间，上海受第十一号强台风"海葵"影响，全市普降大暴雨到特大暴雨，平均雨量127.8毫米，最大雨量246.2毫米（虹口区鲁迅公园）；市区最大风力9—10级，长江口区和沿江沿海地区10—12级，洋山港区14级。太湖流域下泄水量较大，致使市内河水位普遍较高，其中虹口港、桃浦河分别出现4.4

米和 4.7 米的高水位，基本接近设防的最高水位。在"海葵"严重影响上海前，市政府办公厅紧急下发通知，提醒市民减少外出，确保人身安全。各区县和有关单位组织转移安置 37 万余人；海事、交港、渔政、边防等部门及时引导 6500 余艘船只进港避风；全市 10 万军民进岗到位；上海首次发出最高级别台风红色预警。受台风影响，虹桥、浦东两大机场取消航班 708 班次；轨道交通 2 号线延伸段和磁浮线自投入后首次因台风停运；近 400 条（段）马路积水 10 厘米以上、千余户居民家进水 5—20 厘米；因高空坠物、墙体倒塌造成 2 人死亡、7 人受伤；公安消防部队接警 6075 起，其中接处火灾报警 874 起，执行各类抢险救援任务 2172 起、社会救助任务 3029 起，出动消防车 2999 辆次、消防队员 2.31 万余人次，营救疏散被困人员 80 余人。强台风"海葵"造成全市直接经济损失 6.64 亿元。（邓一露、朱得旭、费鸣东）

【上海城市公共安全应急管理培训中心成立】 12 月 10 日，上海城市公共安全应急管理培训中心在上海行政学院成立。培训中心由市应急办与上海行政学院共同发起成立，承担全市各级行政机关的应急管理培训，组织开展应急管理科研、学术交流等工作。市民政局、市安全监管局、市卫生局、市公安局、市建设交通委、市质量技监局、市水务局、市交通港口局、市民防办、市气象局 10 个部门被聘为中心首批指导单位。（王震）

2013 年鉴

【概况】 2013 年，上海继续完善应急预案体系、管理体制和处置机制，强化工作责任，规范操作流程，加强资源配备，有效提高应对和处置各类突发事件的能力和水平。《上海市实施〈中华人民共和国突发事件应对法〉办法》于 5 月 1 日起施行，市政府相继出台《上海市应急管理工作考核办法（试行）》《上海市海上搜寻救助管理办法》《政府系统值守应急管理要求》《上海市突发事件预警信息发布管理暂行办法》《关于进一步加强本市基层应急管理单元建设的意见》等应急管理地方法规和规范性文件，提升依法开展应急管理工作水平。市应急办评估梳理现有市级应急预案，修订《上海市处置火灾事故应急预案》《上海市粮食应急预案》《上海市地下空间突发事件应急预案》《上海浦东和虹桥国际机场地区突发事件应急预案》《上海市处置核辐射事故应急预案》《上海市网络与信息安全事件专项应急预案》《上海市空气重污染应急预案》《上海市处置危险化学品和民用爆炸物品道路运输突发事件工作预案》等10个市级专项（部门）应急预案。市应急管理相关工作机构加强专业领域内应急预案管理，督促公共交通运营管理单位和学校、医院、商场人员密集场所经营管理单位，建筑施工单位和危险物品生产、经营、储运、使用单位，公共设施经营、管理单位等编制具体应急预案，并结合预案开展应急演练。通过应急救援"3+X"（市应急办、市应急联动中心、市应急救援总队+相关职能部门）机制，加强专业应急救援队伍联勤联训、应急物资储备、应急预案演练和应急指挥协同等，年内开展危险化学品事故处置、建设工程事故应急处置两次市级综合性演练。完善市应急平台应急管理专家库，按照"建管结合"原则，强化卫生、民防、环保、海事、建设、交通、防汛、地震等专业领域应急管理专家参与突发事件预防和处置机制。市应急办联合市安全委员会办公室普查全市应急队伍、应急专家、救援装备、应急物资等应急资源，及时更新应急资源数据库，全年更新补充静态数据2000余条。制定实施值守应急管理地方标准《政府系统值守应急管理要求》，进一步规范全市各级政府及其部门的值守应急管理，提升政府系统值守应急能力和水平。结合"5·12防灾减灾日""安全生产月""11·9消防宣传周"，开展应急知识科普宣教。相关应急管理部门有力有序处置和应对"1·6"浦东农产品市场火灾事故、"1·10"金山朱泾水污染事故、"2·19"航班延误事件、"6·7"虹桥机场东航航班偏离跑道事故、"6·24"上海盛瀛化工有限公司爆燃事故、"8·31"上海翁牌冷藏实业有限公司车间液氨泄漏事故、防控H7N9禽流感和1323号台风"菲特"袭击等突发事件。

2013年汛期，上海市共发生5次局部大暴雨、8次局部暴雨，经受"苏力""菲特"2个台风外围影响，黄浦江苏州河口潮位1次、上游米市渡潮位18次超过警戒线；上海中心气象台先后发布暴雨蓝色预警信号2次、黄色预警信号10次、橙色预警信号2次、红色预警信号1次；市防汛指挥部发布防汛防台橙色预警信号2次、黄色预警信号10次、蓝色预警信号2次。10月7—8日，上海发生防汛史上首次台风、暴雨、天文高潮和上游洪水"四碰头"现象。（王震、谷鸿鹄）

【上海市突发事件预警信息发布中心成立】 2月6日,上海市突发事件预警信息发布中心成立。以"资源整合、平台共享"为原则,利用已有发布渠道和手段,依托市气象局的多灾种早期预警系统及工作资源,整合电视、广播、手机、微博、移动电视、电子信息屏、智能终端等发布手段,为全市各预警管理部门搭建面向公众、渠道多样、覆盖面广的预警信息发布共享服务平台。发布机制依然实行"谁主管、谁负责"原则,各预警管理部门产生的预警信息按照管理权限,常规预警信息直接通过预警发布系统用户端上传发布,需要由市政府审核的信息由市应急办(市政府总值班室)按程序报批后发布。该中心设在市气象局,由市应急办和市气象局共同管理,其中市应急办负责预警发布系统建设和管理的综合协调,市气象局具体负责预警发布系统的研发、运行和维护,各预警管理部门和发布载体的管理部门配合预警发布系统建设和管理。同时,市政府制定印发《上海市突发事件预警信息发布管理暂行办法》,规范突发事件预警信息发布工作。(王震、丁健、周小跃)

【建立全国首个地方政府系统值守应急管理地方标准】 8月1日,全国首个政府系统值守应急管理地方标准——上海市地方标准《政府系统值守应急管理要求》(以下简称《要求》)实施。《要求》融合ISO9000质量管理体系理念,由范围、规范性引用文件、术语和定义、总体要求、值守应急管理、日常值守、突发事件应急协调处置、值守应急信息报告、值守应急培训、值守应急工作场所选址和设施要求、检查监督和评估共11章38节88条组成,提出建立值守应急管理体系要求,设立单位值守应急管理层次和人员的任职条件及职责,探索建立值守应急工作检查评估制度。(王震、丁健、周小跃)

【抗击强台风"菲特"】 10月6—8日,上海受1323号台风"菲特"影响,首次发生台风、暴雨、天文大潮和上游洪水"四碰头"。全市普降大暴雨到特大暴雨,最大24小时降雨量达332毫米,为上海自1961年来的52年之最;黄浦江上游米市渡潮位连续超警戒线,并创下4.61米的历史最高潮位;松江、青浦、金山等11个站点的内河水位突破历史最高纪录。中心城区97条段道路积水,市郊道路(含乡村道路)积水1080条段;下立交积水109处,居民小区积水900余处,居民家庭和商铺进水10万余户,地下车库进水129处;损坏江河堤防337处22.5公里,堤防决口9处1.12公里，损坏水闸泵站30座；农田受灾27333公顷；受灾人口12.4万人，倒塌房屋27间，紧急转移安置7549人，溺水死亡2人；直接经济损失9.53亿元。全市各行各业、各条战线约10万军民进岗到位。（谷鸿鹄）

【处置金山区朱泾水污染事件】 1月10日19时40分许，金山金为化工有限公司委托雪炎物流运输公司在朱泾G320公路南侧掘石港临时码头装卸化学品，因擅自加装的排泄阀未完全关闭，造成苯乙烯（C8－C10化工混合物）泄入河道，引起大气和水域污染。污水团扩散至下游大泖港附近，污染物中挥发性有机物造成朱泾、泖港等区域大气中弥漫刺激性气味。事故发生后，11日5时30分，松江区泖港自来水厂及其河东分厂暂时停止供水，影响人口约3万人。市环保、水务部门以及金山区、松江区立刻采取应急措施。（1）由区政府为主、市政府相关职能部门配合成立应急指挥部；由市安监局牵头，市环保局、建设交通委、水务、卫生（疾控）、公安、监察、工会等单位参与并邀请检察院参加成立事故调查组。（2）加大污染事故发生地下游的金山、松江、奉贤、闵行等区供水企业取水口水质监测频率，及时掌握水质变化情况。（3）多层拦截和打捞污染物，控制污染物扩散。（4）自11日12时起，启动太浦河泵站，增加太浦河下泄流量至每秒200立方米，降低污染影响。（5）应急供水，保障居民生活用水需求。（6）做好恢复供水的各项准备，确保水源清洁后能及时供水。（7）做好供水水质信息发布，确保信息公开透明。13日14时，金山一水厂出厂水"臭和味"检测结果显示为"无"；至18时，居民家庭和公共场所取样检测，显示管网末梢水"臭和味"为"无"。14日凌晨，泖港水厂及其河东分厂水样监测合格，供水恢复；下午1时许，居民用水全部恢复正常。水务、环保部门仍平均每3小时监测进出水水质1次。（谷鸿鹄）

【处置黄浦江上游死猪漂浮事件】 3月8日，松江区泖港镇黄浦江上游横潦泾江面出现大规模死猪漂浮。此后死猪漂浮事件延续近20天，影响松江、金山、闵行、奉贤4个区供水企业的6个取水口和9个水厂。事件发生后，市政府及时召集市农委、市绿化市容局、市水务局、市环保局、松江区政府等相关部门应对处置：打捞死猪并做无害化处理；加强黄浦江水源水质监测，饮用水取水口加大监测密度和水面巡察；加强入沪生鲜猪和肉制品检查力度，严防病死猪流入；监测上海市场供应的生猪产品；与浙江有关方面沟通合作，制止养殖户向河道抛扔死猪行为。农业部于14日派出调查组赴浙江、上海实地了解情况，督导、协调处置工作。至3月26日15时，黄浦江主干流水域（即米市渡以下干流）连续2天未打捞到漂浮死猪，市水域（除省界水域外）基本完成漂浮死猪打捞。全市相关水域共打捞起漂浮死猪11143具，其中80%为猪仔，皆以无害化焚烧和深度填埋两种方式进行处理。事件发生期间，黄浦江上游原水水质总体较稳定，未对上海市水源地和供水产生较大影响；上海市场未发现销售不合格生猪产品。3月23日，市政府召开专题会议，强调进一步建立健全黄浦江水域环境保护常态化管理长效机制，确保市民饮用水质量安全。7月，上海市黄浦江上游水域水质安全、水面环境整洁联席会议制度建立。（谷鸿鹄）

【有效应对人感染H7N9禽流感疫情】　2月下旬至3月初，上海发现不明原因肺炎死亡病例：患者李某，男，87岁，2月19日发病，3月4日经积极抢救无效死亡；患者吴某，男，27岁，2月27日发病，3月10日经积极抢救无效死亡。3月21日，实验室报告病例检测结果，发现疑似新型病毒。上海市卫生部门及时开展疫情研判和风险评估，落实病例搜索和疫情监测措施。3月29日，中国疾病预防控制中心从相关病例标本中分离到H7N9禽流感病毒。3月30日，国家卫生计生委确认上海出现全球首次发现的新型人感染H7N9禽流感病毒。上海市卫生计生委第一时间专题报告市政府，并成立人感染H7N9禽流感防控工作领导小组，组织市疾控中心和区县卫生计生委等全面落实疫情监测、流行病学调查、密切接触者管理、实验室检测、病例溯源、疫情研判与风险评估等工作。4月2日，上海市启动应对流感流行Ⅲ级应急响应，市联防联控机制及所属工作组和综合协调办公室成立运作，全市各相关部门和地区全面启动疫情防控。4月3日，市政府召开专题会议，部署流感疫情监测防控；市商务委下发《关于进一步加强流通环节活鸡交易管理的通知》，严禁销售经营活水禽、野禽。4月4日晚，农业部通报在一活禽交易市场检测到家禽感染H7N9禽流感病毒，市政府指导相关区县扑杀和无害化处理活禽市场内剩余家禽。4月5日，市政府发布《关于本市暂时停止活禽交易、暂时关闭所有活禽交易市场的通告》，4月6日起施行。4月7日，市绿化市容管理局印发《关于做好防控H7N9禽流感病毒传播相关工作的紧急通知》，26个陆生野生动物疫源疫病监测站实施日报告和零报告制度。4月10日，市政府发文，对在防控H7N9禽流感中受到影响的家禽养殖场（户）给予财政补贴。4月11日，沪苏浙皖区域三省一市联防联控工作会议在上海召开，全面加强人感染H7N9禽流感疫情防控。疫情防控期间，市卫生计生委组织协调各部门按照"依法、科学、统一、规范"原则，以及"科学应对、联防联控、积极救治、社会参与、环境整治、公开透明"策略，落实应急响应、疫情监测与分析、流行病学调查、病例发现与救治、动物疫情监测与活禽交易市场管理、健康教育与健康促进、爱国卫生"五大行动"和信息发布等8项防控措施；按照国家卫生计生委要求，牵头与江苏、浙江、安徽三省成立区域联防联控合作机制；组织市、区县疾控中心出动现场流行病学调查120余人次，对34例确诊病例开展流行病学调查，对458名密切接触者开展流行病学调查，采集病例、密切接触者、可疑外环境和动物标本4201件，检测2.7万项次。医疗机构全力开展人感染H7N9禽流感医疗救治，坚持"治疗关口前移、工作重心下移、分级分类指导、集中救治和中西医结合"5项原则，全面加强预检分诊，24小时开放发热门诊，加强区县医疗机构和社区卫生服务中心医务人员关于人感染H7N9禽流感的诊断治疗、消毒隔离和个人防护等知识培训，指定市公共卫生临床中心、复旦大学附属儿科医院为定点医院，确保技术支援到位，人员培训到位，试剂、药品、设备保障到位，做到"早发现、早报告、早诊断和早治疗"。4月4日至6月2日，全市采集家禽样品25862份，除农业部通报的20份样品外，全市家禽养殖场未检测到动物感染H7N9禽流感病毒，未发现家禽发生禽流感疫情。市绿化、市容管理局出动野外巡护监测1798人次，监测到各类鸟类90余种223175只次，采集和送检样品2500份，检测到禽流感基因阳性样品28份。各级野生动物保护部门收到鸟类异常情况举报112起，处理异常鸟类216只。4月20—22日，"中国—世卫组织人感染H7N9禽流感联合考察组"考察上海人感染H7N9禽流感疫情防控工作，认为上海已经建立起一套非常完善的预警和应对体系，在政府坚强有力的组织领导和部门积极迅速的协同合作下，对人感染H7N9禽流感疫情的应对及时高效，措施有力有效。5月10日，市政府召开全市防控人感染H7N9禽流感疫情联防联控机制工作会议，鉴于上海市连续 20 天无新发人感染 H7N9 禽流感病例，458 名病例密切接触者已全部解除医学观察，疫情处于可防可控状态，即日起终止流感流行应急预案Ⅲ级响应，继续保留市联防联控机制，防控工作转入常态化管理。疫情发生期间，上海发现人感染 H7N9 禽流感确诊病例 34 例，其中经积极治疗后死亡 18 例，治愈出院 16 例。（薄丽娜、钱文卉、秦磊、师农）

2014 年鉴

【概况】　2014 年，上海按照"统一领导、综合协调、分类管理、分级负责、属地管理为主"的应急管理体制，围绕突发事件预防与应急准备、监测与预警、应急处置与救援、事后恢复与重建等环节，落实责任，做好各类突发事件应对工作，保障城市运行安全。一是加强区县应急管理体系建设。各区县政府通过召开政府常务会议等形式，研究部署区域应急管理工作，落实应急管理工作"一把手"负责制。推进基层应急管理单元建设，制定单元化应急管理工作方案。普陀、青浦等区分别在月星环球港、国家会展中心（上海）等区域建立区级基层应急管理单元，建立工作机制。二是做好突发事件预防和应急准备。市安全监管局完善安全生产事故隐患发现报告机制，完善危险化学品重大危险源辨识、登记、风险评估机制。市防汛办、市规划国土资源局加强巡查排摸防汛防台、地质灾害等风险隐患，防范自然灾害风险。市建设管理委、市交通委、市公安局、市住房保障局、市质量技监局等部门强化轨道交通、道路交通、高层建筑、建设工程、特种设备等领域的安全隐患排查。市安委办协同市安委会相关成员单位，开展地下空间、油气输送管线、危化品运输、职业卫生服务、装配式建筑、重要电力供应等部位的联合检查和专项治理，并集中开展"打非治违"专项行动和粉尘防爆专项整治。市消防局集中整治连片老式居民小区、乡镇级工业聚集地等重大火灾隐患，遏制重特大安全事故发生。三是落实突发事件监测与预警防范。按照预警工作"分类管理、分级负责、统一平台、规范发布"要求，市气象、海洋、地震、农业、卫生等预警管理部门健全相关灾害监测预警机制，切实做好预警发布。市应急办、市气象局深化预警信息发布中心建设，加强与国家层面预警发布衔接，建立预警管理部门联络员队伍和例会制度，定期测试发布平台系统，优化完善系统功能。出台《上海市应对极端天气停课安排和误工处理实施意见》，对台风、暴雨、暴雪、道路结冰等红色预警下停课、误工处理作出规定，建立以预警为动令的响应机制。市文广影视局等探索建立上海应急广播体系，加强与国家应急广播体系衔接，提升社区应急广播覆盖面。四是强化突发事件应急联动处置机制。市应急办、市应急联动中心、市应急救援总队强化应急救援"3＋X"工作机制运作，加强专业应急救援队伍建设，开展应急救援队伍联勤联训。市政府办公厅印发《关于进一步明确突发事件处置现场指挥的意见》，明确现场指挥关系，落实属地政府职责。市应急办、市交通委、市环保局联合印发《关于建立部门应急联动工作机制协议》《2015年部门应急联动重点工作项目》，规范和健全交通、环保领域应急联动工作机制。市卫生计生委会同联防联控工作机制成员单位制定《应对埃博拉出血热疫情综合防控工作方案》，市联防联控工作机制成员单位科学、有序地处置排查疫区来沪发热可疑病例。五是开展专题调研和事后评估。市应急办、市应急联动中心、市安全监管局等相关部门先后开展危化品道路运输安全防范和事故处置、防汛防台、物资储备、油气危化品管道监管、轨交运营安全、大面积航班延误防范应对、安全监管、食品安全监管、"地沟油"处置机制等专题调研。对应"4·19"宝山泰和路盐酸槽罐车侧翻事故、"11·3"洋山东海大道大客车侧翻交通事故等突发事件，市应急办、市应急联动中心等部门评估分析突发事件防范和处置中存在的薄弱环节和不足，提出针对性建议。

汛期（6—9月），上海出现18次局部暴雨到大暴雨，8月出现8次强对流天气，汛期有"凤凰"和"娜基莉"2个台风影响。强热带风暴"凤凰"正面登陆奉贤，但强度总体偏弱，未给上海带来大的影响。汛期降水量927.4毫米，比常年同期（684.5毫米）偏多35%，比近5年同期（647.8毫米）偏多43%。其中，6月、7月、8月较常年同期均偏多近四成，9月偏多三成。上海中心气象台先后发布暴雨蓝色预警信号3次、黄色预警信号15次、橙色预警信号1次。市防汛指挥部发布防汛防台蓝色预警信号7次、黄色预警信号13次、橙色预警信号1次。最大降雨发生在7月27日，松江区、闵行区、青浦区等地普降大雨局部大暴雨，雨量最大的米市渡站达165.5毫米。汛期共有9次天文大潮汛，潮位普遍不高，其中黄浦江苏州河口潮位最高为4.59米，略超警戒水位0.04米，整个汛期仅有2潮次超警戒。（王震、齐凤彪、蒋自豪、谷鸿鹄）

【应对长江口大规模咸潮入侵】 2月3日19时开始，受长江口大规模咸潮入侵影响，陈行水库、青草沙水库取水口氯化物浓度均持续超过250毫克/升（国家地表水标准），最高超过3000毫克/升，直至2月26日基本恢复正常。咸潮入侵历时23天（此前最高纪录为2004年2月，历时9天19小时），普陀、宝山、嘉定、崇明等部分地区供水受影响，市供水行业采取五项措施全力应对。一是长江陈行水库原水实施减量供应，完成青草沙原水系统向闸北水厂、吴淞水厂切换操作，日供水量减少至85万立方米。二是发挥陈行水库与宝钢水库的联动作用，用足宝钢水库水源，充分进行混合稀释。三是实施清混联动。调整完善供水企业之间的馈水方案与调度方案，发挥一网调度、一网运行作用，通过东西联动、南北互补，做好水量调配。四是报请水利部长江委支持，三峡水库增加1000立方米/秒下泄流量。五是加强青草沙水库和陈行水库库内外及长江口的盐度监测分析，及时有效抢水、补水，充分发挥水库避咸蓄淡作用。随着长江口气象、水文条件变化，以及长江上游来水量增加，2月24日晚起呈逐步好转态势。至2月25日8时，陈行水库咸潮入侵基本结束，青草沙水库咸潮入侵进一步缓解。至2月26日13时，陈行水库取水口氯化物浓度152毫克/升，出库水氯化物浓度388毫克/升，水库运行水位3.94米；青草沙水库取水口氯化物浓度356毫克/升，出库水氯化物浓度88毫克/升，水库运行水位2.05米。此次史上持续时间最长的咸潮入侵基本结束。（谷鸿鹄）

【《上海市突发事件应急预案管理实施办法》施行】 4月，市政府办公厅印发《上海市突发事件应急预案管理实施办法》（以下简称《办法》），要求强化应急预案规划、编制、审批、备案、发布、培训、宣传教育、演练、评估、修订10个环节工作，规范和完善全市突发事件应急预案管理体系建设，增强应急预案的科学性、实效性和执行力。《办法》明确完善市应急预案体系，以及定期评估预案、依据预案开展应急演练、预案公开等制度，并首创预案5年有效期制度。按照预案管理要求，市应急管理委员会办公室协调相关部门和单位在评估基础上，修订满5年的市级专项应急预案、审核批准后以市政府办公厅名义印发施行的，包括海洋灾害、气象灾害、防汛防台、地震、特种设备、内河交通、民用航空器、核与辐射、旅游、重大植物疫情、网络与信息安全、信息发布和财政应急保障等 14 个应急预案。此外，中国（上海）自由贸易试验区管委会牵头组织编制的《洋山深水港市级基层应急管理单元突发事件应急预案（总案）》经审核批准后，由市政府办公厅印发施行。（王震、齐凤彪、萧明）

【出台突发事件信息报告工作管理办法】 10 月 1 日，市政府办公厅印发《上海市突发事件信息报告工作管理办法》，对突发事件信息报告归口管理、责任主体，对信息内容研判、报告方式、原则、时效等作出规定；明确各区县政府、市政府各部门和市级基层应急管理单元、市级专项应急指挥部办公室及有关单位的值守应急机构是向市政府报告突发事件信息的责任主体，其负责人是负责本区域、本系统和本单位突发事件信息收集分析、报告等综合管理工作的第一责任人。同时出台《上海市突发事件信息报告范围与标准（试行）》，明确凡一次造成 1 人以上死亡或 3 人以上受伤的各类突发事件，应向市政府报告。细化四大类 48 小项应急报告的具体事项，凡符合规定的信息报告范围与标准的突发事件信息，应在事发后 30 分钟内以口头方式、1 小时内以书面方式（包括现场图片等）向市政府报告。明确突发事件信息报告进行首报、续报和终报的报告机制，在首报中增加"负责现场指挥处置的部门、负责人及联系方式"等内容。（王震、蒋自豪）

【处置"11·3"上海洋山东海大道客车侧翻事故】 11 月 3 日上午 10 时许，上海巴士新联谊旅游客运有限公司（民营）一辆牌号为沪 D23347 大客车（上海至嵊泗方向）行至洋山深水港外的东海大道近能源路口时，因驾驶员违规操作（俯身捡拾掉落的手机）导致车辆偏离失控，发生侧翻。事故造成 6 人死亡，43 人受伤。事故发生后，市应急联动中心第一时间指令公安、消防、医疗等相关力量赶赴现场救援，当天中午 12 时左右现场救援及清理工作结束。其间，市公安局调集南汇消防支队全勤指挥部及芦一、芦二、申江 3 个消防中队的 7 辆消防车 60 余名消防员到现场救援；市公安局警务航空队紧急调派 3 架警用直升机 5 架次直接降落事故现场运送伤员；市政府总值班室通过实时视频关注事故救援处置情况，加强信息报送，提供相关应急保障；市交通委迅速成立事故调查处置工作组。参与先期救援处置的市公安局、市消防局、市卫生计生委及"120"急救中心等部门单位启动应急响应机制，派出专业力量，救援、处置措施有效。事后，市应急办会同相关单位分析评估事故处置工作，提出交通行业安全监管存在薄弱环节：大多数乘客（包括肇事车驾驶员）未系安全带；车上实载乘客数与售票数不符，出车记录存在漏洞；事发现场道路缺乏视频监控，东海大桥视频监控设施比较陈旧，洋山港区部分道路视频监控设施相对缺乏。市公安局召开全市交警系统电视电话会议，专题部署，加强道路交通管理，落实相应整改措施。（王震、季绿萍）

【处置"12·31"外滩拥挤踩踏事件】 12月31日，外滩陈毅广场黄浦江观景平台人行通道阶梯处，发生群众拥挤踩踏事件，致36人死亡，49人受伤。事件发生后，现场游客、维持秩序的警察立即开展救援，医疗部门迅速派出医生全力抢救伤者；中共中央总书记、国家主席、中央军委主席习近平，中共中央政治局常委、国务院总理李克强就此作出重要指示或批示。2015年1月1日，上海市政府成立联合调查工作组，统一指导善后工作，邀请国家和上海市应急管理、公共安全管理、法律等方面专家7人，开展事件调查分析论证。通过现场勘查、调查取证、专家论证、综合分析等，1月21日发布事件调查报告，认定为一起对群众性活动预防准备不足、现场管理不力、应对处置不当而引发的拥挤踩踏并造成重大伤亡和严重后果的公共安全责任事件。相关11名负有主要或重要领导责任人员受到党纪政纪处分。（年合、方冶成）

2015年鉴

【概况】 2015年，汲取"12·31"外滩拥挤踩踏事件惨痛教训，举一反三，开展风险隐患排查和治理，夯实应急管理工作基础，落实应急管理各项措施，全力做好突发事件防范与处置，全市未发生影响经济社会发展的重大和特大等级突发事件，城市公共安全和安全生产形势总体平稳可控。（1）开展风险隐患排查和治理。按照"全覆盖、零容忍、严执法、重实效"要求，上半年完成对旅游景点、商业设施、体育场馆、娱乐场所、公园、学校、地铁、机场、车站、码头等人员密集场所的公共安全检查，梳理风险隐患清单，落实整改治理措施。市政府下发《进一步加强公共安全风险管理和隐患排查工作的意见》,健全公共安全风险管理和隐患排查长效机制。(2)加强突发事件监测预警。市气象、水务、公安、环保、旅游、卫生计生、食品药品监管、新闻等部门健全"谁主管、谁监测、谁预警、谁发布"的预警管理机制,落实自然灾害、事故灾难、公共卫生事件等常态化监测预报,加强实时监测和会商研判,完善预警标准和防御指引,全面提高突发事件预警能力。加强预警信息发布中心建设,建立预警发布工作联络员队伍和例会制度,利用传统媒体和新媒体平台,发布预警信息和相关提示,并制定相应的发布规范,优化完善系统功能,形成全市突发事件预警信息统一发布的格局。(3)夯实应对防范工作基础。市防汛办会同市规划国土资源、住房城乡建设管理等部门加强防汛防台、地质灾害等风险隐患监测,加强防汛设施建设,防范自然灾害风险。全年完成47座道路下立交工程性改造,增设120处道路下立交积水监测点,增设40处道路下立交预警设施。推进轨道交通、道路交通、高层建筑、建设工程、特种设备、油气危化品管道,以及水、电、燃气、通信等市政公用管线等领域的安全隐患排查,遏制重特大安全事故发生。市质量技监局完成1200台2000年以前投入使用的住宅小区老旧电梯安全评估。市卫生计生委会同市联防联控工作机制成员单位,及时做好来自埃博拉疫情发生国家人员的入境检疫,科学、有序地处置排查疫区来沪发热可疑病例。市农委指导做好家禽养殖场消毒、隔离和防疫工作,防止人感染H7N9禽流感疫情扩散。市食品药品监管局加强食品生产经营单位的食品安全溯源管理。(4)完善基层应急管理体制机制。各区县应急委结合区域实际,细化应急体系、联动处置、预案演练、"3+X"(区应急办、应急联动中心、应急救援支队+相关单位)应急救援工作机制、物资储备等领域的制度规范。推进区县级基层应急管理单元建设,建立国家会展(上海)中心、外滩区域、徐家汇商圈等重要场所的23个区县级基层应急管理单元,形成具有示范效应、安全管理能力显著提升的单元化管理区域。(5)推进预案管理和物资储备体系建设。各部门单位按照《上海市突发事件应急预案管理实施办法》规范应急预案管理,应急预案的制定、审核、报备、公开、培训、演练、评估和修订等工作明显进步。市应急办结合城市运行安全特点,对照应急预案的有效期等规定,督促有关部门做好处置供电事故、药品安全、生活必需品市场供应、人员疏散撤离和避难场所启用、重大动物疫情、金融突发事件处置等9个市级应急预案修订。浦东新区和虹口、闵行、宝山、崇明等区县开展应急预案专题培训，解读预案管理办法。按照"3+X"工作机制，市应急办、市应急联动中心、市应急救援总队和市安全监管、交通、消防、地震、海事、电力等部门开展应急演练，年内开展处置地下燃气管道泄漏、轨道交通事故、化工区火灾等4次市级综合演练，检验应急预案的针对性和操作性。市政府办公厅印发《进一步加强本市应急物资储备体系建设的意见》，建立市级重要商品储备、专业储备和区县储备三级储备体系。市应急办、市发展改革委会同相关部门推进全市应急物资储备工作，至年底，汇总物资储备信息数据13项1500条。(6) 深化应急联动处置机制。市应急办、市应急联动中心、市应急救援总队深化应急救援"3+X"工作机制运作，开展应急救援队伍联勤联训。市公安局（市应急联动中心）修订《上海市突发事件应急联动处置办法》。市应急办会同市交通委、公安局、浦东新区有关部门、申通集团等单位在地铁世纪大道站试点"四长"（地铁站站长、轨交警长、街道办事处主任或镇长、派出所所长）联动机制，强化地铁站点突发事件联动处置能力。市安全委员会办公室结合《关于切实加强生产安全事故应急处置工作的意见》，强化各有关单位落实生产安全事故应急处置责任，提升事故应急处置救援水平。市交通、环保等部门签订《关于建立部门应急联动工作机制协议》和《2015年部门应急联动重点工作项目》，启动部门联动机制，建立年度定期联席会议机制与热线联席制度，加强工作会商和协同联动。巩固《上海江苏浙江应急管理工作合作协议》成果，加强沪苏浙皖应急管理工作交流与合作，推进应急资源共享、信息互通，拓展应对跨区域突发事件应急管理工作合作机制，提高四省（市）区域共同应对突发事件的能力和水平。(7) 有效推进应急科普宣传教育。依托上海市城市公共安全应急管理培训中心、市应急办、市公务员局、上海行政学院开展应急管理专题培训2期，应急管理干部200余人参加培训。市民政、民防、安全监管、消防等部门和各区县结合"5·12防灾减灾日""安全生产月""119消防宣传周"等社会面集中宣传活动，提高市民应对灾害的自我保护能力。市灾害防御协会、市科协、团市委、市红十字会等社会团体，开展"百人百场"等群众性应急科普宣传活动，深入学校、企业、社区等,宣传应急管理知识和灾害防御技能,提高公众自我防护能力。市教委以开学第一周、放假前一周为重点时段,开展安全教育,推进中小学生公共安全实践体验基地建设,创建"学校、家庭、社区"三方联动宣教模式。市应急办、市气象局等部门办好"中国上海"门户网站应急管理专题网页,"上海应急""上海预警发布"等政务微信,向公众提供公共应急服务和应急知识。

2015年7月28日清晨,轨道交通1号线因线路故障造成大量乘客滞留,相关部门合力应急处置,于9时许恢复正常运营。

2015年7月28日,上海地震局首次举办媒体开放日活动。(傅国林)

2015年汛期(6—9月),上海市遭受3场特大暴雨和10余场暴雨、大暴雨袭击,台风"灿鸿""天鹅""杜鹃"外围影响以及多次超警戒水位高潮影响。发布防汛防台橙色预警信号3次、黄色预警信号15次、蓝色预警信号7次。汛期特征明显。(1)降雨集中、总量偏多。汛期降水量967.6毫米,比常年同期(684.4毫米)偏多41.4%,比上年同期(927.4毫米)偏多4.3%;汛期降雨日数69天,比常年汛期平均的48天明显偏多。(2)台风个数偏多、影响程度较大。共有3个台风影响上海市,影响个数比常年平均2.2个有所增加。其中,超强台风"灿鸿"是1949年以来同期登陆浙江地区的最强台风,7月10—12日台风影响期间,全市普降大到暴雨,市区普遍出现7—9级大风,长江口区和沿江沿海地区风力达9—12级,全市转移撤离18.2万人,船舶进港避风3000余艘,树木倒伏4万余棵,道路积水50余条,农田受淹17万亩,直接经济损失2.6亿元。(3)汛期潮位偏高、超警次数增多。共有9次天文大潮汛,潮位比往年明显偏高。黄浦江吴淞口3次超警戒水位,9月29日午潮最高4.99米,超警戒水位0.19米;黄浦江苏州河口4次超警戒水位,9月29日午潮最高4.85米,超警戒水位0.3米;黄浦江上游米市渡73次超警戒水位(3.5米),9月30日子潮最高4.19米,超警戒水位0.69米。(王震、谷鸿鹄)

【试点建设应急管理"六有"机制】 2015年年初,市应急办在浦东新区陆家嘴街道、普陀区曹杨街道、青浦区重固镇3个街镇开展基层应急管理示范点建设,探索实践街镇应急管理建设"六有"机制,即"有班子、有机制、有预案、有队伍、有物资、有演练"。按照"多种平台合一，多项任务切换"思路，统筹街镇治安、城管、安监、协管、志愿者队伍等资源，取得"1+1＞2"的整合效益。应急预案建设、风险隐患排查、应急物资准备、应急基础设施建设、应急演练等应急管理重点向村居委、向社区延伸，将应急管理工作落实到最基层，渗透到最末端。（王震、蒋自豪）

【《进一步加强本市应急物资储备体系建设的意见》发布】 3月16日，市政府办公厅印发《进一步加强本市应急物资储备体系建设的意见》（以下简称《意见》）。《意见》主要内容有四：一是加强应急物资储备的统筹。建立应急物资储备联席会议制度，由市应急办和市发展改革委领导担任联席会议召集人；强化应急物资储备日常监管，由市应急办指挥协调处和市发展改革委经贸流通处承担联席会议日常工作；以市应急平台为基础，强化应急物资信息管理功能，作为市应急物资储备信息共享平台。二是明确应急物资储备的职责分工。在全市建立相互支援、互为补充的市级重要商品储备、专业储备和区县及单元储备等三级储备格局。各应急管理工作机构和有关责任单位结合工作实际，按照有关规定、职责和任务，结合处置突发事件特点和要求，分别负责落实各相关行业、领域的专业应急物资储备、更新和日常管理。三是完善应急物资储备的管理制度。按照"全市统筹、分类管理、分级负责、统一调度"要求，建立应急物资储备论证、应急物资储备保障、应急物资储备信息报送、应急物资储备动态监管等制度。四是确定应急物资储备的调用原则，按照"谁储备，谁使用""就近就便，快速调用""统筹管理，统一调度""谁使用，谁补偿"等原则，建立健全相应应急物资调用机制。（王震、蒋自豪）

【台风暴雨天气市容道路绿化应急保障】 6月16—17日，暴雨袭击上海，市防汛指挥部分别发布黄色和橙色预警信号，根据应急预案，市容绿化局出动环卫工人2万余人，清理窨井上杂物，清除道路废物箱垃圾；市质监中心加强易积水道路巡查，保证1300余条路段通畅。7月10日，台风"灿鸿"影响上海，市防汛指挥部发布防汛防台橙色预警信号和暴雨黄色预警信号，全市出动绿化工作人员约3000人，绑扎加固行道树3万余棵；出动道路保洁人员1.9万余人，清除道路两边下水口垃圾，清空道路两旁废物箱5万余只；加固或整改户外广告480余处，店招店牌6500余处；发放防台防汛安全告知书20多万份。8月24日，台风"天鹅"影响上海，市中心气象台发布暴雨橙色预警信号，全市出动道路保洁工人1.8万余人，清洁道路进水口2.5万余个，清空废物箱垃圾5万余只；市质监中心专项检查市区道路积水情况，范围覆盖浦东新区和黄浦、徐汇、长宁、静安、普陀、虹口、杨浦、宝山等区的161条路段。（秦磊）

2016年鉴

【概况】 2016年，上海未发生影响经济社会发展的重特大等级突发事件，城市公共安全和安全生产形势总体平稳可控。（1）自然灾害。全年因自然灾害死亡1人（雷击），农作物受灾面积3110.3公顷，直接经济损失2388.71万元。高温天数、强对流天数、年降水总量等均高于近10年平均值。年初出现1次极端低温天气，创近35年新低；暑期高温天数30天，比上年增加1.5倍。汛期遭受5场大暴雨侵袭和5次台风外围影响，其中台风"尼伯特""莫兰蒂"造成一定损失。全市粮油作物主要病虫害自然发生程度总体平稳（发生14次病虫害），重大动物疫情发生平稳。全市平均地面沉降量与上年持平。上海市行政区域内未发生有感地震。（2）事故灾难。全年发生道路交通、火灾、工矿商贸、铁路交通、农业机械五大类生产安全事故5497起，死亡1027人。事故起数和死亡人数分别比上年下降7.68%和10.46%。其中，发生一次死亡3—9人的较大生产安全事故9起，死亡33人，较大事故起数比上年上升28.57%，死亡人数比上年上升73.68%。（3）公共卫生。发生公共卫生事件31起，以食物中毒类、传染病类、高温中暑为主。其中，传染病类14起（按照国家规定口径统计），无人死亡；职业中毒类2起，死亡3人；高温中暑类13起，死亡14人；食物中毒和非职业性一氧化碳中毒（火锅店引发）各1起，无人死亡；全年未发生重大和特别重大突发公共卫生事件。（4）社会安全。未发生恐怖袭击、劫机、暴狱、宗教、涉外、涉侨等突发事件。实破刑事案件45638起，比上年下降17.5%；破"八类"（杀人、纵火、抢劫、强奸等）案件2329起，比上年下降11.7%；处置各类群体性事件37起，涉及1186人次，主要涉及"以动迁为主的上访老户矛盾群体、金融投资涉案引发的群体性矛盾、历史遗留问题所引发的矛盾、城市建设和管理中引发的矛盾"四大类；高校发生自杀、意外伤害、猝死等突发事件40起，死亡19人；处置涉及民族因素的矛盾纠纷3起；涉及国内国际旅游突发事件5起（主要涉及邮轮延误、意外交通、境外猝死等），死亡4人。

2016年，各区应急委、市应急委各成员单位贯彻落实《突发事件应对法》和《上海市实施〈突发事件应对法〉办法》，推进基层街镇应急能力建设，开展风险隐患排查和治理，提升应急联动和救援水平，全力防范与处置突发事件，保障城市安全和"G20"峰会、全球健康促进大会等重大活动安全。（王震）

【消防】 2016年，上海发生火灾4464起，死亡44人，受伤38人，直接经济损失7670.8万元，未发生重大及以上火灾事故。公共消防站增至136家，新增各类消防车37辆，各类器材8.8万件（套），市政消火栓完好率保持在98％以上。100个老旧居民小区、300家存量养老机构实施消防设施增配或改造。全市消防部门处置各类灭火和应急救援任务8万起，抢救疏散被困人员12687人，挽回财产损失约11.2亿元。组建重点单位和社区微型消防站7447家、区域联防组织117个。督办整治市级重点区域和重大隐患单位22家、消防高风险点462处；检查社会单位，督促整改火灾隐患120.1万余处；责令"三停"单位903家，临时查封517家，拘留1471人。贯彻《上海市烟花爆竹安全管理条例》，启动最严烟花爆竹安全管控模式。烟花爆竹销售点比上年缩减九成，消防部门收缴非法烟花爆竹3.8万余箱，劝阻、处罚违规燃放行为900余次，取得"外环线以内烟花爆竹基本无燃放，外环线以外烟花爆竹燃放明显减少，未发生因烟花爆竹引发的火灾"成就。

【汛期汛情】 2016年汛期（6—9月），上海市经受太湖超标准洪水、多次台风外围影响和"9·15"特大暴雨、5场局部大暴雨、10余场暴雨等汛情，发布防汛防台橙色预警信号1次、黄色预警信号19次、蓝色预警信号6次，汛情总体平稳。汛期：一是太湖水位长时间居高不下。太湖流域自6月19日入梅至7月20日出梅，32天梅雨量412毫米，为多年平均梅雨量的1.7倍。受连续强降雨影响，太湖水位异常偏高，一度涨至4.87米，超过保证水位0.22米，为1999年以来最高水位，也是历史实测第2高水位。太湖水位自6月3日年内首次超警，6月19日起持续46天超过警戒线，直至8月4日退至警戒水位以下，为

1999年以来超警历时最长的一年。受其影响，6月、7月，黄浦江上游水位普遍比常年偏高30—50厘米。二是上海市降雨集中、时空分布不均。汛期上海累计雨量757.1毫米（徐家汇站），比常年同期的684.4毫米偏多10.6%。6月、9月降雨比往年明显偏多，7月、8月降雨比往年明显偏少，且降雨突发性、局地性强，呈现时空分布不均特点。几次暴雨中，城市运行总体保持安全平稳有序，但也出现不同程度的道路、下立交和小区积水。9月15日下午至16日上午，受台风"莫兰蒂"外围环流和北方弱冷空气共同影响，上海普降大暴雨，局部地区出现特大暴雨，为2016年最强降雨，全市测得雨量数据的642个测站中，12个测站超过300毫米、28个站达200—300毫米、387个站达100—200毫米、209个站达50—100毫米。其中，测得最大雨量的浦东新区万亩良田站为394毫米，该站16日5—8时3小时降雨208.0毫米；最大小时降雨量是崇明陈家镇新城站，达到93.5毫米，超过60年一遇标准。"9·15"特大暴雨造成20余处道路下立交、30余条段道路、10多个居民小区积水，400余户民居、商铺进水，7533.3公顷农田受灾，1.44万人受灾，直接经济损失2390万余元。三是黄浦江水位多次超警。"莫兰蒂"台风影响期间正值"中秋"天文大潮，上海地区潮（水）位普遍较高，17个站点超警戒水位，但均未超过保证水位。其中，杭州湾2个代表站均超警戒潮位，平均超线0.28米；黄浦江干流和长江口地区潮位均未超警戒潮位；黄浦江上游地区7个代表站中有4个站超警戒潮位，平均超0.19米；水利控制片15个代表站中有11个站超警戒水位，平均超0.17米。汛期黄浦江吴淞站超警3次，最高潮位4.99米；苏州河口站超警5次，最高潮位4.88米；米市渡站超警24次，最高潮位4.27米，均为近10年同期最高潮位。（谷鸿鹤）

【应急预案管理和应急演练】 2016年，市应急办组织协调各相关委办局评估修订满5年的市级专项应急预案8件，包括道路交通、桥梁隧道、轨道交通、空气重污染等专项，审核批准国际旅游度假区、洋山岛港区单元应急预案。各区、市应急委各成员单位均结合自身实际，开展各种演练。市应急办组织市级应急演练3次，分别为"危化品爆燃事故应急救援力量拉动演练""洋山岛港区道路交通突发事件应急处置综合演练""中欧应急管理合作项目——2016年全景式应急实战演练"。

市电力公司举办"大面积停电联合应急演练";市气象局开展"暴雨红色预警发布演练";全市民政、民防、教委、消防、地震、红十字会等部门,市、区两级联动,在学校、社区、企业分别组织不同形式的应急救护、疏散逃生演练4600余场次,参与人数达76万余人;市消防局在3000余个居民小区组织消防安全演练,参与人数50余万人;市地震局指导各区县地震办开展地震应急疏散演练327场;市教委组织各高校开展消防疏散等演练50余次。完善市、区、街镇三级的突发事件应急联动体系,强化以市应急联动中心为龙头、以情报信息为主导、以应急处置力量为支撑的实战指挥平台,推行应急处置扁平化指挥、合成化作战工作模式。(王震)

【突发事件防范】 2016年,上海着力于突发事件应对防范,坚决遏制重特大安全事故发生。市防汛办会同市规土、住建等部门防范自然灾害风险,工程性改造42座道路下立交,组建防汛排水突击队伍100支。市交通、公安、消防、住建、质监、水务、安监、通信、电力等部门推进轨道交通、道路交通、高层建筑、建设工程、特种设备、油气管道和水电煤、通信市政公用管线等领域的安全隐患排查,开展交通大整治和禁燃烟花爆竹等专项行动。市质监局完成1000余台2000年前投入使用的住宅区老旧电梯安全评估。市卫计委会同联防联控成员单位做好寨卡病毒病和黄热病等新发输入性传染病疫情发生国家人员的入境检疫,排查可疑病例。市农委指导家禽养殖场的消毒、隔离和防疫,防止人感染H7N9禽流感疫情扩散。市食药监局对食品生产经营单位实行食品安全溯源管理。全年全市未发生重特大安全事故。(王震)

【处置强寒潮袭击】 1月下旬,上海遭遇强寒潮袭击。1月24日早晨全市气温普遍降至-6℃— -8℃,崇明最低气温-8.5℃,市区徐家汇站测得最低气温-7.2℃。全市均伴有严重冰冻。虽事先采取多种防范措施,仍有大量居民区水管、水表冻裂(24日,962740上海供水热线反映水管冻结来电超过1万通,962121物业服务热线接到市民反映水管冻结等问题5300余起)。由于临近春节,缺少维修工人,部分居民区2周后才恢复供水。寒流还导致市内交通、航空、水运、铁路、公路运行受阻,对居民生活造成较大影响。上海各区县各部门紧急部署安排,全力落实防寒防冻措施,保障供给,关心独居老人等弱势群体,加强流浪露宿人

员救助管理，合力保障城市安全运行。（翟鲍）

【《关于进一步加强街镇基层应急管理工作的意见》实施】 3月16日，市政府办公厅印发《关于进一步加强街镇基层应急管理工作的意见》（以下简称《意见》）。《意见》要求，全面健全街镇基层应急管理组织体系，形成"政府统筹协调、社会广泛参与、防范严密到位、处置快捷高效"的基层应急管理工作机制，完成"横向到边、纵向到底"的街镇基层应急预案编制，加强应急保障能力，提升群众公共安全意识和自救互救能力，提高基层防范和应对各类突发事件能力，全力保障城市运行安全。《意见》提出7项主要任务和措施。3月，"上海市街道（乡镇）应急管理工作现场会"召开，全市启动街镇应急管理"六有"（有班子、有机制、有预案、有队伍、有物资、有演练）建设。（萧明）

【"4·18"黄浦区东街居民住宅发生火灾】 4月18日凌晨，黄浦区东街37弄4号一处老式居民住宅楼发生火灾，且4至6层违章建筑坍塌，过火面积约200平方米，造成4人死亡，直接财产损失21万余元。经调查，起火原因是电器线路故障。（季绿萍、殷明）

【增援处置江苏靖江德桥危化品仓库火灾】 4月22日9时许，江苏省靖江市新港园区的江苏德桥仓储有限公司发生火灾。接公安部消防局紧急调派驰援命令，上海消防总队启动跨区域增援预案，成立增援力量前沿指挥部，最短时间内抽调集结金山、奉贤、化工、特勤支队和战勤保障基地、医院40辆消防车、200余名指战员，携行225吨泡沫液及多种类型防化、防护、侦检、堵漏、洗消、救生、破拆、照明和大功率灭火装备赶赴现场处置。同时，调度上海高桥石化消防车5辆，社会单位保障车9辆，泡沫液130吨作为后续支援力量赶赴现场。随后，根据火情发展，提前制定第二批次增援方案，部署19辆消防车、85名指战员做好开拔准备。大火于23日凌晨2时许被扑灭。（季绿萍、殷明）

【处置中环线道路交通事故】 5月23日0时10分许，上海建景物流有限公司所属2辆装载水泥管桩货运车（车牌号分别为沪D39073、沪D39066）在中环线（内圈）真华路至万荣路匝道之间因严重超重，导致高架路段主桥面翘起损坏，现场车辆无法通行。因桥面出现落差，造成4辆社会车辆不同程度损坏，直接经济损失超1000万元。市交通委有序开展事故处置和中环道路修复，并组成"5·23"中环线道路交通事故调查组。经市交通委、市路政局、隧道股份公司等相关单位332个小时抢修，6月5日晚20时全面恢复中环线主线交通。修复费用经第三方评估为1008.914万元。调查认定此次事故为一起较大道路交通事故。直接原因是事故车辆驾驶人在驾驶过程中，违反禁令标志、驾驶货车载物超过核定载质量，导致事故发生；间接原因是事故单位未根据法律法规监管车辆安全运输。相关责任人建景物流有限公司总经理、公司调度员，事故车辆驾驶人以涉嫌过失以危险方法危害公共安全罪被捕。交通执法部门依规对上海建景物流有限公司所属7辆违法超限车辆处以共计21万元罚款；吊销上海建景物流有限公司"道路运输经营许可证"。相关部门针对事故暴露的问题，提出建立事中事后闭环监管制度，开展非现场治超执法，引导重点货运单位安装称重和计量设备，健全统计、报送、监测制度，实现对物流起止节点数据采集和全面监测等整改措施。（王震、季绿萍、殷明）

【处置浦东国际机场T2航站楼爆燃案】 6月12日14时26分许，浦东机场T2航站楼国际出发C岛值机柜台发生一起爆燃案件，致3名旅客受伤，多个航班被取消或延误。当事男子丢出自制爆炸物后割颈自杀未遂，被送往医院救治。2017年2月8日，上海市第三中级人民法院公开开庭审理此案。被告人周兴柏被判处有期徒刑8年。（翟鲍）

【处置水上飞机失事事故】 7月20日，一架"幸福通航"号水上飞机执行上海金山城市沙滩至舟山首航飞行任务，机上有1名机长、1名副驾驶、8名乘客。起飞过程中突然转向，撞毁在沪杭公路7385号桥上，造成5人死亡、5人受伤，直接经济损失2358万元。事故发生后，公安、消防和边防救援人员等迅速开展现场救援。下午3时左右，机上10名人员全部抢救上岸并送往附近的复旦大学附属金山医院救治。市政府在现场召开专题会，指挥协调事故救援和应急处置，迅速成立由民航空管部门牵头的事故调查组。8月16日，上海市政府新闻发布会表示，金山水上飞机空难事件排除飞机故障的可能。失事水上飞机是9座水陆两栖飞机，造价3000万元，由中国最大的水上飞机运营商——幸福通用航空有限公司运营。（翟鲍）

【新版《上海市空气重污染专项应急预案》实施】 12月14日，市环保局印发新版《上海市空气重污染专项应急预案》。新版《预案》自印发之日起施行，有效期 5 年。新预案未改变原预案中蓝色、黄色、橙色、红色四级（空气污染由轻到重）预警分级，但调整蓝色、橙色、红色 3 个级别预警启动条件。新预案加强并完善各级预警对应的应急响应措施，重点是加强工业企业污染物排放监管和建设工地扬尘管控。此外，预警启动指标调整为以实时 PM2.5 浓度监测值作为判定启动预警的指标。《上海市空气重污染专项应急预案》于 2014 年 1 月 11 日由市政府办公厅印发，2016 年修订。（翟鲍）

参考文献

2018 年

崔鹏、张巍、何毅、齐婧：《突发公共事件网络舆情演化及政府应对能力研究》，《现代情报》2018 年第 38 卷第 2 期。

国务院发展研究中心"经济转型期的风险防范与应对"课题组、李伟等：《打好防范化解重大风险攻坚战：思路与对策》，《管理世界》2018 年第 34 卷第 1 期。

何继新、荆小莹：《韧性治理：从公共物品脆弱性风险纾解到治理模式的创新》，《经济与管理评论》2018 年第 34 卷第 1 期。

康伟、杜蕾、曹太鑫：《组织关系视角下的城市公共安全应急协同治理网络——基于"8·12 天津港事件"的全网数据分析》，《公共管理学报》2018 年第 15 卷第 2 期。

闪淳昌：《建设安全韧性城市》，《安全》2018 年第 9 期。

唐钧：《社会公共安全的治理研究》，《中国人民大学学报》2018 年第 32 卷第 1 期。

唐钧：《社会公共安全风险防控机制：困境剖析和集成建议》，《中国行政管理》2018 年第 1 期。

滕五晓、罗翔、万蓓蕾、毛媛媛：《韧性城市视角的城市安全与综合防灾系统——以上海市浦东新区为例》，《城市发展研究》2018 年第 25 卷第 3 期。

吴晓林、谢伊云：《基于城市公共安全的韧性社区研究》，《天津社会科学》2018 年第 3 期。

袁明旭：《国家治理体系视阈下公共危机治理现代化研究》，《贵州社会科学》2018 年第 3 期。

2017 年

陈利、朱喜钢、孙洁:《韧性城市的基本理念、作用机制及规划愿景》,《现代城市研究》2017 年第 9 期。

陈玉梅、李康晨:《国外公共管理视角下韧性城市研究进展与实践探析》,《中国行政管理》2017 年第 1 期。

陈玉梅、李康晨:《国外公共管理视角下韧性城市研究进展与实践探析》,《中国行政管理》2017 年第 1 期。

高恩新、赵继娣:《公共危机管理研究的图景与解释——基于国际文献的分析》,《公共管理学报》2017 年第 14 卷第 4 期。

胡啸峰、王卓明:《加强"韧性城市建设" 降低公共安全风险》,《宏观经济管理》2017 年第 2 期。

李春根、李胜:《超大城市突发环境事件整体性治理研究》,《中国行政管理》2017 年第 12 期。

李亚、翟国方:《我国城市灾害韧性评估及其提升策略研究》,《规划师》2017 年第 33 卷第 8 期。

杨军、李聪:《大数据时代我国政府公共危机管理面临的机遇、挑战及对策》,《电子科技大学学报》(社会科学版) 2017 年第 19 卷第 2 期。

周利敏、原伟麒:《迈向韧性城市的灾害治理——基于多案例研究》,《经济社会体制比较》2017 年第 5 期。

2016 年

高恩新:《防御性、脆弱性与韧性:城市安全管理的三重变奏》,《中国行政管理》2016 年第 11 期。

龚花萍、王英:《基于共现分析的国内应急管理与危机管理研究热点比较》,《现代情报》2016 年第 36 卷第 8 期。

郭小东、苏经宇、王志涛:《韧性理论视角下的城市安全减灾》,《上海城市规划》2016 年第 1 期。

李昊青、夏一雪、兰月新、张鹏:《我国公共危机信息管理研究的可视化分析(2006—2015)》,《现代情报》2016 年第 36 卷第 5 期。

石婷婷:《从综合防灾到韧性城市:新常态下上海城市安全的战略构想》,《上海城市规划》2016 年第 1 期。

岳成浩、成婧:《危机能管理吗?——基于西蒙决策理论的视角》,《中国行政管理》2016 年第 2 期。

张发林:《风险社会视域下的网络舆情治理研究》,武汉大学,2016 年。

赵冬月、施波、陈以琴、陈长坤、雷鹏:《协同管理对城市韧性增强机制的影响》,《管理评论》2016 年第 28 卷第 8 期。

周利敏:《韧性城市:风险治理及指标建构——兼论国际案例》,《北京行政学院学报》2016 年第 2 期。

2015 年

[美] 戴维·R. 戈德沙尔克:《城市减灾:创建韧性城市》,许婵译,《国际城市规划》2015 年第 30 卷第 2 期。

[美] 西亚姆巴巴拉·伯纳德·曼耶纳:《韧性概念的重新审视》,张益章、刘海龙译,《国际城市规划》2015 年第 30 卷第 2 期。

樊博、于洁:《公共突发事件治理的信息协同机制研究》,《上海行政学院学报》2015 年第 16 卷第 5 期。

李菲菲、庞素琳:《基于治理理论视角的我国社区应急管理建设模式分析》,《管理评论》2015 年第 27 卷第 2 期。

马奔、毛庆铎:《大数据在应急管理中的应用》,《中国行政管理》2015 年第 3 期。

闪淳昌:《应急管理的发展态势与思考》,《安全》2015 年第 36 卷第 1 期。

闪淳昌、周玲、沈华:《我国国家安全战略管理体系建设的几点思考》,《中国行政管理》2015 年第 9 期。

徐江、邵亦文:《韧性城市:应对城市危机的新思路》,《国际城市规划》2015 年第 30 卷第 2 期。

曾令羲:《政府危机管理问题及对策——基于天津港爆炸事故的分析》,《人民论坛》2015 年第 35 期。

张海波、童星:《中国应急管理结构变化及其理论概化》,《中国社会科学》2015 年第 3 期。

张海波、童星:《中国应急管理结构变化及其理论概化》,《中国社会科学》2015 年第 3 期。

2014 年

曹峰、邵东珂、李贺楼、彭宗超、薛澜：《我国社会稳定风险治理的评估框架与方法——基于社会生态系统的"环境—行为"视角》，《经济社会体制比较》2014 年第 4 期。

陈述、余迪、郑霞忠、陈爱华：《重大突发事件的协同应急响应研究》，《中国安全科学学报》2014 年第 24 卷第 1 期。

郭未、王灏晨、罗朝明：《中国社会信任与社会风险透视——基于知识图谱的视角》，《科学学研究》2013 年第 31 卷第 10 期。

李纲、陈璟浩：《突发公共事件网络舆情研究综述》，《图书情报知识》2014 年第 2 期。

李永海、樊治平、袁媛：《考虑应急方案实施效果的突发事件应急方案生成方法》，《控制与决策》2014 年第 29 卷第 2 期。

聂挺：《风险管理视域：中国公共危机治理机制研究》，武汉大学，2014 年。

聂挺、易继芬：《风险管理视角下的公共危机治理研究》，《社会科学论坛》2014 年第 4 期。

盛明科、郭群英：《公共突发事件联动应急的部门利益梗阻及治理研究》，《中国行政管理》2014 年第 3 期。

田军、邹沁、汪应洛：《政府应急管理能力成熟度评估研究》，《管理科学学报》2014 年第 17 卷第 11 期。

2013 年

黄英君：《社会风险管理：框架、风险评估与工具运用》，《管理世界》2013 年第 9 期。

刘霞：《多元社会的稳定逻辑——论转型期社会矛盾化解的协同治理机制构建》，《人民论坛·学术前沿》2013 年第 1 期。

唐庆鹏、钱再见：《公共危机治理中的政策工具：型构、选择及应用》，《中国行政管理》2013 年第 5 期。

童星、陶鹏：《论我国应急管理机制的创新——基于源头治理、动态管理、应急处置相结合的理念》,《江海学刊》2013 年第 2 期。

薛澜、刘冰:《应急管理体系新挑战及其顶层设计》,《国家行政学院学报》2013 年第 1 期。

张海波:《中国应急预案体系:结构与功能》,《公共管理学报》2013 年第 10 卷第 2 期。

2012 年

樊治平、刘洋、沈荣鉴:《基于前景理论的突发事件应急响应的风险决策方法》,《系统工程理论与实践》2012 年第 32 卷第 5 期。

黄健荣、胡建刚:《公共危机治理中政府决策能力的反思与前瞻》,《南京社会科学》2012 年第 2 期。

李明磊、王红卫、祁超、刘丹、王剑、王喆、周超:《非常规突发事件应急决策方法研究》,《中国安全科学学报》2012 年第 22 卷第 3 期。

刘铁民:《应急预案重大突发事件情景构建——基于"情景—任务—能力"应急预案编制技术研究之一》,《中国安全生产科学技术》2012 年第 8 卷第 4 期。

刘铁民:《重大突发事件情景规划与构建研究》,《中国应急管理》2012 年第 4 期。

刘霞:《公共危机治理:理论建构与战略重点》,《中国行政管理》2012 年第 3 期。

吕孝礼、张海波、钟开斌:《公共管理视角下的中国危机管理研究——现状、趋势和未来方向》,《公共管理学报》2012 年第 9 卷第 3 期。

佘廉、曹兴信:《我国灾害应急能力建设的基本思考》,《管理世界》2012 年第 7 期。

童星:《社会管理创新八议——基于社会风险视角》,《公共管理学报》2012 年第 9 卷第 4 期。

汪伟全:《突发事件区域应急联动机制研究》,《探索与争鸣》2012 年第 3 期。

邬文帅、寇纲、彭怡、石勇:《面向突发事件的模糊多目标应急决策方法》,《系统工程理论与实践》2012 年第 32 卷第 6 期。

夏一雪、郭其云:《公共危机应急救援力量管理体系研究》,《中国软科学》2012 年第 11 期。

张辉、刘奕:《基于"情景—应对"的国家应急平台体系基础科学问题与集成平台》,《系统工程理论与实践》2012 年第 32 卷第 5 期。

钟开斌:《中国应急预案体系建设的四个基本问题》,《政治学研究》2012 年第 6 期。

钟永光、毛中根、翁文国、杨列勋:《非常规突发事件应急管理研究进展》,《系统工程理论与实践》2012 年第 32 卷第 5 期。

2011 年

陈雪龙、董恩超、王延章、肖文辉、龚麒:《非常规突发事件应急管理的知识元模型》,《情报杂志》2011 年第 30 卷第 12 期。

郭雪松、朱正威:《跨域危机整体性治理中的组织协调问题研究——基于组织间网络视角》,《公共管理学报》2011 年第 8 卷第 4 期,第 50—60、124—125 页。

江田汉、邓云峰、李湖生、刘铁民、姜传胜、王建光:《基于风险的突发事件应急准备能力评估方法》,《中国安全生产科学技术》2011 年第 7 卷第 7 期。

姜艳萍、樊治平、苏明明:《应急决策方案的动态调整方法研究》,《中国管理科学》2011 年第 19 卷第 5 期。

刘红芹、沙勇忠、刘强:《应急管理协调联动机制构建:三种视角的分析》,《情报杂志》2011 年第 30 卷第 4 期。

刘铁民:《突发事件应急预案体系概念设计研究》,《中国安全生产科学技术》2011 年第 7 卷第 8 期。

刘霞、严晓:《我国应急管理"一案三制"建设:挑战与重构》,《政治学研究》2011 年第 1 期。

邱晓刚、樊宗臣、陈彬、曹志冬、王飞跃:《非常规突发事件应急管理仿真的需求与挑战》,《系统仿真技术》2011 年第 7 卷第 3 期。

闪淳昌、周玲、钟开斌:《对我国应急管理机制建设的总体思考》,《国家行政学院学报》2011 年第 1 期。

詹承豫:《动态情景下突发事件应急预案的完善路径研究》,《行政法学研究》2011 年第 1 期。

2010 年

陈成文、蒋勇、黄娟:《应急管理:国外模式及其启示》,《甘肃社会科学》2010 年第 5 期。

陈振明:《中国应急管理的兴起——理论与实践的进展》,《东南学术》2010 年第 1 期。

李湖生:《应急管理阶段理论新模型研究》,《中国安全生产科学技术》2010 年第 6 卷第 5 期。

刘尚亮、沈惠璋、李峰、张聪:《我国突发事件应急管理体系构建研究》,《科技管理研究》2010 年第 30 卷第 19 期。

刘霞:《非常规突发事件动态应急群决策:"情景—权变"范式》,《云南社会科学》2010 年第 5 期。

闪淳昌:《构建和谐社会中的中国应急管理》,《行政管理改革》2010 年第 8 期。

闪淳昌、周玲、方曼:《美国应急管理机制建设的发展过程及对我国的启示》,《中国行政管理》2010 年第 8 期。

陶鹏、童星:《邻避型群体性事件及其治理》,《南京社会科学》2010 年第 8 期。

童星、张海波:《基于中国问题的灾害管理分析框架》,《中国社会科学》2010 年第 1 期。

张海波、童星:《公共危机治理与问责制》,《政治学研究》2010 年第 2 期。

2009 年

高小平、刘一弘:《我国应急管理研究述评(上)》,《中国行政管理》2009 年第 8 期。

高小平、刘一弘:《我国应急管理研究述评(下)》,《中国行政管理》2009 年第 9 期。

韩传峰、王兴广、孔静静:《非常规突发事件应急决策系统动态作用机理》,《软科学》2009 年第 23 卷第 8 期。

韩传峰、王兴广、孔静静:《非常规突发事件应急决策系统动态作用机理》,《软科学》2009年第23卷第8期。

韩智勇、翁文国、张维、杨列勋:《重大研究计划"非常规突发事件应急管理研究"的科学背景、目标与组织管理》,《中国科学基金》2009年第23卷第4期。

韩智勇、翁文国、张维、杨列勋:《重大研究计划"非常规突发事件应急管理研究"的科学背景、目标与组织管理》,《中国科学基金》2009年第4期。

姜卉、黄钧:《罕见重大突发事件应急实时决策中的情景演变》,《华中科技大学学报》(社会科学版)2009年第23卷第1期。

刘新建、陈晓君:《国内外应急管理能力评价的理论与实践综述》,《燕山大学学报》2009年第33卷第3期。

张海波、童星:《应急能力评估的理论框架》,《中国行政管理》2009年第4期。

张维平:《政府应急管理预警机制建设创新研究》,《中国行政管理》2009年第8期。

钟开斌:《回顾与前瞻:中国应急管理体系建设》,《政治学研究》2009年第1期。

钟开斌:《"一案三制":中国应急管理体系建设的基本框架》,《南京社会科学》2009年第11期。

2008 年

高小平:《中国特色应急管理体系建设的成就和发展》,《中国行政管理》2008年第11期。

闪淳昌:《构建中国特色的应急管理体系》,《中国浦东干部学院学报》2008年第5期。

童星、张海波:《群体性突发事件及其治理——社会风险与公共危机综合分析框架下的再考量》,《学术界》2008年第2期。

俞可平:《中国治理变迁30年(1978—2008)》,《吉林大学社会科学学报》2008年第3期。

2008 年以前

蔡志强：《社会参与：危机治理范式的一种解读》，《中共中央党校学报》2006 年第 6 期。

曹杰、杨晓光、汪寿阳：《突发公共事件应急管理研究中的重要科学问题》，《公共管理学报》2007 年第 2 期。

邓云峰、郑双忠、刘铁民：《突发灾害应急能力评估及应急特点》，《中国安全生产科学技术》2005 年第 5 期。

李保俊、袁艺、邹铭、范一大、周俊华：《中国自然灾害应急管理研究进展与对策》，《自然灾害学报》2004 年第 3 期。

刘霞、向良云：《公共危机决策网络治理结构学习机理探析》，《软科学》2006 年第 2 期。

刘霞、向良云：《公共危机治理：一种不同的概念框架》，《新视野》2007 年第 5 期。

刘霞、向良云：《我国公共危机网络治理结构——双重整合机制的构建》，《东南学术》2006 年第 3 期。

祁明亮、池宏、赵红、孙颖：《突发公共事件应急管理研究现状与展望》，《管理评论》2006 年第 4 期。

史培军：《四论灾害系统研究的理论与实践》，《自然灾害学报》2005 年第 6 期。

王绍玉：《城市灾害应急管理能力建设》，《城市与减灾》2003 年第 3 期。

王郅强、麻宝斌：《突发公共事件的应急管理探讨》，《长白学刊》2004 年第 2 期。

魏加宁：《危机与危机管理》，《管理世界》1994 年第 6 期。

薛澜、张强、钟开斌：《防范与重构：从 SARS 事件看转型期中国的危机管理》，《改革》2003 年第 3 期。

薛澜、张强、钟开斌：《危机管理：转型期中国面临的挑战》，《中国软科学》2003 年第 4 期。

薛澜、钟开斌：《突发公共事件分类、分级与分期：应急体制的管理基础》，《中国行政管理》2005 年第 2 期。

薛澜、朱琴：《危机管理的国际借鉴：以美国突发公共卫生事件应对体系为例》,《中国行政管理》2003 年第 8 期。

杨静、陈建明、赵红:《应急管理中的突发事件分类分级研究》,《管理评论》2005 年第 4 期。

姚杰、计雷、池宏:《突发事件应急管理中的动态博弈分析》,《管理评论》2005 年第 3 期。

张海波:《风险社会与公共危机》,《江海学刊》2006 年第 2 期。

张海波:《社会风险研究的范式》,《南京大学学报》(哲学·人文科学·社会科学版) 2007 年第 2 期。

张新梅、陈国华、张晖、陈清光、颜伟文:《我国应急管理体制的问题及其发展对策的研究》,《中国安全科学学报》2006 年第 2 期。

赵路平:《公共危机传播中的政府、媒体、公众关系研究》,复旦大学,2007 年。

中国行政管理学会课题组:《建设完整规范的政府应急管理框架》,《中国行政管理》2004 年第 4 期。

中国行政管理学会课题组:《政府应急管理机制研究》,《中国行政管理》2005 年第 1 期。

后　　记

"风险"，我认为是中国改革开放四十年如果只用两个字概括的话最合适的两个字之一，而"选择"则是另一个我认为最妥帖的两个字。不论是中国国家民族的命运，还是华人社会百姓的生涯，都是在风险中砥砺前行，在风雨中一路兼程，在不忘初心的创造、奋斗和崛起中，中国和世界给自己创造并提供了越来越多的选择。面对不确定性的风险做出选择，在黑天鹅和灰犀牛的时代里，风险一直存在，风险指数增长，而我们每每不得不做出面对风险的选择，更多的时候也可能是没得可选，也可能是不可接受的风险、不能承受的生命之重，风险已经变成威胁、危险和危机，而我们不得不应急，不得不抉择，随即或是峰回路转柳暗花明，或是因风险下的无选择或是选择错误而面对灾难性的后果。但是更多的时候，是我们不惧风险，我们理性认知风险，我们提前预判风险、预测风险、治理风险，甚至形塑风险，一整套的风险背后的政治、社会、经济、行政的治理逻辑，在人心里、在决策中、在行动上、在制度下，于是我们与风险在命运的轨道上遇见，与风险共舞，变成我们的生活或我们的生命形式，变成我们的模式或我们的国家发展，我们在走一条前无古人后无来者的中国未来之路，而选择于是无所不在。

将近四十年前，我的学术开始的领域，就是我当年选择了研究风险，研究风险下的选择，第一篇学术论文的题目就是《人类不确定性风险的认知策略》。从那时起，就开始了至今仍在稳定持续长期钻研的风险与危机和应急与安全的战略研究，从国家安全、城市安全、社会安全到社区安全，从国际安全、地区安全，到军事及非传统安全，从核安全、反恐怖、社会稳定风险，到高新技术风险及韧性风险计算和新风险理论创建，我的浓厚研究兴趣一直高度集中聚焦在这些"风险"与"选择"的战略研究上。快四十年了，正好几乎伴随我国改革开放的这四十年，遥想当年我的学术敏锐度和科学预见力还真是被后面将近四十年的持续升温的热敏亟须领域所证实。我的学术旨趣和科学探索是国内对于风险、危机开始的非常早的那个时代开始的，那时几乎没人谈危机，不许谈危机，关于危机是没有学术领域的，不是一个显学，关于风险，几乎不是一个显学的系统科学能解决的，概率论风险和数学优选法或是运筹学在数理逻辑上有计算，可是对于社会系统性风险、人类行为风险、政府决策风险等在国内那时候是几乎没人认为是能够做科学面向的。而钱学森的综合集成厅的方法论是提供了需要运用复杂性系统科学的方法去解决社会复杂巨系统的管理问题，正是最早的对于社会系统性风险及其战略管理的科学哲学方法论的引领，我于是在20世纪80年代就自己主动选择了关于风险科学的这一条荆棘的学术道路，因为充满热爱，所以不觉得很苦。第一部我的学术著作就是《风险决策》，1998年出版的，现在看起来仍然是初心如初见。正是"人生若只如初见，何事秋风悲画扇"，正因始终恰如初见，故如今仍是"为伊消得人憔悴，衣带渐宽终不悔"。当年是"昨夜西风凋碧树，独上高楼，望尽天涯路"，而今是吾将继续而上下求索，"蓦然回首，那人却在灯火阑珊处"，感觉现在是达到了我前半生的学术美妙佳境，格物致知的快乐，被家国安全需要特别是从历史走来又被现实及未来所需要的那种快乐，春风再度玉门关，进入了风险战略与安全学科的新时代。

正是这种历史性的很早年就开启而不渝的沉浸于风险学科的执迷热爱，四十年上海应急治理研究这一艰巨繁重之任，我虽柔弱无骨也宁愿担道义之责任、之使命，忆童年嬉笑奔跑在上海思南路家里的弄堂，重忆小学窗外复兴公园的鸟语花香，到如今上海第一花园马路的新华梧桐，岁月静好的背后多少流年劳动的奉献，作为上海小女人，作为上海风雨兼程的小伙伴，时光老去，创意新生，无数的激情和好奇尤在，于是倾注到这即将付梓的墨香里，暑往寒来，从2018年的7月6日母亲的生日那天开始，我是夜以继日、废寝忘食，说是陪母亲的，可是却一日24小时都在写字台独行键盘侠，全靠几十年日日游泳瑜伽舞蹈锤炼的韧性、担当、身体和脑力的高速透支，妈妈心疼得蹑手蹑脚、端汤热饭。在此，谨以本书献给我的妈妈，也献给我的爸爸，他老人家把我小时候的数学和物理作业本都精心、精致、精美地亲手装帧加封皮保护起来珍存在手边，这便是"昨夜西风凋碧树"而我却内心总有根上暖的源头。

这本书时间紧、任务重、难度大、规格高，撰写此书本身就是一次风险决策，也是一套应急处置。中国改革开放四十年，上海应急治理四十年，我是科班出身，专业从事风险危机应急研究也将近四十年，出于强烈的时代使命感和历史责任感，也出于强烈的风险学科挚爱和经年沉浸的痴迷，更出于对上海家乡家园的由衷依恋，感觉上海应急这国家之是，需以上海人家之家国情怀忆而念之、感而观之、思而理之、术而撰之，把上海建设者、管理者及社会百姓已经实现了的上海家园梦、中国家国梦及其卓越实践故事，以及经验教训，娓娓道来、聚焦提炼、科学凝视、还原变迁、归纳实证、演绎脉络、揭示逻辑。通过查阅梳理大量的史料文献、年鉴文件、媒体图文、专家讲述、学术文章，集众家之所长，发一言之独声。没有比澎湃新闻上发表的贺耀祖口述的20世纪90年代百万居民大动迁更加出神入化的了，感谢这段口述史的记录和整理者的原文，上海市委党史研究室主任严爱云对于上海改革开放初期及中后期多阶段顶层设计战略布局政策要义的中央精神，特别是邓小平思想精髓的研究是业内权威，她亲自把她撰写的《上海改革开放的起步历程研究》这篇发表在2011年的文章贡献给本书作为引述的第二章第三节第一目的主体内容，充分体现了上海市委对本书的直接支持。同时要感谢本书400多条规范引用和注释文献的原作者所贡献的引文知识，包括主流媒体、社交媒体、自媒体等互联网信息源浏览所获取的启发和线索。理论逻辑隐在丰富实践的背后但却清晰严密可见，事实案例故事浮在专深理论的表面但却经典言之成理，理论和实际环环相扣、逻辑和事实踏路有痕，增加理论的实操性和实战性，提升实践的理论性和系统性。在本书全文内容中，上海应急是一种韧性应急，这一特色被发现、这一道路被总结、这一经验被提炼、这一逻辑被揭示、这一理论被创新。这就是我们在本著作中所实现的工作。

书稿定稿之后的阅稿同行专家反馈表明，这种创造性的写作工作，得到了业界浏览过本书定稿的专家们的一致好评，中国国务院应急管理专家组成员、清华大学苏世民书院院长、清华大学公共管理学院原院长、清华大学应急管理研究基地首席科学家、资深教授（文科院士）薛澜教授阅读了本书全书的定稿版之后，给出了高度评价："《韧性应急——上海应急治理四十年》政治立场和政治倾向正确。该书以韧性理论为学术理论基础，从上海改革开放四十年的历史人文、区位特点、社会性格、城市规划、城市管理的背景入手，依据国家治理—政府治理—危机治理—应急治理—风险治理理论/概念/体系/系统，基于上海四十年应急实践从应急控制，到应急管控，到应急管理，到应急治理的实际发展演化路径，从韧性应急理论、脆性风险理论和新风险理论视角，挖掘了上海以城市韧性铸造应急治理的思想脉络，从中总结提炼上海应急治理模式的共性规律，将上海应急治理四十年发展的道路概括为'韧性应急'，比较准确地反映出上海在复杂国际局势的挑战下，在城市发展安全问题风险丛生的局势里所走过的历程，也是对中国应急治理实践的重要归纳，对应急管理学科发展具有重要的学术价值，对应急管理实践具有重要的指导意义。同时，该书稿透过对上海改革开放四十年波澜壮阔的恢宏历史背景分析，绘制出上海应急治理四十年从孕育与萌芽、诞生与起步、成长与探索、转型与升级四个历史时期发展演变的画卷，具有较好的史料价值。该书稿的特点是语言丰富生动，可读性极强，是对应急管理学科理论性专业著作有效发挥正面社会导向性的一种有益尝试。该书稿的特色突出，具有较高的学术理论价值，同时也有很强的现实针对性和实践指导性。很多建议有较好的实际应用价值和广阔的应用前景。本书既适合一般社会公众阅读，又适合于专业研究人员做学术研究参考，也适合于作为高等院校学生学习应急管理、危机管理和风险管理专业理论课程的教材或参考书，以及工具指南。建议尽快出版。"

中国国务院应急管理专家组成员、中国安全生产研究院原院长刘铁民教授也给出了很高的评价，认为"《韧性应急——上海应急治理四十年》，政治立场正确，政治倾向性正确；书中所选案例妥当；数据准确翔实，引用符合学术规范。该书稿从孕育与萌芽、诞生与起步、成长与探索、转型与升级四个阶段对上海改革开放四十年以来的应急治理进行分析，选题对于总结上海城市应急治理实践经验、提升城市应急治理能力具有重要价值，对于创新、丰富和拓展国际大都市安全应急治理理论、应急学科建设及风险管理学术发展有重要贡献。该专著从应急治理风险管理的理论高度，聚焦上海城市应急治理各阶段的真实实践过程，并且将上海应急治理四十年以来的整个诞生成长发展演进的过程放在上海改革开放四十年的恢宏历史画卷里进行深刻的社会背景分析、典型的应急事件追踪、专业的应急体系研究和前沿的应急科技讨论，使全书理论前瞻、体系独创、结构严密、思路清晰、逻辑完整。本书特点是采用畅销书的写作手法、专业学术著作的写作内容，深入浅出，可读性强，启发性好；理论性强，具有较好的理论价值，也有很强的实践指导性，实操性好；学术性强，有较好的学术价值，也有很好的史料价值。既适合于无专业背景的一般社会公众的普及性及科普性兴趣阅读，增加公众公民意识和社会责任心，又适合专业研究人员做研究参考，为其提供独家创新理论体系和分享实证研究成果，也适合作为高等院校学生学习专业理论课程的教材或参考书，以及工具指南。建议尽快出版"。

在我确定了采用这种创造性的写作手法之后，我撰写了全书的写作大纲，包括细化到每章每节每目的具体标题和核心内容，并且请本书的合作者崔小璐博士具体地执笔撰写了前三章的每章第一节的内容（于无声处听惊雷，工业企业大转型，SARS催生沪应急）；第二章第四节第四目（计算机应急千年虫）；第三章第三节的第二、三目（应急联动建中心，世博安保成典范），第三章第四节的第一目（应急平台互联通，后半部分）；第四章第一节的第二目（上善若水中国梦）和第三目（反恐反腐反病毒，有关人口的部分文字），第四章第二节的第一目（外滩夜跨年踩踏），第四章第三节（应急治理多灾种），第四章第四节的第二目（应急预警大数据）和第四目（海绵城市机器人）；她另参与合写了"总结与展望"的有关内容。本书由崔小璐博士执笔写的文字共计 98032 字。上海市公共气象服务中心主任张晖代表气象局供稿，数据用于第一章第二节第二目（南汇川沙龙卷风），第一章第三节第三目（兵来将挡土掩水），第一章第四节第四目（气象风暴潮预报）；第二章第二节第一目（长江洪水漫青浦）、第二目（大风冰雹袭农物）、第三目（凉夏冻寒下江南）；另提供了上海以多灾种早期预警为重点强化大城市气象服务的案例，上海市气象局关于 2018 年台风"安比""摩羯""温比亚""云雀"的高科技风控案例，生动地反映了上海气象风险预警预报预测预防体系的科技创新贡献。上海智慧应急产业联盟秘书长、工业和信息化部电信科学技术第一研究所上海迪爱斯通信设备有限公司总工程师、正高级工程师雷霆撰写了第二章第四节第一目（智能110报警系统），第三章第四节第一目（应急平台互联通，前半部分），第三章第四节第三目（应急科技执牛耳，前半部分），共计8064字。上海智慧应急产业联盟副秘书长、上海新联纬讯科技发展股份有限公司产品事业部的总经理贺杰提供了新联纬讯"客流眼"的相关资料，参与撰写了第三章第四节第三目（应急科技执牛耳，后半部分：2010上海世博客流，"客流眼"智能视频识别客流监测平台），第四章第四节第三目（应急监控物联网，2015年引入"客流眼"预警预判平台），共计7436字。中国公安部第三研究所的朱彤警官撰写了第一章第四节第一目（即红色消防车呼啸），共计7000字。上海交通大学公共安全研究中心、上海交通大学电子信息与电气工程学院电子工程系郑世宝教授在2017年5月我最初酝酿考虑由哪些人有可能一起参加的人选上，曾经主动积极地协助我组织召集了两次小范围的编前讨论会，并协助我对相关人员的具体任务进行了初步的分工。可惜这个分工是白分了、完全没有实现，因为当时几乎每个人都感觉时间太紧、压力太大、完全没有可能按期完成任务，所以他们就都没有真正执笔参加写作。尽管如此，我对于他们所给予的一些讨论还是蛮感谢的。特别是上海市政府办公信息处理中心黄烨主任给了很好的建议，在此一并表示感谢！感谢文末参考文献的作者对于本书平时思考积累的启发。

刘紫涵

2019年1月15日于淼灵轩